Lompscher/Nickel/Ries/Schulz

Leben, Lernen und Lehren
in der Grundschule

Joachim Lompscher/HorstNickel/
Gerhild Ries/Gudrun Schulz

Leben, Lernen und Lehren in der Grundschule

Praxishilfen Schule
Luchterhand

Die Deutsche Bibliothek – CIP-Einheitsaufnahme

Leben, Lernen und Lehren in der Grundschule:
Joachim Lompscher... – Neuwied; Kriftel; Berlin:
Luchterhand, 1996
(Praxishilfen Schule)
ISBN 3-472-01289-7
NE: Lompscher, Joachim

Druck:Wilhelm & Adam, Heusenstamm
Satz: Computersatz Dirk Pfaff, Hennef
Printed in Germany, Januar 1997

∞ Gedruckt auf säurefreiem, alterungsbeständigem und chlorfreiem Papier

Vorwort

Dieses Buch wurde in erster Linie für Grundschulpädagogen konzipiert. Es wendet sich deshalb sowohl an praktisch tätige Lehrerinnen und Lehrer als auch an Studierende und Referendare. Darüber hinaus kann es auch Hort- und Vorschulerzieherinnen sowie Eltern wichtige Einblicke in die Lebenswelt der Grundschule vermitteln. Autoren aus West- und Ostdeutschland haben es gemeinsam verfaßt, um die Erkenntnisse und Erfahrungen aus beiden, fast ein halbes Jahrhundert streng getrennten ehemaligen deutschen Teilstaaten für die Arbeit in der Grundschule unter den gegenwärtigen Bedingungen fruchtbar zu machen. Auch das Herausgeberteam kommt aus Ost und West.

Trotz der Vielfalt der Themen und Beiträge waren die Herausgeber bemüht, eine möglichst weitgehende Konsistenz zu gewährleisten. Wir möchten allen Beteiligten für ihre konstruktive Mitarbeit danken sowie dafür, daß sie für Veränderungsvorschläge im Sinne einer möglichst geschlossenen Konzeption Verständnis zeigten. Für den Inhalt der einzelnen Kapitel bzw. Teilkapitel bleiben letztlich die jeweiligen Autoren verantwortlich.

Ein formaler Aspekt bedarf noch einer kurzen Erklärung: Er betrifft Funktionsbezeichnungen wie Lehrer, Erzieher, Schüler u.a., die für Personen beiderlei Geschlechts gelten. Um nicht in jedem einzelnen Fall beide Geschlechter nennen zu müssen, was sich schlecht liest, werden sie gemäß den Regeln der deutschen Sprache nach Genus, nicht nach Sexus verwendet, wohl wissend, daß sich z.B. hinter der Berufsbezeichnung Lehrer gerade in der Grundschule mehrheitlich Frauen „verbergen“.

An unserem Buch waren mehr Personen beteiligt als im Inhalts- und Autorenverzeichnis ausgewiesen. Dies gilt vor allem für die Institutsangestellten und Hilfskräfte. Besonders genannt sei hier Frau Sigrid Bruckmann, Sekretärin am Lehrstuhl für Entwicklungs- und Erziehungspsychologie der Heinrich-Heine-Universität Düsseldorf, die mit Sachkenntnis und großem Engagement das Entstehen und die Fertigstellung des Buchmanuskriptes begleitet hat. Wir danken auch Frau Dipl.-Psych. Sylvia Schneider, die in der Endphase alle Manuskripte unter vielfältigen formalen Aspekten kritisch durchgesehen hat, darüber hinaus aber allen, die zum Gelingen des Buches beigetragen haben.

Düsseldorf, Köln, Potsdam und Vechta im Januar 1996

Die Herausgeber

Inhalt

Grundschule in Deutschland heute – Einführung

Joachim Lompscher, Horst Nickel, Gerhild Ries und Gudrun Schulz

Die Grundschule steht heute – wie das Bildungswesen insgesamt – vor neuen Herausforderungen und Problemen, die sich vor allem aus den Veränderungen in der Gesellschaft und damit auch aus den außerschulischen Lebens- und Entwicklungsbedingungen der Kinder ergeben. Die große Verantwortung, die Lehrer und Erzieher für die Entwicklung der ihnen anvertrauten Kinder übernehmen, erfordert es, sich ständig mit neuen Erkenntnissen und Erfahrungen auseinanderzusetzen, die geeignet sind, die pädagogische Arbeit innerhalb und außerhalb des Unterrichts möglichst entwicklungsfördernd zu gestalten.

Seit den zwanziger Jahren war die Grundschule – sowohl in Deutschland als auch in anderen Ländern – Gegenstand zahlreicher reformpädagogischer Bestrebungen. Die Vorschläge und Ideen zu Reformen resultierten letztlich aus dem Wunsch, über die Schule menschliches Zusammenleben insgesamt humaner zu gestalten.

Die Vereinigung der beiden deutschen Teilstaaten hat für die Grundschule zwar positive Entwicklungsmöglichkeiten, aber auch vielfältige Probleme gebracht. Besonders in den östlichen Bundesländern haben sich neue Perspektiven und Möglichkeiten eröffnet. Dabei können früher unzugängliche Erkenntnisse und Erfahrungen aufgegriffen und sinnvoll genutzt werden. Dies sollte aber durchaus nicht nur als „Einbahnstraße" verstanden werden. Auch Erfahrungen der ehemaligen Unterstufe der DDR-Schule und ihre wissenschaftlichen Grundlagen können in verschiedener Hinsicht Denkanstöße geben. Wie auch auf anderen Gebieten, sind wir zu gegenseitigem Erfahrungsaustausch und zu einer differenzierten Analyse der Vergangenheit im Interesse der Gegenwart und Zukunft aufgerufen. Dazu möchte das Buch einen Beitrag leisten. Deshalb wurde es von Anfang an im Sinne einer Ost-West-Kooperation konzipiert. Es war durchaus nicht immer leicht, eine gemeinsame Sprache zu finden, Mißverständnisse aufzuklären sowie Verständnis für die Positionen der anderen zu entwickeln. Aber letztlich hat diese Kooperation allen Beteiligten neue Einsichten vermittelt, und wir hoffen, daß auch unsere Leser davon profitieren können.

Dabei konnte es nicht darum gehen, Unterschiede einzuebnen und alle Beiträge auf eine einzige Konzeption zu verpflichten. So stehen teilweise auch verschiedene wissenschaftlich-konzeptionelle wie praktisch-pädagogische Ansätze nebeneinander, und es muß dem kritischen Leser überlassen bleiben zu entscheiden, welche ihm unter den jeweiligen pädagogischen Bedingungen als angemessen erscheinen. Ferner wird er auf bisher nicht so vertraute Begriffe und theoretische oder praktische Zugänge treffen, mit denen er sich auseinandersetzen muß, und er wird neuen Erkenntnissen und Erfahrungen begegnen, die er auf ihre Anwendbarkeit prüfen sollte. Dennoch gibt es eine Vielzahl von Gemeinsamkeiten zwischen den Autoren aus Ost und West, zumal Wissenschaft und pädagogische Praxis ihre eigene Entfaltungslogik besitzen. Insbesondere aber ist allen Autoren die Überzeugung von der großen Bedeutung der Grundschularbeit und der Verantwortung des Lehrers für das Kind und seine Entwicklung gemeinsam.

Das vorliegende Buch möchte die Voraussetzungen von Lernen und Lehren in der Grundschule aufzeigen und verdeutlichen, wie anspruchsvoll und komplex das Unterrichten ist. Zugleich soll Lust auf Leben und Arbeiten in der Schule geweckt werden. Wir dürfen uns nicht darauf zurückziehen, daß man gegen die übermächtigen Sozialisationsbedingungen der Gesellschaft und der Familie „nichts ausrichten“kann. Die bildende und erziehende Kraft des schulischen Lebens, Lernens und Lehrens ist für die Entwicklung der Kinder unverzichtbar. Angesichts der Gegenwarts- und Zukunftsprobleme kann die Bedeutung engagierter, gut ausgebildeter und sich ständig weiterbildender Lehrer gar nicht überschätzt werden. Die Verantwortung für die Entwicklung und Bildung der heranwachsenden Generation wird ihnen niemand abnehmen.

Dieser Aufgabe kann weder eine Idealisierung des Kindes im Sinne einer einseitigen Orientierung an seinen Bedürfnissen und Interessen gerecht werden, noch eine Verabsolutierung objektiver Anforderungen. Deshalb geht dieses Buch davon aus, daß pädagogischen Prozessen immer komplexe und vielfältige Wechselbeziehungen zwischen Kind, objektiven Anforderungen sowie sozial-ökologischen Gegebenheiten zugrundeliegen. Wichtig ist dabei zu betonen, daß schulische Lehr- und Lernprozesse nur in Kooperation zwischen allen Beteiligten – Schülern, Lehrern und Eltern – erfolgreich sein können. Ein Hauptanliegen dieses Buches gilt daher den pädagogischen, psychologischen und ökologischen Voraussetzungen dieser grundlegenden Prozesse der Grundschularbeit und ihrer Bedingungen.

Im **ersten Teil** werden die pädagogischen und psychologischen Voraussetzungen der Arbeit in der Grundschule explizit verdeutlicht. Dabei geht es um das Verhältnis von Entwicklung und Erziehung aus der Sicht unterschiedlicher wissenschaftlicher Ansätze (Kapitel 1), um die Interaktion von Lehrern und Schülern als Entwicklungs- und Erziehungspartner (Kapitel 2) sowie um unterschiedliche Lernvorgänge und Lehrkonzeptionen bzw. um die motivationalen und kognitiven Voraussetzungen im Kind (Kapitel 3 und 4).

Der **zweite Teil** greift über den unmittelbaren schulischen Bereich hinaus in das ökologische Umfeld des Kindes (Kapitel 5 bis 8). Im Mittelpunkt stehen dabei das Elternhaus, die Beziehungen zwischen Lehrern und Eltern, Einflüsse und Wirkungen von Medien und die Begegnung mit Angehörigen verschiedener Kulturen.

Auf dem **dritten Teil** mit den zentralen Arbeitsfeldern der Grundschule liegt das Hauptgewicht des Buches. Dieser umfangreichste Teil beginnt mit Problemen der Einschulung und Gestaltung des Anfangsunterrichts (Kapitel 9). Sodann werden Vorgänge des sozialen Lernens im Sinne übergreifender, alle Unterrichtsfelder durchziehender Prozesse analysiert und die didaktische Gestaltung sozialer Lerninhalte im Unterricht angesprochen (Kapitel 10). Daran schließt eine systematische Abhandlung der psychologischen und didaktischen Grundlagen wichtiger Lernbereiche an (Kapitel 11 bis 15). Sie reichen vom Erstunterricht auf den Gebieten Sprache, Lesen und Schreiben über die Förderung von Begriffsbildung und Problemlösungsprozessen (eingeschlossen den mathematischen Aspekt) und der sachlichen sowie erlebnisbetonten bzw. ästhetischen Auseinandersetzung mit der Umwelt bis zur Bedeutung von Bewegung, Spiel und Sport für die Grundschularbeit.

Der **vierte Teil** des Buches ist schließlich unterstützenden und fördernden Maßnahmen gewidmet. Im Unterschied zu den allgemeineren Aspekten der Unterrichtsgestaltung, die aus sachlogischen Gründen im vorherigen Teil abgehandelt wurden, steht in diesem letzten Teil eine individuumbezogene Sichtweise im Sinne einer inneren Differenzierung im Vordergrund, einschließlich der notwendigen diagnostischen Aufgaben (Kapitel 16 bis 18). Das letzte Kapitel des Buches stellt schließlich die bisher vorliegenden Erfahrungen, Ergebnisse und Auswirkungen zu dem wohl jüngsten pädagogischen Reformansatz vor, der Integration behinderter Kinder in die Regelschule (Kapitel 19).

Es ist uns bewußt, daß die zahlreichen angesprochenen Themen in einem solchen Band keineswegs erschöpfend behandelt werden können und daß eine Reihe von Fragen sicher eine breitere und differenziertere Darstellung verdient hätte. Weiterführende Literaturempfehlungen geben jedoch dem interessierten Leser Hinweise für eine intensivere Beschäftigung mit dem jeweiligen Thema. Das Buch kann auch keine umfassende Didaktik und Unterrichtsmethodik für die einzelnen Lernbereiche der Grundschule vermitteln; das ist Aufgabe entsprechender Spezialliteratur. Darüber hinaus konnten bei der gebotenen Beschränkung des Umfangs auch einige durchaus wichtige Themen nicht angesprochen werden, z.B. Fragen von Ethik und moralischer Erziehung, Religionsunterricht, Sexualerziehung und Hygiene. Trotzdem hoffen wir, dem Leser ein Buch an die Hand zu geben, das ihm helfen kann, konkrete pädagogische Situationen zu analysieren und die Arbeit in der Grundschule angemessen zu gestalten.

Lehrer werden sich dem Buch vornehmlich in aktuellen Problemzusammenhängen zuwenden. Die einzelnen Kapitel sollen sie anregen, ihre eigenen Erfahrungen zu durchdenken, neue und ältere Erkenntnisse aufzugreifen und zu erproben. Studierende und Referendare können das Buch als Studienbuch nutzen, um systematisch in die grundschulspezifischen Problemkreise einzudringen, ihre Grundlagen und Voraussetzungen zu durchdenken und Lösungsmöglichkeiten zu erarbeiten. Interessierten Eltern dürfte das Buch einen Einblick in die schulische Lebenswelt ihrer Kinder ermöglichen, und vielleicht lassen sie sich anregen, dabei die Eindrükke ihrer eigenen Schulzeit bzw. die daraus abgeleiteten Vorstellungen über die heutige Schule neu zu überdenken. Schließlich kann das Buch auch Horterzieherinnen und Kindergärtnerinnen über den gegenwärtigen bzw. zukünftigen Bildungsbereich der ihnen anvertrauten Kinder informieren.

I

Pädagogische und Psychologische Voraussetzungen

1

Entwicklung und Erziehung

Joachim Lompscher und Horst Nickel

1.1 Das Verhältnis von Entwicklung und Erziehung in der wissenschaftlichen Diskussion

1.1.1 Der Entwicklungsbegriff und seine Voraussetzungen

Mit dem Begriff Entwicklung bezeichnen wir ganz allgemein Veränderungsprozesse, die ein grundlegendes Merkmal aller Lebenserscheinungen darstellen. Man versteht darunter einen dynamischen Vorgang, der das Erreichen immer höherer Qualitätsstufen anstrebt (ULICH, 1986) und spricht deshalb sinngemäß nicht nur beim Menschen von Entwicklung, sondern ebenso bei Tieren und Pflanzen. Bezüglich des Menschen gilt dies sowohl in körperlicher als auch in psychischer Hinsicht. So finden wir in der Literatur aller Kulturvölker Darstellungen über eine lebenslange geistige, sittliche oder religiöse Entwicklung herausragender Personen. Die körperliche Entwicklung dagegen hält man nach alltäglichen Vorstellungen meistens mit dem Ende des Jugendalters für abgeschlossen.

Auch in der abendländischen Philosophie spielt der Entwicklungsbegriff vor allem seit Platon und Aristoteles eine wichtige Rolle. Besonders nachhaltig wirkt sich auf die gegenwärtige Diskussion von Entwicklung noch das dialektische Verständnis in Anlehnung an Hegel und seine Schüler aus, demzufolge sich Entwicklung in einem Dreierschritt von These – Antithese – Synthese vollzieht. Während dabei bereits dynamische Interaktionsprozesse (z.B. zwischen Annahmen/Strukturen einerseits und Widersprüchen/Umfeld andererseits) eine entscheidende Rolle spielen, geht der biologische Entwicklungsbegriff eher von der fortschreitenden Entfaltung präformierter Strukturen aus, wie sie im Samenkorn einer Pflanze oder in den Genen tierischer oder menschlicher Keimzellen vorgegeben sind. Diese Annahme, die von der Evolutionsbiologie des 19. Jahrhunderts in die gleichzeitig entstandene empirische Psychologie übernommen wurde, hat die psychologischen Entwicklungsvorstellungen bis weit in das 20. Jahrhundert mitbestimmt. Ihren nachhaltigsten Niederschlag fand diese Auffassung in verschiedenen theoretischen Annahmen, denenzufolge der Fortgang der Entwicklung in allgemeingültigen, von vornherein festgelegten Stufen, Phasen oder Perioden erfolgt. Da diese Konzepte Entwicklung als einen genetisch quasi vorprogrammierten Prozeß verstehen, faßt man sie auch unter dem Oberbegriff der *biogenetischen Entwicklungstheorien* zusammen.

Die einseitige Dominanz dieser Annahmen wurde im zweiten Viertel dieses Jahrhunderts abgelöst von einer geradezu gegenteiligen Auffassung, die in Anlehnung an die Reflexologie der russischen Physiologen Bechterew und vor allem Pawlow in den westlichen Ländern von den amerikanischen Behavioristen vertreten wurde.

Danach ist Entwicklung stets als das Ergebnis elementarer Lernprozesse zu verstehen. Diese können sowohl in Form einer **reaktiven** und **operanten Konditionierung** erfolgen, wie sie mit den Namen Watson (1919/83, 1930/68) bzw. Skinner (1938, 1974) verbunden sind, als auch im Sinne des Lernens zum Zwecke der Triebreduktion (Hull, 1943, 1952) oder durch **Nachahmungs-** bzw. **Beobachtungslernen** (Bandura, 1979). Der entscheidende Unterschied zu einem biogenetischen Verständnis von Entwicklung besteht also darin, daß nicht innere (endogene), sondern äußere (exogene) Faktoren jetzt als die entscheidende Ursache für Veränderungen im Sinne von Entwicklung angesehen werden. Das führte sogar dazu, daß man zeitweise meinte, auf den Entwicklungsbegriff völlig verzichten und ihn durch den der **Sozialisation** ersetzen zu können (Nickel, 1992a; Ulich, 1981; *vgl. 1.1.2 und 1.1.3*).

Zur Verdeutlichung dieser beiden hier nur kurz skizzierten unterschiedlichen Positionen des Verständnisses von Entwicklung sprechen einige Autoren in pointierter Überbetonung der Gegensätze geradezu von endogenistischen bzw. exogenistischen Konzepten (Flammer, 1988). Eine im gewissen Sinne vermittelnde Position nimmt demgegenüber der Biologe und Erkenntnistheoretiker Jean Piaget (1936/75, 1948/80) ein. Er weist darauf hin, daß sich Entwicklungsprozesse von bloßen Lernvorgängen vor allem dadurch unterscheiden, daß sie sich nicht nur auf einzelne Reaktionen oder isolierte Leistungen bzw. Verhaltensaspekte beziehen, wie das für Lernvorgänge in der Regel gilt, sondern daß sie die gesamte psychische, vor allem **kognitive Struktur** des Individuums betreffen und verändern. Damit führen sie stets zu einer relativ überdauernden Modifikation der gesamten Verhaltensmuster, während Lernvorgänge nur kurzzeitige Verhaltensänderungen bewirken können und ihre Auswirkungen mit zunehmendem zeitlichen Abstand mehr oder weniger verschwinden (vergessen) werden (Nickel, 1992a; *vgl. 1.1.3*).

Einen ersten Versuch, unabhängig von diesen unterschiedlichen theoretischen Positionen einen wissenschaftlich fundierten psychologischen Entwicklungsbegriff zu formulieren, unternahm Thomae (1959/72). Er versteht unter *Entwicklung eine Reihe miteinander zusammenhängender Veränderungen, die sich bestimmten Zeitpunkten im individuellen Lebensablauf zuordnen lassen.* Danach handelt es sich also um einen lebenslangen Prozeß im Sinne einer bestimmten Veränderungsreihe, bei der verschiedene Einzelabläufe miteinander verknüpft sind und auf die Erreichung eines bestimmten Endpunktes abzielen. Der Gesamtvorgang Entwicklung als solcher ist nicht umkehrbar, d.h. eine Rückkehr zum Ausgangspunkt bzw. zu einem früheren Zustand ist nicht möglich. Dieses Merkmal der **Irreversibilität** unterscheidet nach Thomae Entwicklung u.a. von Lernvorgängen. So kann z.B. eine konditionierte Reaktion durch Gegenkonditionierung zum Verlöschen gebracht werden, ein Vorgang, der im therapeutischen Bereich praktische Anwendung findet (z.B. in der Verhaltenstherapie).

In der folgenden Zeit hat Thomae (1978) diese Begriffsbestimmung noch um einen wichtigen Aspekt erweitert: Es handelt sich um die in zahlreichen Untersuchungen bestätigte Feststellung, daß Entwicklung nicht nur gleichgesetzt werden darf mit Veränderungen, sondern daß die **Verhaltenskonstanz**, d.h. die Bewahrung und Wiederaktivierung einmal erreichter Strukturen, eine ebenso große Rolle spielt (vgl. Nickel, 1982a, 1992a).

1.1.2 Was verstehen wir unter Erziehung?

Ähnlich wie der Vorgang der Entwicklung gehört auch der der Erziehung zum Erfahrungsbereich aller Kulturvölker und besitzt in der jeweiligen Wissenschaft eine weit zurückreichende Tradition. Bei allen Abweichungen im jeweiligen inhaltlichen Verständnis unterscheidet sich jedoch der Erziehungsbegriff von dem der Entwicklung meistens dadurch, daß er primär auf den Menschen bezogen ist (auch wenn man gelegentlich von der Erziehung bestimmter Haustiere spricht) und daß er eine bestimmte gezielte Einflußnahme beinhaltet. Das dokumentiert sich auch in den entsprechenden Erläuterungen gängiger Konversationslexika, in denen unter Erziehung zum Beispiel „alle Maßnahmen und Prozesse" zusammengefaßt werden, „durch die das Kind zur Erwachsenenheit (Mündigkeit) gelangt"(BROCKHAUS Enzyklopädie, 1968) oder Erziehung gleichgesetzt wird mit den „von anderen Menschen gesteuerten Lernvorgängen bei den zu Erziehenden" (MEYERS Großes Universallexikon, 1981).

Im Unterschied zu diesen eher populärwissenschaftlichen Auffassungen existiert im Bereich der beteiligten Wissenschaften, insbesondere in der Pädagogik bzw. Erziehungswissenschaft, aber auch in den eng mit diesen zusammenwirkenden Disziplinen Erziehungsphilosophie, Erziehungspsychologie und Erziehungssoziologie, kein einheitlicher und weitgehend anerkannter **Erziehungsbegriff**. Es ist vielmehr durchaus üblich, wie KLAUER (1981) feststellt, daß jeder Wissenschaftler oder Autor entsprechend seiner theoretischen Position einen eigenen Erziehungsbegriff verwendet. Eine wesentliche Ursache dafür ist in dem Gegensatz zwischen normativer Pädagogik bzw. Erziehungsphilosophie einerseits und empirisch orientierter Erziehungswissenschaft sowie Erziehungspsychologie und Erziehungssoziologie andererseits zu sehen.

Während die normative Pädagogik und Erziehungsphilosophie die Reflexion über die Erziehbarkeit und Erziehungsbedürftigkeit des Menschen sowie über die Zielsetzungen und Rechtfertigungen erzieherischer Interventionen als vorrangige Aufgabe betrachtet (SÜSS-HOYNINGEN, 1992), orientiert sich die Erziehungswissenschaft primär an der sich empirisch darbietenden Erziehungswirklichkeit und versucht, die Handlungen oder Tätigkeiten zu analysieren, die beim Erziehungsprozeß zwischen den beteiligten Personen stattfinden (BREZINKA, 1990; KLAFKI, 1971). Analoges gilt auch für die Erziehungspsychologie (NICKEL, 1992b) sowie für die Erziehungssoziologie bzw. Pädagogische Sozialisationsforschung (GEULEN, 1981, 1987; HURRELMANN, 1991).

Entsprechend diesen verschiedenen, teilweise gegensätzlichen wissenschaftstheoretischen Standpunkten, lassen sich vier Arten von Erziehungsbegriffen unterscheiden, die kurz als *normativ, präskriptiv, deskriptiv* und *prozessual* gekennzeichnet werden (*vgl. Kasten 1–1*). Während die beiden ersten für den normativ-philosophischen Ansatz kennzeichnend sind, beziehen sich die beiden anderen eher auf ein erfahrungswissenschaftlich orientiertes Vorgehen.

> Kasten 1–1:
>
> *Erziehungsbegriffe* mit unterschiedlicher theoretischer und inhaltlicher Ausrichtung (nach Klauer, 1981):
>
> *Normative Erziehungsbegriffe.* Sie definieren Erziehung über die Angabe eines angestrebten Zieles.
>
> *Präskriptive Erziehungsbegriffe.* Sie enthalten Handlungsanweisungen für den Erzieher als Mittel zur Erreichung bestimmter Ziele.
>
> *Deskriptive Erziehungsbegriffe.* Sie bemühen sich um betonte Wertfreiheit und zielen darauf ab, die Möglichkeiten, Bedingungen und Ergebnisse erzieherischen Handelns empirisch zu erforschen.
>
> *Prozessuale Erziehungsbegriffe.* Sie definieren Erziehung durch den Vorgang selbst. Dieser wird entweder ganz allgemein als Verhaltensänderung durch erzieherische Interaktion beschrieben (Nickel, 1992b) oder spezieller als Sozialisation (Fend, 1976; Geulen, 1987) und/oder als Enkulturation im Sinne einer Aneignung der Inhalte und Lebensformen einer Kultur (Weber, 1986).

Gegenüber einem rein deskriptiven Erziehungsbegriff wurde allerdings zu Recht eingewandt, daß sich Erziehung implizit immer an bestimmten Zielvorgaben oder Absichten orientiert und daß es zum reinen Empirismus führen würde, wenn man diese nicht von vornherein mitreflektiert. Darüber hinaus müsse sich eine Vernachlässigung normativer Aspekte auch nachteilig auf die zu Erziehenden auswirken.

Eine in diesem Sinne vermittelnde Position nimmt Brezinka (1990, 1995) ein. Für ihn besteht Erziehung in sozialen Handlungen zwischen Personen, die sich aber von anderen Handlungen bzw. Interaktionen dadurch unterscheidet, daß sie eine bestimmte Richtung implizieren, nämlich die Absicht, bestimmte Erziehungsziele zu erreichen. In diesem Sinne bezeichnet der Begriff Erziehung speziell solche menschlichen Handlungen, die darauf gerichtet sind, die psychischen Dispositionen anderer Menschen dauerhaft zu verbessern. Damit verbindet Brezinka den normativen Aspekt mit einem empirischen Handlungsbegriff.

Die Absicht, nicht nur das äußere Verhalten, sondern die dafür bedeutsamen psychischen Dispositionen zu ändern, macht es notwendig, zunächst die gegebenen psychischen Dispositionen des Kindes aufzudecken und Möglichkeiten ihrer dauerhaften Modifikation zu analysieren (*vgl. 1.3.4*). Damit wird zugleich die Frage nach dem jeweiligen Entwicklungsstand, in unserem Falle des Grundschulkindes, seines bisherigen Entwicklungsverlaufs und seiner voraussichtlichen weiteren Entwicklungsaussichten aufgeworfen. Entwicklung und Erziehung werden damit zu Prozessen, die sich notwendigerweise gegenseitig bedingen, das gilt sowohl für außerschulische als ganz besonders auch für schulische Erziehungsmaßnahmen.

Unabhängig davon wurde im Zusammenhang mit dem Erziehungsbegriff – ähnlich wie beim Entwicklungskonzept – die Frage diskutiert, inwieweit entsprechende Veränderungen primär durch äußere Einwirkungen ausgelöst und gesteuert werden können, oder ob erzieherische Maßnahmen lediglich die sich im Kind quasi von selbst entfaltenden Kräfte unterstützen dürfen, vor allem dadurch, daß sie dafür geeignete Bedingungen schaffen. Diese gegensätzlichen Standpunkte wurden von dem Erziehungsphilosophen Theodor

Litt (1927/72) in einem vielbeachteten Diskurs als Antinomie von „Führen oder Wachsenlassen“ unter allen Aspekten beleuchtet. Sein sorgfältiges Abwägen des Für und Wider, das schließlich in einem wohlbegründeten „Sowohl - Als auch“ resultierte, hat die Diskussion bis in unsere Zeit nachhaltig beeinflußt.

1.1.3 Das Zusammenwirken von Entwicklungs- und Erziehungsprozessen

Über das Zusammenwirken von Entwicklungs- und Erziehungsprozessen, wie es in den beiden vorherigen Abschnitten als notwendig und konstitutiv für jegliche Form schulischer Einflußnahme herausgearbeitet wurde, haben die beteiligten Wissenschaftsdisziplinen, vor allem die Entwicklungspsychologie und die Pädagogik/Erziehungswissenschaft, im Verlauf dieses Jahrhunderts sehr unterschiedliche Konzepte erarbeitet. Diese veränderten sich vor allem mit dem jeweils dominierenden Verständnis von Entwicklung, wie es eingangs skizziert worden ist (*vgl. 1.1.1*). Eine entscheidende Rolle spielte dabei die Frage, inwieweit die menschliche Persönlichkeitsentwicklung bereits durch genetische Strukturen festgelegt oder für erzieherische Einwirkungen offen und damit Veränderungen im Sinne bestimmter pädagogischer Zielsetzungen zugänglich ist. Es ging also im wesentlichen um den jeweiligen Anteil innerer, biologischer (endogener) und äußerer, umweltbezogener (exogener) Einflüsse bzw. um ihren Stellenwert für den Erziehungsvorgang (und damit auch für den schulischen Lernprozeß), der in seiner jeweiligen Bedeutung entsprechend unterschiedlich gewichtet wurde.

Die **biogenetischen Entwicklungstheorien** (*vgl. 1.1.1*), die bis weit nach dem 2. Weltkrieg die Schulpädagogik in Deutschland beeinflußten, sprachen den durch genetische Programme gesteuerten Prozessen eine primäre Bedeutung für die Entwicklung zu. Pädagogische und damit auch schulische Maßnahmen stellten demgegenüber sekundäre Einflußfaktoren dar, die nur dann effektiv sein konnten, wenn sie auf jene endogen bedingten Reifungsprozesse sorgfältig abgestimmt waren. Diese gelte es deshalb abzuwarten, bevor pädagogisch einzugreifen sei (*vgl. Kasten 1–2*).

Vorzeitige pädagogische Einwirkungen mußten nach dieser Auffassung nicht nur vergeblich bleiben, sie vermochten die Entwicklung also nicht zu fördern, sondern sie konnten im Sinne einer Verfrühung sogar gefährlich sein, weil sie die natürliche Entfaltung der Kräfte und neuen Strukturen behinderten oder sogar nachhaltig beeinträchtigten (vgl. Nickel, 1980, 26 ff).

Eine geradezu gegenteilige Auffassung setzte sich als Folge der **behavioristischen Entwicklungsvorstellungen** in den USA bereits in der ersten Hälfte dieses Jahrhunderts durch; nach dem zweiten Weltkrieg erhielt sie auch in Westeuropa starken Auftrieb. Da nach diesen Vorstellungen Entwicklung nur als das Ergebnis kumulativer Lernprozesse zu verstehen ist (*vgl. 1.1.1*), erschienen die Möglichkeiten pädagogischer Einwirkung plötzlich als grenzenlos. Das neugeborene Kind, das man bezüglich seiner Entwicklungspotenzen und -möglichkeiten gleichsam als unbeschriebenes Blatt betrachtete, das allen denkbaren Einwirkungen offenstand („tabula-rasa“Konzept), ließ sich nach dieser Auffassung beliebig pädagogisch steuern: zum Arzt, zum Künstler, zur Führungskraft oder zum Bettler bzw. gar zum Dieb, je nach Zielsetzung und ganz ohne Rücksicht auf seine eigenen Begabungen oder Neigungen, wie es der Begründer des Behaviorismus, John B. Watson, in einem vielzitierten programmatischen Ausspruch formuliert hatte (vgl. Heckhausen, 1974).

Kasten 1–2:

Reifungstheorien und Einschulung

Ein typisches Beispiel für eine *einseitige Betonung von Reifungsprozessen* bietet das in den dreißiger Jahren entwickelte und nach dem 2. Weltkrieg zunächst in dieser Form wieder aufgegriffene ursprüngliche Konzept der Schulreife (Kern, 1951/ 63; Kroh, 1927/44). Es basierte auf der reifungstheoretischen Annahme, daß jedes Kind im Verlaufe seiner Entwicklung den erforderlichen Reifegrad erreichen würde, um die Anforderungen der Schule erfolgreich bewältigen zu können. Diese Entwicklung sollte sich bei den meisten Kindern im Sinne eines Reifungsschubes im Alter von 6 bis 7 Jahren vollziehen. Daher wurde auch eine entsprechende Heraufsetzung des Einschulungsalters möglichst auf 7 Jahren gefordert. Schulanfänger, bei denen dies zum Zeitpunkt der Einschulung noch nicht der Fall war, sollten deshalb solange vom Schulbesuch zurückgestellt werden, bis sie diesen Entwicklungsschritt vollzogen hatten. Diese Annahme mußte aber schon bald durch entsprechende Erfahrungen und empirische Untersuchungen revidiert werden (Kemmler, 1967; Witzlack, 1968; vgl. dazu Kap. 9.2).

Einen Höhepunkt erreichte dieser auf einer einseitigen Betonung der Umweltwirkungen basierende pädagogische Optimismus (*vgl.* den Begriff exogenistische Entwicklungstheorien unter *1.1.1*) in den zahllosen Bemühungen einer sog. kognitiven Frühförderung. Zunächst als kompensatorische Maßnahme für umweltgeschädigte Kinder gedacht, wurden sie im Verlauf der sechziger Jahre zur universellen Einrichtung, von denen man eine Revolutionierung der pädagogischen Möglichkeiten im Sinne einer allgemeinen und umfassenden geistigen Förderung des Menschen erwartete, bei denen Leseprogramme schon für Kleinstkinder zur Selbstverständlichkeit gehörten (vgl. Bloom, 1965; Lückert, 1967, 1972).

Es war nicht zuletzt auch die Enttäuschung dieser Erwartungen und der sehr begrenzte bzw. unzureichende Erfolg vielfältiger Maßnahmen zur sog. kognitiven Frühförderung, die die Zweifel an den zugrundeliegenden Vorstellungen über das Verhältnis von Entwicklung und Erziehung so verstärkten, daß diese Modellvorstellungen wiederum einer grundlegenden Revision unterzogen wurden (Bronfenbrenner, 1976, 1977; Nickel, 1992a).

Eine in dieser Hinsicht vermittelnde Position hatte, wie schon vorher dargelegt, bereits ein Entwicklungspsychologe eingenommen, dessen Arbeiten lange Zeit unbeachtet geblieben waren, nun aber wieder entdeckt wurden und starkes Interesse fanden: Jean Piaget (1936/75, 1948/80). Nach seinen Vorstellungen stellt Entwicklung das Ergebnis einer ständigen Auseinandersetzung des Individuums mit seiner Umwelt dar. Dabei wirken zwei grundlegende Prozesse zusammen: die **Assimilation**, d.h. die Aufnahme der Umwelteindrücke im Sinne einer Angleichung an bereits vorhandene kognitive Schemata, und die **Akkomodation**, d.h. neue Umweltreize erfordern eine Erweiterung der bereits vorhandenen kognitiven Schemata zum Zwecke ihrer Verarbeitung (*vgl. Kap. 12.1.1*). Das Ergebnis ist stets eine Wiederherstellung eines gestörten Gleichgewichts (**Äquilibrium**) zwischen Individuum und Umwelt auf jeweils nächsthöherer Organisationsstufe. Auf diese Weise werden nach Piaget von der Geburt bis zum Erwachsenenalter allmählich und schrittweise die kognitiven Strukturen des Menschen aufgebaut, ausgehend von einfachen Reflexen des Neugeborenen bis zu abstrakten Denkprozessen, die nach seiner Auffassung im Verlauf des Jugendalters erstmals auftreten. Allerdings läßt die ursprüngliche Theorie Piagets offen, inwieweit es sich dabei um eine wirkliche gegenseitige Wechselwirkung zwischen Individuum und Umwelt handelt, oder ob nicht letztlich doch die Annahme von einer festgelegten unveränderbaren Abfolge bestimmter Entwicklungsstadien dem Konzept einer echten und offenen Interaktion entgegensteht.

Während einige Schüler und spätere Interpreten die Theorie Piagets in neuerer Zeit in dem Sinne erweiterten, daß Entwicklung als das Ergebnis einer aktiven Auseinandersetzung zwischen Individuum und Umwelt anzusehen ist (vgl. AEBLI, 1976; FLAMMER, 1988), wirken in den ursprünglichen Ansätzen eher noch Vorstellungen biogenetischer Entwicklungstheorien im Sinne von vorprogrammierten Stufenabfolgen nach. In diese Richtung deutet auch die beharrliche Weigerung Piagets und seiner engsten Mitarbeiter, eine tatsächliche gezielte Entwicklungsförderung im Sinne einer Strukturveränderung für möglich zu halten.

Unabhängig davon wurde aber mit der dadurch ausgelösten Diskussion um den Entwicklungsprozeß ein Problemfeld thematisiert, das in neuerer Zeit zunehmende Bedeutung erhielt und vorwiegend um zwei Fragenkomplexe zentriert ist:

Erstens: Inwieweit wirken innere und äußere Faktoren, d.h. genetische Ausstattung und Umweltbedingungen, an allen Erziehungsprozessen mit und beeinflussen sich dabei gegenseitig? Zweitens: Inwieweit ist das Individuum selbst aktiv handelnd an seiner Entwicklung beteiligt?

Die dazu erarbeiteten theoretischen Konzepte werden vielfach unter dem Oberbegriff des **Kontextualismus** zusammengefaßt (FLAMMER, 1988).

Während sich die bisher kurz skizzierten Theorien in erster Linie mit der relativen Bedeutung genetischer Faktoren oder Umwelteinwirkungen für die Entwicklung und Erziehung des Individuums auseinandersetzten, rücken kontextualistische Theorien die **Individuum-Umwelt-Einheit** in den Mittelpunkt der Betrachtung. Sie fragen sowohl nach den Veränderungen des Individuums als auch nach denen, die gleichzeitig in ihrem jeweiligen sozialen und kulturellen Umfeld stattfinden (*vgl. Kasten 1–3*). Diese Auffassung hatte nachhaltige Auswirkungen auf ein neues Verständnis von Entwicklung und Erziehung als zwei sich gegenseitig bedingender und ergänzender Prozesse. Damit wird zugleich auch die alte pädagogische Antinomie vom „Führen oder Wachsenlassen" im Sinne von LITT (*vgl. 1.1.2*) auf eine neue höhere Verständnisebene transponiert.

Aus der Gruppe dieser kontextualistischen Konzepte sollen im folgenden zwei Ansätze ausführlicher dargestellt werden, die für das Verständnis der Entwicklung des Grundschulkindes sowie das darauf bezogene pädagogische Handeln des Lehrers besondere Bedeutung gewonnen haben.

Zum einen handelt es sich um die ökologische Perspektive der Entwicklungspsychologie, wie sie in jüngster Zeit vor allem von BRONFENBRENNER (1981, 1990) in einer umfassenden theoretischen Rahmenkonzeption formuliert wurde und die mit verschiedenen Annahmen der Systemtheorie eine fruchtbare Verbindung eingegangen ist (NICKEL, 1992a; *vgl. 1.2*). Zum anderen handelt es sich um den kulturhistorisch orientierten tätigkeitstheoretischen Ansatz in Anlehnung an die dialektische Theorie von WYGOTSKI (1985, 1987; *vgl. 1.3*).

Kasten 1–3:

Grundannahmen des Kontextualismus

Kontextualistische Entwicklungskonzepte berücksichtigen nicht nur Veränderungen in dem sich entwickelnden Individuum, sondern auch diejenigen, die gleichzeitig in seinem sozialen, kulturellen und materiellen Umfeld stattfinden und die nach dieser Auffassung in wechselseitiger Abhängigkeit stehen (DIXON & LERNER, 1984). **Kontextualität** bedeutet zugleich eine Orientierung an *Ganzheitlichkeit, Molarität, Komplexität* und *systembezogener Sichtweise* und ist teilweise verbunden mit der Annahme einer Verschachtelung der betrachteten Einheiten. Individuum und Umwelt bilden eine Ganzheit. Gegenstand der wissenschaftlichen Betrachtung ist diese Person-Umwelt-Einheit, einige Forscher sprechen auch von einer Person-Kultur-Einheit (LANG, 1988). Während einige theoretische Ansätze nur die perzipierte, verarbeitete Umwelt berücksichtigen (BRONFENBRENNER, 1981; UEXKÜLL, 1909), verweisen andere auf die Notwendigkeit einer Verbindung von subjektabhängiger und objektbezogener Umwelt (GIBSON, 1982; WYGOTSKI, 1987). Diese Verbindung von Individuum und Umwelt kommt am deutlichsten in dem Konzept der **Transaktion** zum Ausdruck. Es beschreibt den anspruchsvollen Wechselwirkungsprozeß gleichzeitiger Veränderungen im Sinne eines ständigen Hin und Her („Ping-Pong-Modell") oder einer nahtlosen Folge („Reißverschluß-Modell").

1.2 Entwicklung aus ökopsychologischer und systemischer Perspektive

1.2.1 Ökologie und Verhalten

Im Verlauf der beiden letzten Jahrzehnte hat sich sowohl in der Psychologie als auch in der Erziehungswissenschaft mehr und mehr eine ökologisch orientierte Sichtweise durchgesetzt, die den Gegensatz zwischen inneren (genetisch-biologischen) und äußeren (umweltbedingten) Ursachen menschlicher Entwicklung auf eine höhere Ebene transponierte und damit zugleich auflöste (*vgl. 1.1.3*). Denn der Begriff Ökologie zielt explizit auf die Wechselwirkung zwischen biologischen und umweltbezogenen Faktoren. Er wurde bereits vor mehr als 100 Jahren von dem Zoologen und Naturphilosophen Ernst Haeckel (1834-1909) eingeführt, um dadurch die Beziehungen eines Organismus zu der ihn umgebenden Außenwelt zu kennzeichnen. Aus ökologischer Perspektive kommt es deshalb entscheidend darauf an zu fragen, wie Mensch und Umwelt miteinander interagieren. Nach MUNZ (1989, 63) besteht die wesentliche Aussage des Ökologiebegriffs darin, daß *Lebewesen und Umwelt ein untrennbares Paar* bilden. Sie beeinflussen sich ständig wechselseitig im Sinne eines *transaktionalen Prozesses* (HOLAHAN, 1982; *vgl. Kap. 6.3.2*), der von verschiedenen Autoren auch mit dem ständigen Hin und Her eines Ping-Pong-Spiels oder der gleichzeitigen Verzahnung eines Reißverschlusses verglichen wurde (*vgl. Kasten 1–3*).

Eine ökologische Orientierung ist keineswegs an eine bestimmte Wissenschaftsdisziplin gebunden, ganz im Gegenteil, sie kann in vielerlei Hinsicht geradezu als disziplinübergreifend verstanden werden. Dadurch ermöglicht sie zugleich auch eine engere Verknüpfung von entwicklungspsychologischer und pädagogischer Sicht- und Handlungsweise als dies bei allen klassischen Entwicklungskonzepten der Fall war (*vgl. 1.1.3*). Diese implizite Tendenz zu multidisziplinären Forschungs- und Praxisansätzen hat einen wesentlichen Grund in der *Mehrfachbestimmung des Ökologiebegriffs*. Denn er umfaßt sowohl die *natürliche Umwelt* (also die dinglich materiellen Gegenstände bzw. die biologisch-physikalisch und chemisch beschreibbare Umwelt im Sinne der klassischen Naturwissenschaften) als auch die *soziale* und *kulturelle Umwelt* (also den Gegenstand der Gesellschafts- und Kulturwissenschaften). Schließlich sind Umwelten nicht nur räumlich, sondern auch zeitlich strukturiert, so daß der Ökologiebegriff damit zugleich auch eine *historische Perspektive* erhält.

Nicht zuletzt aus dieser *Verankerung des Ökologiebegriffs in der Zeit* ergibt sich auch eine enge Beziehung zu Entwicklungsvorgängen, und zwar in doppelter Hinsicht: Zum einen bezüglich der subjektiven oder personalen Zeit, die wir auch als die persönliche Biographie eines Individuums bezeichnen; zum anderen hinsichtlich der sozialen Zeit, d.h. jener Zeitspanne, in der sich Einflüsse von historisch-gesellschaftlichen Veränderungen niederschlagen können. Damit werden diese Aspekte, die in den dialektisch-kulturhistorisch orientierten Konzepten die entscheidende Quelle von Entwicklung darstellen (*vgl. 1.3.3*), ebenfalls berücksichtigt, aber nur als einer von mehreren Faktoren. Vor allem aber erhalten sie ihre *Bedeutung* nicht nur auf objektiver, sondern vor allem auf *subjektiver Ebene*.

1.2.2 Ökologisch orientierte Entwicklungskonzepte und ihre pädagogische Bedeutung

Erste ökologisch orientierte Entwicklungskonzepte finden sich bereits zu einer Zeit, in der endogenistische und exogenistische Vorstellungen noch weithin dominierten (*vgl. 1.1*). So entwarf der deutsche Gestaltpsychologe Kurt LEWIN (1935) in seiner Feldtheorie ein erstes Mensch-Umwelt-Modell im Sinne eines Ökosystems. Er bezeichnete es als den *Lebensraum einer Person,* der alles umfaßt, was für sie zu einem bestimmten Zeitpunkt *psychologische Existenz* besitzt. Damit wird bereits die Erlebnisebene als besonders entscheidend herausgestellt. Dies ist ein wesentliches Kennzeichen aller weiteren ökologisch orientierten Entwicklungstheorien.

Eine weitere wichtige Etappe stellt das Modell von BARKER (1968) dar, der den Begriff des **ökologischen Netzwerkes** einführte. Damit wollte er verdeutlichen, daß Mensch und Umwelt in jeder speziellen ökologischen Situation durch vielfältig verwobene Pfade miteinander verbunden sind. Ein weiterer Begriff, der im ökologischen Konzept von Barker eine wichtige Rolle spielt, ist der des **Behavior Settings.** Er weist eine enge Verwandtschaft mit dem Begriff des Lebensraums von Lewin auf. Settings oder Lebensbereiche, wie man den Begriff im Deutschen im allgemeinen übersetzt, bezeichnen bestimmte Verhaltensmuster in einer abgrenzbaren sozialen und räumlichen Umwelt. Die Interaktionen innerhalb eines Settings führen zu einem stabilen Zustand, so daß sich zwischen dem Verhalten eines Individuums und den Gegebenheiten seines Lebensbereiches eine wechselseitige Anpassung herausbildet. Aus entwicklungspsychologischer Sicht läßt sich der gesamte menschliche Lebenslauf als eine Abfolge unterschiedlicher Lebensbereiche beschreiben. Im Grundschulalter kommt dabei neben Familie und Spiel- bzw.

Freundschaftsgruppen auch der Schulklasse eine wichtige Bedeutung als einem solchen Setting zu.

Aufbauend auf diesen Konzepten hat der amerikanische Psychologe und Sozialisationsforscher Urie Bronfenbrenner (1977, 1981, 1990) eine umfassende Rahmenkonzeption einer „Ökologie der menschlichen Entwicklung" entworfen. Entwicklung ist danach kein Ereignis, das dem Menschen widerfährt, etwa aufgrund endogener oder exogener Einwirkungen oder bloßer interaktiver Austauschprozesse zwischen Individiuum und Umwelt, z.B. im Sinne von Piaget (*vgl. 1.1.3*). Sie ist vielmehr das Ergebnis einer aktiven Auseinandersetzung des Individuums mit seiner Umwelt in Form **transaktionaler Prozesse** (*vgl. Kasten 1–3*). Dabei verändert sich nicht nur das Individuum, sondern auch seine Umwelt. Darüber hinaus stehen die Settings oder Lebensbereiche nicht nur untereinander in einer wechselseitigen Einflußnahme, sondern sie sind auch eingebettet in einen größeren soziokulturellen Zusammenhang der jeweiligen Kulturen und Gesellschaftsformen, die Bronfenbrenner (1981) als Makrosystem bezeichnet. So stellt sich bei ihm die *Ökologie der menschlichen Entwicklung* als eine Art *Verschränkung bzw. Überlagerung verschiedener Systeme* auf mehreren Ebenen dar, die verschiedenen Autoren durch ein Bild konzentrischer Ellipsen veranschaulichten (vgl. Flammer, 1988, 260). Sie reichen vom kleinsten Lebensbereich, dem sog. Mikrosystem, bis zu dem übergreifenden Makro- und Chronosystem (*vgl. Kasten 1– 4*).

Eine wichtige Funktion in diesen sich ständig verändernden Systemen verschiedener Ebenen spielen die **ökologischen Übergänge**. Formal sind sie gekennzeichnet durch eine *Veränderung des Mesosystems* (*vgl. Kasten 1–4*), die entweder durch Erweiterung bzw. Ersetzung einzelner Mikrosysteme erfolgen kann (dies ist meist im Kindes-, Jugend- und frühen Erwachsenenalter der Fall) oder auch durch deren Verminderung (vorwiegend im Alter). Immer vollzieht sich dabei eine *Veränderung in dem Ökosystem des Individuums, die eine Umorientierung bzw. Neuanpassung erfordert.* Solche ökologischen Übergänge stellen daher besondere Ansprüche an die Fähigkeit zur Bewältigung neuer Gegebenheiten durch angemessene Strategien. Sie markieren damit zugleich typische Abschnitte oder Meilensteine im Entwicklungsverlauf. Diese können einerseits die Entwicklung *fördernd beeinflussen*, sie können aber andererseits auch *krisenhaft verlaufen*, wenn die Bewältigung auf Schwierigkeiten stößt oder gar mißlingt (Nickel, 1985a; Schmidt-Denter, 1984). Ein typisches Beispiel für eine solche Veränderung des Mesosystems im Sinne eines ökologischen Übergangs stellt der Schuleintritt dar (*vgl. Kap. 9.2*).

Die Bedeutung der ökologischen Übergänge als Knotenpunkte der Entwicklung (im Sinne einer Beschleunigung oder eines krisenhaften Verlaufs) provozierten auch verschiedene Versuche, den Entwicklungsablauf mit Hilfe solcher Übergänge zu systematisieren und entsprechend zu untergliedern, ähnlich den Stufen- und Phasenmodellen der Entwicklung auf biogenetischer Grundlage (*vgl. 1.1.3*). Einen interessanten Ansatz in diese Richtung unternahm Kossakowski (1984, 1990). Er zog gewisse Parallelen zwischen den Tätigkeitskonzepten der kulturhistorischen Schule (*vgl. 1.3*) und der ökologischen

[1] In der Theorie der kulturhistorischen Entwicklungs- und Erziehungskonzeption wird diese Mensch-Welt-Wechselbeziehung als Grundlage menschlicher Existenz bezeichnet und mit dem Tätigkeitskonzept in ganz spezifischer Weise expliziert (*vgl. 1.3.2*)

Entwicklungstheorie, die er beide als Grundlagen für eine „Periodisierung der psychischen Entwicklung der Persönlichkeit“ heranzog. Es steht außer Zweifel, daß solche Einteilungen, ganz gleich auf welcher Basis sie erfolgen, einem praktischen Bedürfnis entsprechen, wie KOSSAKOWSKI (1984) betont. Das gilt ganz beonders im schulischen Bereich. Sie liefern Lehrern und Erziehern scheinbar konkrete und gut faßbare Anhaltspunkte für angeblich entwicklungsgemäße pädagogische Einwirkungen. Allerdings gehen solche Periodisierungen immer zu Lasten des Individuums mit seiner Besonderheit und Eigenart, die sie einem generalisierenden Durchschnitt unterordnen. Damit blockieren sie aber zugleich auch ein notwendiges individualisierendes und differenzierendes pädagogisches Vorgehen. Deshalb haben verschiedene Autoren auch nachdrücklich vor jeder Form solcher Stufen-, Phasen- oder Periodeneinteilungen gewarnt (LEHR, 1976; NICKEL, 1980, 1985b)

Bei allen Untergliederungsversuchen auf der Grundlage einer ökologischen Entwicklungstheorie bleibt unberücksichtigt, daß aus ökologischer Perspektive nicht die objektiven Anforderungen der Umwelt und die dadurch ausgelösten Zäsuren das entscheidende Kriterium für eine solche Einteilung darstellen können, sondern vor allem ihre subjektive Form der Verarbeitung (NICKEL, 1985b). Bei einer solchen Sichtweise ließen sich aber günstigstenfalls retrospektiv aus der Biographie eines Individuums die für es bedeutsamen Knotenpunkte rekonstruieren. Dies kann in der psychologischen Beratung oder gar in der Psychotherapie in einzelnen Fällen auch durchaus sinnvoll und hilfreich sein. Ansatzpunkte für eine vorausschauende pädagogische Planung von Erziehungs- und Unterrichtsprozessen lassen sich auf diese Weise aber nicht gewinnen. Allerdings kann man bei jenen ökologischen Übergängen, die gleichsam normativ durch gesellschaftliche Gegebenheiten vorbestimmt sind, wie z.B. der Übergang in den Kindergarten oder in die Schule, durchaus Hinweise auf mögliche kritische Entwicklungspunkte gewinnen und auf dieser Basis gleichsam prophylaktisch entsprechend unterstützende Interventionsmaßnahmen planen und bereithalten. So kann der Übergang zur Schule durchaus eine Herausforderung im Sinne eines Entwicklungsanreizes darstellen, er kann allerdings auch zu Problemen und Schwierigkeiten führen. Rechtzeitig einen begleiteten ökologischen Übergang zu gestalten, wäre deshalb in diesen Fällen eine angemessene prospektive pädagogische Maßnahme (*vgl. Kap. 9.2.2*).

1.2.3 Ökologische Perspektive und Systemtheorie

Mit der Unterscheidung mehrerer Systeme, die auf verschiedenen Ebenen ineinander verschachtelt sind und in wechselseitigem Austausch stehen, greift BRONFENBRENNER (1981) Vorstellungen auf, die sich als **systemische Orientierung** auch in der Psychologie zunehmend durchsetzen. Wie die ökologische Orientierung, so entstanden auch systemische Denkansätze zuerst in den Naturwissenschaften, sie fanden dann aber auch zunehmend Eingang in die Sozial- und Humanwissenschaften. Ihr besonderes Anliegen ist es, die bis dahin vorherrschenden monokausalen Denkgewohnheiten auf der Basis linearer Beziehungen zu überwinden und statt dessen vielfältig vernetzte Beziehungsgeflechte mit wechselseitiger Rückkoppelung zum Gegenstand wissenschaftlicher Analysen zu machen. Es ist ein besonderes Anliegen systemischer Orientierungen, die komplexe Lebenswirklichkeit angemessener zu erfassen, als das den bisherigen Denkmodellen gelang, die oft weitgehend von der Wirklichkeit abstrahierten und diese in unangemessener Weise reduzierten. Ein solcher Ansatz erfordert zugleich multikausale Erklärungsmodelle. Darüber hinaus zeigt sich, daß ein entsprechendes methodisches Vorgehen in den Sozial- und Humanwissenschaften noch wesentlich komplizierter ist als in den Naturwissenschaften, weil man es dort nicht mit geschlossenen, sondern mit offenen Systemen zu tun hat.

Systemische Entwicklungskonzepte zeichnen sich vor allem durch folgende Charakteristika aus:

- *Offene Grenzen* des Systems: Die einzelnen Systeme sind nicht deutlich gegeneinander abgegrenzt. So können z.B. junge Erwachsene dem System ihrer eigenen Familie und dem ihrer Eltern nebeneinander angehören, Schulkinder sind im differenzierten Fachunterricht Angehörige verschiedener Klassenverbände oder bei innerer Differenzierung verschiedener Leistungsgruppen. Insofern bestehen deutliche Übereinstimmungen zwischen offenen Systemen und Behavioral Settings im Sinne von BARKER (1968) bzw. Mikro- und Mesosystemen bei BRONFENBRENNER (1981).
- *Transaktionale Beziehungen:* Die Glieder eines Systems stehen in einer permanenten wechselseitigen Beeinflussung untereinander und mit ihrer Umwelt, die selbst ewiederum systemisch strukturiert ist. Diese Annahme besitzt auch in den ökopsychologischen Entwicklungskonzepten zentrale Bedeutung.
- *Ganzheitlichkeit, Zielorientierung* und *Regelhaftigkeit:* Ein System, wie z.B. die Familie oder Schulklasse, stellt eine eigene psychologische Größe dar, die mehr ist als die Summe ihrer Teile. Als Ganzes verfolgt es eigene Ziele, die sich von denen anderer Systeme abheben, und verwirklicht zu ihrer Erreichung auch bestimmte Regeln. Insbesondere werden Sinn und Kontinuität durch solche gemeinsamen Ziele gewonnen und deren Erreichung durch Regeln gesichert. Dies gilt nicht nur für Familien und Schulklassen, sondern analog auch für Freundschaftsgruppen und formelle Gruppierungen, z.B. Vereine, Verbände etc.
- *Zustand des Gleichgewichts:* Ein System strebt immer nach Aufrechterhaltung oder Wiederherstellung eines *Gleichgewichtszustands*. Einige Autoren sprechen hier von Homöostase, ein Begriff, der der Physiologie entlehnt wurde, andere in Anlehnung an die Theorie von Piaget von Äquilibration (*vgl. 1.1*).

Als ein *offenes System* kann man zum Beispiel die *Familie* kennzeichnen, daran lassen sich zugleich auch die *wesentlichen Merkmale* solcher *offener Systeme* demonstrieren (vgl. PETZOLD & NICKEL, 1989; *vgl. Kap. 6.1*). Die Grenzen zu anderen Systemen sind durchlässig, die Mitglieder gehören in der Regel auch mehreren Systemen gleichzeitig an (die Eltern z.B. ihrem jeweiligen beruflichen Arbeitsteam, Nachbarschafts- und Freundeskreis, Vereinen; die Kinder dem Kindergarten, der Schule, Freundesgruppen etc.). Solche offenen Systeme können sich ferner verändern und unterliegen damit dem Prozeß der Entwicklung. Die entwicklungspsychologische Familienforschung bildete deshalb auch einen ersten bevorzugten Forschungsgegenstand dieses theoretischen Ansatzes, der sich aber in analoger Weise auch auf andere offene Systeme, wie z.B. Kindergruppen oder Schulklassen übertragen läßt.

Systemische Denkansätze gaben zwar der entwicklungspsychologischen Theoriebildung und Forschung wichtige Anstöße, sie führten aber bisher zu keiner eigenständigen Entwicklungskonzeption. Ihr zweifellos wichtigster Beitrag besteht darin, daß sie eine *Dezentrierung des Denkens* auslösten, und zwar weg von der

Kasten 1–4:

Mensch-Umwelt-Systeme nach Bronfenbrenner

Mikrosysteme: Sie umfassen die *Gesamtheit* der psychischen und physischen *Aktivitäten* einer Person *in einem* gegebenen *Lebensbereich* mit seinen ihm eigentümlichen physischen und materiellen Merkmalen. Sie sind weitgehend mit den „Behavioral Settings" von Barker (1968) identisch.

Im individuellen Lebensablauf bildet der Uterus das erste Ökosystem, weitere besonders bedeutsame Mikrosysteme sind Familie, Kindergarten, Schule, Arbeitsstätte und schließlich Senioren- bzw. Pflegeheime.

Mesosysteme: Sie kennzeichnen die *Wechselbeziehungen zwischen* den einzelnen *Mikrosystemen*, an denen ein Individuum gleichzeitig beteiligt ist. Ihre Anzahl steigt bis zum Erwachsenenalter deutlich an, um dann im Alter wieder abzunehmen. Das Mesosystem eines Grundschulkindes besteht in der Regel aus den Lebensbereichen Familie, Nachbarschaftsbeziehungen, Schulklasse, informelle Spiel- und Freundesgruppen, je nach Gegebenheit auch aus Sportverein, ggfs. Musik- und Singkreis oder anderen formellen Gruppierungen usw. Es verändert sich immer dann, wenn das Individuum einen bestimmten Lebensbereich verläßt und/oder sich einen neuen erschließt. In diesen Situationen spricht Bronfenbrenner von *ökologischen Übergängen*, denen er im Entwicklungsprozeß eine ganz besondere Funktion zuschreibt.

Exosysteme: Darunter werden alle jene *Umweltbereiche* subsumiert, an denen die Person zwar nicht direkt beteiligt ist, die aber *indirekt in ihre Lebensbereiche hineinwirken* und damit auch ihre Entwicklung beeinflussen.

Für das Grundschulkind gehören dazu vor allem die Medien, insbesondere das Fernsehen (vgl. Kap. 7), ferner die Berufswelt der Eltern, u.U. auch die von älteren Geschwistern, und je nach Gegebenheit auch Transportsysteme, z.B. auf dem Weg zur Schule.

Das *Makrosystem:* Es bildet den *gesellschaftlich-kulturellen Bezugsrahmen* für die drei vorher genannten Systeme. Diese weisen innerhalb desselben Makrosystems formale und inhaltliche Ähnlichkeiten auf und verursachen dadurch grundsätzlich übereinstimmende Gesetzmäßigkeiten des Entwicklungsverlaufs. Andererseits ist aber das Makrosystem auch dafür verantwortlich, daß die Entwicklung unter verschiedenen sozialen und kulturellen Bedingungen unterschiedlich verläuft, damit sind zugleich einer Generalisierbarkeit von beobachteten Zusammenhängen im Sinne universeller Gesetzmäßigkeiten deutliche Grenzen gesetzt (Nickel, 1994).

Das *Chronosystem:* Es wurde erst nachträglich von Bronfenbrenner eingeführt und besitzt eine zweifache Bedeutung: Zum einen kennzeichnet es die Abfolge solcher Zeitpunkte, die in der individuellen Entwicklung eine besonders wichtige Rolle spielen, wie z.B. die ökologischen Übergänge. Zum anderen umfaßt es auch die persönlich *durchlaufene Lebensgeschichte* im Sinne einer *kumulierten Biographie*.

einseitigen Ausrichtung auf das sich entwickelnde Individuum hin auf die Mensch-Umwelt-Beziehung im Sinne eines sich ständig verändernden Ökosystems. Hier begegneten sich ebenso wie in der Annahme transaktionaler Beeinflussungen ökologische und systemische Vorstellungen, und von daher erwies sich ihre Verbindung in besonderer Weise als fruchtbar.

Bis dahin war die entwicklungspsychologische Theoriebildung vorwiegend auf eine Gegenstandseinheit (Organismus, Individuum) bezogen. Die Forschung untersuchte die Interaktionen des Einzelwesens mit seiner ad hoc ausgeschnittenen Umwelt, wobei je nach Bedarf oder Willkür mehr der eine oder andere Ausschnitt gewählt wurde. Eine solche Zentrierung auf die Gegenstandseinheit Mensch bezeichnet Lang (1988) als Anthropozentrismus, den es zu überwinden gilt. Er fordert deshalb anstelle des Individuums die Mensch-Umwelt-Einheit zum Betrachtungs- und Forschungsgegenstand zu erheben. Ein solches dezentriertes Denken, das nicht mehr ausschließlich den einzelnen Menschen in den Mittelpunkt rückt, muß nach Lang (1988, 103) „notwendig ökologisch sein".

Eine Verbindung von ökologischer und systemischer Perspektive rückt daher die Mensch-Umwelt-Einheit als ein sich insgesamt entwickelndes Gebilde in den Mittelpunkt. Je nach Betrachtungsschwerpunkt kann man dann unterscheiden zwischen den jeweiligen *Entwicklungsträgern* und den *Entwicklungspartnern*. Beide sind zwar teilweise unabhängig, wirken aber dennoch wechselseitig aufeinander ein und unterliegen gleichzeitigen Veränderungen im Sinne von Entwicklungsprozessen. In der wissenschaftlichen Analyse sollten sie stets beide gleichzeitig berücksichtigt werden, wobei die Betrachtungsperspektive zwischen ihnen hin und her wechseln kann, ohne beide aus dem Auge zu verlieren.

Der Unterschied einer solchen dezentrierten Betrachtungsperspektive zur traditionellen Sichtweise wurde von Nickel (1993a) an der Wechselbeziehung von Ungeborenen und Neugeborenen mit ihren Elternund deren beider Entwicklung demonstriert. Zahlreiche Untersuchungen der letzten Jahre weisen darauf hin, daß nicht nur Eltern die Entwicklung ihres Kindes entscheidend beeinflussen können, sondern daß dies auch in umgekehrter Richtung gilt: Schon Ungeborene und noch stärker Neugeborene verändern das Verhalten und Erleben und damit die weitere Entwicklung ihrer Eltern nachhaltig. Beide Teilsysteme besitzen also füreinander die Funktion von Entwicklungspartnern. Sie sind aber zugleich jeweils selbst auch *Entwicklungsträger*. Sinnvollerweise muß man die Veränderungen des einen Teilsystems stets mitberücksichtigen, wenn man die des anderen richtig verstehen will.

Es ist wohl der wichtigste Beitrag der ökologisch-systemischen Orientierung zum Verständnis menschlicher Entwicklung, auf diese gegenseitige Verflochtenheit der Entwicklungsprozesse aller beteiligten Teilsysteme hingewiesen zu haben. Was an dem o.a. Beispiel aus dem Anfang des individuellen Lebens demonstriert wurde, gilt für jeden Lebensabschnitt. Allerdings werden die zu betrachtenden Teilsysteme bis zum späten Erwachsenenalter immer vielfältiger und differenzierter, das zeigt sich sehr deutlich schon im Grundschulalter. Hier haben wir es vordergründig zumindest mit drei großen Teilsystemen zu tun: Kind, Eltern, Lehrer; bei differenzierterer Betrachtungsweise müssen wir noch weitere Teilsysteme berücksichtigen, wie zum Beispiel die Peer-Group, Großeltern, Fachlehrer usw. Damit kann eine ökologisch-systemische Sichtweise zugleich einen angemessenen theoretischen Rahmen dafür liefern, die lebenslangen Veränderungen des Individuums nicht mehr relativ isoliert zu betrachten, d.h. lediglich unter der Fragestellung, ob sie von inneren oder äußeren Faktoren mehr oder weniger stärker beeinflußt werden. Vielmehr muß man sie als Ergebnis eines ständigen wechselseitigen Austauschprozesses verstehen, der auf mehreren Ebenen mit immer zahlreicher werdenden Bezugsgruppen und deren räumlich materiellem Hintergrund stattfindet und dessen Ergebnis wir dann als Entwicklung bezeichnen. Erziehung und Unterricht haben an diesem Vorgang einen konstituierenden und unverzichtbaren Anteil. Sie müssen aber zugleich auch selbst die Wechselbeziehungen dieser Teilsysteme stets mitberücksichtigen (*vgl. Kap.2*).

1.3 Die kultur-historische Entwicklungs- und Erziehungskonzeption

1.3.1 Entstehung und Entwicklung der Konzeption

Die Kompliziertheit und Widersprüchlichkeit der individuellen psychischen Entwicklung und ihrer Wechselbeziehungen mit der Erziehung kann nicht erklärt werden, wenn man diese Prozesse ausschließlich oder vorrangig auf einen Faktor oder eine Gruppe von Faktoren zurückführt – seien es anlage- und reifebedingte interne Entwicklungsprogramme oder die vielfältigen Einwirkungen der Außenwelt oder auch das „Sowohl-als auch" (*vgl. 1.1.3*). Diese und andere Faktoren spielen eine durchaus wichtige Rolle. Ihr Anteil und ihre konkreten Wirkungen können aber nur bestimmt und die Beziehungen von Entwicklung und Erziehung verstanden werden, wenn das Individuum im Zusammenhang mit den gesellschaftlich-historischen Existenzbedingungen der Menschen, insbesondere mit der Kultur (im weitesten Sinne des Wortes) gesehen wird. Dies war der Ausgangspunkt der theoretischen Überlegungen und der empirisch-experimentellen Untersuchungen von WYGOTSKI (1964, 1987), LURIJA (1982, 1987) und LEONTJEW (1964, 1979) sowie ihrer zahlreichen Mitarbeiter, Schüler und Nachfolger. Diese Richtung wird als kultur-historische Schule bezeichnet. Sie entstand in ihrem Grundprinzip bereits in den zwanziger und dreißiger Jahren. Wygotski und seine Mitarbeiter setzten sich intensiv mit den damals modernen Theorien auseinander, verarbeiteten ihre Erkenntnisse und bemühten sich zugleich, ihre Einseitigkeiten zu überwinden. Die stalinschen Verbote und Repressalien in der damaligen Sowjetunion behinderten die weitere Entwicklung wesentlich, konnten sie jedoch nicht verhindern.

So wurde die Konzeption auf die Analyse des kindlichen Spiels (ELKONIN, 1980), der Lerntätigkeit und anderer Tätigkeiten (DAWYDOW, 1977, 1988; LEONTJEW, GALPERIN, 1965; LOMPSCHER, 1973), auf unterschiedliche Aspekte der kognitiven, motivationalen, sozialen und sprachlichen Entwicklung auf verschiedenen Entwicklungsstufen (BOSHOWITSCH, 1970; ELKONIN, 1989; DAWYDOW, 1966; PODDJAKOW, 1981; SAPOROSHEZ, 1986), auf Vergleiche von normaler und normabweichender Entwicklung (LURIJA, 1956/58) sowie auf interkulturelle Vergleiche (LURIJA, 1987) angewandt und dabei ausdifferenziert bzw. angereichert.

Nachdem das wohl bedeutendste (und letzte) Werk Wygotskis (1964 – im Original 1934) auf Initiative des bekannten amerikanischen Psychologen Bruner 1962 der englisch-sprachigen Fachwelt zugänglich gemacht worden war (weitere Publikationen, Konferenzen etc. folgten), fand die kultur-historische Konzeption – verstärkt seit den achtziger Jahren – zunehmendes Interesse bei Psychologen, Pädagogen u.a. in den USA,in Westeuropa und Japan.

Piaget z.B. lernte dadurch die an seine Theorie gerichteten kritischen Argumente Wygotskis kennen und akzeptierte viele von ihnen. Probleme, die heute ins Zentrum wissenschaftlicher Forschung und Diskussion gerückt sind, wie die Eigenaktivität des Lernenden, die Bedeutung von situativen und inhaltlichen Kontexten des Lernens, besonders die soziale und kulturelle Bedingtheit des Lernens; das kooperative Lernen waren bereits vor Jahrzehnten von Wygotski und seinen Schülern aufgeworfen und bearbeitet worden. Es ist deshalb nicht übertrieben, wenn Bruner formulierte: „Wygotski (der bereits 1934 – mit knapp 38 Jahren – an Tbc verstarb, d. Verf.) spricht zu uns aus der Zukunft".

Inzwischen hat sich international eine kultur-historische Traditionslinie herausgebildet, die heute die wissenschaftliche Forschung und Diskussion mitbestimmt und der pädagogischen und psychologischen Praxis wesentliche Anregungen und Impulse gibt.

Exemplarisch sei auf einige Publikationen verwiesen: Engelsted, Hedegaard, Karpatschof & Mortensen, 1993; Hedegaard, Hakkarainen & Engeström, 1984; Hildebrand-Nilshon & Rückriem, 1988; Jantzen, 1994; Lave & Wenger, 1991; Moll, 1990; Resnick, Levine & Teasley, 1993; Wertsch, 1985.

1.3.2 Tätigkeitskonzept

Die individuelle Entwicklung geht unter gesellschaftlichen Bedingungen vonstatten, die ihrerseits selbst der Entwicklung und Veränderung unterliegen. Es sind also jeweils konkrete historische Entwicklungsbedingungen. Im allgemeinsten Sinne bestehen diese darin, daß der Mensch (als Gattungswesen, d.h. die menschliche Gesellschaft, und in diesem Rahmen auch das Individuum) seine Existenz und Entwicklung durch aktive **Tätigkeit** gewährleistet. Damit ist die Mensch-Welt-Wechselwirkung gemeint, in der die Menschen ihre natürlichen und gesellschaftlichen Lebensgrundlagen gestalten und umgestalten. Zugleich erfahren auch sie dabei ständig Wirkungen und Rückwirkungen von Natur und Gesellschaft (*vgl. Kasten 1-3*).

Die Tätigkeit ist zunächst dadurch gekennzeichnet, daß Menschen miteinander kooperieren und kommunizieren. Ihre Tätigkeit ist in gesellschaftliche und soziale Zusammenhänge eingebettet – auch dann, wenn sich jemand allein mit einem Gegenstand oder Problem beschäftigt. In ihrer – unmittelbar oder mittelbar – **gemeinsamen Tätigkeit** machen die Menschen Ausschnitte der Wirklichkeit zum **Gegenstand** (Objekt), auf den (das) sie mit den ihnen verfügbaren **Mitteln** und Möglichkeiten einwirken, um ihre verschiedenartigen **Bedürfnisse** befriedigen zu können. Struktur und Verlauf konkreter Tätigkeiten werden wesentlich durch den jeweiligen Gegenstand, seine Merkmale und Zusammenhänge mit anderen Gegenständen sowie durch die **Bedingungen,** unter denen die Menschen tätig sind, bestimmt. Durch die Tätigkeit werden nicht nur Produkte erzeugt, die der Bedürfnisbefriedigung dienen sollen, sondern auch neue Bedürfnisse – sowohl materielle als auch geistig-kulturelle. Die Menschen verändern durch ihre Tätigkeit nicht nur deren Gegenstände, Mittel und Bedingungen, sondern auch sich selbst, und sie werden sich zunehmend ihrer selbst als **Subjekte bewußt.**

In dieser Mensch-Welt-Wechselwirkung setzen sich die Menschen **Ziele** als ideelle Vorwegnahmen der zu erreichenden Ergebnisse. Die Aktivität und Zielgerichtetheit ihrer Tätigkeit hängt nicht schlechthin von der Widerständigkeit des Objekts unter den jeweiligen objektiven Bedingungen ab, sondern – in Wechselwirkung damit – von den subjektiven Bedingungen: den Motiven und der persönlichen Bedeutsamkeit (dem Sinn) des jeweiligen Ziels, dem Wissen und der psychischen Repräsentation (Abbildung) des Gegenstandes und der Bedingungen, den Strategien und Mitteln, derer sich das Subjekt bedienen kann. Damit ist angedeutet – ohne es hier ausführen zu können –, daß Tätigkeit psychisch reguliert wird. Die Funktion des Psychischen in seiner Gesamtheit (psychische Prozesse, Zustände, Eigenschaften, Inhalte) besteht gerade darin, die Mensch-Welt-Wechselwirkung auf der Ebene und mit den Mitteln psychischer Repräsentation und Verarbeitung zu regulieren.

Bewußtheit und Zielstrebigkeit menschlicher Tätigkeit ist nicht mit Zielerreichung identisch. Nicht selten werden Ziele nicht erreicht, oder Ergebnisse und Folgen der Tätigkeit entsprechen den Zielen nicht, stehen u.U. sogar in direktem Gegensatz zu ihnen (man denke an die Zerstörung natürlicher Existenzgrundlagen in Vergangenheit und insbesondere Gegenwart oder an ökonomische und kulturelle Folgen mancher gesellschaftlicher und individueller Aktivitäten).

Fassen wir zusammen: *Tätigkeit ist der allgemeine Begriff für die Mensch-Welt-Wechselwirkung als Grundlage menschlicher Existenz. Ihre wichtigsten Merkmale sind Gesellschaftlichkeit, Gegenständlichkeit, Aktivität, Zielgerichtetheit und Bewußtheit.*[2]

Tätigkeit bedeutet:

- Zusammenwirken von Subjekten
- zum Zwecke der Einwirkung auf/der Veränderung von
- Objekten unterschiedlichster Art (andere Subjekte eingeschlossen)
- unter Einsatz mehr oder weniger gegenstands-, ziel- und
- bedingungsadäquater Mittel
- unter konkreten kultur-historischen, gesellschaftlichen, sozialen und individuellen Bedingungen
- auf Grund einer konkreten Bedürfnislage und Motivation.

Die Komponenten der Makro- oder Grundstruktur der Tätigkeit (*Abb. 1–1*) konstituieren eine kaum überschaubare Vielfalt menschlicher Tätigkeiten – von praktisch-gegenständlichen bis zu geistigen, theoretischen, künstlerischen u.v.a.

In diesem allgemeinen Tätigkeits"fluß" lassen sich inhaltlich, zeitlich und logisch abgrenzbare Abschnitte unterscheiden – die **Handlungen.** Sie realisieren jeweils konkrete Ziele und sind Bestandteile eines übergeordneten Tätigkeitskontextes. Im Rahmen einer auf Existenzsicherung und Gelderwerb gerichteten Arbeitstätigkeit werden z. B. Planungs-, Vorbereitungs-, Organisations-, Ausführungs-, Kontroll- und andere Handlungen realisiert. Bei all ihrer Unterschiedlichkeit hinsichtlich der Ziele, Inhalte, Abläufe, zeitlichen Erstreckung usw. erhalten sie ihren Sinn und Stellenwert erst durch die Einbettung in eine durch bestimmte Motive gekennzeichnete Tätigkeit. Gleichartige Handlungen – z.B. das Lösen eines Problems oder

---

[2] Das Merkmal der Bewußtheit schließt unter- bzw. unbewußte Prozesse mit ein, da es immer nur einen Grad von Bewußtheit gibt. Analoges gilt für die Aktivität und Zielgerichtetheit. Auch Gesellschaftlichkeit und Gegenständlichkeit treten ganz unterschiedlich in Erscheinung.

der Wissenserwerb aus schriftlichen Quellen – weisen Unterschiede in Abhängigkeit davon auf, ob sie Bestandteil einer Arbeits- oder Lern- oder Freizeittätigkeit sind. Handlungen lassen sich weiter untergliedern – das Problemlösen z.B. in Teilhandlungen der Problemanalyse, der Informationssuche, der Hypothesenbildung und -verifizierung, der Verlaufs- und Ergebniskontrolle, der Bewertung. Tätigkeiten haben prinzipiell einen hierarchischen Aufbau, wie Hacker (1986) am Beispiel von Arbeitstätigkeiten differenziert dargestellt hat. (Abb. 1–2 ,1-3; vgl. Lompscher, 1988; Volpert,1992).

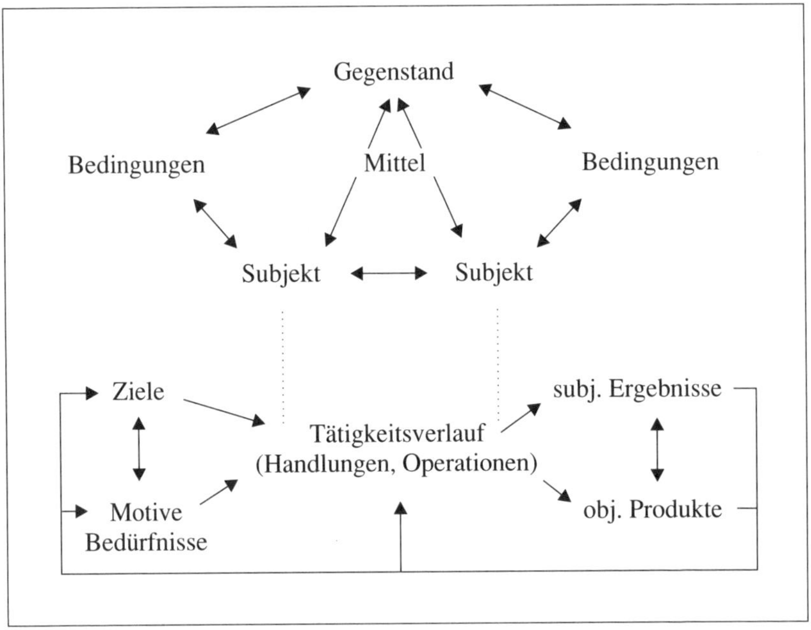

Abb. 1–1: Grundstruktur der Tätigkeit (Lompscher, 1988)

Ein oder mehrere „Oberziele" werden in Ziele und Teilziele aufgegliedert, die unterschiedliche psychische Wertigkeit haben und durch entsprechende Handlungen realisiert werden. Die Handlung als Ganzes verläuft in der Regel bewußt und zielgerichtet (von Affekt"handlungen" u.ä. abgesehen). An ihrer Realisierung sind aber in unterschiedlichem Maße mehr oder weniger automatisierte, nicht bewußtseinspflichtige oder gar nicht bewußtseinsfähige Prozesse beteiligt.[3]

[3] Der Handlungsbegriff wird in der Literatur unterschiedlich verwendet: Handeln im Sinne von Tätigkeit, Handlung als Tätigkeitsabschnitt oder als selbständiger Analysegegenstand. Zahlreiche Handlungstheorien haben differenzierte Analysen der Struktur und psychischen Regulation von Handlungen vorgelegt, dabei aber nicht selten deren Einbettung in übergeordnete Tätigkeitskontexte vernachlässigt.

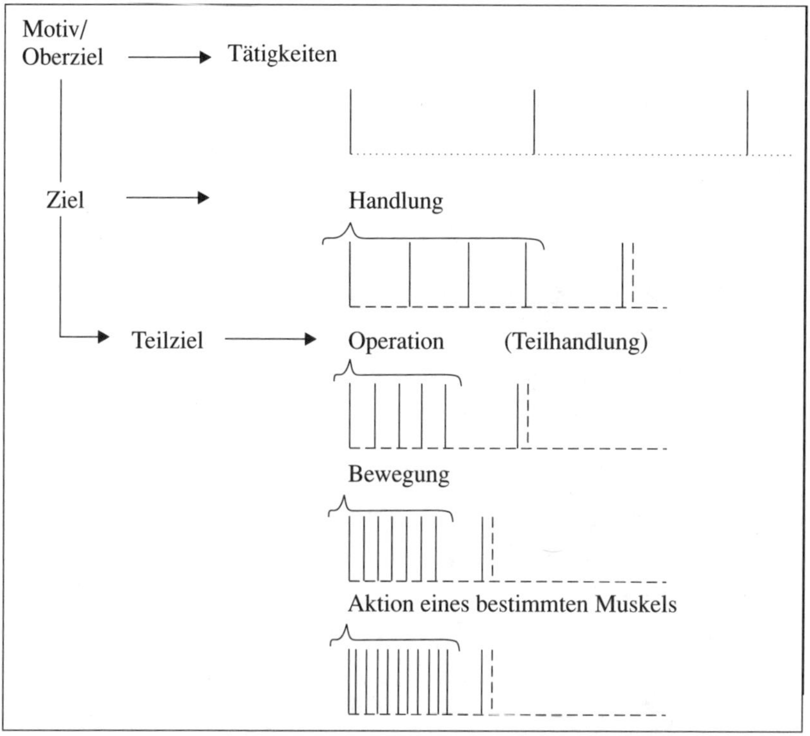

*Abb.1-2: Schema des hierarchischen Aufbaus der Tätigkeit (*Hacker*, 1986)*

Zusammengefaßt: *Tätigkeit realisiert sich durch Handlungen und weitere Glieder einer hierarchischen Struktur, die auf psychischen Prozessen beruht, deren Funktion es ist, die Tätigkeit zu regulieren.*

1.3.3 Aneignungskonzept

Um am Leben der Gesellschaft teilnehmen und dieses – zumindest partiell – mitgestalten und weiterentwickeln oder auch in Frage stellen zu können, müssen die nachwachsenden Generationen und Individuen sich aneignen, was die **Kultur** der jeweiligen Gesellschaft – jedenfalls Ausschnitte davon – ausmacht. Ein weiter Kulturbegriff umfaßt alles, was nicht von der Natur gegeben ist, sondern was Menschen durch und für ihre Tätigkeit geschaffen haben – Gebrauchsgegenstände, Werkzeuge, Wissen und Können, Sprache und Schrift, Organisationsformen und -strukturen, Verhaltensnormen und Werte, Kunst, Wissenschaft usw. Kultur ist Ergebnis menschlicher Tätigkeit und zugleich deren Voraussetzung und Bedingung. Sie ist immer gesellschaftlich-historisch konkret und ständiger Entwicklung und Veränderung unterworfen.

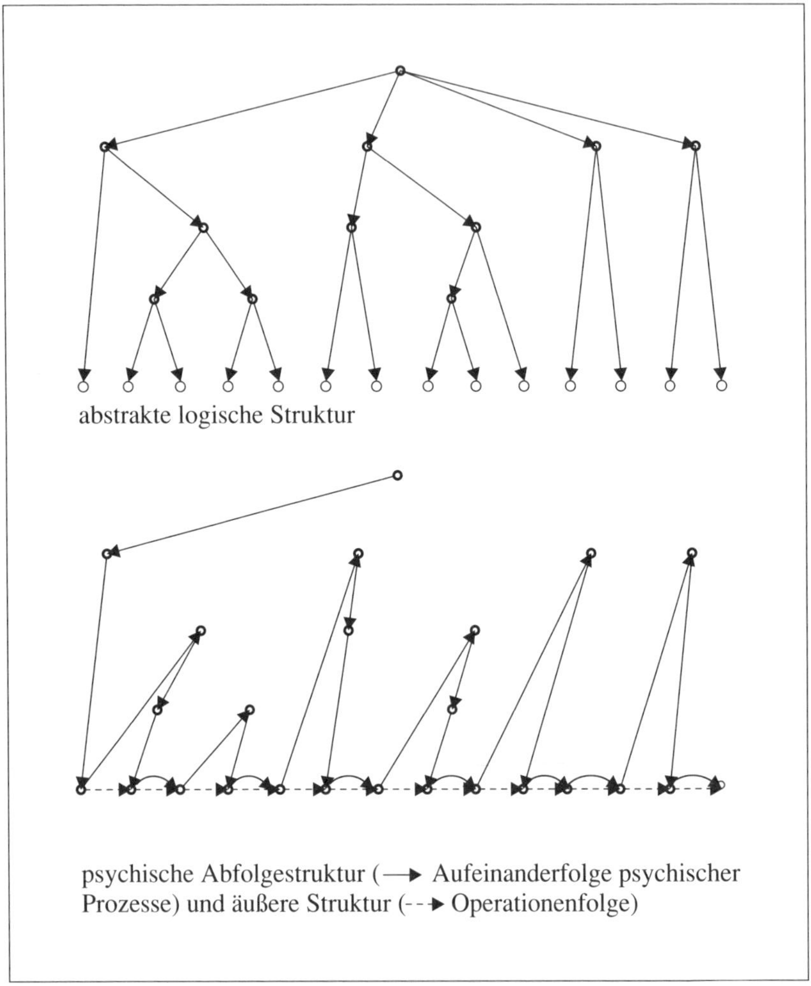

Abb.1-3: Hierarchische Struktur des Tätigkeitsverlaufs (Hacker, 1986)

Mit dem Begriff der **Aneignung** ist nicht eine platte, mehr oder weniger passive Übernahme von Kulturinhalten und -formen gemeint. Es handelt sich vielmehr um vielschichtige Prozesse aktiver Auseinandersetzung (also Tätigkeit), in deren Verlauf und Ergebnis man *sich etwas zu eigen macht und zugleich etwas Eigenes daraus macht*. Das schließt Selektion, Um- und Neubewertung, konstruktive und auch destruktive Negation bisheriger Kultur, Entstehung neuer sowie Bewahrung und Veränderung überkommener Kultur ein. Aneignung meint sehr komplexe und widerspruchsvolle Prozesse, an denen Individuen, Gruppen, Schichten, Organisationen etc. in ganz unterschiedlicher Weise beteiligt sind.

Individuelle Aneignungsprozesse
- sind Prozesse der Transformation gesellschaftlicher Kulturinhalte und -formen in individuell-psychische Prozesse, Zustände, Eigenschaften, Inhalte;
- hängen von der Aktivierung und Nutzung des bereits erworbenen individuellen Gedächtnisbesitzes (Erfahrungen, Wissen, Einstellungen etc.) ab;
- stellen eine widerspruchsvolle Einheit von reproduktiven und produktiven Komponenten dar, indem das, was nachvollzogen, auf- oder übernommen wird, subjektiv verarbeitet und aus eigenen Bestandteilen neu aufgebaut werden muß;
- hängen somit von Inhalt, Qualität, Intensität der individuellen Tätigkeit ab (es gibt keine lineare Beziehung zwischen Aneignungsgegenstand und -ergebnis, sondern nur den „Umweg" über die Tätigkeit und deren Bedingungen);
- sind mit der Bewältigung objektiver und subjektiver Anforderungen und Schwierigkeiten verbunden, die den Einsatz physischer und psychischer Ressourcen erfordert, der wesentlich von emotional-motivationalen und volitiven Qualitäten abhängt, aber auch die Gefahr der Be- oder gar Überlastung mit sich bringt;
- vollziehen sich auf unterschiedlichen, sich wechselseitig bedingenden Ebenen zeitlicher Erstreckung, was es sinnvoll erscheinen läßt, Aneignungsprozesse und -ergebnisse aktual-, handlungs- und ontogenetischer Art zu unterscheiden.[4]

1.3.4 Entwicklungskonzept

Das Individuum wird in eine bestimmte Kultur hineingeboren, und seine Entwicklung – die organismischen Grundlagen eingeschlossen – vollzieht sich in und mit ihr. In der alltäglichen Kommunikation mit den Familienangehörigen und weiteren Personen, im Spiel, beim Lernen und Arbeiten – in den verschiedensten Tätigkeiten und Beziehungen – entwickelt sich das Kind. *Die Quelle dieser Entwicklung liegt in der Kultur (also außerhalb des Individuums), die Triebkraft dagegen in den Widersprüchen, die im Individuum und zwischen ihm und seiner Umwelt in der Tätigkeit entstehen, gelöst werden und auf höherem Niveau oder in anderer Art immer wieder neu entstehen.* Das sind z.B. Widersprüche zwischen bereits entwickelten subjektiven Leistungs- und Verhaltensvoraussetzungen und neuen objektiven Anforderungen, zwischen Zielen, Mitteln und Bedingungen der Tätigkeit, zwischen neuen Bedürfnissen und Zielen und bisherigen sozialen Organisationsformen und Beziehungen etc.

Die Einbeziehung in die Kultur und ihre Aneignung vollzieht sich in der sozialen Interaktion – in der gemeinsamen Tätigkeit. Damit die Menschen ihre Bedürfnisse befriedigen und ihre Ziele realisieren können, brauchen sie sich gegenseitig. Sie müssen ihre Handlungen miteinander abstimmen (koordinieren), Informationen austauschen (kommunizieren) und Formen der Zusammenarbeit (Kooperation) entwickeln und realisieren. Die

[4] Unter Aktualgenese versteht man Entwicklungsprozesse, die in einer aktuellen Situation, also sehr kurzfristig und meistens kaum wahrnehmbar ablaufen. Handlungsgenese meint Entwicklungsprozesse, die mit dem Aufbau (der Ausbildung) von Handlungen einhergehen, die sich also über Tage, Wochen, Monate erstrecken können. Mit Ontogenese wird die Entwicklung des Individuums in seinem Lebenslauf bezeichnet.

psychischen Funktionen, ohne die eine Regulation der Tätigkeit unmöglich wäre, entwickeln sich in diesem Prozeß:

In der gemeinsamen Tätigkeit mit anderen lernt z.B. das Kleinkind, Formen, Farben und Funktionen von Dingen zu unterscheiden und sie mit Wörtern zu bezeichnen, einfache und zunehmend komplexe Problemsituationen zu analysieren und zu bewältigen, Schwierigkeiten zu überwinden, sich Ziele zu setzen und sich um ihre Realisierung zu bemühen, sich über Erfolge zu freuen und über Mißerfolge zu ärgern, sich seiner selbst allmählich bewußt zu werden. Dabei durchlaufen die psychischen Funktionen in ihrer Genese gewissermaßen zwei Stadien: Das Vergleichen, Überlegen, Sprechen usw. entsteht und realisiert sich zunächst im unmittelbaren Zusammenwirken von Kind und Erwachsenem (bzw. überhaupt einem oder mehreren Anderen). Die Aufmerksamkeit des Kindes wird auf etwas gelenkt, es wird bei der Bewältigung von Schwierigkeiten unterstützt, u.U. bei der Hand genommen oder seine Hand wird direkt geführt oder Hinweise werden gegeben. Dinge werden gemeinsam betrachtet, auf Handlungen und Äußerungen des Kindes wird reagiert, Gegenstände und Bezeichnungen werden in die gemeinsame Tätigkeit einbezogen.

Die psychischen Prozesse sind zunächst also zwischen zwei (oder mehr) Menschen aufgeteilt, stellen ein soziales Verhältnis dar (Wygotski sprach von „interpsychischen" Funktionen). *Die genetisch ursprüngliche Handlung ist die gemeinsame Handlung*. Erst allmählich gliedert sich die individuelle, selbständige Handlung aus. Das erfolgt in dem Maße, wie das Kind sich die entsprechenden Prozesse und Inhalte aneignet und sich die „intrapsychischen" Funktionen – die im eigentlichen Sinne psychischen, internen Funktionen – entwickeln: und damit ein jeweils höheres Stadium erreichen.

Dies beruht auf dem Wechselverhältnis von **Interiorisation** (Verinnerlichung) und **Exteriorisation** (Entäußerung): Die Handlungen, Beziehungen, sozialen Vorgänge entstehen und realisieren sich beim Kind zunächst in der äußeren Tätigkeit, im direkten Umgang mit Dingen und Personen. Zunehmend lernt das Kind, damit auch „im Geiste"auf der internen, psychischen Repräsentationsebene umzugehen. Praktisch-gegenständliche Handlungen verwandeln sich (über verschiedene Etappen) in geistige Operationen. Wörter und Sätze können innersprachlich formuliert, d.h. gedacht werden. Lösungswege werden nicht mehr nur durch praktisches Probieren und Ausführen, sondern zunehmend durch Überlegen gefunden. Dies ist kein einmaliger Akt. Er vollzieht sich auf unterschiedlichen Anforderungs- und Entwicklungsniveaus immer wieder. Auch das Schulkind verinnerlicht viele Handlungen und Prozesse, die es zunächst als äußere Handlungen vollzieht (Entwicklung des stillen Lesens, des „Kopf"rechnens, des Überlegens von Antworten oder Lösungswegen). Immer steht dabei – in unterschiedlichen Formen – die Interiorisation in Wechselwirkung mit der Exteriorisation: Die Ausbildung bzw. Weiterentwicklung psychischer Prozesse und Inhalte vollzieht sich auf der Grundlage und in Abhängigkeit davon, welche Leistungs- und Verhaltensvoraussetzungen sich bisher bereits entwickelt haben und wie sie in der Tätigkeit entäußert und vergegenständlicht werden können. Um sich z.B. neues Wissen und Können anzueignen, muß das dafür relevante Vorwissen und -können eingesetzt, müssen Motive und

Einstellungen – überhaupt die vorhandenen psychischen Potenzen – mobilisiert und realisiert, d.h. Tätigkeit ausgelöst und ausgeführt werden.[5]

In diesen Prozessen wird die Tätigkeit eine zunehmend *vermittelte* (Kasten 1–5).

Kasten 1–5

Das Kind lernt, zunächst einfache und direkt verfügbare, dann zunehmend komplexe und speziell hergestellte Dinge (z.B. Lineal, Zirkel, Wissensspeicher, technische Werkzeuge und Apparate, aber auch andere Personen und Situationen) als Mittel zur Zielerreichung einzusetzen. Dabei vollzieht sich – zumindest teilweise – ein Übergang von äußeren zu verinnerlichten Mitteln, vom Handeln mit Gegenständen zum Operieren mit Zeichen als Trägern von Bedeutung, z.B. graphische Symbole und Schemata, Schriftsprache, Formeln. Solche Zeichen ermöglichen eine ökonomischere und effektivere Gestaltung der Mensch-Welt-Wechselwirkung – vorausgesetzt, der Mensch beherrscht die Bedeutung solcher Zeichen, die in der Gesellschaft vereinbart wird (und die sich auch ändern kann). Die Aneignung solcher Bedeutungen ist nicht auf die Übernahme ihrer sprachlichen oder nichtsprachlichen Zeichen zu reduzieren. Fehlt die dafür erforderliche Erfahrungsbasis und kognitive Durchdringung (Verstehen), werden solche Zeichen zu leeren, formalen Gebilden ohne Sinn für denjenigen, der damit operiert – eine gerade in der Grundschule, aber keineswegs nur da, zu beobachtende Erscheinung. Hierin liegt auch die Gefahr der „Welt aus zweiter Hand".

Die Nutzung von Mitteln (äußeren und verinnerlichten) führt nicht nur zu höherer Effektivität der Tätigkeit. Sie ist auch eine wesentliche Bedingung für die Entwicklung des **Selbstbewußtseins**. Durch den Gebrauch von – immer besseren – Mitteln zur Zielerreichung erlebt der heranwachsende Mensch sich zunehmend als aktives, Ziele setzendes und erreichendes (oder auch verfehlendes) Subjekt seiner eigenen Tätigkeit. Dies ermöglicht es ihm u.a., Mittel nicht nur zur Einwirkung auf Dinge und gegenständliche Situationen, sondern auch auf andere Menschen und schließlich auf sich selbst zu nutzen.

Der berühmte „Knoten im Taschentuch" ist ein Beispiel dafür. Viele Dinge oder Handlungen werden für uns zu Zeichen, mit deren Hilfe wir unsere Beziehungen mit der Welt organisieren und zu optimieren suchen, was nicht selten auch fehlschlägt oder zu Mißverständnissen führt und uns dadurch anregt, nach anderen Mitteln, Bedingungen usw. zu suchen.

Aber nochmals: Bewußtsein und Selbstbewußtsein des Individuums entstehen nicht einfach aus der Konfrontation mit und der Nutzung von Gegenständen, sondern vor allem deshalb, weil die Tätigkeit in sozialen Zusammenhängen und For-

---

[5] Damit ist auch gesagt, daß Verinnerlichung ursprünglich äußerer Handlungen und Verhaltensweisen nicht bedeutet, daß sie – und seien sie noch so elementar – zunächst ohne jegliche psychische Regulation zustandekämen, wie manche Kritiker interpretieren. Eine solche Argumentation erinnert an die bekannte Frage, was früher existierte – das Ei oder das Huhn. Die äußere Tätigkeit und ihre psychische Regulation bauen sich aus den elementaren Anfängen in ständiger Wechselwirkung von Interiorisation und Exteriorisation auf.

men verläuft. Die ökologische Theorie spricht hier von „Behavioral Settings" (Barker, 1968) oder Mensch-Umwelt-Systemen (Bronfenbrenner, 1981, *vgl. 1.2*). Gerade dadurch, daß das Kind in der sozialen Interaktion zunehmend andere Menschen verstehen und bewerten lernt, lernt es auch sich selbst verstehen und bewerten.

Die psychischen Besonderheiten und Neubildungen einer Entwicklungsstufe (z.B. Vorschul- oder jüngeres Schulalter) bzw. die qualitativen (und quantitativen) Veränderungen beim Übergang von einer Entwicklungsstufe zu einer anderen lassen sich durch die Analyse der jeweiligen **sozialen Entwicklungssituation** erklären. Damit ist das komplizierte Geflecht gemeint, das durch die Ergebnisse der bisherigen Entwicklung, die soziale Position (etwa die des Schülers) und die sich ändernden sozialen Wechselbeziehungen und Tätigkeitsbedingungen, die sich herausbildenden inneren und äußeren Widersprüche, Strategien und Formen ihrer Bewältigung u.a. entsteht und sich durch die aktive Tätigkeit und Interaktion der Menschen ständig verändert. Diese Annahmen finden ihre Entsprechung in analogen Aussagen ökologisch-systemischer Entwicklungskonzepte (*vgl. 1.2*), u.a. zu ökologischen Übergängen (*vgl. 1.2.2*) bzw. systemischen Veränderungen (*vgl. 1.2.3*).

Ein konkretes Entwicklungsniveau ist durch jeweils zwei Entwicklungszonen gekennzeichnet (*Abb. 1–4*): Die **„Zone der aktuellen Leistung""** umfaßt alles, was das Kind (der Jugendliche o.a.) bereits selbständig – aufgrund bisheriger Entwicklung und Aneignung – bewältigen kann. Darin stecken zugleich aber Möglichkeiten weitergehender Leistung, entwickelteren Denkens und Handelns, die das Individuum noch nicht selbständig, wohl aber unter Anleitung, mit Unterstützung, durch Nachahmung eines Vorbildes realisieren kann – die **„Zone der nächsten Entwicklung"**. In der sozialen Interaktion und Kooperation mit Erwachsenen, älteren oder gleichaltrigen Kindern/Jugendlichen werden diese Möglichkeiten in Tätigkeit umgesetzt und zu einer nächsten „Zone der aktuellen Leistung" geführt, die wiederum eine „Zone der nächsten Entwicklung" eröffnet. Stadien der Zusammenarbeit wechseln so mit Stadien der Selbständigkeit ab, wobei sich Inhalte, Formen und Niveaus sowohl der Zusammenarbeit als auch der Selbständigkeit selbst verändern und weiterentwickeln.

1.3.5 Konsequenzen für Erziehung und Unterricht

Aus dieser entwicklungstheoretischen Konzeption ergeben sich wesentliche Konsequenzen für die Sicht auf Zusammenhänge zwischen Entwicklung und Erziehung. Einerseits kommt der Erziehung eine gesellschaftlich und individuell hochbedeutsame Funktion bei der Schaffung von Bedingungen für die Aneignung der Kultur, für die Anregung und Förderung zunehmend selbständiger und eigenverantwortlicher Tätigkeit zu. Andererseits kann die Erziehung diese Funktion nur realisieren, wenn sie sich differenziert auf das jeweils erreichte Entwicklungsniveau einstellt, und das heißt *vor allem, die jeweilige Zone der nächsten Entwicklung aufzudecken und ihr adäquate, tatsächlich entwicklungsförderliche Inhalte, Mittel, Bedingungen der gemeinsamen und individuellen Tätigkeit zu schaffen, anzubieten, anzuregen*. Dies bedeutet z.B. für die **Diagnostik**, nicht allein den erreichten Leistungs- und Verhaltensstatus, sondern auch und insbesondere die Potenzen zur Verwertung von Hilfen und Anregungen, die Lern- und Entwicklungsfortschritte unter Bedingungen einer gewissen „Pädagogisierung" (Anleitung, Instruktion, Vorbildwirkung) als Maßstab für die realistische Bewertung des Entwicklungsniveaus zu nehmen. Darauf basiert die Entwicklung des sogenannten Lerntestkonzepts (GUTHKE, BÖTTCHER & SPRUNG, 1990, 294 ff.), das für die Förderdiagnostik bedeutsam ist.

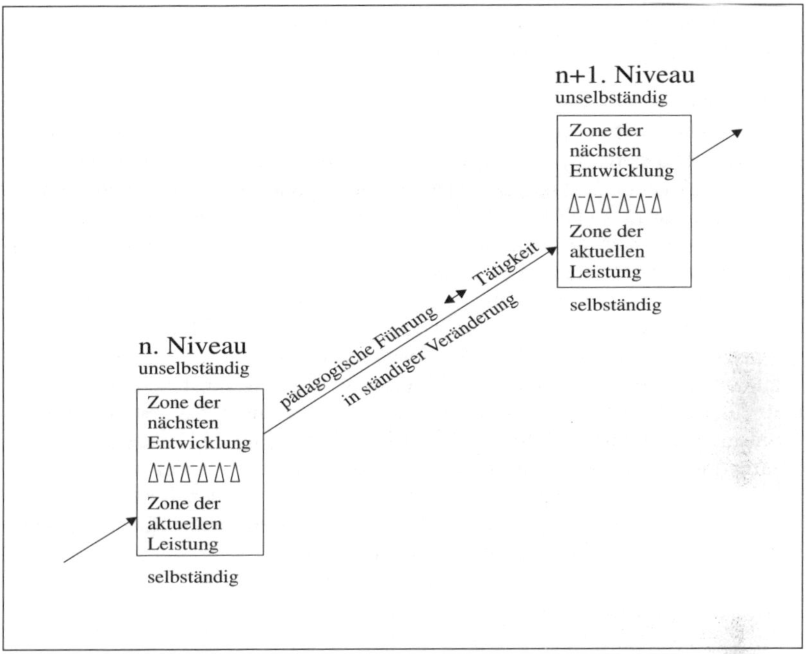

Abb.1-4: WYGOTSKIS Modell der zwei Entwicklungszonen (LOMPSCHER, 1988)

Die **Unterrichtsgestaltung** sollte sich nicht nur oder vorrangig auf die bereits voll ausgebildeten psychischen Funktionen, sondern vor allem auch auf die *psychischen Neubildungen*, auf die gerade in Entwicklung befindlichen Funktionen (auf „das Morgen des Kindes", wie WYGOTSKI schrieb) orientieren. Diese Auffassung ist der von Piaget (*vgl. 1.1.3*) ganz entgegengesetzt. Die Entwicklung aktiv zu fördern heißt demnach, nicht darauf zu warten, bis die Kinder entsprechende neue Schemata gebildet haben (*vgl. Kap. 12.1.1*), sondern Tätigkeitsbedingungen zu schaffen, die den Lernenden schrittweise helfen, Anforderungen zu bewältigen, die in ihrer jeweiligen Zone der nächsten Entwicklung liegen. Bei jüngeren Schulkindern sind das z.B. Anforderungen, die nicht ohne willkürliche Aufmerksamkeit und willkürliches Einprägen zu bewältigen sind, die ein Übersteigen der aktuellen, anschaulichen Situation und das Erfassen von Zusammenhängen erfordern u.ä. Insofern ist ein „guter", ein entwicklungsfördernder Unterricht derjenige, der „der Entwicklung vorauseilt", wie Wygotski formulierte. Damit ist kein Widerspruch zu der bekannten Forderung konstruiert, die Kinder dort abzuholen, wo sie sich in ihrer Entwicklung gerade befinden. Die Entwicklung selbst wird differenziert und dynamisch – nicht statisch – gesehen: Dies bedeutet zum einen, daß es *keine allgemein-gültigen*

Aussagen über den Entwicklungsstand einer bestimmten Altersgruppe oder Ausbildungsstufe geben kann (vgl. 1.2.2), vielmehr kann die Zone der aktuellen Leistung und damit auch die Zone der nächsten Entwicklung von Kind zu Kind mehr oder weniger stark variieren. Weiterhin heißt dies, daß die *Entwicklung als ständiges Wechselspiel zwischen bereits Erreichtem und darüber hinausgehend Möglichem zu verstehen ist, als Zunahme von Selbständigkeit und Eigenverantwortlichkeit im Prozeß von Interaktion, Anregung/Anleitung, Aneignung und Beherrschung, als Resultat von Tätigkeit und zugleich Voraussetzung für weitere Tätigkeit.* Damit werden nicht Überforderung, Forcierung und ungestümes Vorwärtsstürmen propagiert. Die Realisierung von Entwicklungspotenzen ist auf das Erreichen weiterer Zonen der aktuellen Leistung gerichtet, die auch stabilisiert werden müssen, um als Basis neuer Zonen der nächsten Entwicklung dienen zu können. Übung, Festigung, Ruhephasen u.ä. stehen der kultur-historischen Entwicklungs- und Erziehungskonzeption keineswegs entgegen (vgl. auch *Kap. 4.3 u. 12.1.2*).

Die beiden in den Teilkapiteln 1.2 und 1.3 ausführlicher dargestellten Entwicklungs- und Erziehungskonzeptionen weisen – trotz unterschiedlicher Ausgangspositionen und Herkunft – viele Gemeinsamkeiten auf und ergänzen sich wechselseitig. Während die ökopsychologische Traditionslinie ursprünglich stärker vom Subjekt und seiner Einbettung in seine spezifische Lebenswelt ausgeht, akzentuiert die kultur-historische stärker die Tätigkeit und den gesellschaftlichen Kontext. Aber beide Konzeptionen sind auf die Aufdeckung der dialektischen Wechselwirkungen zwischen den Entwicklungsfaktoren und der widerspruchsvollen Beziehungen von Entwicklung und Erziehung gerichtet. Pädagogisches Denken und Handeln gewinnt daraus grundlegende Orientierungen und Anregungen.

Weiterführende Literatur

BRONFENBRENNER, U.: *Die Ökologie der menschlichen Entwicklung*. Stuttgart 1981: Klett-Cotta

FLAMMER, A.: *Entwicklungstheorien. Psychologische Theorien der menschlichen Entwicklung*. Bern 1988: Huber

LEONTJEW, A.N.: *Probleme der Entwicklung des Psychischen*. Berlin 1964: Volk und Wissen

NICKEL, H.: Entwicklung. In U. TEWES & K. WILDGRUBE (Hrsg.), *Lexikon der Psychologie*. (S. 88-92). Oldenbourg 1992a: München

NICKEL, H. & SCHMIDT-DENTER, U.: *Vom Kleinkind zum Schulkind*. (5. Aufl.). Münschen 1995: Reinhardt (Kap.1)

OERTER, R. & MONTADA, L.: *Entwicklungspsychologie*. (3. Aufl.). Weinheim 1995: Psychologie Verlags Union (Kap. 1 u. 2)

WYGOTSKI, L.S.: *Ausgewählte Schriften*, Bd.2: Arbeiten zur psychischen Entwicklung der Persönlichkeit. Berlin 1987: Volk und Wissen

2

Entwicklungs- und Erziehungspartner

Joachim Lompscher und Horst Nickel

2.1 Entwicklung und Erziehung als Interaktionsprozeß

Im vorhergehenden Kapitel 1 ist gezeigt worden, daß die individuelle Entwicklung in ein vielgestaltiges Beziehungsgeflecht eingebunden ist. Sein allgemeinstes Merkmal ist wohl die Tatsache, daß es kaum lineare Ursache-Wirkungs-Beziehungen, sondern vor allem Interaktionen (Wechselwirkungen) gibt. Die an Entwicklung und Erziehung beteiligten Partner – Eltern und Kinder, Lehrer und Schüler, Erzieher und zu Erziehende, Ausbilder und Auszubildende – beeinflussen sich wechselseitig, sie sind voneinander abhängig, wenn auch in durchaus unterschiedlicher Art und Weise.

Im Sinne eines ökologisch-systemischen Verständnisses (*vgl. Kap. 1.2.3*) kann man Eltern, Lehrer und Schüler als Teilkomponenten eines umfassenderen Mensch-Umwelt-Systems Schule verstehen, zwischen denen jeweils dyadische und triadische Wechselbeziehungen stattfinden und die sich auf diese Weise in ihrem Verhalten und Erleben ständig beeinflussen. Dyadische Interaktionen, d.h. zweiseitige Wechselbeziehungen bestehen jeweils zwischen Eltern und Kindern, Lehrern und Schülern sowie Lehrern und Eltern (z.B. beim Elterngespräch, *vgl. Kap. 6*) und nicht zuletzt zwischen den Schülern innerhalb und außerhalb der Schule. Drei- und mehrseitige Interaktionen zwischen den drei Partnern finden als direkte, unmittelbare Wechselbeziehung dagegen seltener statt, nämlich nur dann, wenn jeweils alle drei Partner in direkten Kontakt treten, z.B. bei Schulfesten. In vielen Fällen wirken aber die jeweils nicht präsenten Partner – meistens dürfte es sich um die Eltern handeln – indirekt in die dyadische Interaktion von Lehrern und Schülern bzw. von Schülern untereinander hinein, z.B. durch ihre Erwartungen an Lehrer und Schüler oder ihre erzieherischen Einstellungen bzw. Verhaltensformen, die sie zu Hause realisieren, so daß wir es in vielen Fällen doch mit einer indirekten triadischen Beziehung zu tun haben.

Ob und wie Erziehung entwicklungsförderlich oder hinderlich wirksam wird, hängt wesentlich von den Interaktionen zwischen den Beteiligten ab. Wir wollen deshalb zunächst diesen allgemeinen Sachverhalt an einem Beispiel betrachten (*vgl. Kasten 2–1*), um dann genauer auf die Verantwortung und Bedeutung von Lehrern und Erziehern in diesem Geschehen einzugehen.

Selbst wenn wir die vielfältigsten Wechselwirkungen mit außerunterrichtlichen Faktoren hier vernachlässigen, erkennen wir, *daß Unterricht ein höchst dynamisches Geschehen darstellt. In seinem Verlauf wirken Lernende und Lehrende aufeinander und verändern sich dabei ständig – für sie selbst meistens unmerklich.*

Offensichtlich wird eine (durchaus nicht nur der Vergangenheit angehörende) Auffassung, wonach der Lehrer als das zielsetzende und zielrealisierende Subjekt der Persönlichkeit agiert, während die Schüler Objekte seiner pädagogischen Maßnahmen sind, dem realen Lern-Lehr-Geschehen nur wenig gerecht. Die „Objekte" pädagogischer Maßnahmen und Zielvorstellungen haben die Eigenart, selbst Subjekte zu sein! Sie bringen ihre individuellen Erwartungen, Interessen, Erfahrungen, Einstellungen, Aktivitäten in die unterrichtliche Interaktion ein und bestimmen sie mit. Grundlage dieser Interaktion ist also nicht ein (relativ lineares) Subjekt-Objekt-Verhältnis, sondern ein (kompliziertes, vielschichtiges) Subjekt-Subjekt-Verhältnis (Klingberg, 1990, 86 ff.; Meyer, 1988, 44 ff.). Davon, wie sich dieses Verhältnis gestaltet, hängt sowohl das Wohlbefinden der Interaktionspartner als auch die Qualität des Lernens und Lehrens ab (*vgl. Kap. 3, 4, 10*).

Kasten 2–1:

Beispiel für wechselseitige Beziehungen im Unterricht

Mit Materialangeboten, Fragen, Aufgaben, Anregungen, Erklärungen, Demonstrationen u.a. wendet sich der Lehrer an die ganze Klasse und/oder an bestimmte Lerngruppen und/oder einzelne Schüler. Er geht auf deren Vorschläge, Überlegungen, Fragen, Meinungsverschiedenheiten, Handlungsverläufe und-ergebnisse, Schwierigkeiten usw. ein, modifiziert sein Lehrverhalten in Abhängigkeit davon, wie die Lernenden mitarbeiten und vorankommen oder ablenken und stören. Die Lernenden ihrerseits stehen nicht nur in Wechselwirkung mit dem Lehrer, sondern auch untereinander. Sie arbeiten in kleineren oder größeren Lerngruppen oder einzeln, interagieren in vielfältiger Weise miteinander, was unterstützend und anspornend oder behindernd und ablenkend wirken kann.

Die unterrichtliche Interaktion als Subjekt-Subjekt-Verhältnis ist durch folgende Merkmale gekennzeichnet:

- *Asymmetrie*: Der Anteil der Lernenden und Lehrenden an der Interaktion ist nicht gleich. Lehrer sind vom Alter, von der Persönlichkeitsreife, ihrem Wissen und Können, ihren Lebenserfahrungen her den Schülern überlegen. Dies ist eine Grundvoraussetzung für die Realisierung ihrer gesellschaftlichen Funktion, Mittler zwischen den Generationen zu sein. Diese Überlegenheit enthält aber auch eine gewisse Gefahr, verleitet sie doch manche Lehrer, ihre Position zu mißbrauchen. Sie bauen den Kindern gegenüber ein Machtverhältnis auf und fordern Autorität, ohne sie zu erwerben. Zwang und Forderung werden zur Grundlage des Unterrichts gemacht, ohne die Kinder für das Lernen zu gewinnen. Manche Lehrer werten die Persönlichkeit von Kindern ab und beschädigen sie durch Spott, Mißachtung u.ä. Die wichtigste (nicht einzige!) Aufgabe der Lehrer ist es, das Lernen der Schüler zu organisieren und zu gestalten, anzuregen und anzuleiten, zu analysieren und zu bewerten. Die Persönlichkeitsentwicklung der ihnen anvertrauten Kinder soll gefördert und sie sollen zu zunehmend selbständigem, aktivem, eigenverantwortlichem Lernen befähigt werden. Dazu müssen sie als Partner behandelt, ihre interindividuell unterschiedlichen Voraussetzungen berücksichtigt, ihre Entwicklungspotenzen erkannt und genutzt, ihre Beiträge zur gemeinsamen Tätigkeit aufgegriffen und gewürdigt – *sie müssen als Subjekte mit ihren Stärken und Schwächen geachtet werden.*
- *Einheit von Fremd- und Selbststeuerung:* Aus der unterschiedlichen Position von Lernenden und Lehrenden ergibt sich die Notwendigkeit, entgegengesetzte Steuerungsmechanismen miteinander in Einklang zu bringen. Einerseits setzt

der Lehrer Impulse und Anforderungen unterschiedlichster Art und Intensität ein, um das Lernen inhaltlich und organisatorisch zu steuern. Andererseits sind die Schüler selbst Subjekte ihrer Tätigkeit und agieren bzw. reagieren auf der Grundlage ihrer eigenen Voraussetzungen. *Die Fremdsteuerung durch den Lehrer sollte vornehmlich darauf gerichtet sein, die Selbststeuerung des Lernens durch die Schüler zu fördern und zu entwickeln.* Dazu ist es jedoch erforderlich, das jeweils erreichte Entwicklungsniveau der Schüler differenziert zu erfassen (vgl. Kap. 16), um Anforderungen in der „Zone der nächsten Entwicklung„ (Kap. 1.3.4) gestalten zu können. Untersuchungen der unterrichtlichen Interaktion machen deutlich, daß dies vielen Lehrern noch nicht ausreichend gelingt und die Fremdsteuerung zu stark im Vordergrund steht.

– *Subjektivität:* Die Partner bringen ihre subjektiven Erwartungen und Wertungen, Stimmungen und Erfahrungen in die Interaktion ein. Mißverständnisse und Konflikte können entstehen – sowohl zwischen Lehrer und Schülern als auch zwischen einzelnen Schülern oder Schülergruppen. Sie rechtzeitig zu erkennen und zu überwinden (z.B. indem sie selbst zum Diskussions- und Reflexionsgegenstand gemacht werden) ist wichtig, um die Interaktion aufrechtzuerhalten und weiterzuentwickeln. Lernen und Lehren benötigen *eine von Druck und Zwang freie, auf gegenseitigem Vertrauen und Selbstvertrauen basierende, freudig-aufgeschlossene und aktivitätsfördernde Atmosphäre.* Lehrer müssen alles in ihren Kräften stehende tun, sie zu schaffen und zu erhalten. Das ist oft nicht leicht – nicht nur aufgrund objektiver Umstände, sondern auch deshalb, weil sie selbst schließlich keine Roboter, sondern Menschen mit ihren Stärken und Schwächen sind, die Probleme zu bewältigen haben, Stimmungen unterliegen usw. *Selbstkontrolle, Selbstbeherrschung und pädagogische Reflexion sind deshalb wichtige Erfordernisse für Lehrer.*

– *Gegenstands- und Bedingungsabhängigkeit:* Obwohl unterrichtliche Interaktionen ihrem Wesen nach Subjekt-Subjekt-Beziehungen darstellen, können sie auf diesen Aspekt nicht reduziert werden. Da Lernen und Lehren immer auf bestimmte Ziele und Inhalte (Lern- bzw. Lehrgegenstände) gerichtet sind und unter konkreten raum-zeitlichen, materiell-organisatorischen u.a. Bedingungen vonstatten gehen, werden die Beziehungen zwischen den Subjekten von diesen objektiven Sachverhalten beeinflußt. *Gegenstand und Bedingungen treten gewissermaßen zwischen die Subjekte und vermitteln ihre Beziehungen.* Die objektiven Anforderungen, die ein Lerngegenstand an die Lernenden stellt, die Mittel, die zu seiner Bewältigung zur Verfügung stehen oder gefunden werden müssen, die Art der Tätigkeit, die dem Gegenstand und dem Ziel adäquat ist, die Bedingungen, unter denen sie ausgeführt wird – all dies bestimmt die konkrete Interaktion in Wechselbeziehung mit den subjektiven Voraussetzungen und Aktivitäten der Partner.

– *Systemische Einbettung:* Unterrichtliche Interaktion ist mehr als die Beziehung zwischen den beteiligten Subjekten, denn *der Unterricht ist selbst Bestandteil umfassenderer Organisationsstrukturen und steht in vielfältigen Wechselbeziehungen mit anderen Prozessen* (vgl. Kap.1.2.3). Die Klasse gehört zu einer Schule, die Teil eines Schulsystems ist, das einen bestimmten Stellenwert in der Gesellschaft besitzt und deren Kultur in spezifischer Weise vermittelt. Die Schule hat

Traditionen, es herrscht eine eigene Atmosphäre. Die Beziehungen zwischen den Klassenstufen, den schulinternen Gruppierungen und Organisationsformen, zwischen der Schule bzw. ihren Teilen und ihrem Umfeld (Gemeinde, außerschulische Einrichtungen etc.) haben bestimmte Inhalte und Formen. Die Beziehungen zwischen Lehrern und Schulleitung, zwischen Lehrergruppen usw. können mehr oder weniger förderlich für die pädagogische Arbeit sein, die Lehrer haben unterschiedliche familiäre Lebensbedingungen, Freizeitinteressen usw. Ähnliches gilt für die Schüler (vgl. Kap. 3 und 6). Alle diese Faktoren wirken mehr oder weniger intensiv– beständig oder unerwartet, direkt oder über die Veränderung anderer Systemkomponenten– auf die konkrete Interaktion zwischen Lernenden und Lehrenden im Unterricht. Auch dies macht letzteren zu einem außerordentlich dynamischen Geschehen.

In diesem vielschichtigen Beziehungsgeflecht interagieren Lehrer, Schüler und Eltern die als Entwicklungs- und Erziehungspartner wirken (*vgl. Kap. 1.2.3*). Es ist in erster Linie eine Frage der jeweiligen Betrachtungsperspektive, wer jeweils als Entwicklungsträger verstanden wird, d.h. wessen Veränderungen dabei primär interessieren und entsprechende Beachtung finden. Traditionellerweise handelt es sich im schulischen Bereich *in erster Linie um die Veränderungen auf seiten des Schülers*, die durch bestimmte unterrichtliche bzw. erzieherische Maßnahmen angestrebt werden. Die *gleichzeitigen Veränderungen im Sinne von Entwicklungs- und Lernprozessen auf seiten der Lehrer oder gar der Eltern* bleiben vielfach unbeachtet; sie wurden auch in der wissenschaftlichen Analyse erst im Verlauf der letzten Jahrzehnte stärker berücksichtigt. Doch bedeutet dies nicht, daß sie für den gesamten Interaktionsprozeß weniger bedeutsam wären. Wie diese wechselseitigen Veränderungen entstehen, welche Faktoren dabei wirksam sind und wie sie sich auf den Lehr- und Lernprozeß im einzelnen auswirken, soll in den folgenden Abschnitten näher erläutert werden.

2.2 Ein ökopsychologisches Verständnis schulischer Interaktionsprozesse

2.2.1 Das Prinzip der Transaktion

Einen Interaktionsprozeß im Sinne einer wechselseitigen Verhaltenssteuerung, bei dem alle beteiligten Partner ständig ihr Verhalten an dem des anderen ausrichten und über eine entsprechende Rückmeldung ihr eigenes Verhalten modifizieren, bezeichnet man auch als Wechselwirkung höherer Ordnung oder **transaktionale Interaktion** (*vgl. Kap. 1.2.2*). Eine solche Wechselbeziehung mit einem ständigen Signalaustausch und entsprechender Auslösewirkung für das beiderseitige Verhalten kann sogar jenseits einer agierenden Interaktion erfolgen, etwa auf dem Wege einer nonverbalen Kommunikation, wie sie von Watzlawick, Beavin und Jackson (1974) beschrieben wurde. Eine empirische Bestätigung fand diese Annahme zuerst im Bereich der Eltern-Kind-Interaktion während des Säuglings- und Kleinkindalters, die folgerichtig als eine reziproke Beeinflussung von Eltern und Kindern beschrieben wurde (Bell, 1974; Brazelton, Koslowski & Main, 1974).

In einer seinerzeit vielbeachteten Untersuchung hatten OSOFSKY und DANZGER (1974) nachgewiesen, daß aufmerksame und sensitive Mütter einerseits die Aktivität ihrer Kleinstkinder wesentlich stärker stimulieren als weniger sensitive Mütter, daß gleichzeitig aber auch wache und agile Säuglinge die Aufmerksamkeit und Reaktionsbereitschaft ihrer Mütter bedeutsam fördern können.

Die amerikanische Kinderpsychologin RHEINGOLD (1973) vertritt sogar die Auffassung, daß ein Kind die Personen seiner Umgebung stärker sozialisiert, als daß es selbst sozialisiert werde. Nach ihren Beobachtungen beeinflußt es nicht nur den Tagesablauf der Eltern und die Gestaltung der äußeren Situation (z.B. Einrichtung der Wohnung), sondern es löst insbesondere auch eine nachhaltige Umstrukturierung des sozial-emotionalen Verhaltens der Eltern aus, etwa dadurch, daß es bestimmte Zielvorstellungen, Wünsche und Befürchtungen hervorruft. Neuere Untersuchungen bestätigen darüber hinaus, daß die partnerschaftliche Zufriedenheit zwischen den Eltern durch die Geburt eines Kindes nachhaltig beeinflußt werden kann, und zwar je nach soziokulturellem Umfeld in unterschiedlicher Weise (NICKEL, QUAISER-POHL, ROLLETT, VETTER & WERNECK, 1995).

In der ökopsychologischen Entwicklungstheorie besitzt die Annahme einer solchen transaktionalen Interaktion sowohl innerhalb des jeweiligen Lebensbereiches – und hier zwischen allen lebendigen und sachlichen Teilkomponenten – als auch zwischen den einzelnen Umwelt-Systemen im Sinne von BRONFENBRENNER (1981) eine zentrale Bedeutung (*vgl. Kap. 1.2.2*). Es liegt nahe, auch für die erzieherische Interaktion analoge Beziehungen anzunehmen, allerdings hat sich eine entsprechende Auffassung erst mit einer gewissen Verzögerung durchgesetzt. Immerhin haben ebenfalls schon im Verlauf der siebziger Jahre verschiedene Autoren in empirischen Untersuchungen nachweisen können, *daß wir auch in Schulklassen von einer reziproken Einflußnahme zwischen Lehrern und Schülern ausgehen müssen* (*vgl. 2.1*).

So kommt FIEDLER (1975) aufgrund einer Analyse der Beobachtungsprotokolle aus 52 Schulklassen zu dem Schluß, daß die Lehrer in ihrem Verhalten fast ebenso stark durch ihre Schüler beeinflußt werden, wie sie selbst auf die Schüler einwirken. Andere Autoren haben diesen steuernden Einfluß der Schüler auf ihre Lehrer sogar erfolgreich in Experimenten zu simulieren versucht. So konnten GRAY, GRAUHARD und ROSENBERG (1974) zeigen, daß Schüler durch ein gezieltes, vorher festgelegtes Verhalten nach Belieben bestimmte Verhaltensweisen des Lehrers, wie z.B. Zuwendung oder Erteilung von Lob und Tadel, evozieren können und damit das Lehrerverhalten steuernd zu kontrollieren vermögen. In der Realität des alltäglichen Unterrichts geschieht das zwar meistens weniger absichtlich und bewußt, sondern eher durch mehr oder weniger nicht bewußte Verhaltensäußerungen, dafür aber keineswegs weniger wirkungsvoll.

2.2.2 Ein ökopsychologisches Modell der Lehrer-Schüler-Beziehung

Diese und andere zwischenzeitliche Befunde zur reziproken Verhaltensbeeinflussung im erzieherischen und speziell schulischen Interaktionsprozeß hat NICKEL (1976, 1978a) in einem theoretischen Rahmenkonzept zusammengefaßt, das unter Einbezug neuerer Befunde inzwischen zu einem **ökopsychologischen Interaktionsmodell** erweitert wurde (NICKEL, 1983, 1993b). Es beschreibt nicht nur die verschiedenen Prozesse, die zwischen Lehrern/Eltern einerseits und Schülern/Kindern andererseits ablaufen, sondern es liefert vor allem auch eine Erklärung für die wichtigsten Störungen bzw. Fehlentwicklungen in dieser für die weitere Ausbildung der Persönlichkeitsstruktur von Kindern/Schülern so bedeutsamen erzieherischen Interaktion und ermöglicht Hinweise darüber, wie man unerwünschte Auswirkungen korrigieren bzw. im Ansatz vermeiden kann.

Dieses Modell, das hier nur in seinen wichtigsten Aussagen skizziert werden kann, ist zentriert um drei Faktorengruppen und deren Wechselbeziehungen. Diese sind jeweils in gleicher Weise bei Lehrern/Eltern wie bei Schülern/Kindern wirksam (*Abb. 2-1*). Es handelt sich dabei um

(1) Prozesse der *Person-Wahrnehmung*

(2) Faktoren der *innerpsychischen Verarbeitung* von Umwelteindrücken mit entsprechender Rückwirkung auf das Verhalten einerseits und die eigene weitere Wahrnehmung andererseits.

(3) Faktoren des *soziokulturellen Umfeldes bzw. ökologischen Netzwerks*, die mit den anderen Faktoren in ständiger Wechselwirkung stehen.

Die gegenseitige **Person-Wahrnehmung** – hier insbesondere des Schülers durch den Lehrer und umgekehrt – *steuert entscheidend das Verhalten im Sinne einer transaktionalen Interaktion (vgl. Kap. 16.1.1)*. Diese Wahrnehmung wird wesentlich beeinflußt durch die Motive, Einstellungen und Erwartungshaltungen jeder Person (vgl. Ziff. (2)) und diese sind ihrerseits wiederum das Ergebnis vorangegangener und gegenwärtiger Lernerfahrungen in einem bestehenden soziokulturellen Kontext (vgl. Ziff. (3)). Aufgrund dieser Erfahrungen entsteht eine Art **„kognitives Modell"**, das bei der Selektion aller von den Interaktionspartnern ausgehenden Reizeinwirkungen, sowohl akustischer (etwa durch die Sprache) als auch visueller Art (z.B. durch Mimik und Gestik), eine entscheidende Rolle spielt. *Die Auswahl wird wesentlich bestimmt durch die Bedeutung, die man solchen Einflüssen für die eigene Person zuschreibt.* Aufgrund einer entsprechenden Gewichtung werden sie in bereits vorhandene kognitive Schemata (d.h. in Kategorien jener o.a. „kognitiven Modelle") eingeordnet, und daraus leitet man dann wieder bestimmte Erwartungen bzw. Vorhersagen über das weitere Verhalten des Interaktionspartners ab. Eine nähere Erläuterung aller beteiligten Faktoren und ihrer spezifischen Wirkungsweise wurde von Nickel (1993b, 247 ff.) ausführlich dargelegt, hier kann dieser Ablauf nur in seinen wichtigsten Stationen knapp geschildert werden. Dazu lassen wir im Sinne einer Vereinfachung diese transaktionale Wechselbeziehung mit der Person des Lehrers beginnen (*vgl. Abb.2–1*):

Das von einem Lehrer in einer bestimmten Situation geäußerte Unterrichtsverhalten wird wesentlich durch Faktoren seines soziokulturellen Bezugrahmens bestimmt. Die eigene soziale Lernvergangenheit als Lehrer (einschl. Berufsausbildung), seine gegenwärtigen sozialen Erfahrungen (vor allem mit Schülern, Kollegen und Vorgesetzten) sowie die objektivierten soziokulturellen Einflüsse (insbesondere Berufsvorschriften, Lehrplananforderungen usw.) haben zur Ausbildung kognitiver Strukturen (kognitiver Schemata) im Sinne von bestimmten Erziehungseinstellungen geführt. Sie verdichten sich zu Konzepten darüber, wie man sich in konkreten Situationen als Lehrer verhalten soll. Da sie eine relative Konstanz besitzen, wird auch das erzieherische Verhalten – bei allen situationsbedingten Schwankungen – eine gewisse Stetigkeit aufweisen. Deshalb läßt sich bei Lehrern auch in wechselnden Situationen innerhalb einer gewissen Schwankungsbreite ein relativ stabiler Unterrichts- bzw. Erziehungsstil beobachten.

Das Verhalten des Lehrers wird aber nun von den Schülern durch den Filter ihrer eigenen Einstellungen und Erwartungshaltungen wahrgenommen. Auch diese sind ebenso wie die des Lehrers durch die soziale Lernvergangenheit als zu Erziehende (vorangegangene

Abb.2-1: Ein transaktionales Modell der Lehrer-Schüler-Interaktion aus ökopsychologischer Perspektive

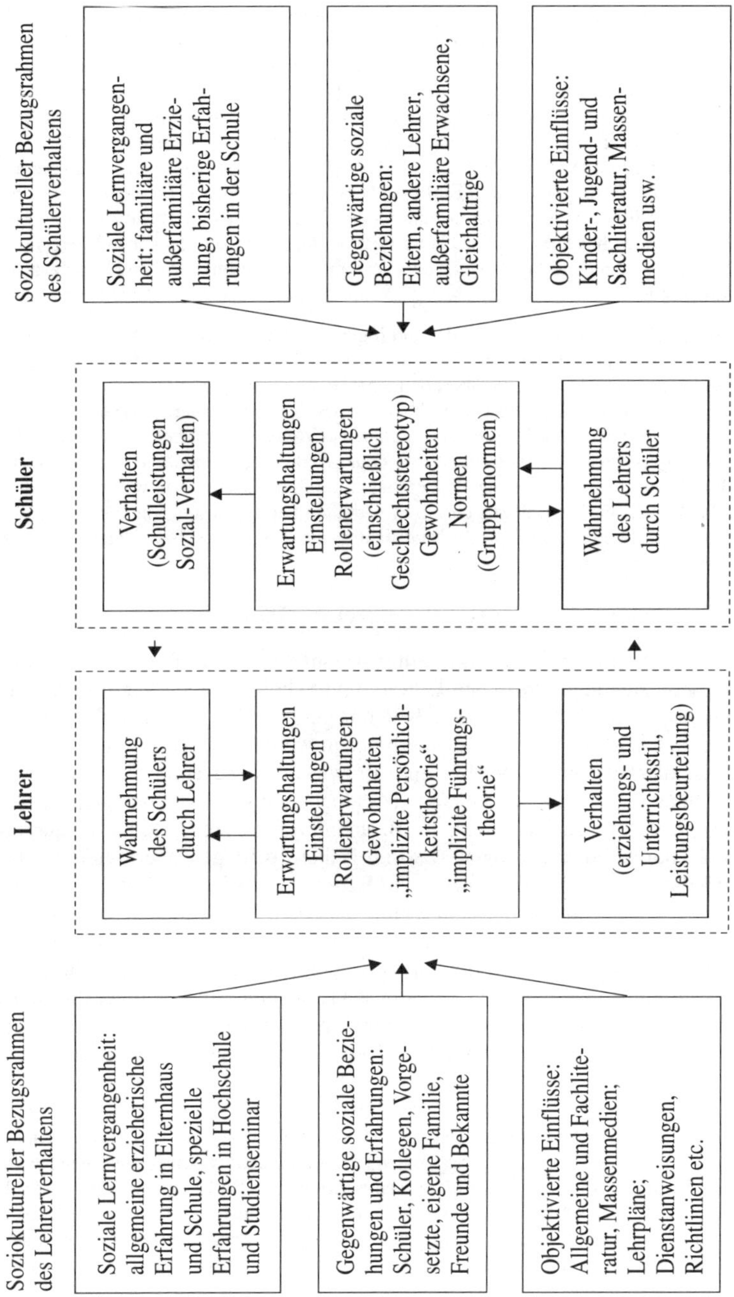

Erfahrungen mit Eltern, Vorschulerziehern, früheren Lehrern), durch die gegenwärtigen sozialen Beziehungen (insbesondere mit Gleichaltrigen, aber auch mit anderen Lehrern und Erwachsenen) und durch objektivierte Einflüsse (z.B. was man im Fernsehen sieht, über Lehrer hört oder liest) bestimmt. Da innerhalb einer bestehenden Kultur- bzw.Gesellschaftsstruktur weitgehend ähnliche Einwirkungen dieser Art gegeben sind, bestehen auch bei Schülern einer bestimmten Altersgruppe meistens relativ analoge Erwartungshaltungen im Hinblick auf das Lehrerverhalten. Insoweit jedoch diese soziokulturellen Bedingungen und Einflüsse (z.B. die bisherigen Erfahrungen mit Erziehern) interindividuell stark variieren und entsprechend unterschiedliche Einstellungen und Erwartungen bestehen, muß auch die Wahrnehmung ein und desselben Lehrerverhaltens durch verschiedene Schüler ein und derselben Klasse entsprechenden Schwankungen unterliegen.[6]

Die Verhaltensweisen, die Kinder und Jugendliche bei ihren Lehrern wahrnehmen, lösen ein bestimmtes Schüler-Verhalten aus, in das neben vorhandenen Erwartungshaltungen und Einstellungen auch die übernommenen Rollenkonzepte (z.B. was erwartet man von einem Schüler dieses Alters) einschließlich der Geschlechtsstereotype und Normvorstellungen einfließen. *Dieses Schülerverhalten wird dann von dem Lehrer wiederum als Rückmeldung auf seine eigenen Unterrichts- oder Erziehungsmaßnahmen erlebt.* Es wirkt auf ihn entweder im Sinne einer Bestätigung dafür, daß diese richtig waren, oder aber auch als Hinweis darauf, daß er sich falsch verhalten hat. In diesem Sinne kann das wahrgenommene Schülerverhalten eine Modifikation des Erziehungs- bzw. Unterrichtsverhaltens bei Lehrern auslösen.

2.2.3 Rückmeldeprozesse – Regelkreise – Teufelskreise

Diesen hier stark verkürzt dargestellten Ablauf der Entstehung von transaktionalen Wechselbeziehungen zwischen Lehrern und Schülern hatten wir zum Zwecke der Demonstration mit dem Lehrerverhalten begonnen, d.h. der reziproke Kreisprozeß war gleichsam an dieser Stelle unterbrochen worden. In der Realität des Schulalltags ist allerdings eine modifizierende Einwirkung des wahrgenommenen Schülerverhaltens von Anfang an wirksam. (Analoges gilt selbstverständlich auch für die Eltern-Kind-Interaktion.) So kann z.B. ein Lehrer, der eine neue Klasse übernimmt, sowohl durch Vorerfahrungen, die ihm frühere Kollegen übermittelten, als auch durch die Art, wie er die Schüler beim Betreten der Klasse erlebt, bereits in seiner weiteren Wahrnehmung der Schüler und als Folge davon auch in seinem Verhalten in einer ganz bestimmten Art und Weise beeinflußt werden. Das bedeutet aber letztlich, daß das Schülerverhalten vom Lehrer in der Regel gar nicht „objektiv" wahrgenommen werden kann, sondern stets nur subjektiv, d.h. unter Einflußnahme und damit mehr oder weniger starker Verzerrung durch jene intrapersonalen Bedingungsvariablen, wie sie bisher kurz erläutert wurden (*vgl. Kap. 16.1.1*).

---

[6] Die Einstellungen und Erwartungen der Schüler im Hinblick auf das Lehrerverhalten variieren auch von Klasse zu Klasse. So zeigten Extremgruppenvergleiche zwischen Klassen mit unterschiedlichem Niveau der Kollektiventwicklung in DDR-Schulen signifikante Unterschiede bei 25 von 48 Indikatoren des Lehrerverhaltens, insbesondere des Forderungs- und Leistungsverhaltens von Lehrern, in den von den Schülern geäußerten Erwartungen. Hinsichtlich sozialer Verhaltensqualitäten äußerten die Schüler der unterschiedlichen Klassen gleiche Erwartungen (Kessel, 1980).

Vor allem die Tatsache, daß *Lehrer nur schwer in der Lage sind, wahrzunehmen, wie ihr Verhalten auf Schüler wirkt*, kann zu weitreichenden Konsequenzen für das praktische Handeln führen. Es bedeutet nämlich, daß der für eine erfolgreiche Interaktion notwendige **Rückmeldeprozeß** u.U. mehr oder weniger stark gestört, im Extremfall sogar unterbrochen ist. Der Lehrer vermag dann sein Verhalten nicht mehr in der eigentlich notwendigen Weise an den Reaktionen seiner Schüler zu korrigieren bzw. es auch in zukünftigen Situationen nicht angemessen zu modifizieren. Da er aber einer rückmeldenden Bestätigung bedarf, wird er zunehmend über die dabei im Sinne dieses Modells wirksamen innerpsychischen Faktoren seine Wahrnehmungen so korrigieren, daß sie ihm entsprechende bestätigende Informationen vermitteln. Auf diese Weise bringt er dann die transaktionalen Beziehungen scheinbar wieder in Ordnung. Zugleich wird es dadurch auch verständlich, daß selbst solche Lehrer, die einen für objektive Beobachter völlig abwegigen Verhaltens- bzw. Unterrichtsstil entwickeln, sich subjek–tiv von ihren Schülern durchaus bestätigt finden können. *So entsteht ein Teufelskreis im Sinne sog. sich selbst erfüllender Prophezeiungen*, der den gesamten weiteren Lehr- und Lernprozeß ungünstig beeinflussen, ja nachdrücklich stören muß, sofern es nicht gelingt, ihn rechtzeitig zu durchbrechen oder möglichst von vornherein zu vermeiden.

Diese hier beschriebenen Mechanismen spielen nicht nur für das Lehrerverhalten eine nicht zu unterschätzende Rolle, sondern sie sind in analoger Weise auch bei den Schülern wirksam. Auch diese bedürfen wie die Lehrer der ständigen Rückmeldung über ihr Verhalten. Auch bei ihnen kann es im Falle gestörter Rückmeldungsprozesse zu Fehlinterpretationen oder gar zu einem Teufelskreis im Sinne von sich selbst erfüllenden Prophezeiungen kommen.

Das demonstriert u.a. sehr deutlich eine Untersuchung von FIRESTONE und BRODY (1975), die zugleich auch auf die besondere *Bedeutung von Erwartungshaltungen für den Interaktionsprozeß als einem sich selbst steuernden Regelkreis hinweist (vgl. Kasten 2–2)*.

Kasten 2–2:

Beispiel für einen Teufelskreis

FIRESTONE und BRODY (1975) untersuchten in einer Längsschnitterhebung das Interaktionsverhalten von Vorschulkindern und Erzieherinnen im letzten Kindergartenjahr sowie die Art der Lehrer-Schüler-Interaktion im ersten Grundschuljahr und setzten diese in Beziehung zum Schulerfolg der Kinder. Ein besonders auffallendes Ergebnis war, daß sich bei Kindern, die im Kindergarten überwiegend negative Interaktionserfahrungen mit ihren Erzieherinnen gemacht hatten, auch die Beziehungen zu den Lehrern im Verlauf des ersten Grundschuljahres zunehmend ungünstig entwickelten. Dies wirkte sich wiederum in steigendem Ausmaß auf ihr Leistungsverhalten aus. Auch ihre Schulleistungen sanken und wurden im Verlauf des ersten Schuljahres zunehmend schlechter.

Diese Befunde von FIRESTONE und BRODY (1975) kann man unter Bezug auf die hier dargelegten Mechanismen einer transaktionalen Interaktion etwa im Sinne folgender Entwicklungssequenzen erklären: Bereits im Kindergarten wurde diesen

Kindern durch ihre Interaktionen mit den Erzieherinnen zunehmend die Erfahrung vermittelt, daß sie ihnen nicht viel zutrauen und daß sie daher wenig Positives von ihnen erwarten. Diese bereits internalisierten Erwartungen beeinflußten später auch ihr Verhalten gegenüber ihren Lehrern. Dadurch lösten sie bei diesen wiederum im Sinne einer wechselseitigen Beeinflussung negative Reaktionen aus. Die Folgen dieses sich allmählich aufschaukelnden Prozesses waren dann eine verminderte Leistungsmotivation und das führte schließlich auch zu einem entsprechenden schulischen Leistungsabfall (*vgl. Kap. 3 und 18*). Unzureichende Schulleistungen können ihre Ursachen also auch in solchen fortlaufenden negativen Interaktionserfahrungen haben, die letztlich auf Störungen in diesem transaktionalen Beziehungsgeflecht zwischen Eltern, Vorschulerziehern und Lehrern einerseits und Kindern bzw. Schülern andererseits zurückzuführen sind.

2.3 Lehrerverhalten und Unterrichtspraxis

2.3.1 Sensitivierung der Personwahrnehmung und objektivierende Kontrolle der Rückmeldung

Die Annahme einer transaktionalen Interaktion zwischen Lehrern und Schülern, wie sie das Modell von Nickel (1993 b) beschreibt, beinhaltet zugleich wesentliche Konsequenzen für den schulischen Lehr- und Lernprozeß. Das dürfte bereits beispielhaft an den Ergebnissen der Untersuchung von Firestone und Brody (1975) deutlich geworden sein (*vgl. 2.2.3*). Sie verweisen zugleich auch auf die *entscheidenden Knotenpunkte dieser ständigen wechselseitigen Beeinflussung*, die sich für eine modifizierende Intervention besonders anbieten. Zum einen handelt es sich dabei um die Tatsache, *daß das Verhalten des einen Interaktionspartners jeweils als Rückmeldung und damit modifizierende Rückkopplung für das eigene Verhalten verstanden wird.* Zum anderen spielt die ständige *Beeinflussung der Wahrnehmung des Partners* durch *eigene Voreinstellungen und Erwartungshaltungen* eine entscheidende Rolle.

Da die jeweiligen Einstellungen und Erwartungen ihrerseits wieder durch fortlaufende Erfahrungen beeinflußt werden, die aus den jeweiligen Verhaltensrückmeldungen resultieren, schließt sich damit ein Kreislauf, der sich je nach Ausgangssituation sowohl positiv als auch negativ aufschaukeln wird. Auf diese Weise kann dann im Extremfall eine Wahrnehmung des Interaktionspartners resultieren, die – wie oben bereits dargelegt – nichts anderes darstellt als eine sich selbst erfüllende Prophezeiung. Diese Tendenz wird noch zusätzlich dadurch unterstützt, daß **Erwartungs-Diskordanz**, d.h. eine mangelnde Übereinstimmung der Wahrnehmung des Partners mit dem von ihm erwarteten Verhalten, nur schwer zu ertragen ist, so daß die *Tendenz besteht, die Wahrnehmung entsprechend zu korrigieren.* Beide Interaktionspartner können auf diese Weise in einen Teufelskreis geraten, der eine pädagogisch sinnvolle und effektive Interaktion sehr erschwert, wenn nicht ganz unmöglich macht (vgl. Nickel, 1983). Umgekehrt löst **Erwartungs-Konkordanz** ein zugewandtes wohlwollendes Verhalten aus, das aber im Extremfall auch zu einer objektiv nicht gerechtfertigten überhöht positiven künftigen Erwartung führen und damit den Interaktionsprozeß ungünstig beeinflussen kann.

Zwar laufen diese Prozesse in gleicher Weise bei Lehrern und Schülern ab, wenn man jedoch diesen zirkulären Prozeß günstig beeinflussen und negative Entwicklungen vermeiden will, wird man sinnvollerweise beim Verhalten des Lehrers einsetzen, da er im Sinne eines intentionalen Erziehungsbegriffs (vgl. Kap. 1.2.2) als Entwicklungs- und Erziehungspartner des Schülers (vgl. Kap. 1.3.3) derjenige ist, der die jeweiligen erzieherischen bzw. unterrichtlichen Maßnahmen organisiert und realisiert. Wir müssen uns deshalb fragen, was der Lehrer tun bzw. wie er sein Verhalten modifizieren kann, um das schulische Lehren und Lernen im Hinblick auf eine angestrebte Zielsetzung zu optimieren.

Ein erster Schritt könnte darin bestehen, daß sich *Lehrer* die *Mechanismen der Entstehung von Wahrnehmungsverzerrungen* und ihre Folgen *vergegenwärtigen.* Dies ist zwar eine notwendige aber keineswegs hinreichende Voraussetzung. Viel wichtiger ist es, daß sie sich darum *bemühen, eine objektive Rückmeldung über ihr tatsächliches Unterrichtsverhalten zu gewinnen.* Dabei können Tonband- oder besser Videoaufzeichnungen des eigenen Unterrichts eine wichtige Hilfe darstellen, besonders dann, wenn man diese mit anderen Personen/Kollegen diskutieren und die eigene Wahrnehmung mit deren Hilfe korrigieren kann. Eine notwendige Voraussetzung dafür ist aber, daß dabei gegenseitiges Mißtrauen und Wettbewerbsdenken weitgehend ausgeschaltet werden. Ein weiterer Weg könnte sich durch die gemeinsame Teilnahme an Gruppenveranstaltungen eröffnen, deren vorrangiges Ziel in der Überwindung gegenseitigen Mißtrauens und darauf basierender Abwehrhaltungen besteht, wie man sie in Lehrerkollegien nicht selten in geradezu übersteigertem Maße antrifft (Fenner, 1973). Dafür dürften sich insbesondere jene personzentrierten Gruppentechniken eignen, die das Erleben menschlicher Begegnung in den Mittelpunkt stellen (vgl. A.-M. Tausch, Schiefelbein-Heitmann, Schwab & Dossmann, 1975;R. Tausch, 1990).

Eine *andere Möglichkeit* eröffnet die systematische Anwendung anonymer *Rückmeldebefragungen bei Schülern*, ähnlich wie sie in Trainingsseminaren erfolgreich eingesetzt werden (Nickel & Ungelenk, 1993). Dabei wäre allerdings besonders darauf zu achten, daß die Fragebögen so gestaltet sind, daß sie die Schüler einerseits nicht überfordern, andererseits aber offene und freie Äußerungen darüber provozieren, wie Schüler ihre jeweiligen Lehrer erleben. Außerdem müssen Schüler die Erfahrung machen, daß der Lehrer ernsthaft an solchen Informationen interessiert und bereit ist, daraus auch für sich selbst bzw. für sein Verhalten entsprechende Konsequenzen zu ziehen (Nickel, 1993b).

2.3.2 Grundmuster des Lehrerverhaltens

Neben einer entsprechenden Sensitivierung des Lehrers für die Probleme der Personwahrnehmung in Richtung seiner Schüler und für unterstützende Maßnahmen beim Aufbau eines effektiven Rückmeldesystems bezüglich seines eigenen Verhaltens ist es aber nicht weniger wichtig, mit ihm die *Verwirklichung jener Grundmuster erzieherischen und unterrichtlichen Verhaltens* einzuüben, die sich in der bisherigen Forschung als besonders bedeutsam erwiesen haben. Dazu liegen inzwischen zahlreiche Untersuchungen vor, deren wichtigste Ergebnisse hier nur in knapper

Form zusammengefaßt werden können. Zur weiteren Information sei auf folgende Darstellungen verwiesen: Nickel (1978, 1983), Tausch und Tausch (1991), Weber (1981).

Als übergreifende Verhaltensaspekte, die in jedes erzieherische Handeln eingehen und das Verhalten der so Erzogenen nachhaltig beeinflussen, haben sich folgende Merkmalsgruppen herausgebildet, die vielfach auch als bipolare bzw. unipolare Verhaltensdimensionen charakterisiert werden:

- Ausmaß der sozial-emotionalen Zuwendung vs. Distanz
- Unterstützendes vs. strenges Verhalten
- Echtheit vs. Unechtheit der Verhaltensäußerungen (besonders die Übereinstimmung verschiedener Verhaltensäußerungen, z.B. Sprache, Mimik und Gestik)
- Ausmaß der Verhaltenssteuerung
- Ausmaß der Anregung und Aktivierung zu selbständigem Handeln

Während sich *diese Verhaltensmuster auf die allgemeine erzieherische Interaktion beziehen* und für die schulische wie außerschulische (z.B. familiäre oder vorschulische) Erziehung Bedeutung besitzen, ließen sich darüber hinaus andere Merkmalsgruppen nachweisen, die *vor allem beim Unterrichtsprozeß im engeren Sinne wirksam werden.* Einige dieser Merkmalsgruppen beziehen sich auf die Organisation und Gestaltung des Unterrichts. Dazu gehören vorwiegend die beiden schon von RYANS (1960, 1961) ermittelten Dimensionen:

- Systematisches, verantwortungsvolles und sachlich geschäftiges Verhalten vs. planloses, der Verantwortung ausweichendes und nachlässiges Verhalten.
- Die Phantasie anregendes, ideenreiches Unterrichtsverhalten vs. langweiliges routinemäßiges Verhalten.

Besonders dieser zweiten Dimension dürfte eine erhebliche Bedeutung für die Gestaltung eines erfolgreichen Unterrichts zukommen. Das bestätigt auch eine Untersuchung von FITTKAU (1969), derzufolge die engagierte Aktivität eines Lehrers im Gegensatz zu einer eher distanzierten Passivität neben dem Ausmaß an Selbstkontrolle und positiver emotionaler Zuwendung ein wichtiges Kennzeichen des Lehrerverhaltens darstellt. Zwar kann danach ein sehr hohes Engagement des Lehrers auch Schul- und Leistungsangst bei Schülern auslösen, aber nur, wenn sie mit einem gleichzeitig distanziert abweichendem Verhalten einhergeht, während bei einer positiven emotionalen Zuwendung ein hohes Engagement des Lehrers eher zu stimulierenden Effekten führt. Dies verweist zugleich auf die enge Wechselbeziehung zwischen Unterrichts- und Persönlichkeitsverhalten.

Nur kurz kann hier noch auf weitere Merkmale verwiesen werden, die sich vor allem für eine Darbietung des Unterrichtsstoffes als sehr bedeutsam erwiesen haben (LANGER, SCHULZ VON THUN & TAUSCH, 1974). Dazu gehören insbesondere eine *einfache, prägnante* Sprache, eine gute *Anordnung* und *Gliederung* des Stoffes sowie eine fortlaufende *Stimulierung* des Interesses und damit der Aufmerksamkeit der Schüler.

2.3.3 Folgerungen für Ausbildung und Weiterbildung

Die Lehrerausbildung kann zwar erste Grundlagen zur Verwirklichung eines entsprechenden Verhaltens vermitteln, es bedarf aber eines längerfristigen Übungsprozesses, um dieses Verhalten in einer gleichsam routinemäßigen Form zu festigen, wie es die tägliche Schulpraxis letztlich erfordert. Dazu wurden in den letzten Jahrzehnten zahlreiche Trainingsprogramme für Lehrer entwickelt, die in einem mehrstufigen Curriculum auf die verschiedenen Abschnitte der ersten und zweiten Ausbildungsphase sowie auf eine ständige unterrichtsbegleitende Fortbildung abgestimmt sind (vgl. Kern, 1979; Mutzeck & Pallasch, 1983; Nickel, 1979; Nickel & Ungelenk, 1993).

Neben der Einübung einzelner bedeutsamer Verhaltensmuster zur Optimierung der erzieherischen Interaktion bzw. des Unterrichtsverhaltens besteht eine weitere zentrale Aufgabe solcher Trainingsveranstaltungen in der Entwicklung übergreifender Einstellungskonzepte, die im Lehrer angemessene Erwartungshaltungen gegenüber Schülern sowie den Abbau unangemessener Einstellungen bzw. Theorien über Schülerpersönlichkeit und Führungsstile begünstigen. Über die entsprechenden intrapersonalen Bedingungsvariablen bilden sich dadurch wichtige Voraussetzungen dafür aus, daß Lehrer das Verhalten ihrer Schüler adäquat wahrnehmen und sich selbst angemessen verhalten.

Auch wenn die Person des Lehrers die Ausgangsgröße darstellt, bei der ein Eingriff in diesen zirkulären Prozeß am ehesten sinnvoll erscheint, so darf dabei die Tatsache einer ständigen wechselseitigen transaktionalen Verhaltensbeeinflussung zwischen Lehrern und Schülern nicht außer acht gelassen werden. Das gilt auch für solche Maßnahmen, die bisher weitgehend als unilaterale, allein vom Lehrer ausgehende Verfahren verstanden wurden, wie die pädagogische Diagnostik (*vgl. Kap. 16.2*) und ganz besonders eine gezielte und systematische Verhaltensmodifikation, auf die Brunner (1977) im Zusammenhang mit dem hier dargestellten transaktionalen Modell explizit verweist. Dieses liefert daher zugleich auch ein übergreifendes theoretisches Konzept zur Entwicklung eines entsprechenden Curriculums von Trainingsveranstaltungen (Nickel, 1979).

Gerade die Vorgänge der Verhaltensmodifikation mit der Möglichkeit einer wechselseitigen Konditionierung von Lehrern und Schülern verweisen auf einen Aspekt, der bei einer sachlich durchaus sinnvollen Verlagerung des Betrachtungsschwerpunkts auf die Person des Lehrers immer wieder der Gefahr unterliegt, nicht hinreichend berücksichtigt zu werden: Es ist die Tatsache, daß auch die Schüler als Partner in diesem bilateralen Interaktionsprozeß in ihrer Wahrnehmung des Lehrerverhaltens keineswegs unvoreingenommen sind, sondern denselben Verzerrungen unterliegen, die bisher für die Lehrerseite erörtert wurden. Dabei dürften bei den Schülern insbesondere ihre bisherigen Erfahrungen mit Bezugs- und Erziehungspersonen in Familie, Vorschule und Schule eine zentrale Bedeutung besitzen (vgl. Firestone & Brody, 1975).

Das weist darauf hin, daß man bei Bemühungen um Änderungen des Erziehungssystems nicht nur in der Schule beginnen sollte, sondern eigentlich den gesamten bisherigen Sozialisationsprozeß einbeziehen müßte. Von daher gewinnen Elter n und Vorschulerzieher auch für Art und Ablauf schulischer Erziehungsprozesse eine neue wesentliche Funktion, die in den letzten Jahren häufig ausschließ-lich zu Lasten des Lehrers ausgeklammert wurde. Das erfordert zugleich ein verstärktes Bemühen um echte partnerschaftliche Zusammenarbeit von Lehrern und Eltern (*vgl. 6.1*). Die entsprechenden Organisationsformen (Elternpflegschaften, Mitwirkung von Eltern, Schulkonferenzen) sind zwar gesetzlich geregelt, die praktische Umsetzung erfolgt heute jedoch vielfach von beiden Seiten eher mit gegenseitigem

Mißtrauen und ohne die notwendige Bereitschaft zur wechselseitigen Unterstützung und zur offenen, freimütigen Kooperation (NICKEL, 1993b).

Weiterführende Literatur

MUTZECK, W. & PALLASCH, W. (Hrg.): *Handbuch zum Lehrertraining.* Weinheim 1983: Beltz

NICKEL, H.: *Die Transaktionalität der Lehrer-Schüler-Beziehung und ihre Bedeutung für die Unterrichtspraxis.* In A. Weber (Hrsg.), *Lehrerhandeln und Unterrichtsmethode* (S. 79-93). München 1981: Fink

NICKEL, H.: *Beziehungen zwischen Lehrer- und Schülerverhalten.* In H. Kurry & H. Lerchenmüller (Hrsg.), *Schule, psychische Probleme und sozial abweichendes Verhalten - Situationsbeschreibung und Möglichkeiten der Prävention* (S. 131-186). Köln 1983: Heymanns

NICKEL, H. (Hrsg.): *Psychologie der Entwicklung und Erziehung. Zwanzig Jahre empirische Forschung unter ökopsychologischer Perspektive* (Teil V). Pfaffenweiler 1993: Centaurus

TAUSCH, A.- M. & TAUSCH, R.: *Erziehungspsychologie* (10. Aufl.). Göttingen 1991: Hogrefe

3

Das Kind als Lernender

Joachim Lompscher und Gerhild Ries

3.1 Die Motivation des Schülers

3.1.1 Lernmotivation

Kinder sind vom Beginn ihres Lebens an eifrige Lerner. Beobachtet man sie bei einigen ihrer Spiele, z.B. beim Seilspringen, Skateboardfahren, Gummitwist oder Bauen mit Legosteinen, so ist man erstaunt, mit wieviel Ernst, Konzentration und Ausdauer sie dabei sind, eine besondere Figur zu üben, versuchen geschickter und schneller zu werden, kurz, ihr Können zu steigern. Sie lernen freiwillig und mit Spaß. Könnte das Lernen in der Schule nicht genau so verlaufen? Die meisten Kinder kommen auch hoch motiviert zum Lernen in die Schule. Doch sind dort nicht alle Tätigkeiten für jedes Kind gleichermaßen anregend wie auf dem Spielplatz. Die Schulsituation unterscheidet sich in vieler Hinsicht von dem bisherigen Lebensfeld des Kindes, enthält vieles Neue, Ungewohnte und Unerwartete (*vgl. Kap.* 9). Wenn auch ein gleitender Übergang vom Kindergarten angestrebt wird und der Grundschulunterricht kindorientiert zu gestalten ist, so stellt schulisches Lernen dennoch zunehmend neue Anforderungen.

Für die Lernmotivation des Kindes bedeutet das:

- *Der Lerngegenstand und die Lernzeit sind meist vorgegeben, nicht freiwillig gewählt.*
- *Der Gütemaßstab für die Lerntätigkeit wird häufig von anderen, Lehrern und Eltern ,festgesetzt.*
- *Sozialvergleiche werden häufiger.*
- *Das Lernergebnis unterliegt Bewertungen und Sanktionen von außen.*
- *Die Auseinandersetzung mit den Gründen für das Zustandekommen der Leistungen wird häufiger nahegelegt.*

Unter den neuen Bedingungen muß das Kind lernen zu lernen. Anknüpfend an den bisherigen Lernstil muß vom Lehrer allmählich zu einer Lernhaltung geführt werden, die die Eigenart und Bedürfnisse des Kindes und den Anspruch der Sache gleichermaßen berücksichtigt.

Das ist ein vielschichtiger und langwieriger Prozeß, der in den nachfolgenden Kapiteln unter verschiedenen Aspekten – emotionalen, motivationalen, kognitiven u.a. – differenziert analysiert wird. Dabei muß jedoch stets bedacht werden, daß es sich um Aspekte handelt, die an einem einheitlichen Ganzen, dem Lernenden, ausgegliedert werden und alle Prozesse in einer ganzheitlich sich entwickelnden Persönlichkeit ablaufen. Jeder Schüler ist ein Individuum mit unverwechselbaren Eigenarten, mit Entwicklungspotenzen und Entwicklungschancen, denen zur vollen Realisierung verholfen werden muß.

Lernen Kinder nur, wenn sie belohnt werden? Es ließ sich im Gegenteil zeigen, daß ständige Belohnung die Lernmotivation korrumpiert, weil sie die Motivation auf sachfremde Ziele lenkt. Man spricht dann von **extrinsisch** – von außen her – motiviertem Verhalten. Eine **intrinsisch –** von innen heraus – motivierte Lernhandlung ist hingegen auf das Lernergebnis selbst und auf eng damit verbundene Ziele, wie Selbstbewertung, Kompetenz für weitere Aufgaben u.a., gerichtet. Heckhausen (1989) hat ein kognitives Motivationsmodell entwickelt, bei dem das Verhalten nicht einfach durch das Prinzip von Lustsuche und Unlustvermeidung oder Belohnung und Strafe erklärt wird. Das Handeln des Menschen ist vielmehr auf Ziele gerichtet und wird durch Überlegungen und Erwartungen bezüglich dieser Ziele und ihrer Realisierungschancen gesteuert. An diesem Modell soll die Motivation von Lernprozessen verdeutlicht werden, (*vgl. Kasten 3-1*).

Begriffliche Vorklärung

Unter **Motivation** versteht man alle aktuellen Faktoren und Prozesse, die in einer gegebenen Situation zu Handlungen führen, diese in ihrem Ablauf bestimmen und bis zum Abschluß in Gang halten.

Motive sind relativ überdauernde Anliegen und Ziele einer Person, die sich auf eine bestimmte Kategorie von Situationen beziehen. Sie haben sich im Laufe der Entwicklung in menschlichen Grundsituationen herausgebildet. So entsteht z.B. in der menschlichen Gemeinschaft das Motiv nach sozialer Teilhabe, „Anschlußmotiv" genannt, aber auch das „Machtmotiv". In der Auseinandersetzung mit Problemen und Aufgaben entwickelt sich das Motiv, die eigenen Fähigkeiten zu steigern, besser zu werden, das „Leistungsmotiv".

Motive gelten als **Persönlichkeitskonstrukte**, d.h. als angenommene Persönlichkeitsmerkmale.

Motivation ist ein **Prozeß**, der in Gang kommt, wenn Motive in einer gegebenen Situation angeregt werden.

Die Menschen unterscheiden sich darin, welche Motive – Anliegen – für sie vorrangig sind und mit welcher Stärke, Intensität und Ausdauer sie sie verfolgen.

Anreizwerte von Lernhandlungen und ihren Folgen: Was bewegt einen Schüler, sich an einer Aufgabe zu mühen und Handlungen auszuführen, die auf Lernergebnisse zielen? Zunächst könnte er ja die Hoffnung hegen, daß sich auch ohne seine Anstrengung ein Ergebnis einstellt, z.B. die Mutter macht die Hausaufgaben; ein anderer Schüler rechnet an der Tafel vor. Dann unterbleibt die Handlung (S-E-Erwartung). Andererseits gehen von der Handlung selbst und vor allem von ihren Folgen vielfältige motivierende Anreize aus, die zur Aufnahme der Lerntätigkeit führen.

Kasten 3-1:

Ein Motivationsmodell des Handelns

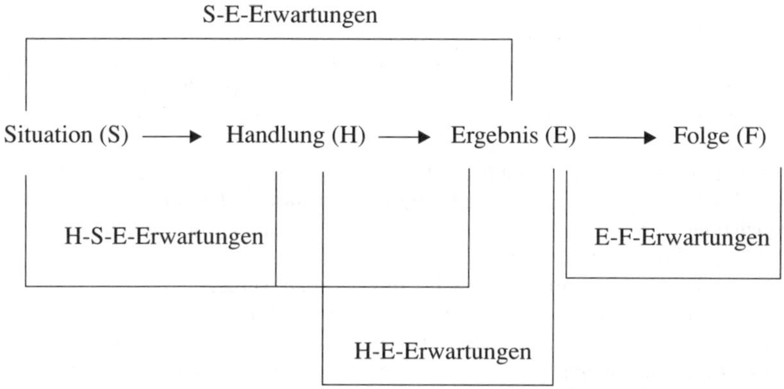

Abb.3-1: Erwartungsarten und Ereignisstadien des kognitiven Motivationsmodells (nach HECKHAUSEN, 1989, 468)

Im Modell werden bei einem Handlungsablauf vier verschiedene Stationen unterschieden, die mit unterschiedlichen Erwartungen verknüpft sind. Situations-Ergebnis-Erwartung (S-E) bedeutet die subjektive Wahrscheinlichkeit, daß auch ohne eigenes Handeln das Ergebnis eintritt. In diesem Falle unterbleibt die Handlung. In die Handlungs-Ergebnis-Erwartung (H-E) geht die Überlegung ein, ob man mit dem eigenen Handeln das gewünschte Ergebnis erzielen kann und wieviel Mühe dafür aufzuwenden sein wird. Die Handlungs-bei-Situations-Ergebnis-Erwartung (H-S-E) bezieht sich darauf, wie weit äußere Umstände oder Personen das eigene Handeln fördern oder behindern. Die Ergebnis-Folge-Erwartung (E-F) schließlich richtet sich darauf, wie weit das Ergebnis Instrument für erwünschte oder befürchtete Folgen ist.

Welche Anreizwerte eine gegebene Lernhandlung besitzt, ist entwicklungsabhängig. Jüngere Kinder folgen schnell ihrem ersten Handlungsimpuls. Sie haben noch keine ausgedehnte Zeitperspektive, weit in die Zukunft verlagerte Folgen sind wenig motivierend, sie möchten einen schnellen positiven Effekt des Handelns. So ist motivierend oft die *Freude an der Tätigkeit* als solcher. Das ist charakteristisch für Spielhandlungen. Aber auch bei schulischen Aufgaben ist mitunter die Tätigkeit selbst attraktiv, z.B. Bewegungsübungen im Sport, handwerkliche Tätigkeiten oder wenn Kinder freiwillig zusätzliche „Rechenpäckchen" rechnen oder Zeilen schreiben, weil das „so Spaß macht".RHEINBERG (1989) spricht vom „Tätigkeitsspezifischen Vollzugsanreiz", den er neben den Handlungsfolgen (E-F-Erwartungen) im kognitiven Motivationsmodell als eigenen motivierenden Faktor einsetzt.

Bei älteren Grundschülern erstrecken sich die Erwartungen zeitlich weiter auch auf ferner liegende Folgen, und das Handeln wird stärker von kognitiven Zwischenprozessen (Überlegungen, Erwartungen u.a.) gesteuert.

Eine entscheidende Bedeutung für die Lernmotivation hat die *subjektive Schwierigkeitseinschätzung der Aufgabe* (H-E-Erwartung). Motivierend sind Aufgaben von mittlerem Schwierigkeitsgrad, die den bisherigen Leistungsstand etwas übersteigen. Da es eine subjektive Wahrscheinlichkeit der Erreichbarkeit ist, bedeutet das, daß der mittlere Schwierigkeitsgrad nicht für alle Kinder gleich ist, zum anderen aber auch, daß das Kind sich oder die Aufgabe u.U. falsch einschätzt.

Die Lernmotivation wird unterstützt oder gemindert durch zu erwartende situative Umstände (H-S-E). Beispiele für *positive Handlungs-bei-Situations-Ergebnis-Erwartung* sind die Aussicht, die Lernaufgabe zusammen mit einem Freund zu lösen oder Hilfestellung vom Lehrer zu bekommen. Negativ wirken sich z.B. Erwartungen aus, vom unruhigen Nachbarn gestört zu werden.

Mit seiner Handlung möchte das Kind ein *Ergebnis* erzielen. Das vorweggenommene „ich kann's", „ich hab's raus" stützt die Lernanstrengung. Häufig ist das Kind aber lange im unklaren, ob sein Ergebnis richtig ist, damit verbunden ist die Unsicherheit über die erhofften Folgen. Es bedarf daher der prompten und regelmäßigen Rückmeldung. Vor allem Kinder der untersten Schuljahre haben wegen ihrer noch eingeschränkten Zeitperspektive ein Bedürfnis nach schneller Bekräftigung, andernfalls erlahmt der Eifer.

An das Ergebnis knüpft sich *die Erwartung bestimmter Folgen* (E-F). Angestrebte Folgen im Grundschulalter sind **Fremdbewertungen** – wie das Lob, emotionale und materielle Belohnung, Anerkennung durch den Lehrer, durch Eltern und Klassenkameraden –, daneben aber auch die **Selbstbewertung –** wie Freude und Stolz über das eigene Können. Zunehmend werden auch Oberziele zum Motiv – wie das gute Zeugnis oder die Versetzung.

Das oben beschriebene kognitive Motivationsmodell zielgerichteten Handelns ist nicht auf Leistungshandeln oder Lernhandlungen bei kognitiven Lernzielen beschränkt, sondern auf andere Zielbereiche anwendbar, so auch auf soziales Handeln (Heckhausen, 1989, 467). Wird z.B. das Anschlußmotiv eines Schülers in einer bestimmten Situation geweckt – die Klassenkameraden spielen Fußball –, so wird die Kontaktsuche gleichfalls von Überlegungen und Erwartungen gesteuert: „Muß ich bitten, mitspielen zu dürfen oder fordern die anderen mich von selber auf?" (S-E-Erwartung). „Reichen meine sportlichen Fähigkeiten aus?" (H-E-Erwartung). „Werde ich in die Mannschaft integriert oder zurückgewiesen" (E-F-Erwartung) etc. Zur Sozialmotivation siehe auch Kap. 10.

Aufforderungsgehalte der Lernsituation: Motive werden in für sie spezifischen Situationen angeregt. Anreize zum Handeln gehen somit sowohl von den Aufforderungsgehalten einer Situation wie von den erwarteten Handlungsfolgen aus. Für Grundschüler sind Lernsituationen und Aufgaben vor allem dann motivierend, wenn sie ihren Interessen und Bedürfnissen entgegenkommen, wenn es um allgemein wertgeschätzte Sachbereiche geht oder wenn sie ähnlich solchen sind, mit denen früher positive Erfahrungen verbunden waren. Für viele Schüler sind Lernsituationen besonders dann attraktiv, wenn sie das Lernen mit anderen – Partner- oder Gruppenarbeit – ermöglichen (*vgl. 3.3 und Kap. 10*).

3.1.2 Selbststeuerung des Lernens

Neben der Anregung aktueller Lernmotivation gilt es, eine überdauernde **Leistungsmotivation** aufzubauen. Es geht dabei um eine Lernhaltung, bei der der Schüler sich selbst Lernziele setzt und die Handlungsergebnisse unabhängig von Fremdbewertungen auf dem Hintergrund seines eigenen Leistungsvermögens bewertet.

In den oben erwähnten Bewegungsspielen wie Gummitwist oder Seilspringen sind solche selbstgesteuerten Lernprozesse bereits angelegt: Das Lernmotiv ist die Verbesserung der eigenen Fähigkeiten. Durch entsprechende Vorerfahrungen hat das Kind die unterschiedliche Schwierigkeit der einzelnen Übungen kennengelernt. Es setzt sich nun entsprechend seinem Leistungsstand ein persönliches Ziel, z.B. Höhe des zu überspringenden Gummis bis zu den Knien oder Springen über Kreuz. Diesen Standard für die eigene Leistung nennt man Anspruchsniveau (AN). Je nachdem wie weit das AN erreicht oder verfehlt wird, fällt das Erfolgserlebnis und die Selbstbewertung aus und wird für die folgende Handlung das AN entsprechend erhöht oder gesenkt. Auf diese Weise steuert das Kind über die Selbstbewertung seine Lernhandlungen und steigert seine eigene Leistung.

Ein Modell eines solchen Selbststeuerungsprozesses hat HECKHAUSEN (1989) für leistungsbezogene Handlungen beschrieben (*vgl. Abb. 3-2*). Danach wird das Ergebnis einer Handlung mit einem persönlichen Gütestandard oder AN verglichen. Die Bewertung der Leistung hängt jedoch nicht nur von diesem Vergleich ab, sondern wird durch den Bezug auf die Ursachen, die man für das Zustandekommen des Ergebnisses verantwortlich macht, sogenannten **Kausalattributionen**, relativiert. Erklärt man das gute Abschneiden mit Leichtigkeit der Aufgabe, so fällt die Selbstbewertung weniger positiv aus als wenn es auf gute Begabung oder Anstrengung zurückgeführt wird. Glaubt man Pech gehabt zu haben, so wird ein schlechtes Ergebnis weniger negativ eingestuft als wenn man es mangelnder eigener Fähigkeit zuschreibt (WEINER, 1975).

Selbstgesteuertes Handeln nach diesem Modell enthält demnach die folgenden entscheidenden Bestimmungsstücke: Zielsetzung aufgrund eines persönlichen Gütestandards oder ANs, Vergleich des Ergebnisses mit dem gesetzten Ziel, Kausalattribution, Selbstbewertung.

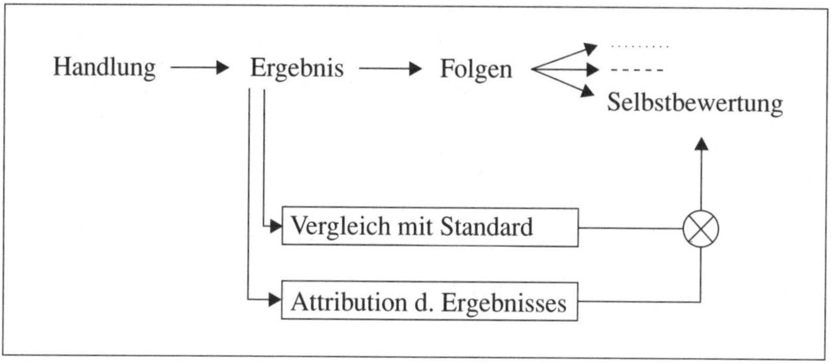

Abb.3-2: Modell der Selbstbewertung nach HECKHAUSEN (1989,448) S. 8

3.1.3 Entwicklung des Leistungsmotivs

Der Beginn der Leistungsmotiventwicklung liegt in der Vorschulzeit. Bis zum Schuleintritt bildet sich ein noch relativ instabiles Leistungsmotiv heraus. Es wird in seiner individuellen Ausprägung durch die Biographie des Kindes in der Auseinandersetzung mit Alltagsproblemen und durch die Haltung der Bezugspersonen gegenüber leistungsthematischen Situationen bestimmt. Bedeutsam erwies sich dabei in einer Studie von Heckhausen und Kemmler (1957) die *Art der Selbständigkeitserziehung*. Kinder von Müttern, die frühzeitige, aber entwicklungsangemessene und kindzentrierte – d.h. nicht auf Routinefertigkeiten zur häuslichen Entlastung abgestellte – Selbständigkeitsforderungen stellten, besaßen eine höhere Leistungsmotivation und bei Schuleintritt eine größere seelisch-soziale Schul„reife"als Kinder von Müttern mit späten Selbständigkeitserwartungen.

Die einzelnen Entwicklungsschritte der Leistungsmotivation sind nicht vor der Pubertät abgeschlossen (HECKHAUSEN, 1980). Jüngere Kinder haben noch kein Selbstbild ihrer schulischen Fähigkeiten ausgebildet, auf das sie ihr Anspruchsniveau und ihre Selbstbewertung beziehen können.[7] Ihr AN ist daher häufig unrealistisch überhöht (NICHOLLS, 1979; RIES, HAHN & BARKOWSKI, 1984). Die Fähigkeit zur realistischen Selbsteinschätzung ist aber die Voraussetzung für eine effiziente Handlungsregulation, wie FRANZ (1987, 32) in ihren Untersuchungen fand. In den ersten Grundschuljahren besitzen die Kinder z.T. noch ein globales Tüchtigkeitskonzept, in dem Anstrengung und Fähigkeit gekoppelt sind: wer sich anstrengt, ist auch klug. Die Wirkungsrichtung und das kompensative Verhältnis der einzelnen Ursachenfaktoren von Leistungen – Anstrengung kann geringe Fähigkeit kompensieren und umgekehrt – wird noch nicht erkannt. Ein Selbststeuerungsprozeß im Sinne des o.a. Modells ist daher nur annäherungsweise im Grundschulalter möglich. Das Grundschulalter ist aber entscheidend für seinen Aufbau. Voraussetzung ist, daß für die Leistungen ein individueller Maßstab angelegt wird, d.h. sie am Lernfortschritt, den das Kind gegenüber der Vergangenheit erzielt hat, zu messen und nicht am Klassendurchschnitt (*vgl. Kap. 16.3.2*). Das gilt nicht nur für die Fremdbewertung, das Kind selbst muß angehalten werden, sein eigenes Leistungsvermögen für seine AN-Setzung und Ergebnisbewertung zugrunde zu legen. Förderlich dafür sind Aufgaben, die eine Selbstkontrolle des Ergebnisses ermöglichen, sie sind zudem ein Schritt auf dem Weg zur Unabhängigkeit vom Lehrerurteil. Entscheidend ist vor allem, daß Kinder sich selbst Ziele setzen und lernen, ihr Arbeitsergebnis zu verantworten. Dazu müssen ihnen Wahlmöglichkeiten bei Aufgaben und Arbeitsschwerpunkten eingeräumt werden. Solche „offenen" Lernbedingungen sind dabei auf den Entwicklungsstand des Kindes so abzustimmen, daß sie die Selbststeuerungsfähigkeit nicht über- oder unterfordern (*vgl. Kap. 4.2*).

Im Laufe der Grundschule bilden sich auch *individuelle Leistungsvoreingenommenheiten und Motivrichtungen* heraus. Manche Kinder werden bei ihren Leistungen stärker von der Hoffnung auf Erfolg beflügelt, andere hingegen mehr von der Furcht vor einem möglichen Mißerfolg bestimmt. In einer Längsschnittstudie konn-

7 Krause (1987) fand, daß bei Extremgruppen – konsistent guten und konsistent schlechten Schülern – das schulische Selbstbild sich früher, bereits im 3. Schuljahr herausbildet.

ten TRUDEWIND und HUSAREK (1979) verfolgen, wie im Laufe des ersten Schuljahres eine Gruppe von Kindern **mißerfolgsängstlicher** und eine andere Gruppe, die hinsichtlich Intelligenz und demographischer Merkmale vergleichbar war, **erfolgszuversichtlicher** wurde. Bei der Beobachtung der Hausaufgabenanfertigung zeigten sich unterschiedliche mütterliche Verhaltensmuster bei beiden Gruppen hinsichtlich folgender Merkmale: Selbständigkeitsgewährung, Gütestandards und Bezugsnormen, Kausalattributionen und Belohnungen bzw. Sanktionen.

Mütter von mißerfolgsängstlich gewordenen Kindern waren häufiger unzufrieden mit deren Leistung, obwohl sie sich in den Zeugnisnoten nicht von den Erfolgszuversichtlichen unterschieden. Sie legten dabei häufiger soziale Bezugsnormen oder ihre eigenen Maßstäbe an und verwiesen auf Zensuren. Sie ließen ihren Kindern wenig Selbständigkeit bei der Aufgabenerledigung, wiesen andererseits hilfesuchendes Verhalten häufiger zurück. Bei Mißerfolgen machten sie mangelnde Begabung und geringe Anstrengung verantwortlich und reagierten mit Schimpfen und Tadel. Erfolge werteten sie dagegen durch Hinweis auf die Leichtigkeit der Aufgabe ab und zeigten eher neutrale Reaktionen darauf.

Mütter von erfolgszuversichtlichen Kindern bewerteten die Leistungen nach individuellen Bezugsnormen und sachlichen Kriterien. Sie respektierten kindliche Entscheidungen, förderten selbständiges Arbeiten und spornten durch wohlwollende Bemerkungen an. Sie führten Erfolge stärker auf gute Begabung zurück, Mißerfolg jedoch nicht auf einen Mangel daran, sondern auf Aufgabenschwierigkeit und andere äußere Faktoren. Bei Erfolg gewährten sie Lob und körperlich-emotionale Belohnung, bei Versagen schimpften sie seltener.

Charakteristisch für Mißerfolgsängstliche ist ihre Furcht, bei Leistungsaufgaben zu versagen, und die Angst vor negativer sozialer Bewertung. Sie haben ein Konzept geringer eigener Fähigkeit und neigen dazu, sich selbst übermäßig zu kritisieren. Mißerfolge führen sie auf mangelnde Begabung zurück, während Erfolgszuversichtliche auf mangelnde Anstrengung attribuieren, also auf einen Faktor, den sie selbst kontrollieren können. Bei der Zielsetzung für ihre Leistung weichen Mißerfolgsängstliche auf sehr leichte Aufaben aus oder wählen überhöhte Ziele. In beiden Fällen wird ihr Selbstwert weniger bedroht: bei leichten Aufgaben ist das Versagensrisiko gering, bei ganz schweren würden auch alle anderen versagen. Erfolgszuversichtliche wählen hingegen Aufgaben mittleren Schwierigkeitsgrades, die ihre Kräfte herausfordern.

„Die Tragik des Mißerfolgsängstlichen besteht darin, daß ihm am Erfolg sehr viel liegt, er sich aber wegen seiner Mißerfolgsängstlichkeit selbst beim Erreichen dieses Erfolges behindert“ (ROLLETT, 1977).

3.1.4 Gefühle des Schülers

Alles Motivationsgeschehen ist eingebettet in und wird begleitet von Emotionen: Gefühlen, Stimmungen, Erregungen, Affekten. Während Motive die hinter dem Verhalten liegenden – angenommenen – Handlungsursachen und Zielvorstellungen einer Person darstellen, drückt sich in den Emotionen die *persönliche Betroffenheit* und das Engagement der Person in ihrer Beziehung zur Umwelt aus (ULICH, 1982, 20). Wie der Motivationsprozeß sind Emotionen mit kognitiven Prozessen verknüpft. Gedanken und Erwartungen haben Emotionen zur Folge, Erregungen und Gefühle wiederum werden kognitiv interpretiert.

Wir wollen uns hier auf *leistungsbezogene Gefühle* beschränken. Erlebte Lernfortschritte und Leistungserfolge erfüllen mit Stolz, vorausgesetzt man kann das Ergebnis auf eigene Bemühungen zurückführen. Mißerfolge führen zu Gefühlen der Scham oder der Schuld, je nachdem ob man mangelnde Begabung oder zu geringe Anstrengung verantwortlich macht. Führen äußere Umstände zum Mißerfolg, sind Ärger und Wut die Folge.

Das Überwiegen *positiver Leistungsgefühle*, Stolz und Freude über das erreichte Können, sind Voraussetzung für die Erhaltung der Lernlust. Sie legen den Grund zu einem positiven Fähigkeitskonzept und zu Selbstvertrauen. Nach Untersuchungen von Helmke (1992) kommt dem leistungsbezogenen **Selbstvertrauen** eine Schlüsselrolle für Lernhandlungen zu. Kinder der Grundschule sind im allgemeinen erfolgszuversichtlich. Sie schreiben ihre Erfolge eigenem Können und vor allem ihrer Anstrengung zu (Ries, 1991).

Schulangst. Beim Lernen wechseln Erfolge und Mißerfolge. Sind Mißerfolge immer abträglich? Mißerfolge haben nicht immer negative Konsequenzen, ein Mißerfolg in einer Serie von Erfolgen führt eher zu vermehrter Lernintensität. Wiederholter Mißerfolg hingegen dämpft nicht nur die Leistungszuversicht, sondern führt zu Angst. Neben **Leistungsangst** tritt **Sozialangst** in der Schule auf. Häufig sind beide gekoppelt: zu der Angst vor Leistungsversagen tritt die Angst, sich vor den anderen zu blamieren, die Anerkennung vom Lehrer zu verlieren (Helmke, 1983).

Angst wird durch bedrohliche Situationen, z.B. Prüfungen, akut ausgelöst, sogenannte **Zustandsangst** (state-anxiety). Unter **Ängstlichkeit** versteht man die allgemeine latente Angstbereitschaft (trait-anxiety, Spielberger, 1966). Durch häufige negative Lernerfahrungen kann Ängstlichkeit zu einer erworbenen Disposition werden, auf ein breites Spektrum von Situationen mit Angst zu reagieren.

An dem Beispiel von Gabi *(vgl. Kasten 3-2)* lassen sich Merkmale und das Bedingungsgefüge von Angst aufzeigen. Sie äußert sich in *psychischen* Bedrohungs- und Versagenserlebnissen, *verhaltensmäßig-motorisch* in Unruhe oder Verspannung und *physiologisch* in Schweißausbruch, Herzklopfen, Druck auf den Magen u.ä. Gedanken und Erwartungen kreisen immer wieder um die Versagensdrohung und steigern die Angst. Sie zentrieren sich auf das eigene Selbst und auf aufgabenirrelevante Vorstellungen. Auf diese Weise wird die Aufmerksamkeit der eigentlichen Aufgabe entzogen. Man spricht von der „Worry-Komponente“ der Angst, sie ist es vor allem, die leistungsbeeinträchtigend wirkt (vgl. Helmke & Mükusch, 1994).

> Kasten 3-2:
>
> *Prüfungsangst*
>
> Gabi sitzt beim Frühstück und spielt nervös mit dem Kaffeelöffel. Ihre Gedanken kreisen um das Diktat, das heute geschrieben werden soll. Sie hat Angst, es zu verhauen. Es muß diesmal klappen, es hängt so viel davon ab. Die letzten beiden Male war es schon schief gegangen, weil sie einfach im Diktat nicht gut ist. Dabei waren es doch leichte Diktate. Ob sie wohl genug geübt hat? wie war das doch, Miezeka*tz*e oder Mie*tz*ekaze? Immer bringt sie alles durcheinander. Sie würgt an ihrem Brötchen, sie hat Bauchweh. – Als die Hefte ausgeteilt werden, geht ihr Blick hilfesuchend zur Lehrerin. Verkrampft umklammert sie den Federhalter. Wenn es nur nicht wieder schief geht, sie hat doch den Eltern versprochen, sich Mühe zu geben. Oma kommt auch noch auf Besuch und erfährt es. Und nun kommt das schwere Wort, wie war es doch? Sie schaut sich um, alle Kinder schreiben konzentriert. Alle können es, nur sie wieder nicht! Die feuchte Hand klebt am Papier. Sie verbessert das Wort, streicht wieder durch... Inzwischen wird weiter diktiert und sie verliert den Anschluß...

Angst beeinträchtigt aber nicht immer das Leistungsvermögen. Das hängt von verschiedenen Faktoren ab (Krohne, 1985): personalen (z.B. Grad des manifesten Angstniveaus), sozialen (z.B. Gruppenarbeit) und situationalen (z.B. Art und Schwierigkeit der Aufgabe). Unter bestimmten Bedingungen kann Angst sogar leistungssteigernd wirken, nämlich dann, wenn die angsterregende Situation rechtzeitig erkannt werden kann und Bewältigungsmuster (Coping-Strategien) zur Verfügung stehen. Das ist z.B. bei Prüfungen der Fall, wenn Klarheit über den Zeitpunkt und die zu erwartenden Anforderungen besteht. Um die Angst zu verringern, werden dann die Lernbemühungen zur Vorbereitung auf das Ereignis verstärkt. Die Prüfung selbst ist dann weniger angstbesetzt. Bei dispositionell hochängstlichen Kindern tritt eine solche Lernsteigerung jedoch nicht ein, da sich ihre Erregung nicht abbaut. Für sie muß der Prüfung der bedrohliche Charakter genommen werden, z.B. durch entsprechende Vorinformationen, Deklarierung als „Probeprüfung“, Lernhilfen und Vertrautheit mit den Aufgaben, Ausklammern der Leistungsbewertung und schulrelevanter Folgen u.a.

Schulische Determinanten von Leistungsangst. Eine entscheidende Bedeutung für die Entstehung von Angst kommt dem Erzieherverhalten zu. Autoritäres Verhalten und Strenge, häufige Reglementierung und Unterdrückung von Selbständigkeit, aber auch Inkonsequenz im Erzieherverhalten begünstigen Angst. Ein sozial-integrativer, verständnisvoller Erziehungsstil mit häufigen ermutigenden Bekräftigungen schafft eine angstfreie Atmosphäre (Fend, 1977; Fenner & Nickel, 1993).

Auf der unterrichtlichen Seite sind es zu hoch geschraubte Leistungsforderungen und Leistungsdruck sowie häufige Konkurrenzsituationen, die angststeigernd wirken (Helmke, 1983). Eine besondere Rolle kommt der bevorzugten Bezugsnorm des Lehrers zu (*vgl. Kap. 16.3.2*). In Klassen, in denen die Lehrer eine individuelle Bezugsnorm bei der Leistungsbewertung anlegten, die Leistung des Kindes also an seinen eigenen intraindividuellen Lernfortschritten maßen, senkte sich das Angstniveau und die Furcht vor Mißerfolg. Anders in Klassen, in denen auf Grund sozialer Bezugsnorm bewertet wird, d.h. die Leistung des einzelnen mit dem Klassendurchschnitt verglichen wurde. Hier lagen die Angstwerte der Kinder beträchtlich höher. Vor allem die Leistungsschwächeren entwickelten erhöhte Furcht vor Mißerfolg (Rheinberg, 1979).

3.1.5 Leistungsverhalten

Von der anfänglichen Motiviertheit für einen Lerngegenstand bis zur erfolgreich abgeschlossenen Lernhandlung ist ein weiter Weg, auf dem manche Hindernisse auftreten.

Handlungsinitiierung. Zunächst gilt es, das, was man sich vorgenommen hat, auch wirklich in Angriff zu nehmen, sich den berühmten Ruck zum Handeln zu geben. Diese Initiierungsphase wird von Schülern oft lange hinausgezogen, Trödeln beim Auspacken der Sachen, umständliches Bleistiftspitzen, Arrangieren der Arbeitsmaterialien etc. sind dafür typisch. In der Phase der freigewählten Arbeit fällt es Kindern oft schwer, eine Auswahl unter den Möglichkeiten zu treffen, sich zwischen konkurrierenden Intentionen zu entscheiden.

Ausdauer und Konzentration. Eine wesentliche Bedingung für das Erreichen von Lernzielen ist die **Anstrengungsbereitschaft** und die Fähigkeit, die psychischen Funktionen und Energien willentlich auf den Gegenstand zu konzentrieren. Grundschüler wissen um die Bedeutung der Anstrengung für erfolgreiches Lernen. Sie unterscheiden auch zwischen der situativen, variablen Form, der momentanen Kräfteanspannung in einer aktuellen Situation und der stabilen Form, dem Fleiß. Fleiß wird als Hauptbedingung erfolgreichen Lernens von ihnen gesehen, über fleißiges Üben werden Leistungsergebnisse für sie kontrollierbar (RIES, 1991). Die Ausdauer, über die sie dabei verfügen, ist individuell verschieden und entwicklungsabhängig. Sie ist zum anderen bedingt durch die Art der Aufgabe und ihrer wertmäßigen Besetzung. Wenn mit dem Lernergebnis keine Wertschätzung der Bezugspersonen gegeben ist, fällt Ausdauer schwer.

Häufiger Mißerfolg senkt die Bereitschaft, sich lange mit einer dann negativ besetzten Sache zu mühen, es wird schneller auf Nebentätigkeiten ausgewichen. Lerner mit einem guten Selbstkonzept strengen sich mehr an und bleiben länger bei der Aufgabe (Meyer, 1984).

Ein Störfaktor ist die **Ablenkbarkeit** durch andere Reize im Lernumfeld. Sie ist in den ersten Schuljahren hoch. Geteilte Aufmerksamkeit wird zudem durch die Art des häuslichen Medienkonsums zur Gewohnheit (*vgl. Kap. 7*). Deswegen sollten im Unterricht neben gemeinschaftlichen Arbeiten immer auch Aufgaben gegeben werden, die konzentrierte Arbeit des Einzelnen verlangen und die willkürliche Aufmerksamkeit trainieren. Die Aufmerksamkeitshaltung und die Unterrichtsbeteiligung der Kinder hängt jedoch weniger als allgemein angenommen von einer ungünstigen Klassenzusammensetzung und schwierigen Rahmenbedingungen ab wie: Klassengröße, Leistungsniveau und -homogenität, Ausländeranteil, Geschlechtszusammensetzung. Bei gleichen schulischen Merkmalen zeigen sich große Unterschiede zwischen den Klassen im Aufmerksamkeitsniveau.

Dem Lehrer bleibt auch bei ungünstigen Rahmenbedingungen noch genügend Spielraum, durch entsprechende Unterrichtsgestaltung eine lernfördernde Arbeitsatmosphäre zu schaffen. Entscheidend ist zufolge einer Längsschnittstudie (Helmke & Renkl, 1993) vor allem eine effektive Klassenführung: Eindeutiges und verbindliches Regelsystem;wirksame Unterrichtsorganisation, wie reibungslose Übergänge beim Wechsel der Arbeitsform und störungsfreie Materialausgabe; unverzügliche, aber unaufwendige Unterbindung von Störungen; Vermeidung von Leerlauf .

Ein Lernhindernis besonderer Art sind *mit dem Lernziel konkurrierende Bedürfnisse* des Kindes, z.B. mit dem Nachbarn zu kommunizieren, mit den Muggelsteinen zu spielen u.a. Lernen verlangt den Aufschub von alternativen Bedürfnissen, der jüngeren Kindern noch schwer fällt. Unsere konsumfreudige Zeit ist dem Aufbau von Bedürfnisaufschub wenig förderlich. Bedürfnisaufschub heißt nicht gleich Bedürfnisverzicht. Wenn den Grundbedürfnissen des Kindes nach Spiel und Spaß, Kommunikation und Bewegung im Schulalltag Rechnung getragen wird, kann Bedürfnisaufschub eher geübt werden.

Das ganze Spektrum von Faktoren, das über ein aktuelles Lernhindernis hinaus zu Lernstörungen führen kann, wird in Kap. 18 behandelt.

3.2 Die Kognition des Schülers

3.2.1 Neuartige Anforderungen

Die Aneignung systematischen Wissens und Könnens in unterschiedlichen Gegenstandsbereichen (Sprache, Mathematik, Sachkunde usw.) stellt im Vergleich zum vor- und außerschulischen Lernen neuartige Anforderungen an die Kinder. Bisher waren sie gewohnt, sich mit Situationen und Erscheinungen entsprechend ihren aktuellen Bedürfnissen und Stimmungen zu beschäftigen und sie unmittelbar und in ihrer Ganzheitlichkeit aufzunehmen. Nun müssen sie lernen, Dinge und Prozesse unter den Aspekten und in den Zusammenhängen zu betrachten, die für das jeweilige Fach relevant sind.

So ist der Apfel mal Teil einer Menge, und es geht um seine quantitativen Beziehungen, mal geht es um seine Schreibweise und morphologisch-syntaktischen Beziehungen, mal darum, daß er zum Obst gehört usw. – Daß das Kind vielleicht gerade Appetit hat und einen Apfel essen möchte oder sich ärgert, weil der Nachbar einen viel schöneren hat, interessiert dabei weniger.

Der Schüler muß lernen, die Dinge und Prozesse als *Erkenntnisgegenstände* zu behandeln und an und mit ihnen Erkenntnisprozesse – also **kognitive** Prozesse auszuführen. Sie umfassen sowohl die unmittelbar-sinnliche Wahrnehmung als auch die darüber hinausgehenden Denkprozesse, die Verarbeitung und Speicherung von Ergebnissen der Kognition im Gedächtnis und deren Aktualisierung und Nutzung in der Auseinandersetzung mit der Wirklichkeit. Was vor und außerhalb der Schule Komponente unterschiedlichster Tätigkeiten und Bedürfnisbefriedigung war und ist, wird zu einer besonderen Tätigkeit: *Lerntätigkeit ist über weite Strecken kognitive Tätigkeit.*

Merkmale müssen ausgegliedert und abstrahiert, Gemeinsamkeiten und Unterschiede zwischen Objekten festgestellt, Klassen und Ordnungen gebildet, Zusammenhänge aufgedeckt, Verallgemeinerungen gefunden, Schlußfolgerungen abgeleitet werden usw. Die Kognitionspsychologie hat besonders in den letzten Jahrzehnten differenzierte Erkenntnisse über kognitive Prozesse und Strukturen gewonnen (Klix, Roth & v.d. Meer, 1991; Mandl & Spada, 1988 u.v.a.).

Die unmittelbar-naive Beziehung zur Wirklichkeit wird allmählich durch eine stärker vermittelte, auf Wissen und Denken gestützte abgelöst bzw. ergänzt (vgl. Kap. 12). Das gilt für geistiges und praktisches Handeln gleichermaßen. Emotionale und motivationale Prozesse sind daran immer mitbeteiligt, wie im vorangegangenen Abschnitt dargestellt.

Die Orientierung auf kognitive Leistungen und deren Bewertung führt dazu, daß Grundschüler sich zunehmend ihrer eigenen kognitiven Tätigkeit bewußt werden, sich Gedanken über ihr Wissen, ihre Fähigkeiten, ihr Vorgehen bei der Bewältigung kognitiver Anforderungen machen. Das bewußte Reflektieren auf die eigene Kognition, besonders auf die Prozesse der Planung, Steuerung, Überwachung und Bewertung wird als **Metakognition** bezeichnet (Schneider, 1989; Weinert & Kluwe, 1984). Die sich herausbildende Lerntätigkeit bewirkt eine intensive Entwicklung der Metakognition, die ihrerseits eine wichtige Rolle bei der Entwicklung der Lerntätigkeit spielt.

3.2.2 Kognitive Entwicklung

In den 4 (bzw. 6) Jahren der Grundschulzeit durchlaufen die Kinder eine große Strecke ihrer kognitiven Entwicklung. Vergleicht man Wissen und geistige Leistungen von Schulanfängern mit denen von Schülern der 4. (umso mehr der 6.) Klassenstufe, werden *bedeutende Fortschritte* erkennbar. Durch den Unterricht und die schrittweise Erweiterung ihres „Aktionsradius" außerhalb des Unterrichts erschließen sich den Kindern immer neue Bereiche und Aspekte der Welt (besonders auch durch die Aneignung und zunehmende Nutzung der Schriftsprache – *vgl. Kap. 11*). Ihr Wissen wird umfangreicher, vielfältiger, systematischer, tiefgründiger, und die geistigen Leistungen bei der Aneignung und Nutzung dieses Wissens, beim Verstehen vielfältiger Sachverhalte und Zusammenhänge, beim Lösen von Problemen usw. erreichen ein *Niveau, das sich weit von dem des Schulanfängers abhebt.* Aber zugleich weist das Denken jüngerer Schulkinder wesentliche Besonderheiten auf, die es deutlich von dem älterer Kinder bzw. Jugendlicher unterscheiden (Kossakowski, 1987; Nickel & Schmidt-Denter, 1995; Oerter & Montada, 1995).

Diese Besonderheiten hängen vor allem damit zusammen, daß das *Denken der Grundschulkinder noch weitgehend an Anschaulich-Konkretes gebunden ist.* Treten dagegen abstrakte Merkmale (z.B. bei wissenschaftlichen Klassifikationen) oder abstrakt-verbale, mehr oder weniger komplexe Zusammenhänge (z.B. bei Gesetzesaussagen oder theoretisch-hypothetischen Konstruktionen) in den Vordergrund, sind Grundschulkinder in der Regel überfordert. In Bereichen, in denen sie über Erfahrungen verfügen, sind sie jedoch in der Lage, kognitive Prozesse korrekt auszuführen. Dabei orientieren sie sich vorwiegend an anschaulichen Merkmalen und situationsgebundenen Zusammenhängen.

So sind für sie etwa das Schwimmen und bestimmte Körperformen entscheidend für die Klasse der Fische (denen dann u.U. auch z.B. der Wal zugeordnet wird) oder das Fliegen für die Klasse der Vögel (wobei dann z.B. auch Fledermäuse eingeschlossen, Strauße aber ausgeschlossen werden). Funktionelle Zusammenhänge (wofür etwas genutzt wird), Zugehörigkeit zu bestimmten Situationen (was man z.B. beim Essen braucht), äußeres Erscheinungsbild und andere Erfahrungsinhalte bilden die bevorzugte Grundlage ihrer

Überlegungen und Schlußfolgerungen, was es ihnen durchaus ermöglicht, vielfältige Anforderungen sinnvoll und erfolgreich zu bewältigen.

Dabei neigen die Kinder allerdings dazu, Erfahrungen zu verabsolutieren, komplexere und widerspruchsvolle Zusammenhänge zu vereinfachen, lineare Schlüsse zu ziehen, Relativitäten und Bedingungsabhängigkeiten zu übersehen. Das hängt nicht zuletzt damit zusammen, daß das kindliche Denken viel enger und direkter *an emotionale Prozesse gebunden* ist als etwa beim Erwachsenen. Daraus ist allerdings nicht zu schließen, daß Denken und Emotionen beim Erwachsenen nicht miteinander verbunden wären. Kinder reagieren bei kognitiven und anderen Anforderungen aber spontaner, unmittelbarer, impulsiver – eben emotionaler. Rationales, systematisches Analysieren, Prüfen, Abwägen, Überlegen ist in der Regel ihre Sache (noch) nicht.

Jegliches Denken operiert mit Verallgemeinerungen, die jedoch auf unterschiedlichen Wegen zustandekommen und unterschiedliche Inhalte aufweisen. Eine wichtige Unterscheidung in dieser Hinsicht ist die zwischen **empirischem und theoretischem Verallgemeinern** (Dawydow, 1977). Im Grundschulalter herrscht empirisches Verallgemeinern vor – aufgrund von Erfahrung werden gemeinsame, übereinstimmende Merkmale und Relationen aus Objekten und Situationen abstrahiert und der Begriffs- und Urteilsbildung zugrundegelegt. Damit ist natürlich nicht gemeint, daß beim Kind die Erkenntnis mittels Sinneserfassung und Verallgemeinerung aus den Objekten selbst erwächst, gewissermaßen aus den Objekten abgelesen werden kann. Erkenntnis entstammt vielmehr aus der Interaktion zwischen Subjekt und Objekt, in die das Subjekt seine kognitiven Möglichkeiten einbringt. Menschliches Denken formt die Wirklichkeit um und überschreitet sie dabei.

Für das Kind stehen zunächst **Oberflächenstrukturen** im Vordergrund – direkt erfahrbare, wahrnehmbare Erscheinungen. In unterschiedlichen Situationen und Kontexten bieten sich vielfältige Möglichkeiten, um Gegenstände, Prozesse usw. zu vergleichen, ihre Unterschiede und Gemeinsamkeiten allmählich auszugliedern und zu erfassen. Damit ist jedoch *noch kein Kriterium gegeben, um Gemeinsames und Wesentliches zu unterscheiden*: Verschiedene Objekte können bestimmte Merkmale gemeinsam haben, die in einem Fall wesentlich, in einem anderen evt. unwesentlich sind.

Die Bestimmung wesentlicher Merkmale hängt immer mit einer Ziel- oder Fragestellung des handelnden Menschen zusammen. Gleiche Objekte können in Abhängigkeit vom Aspekt, unter dem sie betrachtet oder behandelt werden, unterschiedlichen Klassen zugeordnet, für unterschiedliche Zwecke verwendet, in unterschiedliche Zusammenhänge eingeordnet werden. Dementsprechend werden unterschiedliche Merkmale an ihnen wesentlich oder unwesentlich. *Wesentliche Merkmale sind die unter einer Frage- oder Zielstellung notwendigen, konstituierenden und deshalb für eine entsprechende Klasse auch allgemeinen Merkmale.* Die Umkehrung gilt nicht ohne weiteres: Allgemeine, also gemeinsame Merkmale müssen nicht wesentliche Merkmale sein.

Die wesentlichen Merkmale liegen oft nicht an der Oberfläche, sondern betreffen die **Tiefenstruktur** der Objekte oder Sachverhalte – eben das „hinter den Erscheinungen" stehende Wesen, gesetzmäßige Zusammenhänge, das in variierenden Erscheinungen Invariante. Wissenschaften untersuchen die Wirklichkeit oder einen Bereich derselben jeweils unter bestimmten Aspekten und versuchen, das in dieser Hinsicht Wesentliche, Gesetzmäßige zu ergründen. Das Wesen ist in vielen Fällen nicht unmittelbar erfahrbar, sondern muß über Vermittlungsglieder – kognitive Strategien und Operationen, Einsatz bereits erworbenen Wissens, wissenschaftliche Erkenntnismethoden – erschlossen werden. Der Begriff des theoretischen Verallgemeinerns meint dieses Aufdecken des jeweils Wesentlichen und das kognitive Operieren damit.

Empirisches und theoretisches Verallgemeinern sind wechselseitig miteinander verbunden, bilden zugleich aber unterschiedliche Ebenen oder Niveaustufen des Denkens. Die Beziehungen zwischen ihnen sind nicht auf ein Nacheinander reduzierbar. Theoretisches Verallgemeinern entsteht zwar später und stellt höhere kognitive Anforderungen, aber deshalb wird empirisches Verallgemeinern nicht unnötig. Im entwickelten, speziell im wissenschaftlichen Denken bilden sie eine Einheit auf hohem Niveau.

Im Grundschulalter herrscht das empirische Verallgemeinern vor, aber es entstehen vor allem unter dem Einfluß des Unterrichts elementare Formen des theoretischen Verallgemeinerns, die ihrerseits auch die weitere Entwicklung des empirischen Verallgemeinerns fördern. Da das jüngere Schulkind stärker auf die empirisch erfahrbaren Objekte und Zustände orientiert ist, vollzieht sich die Strukturierung des theoretischen Rahmens in der Auseinandersetzung mit diesen Inhalten (*vgl. Kasten 3-3*).

Dem Unterricht kommt in dieser Hinsicht entscheidende Bedeutung zu. Das konnte in zahlreichen Untersuchungen nachgewiesen werden, in denen kognitive Leistungen von Menschen mit und ohne Schulbildung, in unterschiedlichen Kulturen u.a. analysiert wurden (Lurija, 1987; Oerter & Montada, 1987, 248-255). Auch die Forschung zu kognitivem Training und zu Schul- und Unterrichtsexperimenten liefert dazu vielfältige Belege (Klauer, 1993; Lompscher, 1975, 1989; Weidenmann & Krapp, 1986).

So konnte in einer umfangreichen Längsschnittuntersuchung von Weinert und Helmke (1993) unter anderem nachgewiesen werden, daß die Entwicklung kognitiver Leistungen in Mathematik und Deutsch vom 1. bis zum 4. Schuljahr zunehmend weniger vom Intelligenzniveau zu Anfang dieses Entwicklungsabschnitts, sondern immer mehr von der Qualität der im Unterricht erworbenen Kenntnisse und Fertigkeiten abhängt. Dies wird nicht zuletzt durch die Güte des Unterrichts und dessen Wirkungen auf Lernmotivation, Selbstvertrauen, Wissensqualitäten, kognitive Leistungen u.a. determiniert (*vgl. Kap.4*).

Die kognitive Entwicklung durchläuft im Grundschulzeitraum nicht nur eine große Strecke, sondern sie weist auch große inter- und intraindividuelle Unterschiede in Abhängigkeit von den konkreten Lerninhalten und -anforderungen, den Lebens- und Tätigkeitsbedingungen, den jeweiligen Entwicklungsvoraussetzungen u.a. auf (*vgl. Kap. 17-19*).

Kasten 3-3:

Fehlerhafte Alltagsvorstellungen von Grundschülern

Die oft belächelten Vorstellungen, Meinungsäußerungen, Mißverständnisse von Kindern sind Ausdruck für den Entwicklungsstand ihres Denkens und ihrer Erfahrungen. So wurde in differenzierten Untersuchungen analysiert, welche Vorstellungen Schüler 1., 3. und 5. Klassen über die Erde und andere Himmelskörper haben (VOSNIADOU & BREWER, 1992). Sie alle hatten gewisse, aus unterschiedlichen Quellen stammende und unterschiedlich differenzierte Kenntnisse über die Kugelförmigkeit der Erde. Es stellte sich aber heraus, daß diese nur bei einem Teil der Schüler korrekt waren: Von je 20 Schülern bei 3 (1. Kl.), 8 (3.Kl.), 10 (5. Kl)! Die anderen wiesen Vorstellungen auf, wonach die Erde eine Hohlkugel sei und die Menschen darin – an der „unteren" Seite – leben, die Erde aus zwei Kugeln besteht oder die Kugel „oben" und „unten" abgeflacht sei und die Menschen auf dieser Fläche leben u.a. Häufig vermischten sich unterschiedliche und eigentlich unvereinbare Vorstellungen. Die Kinder versuchen (oft ohne sich dessen bewußt zu sein), die Informationen, die sie in unterschiedlicher Form von ihrer Umwelt – von Erwachsenen, aus den Medien, durch Unterricht usw. – erhalten, mit ihren unmittelbaren, anschaulichen Erfahrungen, die für sie den Charakter des „Selbstverständlichen" haben (Flächenhaftigkeit ihrer Umgebung, Fallen und Stützen von Gegenständen, beobachtbarer Weg der Sonne am Himmel usw.) in Einklang zu bringen. Es bedarf großen kognitiven Aufwands, „hinter die Erscheinungen" vorzudringen und die empirischen Erfahrungen theoretisch zu koordinieren. Die Überwindung solcher fehlerhafter Vorstellungen erfolgt nicht selten über mehrere Zwischenstufen, bis ein theoretisches Modell gewonnen ist, das dem gegenwärtigen Erkenntnisstand der Wissenschaft entspricht. Selbst manche Jugendlichen oder Erwachsenen haben Schwierigkeiten damit, wenn sie z.B. die Stellung der Erde bei Neumond erklären sollen (ENGESTRÖM, 1991).

3.2.3 Wissenserwerb und Wissensnutzung

Aufbauend auf dem Wissen, das die Kinder in der Vorschulzeit erworben haben (und außerhalb der Schule auch weiterhin erwerben), eignen sie sich im Unterricht Wissen an, das eine prinzipiell neue Qualität aufweist: *Das Wissen über Sprache und Schrift, Zahl und Rechnen, natürliche und gesellschaftliche Umwelt existiert in Form von Systemen objektiver (gesellschaftlich-historisch gewordener) Bedeutungen*, deren Inhalte und Strukturen sich die Lernenden erschließen müssen, damit sie sie in individuellen Gedächtnisbesitz transformieren können (*vgl. Kap. 11-15*). Im Unterschied zum bisher in ihrem Leben dominierenden **Alltagswissen** sind diese Bedeutungen nicht an einzelne konkrete Situationen gebunden, sondern repräsentieren Verallgemeinerungen, die – unabhängig von individuellen Bedürfnissen und aktuellen Emotionen – für Klassen von Objekten, Ereignissen etc. Gültigkeit besitzen. *Sie sind in Systemen organisiert, die der Logik und Systematik des jewei-*

ligen Kulturbereichs (Wissenschaft, Kunst, Technik u.a.) entsprechen. Damit ist eine stärker sowohl analytisch-abstrahierende als auch synthetisierend-verallgemeinernde Herangehensweise gefordert, die sich nur allmählich im Prozeß der kognitiven Auseinandersetzung mit den verschiedenen Lerngegenständen herausbilden kann. Anknüpfen an die individuellen Erfahrungen und Interessen der Kinder ist dafür unerläßliche Grundlage.

Die Schüler müssen sich unterschiedliche Arten von Wissen aneignen, deren Stellenwert von Fach zu Fach variiert. Man unterscheidet Welt-, Handlungs-, Meta- und Selbst-Wissen. Wir wollen hier nur auf die ersten beiden Arten kurz eingehen (zum Metawissen *vgl. 3.2.4*, zum Selbstwissen *vgl. 3.1.* und *Kap. 10*). **Weltwissen** umfaßt Objekte und Ereignisse sowie deren Merkmale und Relationen auf unterschiedlichen Abstraktionsniveaus – vom Wissen über einzelne Fakten bis zum Wissen über Regelhaftigkeiten und Gesetzmäßigkeiten. Dieses „Wissen, daß ..." wird als deklaratives Wissen bezeichnet. Als „Wissen, wie ..." oder prozedurales Wissen wird **Handlungswissen** bezeichnet, das Regeln, Methoden, Strategien und Techniken – ebenfalls auf unterschiedlichen Abstraktionsniveaus – umfaßt. Wissen darüber, wie und unter welchen Bedingungen eine Handlung auszuführen ist, bedeutet noch nicht, daß die Handlung dementsprechend tatsächlich ausgeführt wird. Die Regulation einer Handlung hängt nicht nur von dieser einen Komponente ab. Die beiden Wissensarten sind aber eng miteinander, wie auch mit den anderen verbunden.

Um sich Wissen über die Welt anzueignen, muß der Lernende spezifische Handlungen ausführen – wozu auch Handlungswissen erforderlich ist. Handlungswissen seinerseits bezieht sich auf die Welt, in der gehandelt wird – Gegenstände, Mittel, Bedingungen usw. Die Wechselbeziehungen zwischen den Wissensarten sind in den Schulfächern nicht gleich: Während z.B. in Sprache und Mathematik die Beherrschung jeweils bestimmter Handlungen im Vordergrund steht (Können), dominiert z.B. im Sachunterricht die Aneignung von Weltwissen. Dafür übt Handlungswissen eine mehr dienende Funktion aus. In den anderen Fächern kommt diese Funktion eher dem Weltwissen zu.

Die genannten Wissensarten beinhalten nicht nur Sach-Verhalte und Sach-Beziehungen, sondern auch Wissen über Personen und Beziehungen zwischen ihnen. Sachliche und soziale Inhalte sind eng verwoben und bedingen sich wechselseitig (*vgl. Kap. 10*).

Wissenserwerb ist Aufbau **kognitiver Strukturen** (Aebli, 1983). Um einen Lerngegenstand verstehen und aneignen zu können, muß der Lernende einerseits das bereits vorhandene Wissen aktualisieren und nutzen, andererseits das, was als neu erkannt worden ist, mit dem vorhandenen Wissen sinnvoll verbinden. Jüngere Schulkinder verfügen bereits über relativ umfangreiches und vielfältiges, jedoch in vielen Fällen bruchstückhaftes, unsystematisches und/oder an einzelne Situationen, Objekte etc. gebundenes Wissen. Der unterrichtliche Wissenserwerb hängt wesentlich davon ab, ob und wie es gelingt, Anknüpfungspunkte in den Vorkenntnissen der Kinder zu finden, diese zu aktualisieren und dabei ggf. zu korrigieren oder zu präzisieren. Das dem Lerngegenstand und dem Bildungsziel entsprechende Wissenssystem kann nur schrittweise aufgebaut werden. Isolierte Wissenselemente lassen sich weder langfristig im Gedächtnis speichern noch bei der Lösung von Aufgaben sinnvoll anwenden. Dazu müssen sie in **semantische Netze** (Mandl, Friedrich

& HRON, 1986; MANDL & SPADA, 1988 u.a.) „eingeknüpft" sein: Durch unterschiedliche semantische – also bedeutungshaltige – **Relationen** werden die Elemente vielfältig miteinander verbunden. Dadurch wird ihr Bedeutungsgehalt angereichert oder überhaupt erst konstituiert. Das Wissen wird flexibel anwendbar und erweiterungsfähig.

Man unterscheidet ereignisbezogene und merkmalsbezogene Relationen. Zur erstgenannten Gruppe gehören die Beziehungen zwischen Handlung, Handlungsträger und -rezipient, Objekt, Mittel, Zweck, Ort, Ursache und Wirkung, zeitliche Abfolge u.a. Merkmalsbezogene Relationen betreffen die Über-, Unter- und Nebenordnung von Objekten, Situationen usw., ihre Attribute, Kontrast- und Komparativrelationen.

Semantische Netzwerke können den Kindern nicht einfach übermittelt werden. Sie entstehen und entwickeln sich auf der Grundlage eigener oder fremder (beobachteter, beschriebener o.a.) Handlungen bzw. analoger Prozesse in Natur und Technik. Beziehungen zwischen Handlung, Handlungsträger und anderen Aspekten eines Ereignisses werden erfaßt, miteinander und mit anderen Ereignissen und deren Aspekten verknüpft. Beziehungen der Über- Unter- und Nebenordnung und andere Merkmale von Objekten und Situationen werden hergestellt. Das alles braucht Zeit.

Wie Untersuchungen von v.d. MEER (1991) gezeigt haben, sind Schüler der 2. und 4. Klassenstufe – sofern die Inhalte ihren Erfahrungen entsprechen – im Prinzip in gleicher Weise wie Erwachsene in der Lage, diese semantischen Relationen herzustellen bzw. zur Verknüpfung zweier Ereignisse (z.B. Backen – Essen, Backen – Feiern, Backen –Pflanzen) zu nutzen. Allerdings fallen ihnen in der Regel ereignisbezogene Relationen leichter als merkmalsbezogene und elementare leichter als komplexere. So wird häufiger die unspezifische Konjunktion „und" sowie die zeitliche Aufeinanderfolge, seltener die Kausalität und die Finalität genutzt, um Ereignisse semantisch zu verknüpfen. Ist die semantische Distanz zwischen den Ereignissen größer (vgl. die angeführten Beispiele), fällt den Kindern die Verknüpfung schwerer. Sie erreichen auch eine geringere Vielfalt von Verknüpfungsvarianten in den Netzen. Die Differenzierung bestimmter semantischer Relationen kann zunächst Schwierigkeiten bereiten. So stellte JÜLISCH (1989) fest, daß leistungsschwächere Schüler 4. Klassen dazu tendieren, Ursache-Wirkungs-Beziehungen in Naturvorgängen als Zeitbeziehungen (vorher-nachher) zu interpretieren.

Semantische Netze können in Richtung jeder der genannten Relationen (sofern sachlich gerechtfertigt) erweitert und miteinander verknüpft, aber auch zu höheren Abstraktionsebenen verdichtet und/oder an anderen Inhalten, Beispielen etc. spezifiziert werden. Je besser vernetzt das Wissen ist, desto effektiver kann damit operiert werden (*vgl. Kap. 12 und 13*).

Wissenserwerb als Aufbau kognitiver Strukturen ist an die Ausführung kognitiver Operationen im Rahmen von Lernhandlungen gebunden. Die Schüler können die Merkmale und Relationen eines Lerngegenstandes nur erfassen, wenn sie an und mit ihm gegenstandsadäquate Handlungen ausführen, sich aktiv mit ihm auseinandersetzen. Solche **Lernhandlungen** sind z.B. der Wissenserwerb aus praktischem Tun, aus Beobachtung und Gespräch, aus mündlichen und schriftlichen Texten, aus dem Lösen von Problemen und Übungsaufgaben. Die Kapitel des Teils III unseres Buches spezifizieren und erweitern dies für die verschiedenen Lerngegenstandsbereiche.

Lernhandlungen müssen – bezogen auf die objektiven Anforderungen des jeweiligen Lerngegenstands und auf der Grundlage der in der bisherigen Lerngeschichte entwickelten subjektiven Lernvoraussetzungen – von den Kindern selbst schrittweise aufgebaut, gelernt und ggf. bis zur Bildung von Fertigkeiten und Gewohnheiten geübt und automatisiert werden. Dabei werden **kognitive Operationen** der Analyse, Abstraktion, Klassifikation, Verallgemeinerung u.a. angeregt, ausgeführt und dadurch allmählich vervollkommnet. Dies wird erleichtert bzw. überhaupt erst ermöglicht, wenn die Schüler die Möglichkeit haben, die kognitiven Operationen – zunächst – im Rahmen praktisch-gegenständlicher Handlungen an realen Objekten oder deren Repräsentanten auszuführen. Erst allmählich werden die Operationen auf die geistige Ebene transformiert und ohne äußere Stützen realisiert (Lompscher, 1973, 1975, 1988). Dabei erweist es sich oft als nützlich, der Darstellung eines mehr oder weniger komplexen Sachverhalts eine globale Vorinformation („advance organizer" – Ausubel, Novak & Hanesian, 1980/81) vorauszuschicken, die dem nachfolgenden Wissenserwerb als Orientierung und Rahmen dient. Entscheidend ist allerdings, ob und wie die Lernenden die zur Aneignung eines bestimmten Wissensbereichs erforderlichen Lernhandlungen selbst beherrschen und ausführen bzw. sich aneignen. Wissen wird nicht deshalb erworben, damit es abgefragt und reproduziert werden kann (jedenfalls sollte das nicht das Hauptziel von Lehrern und Schülern sein!). *Es soll genutzt werden* – zum Verstehen der natürlichen und gesellschaftlichen Umwelt, zum Lösen von Aufgaben und Problemen in unterschiedlichen Tätigkeitsbereichen, zur rationellen und effektiven Gestaltung der eigenen Tätigkeit und zum Erwerb weiteren Wissens. *Die Qualität des Wissenserwerbs wie der Wissensnutzung hängt wesentlich vom bereits verfügbaren Wissen, von seiner Struktur und Vernetztheit, von der geistigen Durchdringung und gedächtnismäßigen Verankerung ab.* Nur, wenn die Kinder einen *Sinn* im Erwerb und in der Anwendung des jeweiligen Wissens sehen und entsprechende *Handlungsziele* bilden, mobilisieren sie dafür ihre Kräfte *(vgl. 3.1)*.

3.2.4 Wissen über Wissenserwerb und Wissensnutzung

Die Entstehung und Entwicklung der Lerntätigkeit als dominierender Tätigkeit der Grundschüler bewirkt auch eine intensive Entwicklung der **Metakognition**, wofür es erste Ansätze bereits im Vorschulalter gibt. Lehrer und Mitschüler bewerten die Lernergebnisse und die Aktivitäten, die dazu geführt haben. Die eigenen Lernleistungen werden mit denen von Klassenkameraden verglichen. Die Kinder erleben Freude und Stolz über Lernerfolge, Schwierigkeiten beim Lernen, Enttäuschungen über Fehlleistungen. Dies alles wie auch Aufforderungen und Empfehlungen seitens der Lehrer, Eltern, älteren Geschwister u.a. regen die Kinder an, sich Gedanken über die eigene Lerntätigkeit, ihre Grundlagen und Voraussetzungen, das Gelingen oder Mißlingen zu machen. Das erfolgt zwar sporadisch und situationsabhängig, führt aber zu *zunehmender Bewußtheit des Lernens. Es entwickelt sich Wissen über das eigene Wissen und über die für Wissenserwerb und Wissensnutzung notwendigen bzw. günstigen Bedingungen, über die unterschiedlichen Lernanforderungen, über eigene Stärken und Schwächen bei ihrer Bewältigung.*

So werden die Schüler sich allmählich der **Strategien**, die sie einsetzen, und ihrer Bedeutung und Wirksamkeit bewußt, wobei solches Wissen nicht gleichbedeutend mit realem Strategie-Einsatz ist. Das gilt z.B. für Gedächtnis-Strategien. Durch das systematische Lernen wird das Gedächtnis – in Wechselwirkung mit

Denken u.a. Prozessen – stark beansprucht und gerade dadurch intensiv entwickelt. Bei der Beschäftigung mit den verschiedenen Lerngegenständen werden Wissens- und Handlungssysteme aufgebaut. Dabei müssen die unterschiedlichen semantischen und logischen Beziehungen differenziert werden. Das Einprägen und Aktualisieren des Lernstoffes erfolgt – eingebettet in unterschiedliche Lernhandlungen – zunehmend willkürlich und planmäßig (HASSELHORN, 1992; MECKLENBRÄUKER, WIPPICH & BREDENKAMP, 1993; SCHNEIDER, 1989, 1992; *vgl. Kasten 3-4*).

Kasten 3-4: Gedächtnisstrategien von Schülern

Schüler 4. und 6. Klassen sollten in einem Fragebogen angeben, wie sie vorgehen, um sich etwas fest einzuprägen (LOMPSCHER 1993). 10 Aussagen waren vorgegeben, und sie sollten ankreuzen, welche für sie völlig bzw. weitgehend oder kaum bzw. überhaupt nicht zutreffen. Nach dem Anteil akzeptierter Aussagen ergab sich die folgende Rangreihe *(vgl. unten):*

Die Vorgabe von Aussagen regte die Schüler an, ihre Lernerfahrungen zu aktualisieren und im Hinblick auf konkrete Lernsituationen und -anforderungen zu bewerten. Dies ist leichter, als solche Aussagen selbst zu produzieren. So konnten die Schüler, die zunächst das an erster Stelle im Fragebogen genannte Item 1 bestätigten, dann doch positive Aussagen zu einigen Gedächtnisstrategien unterstützen. Wie auch in anderen Untersuchungen zeigte sich, daß Wiederholen, Reproduzieren, „genaues Ansehen", Ordnen u.ä. bevorzugte Gedächtnisstrategien von Grundschülern sind. Die Nutzung von Hilfsmitteln wie das Anfertigen von Notizen oder Zeichnungen, systematisches Durcharbeiten und Aufdecken inhaltlicher Zusammenhänge (z.B. in Texten) ist noch deutlich weniger ausgeprägt.

Rangplatz	*Item*	*Aussage*
1	3	Ich wiederhole die Dinge oder Wörter mehrmals.
2	7	Ich kontrolliere mich zwischendurch, ob ich schon alles kann.
3	9	Wenn ich etwas gelernt habe, sage ich es einem anderen auf.
4	4	Ich versuche die Dinge so zu ordnen, daß man sie sich besser merken kann.
5	2	Ich sehe mir die Dinge genau an oder lese mir die Wörter und Sätze durch, dann merke ich mir das schon.
6	6	Ich spreche beim Wiederholen laut vor mich hin.
7	5	Ich überlege mir, womit die Dinge zusammenhängen.
8	10	Wenn ich etwas gelernt habe, schreibe ich das Wichtigste aus dem Kopf auf, um mich selbst zu kontrollieren.
9	8	Ich schreibe oder zeichne mir was auf.
10	1	Ich weiß nicht, was man machen kann, damit man sich Dinge besser merkt.

Die Lernenden sind sich durchaus nicht in jeder Situation bewußt, welche Strategien – nicht nur bezogen auf Gedächtnisanforderungen – sie einsetzen. Dazu bedarf es spezieller Reflexion und der Anregung dazu. *Lernstrategien entstehen bzw. werden bewußt einerseits aus dieser Reflexion über die eigene Lerntätigkeit, andererseits durch Vermittlung und Aneignung von Strategiewissen.* So, wie die reale Nutzung von Strategien nicht bedeutet, daß sie dem Lernenden bewußt sein müssen, so bedeutet die bewußte Aneignung und Wiedergabe von Strategiewissen nicht, daß es in entsprechenden Lernsituationen auch genutzt wird bzw. in jedem Fall zu einem besseren Lernergebnis führt. Das hängt u.a. vom verfügbaren Vorwissen, von der Schwierigkeit der Lernanforderung und natürlich von der Lernmotivation ab.

Im Rahmen dieser komplexen Zusammenhänge stellt die Vermittlung von Strategiewissen – als ein Aspekt bei der Gestaltung der Lerntätigkeit – aber einen wichtigen Ansatzpunkt für die Förderung effektiver Lernstrategien und die Verbesserung von Lernleistungen dar. Dazu ist es vor allem erforderlich, den Schülern Möglichkeiten zu geben, *sich vom Nutzen strategisch bewußten Lernverhaltens zu überzeugen, das Wie des entsprechenden Vorgehens und seine Abhängigkeit von Anforderungen und Bedingungen zu verstehen, nachzuvollziehen und zu üben.* In dieser Hinsicht könnte die Grundschule mehr tun und damit den Kindern helfen, das Lernen zu lernen (vgl. Aebli & Ruthemann, 1987; Mandl & Friedrich, 1992; Nold, 1992).

3.3 Lernendes Individuum und soziale Einbettung

Die Sicht auf den individuellen Lernenden bliebe einseitig, würde nicht zugleich beachtet, daß *das Individuum immer in sozialen Kontexten und Bedingungen agiert und sich entwickelt* (*vgl. Kap. 1, 2, 10*). Ohne die Interaktion mit anderen ist weder die kognitive noch die sozial-charakterliche und emotional-motivationale Entwicklung des Menschen möglich, ist überhaupt die Entwicklung der Persönlichkeit nicht denkbar. Auch in dieser Hinsicht haben die Kinder zum Schuleintritt vielfältige Erfahrungen gemacht, die in Abhängigkeit von den konkreten Bedingungen (Familie, Kindergarten, soziales und kulturelles Umfeld) große Unterschiede aufweisen. Allen Kindern den Zugang zu den neuen sozialen Anforderungen und Bedingungen der Schule – und zunehmend darüber hinaus – zu eröffnen und zu erleichtern ist eine zentrale Aufgabe jedes Pädagogen (*vgl. Kap. 9*). Je besser es den Kindern gelingt, Beziehungen und Strukturen in der Klasse und in verschiedenen Lerngruppen aufzubauen, desto eher fühlen sie sich in der neuen Lernsituation wohl und können sich den neuen Tätigkeiten im Unterricht und außerhalb desselben widmen.

Dazu bedürfen sie der Unterstützung, denn zunächst bereitet ihnen die Orientierung in der neuen Situation erhebliche Schwierigkeiten: Sie sind vorwiegend auf die Lehrerin oder den Lehrer fixiert und brauchen Zeit, bis sie die anderen Kinder in der Klasse überhaupt wahrnehmen und unterscheiden können, bis sie z.B. auch verstehen, daß die Aufforderungen und Erklärungen der Lehrerin an alle zugleich und damit an jeden einzelnen in der Klasse oder Gruppe gerichtet sind (sofern sie sich nicht speziell an einzelne wendet). Das einfache Nebeneinander der Lernenden wird allmählich zum Mit- und Füreinander oder u.U. auch zum Gegeneinander. *Kommunikation und Kooperation der Lernenden untereinander und natürlich mit den Lehrern und anderen Personen, gemeinsames Lernen, ein soziales Klima der gegenseitigen Achtung, Unterstützung und Bereicherung* sind außerordentlich wichtig für Verlauf und Ergebnis des Lernens und für die Persönlichkeitsentwicklung jedes einzelnen. Es bedarf einfühlsamer, systematischer pädagogischer Arbeit, um dies zu erreichen.

Es hat sich als günstig erwiesen, diesen Prozeß mit der Dyade (Zweier-Beziehung) als der kleinsten sozialen Struktur zu beginnen (Jantos, 1989). Als Einstieg in solches **Partner-Lernen** wurde z. B. die wechselseitige Kontrolle von Lernergebnissen gewählt, die in schriftlicher o.a. Form objektiviert sind. Dies geschah unter dem Aspekt, die Entwicklung der Selbstkontrolle als wichtiger Komponente der Selbständigkeit anzubahnen. Andere Möglichkeiten des Partner-Lernens in der Grundschule sind gegenseitiges Vorlesen oder Diktieren u.v.a. Beim gemeinsamen Lernen – auch in elementaren Formen – wird den Kindern die Notwendigkeit von Bewertungskriterien, Aufeinander-Eingehen und sorgfältiger Aufmerksamkeit deutlich. Es kommt zu Austausch, Vergleich, Korrektur, Hilfe, ggf. auch zu Mißverständnissen und Meinungsverschiedenheiten, deren Klärung Diskussion, Begründung und Einsicht erfordert. Die Ergebniskontrolle läßt sich zur Verlaufs- und zur vorausschauenden Kontrolle (Vorüberlegungen, gemeinsames Beraten und Planen) weiterentwickeln. Dadurch werden die Teilnehmer schrittweise zur Selbstkontrolle befähigt. Das Partnerlernen erweitert sich allmählich zum **Gruppenlernen** (zunächst nicht mehr als 3-4 Schüler). Das gemeinsame Lernen in einer Gruppe erfordert und fördert den Austausch über Lernziel und -aufgabe, Lernmittel und -strategien usw. Beim gemeinsamen Lösen von Lernaufgaben entwickeln sich gegenseitige Hilfe und Unterstützung, das Zergliedern in Teilaufgaben und arbeitsteiliges Vorgehen bei deren Bewältigung, das Erfassen von und das Anknüpfen an Vorleistungen der Partner, das Erkennen von Fehlern und deren Ursachen und Bemühungen um ihre gemeinsame Überwindung ... – mit einem Wort, es entwickelt sich Kooperations-Kompetenz. Zugleich lernen die Schüler nicht nur ihre Partner, sondern auch sich selbst besser kennen *(vgl. 3.1)*.

Das Bedürfnis nach Sozialkontakten gehört zu den grundlegenden Bedürfnissen des Menschen. Das gilt auch für das Grundschulalter. Die Kinder wollen nicht nur mit anderen spielen oder in anderer Weise kommunizieren. Auch das Lernen bietet ihnen viele Gelegenheiten zur Herstellung und Pflege sozialer Kontakte. Mit welchem Stolz wird den Eltern o.a. vorgelesen, was man schon kann, oder es werden andere Lernergebnisse präsentiert. Etwas gemeinsam zu lernen, z.B. sich gegenseitig Rechenaufgaben zu stellen oder Wörter zu diktieren, macht den meisten Grundschulkindern Freude. Solche Kooperationsformen werden in der Regel zunächst mit den Eltern, älteren Geschwistern o.a. erprobt (z. T. auch in Form des „Schule-Spielens") und dann allmählich und zunehmend auf Kooperationsbeziehungen mit Gleichaltrigen übertragen. Dadurch entstehen wesentliche Potenzen der gegenseitigen Anregung, Unterstützung, Ergänzung und Kontrolle für das lernende Individuum. Gemeinsames Lernen ersetzt individuelles nicht, und es kann letzteres sogar stören oder verhindern. Aneignung von Wissen und Können bedeutet Ausbildung und Nutzung individuellen Gedächtnisbesitzes – was gelernt wird oder werden soll erfordert individuelle Anstrengung. Diese ist aber in vielen Fällen leichter unter Bedingungen von Kooperation und Kommunikation zu bewältigen, was wiederum eine Bedingung für die Entwicklung von Selbständigkeit und Eigenverantwortlichkeit ist. *Die Lernenden brauchen für ihre Entwicklung also sowohl die Zusammen-*

arbeit mit anderen als auch die individuelle Konfrontation mit Lernanforderungen und deren Bewältigung.

Weiterführende Literatur

Heckhausen, H.& Rheinberg, F.: Lernmotivation im Unterricht, erneut betrachtet. *Unterrichtswissenschaft.* 1980, 8, 7-47

Helmke, H.: Prüfungsangst. Ein Überblick über neuere theoretische Entwicklungen und empirische Ergebnisse. *Psychologische Rundschau.* 1983, 34, 193-211

Krohne, H.W.: *Theorien zur Angst.* Stuttgart 1982: Kohlhammer

Oerter, R. & Montada, L. (Hrsg.): *Entwicklungspsychologie.* (3. überarb. Aufl.). Weinheim 1995: Psychologie Verlags Union, Kap. 13 und 14

Rheinberg, F.& Krug, S.: *Motivationsförderung im Schulalltag.* Göttingen, 1993: Hogrefe

Weidenmann, B. & Krapp, A. (Hrsg.): *Pädagogische Psychologie.* (2. Aufl) Weinheim 1993: Psychologie Verlags Union, Kap. 7 und 8

4

Lernen im Unterricht

Hartmut Giest und Joachim Lompscher

4.1 Konzepte des Lernens und Lehrens

4.1.1 Vielfalt des Lernens

Wenn von Schule die Rede ist, denkt man wohl sofort an Unterricht. Obwohl dies keineswegs der einzige Inhalt schulischen Lebens ist *(vgl. Kap. 5),* bestimmt er doch ganz wesentlich Funktionen und Handlungen der Menschen in der Schule – im Unterricht agieren sie als Lernende bzw. als Lehrende (Schüler bzw. Lehrer). Lernen und Lehren sind die Grundprozesse, die Unterricht konstituieren, und von ihrer Qualität hängen Verlauf und Ergebnisse des Unterrichts vor allem ab.[8]

Da Lernen und Lehren bzw. deren Träger in einem Interaktionsverhältnis zueinander stehen (*vgl. Kap. 2*), ist es nicht verwunderlich, daß *Theorie und Praxis des Lehrens immer wesentlich davon beeinflußt wurden und werden, welche Konzepte und Erkenntnisse über das Lernen zugrundeliegen.* Unterschiedliche Theorien wurden entwickelt und unzählige Untersuchungen durchgeführt, um das außerordentlich komplexe und vielgestaltige Phänomen des Lernens zu erklären.

Von Lernen sprechen wir in den unterschiedlichsten Zusammenhängen: Menschen, Tiere, sogar bestimmte Automaten lernen. Menschen lernen laufen, sprechen, schreiben, lesen, rechnen usw. Alltagserfahrungen und wissenschaftliche Begriffe, Regeln und Gesetzmäßigkeiten, Merksätze, Fremdsprachen, Bewegungsabläufe werden gelernt. Man lernt, Probleme zu lösen, zu beobachten, zu experimentieren, bestimmte Normen einzuhalten, andere Menschen und sich selbst zu beurteilen, sich auf andere einzustellen und mit ihnen zu kooperieren .

Die *Gemeinsamkeit* dieser unterschiedlichen Lernphänomene besteht darin, daß *individuelle Erfahrungen gewonnen und damit Veränderungen im individuellen Gedächtnisbesitz bewirkt* werden, die sich in Verhaltensänderungen äußern können (nicht müssen). Die *Unterschiedlichkeit* der Lernphänomene ergibt sich sowohl daraus, *wie gelernt wird*, als auch daraus, *was gelernt wird.* Danach lassen sich **Lernarten** bestimmen. Die Frage nach dem Wie führt zu einer ersten Unterscheidung zwischen **inzidentellem** (zufallsbedingtem) **und intentionalem** (absichtsvollem) **Lernen.**

---

[8] Im Unterricht vollziehen sich natürlich auch andere Prozesse. Sie ergänzen, fördern oder behindern das Lernen und Lehren. „Rückgrat" des Unterrichts ist jedoch das Lern-Lehr-Geschehen. Allerdings tritt Lernen wesentlich breiter als Lehren auf und ist nicht auf Unterrichts- o.ä. Prozesse beschränkt.

Vieles, was wir lernen, ist das nicht beabsichtigte Nebenergebnis einer Tätigkeit, die andere Ziele verfolgt. So lernt das Kind vieles in der Alltagskommunikation mit anderen Menschen, im Spiel, bei der Ausführung von Anforderungen und Aufträgen.[9]

Diese Lernart ist keineswegs auf das Kindesalter beschränkt. Als die in der Ontogenese ursprüngliche wird sie zunehmend ergänzt und überformt durch die bewußte Absicht zu lernen: Bestimmte Handlungen werden ausgeführt, um ein Lernziel zu erreichen.

Ein anderer Aspekt des Wie betrifft die prozessuale Seite des Lernens, nämlich die Unterscheidung zwischen **einsichtigem und mechanischem Lernen.**

Versucht der Lernende, in die Zusammenhänge und Regelhaftigkeiten dessen, was er lernt, einzudringen und die zugrundeliegenden Strukturen zu erkennen, führt er unterschiedliche kognitive Operationen aus und baut die entsprechenden kognitiven Strukturen auf, d.h. er gewinnt Einsicht in den Lerngegenstand, versteht ihn auf einem je bestimmten Niveau.

Sinnvolle Nutzung des erworbenen Wissens und Könnens setzt einsichtiges Lernen voraus. Auch die gedächtnismäßige Verankerung zum Zwecke dauerhaften Behaltens hängt wesentlich davon ab, wie der Lernende den Lerngegenstand geistig verarbeitet *(vgl. Kap. 3.2).* Nicht selten jedoch wird nur mechanisch gelernt – sei es, daß Verstehen auf Grund ungenügender Vorkenntnisse oder eines unzureichenden Niveaus der Entwicklung kognitiver Fähigkeiten und Strategien nicht gelingt, sei es, daß Verstehen gar nicht angestrebt wird oder nicht notwendig ist. In diesem Fall sind Wiederholung und **Verstärkung** (Bekräftigung) die Grundlagen des Lernens.

Treten bestimmte Ereignisse oder Erscheinungen mehrfach in zeitlicher und/oder räumlicher Nähe auf oder werden bestimmte Verhaltensweisen oder Handlungen in gleichbleibender Weise bekräftigt (durch Lob oder Tadel, Erfolg oder Mißerfolg, emotionale Beeindruckung u.v.a.), so werden **Assoziationen** (Verbindungen) gestiftet, die nicht auf dem Verstehen entsprechender Zusammenhänge beruhen müssen.

Viele Gewohnheiten, Wissenselemente, Einstellungen entstehen auf diesem Wege. Auch die Gewinnung von Einsicht ist oftmals nicht ausreichend, um sie zu dauerhaftem Gedächtnisbesitz zu machen. Wiederholung und Verstärkung sind auch hierfür notwendig.

Die Frage nach dem Wie des Lernens ist damit nicht erschöpfend beantwortet. Solche Begriffe wie rezeptives, reproduktives und produktives Lernen, fremdbestimmtes und selbstbestimmtes, entdeckendes und übernehmendes, Versuch-Irrtum-, Modell-, Vermeidungs-Lernen u.a. weisen auf weitere Lernarten und ihre Grundlagen hin. Auf einige kommen wir in anderen Zusammenhängen zurück (*vgl. 4.2 und 4.3., Teile III und IV dieses Buches*).

Zunächst soll die zweite oben formulierte Frage beantwortet werden – die Frage nach dem Was des Lernens, die das Wie allerdings immer mit einschließt. Unter diesem Aspekt lassen sich zumindest folgende Lernarten unterscheiden.

---

[9] Eine Absicht, Lernen zu bewirken, kann hier durchaus vorhanden sein, aber nicht beim Lernenden selbst, sondern bei den Personen, mit denen das Kind interagiert. Auch im Unterricht werden Situationen geschaffen, in denen die Kinder lernen, ohne dies in jedem Fall selbst zu bewirken oder zu beabsichtigen.

Sensumotorisches Lernen. Wenn Bewegungen – von elementaren bis zu ganz komplizierten – gelernt werden, sind verschiedene Sinne beteiligt (Sehen, Tasten, Muskelempfindungen, Gleichgewichtssinn), und sie müssen miteinander und mit den motorischen Abläufen koordiniert werden, z. B. die Koordination von Auge und Hand beim Schreiben und vielen anderen Bewegungsabläufen. Ob gymnastische Übungen, Schreibbewegungen, Produktionsfertigkeiten usw. – ihre Ausbildung beruht vorrangig auf sensumotorischem Lernen, häufig gekoppelt mit anderen Lernprozessen (VOLPERT; *1981, vgl. Kap. 15*).

Kognitives Lernen. Wissen über die Welt, das Handeln in und mit ihr und über uns selbst kommt dadurch zustande, daß sensorische Informationen (Wahrnehmung, Beobachtung), bereits gespeicherte Informationen (Gedächtnis), sprachlich vermittelte Informationen (Sprache) mit Hilfe kognitiver (d.h. perzeptiver, intellektueller und mnestischer) Operationen verarbeitet und daraus Vorstellungen, Begriffe, Urteile gebildet, Schlüsse abgeleitet werden u.ä. (Denken). Hauptquellen kognitiven Lernens sind demnach

- die Sachverhalte der Realität als Gegenstände, Mittel und Bedingungen gemeinsamer und individueller Tätigkeit,
- die Erfahrungen anderer Menschen und Generationen (die in Sprache, Produktionsresultaten, Kulturgütern usw. objektiviert sind und so zu Lerngegenständen und Lernmitteln werden können) und
- Inhalte des eigenen Gedächtnisses (Erinnerungen, Erfahrungen, Wissensbestände), die in die kognitive Tätigkeit einbezogen werden und aus denen neues Wissen gebildet wird (HOFFMANN, 1986; KLIX, 1992; MANDL & SPADA, 1988).

Kognitives Lernen führt auch zur Entwicklung von Lern- und Denkstrategien (MANDL & FRIEDRICH, 1992), zur Ausbildung kognitiver Fähigkeiten (KLAUER, 1993; LOMPSCHER, 1975, 1989), zur Bewußtheit und Reflexion über die eigene Kognition (SCHNEIDER, 1989, WEINERT & KLUWE, 1984). Kognitives Lernen ist darüber hinaus – mehr oder weniger direkt – an anderen Lernprozessen beteiligt. (*vgl. Kap. 3 und 12*).

Soziales Lernen. Auch das soziale Verhalten des Menschen, seine zwischenmenschlichen Beziehungen, der Aufbau und die Wirkung sozialer Gruppen, Organisationen und Strukturen beruht auf Lernprozessen. Urteile, Vorurteile und Wertungen über andere Personen, Einstellungen anderen und sich selbst gegenüber, moralische Werte und Normen des sozialen Zusammenlebens, die Art und Weise der Bewältigung sozialer Problemsituationen und Konflikte – all dies beruht auf sozialem Lernen. Soziale Verhaltensweisen, Einstellungen, Werte usw. werden auf verschiedenen Wegen ausgebildet:

- durch Verstärkung sozial erwünschten oder auch unerwünschten Verhaltens,
- durch Nachahmung beobachteten und ggf. verstärkten Verhaltens,
- durch verbale und anschauliche Einwirkung in Form von Erklärung, Werbung, Agitation, „Überreden“ und/oder
- durch bewußte eigene Auseinandersetzung mit sozialen Phänomenen sowie daraus entstehende Identifikation und Idealbildung im Prozeß sozialen Handelns.

Letzteres kann sich

- als reales Handeln in natürlichen sozialen Situationen (Familie, Schule, Freizeitgruppe etc.) oder als
- sprachliche Verständigung in und über solche Situationen („symbolische Interaktion") oder
- als reale oder sprachliche Darstellung solcher Situationen (Rollenspiel, Dramatisierung bzw. Kommentierung, Erörterung) vollziehen (Aebli, 1987; Tausch & Tausch, 1991, Kap. 10).

Affektiv-emotionales Lernen. Obwohl Emotion und Motivation an allen Lernprozessen beteiligt sind, kann man eine spezielle Lernart unterscheiden, die zur Herausbildung emotionaler Haltungen und Motive führt. Man spricht z. B. von „erlernter Hilflosigkeit" (Seligman, 1979), von Erfolgs- vs. Mißerfolgsmotiviertheit (Heckhausen, 1980) u.a. Optimistische und pessimistische Haltungen, zupackendes Herangehen und Ängstlichkeit, stabile Interessen und geringe Interessiertheit sind immer auch Ergebnis vorangegangener Lernprozesse (*vgl. Kap. 3.1*).

Die Unterscheidung dieser Lernarten darf nicht verabsolutiert werden: Am realen Lerngeschehen sind sie immer gemeinsam beteiligt – in unterschiedlicher Intensität und Wechselwirkung, aber immer als ganzheitliches Geschehen, das emotionale, motivationale, kognitive u.a. Komponenten umfaßt und in dem sach- und personbezogene Prozesse zusammenwirken. Wie sich die Lernarten bei unterschiedlichen Lernanforderungen und -bedingungen realisieren, wird in den Kapiteln der Teile III und IV des Buches konkret dargestellt.

4.1.2 Theoretische Interpretationen des Lernens

Bei der Vielfalt und Vielschichtigkeit des Lernens ist es nicht verwunderlich, daß in den vergangenen etwa einhundert Jahren zahlreiche Theorien entwickelt wurden, um Wesen, Struktur, Bedingungen des Lernens zu klären. In der Regel haben die Lerntheorien jeweils bestimmte Aspekte oder Mechanismen des Lernens bzw. bestimmte Lernarten akzentuiert, z.T. auch verabsolutiert. Es gibt bisher keine Theorie, die das Lernen in allen seinen Facetten erfaßt und erklärt. Das gelingt natürlich auch nicht dadurch, daß man alle oder viele Theorien eklektizistisch, additiv zu vereinigen sucht. Die theoretische Analyse und Durchdringung des Lernens ist nicht einfach wissenschaftlicher Selbstzweck, sondern von großer Bedeutung für die Bewältigung praktischer Aufgaben – z.B. des Lehrens. Es besteht deshalb auf diesem Gebiet nach wie vor großer Handlungsbedarf, besonders auch mit Blick auf die sich gegenwärtig vollziehenden und zukünftig noch zu erwartenden weitreichenden Veränderungen in Wissenschaft und Kultur, Technologie und Technik, in den natürlichen und gesellschaftlichen Lebensgrundlagen, die die Bedingungen für schulisches und außerschulisches Lernen bestimmen.

Hier ist nicht der Platz, um die Lerntheorien systematisch darzustellen und ihren Beitrag zum Verständnis dieses komplexen Phänomens kritisch zu würdigen. Dazu sei auf Edelmann (1993); Flammer (1988); Hilgard und Bower (1970/73); Holzkamp (1993); Steiner (1988) verwiesen (*vgl. auch Kap. 1, 2 und 3*). Wir beschränken uns hier darauf, mehr hinweisend einige bedeutende Lerntheorien (besser: Gruppen von Lerntheorien) kurz zu benennen, um im Anschluß daran ihren Zusammenhang mit Konzeptionen des Lehrens, des Unterrichts zu zeigen (*vgl. 4.1.3*) und dann zwei aktuelle und für die Grundschule besonders bedeutsame Konzeptionen etwas ausführlicher zu kennzeichnen (*vgl. 4.2, 4.3*) und miteinander zu vergleichen (*vgl. 4.4*).

Behavioristische Theorien interpretieren das *Lernen als Verhaltensänderung durch Konditionieren*, d. h. durch die Herstellung von Assoziationen zwischen Stimuli und Reaktionen (S-R-Theorien). Solche Lernprozesse sind für die Fertigkeits- und Gewohnheitsbildung, das Einprägen von Fakten und Formulierungen, das Ausbilden von Verhaltensweisen und Bewegungen u.a. von Bedeutung. In dieser Hinsicht sind von behavioristischen Lernforschern sehr differenzierte Untersuchungen durchgeführt und Lernmechanismen analysiert worden. Das Schwergewicht lag aber vorrangig auf Verstärkungsplänen und Wiederholung, besonders im Hinblick auf relativ elementare Lernanforderungen. Der nach behavioristischen Lernprinzipien gestaltete Unterricht ist (bzw. war) deshalb sehr stark auf Übung, Wiederholung, Drill, Einsatz extrinsischer Motivation (*vgl. Kap. 3.1*) orientiert und zeigte dementsprechend einseitige Lernergebnisse.

Mehr **endogen orientierte Theorien** legen das Schwergewicht auf *Reifungsprozesse und die Entfaltung angelegter Entwicklungsprogramme*, wodurch der Rahmen für mögliche Lernprozesse abgesteckt wird, z. B. auf einzelnen Stufen oder Etappen der Persönlichkeitsentwicklung. Damit wurde und wird auf entwicklungsbedingte Voraussetzungen des Lernens und Lehrens, un- oder unterbewußte Prozesse, die Rolle frühkindlicher Erfahrungen u.a. hingewiesen. Die Wirkungsmöglichkeiten von Unterricht und Erziehung, die Bedeutung von Kultur und Gesellschaft für das Lernen und Lehren werden jedoch stark eingeschränkt, da Entwicklungsrichtungen und -potenzen als weitgehend vorherbestimmt angesehen werden.

Kognitionspsychologische Lerntheorien rücken die *Veränderungen des Gedächtnisbesitzes durch kognitive Operationen und den Aufbau kognitiver Strukturen* ins Zentrum (Aebli, 1983, 1987; Resnick, 1989; Glaser, 1991). Seit der „Kognitiven Wende" in den 50-er und 60-er Jahren unseres Jahrhunderts sind die dem Lernen und Lehren zugrundeliegenden kognitiven Prozesse und Strukturen sehr differenziert analysiert und vielfältige neue Erkenntnisse gewonnen worden. Dabei wurden allerdings über längere Zeit motivationale, emotionale, soziale u.a. Prozesse und Bedingungen weitgehend vernachlässigt. Die Interpretation des Lehrens nur als Informationspräsentation und -übermittlung und des Lernens nur als Informationsaufnahme und -verarbeitung (so wichtig diese Seite auch ist) wird in der gegenwärtigen „Instruktionspsychologie" zunehmend überwunden. Sie eröffnet für die Gestaltung des Unterrichts neue Möglichkeiten und bietet vielfältige Anregungen für seine Weiterentwicklung und Umgestaltung vor allem durch die Berücksichtigung bzw. Gestaltung von Lernkontexten und Lernmedien, insbesondere die Nutzung bzw. Erkundung der Potenzen moderner Kommunikationstechnologien für die Aktivierung und Effektivierung des Lernens, die Analyse und Beeinflussung der Wechselwirkungen von Kognition, Metakognition, Motivation und Emotion sowie zwischen individuellem und kooperativem Lernen u.a.

Wir sind damit schon beim nächsten Punkt.

4.1.3 Lernkonzepte und Unterricht

Wie Lehrer ihren Unterricht gestalten bzw. welche Orientierungen dafür durch Rahmenlehrpläne, Schulbücher, Lehrerhandbücher usw. gegeben werden hängt ganz wesentlich davon ab, welche Auffassungen vom Lernen und von den Lernenden – explizit oder implizit – vertreten werden. Hinter jeder Bildungs- und Unterrichtstheorie (und -praxis!) steht – unter anderem – auch eine Entwicklungs- und Lerntheorie (oder deren mehrere).

Im Laufe der Jahrzehnte und Jahrhunderte sind zahlreiche, ganz unterschiedliche Unterrichts- oder Lehr-Lern-Konzeptionen entwickelt und praktiziert worden. Einen instruktiven Überblick vermitteln Jank und Meyer (1991; Meyer, 1988). Wir wollen uns auf einige wenige Beispiele beschränken.

Die Konzeption des **lernzielorientierten Unterrichts** stellt die Formulierung, Operationalisierung, Dimensionierung und Evaluierung von Lernzielen (eigentlich handelt es sich um Lehrziele) in den Mittelpunkt ihrer Bemühungen. *Lernziele im Sinne von beobachtbaren oder zumindest teilweise beobachtbaren Veränderungen im Verhalten der Schüler* werden hierarchisch auf- und ausgegliedert und unter strikter Führung des Lehrers im Sinne der Konditionierung der Schüler realisiert und kontrolliert. Umfangreiche Lernziel-Taxonomien wurden entwickelt (Bloom, 1972; Gagné, 1973; Mager, 1977 u.a.). Der Begründungszusammenhang mit behavioristischen Lerntheorien ist offensichtlich. Das gilt auch für den programmierten Unterricht.

Konzeptionen des **wissens- bzw. wissenschaftsorientierten** Unterrichts richten das Lehren und Lernen an der *Struktur und Systematik von Wissensgebieten und Erkenntnisprozessen aus*. Dabei werden andere Inhalte und Aspekte (z.B. emotionale, ästhetische) nicht selten vernachlässigt. Wird Lehren nur als Informationspräsentation und -übertragung und Lernen nur als Informationsaufnahme und -verarbeitung verstanden, entsteht eine Unterrichtssituation, in der der oder die Lehrende die aktive Position des Wissenden einnimmt, der die Lernenden als die Nicht-Wissenden mehr oder weniger stringent führen muß. Die Eigenaktivität der Lernenden tritt in den Hintergrund. Andererseits wird aber versucht, bei den Schülern die entsprechenden Begriffs- und Methodensysteme gründlich auszubilden und für ein solides Wissen und Können im jeweiligen Gegenstandsbereich zu sorgen. Kognitionspsychologische Erkenntnisse über das Lernen spielen bei der Aufbereitung des Lehrstoffes und bei der Gestaltung von Lehrmaterialien und -prozessen eine wesentliche Rolle.

Auch mehr oder weniger konsequent endogen orientierte Lerntheorien haben Unterrichtskonzeptionen beeinflußt. Wenn z.B. das **Versuch-Irrtum-Lernen** als typische Lernform des jüngeren Schulkindes und *Ausdruck eines weitgehend intern angelegten Entwicklungsprogramms* betrachtet wird, ist es naheliegend, den Grundschulunterricht darauf zu orientieren und die Kinder daran wachsen zu lassen. Damit wird die *spontane Aktivität* der Kinder, ihre *aktuellen und häufig situationsbedingten Interessen* zur Leitschnur für das Lehren genommen. Auch dies ist offensichtlich eine Verabsolutierung eines wichtigen und grundlegenden Aspekts des Lehrens und Lernens. Ähnliches gilt für eine Verabsolutierung der Anschauung bzw. Veranschaulichung im Unterricht oder für die Überbetonung des mechanischen (nicht sinnerfüllten) Gedächtnisses.

Konzeptionen des **problemhaften Unterrichts** und des **entdeckenden Lernens** betonen die Bedeutung der *eigenen kognitiven Aktivität der Lernenden in der Auseinandersetzung mit nicht routinemäßig zu bewältigenden Anforderungen*. Dadurch soll sowohl Wissen selbständig erworben als auch die Entwicklung produktiven Denkens und der Lernmotivation gefördert werden (*vgl. 4.2 und 4.3, Kap. 3.2, 12.3*). Das Problemlösen und Entdecken hat in den Konzeptionen unterschiedlichen Stellenwert – von der Einordnung in eine Methodenvielfalt bis hin zu weitgehender Verabsolutierung. Die theoretischen Grundlagen und Erkenntnisse wurden vor allem von der kognitiven und von der tätigkeitstheoretisch orientierten Psychologie genommen. Konzeptionen des Unterrichts müssen notwendigerweise das Verhältnis von Lernen und Lehren thematisieren. Dies erfolgt explizit oder implizit in einer außerordentlich großen Variationsbreite, die durch Extrempole markiert ist: **Lehrerzentrierter** versus **schülerzentrierter** Unterricht (Fremdsteuerung der Schüler durch den Lehrer versus Eigensteuerung der Schüler).

In der Literatur sind auch die Begriffspaare formeller vs. informeller, direkter vs. indirekter, geschlossener vs. offener, wissens- vs. handlungsorientierter Unterricht u.a. anzutreffen (GARLICHS, 1991; HAGSTEDT, 1992; HÄNSEL, 1980; KASPER U.A., 1989; KLEWITZ, 1988; KLEWITZ & MITZKAT, 1977; LÜFTNER, 1983; PETERß EN, 1991; ROTH, 1991; SCHITTKO, 1980, 1981; ZIECHMANN, 1979). Sie markieren unterschiedliche Aspekte der Gegenüberstellung geschlossener und offener Konzeptionen des Unterrichts, welche sich wiederum vor allem im Hinblick auf die Position und das Verhältnis der Lehrenden und Lernenden zueinander im Unterricht unterscheiden.

4.2 Die offene Unterrichtskonzeption

4.2.1 Zum Begriff

Offene Unterrichtskonzeptionen, deren praktische und theoretische Wurzeln in der Reformpädagogik liegen (Dewey, Freinet, Montessori, Petersen, vgl. RÖHRS, 1991; OELKERS, 1993), richten sich traditionell gegen Defizite und negative Erscheinungen in der dem geschlossenen Unterrichtskonzept verpflichteten „Leistungsschule“: Schulstreß und -angst, Dominanz der Rolle des Lehrers gegenüber der des Schülers im Unterricht, Vernachlässigung der Erfahrungen der Lernenden und des emotionalen sowie affektiven Bereichs (vgl. SCHORCH, 1991).

In offenen Unterrichtskonzeptionen hat der Schüler die *Chance zu selbstbestimmtem Lernen, zur Eigensteuerung in einer längeren Unterrichtsphase, in der er sich kreativ und produktiv handelnd mit dem Lerngegenstand auseinandersetzt*. Er trägt selbst Verantwortung für die Lernziele und Inhalte, für den Lernprozeß und dessen Ergebnis. Der Lehrer nimmt sich zurück und strukturiert Lernsituationen, indem er z.B. Arbeitsmaterial zur Verfügung stellt und Arbeitstechniken verfügbar macht. Er regt die sprachliche Kommunikation über Ziele, Inhalte und Verlaufsformen des Lernens an und steht als Helfer und Lernberater zur Verfügung (HAGSTEDT, 1992; KAISER, 1991; KÖCK & OTT, 1979; VOGEL, 1974). Besonders in den 70er Jahren ist der Begriff „offener Unterricht“ häufig in der Literatur anzutreffen. „Offener Unterricht“ wurde bewußt als Alternative zum „geschlossenen Unterricht“ entwickelt und begründet. Dies ist eine Ursache für in Theorie und Praxis vorzufindende Verabsolutierungen („totales Konzept"). Wir wollen deshalb, einem Trend in der aktuellen Literatur folgend (KASPER, 1991), den Begriff „offener Unterricht" hier nicht gebrauchen. Statt dessen fassen wir die Bemühungen zur **Öffnung des Unterrichts** unter dem Terminus „offene Unterrichtskonzeptionen bzw. offene Unterrichtsformen" zusammen (vgl. HÄNSEL, 1980).

Verschiedene Formen des Unterrichts haben in Abhängigkeit von unterschiedlichen Voraussetzungen, Bedingungen und Zielstellungen von Schule und Unterricht ihre Berechtigung. Solche Formen können sein: darstellender (lehrerzentrierter, oftmals Frontalunterricht), erarbeitender (aufgebende und in dieser Hinsicht lehrerzentrierte Einzel-, Partner- oder Gruppenarbeit oder fragend- entwickelnder Frontalunterricht) und entdeckenlassender Unterricht (entdeckendes Lernen, offene Unterrichtskonzeption). Lehrern und Schülern sind hier jeweils bestimmte Rollenmuster zugewiesen, welche mit unterschiedlichen Auffassungen vom Lernen korrespondieren (*vgl. 4.1.*).

Öffnung des Unterrichts und der Schule meint aber mehr als das Präferieren einer Lern- oder Lehrtheorie, einer bestimmten Unterrichtsform. *Offenheit ist zumindest in folgenden Dimensionen angezielt* (KASPER, 1988, 16):

- Organisationsform (Zeitorganisation, Arbeits- und Sozialformen)
- Inhalte des Unterrichts (z.B. fakultative Inhalte)
- Kognition (unterschiedliche kognitive Ebenen und Fächerverbindungen)
- Berücksichtigung sozialer und emotionaler Bedürfnisse
- Weltbezug (Umwelt- und Gemeinwesenbezug).

So wurden beispielsweise von Petersen in seiner Jena-Plan-Pädagogik unterschiedlichste Formen des Wechselverhältnisses zwischen Lehren und Lernen entwickelt. Der Stellenwert offener Formen des Unterrichts muß demzufolge in Ergänzung und auch in Spannung mit anders strukturierten Formen des Lernens und Lehrens mit Blick auf unterschiedliche Voraussetzungen, Bedingungen und Zielstellungen von Schule und Unterricht bestimmt werden.

4.2.2 Begründungszusammenhänge

Mitunter fällt es schwer, Öffnung des Unterrichts und offene Unterrichtskonzeptionen positiv zu bestimmen. Immer wieder wird der Aspekt der Abgrenzung von Alternativen überbetont. Eine „positive" Begründung muß ihre Argumente einerseits aus gesellschaftlichen Entwicklungstrends und deren Anforderungen an Schule und andererseits aus einer anthropologischen Fundierung des Lernens und Lehrens beziehen. Öffnung des Unterrichts ist in einer solchen Perspektive ein Reflex auf Entwicklungsprozesse der Gesellschaft, der veränderten Lebenssituation der Kinder und der Besonderheiten kindlichen Lebens und Lernens. Insofern ergeben sich mindestens drei Begründungszusammenhänge für offene Unterrichtskonzeptionen.

*Gesellschaftsbezug.*Eine moderne, demokratisch verfaßte Industriegesellschaft erfordert

- die Fähigkeit zur Selbstbestimmung jedes einzelnen über seine individuellen Lebensbeziehungen und Sinndeutungen;
- Mitbestimmungsfähigkeit – Verantwortung für die Gestaltung unserer gemeinsamen kulturellen, gesellschaftlichen und politischen Verhältnisse;

- Solidaritätsfähigkeit, da der eigene Anspruch auf Selbst und Mitbestimmung nur gerechtfertigt werden kann, wenn er auch für die Mitwelt gilt (KLAFKI, 1991).

Lebenssituationsbezug. Die Lebenssituation ist gekennzeichnet durch

- eine allgemeine Dynamisierung der wirtschaftlichen, politischen, sozialen Prozesse mit einer damit einhergehenden Diversifizierung der Daseinsformen und Lebensverhältnisse;
- Verwissenschaftlichung und zunehmend radikale Technisierung und damit fehlende direkte Zugänglichkeit von Zonen der Alltagswelt;
- zunehmende Umweltbelastungen mit Auswirkungen auf Befindlichkeit und Lernen der Kinder (z.B. Reizüberflutung im medialen Bereich und Reizarmut im sensorisch-motorischen Bereich);
- wachsenden Konsum und Konsumdruck (Wegwerfgesellschaft);
- Pluralität an Wertorientierungen und Lebensformen in allen Lebensbereichen (veränderte – vor allem zunehmend instabile –Familienstrukturen);
- Zunahme der Bedeutung medialer, virtueller Umwelten;
- zunehmende Urbanisierung mit ihren Folgen (LICHTENSTEIN-ROTHER, 1992).

Bedürfnisbezug.Eine anthropologische Begründung für die Öffnung von Schule und Unterricht ergibt sich aus der Bedürfnislage der Kinder. Das Bedürfnisprofil des Kindes umfaßt nach SKIERA (1985) wenigstens folgende sieben Komponenten:

- das Bedürfnis nach emotionaler Zuwendung, Geborgenheit und Sicherheit;
- das Bedürfnis nach Lob und Anerkennung;
- das Bedürfnis nach neuen und originalen Erfahrungen;
- das Bedürfnis nach Urheberschaft und Freiheit;
- das Bedürfnis nach Selbstverantwortung und Mitverantwortung;
- das Bedürfnis nach ästhetischer Wahrnehmung;
- das Bedürfnis nach spontanem Ausdruck seiner inneren Befindlichkeit.

Offene Unterrichtskonzeptionen sind eine Antwort auf die wachsende Diskrepanz zwischen diesen objektiven Anforderungen an Schule und Unterricht und deren Realität. Die Antwort auf diese Diskrepanzen bestehen u.a.

- in einem korrigierten Verständnis von Wissenschaftsorientierung, welches eine konkretere Bestimmung des Grundlegenden der Bildung in der Grundschule im Sinne einer Grundlegung der Bildung (LICHTENSTEIN-ROTHER) realisieren läßt;
- in korrigierten Lernzielintentionen, die einen Abbau kognitiver Lernziele und rezeptiven Lernens intendieren und gleichzeitig kreatives, handelndes, entdeckendes Lernen stärker in das Zentrum der Grundschule rücken und neben der Orientierung auf den einzelnen Schüler die Bedeutung kooperativen Lernens, die pädagogische Gestaltung sozialer Prozesse, die Arbeit mit der gesamten Klasse betonen;
- in der Aufwertung der natürlichen kindlichen Neugier und der Art, sie zu befriedigen (ganzheitliches Lernen, Einheit von Herz, Hand und Verstand);
- in einer stärkeren Betonung der Erziehung im Unterricht (Gewinnen von Sach- und Sozialkompetenz, Freiheit und Selbstbestimmung sowie Verantwortung gegenüber der In-, Mit- und Umwelt).

Da gesellschaftliche Prozesse einer offenbar ständig wachsenden Dynamisierung unterliegen, sollten moderne Unterrichtskonzeptionen selbst offen sein für Veränderung und Entwicklung. Das gilt auch für Curricula, die so offen sein müssen, daß sie die schulischen und unterrichtlichen Entwicklungsprozesse nicht behindern und gleichzeitig die oben genannten Grundanforderungen angemessen reflektieren.

4.2.3 Prinzipien und Merkmale

Aus dieser positiven Begründung offener Unterrichtskonzeptionen ergeben sich qualitativ hohe Anforderungen an die Gestaltung der Interaktion zwischen Lernenden und Lehrenden im Unterricht. HÄNSEL (1980,85) schreibt dazu mit Blick auf den Sachunterricht: „Während die Sachunterrichts-Didaktiken, die vom Theorie-Praxis-Verständnis des geschlossenen Unterrichtsansatzes bestimmt sind, den praktizierenden Lehrer durch Planungshilfen und „geschlossene" Unterrichtsmaterialien zur „richtigen" Praxis anleiten, konfrontieren die Didaktiken, die dem offenen Unterrichtsansatz verpflichtet sind, den Lehrer mit einer Fülle von Ansprüchen auf Veränderung des Unterrichts, die einzulösen weitgehend sein Problem bleibt." Deshalb ist die im Zusammenhang mit offenen Unterrichtskonzeptionen stehende Position, daß der Lehrer sich zurücknehmen soll, keineswegs so zu verstehen, daß er den Unterricht dem Selbstlauf überläßt. Dies hatten offenbar jene Kritiker im Auge, die solche Ansätze mit schwerwiegenden Angriffen traktierten (Dilettantismus, bloß postulative Formel, didaktische Bankrotterklärung, Benachteiligung schwächerer Schüler – vgl. SCHORCH, 1991).

Ein *Grundproblem der Öffnung* von Unterricht ist das der Herstellung der Einheit von Offenheit, Freiheit, Selbstbestimmung, Spontaneität auf der einen und Schulpflicht, Lernzwang, gesetzlich festgelegten Bildungszielen und -inhalten und ihrer institutionalisierten Realisierung, also Fixiertheit, Pflicht, Fremdbestimmung und Systematik auf der anderen Seite. Was das Verhältnis zwischen Lernen und Lehren betrifft, so bedeutet dies, die schwierige Aufgabe zu meistern, die Einheit zwischen Lernzielen und Lehrzielen, Lerninhalten und Lehrinhalten, Lernmethoden und Lehrmethoden, aber auch Lernziel- und Lehrzielkontrolle und -bewertung herzustellen. Der Lehrer befindet sich dabei in einem *Dilemma*: Auf der einen Seite unterliegt er einer Fremdbestimmung durch die Curricula, Rahmenpläne und Unterrichtsmaterialien, der er sich nur unter Inkaufnahme eines ständig präsenten Legitimierungszwanges gegenüber Eltern und Schulbehörden entziehen kann, und andererseits wird er durch die Intentionen der Kinder in seiner Arbeit (Planung, Durchführung, Auswertung des Unterrichts) fremdbestimmt. Er hat also ständig zwischen den genannten Interessengruppen und nicht zuletzt seinen eigenen Intentionen von Unterricht und Schule zu vermitteln. Hinzu kommt, daß die Diversifizierung der Interessenlagen der Kinder und die Variabilität der Entwicklungsstadien der Kinder eines Jahrganges zunehmen, so daß es notwendig wird, Ruhe- und Stabilitätszonen im Unterricht einzubauen. Diese haben die Aufgabe, zu verhindern, daß Unterrichtsprozesse chaotisch werden, d.h. vom Lehrer und auch von den Schülern nicht mehr beherrschbar sind, Unterricht, Lehren und Lernen sich der Kontrolle seiner Subjekte entzieht. Aus diesem Grund werden die für viele offenen Unterrichtskonzeptionen charakteristischen **Prinzipien**

- freier Ausdruck und freie Kommunikation;
- kooperative Verantwortung;
- selbstbestimmtes Lernen und
- entdeckendes Lernen ergänzt durch
- die Ritualisierung und Strukturierung der Arbeitsabläufe (Regeln für Lernrhythmen, Ämter, Funktionen werden verabredet, kooperativ wird für deren Einhaltung Verantwortung getragen – gerechte Gemeinschaft im Sinne von KOHLBERG, vgl. OSER, 1986, 1988 –, Rituale dienen der Habitualisierung eines sozialen Lernstils);
- das Delegieren von Lehrfunktionen an Schüler (hier besteht die Zielstellung in der Erweiterung der didaktischen Kompetenz der Kinder, gleichzeitig kann die Selbstinstruktion bezogen auf das Lernen, die Eigenregulation im Lernen, eingeübt werden);
- die Institutionalisierung reflexiver Lerngelegenheiten (in Reflexionsphasen oder auch Fixpunkten wird eine Art von Meta-Unterricht veranstaltet, in welchem die Kinder neben den sach- und sozialbezogenen Lernergebnissen auch ihre Lernerfahrungen reflektieren lernen).

Für die Tätigkeit des Lehrenden im Hinblick auf die Gestaltung des Unterrichts sind drei Hauptphasen charakteristisch: Die Planung des Unterrichts, seine Durchführung (unmittelbare Interaktion mit den Lernenden) und die Kontrolle und Bewertung der Resultate des Unterrichts (vgl. PETERSEN & PRIESEMANN, 1988). Für die unmittelbare Gestaltung des Unterrichts ist es bedeutsam, die Einheit zwischen Lehr- und Lerntätigkeit konkret herzustellen. Auch hierbei sind drei Phasen bzw. Aspekte der gemeinsamen Tätigkeit von Lehrenden und Lernenden unterscheidbar:

Zielaspekt (Hinführung der Lernenden zum Lerngegenstand), *Inhaltsaspekt* (Handlungsphase im Unterricht, die durch das Herstellen der Einheit von Lehrer- und Lernerhandeln gekennzeichnet ist) und *Kontroll- und Bewertungsaspekt* (Herstellen der Einheit von Lehr- und Lernzielkontrolle).

Während die geschlossenen Unterrichtskonzeptionen die Möglichkeit bieten wollen, Unterricht weitgehend konkret vorzuplanen (Lehrer und Schüler müssen sich unter das Curriculum, die Lehrbücher und Unterrichtsmaterialien, Unterrichtsmittel unterordnen), *verlangt der Unterricht, welcher offenen Konzeptionen verpflichtet ist, vom Lehrer eine weitaus größere Planungskompetenz und Selbstverantwortung für den Unterricht und seine Ergebnisse*. Das beginnt schon bei der Zielbestimmung. Damit verhindert wird, daß Lehrziele von den Schülern einfach übernommen und auf diese Weise zu Lernzielen werden, ist es erforderlich, diese zu verabreden. Die Kinder werden hierbei auch ihre aktuellen, evt. spontan entstandenen Intentionen einbringen. Aus diesem Grund muß die Unterrichtsplanung flexibel sein und entzieht sich einer exakten Vorplanung. Wenn der Lehrer seine Schüler genau kennt, wird er dennoch mit einiger Sicherheit vorhersagen können, auf welchen Voraussetzungen die Kinder aufbauen und welche „Themen“ von aktuellem Interesse sind. Kennt er ein Spektrum der möglichen Lernziele der Kinder, so wird er in der Lage sein, Lernsituationen vorzustrukturieren, Materialien und Medien bereitzustellen, um den Kindern Möglichkeiten zu schaffen, handelnd zu lernen. Diese Lernsituationen sind durch freies Probieren, durch Umgang mit Material, durch „Selbsttätigkeit", die auf dem aktuellen Niveau der Lerntätigkeit verläuft, gekennzeichnet. Durch die Möglichkeit des selbstbestimmten Lernens ergibt sich eine weitgehende Individualisierung der Lernsituationen und damit auch der Lernziele.

Lassen sich die Lernziele auf einer allgemeinen Ebene noch in etwa vorhersagen, so unterliegen die Inhalte oft einer gewissen Beliebigkeit, die immer wieder in der Literatur beklagt wird (Beck, 1993). V. Hentig bezeichnet den Projektunterricht, eine Form der Öffnung des Unterrichts, als „vorausgeworfenes Wagnis" und kennzeichnet damit die Probleme der Planung und Durchführung des Unterrichts nach offenen Konzeptionen. Bei der Inhaltsfindung und der lernend-handelnden Realisierung dieser Inhalte wird der Lehrer den Kindern mit Hinweisen, Ratschlägen, aber auch mit direkter Anleitung zur Seite stehen.

Die Ergebnisfixierung erfolgt selbsttätig, die Kontrolle der Lernergebnisse in der Regel im Rahmen der Reflexionsphasen und durch Dokumentationen, die gemeinsam mit den Kindern geplant werden.

Unterricht wird durch den Lehrer nicht als Antizipation der Realität, sondern als „konkrete Utopie" (Meyer, 1988; Peterßen 1991), als ein konkretes Möglichkeitsfeld für die zu erwartende Realität geplant.

Zusammenfassend sollen einige Merkmale der **Unterrichtsplanung und -gestaltung** gekennzeichnet werden :

- Orientierung an Lernzielen als Artikulation von Schülerwünschen;
- die Art der sozialen Interaktion wird selbst zum Thema des Lernens;
- die Teilnehmer an der Interaktion haben keine eindeutig definierten Rollen, diese können um- und neudefiniert werden;
- es liegt nicht fest, welche Schüler welche Aufgaben und Tätigkeiten realisieren, welcher Lerngegenstand bearbeitet wird, dies wird zwischen Lernenden und Lehrendem verhandelt;
- sachbezogene Handlungen der Schüler und Lehrer sind diskutierbar, es kann aktuell über sie entschieden werden;
- Materialien sind nicht auf ein festes Unterrichtsziel hin „präpariert", sondern lassen verschiedene Interpretationen zu.

Besonderheiten für die Gestaltung der Lern- und Lehrprozesse in offenen Unterrichtskonzeptionen sind:

- die Freie Arbeit (zeitlich begrenzt und z.T. jahrgangsübergreifend organisiert);
- projektorientiertes Lernen (z.B. im Rahmen von Projekttagen und -wochen);
- die Rhythmisierung des Lernens durch eine veränderte zeitliche und inhaltliche Struktur (Wochenöffnung, Morgenkreis, Wochenabschluß);
- flexible Unterrichtsgestaltung und praktikable Formen der inneren Differenzierung, aber auch eigenverantwortliche Gestaltung des Lernablaufs (Tages- und Wochenplanarbeit);
- Ausgestaltung der Klassen als Arbeitszonen (Werkstattcharakter, Materialsammlungen, Schülerdruckerei, Klassenkorrespondenz);
- kreatives Schreiben in der Form von „Freien Texten", der Arbeit mit der „Eigenfibel";

– Aufsuchen außerschulischer Lernorte.

Im Laufe des Unterrichtstages wechseln Morgenkreis, Freiarbeit, individuelle Arbeitsphasen nach Wochen- bzw. Tagesplan, Vorträge, Projekte u.a.

4.2.4 Modelle

Hagstedt (1991) berichtet über verschiedene **methodische Modelle** offener Unterrichtsformen, die sich im Verhältnis von Lehren und Lernen unterscheiden. Seine Ausgangsidee ist die der Gestaltung eines „Lerngartens", in dem die Kinder lernend „wachsen" können. Dieser weist u.a. folgende Merkmale auf:

– es ist ein „bewegter Unterricht" oder „Simultanunterricht";
– er gestattet mehrere Erfahrungs- und Handlungsalternativen sowie
– die Diversifizierung von Arbeitsplätzen ist insgesamt „umgebungsgelenkt".

Die *Lernumgebung* hat die Aufgabe, Kindern Anregungen zum Lernen zu geben, Lernmotive und Lernziele, ausgehend von ihren Bedürfnissen, generieren zu lassen, indem ihnen mögliche Gegenstände der Bedürfnisbefriedigung angeboten werden (vgl. Leontjew, 1979). Gleichzeitig bietet diese Lernumgebung die Realisierungsmöglichkeiten der Lernziele, indem direkt angeleitet durch den Lehrer oder indirekt durch Entnahme aus der, vor allem durch den Lehrer vorstrukturierten Lernumwelt Arbeitstechniken und Lernhilfen angewandt werden.

Unterschieden werden:

– das Arbeitsplan-Modell. Die Kinder arbeiten weitgehend vom Lehrer unabhängig, gesteuert durch Karteikarten, an verschiedenen Themen oder Teilaspekten eines Rahmenthemas. Damit liegt hier ein festes Aufgabenkonzept – z.B. in Form von Karteikarten – zugrunde. Es gibt Materiallisten und ein detailliert beschriebenes Arbeitsprogramm (Experimentiervorschläge, Baupläne, Untersuchungsschritte, Beobachtungsaufträge u.a.).
– das Stationen-Modell. Hier durchlaufen die Schüler ein vom Lehrer vorstrukturiertes Szenarium an Lernstationen. Die Kinder bestimmen, gestützt auf das vom Lehrer zusammengestellte Materialarrangement, je nach selbstgestellter Lernaufgabe, die Reihenfolge und Wege, aber in jedem Fall die Verweildauer in den einzelnen Stationen.
– das Büffet-Modell. Das Thema wird gemeinsam mit den Lernenden verhandelt und festgelegt. Die Auswahlentscheidung des Materials wird durch die Lernenden selbst getroffen. Damit wird vom Lernenden ein hohes Maß an Mitplanung des Lernens verlangt. Einen „Wühltischeffekt" verhindert man durch eine übersichtliche Präsentation der Materialien.
– das Werkstatt-Modell. Dies ist die „gentle art of non-teaching" und verlangt vom Lehrer Schwerstarbeit. Es gibt keine festen Arbeitsplätze, Themenvorgaben oder Arbeitsaufträge. Die Lernenden müssen ihr persönliches Lernmotiv finden, Lernziele selbst generieren, ihr Arbeitsprogramm entwickeln, ein originales Produktziel definieren und das Lernen selbst organisieren. Ein besonderes Beispiel hierfür ist das an Freinet angelehnte Schreibatelier, in dem mit Hilfe von Schreibmaschine, Schuldruckerei, Computer, Stempelmaschine u.ä. freie Texte und Gedichte entstehen und zur freien schriftsprachlichen Kommunikation Anlaß geben. Im Rahmen dieses Modells sind die Grenzen des Unterrichts

jedoch bald erreicht, weil es mehr Flexibilität verlangt als traditionelle Unterrichtsziele,-inhalte,-methoden,-organisationsformen zu bieten imstande sind.

Bei den oben geschilderten Modellen offener Unterrichtsformen spielt das *Material* eine entscheidende Rolle. Es bietet die Möglichkeit, die dominierende Rolle des Lehrers im Unterricht abzubauen. Folgende Anforderungen müssen, im Sinne von subjektiven Voraussetzungen der Lernenden bzw. von Inhalten des Unterrichts, realisiert werden können, damit ein Lerneffekt in offenen Lernformen eintritt (Ziechmann 1979, 27):

- „Sachgemäßer Umgang mit Material,
- Durchführung selbstgewählter Aufträge,
- Beachtung notwendiger Arbeitsanweisungen,
- Schaffung selbstgefundener Versuchs- und Kontrollsituationen,
- Vermittlung festgestellter Beobachtungen gegenüber anderen,
- Kooperation mit anderen Schülern,
- Interpretation und Erklärung der Sachverhalte."

Eine weitere Möglichkeit des „Sich-Zurücknehmens" des Lehrers im Unterricht bietet sich an

- durch das Einbeziehen der Schüler in Lehrfunktionen (Nebenlehrerprinzip);
- das Eingehen von Lernpatenschaften im Rahmen von Prozessen des Partnerlernens oder auch in jahrgangsübergreifend zusammengesetzten Gruppen (Tutorenmodell) und
- das Einbeziehen externer Experten (Expertenmodell), welches sich vor allem bei der Projektarbeit oft als unerläßlich erweist (Hagstedt, 1991.)

4.3 Die Konzeption der Lerntätigkeit und ihrer Ausbildung

4.3.1 Aktivität und Systematik – Gegensatz oder Einheit?

Grundbedingung erfolgreichen Lernens ist die eigene geistige und körperliche Aktivität des Lernenden (*vgl. Kap. 1*). Die offenen Unterrichtskonzeptionen haben dafür vielfältige Möglichkeiten gefunden und Erfahrungen gewonnen (*vgl. 4.2*). Dies wird allerdings nicht selten dem systematischen Vorgehen beim Erwerb von Wissen und Können verabsolutierend entgegengesetzt, für das besonders ausgeprägt Konzeptionen des geschlossenen oder lehrerzentrierten Unterrichts stehen. Sind Aktivität und Systematik tatsächlich Gegensätze, die nur auf Kosten des jeweils anderen realisiert werden können?

Wenn der Unterricht vor allem auf der Aktivität des Lehrers beruht und die Schüler nur Objekte seiner am Stoff orientierten „Maßnahmen" sind, ist kaum mit intensivem, freudvollem und erfolgreichem Lernen zu rechnen. Dies wird durch viele Untersuchungen und praktische Erfahrungen bestätigt. Nicht die Übermittlung von Wissen und Können vom Lehrer oder Lehrbuch o.a. auf die Schüler(„Übermittlungsstrategie"), sondern die aktive Auseinandersetzung und Erarbeitung sichert die Aneignung und dadurch auch die Entwicklung der Schüler („Tätigkeitsstrategie").Lern- und gedächtnispsychologische Untersuchungen haben gezeigt, daß *der Erwerb und die Nutzung neuen Wissens und Könnens wesentlich von der Qua-*

lität des bereits vorhandenen Wissens und Könnens abhängt (MANDL & SPADA, 1988; RESNICK, 1989; WEINERT & HELMKE,1993). Dabei spielt die *Strukturiertheit und Vernetztheit des Wissens und Könnens* eine grundlegende Rolle, um Neues einordnen und gedächtnismäßig verankern zu können. Dies setzt *systematischen Aufbau unter Berücksichtigung der Struktur des jeweiligen Lerngegenstandes voraus* (AEBLI, 1983, 1987; AUSUBEL, NOVAK & HANESIAN, 1980/81). Die Orientierung allein oder vorrangig auf die spontane Aktivität der Kinder reicht dafür nicht aus („Strategie der freien Persönlichkeitsentfaltung"). Sollen die Lernenden in die Lage versetzt werden, sich aktiv, zunehmend selbständig und systematisch Wissen und Können anzueignen, dann müssen sie dazu auch befähigt werden („Ausbildungsstrategie"). Dafür spricht unter anderem die Tatsache, daß die Kinder aufgrund ihres unterschiedlichen Entwicklungsniveaus und -tempos unterschiedlichen Anleitungs- und Erklärungsbedarf haben: Während weiter entwickelte, leistungsfähigere und/oder am jeweiligen Gegenstand stärker interessierte Schüler sich intensiver und selbständiger mit dem Lerngegenstand auseinandersetzen, haben weniger weit entwickelte und leistungsfähige oder weniger interessierte in solchen Situationen oft Schwierigkeiten, sich zu orientieren und Ansatzpunkte für die eigene Aktivität zu finden. Es ist dann leicht möglich, daß sie „abgehängt" werden, zunehmend Schwierigkeiten haben „mitzukommen".

Lassen sich diese Widersprüche lösen, Aktivität und Systematik sowie Selbständigkeit und Anleitung miteinander verbinden? Die Konzeption der Lerntätigkeit und ihrer Ausbildung weist dafür eine Perspektive – was natürlich nicht bedeutet, daß damit alle Probleme gelöst wären (DAWYDOW, 1977, 1988; DAWYDOW, LOMPSCHER & MARKOWA, 1982; ENGESTRÖM, 1987; LOMPSCHER, 1988, 1989 u.a.).

4.3.2 Das Konzept der Lerntätigkeit

Lernen geht einerseits in unterschiedlichen Tätigkeiten (Spiel, Arbeit, Alltagskommunikation u.a.) vonstatten – für das Subjekt oft ein Nebenergebnis, das gar nicht beabsichtigt war und häufig auch gar nicht zur Kenntnis genommen wird, da Ziele und Motive auf andere Aspekte der Tätigkeit gerichtet waren (*vgl. 4.1*). Lernen kann aber auch selbst zu einer spezifischen Tätigkeit (*vgl. Kap. 1.3*) – etwa zur Lerntätigkeit – werden. Von **Lerntätigkeit** sprechen wir, wenn das Subjekt direkt Lernziele verfolgt und dazu spezifische Lernhandlungen ausführt. Diese Tätigkeit ist *historisch* aus der Arbeit entstanden, nämlich dadurch, daß die Arbeit sich so differenzierte und komplizierte, daß Voraussetzungen dafür bei den nachwachsenden Generationen vor und außerhalb von Arbeitsprozessen ausgebildet werden mußten. Dies wurde im Laufe der gesellschaftlichen Entwicklung durch die Schaffung spezieller Bildungseinrichtungen institutionalisiert. In der *Ontogenese* entsteht die Lerntätigkeit beim Individuum dagegen aus der Kommunikation mit Älteren und Gleichaltrigen, aus dem Alltagshandeln und dem Spiel der Kinder.

Ihre wesentlichen Merkmale sind folgende:

- Sie ist auf die Aneignung gesellschaftlichen Wissens und Könnens gerichtet, d.h. sie wird mit dem Ziel ausgeführt, Lernanforderungen zu bewältigen, was die Konstituierung spezieller Lerngegenstände (Bildungsgüter, Lehrinhalte) voraussetzt.

- Diese Aneignung ist nur im Wege der individuellen Re-Produktion gesellschaftlicher Erfahrungen, Handlungsmuster, Verhaltensweisen etc. möglich, d.h. durch die Ausführung gegenstands- und zieladäquater Lernhandlungen zur Gewinnung, Veränderung, Weiterentwicklung des individuellen Erfahrungsschatzes (Einheit und Wechselwirkung produktiver und reproduktiver Anteile).
- Dazu benötigt das lernende Subjekt spezielle Lernmittel materieller Art (z.B. Lehrbuch, Computer) und vor allem ideeller Art (Lernstrategien,-techniken, kognitive Operationen und Strukturen, z.B. Begriffs- und Regelwissen), die selbst zunächst Lerngegenstand sein müssen, damit sie im weiteren als Lernmittel eingesetzt werden können.
- Lerntätigkeit entsteht und entwickelt sich unter spezifischen, gesellschaftlich (pädagogisch) organisierten Bedingungen und bedarf zu ihrer optimalen Ausbildung und Ausübung spezieller Lernumwelten.
- Sie geht auf einem je besonderen Niveau der Persönlichkeitsentwicklung vonstatten, was die Berücksichtigung und Förderung sowohl allgemeiner (bezogen auf die ontogenetische Entwicklungsetappe) als auch individueller Lernvoraussetzungen erforderlich macht.

Die Lerntätigkeit unterscheidet sich insofern von anderen Tätigkeiten, als ihr Ziel und Sinn nicht vorrangig (selbst, wenn es so erscheinen mag) in der Veränderung von Objekten, in der Einwirkung auf die Umwelt u.ä. liegt, sondern in der *Selbstveränderung und Selbstvervollkommnung des Subjektes,* das Handlungen an und mit Objekten als Mittel zur Erreichung dieses eigentlichen Ziels einsetzt.

Die Lerntätigkeit ist – wie andere Tätigkeiten auch – dem Individuum nicht einfach gegeben, sondern sie ist selbst Bestandteil der gesellschaftlichen Kultur und muß infolgedessen schrittweise angeeignet, aufgebaut oder ausgebildet werden, d.h. das *Lernen im Sinne einer spezifischen Tätigkeit muß selbst gelernt, die Lernenden müssen dazu befähigt werden.* Dies ist kein einmaliger Akt, sondern diese Aufgabe stellt sich auf jedem Entwicklungsniveau der Lerntätigkeit erneut. Ihr grundlegendes Dilemma besteht gerade darin, daß die zur Realisierung jeweils neuer, weiterreichender Lernziele (beginnend bei den einfachsten und elementarsten) erforderliche Qualität und Struktur der Tätigkeit in der Regel noch nicht ausreicht – vor allem hinsichtlich der Beherrschung entsprechender Lernhandlungen. Sie können auch nicht vorab oder unabhängig vom jeweiligen Lerngegenstand ausgebildet werden (wie man früher meinte, daß Latein und Geometrie die notwendigen Voraussetzungen für das Lernen in anderen Fächern schaffen), da die Lernhandlungen dem jeweiligen Lernziel und -gegenstand adäquat sein müssen. *Lerntätigkeit und Lerngegenstand müssen offensichtlich als Einheit betrachtet werden.* Das macht es notwendig, den Lerngegenstand tätigkeitsbezogen aufzubereiten und anzubieten. Dadurch werden die Lernenden angeregt, sich aktiv und systematisch mit entsprechenden Sachverhalten auseinanderzusetzen. Dies schließt die „Erfindung" eigener Methoden, Strategien, Erklärungen durch die Kinder ein, die sich im weiteren Lernen bewähren können oder auch nicht.

Von Lerntätigkeit im eigentlichen Sinne kann nur gesprochen werden, wenn sie nicht unter Zwang, sondern aus eigenem Antrieb ausgeführt wird: *Lerntätigkeit beruht* auf *Lernbedürfnissen und -motiven, die eine direkte Zuwendung zum Lerngegenstand und Befriedigung von der Beschäftigung mit ihm, vom Zugewinn für die eigene Persönlichkeit ermöglichen.* Eine solche – vorwiegend kognitive und/ oder soziale – Motivation führt in der Konfrontation mit der Wirklichkeit bzw. einem Ausschnitt davon zur Bildung von Lernzielen, die auf die Erschließung des Lerngegenstands, auf den Erwerb neuen Wissens und Könnens, auf die Bewältigung neuer Lernanforderungen gerichtet sind und entsprechende Handlungen auslösen. Lerntätigkeit hat also mit Eigeninitiative, Selbständigkeit, Erkenntnis- und Sachinteresse, Bemühen um Kompetenzerweiterung zu tun. Dies ist nicht erst auf relativ späten Bildungsstufen möglich, sondern – in entsprechend elementarer, kindgemäßer Form – bereits in der Grundschule, und es ist hier sogar notwendig, um die Grundlagen für zunehmend selbständiges und eigenverantwortliches, letztlich lebenslanges intensives Lernen zu schaffen. Dabei *durchläuft die Lerntätigkeit mehrere Entwicklungsetappen (vgl. Kasten 4–1).*

Kasten 4–1:

Entwicklung der Lerntätigkeit in der Ontogenese

- Elementare Vorformen entstehen in der Kommunikation, im Alltagshandeln und Spiel und gliedern sich allmählich zu einer spezifischen Tätigkeit aus (in den ersten Schuljahren).
- Die Lerntätigkeit wird zur dominierenden Tätigkeit, d.h. sie bestimmt wesentlich die Stellung der Lernenden in ihrer sozialen Umwelt, den „Typus ihrer Lebensbeziehungen" (Leontjew, 1964), sie steht im Zentrum des sich entwickelnden Tätigkeitsspektrums oder -systems und prägt die anderen Tätigkeiten mit (ein Schüler ist nicht nur Lernender, aber sein Schülersein äußert sich auch im Spiel und anderen Tätigkeiten), sie fördert in besonders intensiver Weise die psychische Entwicklung, da sie Anforderungen in der jeweiligen „Zone der nächsten Entwicklung" (*vgl. Kap. 1.3*) stellt und bewältigt.
- In dem Maße, wie sie – mehr oder weniger weitgehend – als spezifische Tätigkeit beherrscht wird, verliert sie den Charakter der dominierenden Tätigkeit, wird eine neben und in Wechselwirkung mit anderen Tätigkeiten und begleitet oder ergänzt sie.
- In Form berufsorientierter und berufsvorbereitender Tätigkeit tritt sie wieder in den Vordergrund (in der Regel auf einem höheren Entwicklungsniveau des gesamten Tätigkeitssystems).
- Im weiteren Lebensweg kann sie bis ins hohe Alter berufsbegleitende und berufsübergreifende Aufgaben im Sinne lebenslangen Lernens lösen (allgemein- und spezialbildende Qualifizierung, Aneignung und Ausübung von Freizeittätigkeiten).

Es ist offensichtlich, daß eine solche Entwicklung der Lerntätigkeit nicht spontan und unter beliebigen Bedingungen vonstatten geht und daß sie außerordentlich große interindividuelle Unterschiede aufweist. Nicht jeder/jede lernt wirklich zu lernen! Dabei ist zu beachten, daß die zwei grundlegenden Sachverhalte und Begriffe des Lernens in enger Wechselbeziehung zueinander stehen: Die im Abschnitt

4.1 dargestellten Lernprozesse vollziehen sich natürlich auch in der Lerntätigkeit, und die persönlichkeitsförderliche Gestaltung der Lerntätigkeit bedarf gerade auch der Potenzen, die im Lernen in und durch andere Tätigkeiten liegen.

4.3.3 Bedingungen für die Ausbildung der Lerntätigkeit.

Wie man Schüler zu zunehmend selbständigem und eigenverantwortlichem – letzen Endes lebenslangem – Lernen befähigt, wie man also das **Lernen lehrt,** ist seit langem Gegenstand theoretischer und praktischer Bemühungen (z.B. Mandl, 1990; Simons, 1992; Weinert, 1983). Aus der Sicht der Konzeption der Lerntätigkeit geht es dabei vor allem um folgende Aspekte (Lompscher, 1988, 1989, 1991, 1992, 1993):

Orientierung auf die Tätigkeit der Lernenden. Der entscheidende Ansatzpunkt ist weder der Lerngegenstand oder seine Präsentation durch die Lehrenden, noch die spontane Aktivität der Lernenden, sondern die *für die Aneignung eines Lerngegenstandes erforderliche Tätigkeit* der Schüler. Aufgabe der Lehrenden ist es deshalb, zunächst – mit Bezug auf die Voraussetzungen der Lernenden und die Anforderungen des Lerngegenstandes (s.u.) – Überlegungen darüber anzustellen, *welche Handlungen die Lernenden in welcher Art und Weise ausführen müssen, damit sie sich den Lerngegenstand erschließen können.* Daß dafür gute Kenntnisse über die psychische Struktur und Regulation der Tätigkeit unabdingbar sind liegt auf der Hand. Statt sich nur an der Logik und Systematik des Lerngegenstandes (oder seines Verständnisses durch Erwachsene) zu orientieren, bedarf es der wechselseitigen Bezugsetzung dreier „Logiken" – der des Gegenstandes, seiner Aneignung und der psychischen Entwicklung (einschließlich der inter- und intraindividuellen Variabilität). Damit wird die Lerntätigkeit nicht im Detail vorprogrammiert, sondern es wird eine Vororientierung auf wesentliche Aspekte und Bedingungen der Tätigkeit möglich, um die Lernenden in geeigneter Weise und Richtung anregen und flexibel auf ihre eigenen Aktivitäten (Vorschläge, Fragen, Überlegungen etc.) reagieren zu können.

Anforderungs-Voraussetzungs-Analyse. Wenn es nicht beliebig ist, womit die Schüler sich beschäftigen, kommt der Frage nach den *objektiven Anforderungen, die ein Lerngegenstand an denjenigen stellt, der ihn sich erschließen und aneignen will oder soll,* erstrangige Bedeutung zu: Welche Begriffs- und Handlungsstrukturen sind für diesen Lerngegenstand kennzeichnend, welche Komplexität weisen sie auf, welcher Art sind die Relationen, die erfaßt werden müssen, um das Verstehen zu ermöglichen, u.a.? Das führt aber sofort zur Frage, über *welche Voraussetzungen* (Vorkenntnisse und -erfahrungen, kognitive Operationen, Lernhandlungen u.a.) die *Lernenden verfügen müssen*, um sich adäquat mit dem Lerngegenstand beschäftigen zu können. Dies ist jedoch nicht identisch mit den *real vorhandenen Voraussetzungen* in kognitiver, emotionaler, motivationaler u.a. Hinsicht (z.B. ihre Erfahrungen im handelnden Umgang mit entsprechenden Phänomenen, ihre emotionalen Beziehungen zum Lerngegenstand und zu den Lernbedingungen, ihre Lerngewohnheiten und -einstellungen, Willensqualitäten – *vgl. Kap. 3*). Die Diskrepanz zwischen den – bezogen auf die objektiven Anforderungen – notwendigen und den real vorhandenen subjektiven Voraussetzungen bietet Ansatzpunkte für die zunächst hypothetische Bestimmung und dann praktische Anregung und Förderung solcher Handlungen an und mit dem Lerngegenstand (seinen Ausschnitten oder Repräsentanten), die es dem Lernenden ermöglichen sollen, in den Lerngegenstand einzudringen.

Motivierung und Lernzielbildung. Sinnvolle, zielgerichtete Tätigkeit setzt eine entsprechende Motivation voraus. Sie kann nicht vermittelt oder induziert, sondern nur angeregt werden. *Ausgangs- oder Anknüpfungspunkt dafür sind die Bedürfnisse, Interessen und Fragen der Lernenden selbst.* Tätigkeitsbedingungen, die für die Kinder attraktiv sind, sie neugierig machen, Widersprüche zu bisherigen Erfahrungen und Auffassungen hervorrufen, ihren Bedürfnissen nach Bewegung, neuen Eindrücken und Erlebnissen, Freude und Anerkennung gerecht werden u.v.a. tragen dazu bei, Lernmotive zu wecken und zu fördern. Die Qualität der Lerntätigkeit hängt aber nicht schlechthin von ihrer Motivation ab, sondern wesentlich auch davon, *wie sich die Lernmotive in Lernzielen konkretisieren.* Sich selbst Lernziele zu setzen ist Ausdruck eines hohen Niveaus von Bewußtheit und Zielgerichtetheit des Handelns, und damit Ergebnis von Entwicklung. Auch Ziele zu setzen muß gelernt werden. Eine wichtige Bedingung dafür ist die Anforderungs-Voraussetzungs-Analyse durch die Lernenden selbst. Wenn sie sich in einer Situation befinden, deren Anforderungen (selbst oder fremd gestellt) sie noch nicht bewältigen können (wohl aber wollen), kann der Lehrende sie anregen, die Anforderungen so zu analysieren, daß sie auf die eigenen Voraussetzungen bezogen werden und zu Schlußfolgerungen darüber führen, „was ich schon weiß bzw. kann“, aber auch „was ich noch nicht weiß bzw. kann“, um die Anforderung zu bewältigen. Solche *Reflexionen und Bewertungen* sind – vorausgesetzt, die Anforderung selbst ist in irgendeiner Hinsicht motivierend – ein wichtiger Schritt zur Bildung eines Lernziels oder einer Lernaufgabe: „Ich muß/will ... lernen, damit ich die Anforderung bewältigen kann“. Lernziele sind nicht mit Lehrzielen identisch, und die Bekanntgabe von Lehrzielen („Wir wollen heute ...“) ist keine hinreichende Grundlage für die Entwicklung selbstbestimmten Lernens. Ein wesentlicher Ausgangspunkt dafür ist die Schaffung von Bedingungen für eigenständige Lernzielbildung. Dies ist kein einmaliger Akt, und es erfordert ein differenziertes und sensibles Eingehen auf die Erfahrungen, Fragen, Versuche der Kinder und ihre Fortschritte und Schwierigkeiten im Lernprozeß.

Ausbildung von Lernhandlungen. Da Aneignung das aktive Handeln an und mit den Lerngegenständen voraussetzt, die Schüler aber in vielen Fällen die ziel- und gegenstandsadäquaten Handlungen (z.B. des Erwerbs von Wissen aus Texten, des Analysierens, Vergleichens und Klassifizierens von Objekten oder Prozessen, des Lösens von Problemen) noch nicht beherrschen, kommt ihrer Ausbildung große Bedeutung zu. Lernen lernen heißt nicht zuletzt, sich die zur Bewältigung bestimmter Klassen von Lernanforderungen notwendigen Lernhandlungen anzueignen. Dies erfolgt auf unterschiedlichen Wegen: durch eigenständiges Suchen, Probieren, Überwinden von Fehlern, durch die Übertragung von Erfahrungen und Strategien aus anderen Anforderungssituationen oder auch aufgrund von Instruktionen oder Anregungen anderer Personen, z.B. der Lehrer. Ob bzw. wie und wie differenziert den Schülern Hinweise und Anregungen gegeben werden sollen, hängt wiederum von der Anforderungs-Voraussetzungs-Relation und ihrer Analyse ab. Weder die vollständige Vorgabe noch das Sich-selbst-Überlassen sollten die Regel sein. In jedem Falle kommt aber der Bewußtheit der Lernenden im Hinblick auf *das Lernziel, die Merkmale des Gegenstandes, die Bedingungen der Handlungsausführung, die Handlungsbegründungen und möglichen Folgen* (das Was, Wie, Warum und Wozu des Handelns) große Bedeutung für die Qualität des Handelns und den Erfolg des Lernens zu. Galperin (1965,1973) hat diesen Sachverhalt als **Orientierungsgrundlage der Handlung** bezeichnet und in zahlreichen Untersuchungen gezeigt, daß ihr Allgemeinheitsgrad und ihre Vollwertigkeit (bezogen auf die objektiven Anforderungen) wesentlich über Lernerfolg, Handlungsqualität und Wirkungsgrad (Anwendbarkeit) entscheiden. Dies hängt nicht zuletzt davon ab, in welchem Maße die Lernenden – unter mehr oder weniger starker Anleitung in Abhängigkeit von ihren Voraussetzungen – solche Orientierungsgrundlagen im Prozeß der Auseinandersetzung mit dem entsprechenden Lerngegenstand *selbst entwickeln.*

Solches Handlungswissen ist eine notwendige Voraussetzung für bewußtes und zielgerichtetes Handeln, gewährleistet es aber noch nicht. Die Lernenden müssen *Möglichkeiten der realen Handlungsausführung* haben, und zwar bei variierenden Bedingungen und Inhalten. Dadurch lernen sie, die Handlungen zu beherrschen („Können"), ihren Ablauf in Abhängigkeit von den konkreten Zielen und Bedingungen zu steuern und zu kontrollieren, den „Widerstand des Objekts" zu spüren und adäquat zu reagieren, Teilziele zu bestimmen und zu realisieren, Schwierigkeiten zu überwinden und die Kräfte dafür richtig einzusetzen etc. Es geht also nicht um Agieren oder Tun an sich, sondern um bewußtes, sinnvolles Handeln und seine Entwicklung. Die Beherrschung von Lernhandlungen, dieser Mittel oder „Werkzeuge" des Lernens, gibt den Lernenden nicht nur schlechthin die Möglichkeit erfolgreichen Voranschreitens, sondern auch und gerade des kreativen Nutzens ihrer je spezifischen Potenzen bei der Auseinandersetzung mit und der eigenen Gestaltung von Lernanforderungen. Im Abschnitt 12.3 geben wir ein Beispiel für die Ausbildung von Lernhandlungen, und zwar für das Lösen mathematischer Text- und Sachaufgaben.

Im Prozeß ihrer Aneignung verändern sich die Lernhandlungen: Der Verlauf erfolgt flüssiger und der Einsatz flexibler, die Handlungsstruktur wird u.U. reduziert, Teilhandlungen werden automatisiert und fallen aus bewußter Kontrolle heraus.

Bei der *Ausbildung geistiger Handlungen* (also solcher, die im „Kopf" ausgeführt werden sollen) hat es sich in Galperins Untersuchungen als günstig erwiesen, *eine bestimmte Etappenabfolge einzuhalten:* praktisch-gegenständliche (materielle oder materialisierte) Handlung – lautsprachliche Handlung – zunehmende Reduzierung des lautsprachlichen Anteils und Verlagerung auf die innersprachliche Ebene (Interiorisation und Exteriorisation – *vgl. Kap. 1.3*). Diese Abfolge ist nicht als Dogma zu verstehen, sondern hängt wesentlich von den jeweiligen Lernvorausetzungen und -anforderungen ab. Worum es hier geht, ist die Gewährleistung der Handlungsausführung unter variierenden Bedingungen mit dem Ziel zunehmender Beherrschung und Selbständigkeit. Lernhandlungen können auf unterschiedlichen Wegen entstehen und ausgebildet werden. Dies ist einer davon. Ein anderer wird mehr durch „Versuch und Irrtum", durch einfaches Probieren o.a. bestimmt.

Schaffung lernbegünstigender Situationen. Das Erkennen der jeweiligen „Zone der nächsten Entwicklung" (*vgl. Kap. 1.3*) und ihre Realisierung durch entsprechende Anforderungen und Unterstützung bei ihrer Bewältigung sowie das Steigern und Variieren von Anforderungen beim Voranschreiten von einer Zone der nächsten Entwicklung zu einer nachfolgenden ermöglicht es, den Schülern Lernerfolge und das Gefühl des „Wachsens" (im direkten, aber vor allem im übertragenen Sinne) zu vermitteln, was für die Entwicklung von Lernfreude, Selbstvertrauen und Selbstkonzept unverzichtbar ist (*vgl. Kap. 3.1*). Eine Atmosphäre des gegenseitigen Vertrauens und Helfens, der Aufgeschlossenheit für Neues und Staunenswertes, der Freude und Lockerheit, auch des kreativ-spielerischen Umgangs mit Lerngegenständen, schafft die emotionale Grundlage für aktive, zielstrebige Lerntätigkeit und ihre Ausbildung. Die Kooperation zwischen den Lernenden und mit den Lehrenden, das Voneinander- und MiteinanderLernen ist dafür eine notwendige Bedingung.

4.4 Ausbildung der Lerntätigkeit versus Öffnung des Unterrichts?

„Es gibt gegenwärtig nicht die (allgemein anerkannte) Theorie des Unterrichts, so daß sich auch die von angehenden Lehrern immer wieder gestellte Frage nach dem optimalen didaktischen Modell von Unterricht erübrigt. ... Erziehungswissenschaft kann also dem Praktiker... immer nur verschiedene Handlungsmöglichkeiten aufzeigen" (König u.a. 1980, 10). Mit der offenen Konzeption des Unterrichts bzw. derjenigen der Lerntätigkeit und ihrer Ausbildung liegen zwei Beispiele vor, die dies auf eine bestimmte Art und Weise versuchen.

Fragt man nun nach den *Unterschieden* der beiden in den Abschnitten 4.2. und 4.3. dargestellten Konzeptionen, so ist festzustellen, daß sie sich in den theoretischen Bezugsebenen grundlegend unterscheiden. **Offene Unterrichtskonzeptionen** sind weniger von Theoretikern ausgearbeitete Konstrukte, sondern praktizierte Philosophie der Erziehung und Bildung junger Menschen. Insofern kann es nicht verwundern, daß diese Konzepte vor allem Ansprüche an den Unterricht kenntlich machen. *Mit der Kennzeichnung einiger wesentlicher Aspekte offener Unterrichtskonzeptionen kann nur ein bestimmter Weg zur Gestaltung der Interaktion von Lernenden und Lehrenden* im Sinne einer Entwicklungspartnerschaft *(vgl. Kap. 2)gewiesen werden.* Ein gewisser Nachteil, auf den u.a. HÄNSEL (a.a.O.) hinwies, besteht darin, daß die konkrete Unterrichtsgestaltung, die Methodik des Unterrichtens durch den Lehrer bestimmt werden muß. Die Didaktik der offenen Unterrichtskonzepte konfrontiert ihn weitgehend mit Ansprüchen an den Unterricht, ohne in der Lage zu sein, konkrete, das Lehrerhandeln orientierende, Hinweise zu geben. Vor allem bleibt unseres Erachtens offen, wie die Befähigung jener Kinder realisiert werden soll, welche die oben geschilderten Anforderungen nicht selbständig bewältigen können, denen evt. das erforderliche Anregungspotential fehlt, um aus sich heraus Lernmotive zu generieren, und die eine kreative Lernpraxis vermissen lassen. Hier wird in der Literatur das therapeutische Engangement des Lehrers angemahnt. Gleichfalls bleibt offen, aus welchen Quellen heraus Kooperativität, Verantwortung für das eigene Lernen, Kreativität im Lernen und zugleich kohärente Wissenstrukturen sich *bei allen Schülern* entwickeln sollen. Ein weiteres Problem ist die Beliebigkeit der Lernziele und Inhalte im Unterricht, in dem es dann die größten Mühen macht, gemeinsame Bezugspunkte für das Lernen zu erhalten und zu verhindern, daß die Klasse in nebeneinander lernende Individuen und Gruppen zerfällt. Gleichzeitig besteht ein gewisses Problem darin, daß es, auch nach Aussagen in reformpädagogischer Praxis erfahrener Pädagogen, in vielen Fällen nicht gelingt, Regelunterricht, der der Umsetzung der Rahmenpläne verpflichtet ist, und offene Unterrichtsformen als eine Einheit zu realisieren. Damit verbunden ist das oben erwähnte Problem der Beliebigkeit des Unterrichts, welches auch eine Ursache darin hat, daß Wissen und Handeln, Lerngegenstand und Lernmittel, Begriff und Methode in offenen Unterrichtskonzeptionen nicht als Einheit betrachtet werden. Mitzkat und Klewitz (1977) betonen beispielsweise, daß es für den Unterricht von primärer Bedeutung ist, daß gelernt wird, aber sekundär, woran (an welchen Inhalten) dies geschieht.

Die **Konzeption der Lerntätigkeit und ihrer Ausbildung** stellt ein relativ kohärentes theoretisches Gebilde mit dominierend erkenntnistheoretischer, -lern- und entwicklungspsychologischer Bezugsetzung dar. Diese erfolgt vornehmlich auf dem Hintergrund der **Kulturhistorischen Schule** (Wygotski, Lurija, Leontjew, Rubinstein u.a. *vgl. Kap. 1.3*). Daraus ergibt sich eine deutliche Präferierung der Ebene des pädagogischen Handlungsgeschehens (Lern- und Lehrtätigkeit und ihr Zusammenhang). Die pädagogische Theorieebene wird meist nur am Rande tangiert, und es werden auch keine pädagogischen Prinzipien abgeleitet. *Die Konzeption der Lerntätigkeit und ihrer Ausbildung kann demzufolge vorwiegend zur anthropologisch-lernpsychologischen Begründung von Unterricht als Tätigkeitszusammenhang von Lernenden und Lehrenden beitragen.* Dies geschieht vor allem durch ihre Orientierung auf die Tätigkeit der Lernenden, die Anforderungs-Voraussetzungs-Analyse, die konkrete Berücksichtigung der Motivierungs- und Zielbildungsprozesse beim Lernenden, ihre Orientierung auf die Befähigung der Lernenden zum Handeln. Durch die konkrete Einbindung der Handlung in die Tätigkeit als übergeordnete Analyseeinheit versucht diese Konzeption, über die Begründungsansätze der **kognitiven Handlungstheorie** (Piaget, Aebli) hinauszugehen. Ihre Grenzen hat sie jedoch an jenen Stellen, wo die Komplexität bzw. Differenziertheit des Lerngegenstandes, der Aneignungsbedingungen und Lernvoraussetzungen eine differenzierte Analyse der Ausbildungsbedingungen nicht zuläßt bzw. wo in Freiarbeit und offenen Lernsituationen die Lernziele frei und alternativ wählbar sind und der Lehrer ausschließlich auf die Selbstorganisation im Lernen der Kinder zu bauen gezwungen ist. Hierin kommen auch die Kritikpunkte zum Ausdruck, welche an die Adresse der (mitunter auch als Aneignungstheorie bezeichneten) Tätigkeitstheorie gerichtet werden (Gudjons, a.a.O.). Hauptkritikpunkte sind vor allem die geringe Betonung der Spontaneität, die Tendenz zur Anpassung beim Subjekt, wie insgesamt die zu geringe Beachtung der Subjektivität und Selbstbestimmung der Lernenden, die Übergeneralisierung von Aneignungsprozessen (z.B. etappenweise Interiorisation geistiger Handlungen) und die Tendenz zur Formalisierung der pädagogischen Prozesse, wodurch Offenheit behindert wird.

Jede Theorie hat ihre historischen Bedingungen, und so kann diese Kritik nicht verwundern, sind doch damit bestimmte Merkmale der sozialistischen Gesellschaft angesprochen, in der die Väter der Kulturhistorischen Schule sie entwickelt haben. Dies gilt um so mehr, als durch die Kategorie der **Tätigkeit** eine unmittelbar auf gesellschaftlicher Ebene angesiedelte Aktivitätsform des Menschen angesprochen ist. Von dieser Kritik wird der theoretische Gehalt der Konzeption jedoch nicht substantiell getroffen. Das gilt erst recht nicht für die Aussagen zur Lerntätigkeit und ihrer Entwicklung, sobald man sie im Kontext der jeweils konkreten gesellschaftlichen Bedingungen betrachtet. So konnte durchaus gezeigt werden, daß Projektunterricht (ein Paradebeispiel für handlungsorientierten Unterricht – HÄNSEL, 1991; BASTIAN UND GUDJONS, 1986; GUDJONS, a.a.O.) und die Konzeption der Lerntätigkeit und ihrer Ausbildung nicht nur vereinbar sind, sondern sich gegenseitig bereichern und aus dieser Bereicherung an Handlungsorientierung gewinnen können (GIEST, 1994).

Die *Gemeinsamkeiten* beider Konzeptionen erschließen sich durch die Bezugsetzung zum Konzept des **handlungsorientierten Unterrichts**.

Seine Wurzeln lassen sich bis zu den Industrieschulen des 18. Jahrhunderts zurückverfolgen (RODEHÜSER, 1987; GUDJONS, a.a.O.). Im Kern handelt es sich um didaktische Ansätze, die Eigenständigkeit und Unmittelbarkeit fordern, einen handelnden Umgang mit Lerngegenständen ermöglichen und einen deutlichen Bezug zur Lebenswelt der Kinder aufweisen. Sie sollen Alternativen zur Bevorzugung von Sekundärerfahrungen und zum Konsumieren von Resultaten – also zum passiven bzw. rezeptiven Lernen – im Unterricht liefern. Pestalozzi's Einheit von „Kopf, Herz und Hand" ist hierfür ein beredtes Beispiel. Charakteristisch für den handlungsorientierten Unterricht ist die Einheit von gegenständlichem und sozialem Lernen. Die Auseinandersetzung mit einem Lerngegenstand im Rahmen des handlungsorientierten Unterrichts ist untrennbar mit sozialem Handeln verbunden (*vgl. Kap. 10*). Der Bezug des Unterrichts zur Lebenswelt der Kinder, die in ihrem Wesen sozialen Charkters ist, impliziert die Bedeutung des sozialen Handelns, welches auf die Aneignung und Entäußerung sozialer Kompetenz gerichtet ist (natürlich auf der Grundlage bzw. in Wechselwirkung mit sachbezogener Kompetenz). Wenn Kinder in ihrer Lebenswelt handeln lernen sollen, um sie erkennend zu verändern, geht dies nur, wenn sie sachbezogene und soziale Kompetenz erworben haben. Der Kompetenzbegriff geht in diesem Zusammenhang auf *Habermas* (1975) zurück. Er bezieht sich auf den handelnden Umgang mit Sachen, Handeln in sozialen Rollen und auf geistiges Handeln.

Konzeptionen der Öffnung von Unterricht wie auch die Konzeption der Lerntätigkeit und ihrer Ausbildung haben einen handlungstheoretischen Bezugsrahmen. Handlungstheorien (z.B. die Tätigkeitstheorie der Kulturhistorischen Schule) liefern psychologische Begründungen für den handlungsorientierten Unterricht. Für die pädagogische Begründung wird allerdings darüber hinaus noch die Einbeziehung sozialisationstheoretischer und didaktisch-methodischer Begründungszusammenhänge erforderlich.

Eine kohärente didaktische Theorie des handlungsorientierten Unterrichts existiert nicht und wird wohl auch nicht existieren können, weil sie dem tragenden Merkmal der Offenheit widerspricht. Als Konzeption ist handlungsorientierter Unterricht ein wesentliches Merkmal der Öffnung des Unterrichts. Offene Unterrichtskonzeptionen sind handlungsorientiert. „Handlungsorientierung wird aufgefaßt als ein *Unterrichtsprinzip*, das bestimmte Merkmale hat, das theoretisch (lernpsychologisch wie sozialisationstheoretisch) begründbar ist und das in verschiedenen Unterrichtszusammenhängen realisiert wird...". (GUDJONS, 1992, 9). Die Handlungsorientierung ist aber genauso ein tragendes Merkmal der Konzeption der Lerntätigkeit und ihrer Ausbildung.

Die Unterrichtsbedingungen sind so komplex und verändern sich ständig (vor allem durch die Entwicklung der Lernenden im Prozeß der Interaktion mit den Lehrenden u.a.), daß von den Lehrenden eine hohe Flexibilität in der Gestaltung des Unterrichts und im Umgang mit den Lernenden, hohe psychologische, pädagogische und fachliche Expertise gefordert ist. Das bedeutet unter anderem, daß die Lehrenden über unterschiedliche Lehrstrategien verfügen müssen, um sie entsprechend den jeweiligen Aufgaben und Bedingungen, vor allem auch entsprechend dem unterschiedlichen Entwicklungsstand und Lern- und Anleitungsbedarf der Schüler variabel einsetzen zu können (vgl. Weinert & Helmke, 1993; Weinert, Schrader & Helmke, 1990). Befähigung zu zunehmend selbständigem und eigenverantwortlichem Lernen ist nicht als Projektierung von außen und nicht als Selbstentfaltung von innen möglich, sondern nur als *aktive eigene Tätigkeit*, die der Anregung und Anleitung unter jeweils konkreten Bedingungen bedarf und die immer *Aktivität konkreter Individuen* mit ihren Besonderheiten, Stärken und Schwächen ist.

Weiterführende Literatur

Aebli, H.: *Zwölf Grundformen des Lehrens.* Stuttgart 1983: Klett

Aebli, H.: *Grundlagen des Lehrens.* Stuttgart 1987: Klett

Jank, W. & Meyer, H.: *Didaktische Modelle.* Frankfurt/M. 1991: Cornelsen

Klingberg, L: *Lehrende und Lernende im Unterricht.* Berlin 1990: Volk und Wissen

Lompscher, J.: (Hrsg.): *Persönlichkeitsentwicklung in der Lerntätigkeit.* Berlin 1988: Volk und Wissen

Peterß en, W.H.: *Handbuch Unterrichtsplanung – Grundfragen, Modelle, Stufen, Dimensionen.* München 1991: Ehrenwirth

Roth, L. (Hrsg.): *Pädagogik – Handbuch für Studium und Praxis.* München 1991: Ehrenwirth

Steiner, G.: *Lernen - Zwanzig Szenarien aus dem Alltag.* Bern 1988: Huber

II

Die Umwelt des Grundschulkindes

5

Grundschule ist mehr als Unterricht

Edeltraud Röbe

5.1 Ist Grundschule mehr als Unterricht?

Eine Aussage, wie die in der obigen Frage verborgene, weckt in ihrer Formelhaftigkeit Assoziationen, Erwartungen und schulische Erinnerungen.

Im folgenden Kasten sind Assoziationen von Studierenden des Lehramtes Grundschule zusammengestellt, die diese mit dem Begriff Grundschule verbinden *(vgl. Kasten 5-1)*:

Kasten 5-1:

Grundschule ist mehr als Unterricht

Grundschule ist auch bzw. vor allem:

Gesprächskreis
Soziales Lernen
Wochenplanarbeit
Projektunterricht
Erziehung
Erlebnisunterricht
Gesamtunterricht
Unterrichtsgänge/Exkursionen
grundlegender Unterricht
offener Unterricht
erziehender Unterricht
Arbeitsunterricht
Schullandheim
Freie Arbeit
Meditative Phasen
grundlegende Bildung
Fest und Feier
kreatives Tun
soziale Integration
Ästhetische Erziehung
Pause
selbstgesteuertes Lernen
Bücherstunde
Anschauungsunterricht
Klassen- und Schulversammlung
Gemeinschaftspflege

Bereits das addierende „auch" und das Prioritäten setzende „vor allem" in der gewählten Überschrift des Brainstorming verweisen auf die vielschichtige Ergänzungsbedürftigkeit des Unterrichts in der Grundschule. Die Vorschlagsliste nährt sich aber auch aus unterschiedlichen konzeptionellen Überlegungen, Zielvorstellungen und Realisierungsvorschlägen, deren zeitgeschichtliche Gebundenheit nicht übersehen werden kann.

5.2 Grundschule der zwanziger Jahre: Lebensstätte anstatt Unterrichtsanstalt

5.2.1 Ein neues Verständnis von Schule und Schülersein

Die Grundschule ist seit ihrer Einrichtung 1920 nicht mit dem Begriff Unterricht faßbar. Der neuartige Schultyp Grundschule will nicht bloße Unterrichtsanstalt sein, sondern Lebensstätte für alle Sechs- bis Zehnjährigen[11], ungeachtet ihrer Herkunft und Begabung, ihrer Anlage und Neigung.

So kann von einer Hinwendung zur Geschichte der Grundschule wohl ein Lernertrag in zweifacher Hinsicht erwartet werden:

Die historische Vergewisserung vermittelt Einsichten in den Entstehungszusammenhang, klärt das Verhältnis zu reformpädagogischen Bewegungen, erhellt gegenwärtige Fragen und Probleme, macht diese aber auch in ihrer Zeitgebundenheit, -bedingtheit und -begrenztheit verstehbar.

Der Kern der lernbaren Lektionen aus der Grundschulgeschichte liegt jedoch im Bewußtmachen der gemeinsamen geschichtlichen Basis[12].

Bestimmend für das pädagogische Konzept der Grundschule war die Integration der großen pädagogischen Reformen (z. B. Einheitsschulbewegung, Gesamtunterrichtsbestrebungen, Arbeitsschulgedanke, Erlebnispädagogik, Kunsterziehungsbewegung, Pädagogik vom Kinde aus). Die pädagogische Idee, Stätte grundlegender Bildung für alle Kinder zu sein, wird zum Leitmotiv des neuen Schulbegriffes, den eine eigene Zielbestimmung kennzeichnet (vgl. Eckhardt 1928, 90f):

- Allmähliche Entfaltung der kindlichen Kräfte aus dem Spiel- und Bewegungstrieb zum „sittlichen Arbeitswillen“,
- aufnehmendes und gestaltendes Erfassen der „räumlichen und geistigen Kinderheimat“, Pflege des kindertümlichen sprachlichen Ausdrucks, planmäßige Schulung von Auge und Hand durch werktätige Arbeit und Naturbeobachtung;
- körperliche Erziehung und Betätigung;
- Pflege der Schulgemeinschaft;
- Bereitstellen der Grundlagen für jede weiterführende Bildung.

[11] Lediglich in Berlin und Brandenburg umfaßt die Grundschule sechs Jahre.

[12] Im Eröffnungsvortrag anläßlich des ersten deutsch-deutschen Kolloquiums am 29./30. Juni 1990 in Ostberlin hat Ilse Lichtenstein-Rother eindringlich auf diese Vereinigungsleistung der Pädagogen und auf die darin liegende Chance für ein gemeinsames Ringen um die Zukunft der Grundschule hingewiesen.

Die Grundschule übernimmt die reformpädagogische Programmatik, Schule unter dem Anspruch der Erziehung von Menschenkindern neu zu gestalten und einen radikalen Wechsel des Blickpunktes vorzunehmen:

„War bis dahin das Kind das willenlose Geschöpf, das sich der älteren Generation und ihren Zwecken anzupassen hatte, und dem die objektiven Formen eingeprägt wurden, so wird es jetzt in seinem eigenen spontanen, produktiven Leben gesehen, hat seinen Zweck in ihm selber, und der Pädagoge muß seine Aufgabe, ehe er sie im Namen der objektiven Ziele nimmt, im Namen des Kindes verstehen. ... In dieser Einstellung auf das subjektive Leben des Zöglings liegt „das pädagogische Kriterium" ... Von dieser Grundeinstellung her ergaben sich die wichtigsten pädagogischen Begriffe wie die Entwicklung der Individualität, Selbsttätigkeit und Selbstverwaltung, der Selbstwert jedes Moments im Zusammenhang des fortschreitenden Lebens, die Ausbildung des ganzen Menschen" (Nohl 1949, 126 f).

5.2.2 Erziehungsaufgabe und Unterricht

Der neue Maßstab leitet in der Unterrichtsgestaltung eine „Umwertung der Methode" ein, damit sie sich „der persönlichen Artung der werdenden Persönlichkeit „anschmiegt" (Scheibner 1928, 151). Über die Prinzipien der Selbsttätigkeit und Selbständigkeit soll der kindlichen Individualität entsprochen werden, und die Schüler sollen auch dort Kinder sein dürfen, wo ihnen ernsthafte Arbeit abverlangt wird (Kroh,1928). Der sich nun abzeichnende Anspruch führt zu einer zweifachen Aufgabenstellung:

„Das Unterrichtliche läßt sich in die Frage fassen: Wie kann der einzelne seine Selbstentfaltung in der Bindung durch die Masse, seine Freiheit in der Einheit finden? ... Soll, darf ich diesen so unterschiedlichen Menschenkindern dasselbe Ziel setzen, denselben Stoff reichen, darf ich sie alle mit derselben Methode führen, mit demselben Maße messen? ... Wie aber kann das Marschieren in gleicher Front umgewandelt werden in ein Marschieren in beweglicher Front? ... Die Grundschule weiß, daß sie dieser Vielheit menschlicher Kraft nur dann gerecht wird, wenn sie den Geist der Freiheit duldet, der individuelles Wachstum voraussetzt. ... Es kann nur eine Freiheit erlaubt sein, die dem Kinde das Recht gibt zum eigenen Fragen und Suchen, zum Mutmaßen und Zweifeln, zum Vorschlagen und Anregen, zum Mitplanen, zum Bereitstellen und Ordnen der Mittel ..., soweit hierzu kindliche Kräfte reichen. ...

Dazu tritt die Erziehungsaufgabe. Die Schule, die wir uns jetzt zu überwinden anschikken, bot in ihrem Unterrichte allen Kindern denselben Stoff, zwang alle nach demselben Ziele, richtete alle mit demselben Maße. In dem Geiste der Erziehung aber, der hinter allem stand, konnte sie nicht individualistischer sein. Ein fortgesetztes Wettrennen um den schönsten Aufsatz, das beste Diktat, die schnellste Rechenlösung, den ersten Platz, die beste Zensur hat sie unaufhörlich angestachelt. Ein übersteigerter Ehrgeiz, den anderen zu übertreffen, selbst am besten abzuschneiden, sich an die erste Stelle zu setzen, war die Haupttriebfeder in unserer Schule. ... So hat unsere Schule dort nivelliert, wo individuelles Wachstum nötig war, im Unterricht, und dort auseinander und gegeneinander erzogen, wo Brüderlichkeit und Helferwillen hätte persönliche Verschiedenheiten überbrücken sollen: im Geiste, der alle Arbeit trug. Soll die Grundschule einen tiefer liegenden kulturellen Zweck erfüllen, dann muß sie dieses Verhältnis umkehren. Im Unterricht wird sie stärker individualisieren, Freiheit gewähren. ... Im Geiste aber, der das Ganze durchweht, muß ... sie Gemeinschaftsschule im vornehmsten Sinne des Wortes werden. ... Dort, wo die Kinder aller sozialen Schichten beieinander sind, in der Grundschule, ist dies besonders dringend aber auch besonders schwer. Erziehen ist immer schwerer als Unterrichten, Gesinnung veredeln erfolgsunsicherer als den Verstand schärfen" (Weise 1928, 71 ff).

Bildungspolitischen Verfechtern und pädagogischen Interpreten des Grundschulkonzepts war klar: Der neue Schultyp kann seine Funktion nur erfüllen, wenn Grundschule nicht nur mehr ist als Unterricht.

Der Unterricht selbst muß eine Neukonzeptionalisierung aus dem übergeordneten Erziehungsauftrag erfahren, will er sich für den zugemuteten Bildungsauftrag nicht als dysfunktional erweisen. Die Neubestimmung des Unterrichts als Arbeits-, Erlebnis-, heimatkundlicher Anschauungsunterricht, Gelegenheitsunterricht und Gesamtunterricht definiert die andersartige methodische und inhaltliche Struktur, lotet die Spannung aus, die besteht „zwischen dem subjektiven Leben, das uns im Kinde begegnet, und der objektiven Kultur, in die es hineinwächst, die es sich einverleibt, mit der es sich auseinandersetzt" (Weise 1928, 64) und ist Bedingung für die „große, gewaltige Leistung der Grundschule, daß sie aus einem spielenden Kinde ein Kind erzieht, das arbeiten gelernt hat, daß sie dem Kinde zu den Grundlagen aller Bildung verhilft" (Weise 1928, 67).

Das neue Verständnis von Schule hat der Grundschule ein eigenes Profil gegeben[13]. In den westlichen und östlichen Teilen Deutschlands wurde nach 1945 auf dieses Leitbild wiederum zurückgegriffen; Grundschule wird als Stätte kindgemäßer und grundlegender Bildung ausgestaltet (Neuhaus-Siemon 1991; Winkel 1986; Wittenbruch 1989). Die gesellschaftlichen Entwicklungen der sechziger Jahre, der ökonomisch-technische Fortschritt, die veränderten erziehungs- und sozialwissenschaftlichen Einsichten, die Ergebnisse der Begabungsforschung haben in Ost und West im Hinblick auf die organisatorische Schulentwicklung zu einer „Demokratisierung des Schulsystems" geführt. Das erste pädagogische Konzept der Grundschule ist Ost und West in gleicher Weise eigen; ein gemeinsames Suchen danach, wie die deutsche Grundschule in Zukunft Gestalt gewinnen kann, fordert Pädagogen aus Ost und West dazu heraus, ihren Beitrag zur Vereinigung zu leisten.

---

[13] Die Anstrengung, das neue Leitbild zur tatsächlichen Wirkgröße praktischer Grundschularbeit werden zu lassen, zeigt sich auf der Ebene der Lehrerfort- und -weiterbildung (Konetzky 1928, 9-15), in der Gründung von Modellschulen (z. B. Hamburg, Dresden), in der Gründung von Lehrerinitiativen (z. B. Leipziger Lehrerverein) und in der Fülle von Fachliteratur und Realisierungsvorschlägen (z. B. A. Fischer o. J.; Förster 1902; Goebelbecker 1904; Kühnel 1910; Leipziger-Lehrer-Verein (Hrsg.) 1929).

5.3 Die reformierte Grundschule der siebziger Jahre

5.3.1 Die Unterstufe – Unterbau der allgemeinbildenden polytechnischen Oberschule[14]

Die Grundschule in der ehemaligen DDR war seit 1949 die Unterstufe des einheitlichen Schulsystems. Ihre enge Verbindung mit und zu den anderen Schularten[15] sollte gestiftet werden über

- einheitliche Fachlehrgänge für die Grundlagenfächer (z. B. Deutsch, Mathematik) für die Klassen 1 bis 8 bzw. 1 bis 10,
- gemeinsame Nutzung von Schulgebäuden (bis 1989 gab es kaum eine räumliche Trennung bzw. Eigenständigkeit für Grundschulen),
- Verpflichtung aller Schüler auf dieselben Regeln für Ordnung und Disziplin,
- Orientierung der Erziehung am sozialistischen Menschenbild mit dem Ziel der Herausbildung einer ‚sozialistischen Persönlichkeit".

Die enge Verknüpfung der Schulstufen bezog sich nicht auf die Lehrerausbildung. Eine universitäre Ausbildung wurde den Lehrkräften der Unterstufe seit den 50iger Jahren vorenthalten; sie war Lehrerbildungsinstituten mit Fachschulcharakter übertragen.

Mit dem Inkrafttreten des „Gesetzes über das einheitliche sozialistische Bildungssystem" (1965) wurde die Unterstufe auf die Klassen 1 bis 3 reduziert. Die vierte Klasse erhielt den Charakter einer Übergangsklasse, blieb jedoch strukturell (vgl. Lehrerausbildung, Lehrbücher, Lernmittel) an die Unterstufe gebunden. Diese organisatorische Neuordnung kann als Ausdruck eines veränderten Anspruchs und der Aufgabenstellung gelten, in der DDR den Sozialismus zu vollenden, die Anforderungen der wissenschaftlich-technischen Revolution zu meistern und dabei die wachsende Rolle der sozialistischen Ideologie zu berücksichtigen. Das neue Lehrplanwerk bestimmte aus Sicht der Fachwissenschaften, der pädagogischen Wissenschaft und den Erfahrungen der Schulpraxis die ‚solide Grundlagenbildung' neu, paßte sich dem modernen Standard der Technik, Kultur und Wissenschaft an und zeigte den Weg zu einer gebildeten sozialistischen Nation auf, welche sich am Leitmotiv ‚arbeitend lernen und lernend arbeiten' ausrichten sollte. Die tiefgreifenden Veränderungen in der Unterstufe der allgemeinbildenden Schule der DDR wurden mit der Notwendigkeit begründet, überholte Vorstellungen von den Grenzen der Leistungsfähigkeit der Kinder dieser Schulstufe, vom vorwiegend propädeutischen Charakter des Unterrichts sowie von überholten didaktischen Konzepten zu revidieren. Bis 1989 blieb eine stufenspezifisch orientierte Bildung und Erziehung mit der Schaffung von Grundlagen für den weiterführenden Fachunterricht bestimmend. Wissenschaftsorientierung, verstanden als Arbeit an Begriffen, Vermittlung von Faktenwissen, Fertigkeitsausbildung (vor allem im Lesen, Rechnen, Schrei-

[14] Unter Mitarbeit von *Gudrun Schulz*

[15] Die Gliederung zeigt das Schulsystem der DDR als differenzierte Einheitsschule (Bildungsgesetz 1965): Unterstufe 1 bis 3, (vorher 1 bis 4), Mittelstufe 4 bis 6, Oberstufe 7 bis 10, Abiturstufe 11 und 12 (seit 1981); von 1946–1980 die Klassen 9–12)

ben) wurde richtungsweisend und in ihren Auswirkungen erst in den letzten Lehrplänen der DDR (ab 1983) zurückgenommen zugunsten einer „Allseitigkeit“ in der Erziehung und Bildung.

Der sogenannte Unterstufen-Beschluß (1965) verweist jedoch auch auf eine verstärkte Erziehungsaufgabe:

„Die Unterstufe soll die Erziehung sozialistischer Persönlichkeiten und DDR-bewußter Staatsbürger, die sich durch einen festen Klassenstandpunkt, der vor allem in den sozialistischen Grundüberzeugungen zum Ausdruck kommt, auszeichnen, von Anfang an konsequent verwirklichen ...

Die Unterstufe soll daher bei den Schülern eine positive Einstellung zum Lernen, zur Arbeit, zum Kollektiv und zur sozialistischen Gesellschaft sowie sozialistische Verhaltensweisen und Gewohnheiten ... entwickeln“ (1965, Bl. 1-9).

Bezogen auf die Erziehung vermischten sich bis zum Ende der DDR allgemeinmenschliche und klassenmäßig begründete Erziehungsziele und Aufgaben. Dies scheint ebenso unterstufenspezifisch wie die sich in den letzten Jahren noch vor dem Umbruch abzeichnenden Bemühungen, das Unterstufenleben den Kindern, ihrer Persönlichkeit, ihrer Ganzheitlichkeit, ihrem Wohlbefinden entsprechend auszugestalten. Erinnert sei diesbezüglich an die Eingaben, die u. a. von Lehrern aus Kreisen der evangelischen Kirche und von der Bürgerrechtsbewegung an das Ministerium für Volksbildung in Vorbereitung des Pädagogischen Kongresses 1989 eingesandt wurden - wenn auch ohne Resonanz. Die zeigte sich in der Zeit der Wende an den Runden Tischen in Diskussionen und Materialien zu einer Bildungsreform im Osten Deutschlands (vgl. auch Birthler 1991).

5.3.2 Die Grundschule als Teil eines gleichsinnig und einheitlich konzipierten Bildungswesens

In den alten Bundesländern hat die mit dem Strukturplan (1970) und dem Bildungsgesamtplan (1973) eingeleitete Neugliederung des Bildungswesens alle Bildungsstufen und -bereiche vom Kindergarten bis zur Universität in Aufgabe und Funktion neu bestimmt.

Die aus dem Grundgesetz und den Gemeinsamkeiten der Länderverfassungen hergeleiteten Ziele bedingen, daß „das öffentliche Bildungsangebot bestimmte, für alle Lernenden gemeinsame Elemente aufweisen muß. Die Zielorientierung, die pädagogische Grundlinie, die Wissenschaftsbestimmtheit sowohl der Lerninhalte als auch der Vermittlung müssen für alle Schullaufbahnen in gleicher Weise gelten“ (Deutscher Bildungsrat 1970, 29). Die Grundschule hat dabei die besondere Aufgabe, „die Lernprozesse so zu beginnen, daß sie später in ihrer grundlegenden Richtung nicht mehr geändert werden müssen“ (133). Die qualitative Veränderung unterrichtlichen Lernens und dessen erziehliches Potential können nur schwerpunktartig angedeutet werden:

- Die Forderung nach wissenschaftsorientiertem Lernen, bedingt durch das Leben in der modernen Gesellschaft, gilt primär als Anspruch an den Lehrer bezüglich Lerngegenstand und -methode:

„Die stärkere Wissenschaftsorientierung des Unterrichts muß Hand in Hand gehen mit einer stärkeren Pädagogisierung der Schule“ (37). Diese bezieht sich auf die Notwendigkeit individueller Förderung, auf ein differenziertes Lernangebot im Zusammenhang mit einem pädagogischen Leistungsbegriff, auf ein partnerschaftliches Lehrer-Schüler-Verhältnis, auf Stärkung der Selbständigkeit und Eigenverantwortung.

Die neue Lernqualität zeigt sich für die Grundschule in der Forderung, nicht nur Kenntnisse und Fertigkeiten zu vermitteln, sondern auch die Fähigkeit des Lernens selbst zu lernen.

- Die Differenzierung der Lernziele in allgemeine und fachliche, ihre Verfeinerung und die exaktere Überprüfbarkeit der Lernergebnisse intendieren eine Steigerung der Effektivität und Transparenz sachlogischer Anforderungen. Unter pädagogischem Anspruch bedingen sie jedoch eine Entsprechung. Nur so entstehen Möglichkeiten eigener Entscheidungen über Ziele, selbstgewollte Anstrengung, Kommunikation, Interessenaufbau und -pflege, Mut zu problemlösendem Denken, Phantasie zu kreativem Tun, Gelegenheit zu sozialem Miteinander im Lernen und Handeln. Auf diese Weise kommt es zu einer Verbindung von didaktischen und pädagogischen Zielen.
- Die erzieherischen Orientierungen sind zurückbezogen auf die Verfassung von Bund und Ländern und die darin verankerten Grundrechte und -pflichten jeden Bürgers:

  „Inhaltlich sind Erziehungsziele im demokratischen Verfassungsstaat die‚andere Seite‘ der juristischen Grundprinzipien, auf denen er beruht, nämlich Menschenwürde und Pluralismus, Persönlichkeitsentfaltung und Verantwortungsgefühl, Offenheit und Toleranz, demokratischer Minderheitenschutz und Achtung des Rechts, Völkerverständigung bzw. Offenheit nach außen. Ihre Eigenart liegt nicht so sehr in einer ‚juristischen Geltung‘ als vielmehr in ihrer glaubwürdigen erzieherischen Vermittlung“ (Häberle 1991, 77).

Schulische Lern- und menschliche Begegnungssituationen werden so zu einem Erfahrungs- und Erprobungsfeld für Grundmuster mündigen Verhaltens. Dies verweist in den Zusammenhang von Erziehung und Unterricht, von Erziehung durch Unterricht und macht bewußt, daß Unterricht immer auch die erzieherische Dimension umfaßt.

Heute, auch angesichts von Fehlentwicklungen, ungewollten Wirkungen und Nebenwirkungen, die vor allem aus der Verkürzung der Wissenschaftsorientierung auf eine Vorverlegung des Fachunterrichts, aus den geschlossenen, vorschnell eingeführten und bis ins Detail strukturierenden Curriculumvorgaben und aus der nicht ausreichenden Absicherung der Erziehungsdimension in der grundlegenden Bildungsarbeit resultieren, unterstreichen kritische Bestandsaufnahmen der Bildungsreform bei aller Kritik deren Leitideen und noch nicht realisierte Ziele als unverlierbare Einsichten (Klemm u.a., 1986). Sie verweisen aber auch nachhaltig und gerade für die Grundschule auf die Gefahr der Unterrichtstechnologie hin, die lediglich zu einer Pseudoentlastung des Lehrers von seiner pädagogischen Verantwortung führt und das Lernen zu einem technologischen Prozeß (Flitner, 1981) unter den Maßstäben der Operationalisierbarkeit und Pseudo-Effektivität verkommen läßt.

5.4 Grundschule: Wunschbild und Wirklichkeit

5.4.1 Der pädagogische Auftrag der Grundschule

„Die Reform der Schule war nicht radikal genug, ... nicht pädagogisch genug!" - Diese Kritik von v. Hentig (1979, 39) verweist auf die Ursache: „Vor allem aber hat die pädagogische Reform ihren Kniefall vor der Ökonomie gemacht: Sie hat nicht wirklich glauben mögen – und sie tut es bis heute nicht – ‚daß es letztlich andere als wirtschaftliche Maßstäbe des ‚Erfolgs' gibt ...".

Gegenwärtige bildungspolitische Entwicklungen und kontroverse Meinungen bezüglich der Weiterentwicklung von Schule zeigen nachdrücklich das *zentrale Problem des Ausbalancierens von gesellschaftlich-ökonomischen Interessen und pädagogischer Verantwortung* für Kinder und Jugendliche. Diese liegt in der Hilfestellung gegenüber der nachwachsenden Generation für den Aufbau und die Realisierung einer humanen Existenz in der fortgeschrittenen Industriegesellschaft, für das Gewinnen von Daseinsverständnis in einer ökonomisch orientierten Leistungs- und Wettbewerbsgesellschaft, von Handlungsfähigkeit in der Demokratie – trotz der Widersprüchlichkeit zwischen Realität und regulativer Idee.

„Grundschule ist mehr als Unterricht: Sie ist Grundlage von Bildung". Diese erneut formelhafte Aussage verweist auf den pädagogischen Auftrag von Grundschule, den Maßstab, das Sinnkriterium, welches die unterrichtlichen Lehr- und Lernaktivitäten strukturiert. Grundlegende Bildung als Leitfigur steht für das Anliegen schulischer Erziehungsarbeit, einen Beitrag zu leisten zur Existenz-Erhellung, Existenz-Bewältigung bzw. Selbstgestaltung des Menschen. Zusammen mit der Vermittlung von Sachkompetenz strebt sie nach der Herausbildung einer ethischen Haltung, nach Formung des Charakters; dieser zeigt sich in der Art des Umgangs mit dem vermittelten Sachwissen und Fähigkeitsrepertoire im verantwortungsvollen Handeln.

Die auf J. F. Herbart zurückgehende Programmatik eines erziehenden Unterrichts reflektiert diesen Zusammenhang von Wissen und Haltung: Der erziehende Unterricht vermittelt nicht lediglich „*Wissen* und auch Haltungen ..., sondern die Aneignung von Wissen (wird) so gestaltet, daß mit ihr die Besinnung auf das Selbstverständnis des Lernenden zum Gelernten verbunden ist und beides, die Vertiefungen der Kenntnisse und die Besinnung auf das Selbstverständnis zum Gelernten, der Förderung von Handlungskompetenz dient" (Benner, 1989, 95).

In Ablehnung eines additiven Verständnisses von erziehendem Unterricht, in dem der Unterrichtende die Sache vermittelt (z. B. die Kenntnis der Zeiteinteilung) und eine Erziehung mit erhobenem Zeigefinger die verbindlichen Wertmaßstäbe anmahnt (z. B. Pünktlichkeit) verlangt ein integriertes Konzept:

„Erziehender Unterricht transformiert vielmehr die anzueignende Sache und ihre Struktur ebenso wie die sogenannten Wertmaßstäbe in Handlungsvollzüge der Lernenden sowie zwischen Lehrer und Lernenden und setzt an die Stelle vermeintlicher Sachgesetzlichkeiten und Wertverbindlichkeiten Aufgaben und problemorientierte Fragen. Das kognitive Lernziel „Einteilung der Zeit in Stunden, Minuten und Sekunden" transformiert er in die *Frage*: „Wie läßt sich Zeit einteilen?" und aus der Verhaltensnorm einer Wertbefolgung, -einhaltung oder -verwirklichung wird die *Aufgabe*: „Wie können wir unsere Zeit individuell und gemeinsam gestalten?" (Benner, 1989, 97).

Verantwortliches Handeln jedoch ist verbunden mit einem bestimmten Existenzverständnis. Dieses orientiert sich in unserer heute gegebenen gesellschaftlichen Situation nicht primär und lediglich an kulturellen Selbstverständlichkeiten, an einer homogenen Kultur, denn: „Gelten die 'Selbstverständlichkeiten' auch für das hier geborene kurdische Kind oder das zugewanderte aus Polen? Gelten sie für die in der DDR aufgewachsenen Kinder ebenso wie für Ober- und Unterschichtkinder? (...) Es gibt heute keine unbestrittenen Sicherheiten mehr darüber, was aus dem Spektrum der vielfältigen Kultur und pluralen Lebensverhältnisse zu vermitteln ist" (Preuss-Lausitz, 1993, 29; *vgl. Kap. 8*).

Das Bildungsbemühen einer mobilen, präfigurativen Gesellschaft wie der unsrigen muß - im Gegensatz zu einer postfigurativen Gesellschaft, die ihre Wertsicherheit und -konstanz tradiert - den Kern des Bildungsbegriffes neu entdecken. Der Club of Rome z. B. sieht in seinem Bericht 1991 mit dem Titel „Die globale Revolution" die Existenzgrundlage der modernen, globalen Gesellschaft nur dann gegeben, „wenn sie von moralischen und spirituellen Werten getragen und geordnet wird. Den Menschen wohnt jenseits aller Kultur, Religion und Philosophie ein Durst nach Freiheit inne, ein Streben nach dem Überschreiten der eigenen Grenzen und ein Suchen nach einem Jenseits, das schwer zu fassen und oft ohne Namen ist. Menschen brauchen ein Bewußtsein der eigenen Identität, wenn sie ein Leben in Anstand und Würde führen wollen (...). Noch nie war die Frage der Werte Gegenstand so vieler Symposien, Diskussionen und Untersuchungen. Das zeigt, daß sich hinter der Zerstörung des alten Wertesystems immer stärker die Suche nach einem neuen Wertsystem artikuliert, das dem Leben des einzelnen und der Gesellschaft eine stabile Grundlage geben könne (Club of Rome, 1991, 122 f.).

Die Frage richtet sich auf die *verbindlichen und verbindenden kulturübergreifenden, ethischen Invarianten*, auf eine Ethik der Natur, des Lebens, des Geldes, des Bildes, der Solidarität. Sie stellt menschliches Handeln unter das Prinzip der Verantwortlichkeit.

Die Schule als pädagogische Institution gewinnt ihre Verantwortungsstruktur aus der Orientierung am Humanum, an der Personagenese des einzelnen sowie der geistigen und sozialen Verantwortung. Dem ordnen sich alle anderen Aufgaben unter, sie sollten es zumindest. Überzeugend aktualisiert und für den heute gegebenen gesellschaftlichen Kontext reflektiert hat dies Ulf Preuss-Lausitz:

„Bildung in der individualisierenden Gesellschaft zielt also auf das Individuum in der Gemeinsamkeit. Die Fähigkeiten für soziale Praxis, als für befriedigende Beziehungen müssen sich Kinder und Jugendliche heute bildend aneignen. Auch hier gibt es keine Selbstverständlichkeiten, keine familialen Automatismen mehr.

Bleibt die Frage nach den Inhalten, nach dem, was für viele früher im Mittelpunkt von Allgemeinbildung stand. Wie bestimmen sich diese unter Pluralisierungsbedingungen, vor allem angesichts der Unmöglichkeit prognostischer Qualifikationsaussagen? Politisch festgelegte Lehrplankonzepte von „Allgemeinbildung" sind zum Scheitern verurteilt.

Andererseits sind die Inhalte nicht postmodern-beliebig: Wenn die Friedensfähigkeit wesentlicher Teil der Schulbildung ist, dann gehören entsprechende Inhalte, an denen dieses Thema historisch und aktuell bearbeitet werden kann, in jede Schule. Wenn ökologisch angemessenes Handeln Teil der Bildung werden soll, dann sind die Ursachen der Umweltzerstörung, die Naturwissenschaft, ihre Philosophie wie ihre Ergebnisse ebenso Unterrichtsgegenstand wie die technischen Umsetzungen und ihre politischen Rahmenbedingungen. Wenn das Gemeinsame im Verschiedenen gesucht wird, dann sind lebendige Fremdsprachen Teil jeder Bildung. Wenn Kinder Solidarität mit anderen Kindern dieser Welt entwickeln sollen, dann müssen die Fragen der Lebensmöglichkeiten der Kinder aus aller Welt auf den Schultisch. Wenn Bildung ganzheitlich verstanden wird, dann werden ästhetische, körper- und bewegungsbezogene Fächer und Inhalte einen zentralen Platz einnehmen müssen. Andererseits ergibt sich aus der Pluralität, daß die Schwerpunkte jeder Schule, ja die Lernprozesse in jeder Klasse different sein können: Spielräume, aktuelle Anlässe, Möglichkeiten zur Bearbeitung von Inhalten durch einzelne oder kleinere Gruppen – parallel zu den Lernprozessen der übrigen – müssen möglich sein. Bildung im Spannungsverhältnis von universellen Basiszielen und partikularen Lebenserfahrungen hält am Gemeinsamen im Differenten fest, auch in den didaktischen Formen des Unterrichts. Die Gefahren und Chancen in den Aufwachsbedingungen und gesellschaftlichen Verhältnissen Ende unseres Jahrhunderts machen eine Orientierung an einem Bildungskonzept sowohl möglich wie auch nötig – trotz, ja gerade wegen der Pluralität. Wenn ich versuche, dieses Bildungskonzept in eine Leitfigur zu übersetzen, dann wäre sie lebensorientiert, körperliebend, friedensfähig, hartnäckig demokratisch, auf Neues und Fremdes neugierig, selbständig und eigenaktiv, andere respektierend, einfühlsam, sozial orientiert und solidarisch gegenüber Benachteiligten, die nicht die gleiche Chance der individuellen – ganzheitlichen – Entfaltung haben" (1993, 35 f.).

Das bisher Skizzierte gilt für alle Schulen und Schulstufen und ist das Ziel vor allem für den Abschluß der Schulzeit. Aber: Die Grundschule legt dafür das Fundament. Sie kann das nur, wenn sie das, was die humane Existenz, den Modus des Menschseins in unserer Alltagswirklichkeit ausmacht, als Orientierungsrahmen nimmt. Mündig, frei, verantwortlich werden, das ist ein langer Prozeß. In pädagogischer Verantwortung muß dieser Weg so gestaltet werden, daß bereits der Anfang dieses Weges die Hilfen und Situationen so sind, daß alle Maßnahmen am Ziel orientiert sind. Freiheit, Selbstbestimmbarkeit, Verantwortlichkeit müssen als Möglichkeit und Bedingung, als Orientierung für das Handeln von Anfang an die Erziehung bestimmen, denn: Freiheit als Prozeß ist rückgekoppelt an Möglichkeiten, sich selbst zu bestimmen, und zwar im Kontext von sozialen Situationen und im Aufbau von Bindungen und Verantwortung.[16]

Die Grundschule muß für die Kinder also den Weg bereiten, der zu Selbstbestimmung und Verantwortung führt. Das gilt nun nicht nur für die Verhaltensdimensionen, sondern hat auch Konsequenzen für das Verständnis von Lernen und Unterricht und für die Erprobung in Lebensformen und Handlungssituationen.

---

[16] In seinen Überlegungen zur Erneuerung der kritischen Funktionen erziehungswissenschaftlicher Theorie, Empirie und Handlungsorientierung konstruiert Benner (1993) das Konzept einer nicht-affirmativen Pädagogik, welches sich allen „Versuchungen widersetzen (muß), von außerpädagogischen Mächten instrumentalisiert zu werden. Zu seinen Wirk- und Handlungsformen gehört ein nicht-indoktrinierender Unterricht, der der Bildung von Urteilskraft verpflichtet ist und die Welterfahrung und den zwischenmenschlichen Umgang der Heranwachsenden unter Verzicht auf harmonistische Synthesen zwischen ideologischen Menschenbildern und technisch-wissenschaftlicher Könnerschaft erweitert, ... (der) sich von jeder Gleichsetzung pädagogischer Praxis mit Agitation distanziert und die Heranwachsenden auffordert, im individuellen wie im gesellschaftlichen Handeln eigenen Urteilen und selbstgeprüften Einsichten zu folgen" (903).

5.4.2 Die erzieherische und die didaktische Dimension des Unterrichts

Rücken Lernbereiche unter den Anspruch der Bildungsaufgabe, dann gewinnt schulisches Lernen auf allen Stufen eine andersartige Sinnhaftigkeit: es wird zur „Orientierung in der Kultur" (MAUER 1990), zur „Kulturaneignung" (DUNKER 1994).

Der didaktische Reiz solcher anthropologisch akzentuierten Aussagen und Metaphern mag für die Grundschule heute darin liegen, nach der Grundlegung solcher komplexen Lernprozesse zu fragen, in denen Anfang und Ziel in einer strukturellen Identität stehen, so daß „sie später in ihrer grundlegenden Richtung nicht mehr geändert werden müssen" (DEUTSCHER BILDUNGSRAT 1970, S. 133). Gerade Lernbereiche, denen bisher „nur" die Vermittlung von Kulturtechniken zugemutet wurde und die zu den instrumentellen Unterrichtsthemen zählen, verändern sich über ihre Verortung in Bildungsaufgaben[17]. Der Anfang des Lesenlernens z. B. ist dann mehrperspektivisch zu durchdenken, ist mehr und anderes als Sicherstellen von Lesetechnik für den weiterführenden Leseunterricht *(vgl. Kap. 11)*:

- Der Gegenstandsbereich „Sprache – Schrift" führt die Kinder ein und gewinnt sie für den geistig-kulturellen Bereich, der in der Schrift (Literalität) beschlossen ist. Er wird nach seinem Beitrag der Erweiterung der kindlichen Handlungs- und Orientierungsfähigkeit in der Lebenswirklichkeit innerhalb und außerhalb der Schule befragt. Dies schließt ein z. B.:

  Methodische Anleitung zu sachangemessenem Umgang mit der Buchstabenschrift;

  Vermittlung grundlegender Einsichten;

  Differenzierung des gefühlsmäßigen Zugangs;

  Förderung der Kreativität, Neugier.

- Das Erlernen des Umgehenkönnens mit Schrift dient der Erweiterung der Selbsterfahrung (kindlichen Identität), leistet Hilfestellung für den Ichaufbau. Dies beinhaltet dann z. B.:

  Förderung von bewußtem und selbständigem Lernen und Leisten;

  Entwicklung von Selbststeuerung und Selbstkontrolle, gebunden an den Zusammenhang von sachlichen Zielen und sozial-ethischen Orientierungen;

  Steigerung des Vertrauens in die eigenen Fähigkeiten auf der Grundlage von Könnenserfahrung;

  Stützen von Eigeninitiative;

  Erweiterung der Sprachkompetenz und Kommunikationsfähigkeit.

- *Schrift – Sprache als Schlüssel zu den anderen, uns selbst und unserem Verhältnis zueinander eröffnet besondere Chancen der Bindung von Sach- und Sozial-*

[17] Konkretisiert und medial übersetzt wird dieser Anspruch z. B. in dem Lernwerk „Der Lesebaum" – „Der ABC-Baum" (LICHTENSTEIN-ROTHER, RÖBE, E. RÖBE, H. J. BERGMANN, 1992).

lernprozessen sowohl in Leseinhalten als auch in der kommunikativen Gestaltung von Lernsituationen (vgl. Kap. 10,11), z. B.:

Aufbau einer dauerhaften Grundhaltung sozialen Mitgefühls und Steigerung der sozialemotionalen Sensibilität;

Entwurf und „Korrektur" von Entwürfen des Zusammenlernens und -lebens;

Gewinn sozialer Einsichten, Anbahnung und Klären von gesellschaftlichen und politischen Interessen;

Solidarität mit den Schwachen.

Die Kontur eines derartigen didaktischen Entwurfs führt zu einer engen Verbindung von pädagogischen und didaktischen Intentionen, zu einer besonderen Aufmerksamkeit gegenüber dem sich entwickelnden Sach-, Selbst- und Sozialverhältnis schulischen Lesenlernens *(vgl. Kasten 5-2)*. Jeder Lernbereich ist heute vor diese didaktische Herausforderung gestellt; die Antwort liegt sicherlich nicht in einer Verlängerung des Lernzielkatalogs für die Schüler, sondern in einem sorgsamen „Bearbeiten" der für lebenslanges Lernen tragfähigen Grundlagen.

5.4.3 „Öffnung des Unterrichts"

Das besondere Problem, aber auch die besondere Chance der Grundschule ist, daß ihre Schüler Kinder sind, die von ihrem Entwicklungsalter her noch nicht über den Grad der Bewußtheit, der ethischen Orientierung, der Selbstbestimmung und Selbststeuerung, der für Freiheit und Verantwortung konstitutiv ist, verfügen. Andererseits hat aber gerade sie als erste Schulstufe die besondere Aufgabe, diesen Weg der Kinder zu gestalten, das im Vorschulalter Erworbene zu berücksichtigen und die Hilfen und Situationen anzubieten, daß alle Maßnahmen am Ziel orientiert sind: Selbstbestimmung und soziale Verantwortung. Dies betrifft nun nicht nur die Verhaltensdimension, sondern zeigt sich auch in den Konsequenzenfür das Verständnis von Lernen und Unterricht *(vgl. Abb. 5-1)*.

Die Forderung nach der Zurücknahme von Bestimmtheit und Definitheit, von bloßer Belehrung und Rezeptivität verweist auf eine Ausgestaltung der Grundschule zu einem „pädagogischen Raum“, wo Bedeutungsganze erlebbar, Maßstäbe der Lebensführung erfaßbar und auf die persönliche Lebensgestaltung übertragbar werden. Im Ringen um Lebensformen und Orientierungen gibt Schule Kindern von heute Geborgenheit und damit die entscheidende Grundlage für Exploration und Geöffnet-Sein für die eigene Zukunft *(vgl. 5.2., Kap. 4)*.

Kasten 5-2:

Lesenlehren

Pädagogische Intentionen:	***Didaktische Intentionen:***
Erfahren aktiven und bewußten Lernens	Gewinnen von Prinzip und Verfahren der Buchstabenschrift
Fördern von Aufgabenhaltung, z. B.	Bewältigen von Grundaufgaben, z. B.
sich Öffnen für den Sachanspruch Kennenlernen von Sachkriterien	Differenziertes Wahrnehmen der Klangstruktur der gesprochenen Sprache sowie Differenzierung der optischen Wahrnehmung
Erfahren von Selbstbeanspruchung und Selbststeuerung	Artikulieren in hochsprachlicher Lautung
Entdecken von Spielraum/ individuelle Aufgabeninterpretation	Zuordnen der Phoneme zu den Praphemen (Erfassen von orthographischen Besonderheiten)
Durchhalten von zielerreichendem Lernen	selbständiges Erlesen
Mut zu kreativem Tun	Erweiterung der Sprache und Kommunikationsfähigkeit
Impulse aufnehmen – Partner gewinnen	(Auseinandersetzung mit Textsorten und auf unterschiedlichen Kommunikationsebenen)
Mit erworbenem Können soziale Situationen gestalten sich für andere zur Verfügung stellen	Differenzierung der Erfahrung Lesen (Begegnung mit Buch und Kinderliteratur)
Gewinnen eines emotional positiven Verhältnisses zum Lerngegenstand (-bereich)	„Staunen, was Sprache und Schrift alles kann“

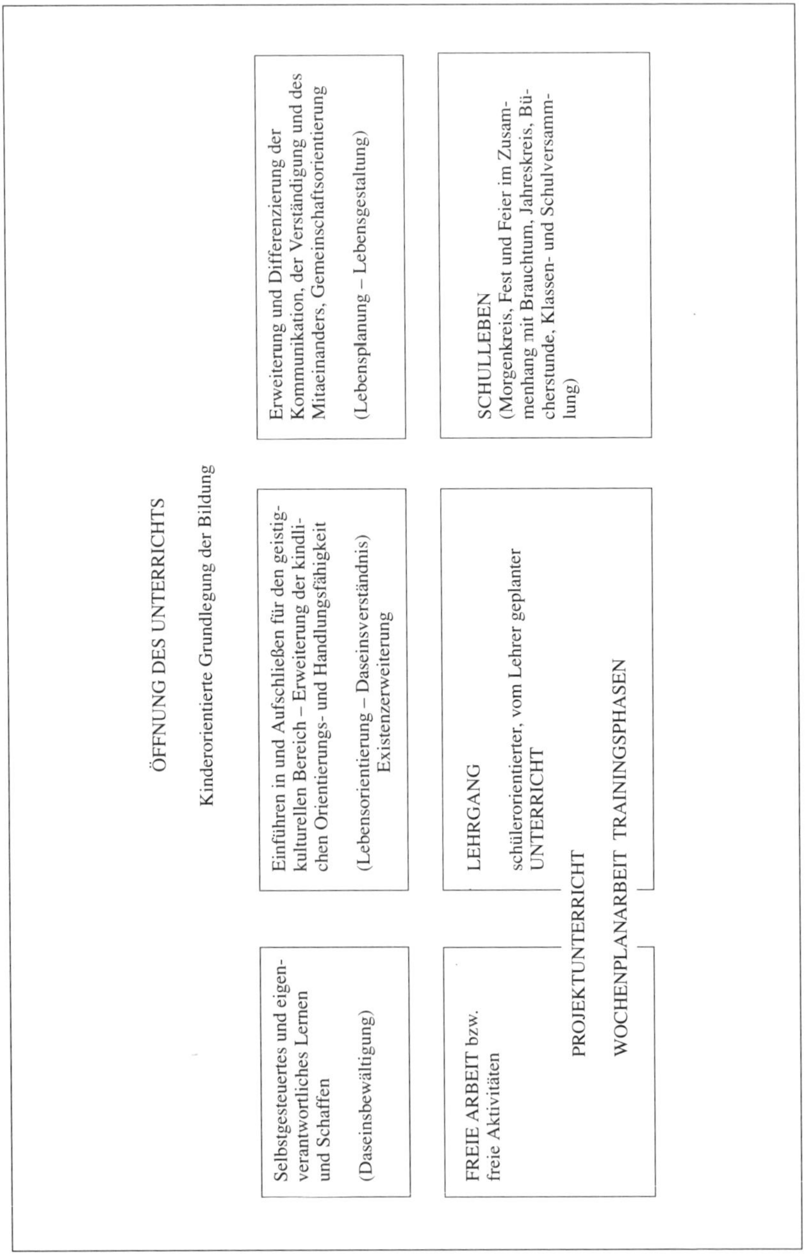

Abb. 5-1: Dimensionen und Situationstypen schulischen Lernens

Die Gliederung der schulischen Lernzeit als Rhythmus unterschiedlicher Elemente prägt – jenseits des Stundenplans der Regelschule – eine eigene Zeitstruktur[17] aus: eine zuverlässig wiederkehrende Folge verschiedenartiger Lernsituationen *(vgl.Abb. 5-2)* mit je spezifischen Lern- und Erziehungschancen, aber auch mit je spezifischer Anforderungsstruktur für Schüler und Lehrer (vgl Garlichs 1990; Priebe/Röbe 1992; Wallrabenstein 1991).

Auch wenn Dauer und Inhalte wechseln, die Reihenfolge flexibel ist, entfalten diese Elemente ihre eigene Dynamik und Wertigkeit, z. B.:

Freie Arbeit. Sie ist strukturiert durch Spielraum für selbstgesteuertes, selbstgewolltes Lernen und Schaffen, für selbstgewollte Anstrengung, für individuelle Initiativen und eröffnet ihre eigenen Erziehungschancen *(vgl. Kasten 5-3).*

Abb. 5-2: Rhythmus eines Schulalltages.

Wochenplan / Trainingsplan: Übung als Weg zum sicheren Können und Verfügen bedarf im Tages- und Wochenplan besonderer Zeitabschnitte, in denen – über die Übungsphasen der Unterrichtseinheiten hinaus – konsequent, regelmäßig und am individuellen Bedarf orientiert, geübt wird. Zwei Grundtypen zeichnen sich ab:

- *Training* von Fertigkeiten, die sich sonst nicht sinnvoll auf unterrichtliche Inhalte beziehen lassen (z. B. Einmaleins-Rechnen, Geläufigkeiten im Rechtschreiben und im Bestimmen von Wortarten). Dabei übt die Klasse am gleichen Inhalt bzw. Thema.
- *Wochenplanarbeit* beinhaltet ein weitgehend selbstgesteuertes Bewältigen eines „zugemuteten" Übungspensums aus unterschiedlichen Lernbereichen. Auch hier sollte den Schülern Spielraum für Selbsteinschätzung, selbstgewollte Anstrengung und für die Wahl der Sozialform gewährt werden.

- **Lehrgang/Klassenunterweisung:** gekennzeichnet durch gezielte, schülerorientierte Vermittlung von Wissen, Einsichten, Methoden als Grundlage für das Weiterlernen innerhalb und außerhalb der Schule unter Einlösung der Verbindung von Sach- und Soziallernen sowie innere Differenzierung.

[17] In Konzepten, die die „vollständige Halbtagsschule" bzw. Ganztagsschule pädagogisch ausgestalten, hat diese Perspektive besondere Bedeutung (vgl. Neumann & Ramseger 1991)

Kasten 5-3: *Strukturierung „Freie Arbeit"*

Erweiterung der Selbsterfahrung	**Erweiterung der Sozialerfahrung**
– sich selbst Ziele setzen Arbeitsprozeß und -ergebnis selbst durch laufen lernen	– sich Partner für eigene Arbeit suchen und gewinnen
– Aufbaue von Interessen	– sich mit anderen abstimmen
– Lernangebote und Lernzeit nutzen	– Anerkennung und Kritik akzeptieren
– Spielraum entdecken	– gebotene Rücksicht üben
– Ideen und kreative Impulse verwirklichen	– Regelungen finden und Vereinbarungen akzeptieren

Der konkret vorfindbare *schulische Lernraum* gilt heute als *Spiegel des pädagogischen Konzepts*. Er stellt die Struktur, die Vorordnung dar, über die im Raum der Schule kindliches Lernen und Erfahren initiiert, ermöglicht und begleitet werden soll. Die Ausgestaltung von Klassenräumen, des Schulhauses als pädagogischer Raum korrespondiert mit drei Anforderungen:

- Entwickeln und Erhalten der Lernfreude, der Anstrengungsbereitschaft und eines sinnbezogenen Leistungswillens sowie der Fähigkeit, selbständig und problemlösend zu lernen;
- Förderung des sozialen Lernens als Fähigkeit zur Kooperation, zu einfühlender und teilnehmender Hinwendung zu den MitschülerInnen;
- Ermöglichen von kreativem Lernen und Handeln.

Die Grundschule ist mehr als Unterricht – *Grundschullehrer sind mehr als Unterrichtende*. Sie geben über ihre Person, ihr Handeln, ihre Zugewandtheit die „eindrücklichste Probe" (v. Hentig) für das Verständnis des pädagogischen Auftrags, für das Fassen von Mut, die Freiheit im Sinne eigenverantwortlicher humaner Lebensgestaltung zu nutzen und in kritischer Auseinandersetzung und Abwägung die notwendigen und möglichen Schritte zu wagen. Ihre Lebendigkeit und Mitmenschlichkeit bringt die Schule in die Lebensnähe der Kinder, gewinnt sie als Partner. Kinder brauchen auch in der Schule die Lehrer als Menschen, um selbst menschlich zu werden.

Weiterführende Literatur

Fölling-Albers, M.: *Veränderte Kindheit - veränderte Grundschule*. Reihe: Beiträge zur Reform der Grundschule des Arbeitskreises Grundschule. Bd. 75: Frankfurt a. M. 1989.

Haarmann, D. (Hrsg.): *Handbuch Grundschule. Bd. 1*. Weinheim 1991: Beltz

Neuhaus, E.: *Reform der Grundschule*. (5. überarbeitete Auflage). Bad Heilbrunn 1991: Klinkhardt

6

Schule und Familie

Horst Nickel und Matthias Petzold

6.1 Familie und Schule in gegenseitiger Verpflichtung

6.1.1 Privatheit der Familien und Öffentlichkeit der Schule

Das Elternhaus und die Institution Schule haben die gemeinsame Aufgabe der Erziehung der Kinder. Die zwischen Lehrern, Eltern und Schülern laufenden Interaktionen werden am bestem mit einem ökopsychologisch-systemischen Theorieansatz erfaßt, der auch die gesellschaftlichen Hintergründe einbezieht (*vgl. Kap. 1.3.3 und 2.2*). Es ist wichtig zu beachten, daß Schule und Familie zwei verschiedene Institutionen sind. Beide haben Verpflichtungen in der Erziehung der Kinder, aber aus unterschiedlichen Motiven. Die Schule ist eine öffentliche Institution, die aus dem Interesse der Gesellschaft Leistungsansprüche stellt und Bildungs-/Erziehungsziele verfolgt. Die Familie ist eine private Institution, auch wenn sie durch die staatlich/kirchlich sanktionierte Ehe einen öffentlichen Charakter erhält (vgl. PETZOLD, 1992a). Die unterschiedlichen Interessen werden deutlich, wenn z.B. Elterngruppen andere Erziehungsziele für eine schulische Erziehung formulieren und umsetzen (z.B. die von antiautoritären Eltern gegründeten „Freien Schulen"). Unter den gegenwärtigen gesellschaftlichen Bedingungen gilt, daß qua Verfassung die schulische Erziehung in den Händen des Staates liegt und dessen Exekutivorgane über die Eltern bestimmen können. Die Trennung der Kompetenzen bezüglich der Erziehung der Kinder zwischen Staat und Familie hat mit dem Allgemeinen Landrecht für die Preußischen Staaten im 19. Jahrhundert, mit dem Aufbau des öffentlichen Bildungswesens und der Einführung der Schulpflicht begonnen (vgl. KECK, 1979).

Im Interesse des Kindes ist es wichtig, daß Einstellungen und Erwartungen der Schule einerseits und der Familie andererseits miteinander vereinbar werden. Diskrepante Erwartungen und Anforderungen an Kinder/Schüler können schwerwiegende Störungen hervorrufen. Kinder leiden unter diesen Mißverhältnissen, weil Eltern und Lehrer (neben den Peers) die weitaus wichtigsten Bezugspersonen sind. Deshalb ist eine gute Zusammenarbeit wichtig, die die Bedürfnisse des Kindes nicht außer acht läßt. Das Kind muß das Vertrauen entwickeln, daß sich die beiden Institutionen Schulsystem und Elternhaus gegenseitig respektieren und um Zusammmenarbeit bemüht sind.

Bevor über Vorschläge für gute Zusammenarbeit gesprochen werden kann, sollte über die tatsächliche Situation und die verschiedenen Erwartungshaltungen, Ansprüche und Wunschvorstellungen nachgedacht werden (vgl. z.B. HUPPERTZ, 1988; KECK, 1979; MELZER, 1985).

Kasten 6-1:

Familien heute

In der öffentlichen Meinung wird „Familie“ recht verschieden verstanden: Familien sind entweder staatlich und/oder kirchlich geschlossene Ehen oder blutsverwandtschaftliche Bindungen oder Wirtschaftseinheiten von Privathaushalten mit Kindern. Aus psychologischer Sicht ist es notwendig, sämtliche von den Individuen selbst erlebten Formen des Zusammenlebens zu erfassen. Familie muß man daher als eine soziale Beziehungseinheit kennzeichnen, die sich besonders durch Intimität und intergenerationelle Beziehungen auszeichnet. Innerhalb einer solchen Definition ist eine große Vielfalt von Familienformen möglich: Kernfamilien traditionellen Typs, Ein-Elter-Familien, Familien mit Pflegeverpflichtungen, aus Scheidungen und Wiederheirat hervorgegangene Fortsetzungsfamilien und auch gleichgeschlechtliche Partnerschaften mit Kindern oder anderen Angehörigen.

6.1.2 Schule und Familie als System

Der Eintritt in die Schule macht das Familienkind zum Schulkind. Die daraus entstehende Schülerrolle ist aber nicht auf die Zeit des Unterrichts beschränkt, auch im Familienalltag wird das Kind nun als Schulkind angesehen. So wird von ihm jetzt mehr erwartet, z.B. wenn die Mutter sagt: „Du bist doch schon so groß und müßtest das jetzt können, schließlich gehst du schon in die Schule!“

Die Verpflichtung aller Eltern, ihre Kinder in die Schule zu schicken, war ein wichtiger Schritt im Hinblick auf Chancengleichheit und Verwirklichung bürgerlicher Grundrechte. Die Einführung der Schulpflicht beinhaltete aber auch eine Einschränkung der elterlichen Erziehungsmöglichkeiten. Auf diesem Hintergrund ist die aktuelle Debatte um mehr Rechte der Eltern in der Schule als eine Fortführung der Auseinandersetzung um die Notwendigkeit der Ergänzung der familiären Erziehung anzusehen. Daher soll im folgenden das systemische Beziehungsgeflecht zwischen Lehrern, Kindern/Schülern und Eltern im Mittelpunkt stehen. Den Ausgangspunkt einer solchen Sichtweise stellt die systemisch-ökopsychologische Theorie dar, wie sie von Bronfenbrenner (1981) begründet und von Petzold und Nickel (1989) auf die Familie erweitert wurde. Für eine Analyse dieses Beziehungsgeflechts sollte man die verschiedenen Merkmale für soziale Beziehungssysteme beachten, wie z.B. Ganzheitlichkeit, Rückkoppelungen, Zirkularität, Morphostase/Morphogenese und andere (vgl. z.B. Bertalanffy, 1968; Miller, 1978; *vgl. Kap. 1.3.3*). Die Interaktionen zwischen Elternhaus und Schule hat Ulich (1989) für die systemische Sichtweise gut dargestellt (*vgl. Abb. 6-1*).

Die Abbildung 6-1 veranschaulicht, daß die Subsysteme Schule, Familie und Kinder im Zusammenhang stehen. Es muß jedoch beachtet werden, daß die Subsysteme Lehrerschaft, Elternhaus und Kinder auch spezifische Charakteristika aufweisen (vgl. Ulich, 1989). Sie unterscheiden sich in Ort, Raum, Zeit, Sprache usw. Die Subsysteme Schule und Elternhaus dominieren das Subsystem des Kindes/ Schülers und schließen es jeweils weitgehend ein. Kinder bilden mit ihren Peers zwar auch ein eigenes Subsystem, können sich aber nur langsam der Kontrolle durch die Erwachsenen entziehen.

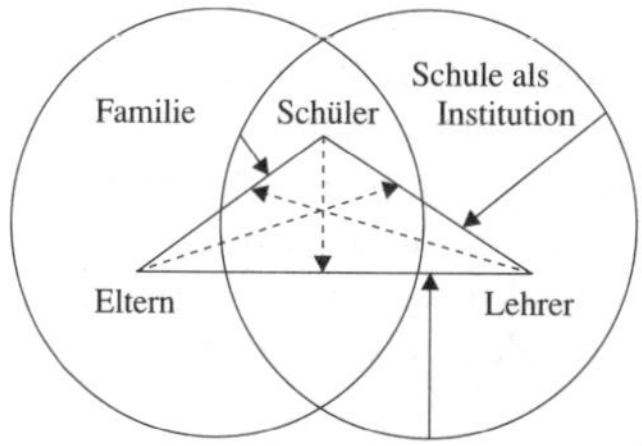

Die durchgezogenen Pfeile stehen für allgemeine Einflüsse der Institution (Schule bzw. Familie) auf das Beziehungsdreieck der drei Personen. Die unterbrochenen Pfeile verweisen auf die Einflußnahme einer Person auf die Interaktion/Transaktion in dem Beziehungsdreieck (nach Ulich, 1989, S. 21).

Abb.6-1: Das Kind zwischen Elternhaus und Schule aus ökopsychologisch-systemischer Sicht.

In dieser Situation sitzt das Kind zwischen zwei Stühlen: als Schüler gehört es zum Subsystem Schule, als Sohn bzw. Tochter zum Subsystem Elternhaus. Dabei erfährt das Kind die für die jeweiligen Systeme verschiedenen Systemreferenzen und unterschiedlichen Rollenerwartungen. Das Kind erlebt auch die verschiedene Zweckbestimmung: In der Schule begegnen dem Kind erstmalig systematische Leistungsanforderungen.

Zwischen Elternhaus und Schule kommt es zu zahlreichen Interaktionen und Transaktionen, bei denen Beeinflussungsbeziehungen verschiedener Art beachtet werden müssen (*vgl. Kap. 2.2*). Jede einzelne Person (ob Elternteil, Schüler oder Lehrer) zeichnet sich durch individuelle Persönlichkeitsfaktoren aus, insbesondere der Erwartungen, die sich aus der individuellen Familiengeschichte ergeben. Weitere Beeinflussungen ergeben sich aus dem gesamtgesellschaftlichen Makrosystem (allgemeine Erwartungshaltungen, z.B. Leistungsdruck) oder aus anderen Exosystemen, z.B. der Arbeitswelt (vgl. Bronfenbrenner, 1981; Petzold, 1992a).

Im Rahmen dieses Kapitels zur Thematik „Schule und Familie" sollen die Beziehungen zwischen Schülern und Eltern sowie zwischen Eltern und Lehrern näher beleuchtet werden. Auf innerschulische Beziehungen zwischen Lehrern und Schülern soll hier nicht eingegangen werden, sie sind bereits im dritten Kapitel ausführlich dargestellt worden. Sowohl die Lehrer-Schüler-Interaktion als auch die Eltern-Kind-Interaktion folgen analogen Mustern einer transaktionalen Wechselbeziehung (*vgl. Kap. 2.2*).

6.1.3 Beziehungen zwischen Schülern und Eltern

Mit dem Eintritt in die Schule wird der Schüler nicht nur konfrontiert mit den Erwartungen und Leistungsanforderungen des Schulsystems (*vgl. Kap. 9.2.2*), sondern auch mit den individuellen Leistungserwartungen der Eltern. Viele Eltern haben schon vor dem ersten Schuleintritt ihres Kindes die Erwartung, daß es erfolgreich das Abitur ablegen wird (vgl. Petzold, 1992b). Das schwerwiegendste Problem in der Beziehung zwischen Eltern und Schülern resultiert aus dem Auftrag der Grundschule, an die Leistungsansprüche der Sekundarstufe heranzuführen. Während in den ersten beiden Schuljahren keine Noten vergeben werden, haben dann die Noten des Abschlußzeugnisses der vierten Klasse (bzw. in manchen Bundesländern der sechsten Klasse) ein großes Gewicht, denn auf dieser Grundlage wird entschieden, welche weitere Schulform das Kind besucht. Dies ist nicht nur mit einem stärkeren Leistungsdruck seitens vieler Eltern verbunden, sondern auch häufig mit der Angst des Kindes, aus einem festen Kreis gleichaltriger Freunde herausgerissen zu werden.

Schulangst und Schulverweigerung hängen oft mit schlechten Leistungen von Schülern zusammen. Dabei wird jedoch übersehen, daß nicht die schlechten Noten als solche die Ängste bei den Schülern auslösen. Es sind dies auch die mit schlechten Noten verbundenen negativen Einstellungen der Lehrer gegenüber den Schülern. Wenn Schüler schlechte Zeugnisse erhalten, haben viele nicht Angst vor der Schule, sondern Angst vor dem Verlust der Zuwendung durch Mutter/ Vater. Eltern sind oft nur mit „guten" Schülern und deren Leistungen zufrieden. Es konnte auch gezeigt werden, daß zwischen den Schulleistungen der Kinder und verschiedenen scheinbar davon unabhängigen Variablen ein Zusammenhang besteht. Eltern mit leistungsstarken Schülern sind mit ihrem Leben und ihrem Beruf deutlich zufriedener und haben positivere Zukunftsaussichten als Eltern von „schlechten" Schülern (Lang, 1985, 157).

Solche **systemischen Rückkopplungen** können jedoch auch anders herum ablaufen. So können negative Elternreaktionen unabhängig davon, ob sie auf gute oder schlechte Leistungen des Schülers folgen, das Selbstvertrauen der Schüler erheblich beeinträchtigen (vgl. Fend et al., 1976; Ulich, 1989). Besonders deutlich konnten Jopt und Dedering (1985) zeigen, daß die elterliche Bewertung schulischer Tätigkeit klar mit Streßmerkmalen bei den Kindern zusammenhängt: Je wichtiger den Eltern schulische Erfolge sind, desto stärker nehmen bei ihren Kindern Leistungsangst, Schulunlust und Minderwertigkeitsgefühle zu. Andererseits stellt die positive Anteilnahme der Eltern an den schulischen Erfahrungen ihrer Kinder die wichtigste Variable in bezug auf schulischen Erfolg dar (vgl. z.B. Kemmler, 1967). Damit ist die Vielschichtigkeit der Wechselwirkungen zwischen familiären und schulischen Prozessen angedeutet.

Bezüglich der Lerninhalte ist die Sozialbeziehung zwischen Eltern und Schülern mindestens durch Distanz und Fremdheit geprägt, wobei aus der Sicht der Schüler eher die Solidarität der Lehrer und Eltern gegen sie als die Solidarität der Eltern mit ihren Kindern vorherrscht. Insbesondere in Krisensituationen versuchen viele Eltern, ihre Kinder unter Druck zu setzen, anstatt ihnen zunächst mit mehr Verständnis zur Seite zu stehen.

Ein wichtiges Bestimmungsmoment für die Einstellungen der Eltern sind deren Schulerfahrungen. Allerdings sind eigene positive Schulerfahrungen keineswegs eine Garantie für die Herausbildung einer gesunden Einstellung ihrem Kind gegenüber. Manchmal kann sogar der Ehrgeiz der Eltern eine unerreichbare Zielmarke für die Kinder werden. Als besondere Merkmale, die aus dieser eigenen Schulerfahrung herrühren, beschreibt ULICH (1989, 182 ff.) drei mögliche **Leistungseinstellungen der Eltern**. 1. Von den Eltern werden Richtlinien für die gerade noch akzeptablen Noten festgelegt. 2. Eltern machen finanzielle und materielle Unterstützung ihrer Kinder vom schulischen Leistungsstand abhängig und/oder beschränken deren Freizeitaktivitäten. 3. Auf der emotionalen Ebene entstehen Beziehungsprobleme, wenn Eltern bei schlechten Noten mit Liebesentzug reagieren, „wenn sie also ihre Zuwendung und Zuneigung gewissermaßen nach Noten dosieren" (ULICH, 1989, 183).

Die richtige Einstellung der Eltern in der Dreiecksbeziehung Schüler-Eltern-Lehrer ist sicher sehr problematisch. Insbesondere fällt es vielen Eltern schwer, ein unterstützendes Verhältnis zu ihren Kindern als Schulkinder fortzusetzen – viel zu schnell werden von Eltern abstrakte Leistungsnormen übernommen. ULICH (1989, 162) warnt dabei besonders vor folgenden leider immer noch zu häufig anzutreffenden Einstellungen der Eltern,

- „die Schule zu wichtig oder gar nicht wichtig nehmen,
- auf die Schulprobleme ihrer Kinder nicht einzugehen,
- in der Wertschätzung der Kinder einen engen Zusammenhang mit deren Noten herstellen, und/oder
- durch ihre Unterstützung die Abhängigkeit ihrer Kinder festschreiben wollen".

6.1.4 Beziehungen zwischen Lehrern und Eltern

Schule und Familie sind wichtige Sozialisationsinstanzen der Gesellschaft. Die Begegnung zwischen Lehrern und Eltern ist jedoch durch eine klare Hierarchie gekennzeichnet: die Schule hat gegenüber der Familie den höheren gesellschaftlichen Rang. Auf der Ebene der systemischen Analyse der Gesellschaft erscheinen zwar Schule und Familie als gleichartige Mikrosysteme, die Hierarchie wird aber dann evident, wenn das Kind schulpflichtig wird. Die Schulpflicht ist dabei die erste Unterwerfung, das Kind muß in die Schule. Dies hat aber weitere Konsequenzen, denn auch die Eltern müssen sich den Vorgaben der Schule beugen: die Lehrer werden nicht von den Eltern ausgesucht und kommen auch nicht als Hauslehrer in die Familie. Vielmehr ist es die Pflicht der Eltern, die vorbestimmte Schule ihres Schulbezirks aufzusuchen, dort die Kinder anzumelden und regelmäßig hinzuschicken, und zwar in einem gut versorgten Zustand: ausgeschlafen, gut genährt, gekämmt und ordentlich gekleidet. Die Familie hat also dafür zu sorgen, daß die Schule gute Voraussetzungen vorfindet. Dies setzt sich fort, wenn die Schüler am Mittag aus der Schule kommen und die Eltern um Hilfe für Aufträge der Lehrer bitten. Während z.B. im Kindergarten meistens die Erzieherin für Mal- und Bastelmaterial sorgt, ist dies im Grundschulalltag meist Aufgabe der Eltern. Man kann dies auch als Dienstleistungsfunktion für die Schule bezeichnen.

In der Beziehung zwischen Schule und Familie entstehen auch **Unterlegenheitsgefühle**. Es wird davon ausgegangen, daß Eltern keine Kompetenz besitzen, schulisches Lernen zu beurteilen. In bezug auf die soziale Erziehung fühlen sich dagegen häufig die Lehrer unterlegen, weil es als Kompetenz der Eltern angesehen wird, ihre Kinder zu Persönlichkeiten zu erziehen. Die Trennung zwischen kognitiver Förderung und Persönlichkeitserziehung ist zwar jetzt in den Richtlinien der

Kultusministerien aufgehoben worden, aber sie steckt noch oft in den Köpfen der Lehrer und der Eltern. Da diese Zweiteilung im praktischen Erziehungsalltag nicht durchgehalten werden kann, vermischen sich auch die Kompetenzen. Wenn sich dann Eltern und Lehrer treffen, kommt es nicht nur zu Konflikten, die aus der Unterlegenheit herrühren, es entstehen auch **Rivalitätskonflikte**.

Werden solche Konflikte ausgetragen, können durch Gespräche und neue Handlungsstrategien fruchtbare Ergebnisse in der Lehrer-Eltern-Zusammenarbeit entstehen. Allerdings stehen dem nicht nur Hierarchien und Rivalitätskonstellationen entgegen. Bevor es zum offenen Konflikt kommt, werden erst einmal auf beiden Seiten **Ängste** aufgebaut: *Eltern haben vor Lehrern Angst, und Lehrer haben vor Eltern Angst.*

Die **Ängste der Eltern** gegenüber der Schule sind empirisch noch kaum erforscht worden. Eltern haben hauptsächlich Ängste, die aus dem Unterlegenheitsgefühl herrühren. Je niedriger der Bildungsstatus der Eltern, desto mehr Angst haben sie vor den akademisch gebildeten Lehrern, die ja quasi alles Wissen verkörpern. Je weniger sich Eltern kompetent für schulische Lernsituationen fühlen, desto mehr sind ihre Kinder den Lehrern ausgeliefert und desto weniger Hilfe können sie von ihren Eltern erhalten. Diese Abhängigkeit kann entsprechende Ängste hervorrufen.

Lehrer haben, obwohl sie in der überlegeneren Position sind, dennoch mit Ängsten zu kämpfen - auch dies ist bisher nur in wenigen Studien erforscht worden. Nach Hitziger (1985) kann man vier verschiedene Formen der **Lehrerängste** unterscheiden:

- Leistungsängste, die bei hohen Leistungserwartungen der Eltern oder der Vorgesetzten (Rektor bzw. Schulbehörde) auftreten;
- Autoritätsängste, die mit Ansprüchen der Eltern an das Sozialverhalten in der Schulklasse zusammenhängen,
- Helferängste treten dann bei Lehrern auf, wenn sie über ihren Schatten springen wollen, und sich doch bei persönlichen Schwierigkeiten ihrer Schüler in der Familie oder anderswo engagieren;
- Kompetenzängste entstehen bei Lehrern im Umgang mit solchen Eltern, die selbst Lehrer sind oder als hochqualifizierte Fachleute bei Lehrern ein Unterlegenheitsgefühl entstehen lassen.

Aus diesen Ängsten heraus fällt es vielen Lehrern schwer, von sich aus den Kontakt zu den Eltern zu suchen. Treffen dann beide in formalisierten Situationen zusammen (Elternsprechtag, Elternabend), dann ist es gefährlich, wenn sich Lehrer im vermeintlichen Interesse eigener Sicherheit auf ihre hierarchisch überlegene Position zurückziehen. Dies erschwert dann eine gute Kooperation, die von möglichst weitgehender Offenheit beider Seiten gekennzeichnet sein sollte.

6.1.5 Hausaufgaben: Unterricht in der Familie

Im Rahmen der zahlreichen Wechselwirkungen zwischen den Subsystemen Schule und Elternhaus haben die **Hausaufgaben** die stärkste Auswirkung auf die Familie. Die tatsächliche Zeit übersteigt auch die neueren von den meisten Schulbehörden festgelegten Richtwerte. So ist bereits im Grundschulalter durchschnittlich mehr als eine Stunde üblich, bei Hauptschülern und Gymnasiasten mehr als 90 Minuten (vgl. ROLFF et al., 1986; SASS & HOLZMÜLLER, 1982). Es konnte gezeigt werden, daß Lehrer den tatsächlichen Zeitaufwand erheblich unterschätzen (WITTMANN, 1981, 349). Aus psychologischer Sicht sind Kinder zu Beginn des Grundschulalters gar nicht in der Lage, einen so langen Konzentrationsleistungsbogen aufrecht zu erhalten (vgl. NICKEL & SCHMIDT-DENTER, 1995). Der aufgrund der Stundenzahl vorgesehene Lernstoff wird dann nicht bewältigt, und den Hausaufgaben kommt dann eine kompensatorische Funktion zu (vgl. BOß MANN, 1984; DERSCHAU, 1979; WITTMANN, 1981). Dagegen wäre es empfehlenswert, im Rahmen der Schule mehr Dynamik zwischen Anspannung/Lernen und Entspannung/Pausen zu verwirklichen.

Man sollte beachten, daß Hausaufgaben in dem bei uns üblichen Ausmaß weltweit gesehen eine deutsche Besonderheit sind, die mit dem Halbtagsschulsystem zusammenhängt. Die Hausaufgaben sind dann in der Familie der Ort, wo die drei Interaktionspartner tagtäglich aufeinanderstoßen: Mit den von der Schule formulierten Anforderungen kommt der Schüler nach Hause und konfrontiert die Familie mit diesen Forderungen. Wie er diesen Teil seines Lernstoffs bewältigt, trägt entscheidend zu seiner Schulkarriere bei. Das wissen insbesondere die Mütter. Sie behandeln ihr Kind, wenn es um die Hausaufgaben geht, nicht als Sohn bzw. Tochter, sondern als Schüler. Sie übernehmen die Leistungsstandards der Schule und schlüpfen in die Rolle des Hilfslehrers. „Rund zwei Drittel der Eltern von Schulanfängern helfen regelmäßig bei den Hausaufgaben, bei 20% nimmt dies mehr als eine halbe Stunde in Anspruch; in den Eingangsklassen von Hauptschule und Gymnasium ist die Elternhilfe noch in fast jeder zweiten Familie üblich“ (ULICH, 1989, 209 ff.). Damit werden die oben geschilderten Problembereiche zwischen Eltern und Lehrern (Kompetenz, Rivalität, Angst usw.) akut, ohne gelöst zu werden, weil der Interaktionspartner Lehrer in dieser Hausaufgabensituation nicht direkt präsent ist.

Prinzipiell ist der Übungswert von Hausaufgaben umstritten (DERSCHAU, 1979), so daß man die Forderung nach ihrer Abschaffung stellen kann (SCHWEMMER, 1980; ULICH, 1989). Zumindestens sollte davon Abstand genommen werden, mit Hausaufgaben nicht bewältigten Unterrichtsstoff nachzuholen. SCHWEMMER (1980) und ULICH (1989) stellten auf diesem Hintergrund drei Hauptforderungen zur Reform der Hausaufgabenpraxis auf:

- Hausaufgaben sollen so gestellt werden, daß alle Schüler die Chance und Gewißheit haben, die Aufgaben selbständig zu erledigen.
- Jeder Schüler muß sicher sein, daß fehlerhafte oder falsche Lösungen keine Nachteile zur Folge haben.
- Hausaufgaben sollten differenziert je nach Fähigkeiten und Interessen einzelner Schüler bzw. Schülergruppen formuliert werden.

6.2 Eltern in der Schule

6.2.1 Zur Kooperation von Eltern und Lehrern

Daß Kooperation zwischen Eltern und Lehrern bisher erst wenig praktiziert wird, ist mehrfach belegt worden und wird von allen Seiten bedauert. Die tieferen Ursachen dafür liegen in dem komplexen Beziehungssystem, wie es zwischen Elternhaus und Schule besteht. Nicht zuletzt trägt auch der starre gesetzliche Rahmen zur schlechten Kooperation zwischen Lehrern und Eltern bei. Als nach dem Zweiten Weltkrieg das Bildungswesen wieder neu aufgebaut wurde, dachte man im Rahmen der Gesetzgebung zunächst überhaupt nicht an eine Mitwirkung der Eltern im Unterricht; erst dreißig Jahre später wurden in den westlichen Bundesländern **Schulmitwirkungsgesetze** eingeführt. Auf diese rechtlichen Regelungen, die nach wie vor je nach Bundesland sehr verschieden gestaltet sind, kann an dieser Stelle nicht eingegangen werden (vgl. Fehnemann, 1990; Stock, 1985). Im folgenden soll noch diskutiert werden, wie die Zusammenarbeit in der Schule verbessert werden kann.

Eltern kommen in den meisten Fällen nur aus zwei Gründen in die Schule: 1. Weil sie pflichtgemäß zur Klassenpflegschaftssitzung oder am Elternsprechtag bzw. zur Zeugnisausgabe in der Grundschule erscheinen, oder 2. weil sie als Helfer gebraucht werden. Die Palette der verschiedenen Kooperationsmöglichkeiten ist jedoch viel größer. Huppertz (1990) unterscheidet fünf Hauptformen: Beratung, Bildung und Information, Elternintegration ins Schulleben, Elternmitarbeit im Unterricht sowie Mitarbeit in Schulgremien. Auf diese Formen soll nun mit Blick auf konkrete Möglichkeiten der Zusammenarbeit näher eingegangen werden.

6.2.2 Elternabende

Pflichtbewußt erscheinen Eltern (aber keineswegs immer alle, häufig weniger als die Hälfte) zu den durch die Schulmitwirkungsgesetze vorgeschriebenen **Klassenpflegschaftssitzungen**. Hier muß ein Elternvertreter für die Schulpflegschaft gewählt werden, der auch der Ansprechpartner für die Lehrer der Klasse, insbesondere des Klassenlehrers ist. Auf diesen Elternabenden wird von den Lehrern auch über die weitere Planung informiert, und es gibt zahlreiche Gelegenheiten zur Diskussion und Konzeption von gemeinsamen Vorhaben. Zum Beispiel kann hier der Wunsch nach weiteren – informellen – Elternabenden entstehen, bei dem sich die Eltern regelmäßiger über die Arbeit in der Klasse informieren. Wird dabei auch der gesellige Teil für wichtig angesehen, dann wird aus dem **schulischen Elternabend** manchmal ein informeller Elternstammtisch.

Lehrer können sehr viel dazu beitragen, daß Elternabende wieder attraktiver werden, und nicht nur einmal jährlich als Wahlversammlung durchgezogen werden. Die hier mögliche gemeinsame Begegnung in der Gruppe bietet die Chance zur Zusammenarbeit. Zum Beispiel kann der Lehrer durch die Art der Präsentation seiner Pläne für die Gestaltung des Unterrichts auch Eltern motivieren, dabei mitzureden. Eltern wollen im Interesse ihres Kindes als Schüler schon selbst über die Anforderungen der Schule mehr wissen. Es ist dann wichtig, daß dies in einer Art und Weise geschieht, in der die Hierarchie zwischen Schule und Elternhaus überwunden wird und sich Eltern nicht mehr scheuen, Fragen zu stellen und Kritik zu äußern (*vgl. 6.3.1*). Dazu gehört auch, daß Lehrer an Elternabenden lernen müssen, vom traditionellen Stil des Frontalunterrichts wegzukommen. Elternabende können Kooperation anbahnen, wenn der Stil der reinen Unterrichtung durch einen dozierenden Lehrer verlassen wird. Deshalb ist es wichtig, für die Gestaltung eines Elternabends auch viele andere Gesprächsformen zuzulassen.

Kooperationsfördernde Elternabende sollten schon von Beginn an eine andere Sitzordnung als die nach vorn ausgerichteten Reihen haben, z.B. einen Kreis oder ein Hufeisen. In dieser eher partnerschaftlichen Sitzordnung kann dann zum Beispiel so begonnen werden, daß sich alle Teilnehmer (Eltern und Lehrer) persönlich vorstellen und so die Anonymität gebrochen wird. Die notwendigen, aber kurz zu haltenden Berichte der/des Lehrer/s sollten aufgelockert werden durch Fragerunden. Dabei sind auch Formen der Diskussion in Kleingruppen sinnvoll, insbesondere wenn sich die Eltern noch nicht kennen und die Scheu, in der großen Gruppe zu sprechen, noch überwiegt. Nicht zuletzt sollte bei der Gestaltung des Elternabends genauso wie bei einem vielseitig gestalteten Unterricht darauf geachtet werden, daß auch verschiedene Medien eingesetzt werden können: Zettelsammlungen und Wandtafeln, Fotos und Overhead-Folien, Filme, Musik usw. Letztlich kann ein Elternabend nur gelingen, wenn auf die Didaktik des Elternabends mindestens genauso viel Wert gelegt wird, wie auf den besten Unterricht!

6.2.3 Elternsprechtag

Die Zeugnisausgabe oder der Bericht des Lehrers am Elternsprechtag ist für manche Eltern oft die „Stunde der Wahrheit". Wenn Eltern mit Kindern im Grundschulalter vorher der Weg in die Schule nicht möglich war, dann werden sie zu diesem Ereignis in aller Regel kommen. Allerdings sind es fast ausschließlich die Mütter, da nur selten Lehrer bereit sind, genügend Termine am späten Nachmittag und Abend anzubieten, um auch den Vätern die Teilnahme zu erleichtern.

Viele Lehrer sind häufig mit den geballten Terminen an diesen Tagen überfordert, kommt doch alle 10 Minuten ein anderer Elternteil, den sie als Lehrer kaum oder gar nicht kennen. Innerhalb dieser kurzen Zeit sich so schnell auf eine andere Person einzustellen, ist sicher schwierig. Das ist um so problematischer, als es in dem Gespräch ja nicht um einen der beiden Gesprächspartner, sondern um einen dritten – das Kind als Schüler – geht. Aus diesem Grunde reduzieren sich die Begegnungen an den meisten Elternsprechtagen auf ein allgemeines vorbereitetes Statement des Lehrers, eine kurze Verallgemeinerung der Leistungseinschätzung des Schülers und einige wenige Rückfragen durch die Eltern. In der kurzen Zeit ist eine Überwindung der Hierarchie, eine partnerschaftliche Atmosphäre und ein ausführlicher Gedankenaustausch nur sehr schwer möglich.

Obwohl diese Elternsprechtage von großer Relevanz sind, ist eine pädagogische oder psychologische Evaluation ihrer Effizienz noch kaum vorgenommen worden. Einzig HUPPERTZ (1988, 1990) widmete sich dieser Frage und entwickelte Vorschläge zur Reform dieser klassischen Begegnungsform. Er schlägt vor, sie mehrmals hintereinander im Block (etwa 3 Abende oder Nachmittage) anzubieten. In diesem Sinne den klassischen Elternsprechtag zu entfrachten und zu einer häufigeren Einrichtung des regelmäßigen Gesprächs zwischen Schule und Familie zu machen, könnte zu einer allgemeineren Verbesserung des Erziehungsklimas führen. Der plötzliche Schock des schlechten Zeugnisses, der nach wie vor viele Kinder bedrückt, ließe sich dann vermeiden.

6.2.4 Sprechstunde und Einzelgespräche

Die Hierarchie zwischen Lehrern und Eltern bringt eine Distanz mit sich, die sich auch darin ausdrückt, daß Lehrer regelmäßige Sprechstunden (z.B. einmal die Woche) in der Schule abhalten, zu denen sich Eltern einfinden können. Werden solche Sprechstunden angeboten, ohne daß ein partnerschaftliches Verhältnis zwischen Lehrern und Eltern hergestellt wird, dann werden sie nur wenig von den Eltern genutzt. Eigentlich wäre ein individuelles Gespräch gerade der beste Ort, um Distanz und Berührungsängste abzubauen, aber solange die Hierarchie die Atmosphäre eines solchen Gesprächs bestimmt, bestehen kaum Chancen für einen partnerschaftlichen Umgang miteinander (*vgl. 6.3.1*). Aus diesem Grund werden Sprechstunden kaum genutzt und viele Lehrer bieten solche formalisierten Sprechstunden gar nicht mehr an. So wird der regelmäßigen persönlichen Begegnung zwischen Lehrern und Eltern oft der Riegel vorgeschoben und der Kontakt kommt erst in Krisensituationen zustande.

Es geht aber auch anders: Wenn auf dem ersten Elternabend an Stelle der Bekanntgabe der offiziellen Sprechstundenliste von den Lehrern erklärt wird, daß sie gerne für persönliche Gespräche zur Verfügung stehen, dann kann auch ein anderer informeller Kontakt in die Wege geleitet werden. Insbesondere hat es sich als positiv erwiesen, wenn Lehrer den Eltern erklären, daß sie als Lehrer einen Teil der Arbeit zu Hause am Schreibtisch erledigen und deshalb auch zu festgelegten Zeiten Telefonate zu Hause entgegennehmen. Wenn sich Eltern sicher sind, daß es ad hoc möglich ist, den Lehrer einmal anzurufen, besteht eine Chance für weitere Kontakte. Im Unterschied zur Sprechstunde in der Schule müssen sich die Eltern in einem Telefongespräch nicht direkt der Hierarchie unterwerfen, z.B. durch den Gang in die Schule zur festgelegten Zeit. Durch die Bereitschaft des Lehrers, privat angerufen zu werden, wird die Hierarchie verringert; und in der Distanz des Telefons gelingt mancher Kontaktversuch leichter. Da jedoch viele Probleme besser von Angesicht zu Angesicht besprochen werden können, ergibt sich aus solchen ersten Telefongesprächen oft, daß ein Termin vereinbart wird. Es muß dann aber keineswegs so sein, daß als Gesprächsort die Schule feststeht. Wenn es beiden Seiten – Lehrern wie auch Eltern – angenehm ist, dann ist oft das familiäre Zuhause ein besserer Ort für partnerschaftliche Kommunikation als die Schule.

Lehrer-Eltern-Gespräche im Hause der Familie durchzuführen, ist eine besondere Belastung für den Lehrer, nicht nur wegen der zusätzlichen Fahrtzeit, auch die Einstellung auf eine andere Gesprächsumgebung fällt manchmal schwer. Andererseits ergibt sich für den Lehrer aber gerade dadurch oft eine neue Perspektive. Während zur Sprechstunde in der Schule in der Regel nur die Mutter erscheint, kann der Lehrer bei einem Hausbesuch nebenbei noch evtl. Geschwister oder den Vater des Kindes kennenlernen. Er erlebt den häuslichen Wohn- und Kommunikationsstil und kann dadurch schon sehr viel von der Lebenswelt seines Schülers erfahren. Für eine kooperative Zusammenarbeit sind diese Kenntnisse von großem Gewinn. Aus dieser Perspektive heraus ermöglicht ein Hausbesuch oft trotz des relativ größeren Aufwands ein viel effektiveres Gespräch (vgl. Grabbe, 1990). Dies bestätigen auch Erfahrungen vieler Grundschullehrer aus der ehemaligen DDR, wo Hausbesuche der Lehrer die Regel waren.

6.2.5 Elternmitarbeit im Unterricht

Ein Recht der Eltern auf Mitwirkung am Unterricht in der Schule ist relativ neu, und wurde im Rahmen der Schulgesetze in den meisten Bundesländern eingeführt. Im Bundesland Bayern wird dagegen eine Mitwirkung der Eltern am Unterricht abgelehnt, da „die Durchführung des Unterrichts die ureigene Aufgabe des Lehrers ist. Es ist grundsätzlich auch nicht möglich, daß Erziehungsberechtigte lediglich als Zuhörer das Unterrichtsgeschehen verfolgen, eine Ausnahme hiervon bildet nur der Tag der offenen Tür (vgl. § 65 Abs. 6 VSO)“ (zit. nach SANDFUCHS, 1990a).

In der Schulreform der letzten Jahrzehnte beginnt sich jedoch mehr und mehr der Gedanke durchzusetzen, daß selbst in bezug auf didaktische Fragen der Unterrichtsgestaltung eine Zusammenarbeit von Lehrern mit Eltern sinnvoll und wünschenswert ist (vgl. WIATER, 1979). Eltern können dabei im Unterricht sehr verschiedene Rollen einnehmen: als spezielle Experten, als Hilfslehrer und als Miterzieher. Insbesondere in den ersten Schuljahren ist die persönliche Zuwendung des Lehrers für jeden einzelnen Schüler sehr wichtig, aber angesichts der Klassenstärken mit ca. 30 Schülern nur sehr begrenzt möglich. Dabei wäre gerade im Anfang des Lesen-, Rechnen- und Schreibenlernens bei vielen Schülern eine individuelle Hilfe besonders förderlich (*vgl. Kap. 9.4*). Hier wäre eine Mitwirkung der Eltern eine große Hilfe: Unter Anleitung eines Lehrers können Eltern in der individuellen Lernförderung helfen, z.B. in der Leseförderung als „Lesemütter“ nur einem Kind allein zuzuhören. Schließlich sind Eltern aus der Perspektive der Schule auch als Miterzieher anzusehen. In manchen Unterrichtsinhalten (z.B. im Sexualkundeunterricht) ist es sogar in den meisten Bundesländern gesetzlich festgelegt, daß die Eltern an der Planung und Gestaltung des entsprechenden Unterrichts mitwirken dürfen.

Mit diesen verschiedenen Formen der Elternaktivitäten im Unterricht können die Grenzen zwischen Elternhaus und Schule ein Stück überwunden werden (vgl. KECK, 1979). Dadurch wird mindestens das Verständnis füreinander erhöht und die allgemeine Zusammenarbeit gefördert.

6.2.6 Elternbeteiligung am Schulleben

Eine andere Form der Beteiligung der Eltern am Schulleben sind Feste und Feiern. Eltern übernehmen einen Teil der Aufführungen in einer schulischen Festveranstaltung oder helfen mit bei Ständen und Spielaktionen auf Sommerfesten usw. (vgl. SUSTECK, 1990). In der Vorbereitung und Durchführung solcher Aktivitäten wird die Zusammengehörigkeit sehr gefördert.

Über diese Hilfe hinaus gehört es zu den inzwischen fest eingebürgerten Aufgaben der Eltern im Schulleben, über einen Förderverein zusätzliche Geldmittel für schulische Anschaffungen einzuwerben oder selbst aufzubringen. Auf diese Art und Weise beginnen sich im öffentlich-rechtlichen Status ansonst gleiche Schulen mehr und mehr zu unterscheiden, je nachdem über wieviel Geld der Förderverein verfügt, denn dies kann ganz wesentlich die Voraussetzungen für den – insbesondere musisch-künstlerischen – Unterricht verbessern. Nur durch die starken Elternaktivitäten in diesem Bereich sind bisher die erheblichen Kürzungen der öffentlichen Mittel trotz wachsender curricularer Ansprüche in vielen Schulen aufgefangen worden.

6.2.7 Schule als Ort der Elternbildung

Schließlich sollte auch darauf hingewiesen werden, daß es einige wenige Beispiele der Elternarbeit gibt, in denen sich die Schule als Ort der Weiterbildung für Eltern anbietet. Dazu gehört nicht nur manches schulische Fest, sondern auch ein Angebot von verschiedenen Kursen und Workshops, insbesondere zu Fragen der familiären Erziehung.

Dieser Aspekt der Beziehung zwischen Elternhaus und Schule ist zuerst von den Alternativschulen (insbesondere der Waldorf-Pädagogik) entfaltet worden (vgl. Sandfuchs, 1990b). Neuerdings gibt es aber auch Bestrebungen verschiedener Institutionen der Erziehungsberatung und Elternbildung, mit eigenen Vortrags- und Diskussionsveranstaltungen verstärkt in die Schule hereinzugehen, um die Eltern ansprechen zu können. Dabei werden Themen wie „Aggression und Gewalt unter Kindern", „Auswirkungen des Fernsehens und neuer Medien", „Sexueller Mißbrauch" mit Interesse angenommen.

Leider nur sehr selten werden aber spezielle Angebote zur Elternweiterbildung in Erziehungsfragen von der Schule selbst angeboten. Gerade aber solche Initiativen könnten das Klima der Zusammenarbeit zwischen Elternhaus und Schule wesentlich verbessern.

6.3 Das Gespräch zwischen Lehrern und Eltern

6.3.1 Gespräche mit Eltern als pädagogische Routinesituation

Das Gespräch ist zweifellos das wichtigste Medium zwischenmenschlicher Kommunikation und Interaktion. Deshalb kommt ihm auch für die Interaktion von Eltern, Lehrer und Schüler ein zentraler Stellenwert zu. Ganz besonders gilt das in solchen Situationen, in denen Schwierigkeiten auftreten. Im folgenden sollen vor allem die Gespräche zwischen Lehrern und Eltern in ihrer besonderen Qualität näher betrachtet werden, nachdem im vorhergehenden Abschnitt die äußeren Bedingungen und besonderen Situationen, in denen sie eine wichtige Mittlerfunktion besitzen, analysiert wurden (*vgl. 6.2.2 bis 6.2.6*). Die bestimmenden Merkmale bzw. Kriterien einer guten kooperativen Gesprächsführung, die im folgenden herausgearbeitet werden, gelten aber in gleicher Weise auch für die Gespräche zwischen Lehrern und Schülern.

Zunächst dienen Gespräche zwischen Lehrern und Eltern der Herstellung eines guten Beziehungs- und Vertrauensverhältnisses. Darüber hinaus sind sie aber auch zur gegenseitigen einvernehmlichen Abstimmung pädagogischer Maßnahmen unentbehrlich. Deshalb sollten sie nicht nur auf Ausnahmesituationen beschränkt bleiben, wie z.B. Elternversammlungen oder Elternsprechstunden, die in der Regel nur in größeren Abständen einberufen und von vielen Eltern auch nur bei besonderen Anlässen besucht werden (*vgl. 6.2.2 bis 6.2.3*), vielmehr sollten Gesprächskontakte zwischen Eltern und Lehrern *als eine quasi selbstverständliche Einrichtung den schulischen Alltag begleiten*. Die Initiative dazu muß sicher in den meisten Fällen von den Lehrern ausgehen. Diese sollten aber die Eltern ermuntern, auch von sich aus immer wieder das Gespräch zu suchen; dies gelingt in der Grundschule in der Regel sehr viel leichter als auf höheren Schulstufen.

Neben solchen pädagogischen Routinegesprächen gibt es auch Anlässe für ein Elterngespräch, die eine besondere pädagogische Herausforderung darstellen. Darunter müssen wir vornehmlich solche Gesprächssituationen verstehen, in denen Lehrer sich mit Eltern (und Schülern) um die Bewältigung von unterrichtlichen oder erzieherischen Problemen bemühen oder in denen Eltern und/oder Schüler Hilfestellung in schulischen oder auch persönlichen Entscheidungssituationen suchen, z.B. bei einem eventuellen Schulwechsel oder beim Übergang in ein anderes Schulsystem (Schullaufbahnentscheidungen). In solchen Fällen sprechen wir in der Regel von einem Beratungsgespräch (Nickel, 1982b). Auch **Beratungsgespräche** bilden ähnlich wie alle anderen Elterngespräche in den meisten Schulen noch immer eine Ausnahme. Ihre Thematik bleibt außerdem fast ausschließlich auf Leistungsprobleme beschränkt. Beratungsgespräche über pädagogische Fragen, die in keinem direkten Zusammenhang mit der Schulleistung stehen, z.B. über bestimmte Erziehungspraktiken, finden dagegen kaum statt (Fölsch, 1979).

Ein wesentlicher Grund für die geringe Kommunikation zwischen Lehrern und Eltern liegt sicher darin, *daß die meisten Eltern von sich aus nur dann ein Gespräch mit dem Lehrer suchen, wenn Leistungsprobleme auftreten.* Andererseits regen Lehrer auch meistens nur bei Schwierigkeiten im Leistungs- oder Verhaltensbereich ein Gespräch mit den Eltern an. Gute Leistungen oder unauffälliges Verhalten bleiben in der Regel in dieser Hinsicht weitgehend unbeachtet. Sie bedürfen nach Meinung vieler Lehrer keines besonderen Gesprächs, obwohl lernpsychologische Befunde und vor allem auch Ergebnisse der sozialen Interaktionsforschung gerade in solchen Fällen die Notwendigkeit einer entsprechenden positiven Rückmeldung betonen, wie sie gerade über ein Gespräch den Eltern vermittelt werden kann. Darüber hinaus könnte ein solcher erfreulicher Gesprächsanlaß auch einen günstigen Einstieg zum Aufbau eines guten und pädagogisch fruchtbaren Beziehungsverhältnisses zu den Eltern bieten (vgl. Nickel, 1978b, 1983; Tausch & Tausch, 1991). Das setzt allerdings voraus, daß sich die *Lehrer darum bemühen, die bei vielen Eltern vorhandene Schwellenangst abzubauen*, um sie zu häufigen Gesprächen zu ermutigen.

Aufgrund ihrer Ausbildung bzw. ihres derzeitigen Amtes werden Lehrer von vielen Eltern in pädagogischer Hinsicht als Experten wahrgenommen, von denen man eine rasche Hilfe bzw. schnelle Lösung der Probleme erwartet. Da sie außerdem über die Leistungsbeurteilung der Schüler ein gewisses Machtmonopol besitzen, sehen sich Eltern oft bereits zu Beginn eines Gesprächs in einer unterlegenen Position. Diese den Lehrern zugeschriebene Expertenfunktion und ein häufig bei Elterngesprächen bestehender Termindruck – vor allem bei Gesprächen in Pausen oder während der üblichen Sprechstunden – können Lehrer außerdem dazu verleiten, von Anfang an die Führung des Gesprächs so weitgehend zu übernehmen, daß den Eltern zunächst kaum eine Möglichkeit bleibt, einen eigenen Lösungsvorschlag für anstehende Probleme zu entwickeln bzw. gemeinsam mit dem Lehrer eine Entscheidung zu erarbeiten, hinter der sie auch persönlich voll und ganz stehen. Bleibt dann aber der erwartete Erfolg aus, werden sie um so eher geneigt sein, die Verantwortung dafür auf den Lehrer abzuschieben, der sie vermeintlich falsch beraten hat (Heller, Nickel & Rosemann, 1978, 311 ff.).

Eine solche Ausgangssituation, in der ein Gesprächspartner dominiert, ist für den Erfolg eines Beratungsgesprächs äußerst ungünstig, sie läßt sich nur vermeiden, wenn sich die Lehrer darum bemühen, von Anbeginn an eine *Atmosphäre zu schaffen, in der sich beide Gesprächspartner gegenseitig als gleichwertige Partner akzeptieren und respektieren.* Dies setzt allerdings voraus, daß sie über entsprechende Kenntnisse und Erfahrungen in der Gesprächsführung verfügen.

6.3.2 Das Gespräch als transaktionale Wechselbeziehung

Zu den wichtigsten Voraussetzungen einer psychologisch-pädagogisch sinnvollen und hilfreichen Gesprächsführung gehört die Einsicht, daß auch ein Beratungsgespräch – ebenso wie jedes andere Gespräch – niemals im Sinne einer einseitigen Erteilung eines Ratschlages durch einen aktiven Berater an einen mehr oder weniger passiven Empfänger mißverstanden werden darf. Jede Problemlösung setzt vielmehr eine aktive Interaktion beider Gesprächspartner voraus, und zwar sowohl hinsichtlich des inhaltlichen als auch des sozialen Aspekts. Auf der **inhaltlichen Ebene** ist es für eine Verständigung von entscheidender Bedeutung, ob die Gesprächspartner mit ihren sprachlichen Äußerungen dieselben Bedeutungen verbinden. Auf **sozialer Ebene** vollzieht sich die Interaktion vor allem als averbale Kommunikation (vgl. Watzlawick, Beavin & Jackson, 1985).

Eine weitere wichtige Erkenntnis resultiert aus der Tatsache, daß *die Gesprächspartner stets einer wechselseitigen Beeinflussung unterliegen, die bereits vor der ersten Kontaktnahme durch gegenseitige Erwartungen bzw. Vorurteile und Rollenzuschreibungen bestimmt wird.* Im Verlauf des Gesprächs manifestieren sie sich durch Vorgänge der sog. interpersonalen Wahrnehmung (Rosemann & Kerres, 1986), ohne daß dies den Gesprächsteilnehmern deutlich bewußt wird (*vgl. Kap. 12.1.1*). Dieser Prozeß wird auch als **transaktionale Wechselbeziehung** bezeichnet und von Nikkel (1982b, 1993b) in einem ökopsychologischen Interaktionsmodell näher erläutert (*vgl. Kap. 2.2 und Abb. 2-1*).

Da in der Gesprächssituation die Wahrnehmung des Partners ständig durch Einstellungen und Erwartungshaltungen beeinflußt und verändert wird, kann das sehr leicht dazu führen, daß auf inhaltlicher Ebene die jeweiligen Äußerungen im Sinne bereits bestehender Vorerwartungen verstanden bzw. uminterpretiert werden. Solche schwerwiegenden Kommunikationsstörungen, die den Erfolg eines jeden Gesprächs grundsätzlich in Frage stellen, lassen sich nur vermeiden, wenn sich Lehrer konsequent um eine partnerzentrierte Haltung bemühen. Darüber hinaus erfordert es, daß sie einige grundlegende Merkmale der Gesprächsführung berücksichtigen und in konkretes Verhalten umsetzen können.

6.3.3 Merkmale einer psychologisch-pädagogischen Gesprächsführung

Einige grundlegende Merkmale einer hilfreichen Gesprächsführung wurden von der gesprächstherapeutischen Forschung erarbeitet und in ihrer Bedeutung empirisch bestätigt. Sie besitzen über den engeren Rahmen des therapeutischen Gesprächs hinaus auch für andere zwischenmenschliche Interaktionen Bedeutung; dies gilt ganz besonders für den Bereich von Erziehung und Unterricht (Rogers, 1987, 1988; Tausch & Tausch, 1990). Dies beruht vor allem darauf, daß dadurch der Gesprächsablauf und besonders die entsprechenden Interaktionsprozesse positiv beeinflußt werden. Im Falle eines Beratungsgesprächs wird ferner die Bereitschaft gefördert, gemeinsam mit dem Berater nach einer persönlich akzeptablen Lösung zu suchen bzw. für notwendige Veränderungen aufgeschlossen zu sein. Es handelt sich vor allem um drei Merkmalskomplexe, die man auch als gesprächspsychologisches Basisverhalten kennzeichnen könnte (Nickel, 1982b):

(1) Die Verwirklichung einer emotional warmen Atmosphäre mit positiver Wertschätzung des Gesprächspartners,
(2) Echtheit bzw. Kongruenz des Verhaltens,
(3) Bemühen um einfühlendes Verstehen der inneren Welt (vor allem der Gefühle, aber auch Wahrnehmungen, Einstellungen, Gedanken) des Partners.

ad (1) Die Schaffung einer **emotional warmen**, zugewandten **Atmosphäre** in Verbindung mit einer **positiven Wertschätzung** des Partners, die diesen als eigenständige und selbstverantwortliche Person akzeptiert, bilden allgemein anerkannte grundlegende Voraussetzungen für jedes fruchtbare Gespräch. Dies konnte in zahlreichen Untersuchungen sowohl des therapeutischen Prozesses wie der Erzieher-Kind-Interaktion nachgewiesen werden (Nickel, 1982b, 1983; Tausch & Tausch, 1990, 1991). *Nur wenn Lehrer den Eltern in jeder Situation positiv zugewandt begegnen, werden diese ein zunächst mehr oder weniger großes Mißtrauen überwinden können und zunehmend bereit sein, über ihre tatsächlichen Probleme zu sprechen.* Weiterhin setzt dies voraus, daß Lehrer jedes professionelle Verhalten vermeiden und zu keiner Zeit ihre fachliche Kompetenz betonen oder gar eine Überlegenheit zum Ausdruck bringen.

ad (2) Ebenso wie Berater oder Therapeuten dürfen sich auch Lehrer nicht nur äußerlich gekünstelt um eine freundliche, verständnisvolle Haltung bemühen. Vielmehr sollen sie sich in allem, was sie sagen und tun, so natürlich verhalten, *daß sie sich in vollem Einklang mit ihrer Wahrnehmung von dem Erleben ihrer Gesprächspartner befinden.* Dabei dürfen sie auch die eigenen Gefühle keineswegs verleugnen, die der Partner bei ihnen auslöst. Im Gegenteil, sie sollen sie ruhig zum Ausdruck bringen, selbstverständlich in einer respektierenden, taktvollen Weise. Diesem Merkmal der **Echtheit** oder **Kongruenz** des Verhaltens kommt nach entsprechenden Untersuchungen für den erfolgreichen Verlauf eines jeden hilfreichen Gesprächs eine ganz zentrale Bedeutung zu. Das gilt im übrigen auch für jede andere Verhaltensäußerung von Lehrern und Erziehern, nicht zuletzt im Umgang mit ihren Schülern (Nickel, 1983; vgl. Kap. 2.3).

Mit dem Begriff **Kongruenz** bezeichnet man in diesem Falle die Tatsache, daß verbale, paralinguistische und averbale Äußerungen, also etwa Wortwahl, Stimmführung und mimischer Ausdruck miteinander in Einklang stehen. Das muß keineswegs automatisch der Fall sein. So kann man z.B. zu einem Gesprächspartner, der einen gerade in Wut versetzt hat, sagen: „Das verstehe ich recht gut", dennoch aber in Stimme, Blick und Mimik durchaus ärgerlich reagieren. Diese mangelnde Kongruenz wird vom Partner sehr wohl wahrgenommen und ruft bei ihm den Eindruck hervor, daß man nicht das meint, was man sagt, sich also nicht echt verhält.

Gelingt es aber nicht, sich selbst in einem Gespräch so zu verhalten, daß man vom Partner in seinem Sagen und Tun als echt erlebt wird, so besteht die Gefahr, daß er auch alle sonstigen Bemühungen bzw. Hinweise nicht voll akzeptiert, weil er ja nicht weiß, ob er einem voll vertrauen kann, ja er reagiert vielleicht eher zurückhaltend oder sogar ablehnend. Daraus wird verständlich, warum *Echtheit und Kongruenz des Verhaltens vielfach als das wichtigste Basismerkmal nicht nur jeder Gesprächsführung, sondern vor allem auch jeden pädagogischen Handels gelten.*

ad (3) Nicht zuletzt ist es für einen positiven Gesprächsverlauf von elementarer Bedeutung, ob und inwieweit sich Lehrer bzw. Berater in die Wahrnehmungs-, Gedanken- und Gefühlswelt von Eltern hineinversetzen können, d.h. ob sie ihre äußere und innere Welt gleichsam mit den Augen der Gesprächspartner sehen und dies auch entsprechend zum Ausdruck zu bringen vermögen. Dabei müssen sie sich allerdings jeglicher wertenden Stellungnahmen enthalten. Die Verwirklichung eines solchen **einfühlenden Verstehens** stellt zweifellos hinsichtlich einer effektiven Gesprächsführung die größten Anforderungen an die Lehrer. Denn sie haben in der Regel keine entsprechende Ausbildung erfahren und sind außerdem in ihrer unterrichtlichen Tätigkeit ständig zu wertenden Stellungnahmen bzw. zur Abgabe von Urteilen und zum Erteilen von Hinweisen oder Ratschlägen genötigt. Andererseits bestätigte sich schon seit längerer Zeit die Tatsache, daß auch im pädagogischen Alltag einfühlendes Verstehen den Lern- und Erziehungsprozeß in hohem Maße förderlich zu beeinflussen vermag (Kranz & Teegen, 1973; Nickel, 1978b, 1983).

Zweifellos besteht hier noch eine Lücke in unserem gegenwärtigen Ausbildungs- und Fortbildungssystem, die man ebenfalls schon seit mehr als 20 Jahren durch das Angebot sog. Trainingsseminare wenigstens ansatzweise zu schließen versucht (Minsel, Roy & Minsel, 1976; Mutzeck & Pallasch, 1983, *vgl. Kap. 2.3*). Es dürfte in dieser Hinsicht als sehr ermutigend zu werten sein, daß Gesprächspartner in der Regel auch auf ansatzweise Bemühungen in dieser Richtung schon durchaus positiv reagieren, besonders dann, wenn eine akzeptierende Atmosphäre gegeben ist und man sich als Person „echt" bzw. „kongruent" verhält.

Ausschnitt aus einem „Elterngespräch" (nach Kranz & Teegen, 1973, 355ff.)

Die Lehrerin (L) hat die Mutter (M) von Dieter (4. Klasse) zu sich gebeten, weil er gegenüber seinen Mitschülern auffallend aggressiv ist:

L: „Mir ist aufgefallen, daß Dieter sehr aggressiv ist und auch schlägt. Und ich möchte gern Ihre Meinung dazu hören, denn das, was ich beobachte, ist ja nur sehr subjektiv. Wie sehen Sie das zu Hause?"

M: „Hier zu Hause schlägt er nicht."

L: „Also mir ist das in der Schule aufgefallen, in der Pause und besonders auf der Klassenreise: Wenn geschlagen wird, ist er dabei."

M: „Na ja – das kann angehen – und mein Mann, der sagt auch, 'Schläge müssen mal sein' – irgendwie müssen sie sich doch auch durchsetzen."

L: „Ja, Sie denken: 'Manchmal ist es eben notwendig?' Aber wissen Sie, wenn ein Kind, immer, wenn es wütend ist, zunächst erst mal schlägt, dann mach ich mir doch etwas Sorgen. Ich finde, wir müssen alle miteinander auskommen, und mit Schlägen lösen wir unsere Probleme nicht. Deshalb versuch' ich dagegen anzugehen."

M: „Ja, Sie machen immer Spiele." (Rollenspiele)

L: „Es ist ja so, daß man nicht grundlos zuschlägt, meist passiert das doch in einer Situation, wo man mit sich und seinen Gefühlen nicht fertig wird. Und dann machen wir das in der Klasse so, daß wir zum Beispiel eine Situation, wo wir wütend aufeinander waren, spielen, und zunächst sagen, was in uns los ist, bevor wir zuschlagen wollen."

M: „Ach so meinen Sie das. Aber das kann ich ja nicht mit ihm machen."

L: „Das kann ich mir vorstellen, daß das für Sie ungewohnt ist."

M: „Ja und ich weiß auch gar nicht so, was das bringt."

L: „Ja, wissen Sie, es hat sich erwiesen, daß ein Mensch mit Gefühlen, die er hat, besser fertig wird, wenn er darüber spricht, und besonders ist das eben bei Kindern so."

M: „Ach so."

L: „Das ist für Sie jetzt noch so etwas fremd? Aber achten Sie doch einmal am Wochenende darauf, ob Sie irgendwo mal sehen, daß er zuschlägt, und dann bitte ich Sie doch, mit ihm darüber zu reden, warum er ärgerlich gewesen ist, denn er wird ja 'nen Grund haben, weshalb er zuschlägt."

Die Lehrerin versucht in diesem Gesprächsausschnitt
- die Sichtweise der Mutter zu dem Problem zu klären,
- die Einstellung der Mutter zu akzeptieren,
- der Mutter durch Informationen zu helfen, ihre Sichtweise zu überprüfen,
- ihr eigenes Verhalten zu erklären,
- der Mutter konkrete Hilfen zu geben.

Aus diesem Gesprächsausschnitt ist noch keine Lösung des Problems zu ersehen; wir können jedoch vermuten, daß die Mutter versucht, psychologisch angemessener auf Dieters aggressives Verhalten einzugehen, wenn die Lehrerin weitere Gespräche mit ihr führt, in denen sie sich um Verständnis für die Mutter bemüht und ihre Ansätze zur Mitarbeit bekräftigt.

Je besser allerdings eine Verbalisierung der inneren Prozesse des Gesprächspartners gelingt, um so eher darf man erwarten, daß dieser zu einer Umstrukturierung seines Selbstkonzeptes fähig ist und in die Lage versetzt wird, positive Lösungsansätze zu erarbeiten. Deshalb kommt der Verbalisierung der Erlebniswelt des Partners gerade auch in einem offenen Beratungsgespräch, in dem sich Lehrer gemeinsam mit den Eltern um eine bestmögliche Lösung bestehender Probleme bemühen, eine besondere Bedeutung zu (MINSEL, 1974; NICKEL, BONN & FENNER, 1976).

Eine Gesprächsführung, wie sie hier in ihren wesentlichen Merkmalen charakterisiert wurde, stellt zweifellos für die meisten Lehrer eine Herausforderung dar, auf die sie während ihrer Ausbildung in der Regel kaum vorbereitet wurden. Es bleibt vielmehr in erster Linie ihrer eigenen Initiative überlassen, sich um ein entsprechendes Verhalten zu bemühen. Dabei können sich Lehrer durch gegenseitige Verhaltensrückmeldung in kleinen Übungsgruppen in ähnlicher Weise wechselseitig unterstützen, wie dies bereits für die Realisierung einer entsprechenden Lehrer-Schüler-Interaktion dargestellt wurde (*vgl. Kap. 2.3*). Je mehr ihnen ein derartiges

Gesprächsverhalten sowohl im Umgang mit Eltern als auch mit den Schülern zur Selbstverständlichkeit wird, um so positiver werden sich die weiteren Beziehungen gestalten. Solche Erfolgserlebnisse bei ersten positiven Ansätzen können zum bestimmenden Motiv dafür werden, sich weiterhin um eine konsequente Verwirklichung dieser Basismerkmale zu bemühen. Dadurch dürften manche zunächst als Belastung oder als problematisch erlebten Formen der Eltern-Lehrer-Kontakte – von Elternabenden über Eltern-Sprechtage bis zur Elternmitarbeit im Unterricht und gar zur Elternbeteiligung am Schulleben (*vgl. 6.2*) – zu wechselseitig fruchtbaren Beziehungen werden, die sich auf die gesamte Schularbeit und damit letztlich auch auf die Entwicklung der Kinder in jeder Hinsicht günstig auswirken.

Weiterführende Literatur

Melzer, W. (Hrsg.): *Eltern - Lehrer - Schüler.* Zur Elternpartizipation an Schule. Weinheim 1985: Juventa

Nickel, H.: Das Beratungsgespräch mit Eltern und Schülern. In K. Heller & H. Nickel (Hrsg.), *Modelle und Fallstudien zur Erziehung und Schulberatung.* Bern 1982: Huber

Nickel, H., Bonn, R., Fenner, H.-J.: Das klientzentrierte Beratungsgespräch. In K. Heller (Hrsg.), *Handbuch der Bildungsberatung.* (Bd. 3). Stuttgart 1976: Klett

Petzold, M.: *Familienentwicklungspsychologie.* München 1992: Quintessenz

Ulich, K.: *Schule als Familienproblem?* Frankfurt am Main 1989: Athenäum

7

Grundschulkinder und die Lebenswelt Medien

Wolfgang Einsiedler

7.1 Einleitung

Zum Bereich „Kinder und Medien" gibt es seit längerem eine umfangreiche empirische Forschung. So wurden innerhalb eines Schwerpunktprogrammes der Deutschen Forschungsgemeinschaft Beobachtungen zum Medienverhalten von Kindern durchgeführt (Sturm, 1986; Charlton & Neumann-Braun, 1992). Auch aus den USA liegen vielfältige empirische Forschungsergebnisse vor (z.B. Huesmann & Eron, 1986). Es mag deshalb verwundern, daß in diesem Beitrag das Medienverhalten der Kinder mit einem philosophischen bzw. erkenntnistheoretischen Begriff in Verbindung gebracht wird, nämlich dem der **Lebenswelt**. Lebenswelt ist nicht, wie fälschlicherweise oft behauptet wird, identisch mit Lebenswirklichkeit und Lebenssituation, sondern bedeutet nach einer Begriffsbestimmung von Husserl (1962) eine spezifische Weltsicht, eine durch individuelle subjektive Erfahrung geprägte naive Welthingabe, ein eher unreflektiertes Umgehen mit Gegebenem. Auch erkenntnistheoretisch versteht man unter lebensweltlicher Perspektive zunächst das unreflektierte Hinnehmen des „schlicht Gegebenen", das „fraglose Erleben" des Alltags (Schütz & Luckmann, 1975). Bei Schütz & Luckmann (1975) umfaßt der Lebensweltbegriff aber auch die Wechselseitigkeit von Subjekt und Gegebenheiten, d.h. die Gegebenheiten und Sinnstrukturen in der Alltagswelt bestehen nicht für sich, sondern sind vom Subjekt mitkonstruiert und deshalb z.T. veränderbar.

Wenn mit dem Begriff Lebenswelt also eher die subjektive Perspektive und die sozial vermittelte Sicht der Welt gemeint ist, scheint es angemessen, ihn auf die Erfahrungen von Kindern mit Medien anzuwenden. Viele Kinder wachsen in ein „fragloses Erleben" des Umgangs mit Medien hinein, das Medienverhalten in Familien und anderen sozialen Gruppen ist von den Gruppenmitgliedern her konstituiert, es ist sozial konstruiert. Wegen dieses beiläufigen Hineinwachsens in Medienverhalten, der häufig unreflektierten Übernahme medienbezogener Muster und Rituale, ist auch der Begriff **Mediensozialisation** angebracht. Dieser Terminus hat zudem den Vorteil, daß er auf das Hineinleben der Kinder in Bereiche bezogen werden kann, die mit den Massenmedien verbunden sind: Konsum, Werbung, Freizeit u.a.m. Baacke, Sander & Vollbrecht (1993) sehen deshalb Mediensozialisation, Konsumsozialisation und Produktsozialisation in engem Zusammenhang.

Nach Schütz & Luckmann (1975) ist die Lebensweltperspektive nicht nur ein Ausschnitt von Erfahrungen, sondern eine „Totalität", eine „Wechselwirkung" zwischen verschiedenen Perspektiven, ein „Bezugsrahmen". Diese Charakterisierung von Lebenswelt ist höchst aktuell und zutreffend für ein neueres Verständnis des Medienverhaltens von Kindern. Man betrachtet nicht mehr einen einzelnen Ausschnitt und analysiert nicht eine unilineare Wirkrichtung, etwa: Führt eine spezifische Art von Medienkonsum zu einem bestimmten Verhalten? Vielmehr wird die Lebenswelt Medien in ihrer Verflochtenheit mit sozialen, materialen, räumlichen u.a. Aufwachsbedingungen der Kinder gesehen. Medien sind ein Faktor in einem **sozial-ökologischen Netzwerk**, und die einzelnen Faktoren des Netzwerkes stehen in vielfältigen Wechselwirkungsbeziehungen zueinander.

In Ansätzen läßt sich diese Netzwerk- oder systemische Betrachtungsweise bereits zum Verständnis von Phänomenen anwenden, die mit Medienverhalten zusammenhängen. *Beispiele aus dem Mikrosystem Kind/Familie/Medien*:

Zunehmend wird von Untersuchungen über Rückgang und Veränderungen der Kommunikation in Familien berichtet, und manchmal wird Fernsehkonsum als Ursache genannt. Vermutlich hängen quantitative und qualitative Veränderungen der Kommunikation in Familien jedoch mit vielen Faktoren zusammen: In der Bundesrepublik hat sich durch den Geburtenrückgang die Geschwisterzahl auffällig reduziert; berufstätige Eltern pflegen u.U. eine eher professionsbezogene Kommunikation, und man spricht auch von einem selbstbezogenen Freizeitverhalten mancher Väter und Mütter. Umgekehrt gibt es aber auch deutliche Hinweise, daß sich in Familien mit hohem Fernsehkonsum (z.B. nach Einführung des Kabelfernsehens) die Kommunikation auf die oberflächliche Unterhaltung über Fernsehserien konzentriert (Schnoor & Zimmermann, 1989).

Groebel (1986) stellte Wechselwirkungen zwischen individuellen Voraussetzungen und Fernsehwirkungen fest: In dieser Studie erwiesen sich Kinder und Jugendliche mit niedrigem Selbstwertgefühl als überdurchschnittliche Fernsehkonsumenten; nach zwei Jahren war nicht etwa eine Verarbeitung dieser Persönlichkeitsprobleme zu beobachten, sondern eine Verstärkung der Angst durch Fernsehprogramme. Groebel (1986) entwarf ein Netzwerkmodell mit 17 Variablen zur möglichen Verstärkung/Minderung aggressiven Verhaltens durch Fernsehkonsum.

Aus dem *weiteren sozial-ökologischen System Kind/Freunde/ Wohnumfeld* ist bekannt, daß vor allem das Anschauen von Videokassetten durch die Subkulturen von Gleichaltrigengruppen mitbedingt ist. Kinder und Jugendliche suchen Anerkennung durch Teilhabe an „Video-Sessions“ und an „Mutproben“ beim Anschauen von Horrorvideos (Spanhel, 1987). Dazu treten klare sozioökonomische und soziokulturelle Erklärungsmuster (Schicht und Bildungsstatus der Eltern, Lukesch et al., 1990).

Die gründlichste sozial-ökologisch angelegte Studie zum Fernsehkonsum von Kindern führten bisher Schneewind et al. (1982) durch. Sie erhoben Daten zu Erziehungsvariablen, zu Familienbedingungen, zu sozialen und materialen Voraussetzungen im Wohnumfeld u.a.m. Es zeigte sich: Der Fernsehkonsum der Kinder ist umso geringer, je besser der **ökologische Kontext** ist, d.h. je größer die Wohnung und je besser Umfeldbedingungen wie Spielplatz, Kindergarten, Schulen, Freizeitmöglichkeiten. Neben der restriktiven Regelung des Fernsehens durch die Eltern ist ein anregendes Familienklima für geringeren Fernsehkonsum verantwortlich, d.h. vor allem die Beteiligung der Eltern am Kinderleben.

Die Verflechtungs- oder Netzwerkannahme ist auch auf das *Makrosystem „Kinderfernsehen und Gesellschaft“* anzuwenden. Eine lediglich kulturtheoretische Analyse der Lebenswelt Medien (Kindheit geht verloren, weil Fernsehen den Kindern die Erwachsenenkultur vermittelt), wie sie POSTMAN (1983) vornahm, greift dabei zu kurz, weil das Kinderfernsehen inzwischen immer mehr mit ökonomischen Interessen verflochten ist. Schon seit längerem wurde ja versucht, in einer Art **Medienverbund** Figuren aus populären Kindersendungen auch als Spielfiguren, Plüschtiere usw. zu vermarkten (Beispiele: Mickey Maus, Sesamstraße). Nach KLINE (1992) waren diese Ansätze nur durch lockere Sender-Firmen-Verbindungen gekennzeichnet und die Spielfiguren, T-Shirts usw. nur „spin-offs" (Nebenprodukte). KLINE (1992) beschreibt eine Entwicklung im Bereich des Kinderfernsehens in den USA seit ca. 1982, in der Kinderfernsehserien und Marketing-Strategien perfekt miteinander kombiniert werden. Die Fernsehserien werden nicht mehr von Kinderbuchautoren geschrieben oder von bekannten Moderatoren gestaltet, sondern in eigenen Lizenzagenturen werden Comic-Figuren erfunden, die sowohl für Action-Serien im Kinderfernsehen als auch für die Vermarktung von Kinderprodukten, angefangen von Spielzeug über Cornflakes und Spaghetti bis zu T-Shirts und Tapeten, geeignet sind. Die Lizenznehmer müssen sich bei der Gestaltung der Produkte streng an Posen, Farben usw. der Figuren halten. Als z.B. eine Nudelfirma in Anlehnung an die Comicserie „Smurfs" Spaghetti mit der Bezeichnung „Smurfaghetti" kreierte, mußte sie Festlegungen hinsichtlich Aufmachung, Werbespots, Musik usw. akzeptieren. Das Kinderfernsehen ist so weitgehend nur mehr ein Element des **Merchandising** (Produktvermarktung) geworden, d.h. die perfekte Produktentwicklung und die zielgruppenspezifische Lizenzvergabe der TV-Figur sind vorrangig.

Sowohl der *Lebensweltbegriff* als auch die *mikro- und makrosystemische Analyse* des Phänomens Medien sind geeignet, eine zu enge pädagogische und dadurch u.U. zu naive Sichtweise der Medienproblematik zu vermeiden. Eine Frage wie „Macht Fernsehen dumm?" ist in den Gesamtzusammenhang Familienstruktur, soziokulturelle Randbedingungen, individuelle Voraussetzungen usw. einzuordnen. Vermutlich gewinnt außerdem zunehmend eine politische und ökonomische Betrachtungsweise des Themas „Kinder und Fernsehen" an Bedeutung.

7.2 Mediennutzung durch Grundschulkinder

In der Medienforschung hat sich die Aufteilung in den Bereich **Nutzungsforschung** und **Wirkungsforschung** durchgesetzt. Im vorliegenden Beitrag wird diese Unterscheidung übernommen, allerdings nicht streng durchgehalten, da die Nutzung von Medien im Sinne des Netzwerkansatzes selbst als Auswirkung sozialer und anderer Bedingungen betrachtet werden kann.

7.2.1 Die Nutzung des Fernsehens

Seit 1971 gibt es in der Bundesrepublik regelmäßige Erhebungen über die durchschnittlichen täglichen Fernsehzeiten von Kindern. Sie betrugen damals wochentags 62 Minuten, samstags 105 und sonntags 110 Minuten (Schnitt: 76 Minuten). Bei der ersten teleskopischen Erhebung 1978 lauteten die Zahlen: wochentags 74, samstags 139, sonntags 102 (Schnitt: 87). Seit 1986 führt die Gesellschaft für Konsumforschung (GfK) jährlich Erhebungen durch. Danach hat sich der durchschnittliche Fernsehkonsum pro Tag bei den 6- bis 9jährigen zwischen 76 und 78 Minuten und bei den 10- bis 13jährigen bei ca. 95 Minuten eingependelt. Diese Durchschnittszahlen mögen schon hoch erscheinen, vor allem wenn man an die erhöhten Anteile am Wochenende denkt. Aussagekräftiger ist jedoch folgende Ausdifferenzierung: Ca. 35 % der Kinder sind an einzelnen Tagen Nicht-Fernseher, dadurch beträgt die tatsächliche Sehzeit der fernsehenden Kinder ca. 2 1/2 Stunden pro Tag. Die 65 % der fernsehenden Kinder pro Tag sind bis auf einen ganz geringen Prozentsatz von Nicht-Fernsehern wechselnd zusammengesetzt. Gesondert zu betrachten ist die Gruppe der Vielfernseher, die unterschiedlich definiert wird. Nach der Begriffsbestimmung von BUSS im Jahr 1985 liegen die Vielfernseher nur wenig über dem 1990 erreichten Durchschnitt der 65 % fernsehenden Kinder. BUSS (1985) bestimmte damals 28 % der 3- bis 13jährigen fernsehenden Kinder mit 2 Stunden 44 Minuten als Vielfernseher. Glogauer (1993) bezeichnet Kinder mit 30 Stunden Fernsehzeit pro Woche als Vielfernseher; in seiner Grundschulkinder-Stichprobe seien 55 % der Befragten dazu zu zählen!

In den USA lagen in den 80er Jahren die durchschnittlichen Sehzeiten der Kinder pro Tag bei ca. 4 Stunden. Dabei ist allerdings zu bedenken, daß in US-Haushalten das TV-Set häufig angeschaltet ist, ohne daß die Familienmitglieder aufmerksam zum Bildschirm schauen. Anderson et al. (1986) installierten in Wohnzimmern Videokameras und stellten folgende Zeitanteile aufmerksamen Zuschauens fest:

- 2 1/2jährige ca. 50 %,
- 5jährige ca. 65 %,
- 7 1/2jährige ca. 75 %,
- ab dem 10. Lebensjahr kontinuierlicher Rückgang.

In 14,7 % der Zeit, in der der Fernsehapparat lief, war niemand im Raum. Auch in der Bundesrepublik erhöhen sich die Einschaltzeiten des Fernsehgeräts mit stark wechselnden Anteilen aufmerksamen Zuschauens (Opaschowski 1992).

Eine Streitfrage ist, ob die Einführung der Vollverkabelung mit 20 und mehr Programmen zu höheren Fernsehzeiten der Kinder geführt hat. Nach Tietze (1990) war dies bei Vorschulkindern im Kabelpilotprojekt Dortmund eindeutig festzustellen (Anstieg von 29 Minuten auf 55 Minuten pro Tag). Boeckmann et al. (1990) sprechen von einem Innovationseffekt, einige Monate nach Einführung der Verkabelung würde ein Niveau erreicht, das nur leicht über dem der nichtverkabelten Haushalte liege. Die GfK-Zahlen von 1989 und 1990 bestätigen diese Annahme; danach sehen 6- bis 13jährige Kinder in verkabelten Haushalten im Schnitt 7 bzw. 6 Minuten länger fern.

Die Einführung des **Kabelfernsehens** und der **Privatsender** hat jedoch zu verschiedenen Änderungen der Lebens- und Fernsehgewohnheiten in den Familien geführt: Es wird häufiger schon am Vormittag ferngesehen, die Gespräche drehen sich häufiger um das Fernsehprogramm, in zwei Studien war ein eindeutiger Rückgang der Beschäftigung der Eltern und Kinder mit Büchern und Bilderbüchern festzustellen (vgl. Schnoor & Zimmermann, 1989; Tietze, 1990). Und: Kinder in verkabelten Haushalten sehen häufiger Programme der privaten Sender. Die Vergleichszahlen 1989/1990 lauten:

	1989	1990
RTL plus	13 Min.	17 Min.
Tele 5	8 Min.	16 Min.
SAT 1	19 Min.	14 Min.
ARD	12 Min.	12 Min.
ZDF	19 Min.	10 Min.

(aus: van Eimeren & Löhr, 1991).

Baacke, Sander & Vollbrecht (1993) sehen bei der Fernsehnutzung durch deutsche Kinder denselben Trend wie im Kinderfernsehen in den USA seit 1982: Die Kinder „wandern zu den Privaten ab", dort herrscht eine kommerzialisierte Programmstruktur vor, d.h. mehr zielgruppenspezifische Werbung und Spiel-Shows für Kinder mit Product-Placement (z.B. Quizfragen zu Produkten, Produkte als Gewinne).

Seit langem ist bekannt, daß die Fernsehnutzung durch Kinder schichtspezifisch bestimmt ist: Je höher der Bildungsstatus der Eltern, desto geringer ist der Fernsehkonsum der Kinder dieser Familien (Sturm, 1986). Elterliche Einstellungen, elterliche Fernsehverhaltensweisen und Erziehungspraktiken sind maßgebliche Bedingungsfaktoren des Fernsehverhaltens der Kinder. „In den Familien, in denen eine Vereinbarung zwischen Eltern und Kindern über das Fernsehen besteht, ist ein geringerer Grad des Fernsehkonsums festzustellen" (Schnoor & Zimmermann, 1989, 97). Alle Aussagen über schichtspezifische und erziehliche Bedingungen des Fernsehens gelten in verschärftem Maße für verkabelte Haushalte (ebd.).

Welche Sendungen sehen die Kinder? Im Jahr 1990 tauchte unter den 20 am meisten gesehenen Sendungen keine aus der Sparte „Kinder- und Jugendfernsehen" auf. In ARD und ZDF sehen die 6- bis 13jährigen am häufigsten Samstagabendshows wie „Wetten daß ...?" und Spielfilme. In verkabelten Haushalten werden häufig Action-Serien der privaten Sender gesehen, z.B. „Knight Rider". Sehr beliebt sind in den privaten Programmen Zeichentrickfilme, z.B. sind unter 10 Nennungen bei Pro 7 allein 7 Folgen aus der Zeichentrickserie „Tom und Jerry" vertreten (alle Angaben aus: van Eimeren & Löhr, 1991).

Bei den Nutzungsdaten ist mitzubedenken, daß jüngere Grundschulkinder häufig noch nicht zwischen Realität und Fiktion sowie zwischen Programmanteilen und Werbung unterscheiden können (vgl. den Kurvenverlauf vom 1. bis 4. Schuljahr bei Huesmann & Eron 1986, 59). Jüngere Kinder, weniger intelligente Kinder und Vielfernseher sind häufiger der Meinung, bestimmte Inhalte und Figuren des Fernsehens existierten real (Greenberg & Reeves, 1976). Bei einem Werbespot, bei dem frisch gepreßter Orangensaft in einen Karton geschüttet wurde, meinten viele Kinder, der Saft werde tatsächlich so hergestellt (Ross et al., 1981).

Erhöhte Fernsehnutzung geht mit der Verdrängung anderer Tätigkeiten einher. Es gibt viele Belege dafür, daß dies im quantitativen Sinne für Lesen, Spielen und Sozialkontakte mit Gleichaltrigen gilt (Schnoor & Zimmermann, 1989). Die qualitative Verdrängungsthese (Fernsehen wirkt negativ auf die Qualität anderer Tätigkeiten, z.B. weniger Anstrengung beim Lesen, mehr Comic-Lesen) ließ sich nicht bestätigen (Böhme-Dürr, 1990; vgl. auch Abschnitt „Medienwirkungen"). Trotz des hohen Stellenwerts des Fernsehkonsums im Alltag der Kinder geben Kinder bei Befragungen nach ihrer Lieblingstätigkeit meist nicht Fernsehen an erster Stelle an. In den entsprechenden Untersuchungen rangieren jeweils „Spielen" oder „Sport treiben" oder „mit Freunden zusammen sein" vor „Fernsehen" (vgl. Spanhel 1987; Schnoor & Zimmermann, 1989; van Eimeren & Löhr, 1991). Offensichtlich ist Fernsehen im Alltag von Kindern zwar dominant, die genannten drei Tätigkeiten sind jedoch nach wie vor sehr beliebt.

7.2.2 Die Nutzung von Video- und Tonkassetten

Daten zum Anschauen von Videofilmen und zu den dabei präferierten Inhalten verdienen eigene Beachtung, da sich diese Tätigkeit, was Motivation und Aufmerksamkeit betrifft, vom sonstigen Fernsehkonsum unterscheiden kann. Videokassetten werden bewußter gewählt, man macht sich vom zufälligen Programmangebot der Sender unabhängig. Wenn man sich für das Anschauen eines Videofilmes entschieden hat, ist die Aufmerksamkeit größer, man läßt sich nicht beiläufig berieseln wie sonst häufig beim Fernsehen. Einige Autoren nehmen aufgrund von Befragungsdaten an, daß diese beiden Merkmale (Unabhängigkeit und höhere Aufmerksamkeit) folgende Funktionen des Videosehens ermöglichen: Die Auswahl der Videokassetten kompensiert subjektiv empfundene Programmdefizite der Sender, meist zugunsten von Action-, Horror- und Sexfilmen, und Videosehen erlaubt noch gezielter eskapistisches Verhalten, d.h. Flucht in die Fiktion vor Schwierigkeiten in der Realität (Lukesch et al., 1990).

Für Videokonsum liegen keine durchschnittlichen Minutenangaben pro Tag vor. Meistens werden Kinder und Jugendliche gefragt, wie oft sie und welche Video-Filme sie gesehen haben. In Familien haben in den westlichen Bundesländern 58 %, in den östlichen Bundesländern 26 % der Heranwachsenden die Möglichkeit, einen Videorecorder zu nutzen (Stand 1990, Groebel & Klingler, 1991). Die meisten Kinder und Jugendlichen sehen jedoch Videofilme nicht zu Hause, sondern mit Freunden an. Von 100 Heranwachsenden geben in den jeweiligen Untersuchungen immer ca. 60–90 an, Videofilme „bei Freunden" gesehen zu haben (Glogauer, 1988; Lukesch et al., 1990).

Eine großangelegte Studie zur Nutzung von Videokassetten im Grundschulalter stammt von Glogauer (1993). In den entsprechenden Fragebögen kreuzten die 6- bis 8jährigen zu 18,5 % an, daß sie oft Videofilme anschauen, bei den 9-10jährigen waren es 19,8 %. Die aufgeschlüsselten Daten weisen jeweils für Jungen und Stadtkinder wesentlich höhere, für Mädchen und Landkinder wesentlich niedrigere Werte aus. Glogauer befaßt sich ausführlich mit den Inhalten indizierter Videofilme. Indiziert ist z.B. „Rambo III", in dem nach Glogauer 245 Gewaltakte vorkommen. In der Befragung gaben 25,4 % der Grundschüler in der Großstadt an, schon indizierte Filme gesehen zu haben (insgesamt wurden 173 Titel genannt), in einer ländlichen Region waren es 10 % der Grundschüler (59 Titel).

Die methodisch sehr sorgfältig ausgewerteten Untersuchungen von Lukesch et al. (1990) beziehen als jüngste Altersgruppe leider nur 10- bis 13jährige ein. Trotzdem können aus dieser Erhebung mit insgesamt 4089 Probanden Alterstrends herausgelesen und Rückschlüsse auf jüngere Kinder gezogen werden. Nach Lukesch et al. (1990, 99 f.) sind ca. 16 % der Probanden mit Videozugang Intensivseher, ca. 23 % regelmäßige Seher; die jüngste Altersgruppe weicht davon nur wenig ab (14,2 % / 21,6 %). Sonderschüler und Ausländerkinder sehen überdurchschnittlich viele Videofilme an. Bei der Frage „An welche Filme erinnerst du dich?“ kommt in etwa die gleiche Rangfolge zustande wie bei der Frage „Welche Filme gefallen dir?“: 1. Action (Krimi, Western), 2. Klamauk, 3. (mit Abstand) Horror- und Kriegsfilme. Bei den Jüngeren werden Krimi und Western noch häufiger genannt, relativ oft auch Zeichentrickfilme (In jüngster Zeit kommen immer mehr Videospiele mit Gewaltaktionen, die vom Spieler zu tätigen sind, auf den Markt, z.B. Lehrer niederwalzen, Menschen abschießen; zur Verbreitung und zur Rangreihe verwendeter Spiele s. GLOGAUER, 1993, 67/68).

Wie kindliches Fernsehen allgemein hängt der Konsum von Videofilmen ganz stark mit Schichtzugehörigkeit und Bildungsstand der Eltern zusammen. LUKESCH (1989, 8) fand zum Merkmal „Buchlesen“, das sicherlich ebenfalls ein soziokultureller Index ist, folgende Relationen: Die Bindung an das Buch geht mit deutlich geringeren Fernseh- und Videozeiten einher; bei den buchlesenden Befragten ist besonders der gewaltorientierte Fernseh- und Videokonsum geringer und der informationsorientierte Fernsehkonsum höher. Videokonsum verdrängt zeitlich gesehen nicht das sonstige TV-Sehen, es gibt vielmehr eine Vernetzung der häufigen Nutzung von Fernsehen, Videokassetten und Videospielen.

Über die Nutzung von Tonkassetten durch Kinder und Jugendliche gab es bis vor kurzem überraschenderweise nur wenige empirische Daten. In einigen Studien wird beiläufig mitgeteilt, daß 60 % bis 70 % der Kinder einen Radiorecorder, einen Kassettenrecorder oder einen Walkman ihr eigen nennen, so daß davon auszugehen sei, daß dieses Medium im Leben der Kinder eine wichtige Rolle spiele. Durch neue Untersuchungen einer Bielefelder Gruppe (TREUMANN & VOLKMER, 1993; TREUMANN, 1994) liegen nun auch sehr detaillierte Informationen zur Nutzung von Tonkassetten vor. Beide Studien sind methodisch sehr gründlich und folgen einem interessanten, entwicklungspsychologisch orientierten Auswertungsansatz. Kassetten hören liegt bei der Mediennutzung gleich hinter dem Fernsehkonsum. Die tägliche Dauer beträgt bei den Kassettenhörern ca. 30–60 Minuten, die 11 % „Vielhörer“ nutzen dieses Medium sogar 2–5 Stunden pro Tag.

Von den entwicklungspsychologisch bestimmten Auswertungsrichtungen können nur einige in Auswahl dargestellt werden: Der Umgang mit Tonkassetten scheint eine Betätigungsform zu sein, die der zunehmenden Suche nach Freiräumen und nach Selbstbestimmung der Kinder und Jugendlichen entgegenkommt. Die überwiegende Zahl der Befragten kauft Kassetten selbständig, läßt sich bei der Wahl des Genres nicht von den Eltern beeinflussen und hört die Kassetten im eigenen Zimmer ohne pädagogische oder sonstige Beeinflussungen. Das Hören von Tonkassetten erlaubt das „symbolische Experimentieren mit der Identität“. Kinder im Grundschulalter hören noch vorwiegend Abenteuer- und Phantasiegeschichten, aber auch schon Pop/Rock/Schlager. Bei den 10- bis 13jährigen nimmt dann die Kategorie Pop/Rock/Schlager eine Spitzenstellung ein. Es handelt sich wohl um ein Ausprobieren verschiedener Musikrichtungen, eine über das Medium vermittelte Identitätssuche. Ähnlich wie beim Phänomen Popbands für Kinder kann man beim Kassettenkaufen und -hören von einer Art „vorauseilender Identität“ (TREUMANN & VOLKMER, 1993, 158) sprechen.

Die Autoren haben auch viele Hinweise auf die Möglichkeit der Auseinandersetzung mit emotionalen Problemen durch Kassettenhören sowie auf kreativen Umgang mit dem Kassettenrecorder (z.B. Gesang, Geschichten, „verrückte Nachrichten" aufnehmen) gefunden. Sie verweisen aber auch auf die Paradoxie von Freiraum einerseits und Standardisierung andererseits; letztere besteht darin, daß die Kinder auch mit den Tonkassetten häufig in Medienverbund und Merchandising eingebunden werden und vor allem die Charaktere der Hörspiele standardisierte Helden mit nur geringen Individualisierungsperspektiven sind.

7.3 Medienwirkungen

Das Thema Medienwirkung wird in der Öffentlichkeit bekanntlich sehr kontrovers diskutiert. Das dürfte zu einem Großteil daran liegen, daß bestimmte gesellschaftliche Gruppen ein Interesse daran haben, wenn negative Auswirkungen von Fernsehen, Video usw. bestreitbar oder widerlegbar sind. Aber auch die Medienforschung hat Schwierigkeiten, eindeutig kausale Wirkrichtungen vom Medienkonsum auf das Verhalten der Konsumenten nachzuweisen. Gründe dafür sind zum einen methodische Probleme (nur ganz wenige Auswertungsverfahren erlauben kausale Interpretationen), zum anderen kommt es im Einzelfall auf die konkreten individuellen und situativen Umstände an; zugespitzt ausgedrückt: Ein Kind, das in einer Woche mehrere Hundert TV-Gewalttaten gesehen hat, wird u.U. gegenüber Klassenkameraden aggressiv, oder es zieht sich verängstigt zurück und sucht isoliert weiter eskapistische Medienerfahrungen.

Wie weiter oben bereits ausgeführt, werden Medienwirkungen heute im Rahmen sozial-ökologischer Modelle analysiert. Ob ein Kind, das viel fernsieht, aggressiv wird, hängt danach mit Familienstrukturen, Gewalt in der Familie, individuellen Dispositionen usw. zusammen. Glogauer (1992) referiert einige Studien, in denen Aufschaukelungseffekte von Medienkonsum und sozial-ökologischen Bedingungen (z.T. mit Wirkungen noch nach 10 Jahren) deutlich werden. Dieser Autor hat auch Fallstudien gesammelt, die zeigen, wie ungünstige familiale, soziale u.a. Voraussetzungen zusammen mit Medienkonsum zu Gewalttätigkeit und Kriminalität führen können; zwar haben solche Studien keine Beweiskraft, sie illustrieren jedoch exemplarisch das netzwerkartige Zusammenwirken individueller, sozialer und medialer Faktoren.

In einer experimentellen Untersuchung, die kausal interpretierbar ist, haben Huston et al. (1983) kumulative Wirkungen beim Fernsehen nachgewiesen. Kinder sahen einen Fernsehfilm mit viel oder wenig Gewaltdarstellungen und spielten anschließend mit Spielzeug, das entweder aggressionsfördernd oder sozial förderlich war. Bei weiteren Beobachtungen der Probanden zeigte sich, daß die Kinder am aggressivsten waren, die Filme mit Gewaltszenen gesehen und danach mit aggressionsförderndem Spielzeug gespielt hatten. Bei den Gruppen, die sozial förderliches Spielzeug zur Verfügung gehabt hatten, war der Einfluß der TV-Gewaltversion geringer.

7.3.1 Wirkungen des Fernsehens

Zu den Wirkungen des Fernsehkonsums auf kindliche Aggressivität gibt es seit langem Untersuchungen mit überwiegend gleichen Ergebnistendenzen. Bereits ein hohes Maß an Action in Fernsehfilmen und Werbespot-Abfolgen kann zu einem Anstieg der Aggressivität führen (RICE et al., 1984; SINGER & SINGER, 1983). In einer Arbeit von HUSTON et al. (1981) war feststellbar, daß bei einer Filmkombination von viel Action und viel Gewalt die Aggressionsindizes der Kinder gleich blieben und bei der Kombination von wenig Action und wenig Gewalt zurückgingen. Noch auffälliger waren die Effekte beim Phantasiespiel: Die erste Kombination führte zu einem Rückgang phantasievollen Spielens, die zweite zu einem Anstieg.

HUESMANN & ERON (1986) erhoben von mehreren hundert Grundschulkindern in Chicago Daten zum Fernsehkonsum und zur Menge der dabei gesehenen Gewaltdarstellungen, zu Wahrnehmungsmodalitäten, zu Aggressivität u.a.m. In allen Klassenstufen und sowohl bei Jungen als auch bei Mädchen waren positive Korrelationen zwischen Konsum von gewalthaltigem Fernsehen und Aggressivität feststellbar (wobei der Zusammenhang bei den Mädchen gegenüber früheren Studien neu ist). Bei Kindern, die die Inhalte für realistisch hielten, lagen die Aggressionswerte noch höher, und bei Vielfernsehern mit Tendenz zu Realismus-Beurteilung kumulierte der Effekt noch einmal (vgl. auch GREENBERG & REEVES, 1976; LUKESCH et al., 1990). Auch wenn im Längsschnitt das aggressive Verhalten, das Erstkläßler zeigten, herausgerechnet wird, bleibt im 3. Schuljahr ein kausaler Effekt des Fernsehkonsums auf Aggressivität erhalten. Da die aggressiveren Kinder wiederum mehr fernsehen, postulieren HUESMANN & ERON (1986, 61) keine einlinige Wirkrichtung, sondern die These der Bidirektionalität von Fernsehkonsum und Aggressivität.

SELG (1990, 153) faßt die Wirkung von Gewalt im Fernsehen wie folgt zusammen: „Dafür, daß Gewaltdarstellungen gefährlich sind, finden sich Hunderte von Untersuchungen, die kaum widersprüchlich sind, vielmehr in den Ergebnissen immer stärker konvergieren". Es gibt zwar keine umfassende Theorie für die Erklärung der Zusammenhänge, jedoch liegt mit der Theorie des Modellernens von BANDURA (1977) längst ein erklärungsmächtiger Ansatz mit Detailangaben zu zusätzlich verstärkenden Wirkmechanismen vor; diese Theorie müßte vermutlich mit Aussagen zu Wechselwirkungen und Aufschaukelungen ergänzt werden.

Für Auswirkungen des Fernsehens im kognitiven Bereich ist die Studie von WILLIAMS (1986) in drei kanadischen Ortschaften sehr aussagekräftig, weil hier sozusagen ein natürliches Experiment stattfand: In Ort A war zunächst aus technischen Gründen kein Fernsehempfang möglich, später – nach Einführung des Fernsehens – waren dann Veränderungen im Verhalten der Bewohner feststellbar; in Ort B gab es nur ein Fernsehprogramm, in Ort C waren vier Fernsehprogramme zu empfangen. Bei den ersten Erhebungen, als Ort A noch ohne Fernsehen war, ergab sich: Grundschulkinder aus A hatten in Lesetests bessere Werte als Kinder aus B und C. Die Autorin führt dies nicht nur quantitativ gesehen auf die Fernsehzeiten, sondern auf Aufmerksamkeitsverhalten und Einstellungen zurück. Kinder aus A hatten höhere Kreativitätspunktzahlen als Kinder aus B und C. Kinder aus B und C schnitten in Tests zum Wortschatz nicht besser ab als Kinder aus A. Auch nach Einführung des Fernsehens in A waren die dortigen Bewohner bei Problemlöseaufgaben erfolgreicher und vor allem ausdauernder (letzteres Ergebnis unterstützt die Annahme, daß Fernsehen die von Lehrern beklagte Kurzzeit-Aufmerksamkeitsspanne zumindest mitbewirkt). Die Resultate zur Einschränkung der Kreativität durch hohen Fernsehkonsum werden auch durch andere Studien bestätigt (vgl. SINger & Singer, 1983; Peterson, Peterson & Carroll, 1986 , Singer & Singer 1983). Das läßt vermuten, daß bei diesem Effekt nicht nur zeitliche Einschränkungen eine Rolle spielen, sondern Fernsehbild-Rezeption und Aufbau imaginativer Schemata im Widerspruch zueinander stehen.

Hat Fernsehkonsum negative Auswirkungen auf das Leseverhalten der Kinder? Es scheint, daß bei der Beantwortung dieser Frage weder eine simple Verdrängungsannahme noch eine globale kulturkritische Sichtweise angebracht ist (vgl. Böhme-Dürr, 1990; Hurrelmann, Hammer und Niess, 1993). Nach den Untersuchungen von Hurrelmann, Hammer und Niess(1993) sind die Zusammenhänge zwischen kindlichem Fernsehkonsum und Lesefreude/Lesehäufigkeit sehr vielschichtig. Sie können z.T. durch die Unterscheidung von Familientypen erklärt werden: So gibt es Familien mit eindeutiger Fernsehpräferenz/ Leseabstinenz und Familien mit klarer Lesepräferenz, die sich in hoher Lesefreude und Lesehäufigkeit der Kinder niederschlägt; aber auch der Familientyp „intensive Mediennutzung" bei gleichzeitig hoher Zuneigung zum Lesen bei Eltern und Kindern ist feststellbar. Für die Entwicklung des Leseinteresses ist Fernsehkonsum nur eine Bedingungsgröße. Wichtiger sind offensichtlich das frühe Vorlesen und Bücheranschauen sowie die „gemeinsame kulturelle Praxis" des Lesens in der Familie. Entgegen der Annahme, Fernseh- und Lesepraktiken seien zunehmend schichtunspezifisch, fanden Hurrelmann, Hammer und Niess (1993, 69) das eindeutige Muster: hoher Bildungsstand – weniger fernsehen – mehr lesen.

Im Bereich der Auswirkungen des Fernsehens auf die Schulleistung hat die These von „der magischen Zahl 10" weite Beachtung gefunden (zusammenfassend: Böhme-Dürr, 1990): Wenn Kinder bis zu 10 Stunden pro Woche fernsehen, ist eine leicht positive Beziehung zwischen Fernsehkonsum und Schulleistung zu beobachten. Bei mehr als 10 Stunden Fernsehkonsum pro Woche sind die Beziehungen meist negativ, bei Vielfernsehern mit 4 und mehr Stunden pro Tag sind regelmäßig sehr schlechte Schulleistungen zu konstatieren, auch wenn Intelligenz und sozialökologische Variablen herausgerechnet werden.

Bei Kindern haben die emotionalen Komponenten von Filmen meist stärkere Auswirkungen als die kognitiven, vermutlich weil Kinder aufgrund fehlender Wissensschemata viele Wissensanteile gar nicht verstehen. Bei Befragungen längere Zeit nach dem Anschauen von Filmen erinnern sich Kinder meist besser an emotional erregende Szenen als an kognitive Anteile (Sturm, 1986). Je nach individueller Disposition können emotional erregende Sendungen auch angstauslösend wirken. Action, rasch auftretende und wieder verschwindende Akteure, schnelle Schnittwechsel und andere Gestaltungsmittel erhöhen zwar die Aufmerksamkeit der Kinder, können aber auch Gefühlskonfusionen nach sich ziehen (Böhme-Dürr, 1990).

7.3.2 Wirkungen des Videokonsums

Das Anschauen von Videofilmen ist einerseits nur ein Element im Geflecht der Mediensozialisation der Kinder und Jugendlichen, andererseits sind bei dieser Tätigkeit konzentriert die Merkmale gegeben, von denen die Medienforschung verstärkte Wirkmechanismen annimmt: gezielte Auswahl des Genres, hohe Aufmerksamkeit, Wiederholungen, beim Anschauen mit Freunden Übernahme von Gruppennormen u.a.m. Man kann fast sagen, die Bedingungen des Konsums von

Videokassetten gleichen der Laborsituation bei Untersuchungen in der Medienforschung.

Kinder und Jugendliche, die häufig brutale Videofilme anschauen, unterliegen der Gefahr der Habitualisierung. Dieses Phänomen, die Gewöhnung an Gewalt oder brutalen Sex, ist in der Forschung gut untersucht (zusammenfassend: GROEBEL, 1986; SELG, 1990): Beim ersten Anschauen von Gewaltszenen (Vergewaltigung, Mord u.ä.) beurteilen Versuchspersonen das Geschehen noch als brutal und als strikt zu verurteilen. Nachdem sie mehrfach Filme dieser Art gesehen haben, schätzen sie die Szenen aus der ersten Sitzung eher als harmlos ein und würden bei einem Gerichtsverfahren milder urteilen als bei der Erstbeurteilung. Mit häufigerem Anschauen der Gewaltszenen tritt eine Desensibilisierung oder Abstumpfung ein.

SPANHEL (1987, 105) befragte 10- bis 15jährige nach ihren Gefühlen und Körperempfindungen beim Anschauen von Horror-und Gewaltfilmen. Bei den 10- bis 12jährigen liegen jeweils die höchsten Prozentwerte für negative Reaktionen wie Angst, Übelkeit, Herzklopfen, Augen schließen, Schwitzen vor. Die Mädchen rangieren in allen Altersgruppen mit höheren negativen Empfindungen vor den Jungen. Es ist ein klarer Alterstrend erkennbar: Die Älteren haben bei Angst, Übelkeit usw. jeweils niedrigere Werte und bei „begeistert", „läßt mich kalt", „keine Reaktion" jeweils die höheren Werte. Die Alterseffekte sind sicher im Sinne der zunehmenden Habitualisierung zu interpretieren.

GLOGAUER (1993) kommt in seiner Medienstudie zu dem Schluß, daß ein eindeutiger Zusammenhang zwischen dem häufigen Anschauen jugendgefährdender Videos und aggressivem Verhalten wie andere mit dem Fuß stoßen, treten, auf den Boden werfen, auf den Kopf schlagen bestehe. Dies gelte vor allem für Kinder, bei denen entsprechende Dispositionen und ungünstige, gewaltfördernde Bedingungen im Umfeld vorhanden seien.

Ein besonderes Gewicht haben die Videokonsum-Untersuchungen der Regensburger Medienforschergruppe um LUKESCH (... et al., 1990), da sie Auswertungsverfahren verwendete, die kausale Erklärungen zulassen. Es wurden u.a. Daten zu spontaner Aggressivität (z.B. Sachen beschädigen, mit dem Fuß treten, prügeln), zu reaktiver Aggressivität (auf Angriffe reagieren), zu Kleinkriminalität (z.B. in Kaufhäusern etwas mitgehen lassen, nachts mit Mofa durch Wohngegend fahren) erhoben. Wenn soziale Schicht und ähnliche Merkmale konstant gehalten wurden, resultierten trotzdem signifikante Zusammenhänge zwischen Kinogewaltkonsum und Videogewaltkonsum einerseits und spontaner Aggressivität andererseits. In Pfadanalysen, in denen alle Einflüsse wie Sozialschicht, Schulart, Geschlecht gesondert berechnet werden, bleibt ein hoher Pfadkoeffizient von .43 zwischen Videogewaltkonsum und spontaner Aggressivität sowie von .20 zwischen Videogewaltkonsum und Kleinkriminalität erhalten. Es bestehen also klare ursächliche Zusammenhänge zwischen Videokonsum und antisozialem Verhalten (nach LUKESCH ist die Wirkrichtung von Videogewalt auf Aggressivität sogar unidirektional erklärbar). Die Autoren führen diesen Effekt, der für das häufige Anschauen von Gewalt im Programmfernsehen nicht nachweisbar war, auf die besondere Qualität des gezielten Videokonsums zurück; nicht umsonst gleicht dieser Effekt dem des gezielten Aufsuchens von Filmgewalt im Kino.

7.4 Medienerziehung in der Grundschule

7.4.1 Soll die Grundschule Medienerziehung betreiben?

Gesellschaftliche Entwicklungen implizieren nicht automatisch bestimmte Erziehungsaufgaben für die Schule. Aus einem „Sein", wie es sich in der Medienwelt der letzten 20 Jahre ergeben hat, kann man nicht einfach deduktiv ein „Sollen" für Ziele und Methoden der Medienpädagogik aufstellen. Die Schule wäre überfordert, wenn sie auf verschiedenste gesellschaftliche Trends jeweils mit neuen Bindestrich-Erziehungen reagieren wollte (Umwelt-Erziehung, Dritte Welt-Erziehung, Antidrogen-Erziehung ... vgl. Glöckel, 1985). Es wäre auch naiv anzunehmen, die Grundschule könnte medienpädagogisch weitgespannte Ziele erreichen angesichts der medienpolitisch bedingten Absichten der öffentlichen und kommerziellen Sendeanstalten und angesichts des Aufwandes der auf Kinder gerichteten Werbewirtschaft.

„Antrieb für das Fernsehen ist nicht, zu informieren, zu erziehen oder aufzuklären. Es geht nicht einmal um Unterhaltung. Der Hauptantrieb ist, die Zuschauer dazu zu bringen, sich Werbung anzuschauen" (C. Schneider, ehemaliger Chef eines kommerziellen Senders, 1987, 5, über Kinderfernsehen in den USA).

Aus den genannten Gründen wird deshalb in diesem Beitrag dafür plädiert, Medienpädagogik zunächst nicht als erziehliche Einzelansätze in Kindergarten und Grundschule zu verstehen, sondern – wenn Erzieher und Lehrer der Auffassung sind, Phänomene der Medien- und Konsumwelt beeinträchtigten die Persönlichkeitsentwicklung der Kinder – Medienpädagogik primär im Sinne einer politischen Einflußnahme zu konzipieren. Kline (1992) stellt dar, daß solche Initiativen nicht aussichtslos sind. In den USA z.B. erreichten Elternverbände Einschränkungen bei der Verquickung von Kinderfernsehen und Product-Placement. Die öffentliche Diskussion der Medienproblematik könnte Anlaß sein, nach einer Phase der Deregulation wieder zu einer mehr regulierenden Mediengesetzgebung zu gelangen. Vorstellbar wäre, daß Lehrergruppen, Elternverbände, der Arbeitskreis Grundschule u.a.

- öffentlich für mehr Regulation des Medienmarktes eintreten,
- gegenüber Abgeordneten, die der Schule immer neue Aufgaben zuschreiben, z.B. gegen Konsum von Fernsehgewalt zu erziehen, die Auffassung vertreten, daß Schule nicht Reparaturwerkstätte für politische Fehlentwicklungen ist,
- sich an die FSK (Freiwillige Selbstkontrolle der Filmwirtschaft) wenden, wenn – wie geschehen – Horrorvideos für Kinder ab 6 Jahren freigegeben werden.

Drerup (1992) vertritt die Position, aus Ergebnissen der Medienforschung seien keine Handlungsempfehlungen für die Medienerziehung zu deduzieren. In der Tat enthalten Angaben über Mediennutzung und Medienwirkung keine Informationen darüber, wie Lehrer und Eltern mit Medienerfahrungen von Kindern umgehen sollen. Drerup bemängelt die zu allgemein angelegten Ratschläge der Medienerziehung für Eltern und Lehrer (Beispiele ebd., 157) und fordert eine stärkere Ausrichtung der Empfehlungen auf spezifische Rezipienten und Situationen hin. Die Antwort auf die in der Überschrift gestellte Frage lautet hier also: Ja, aber nicht „abgehoben", sondern „adressatenorientiert", d.h. anknüpfend an Erfahrungen von Betroffenen.

Das Medienforschungswissen hat jedoch auch eine wichtige Funktion im Rahmen der Medienpädagogik. Wenn man weiß, daß häufiges Anschauen von Gewaltvideos in Verbindung mit anderen Faktoren zu erhöhter Aggressivität führen kann, ist dies medienpädagogisch ein Gewinn, auch wenn man noch keine Handlungsempfehlung dazu weiß. Lehrer sollten das relativ umfangreiche Medienforschungswissen für die Elterninformation nutzen, um Interdependenzen von Medienkonsum, sozial-ökologischen Bedingungen und Medienwirkungen, vor allem aber auch um Grenzen schulischer Medienerziehung aufzuzeigen. Gegenüber dem „Reparaturansatz" sollte sich Medienerziehung in Kindergarten und Grundschule zunächst also in einem aufklärerischen Sinne verstehen. Durch Kenntnis der Forschungsergebnisse können u.U. Behauptungen, die den Stellenwert medialen Gewaltkonsums wegerklären wollen, zurückgewiesen werden (LUKESCH, 1989, 11).

7.4.2 Kann die Grundschule Medienerziehung betreiben?

Wenn Medienerziehung nicht additiv als Bindestrich-Erziehung zu bereits bestehenden Erziehungsaufgaben hinzugefügt werden soll – wie kann die Grundschule dann zum verantwortlichen Umgang mit Medien hinführen? In Anlehnung an schulpädagogische Konzeptionen von FÖLLING-ALBERS (1990) und SPANHEL (1990) wird dazu vorgeschlagen, den medienpädagogischen Erziehungsauftrag in den Gesamtauftrag einer Erziehung zur Verantwortung gegenüber Mitwelt, Umwelt sowie sich selbst einzuordnen und dabei besonders Kritikfähigkeit und distanzierte Haltung gegenüber Medien- und Konsumwelt anzubahnen. Schulpädagogisch bedeutet diese Einordnung, daß Grundschule versuchen sollte, Situationen herbeizuführen, in denen Kinder

- Erfahrungen der Verantwortung machen, z.B. wenn sie selbst verantwortlich ein Theaterstück vorbereiten,
- Gefühle der Begeisterung erleben können, z.B. wenn sie ein Projektergebnis vorweisen können, das auf eigene Initiativen und
- Freude an gemeinsamen Unternehmungen haben im Sinne des sozialen „Angestecktwerdens", z.B. bei kooperativen Bewegungsspielen, beim Witzeerzählen, beim Meditieren, Sozialerfahrungen, die beim Medienkonsum selten und meist weniger „echt" sind.

Manche Grundschulen haben in den letzten 10 bis 15 Jahren Ideen zum Schulleben entwickelt, die es als nicht mehr utopisch erscheinen lassen davon zu sprechen, Schule könnte eine in sich wertvolle Lebenssituation werden, die den Kindern Erfahrungen ermöglicht, die sie woanders nicht sammeln können. Erfahrungen mit Medien sind eher in den Dimensionen Absorbiertwerden von Bildern, mangelnde Distanz zum Geschehen, emotionale Überforderung durch raschen Bilderwechsel, äußere Passivität angesiedelt (vgl. STURM, 1986). Es käme darauf an, schulische Lebens- und Lernformen zu entwickeln, in denen die Kinder sich engagieren, aber auch auf einer Metaebene Distanz gewinnen, in denen sie emotionale Qualitäten ohne Hektik erleben können, in denen sie Könnenserfahrungen auf eigene Aktivitäten zurückführen. Vom Phantasie- und Rollenspiel der Kinder ist bekannt, daß sie dabei zwischen Fiktion und Realität unterscheiden, daß sie einerseits Spieler, andererseits Regisseure sind, die auf die Ebene des distanzierteren Metagesprächs wechseln. Lebens- und Lernformen wie z.B. Phantasie- und Rollenspiele,

Kooperationsspiele, Projekte, Vorlesestunden, Klassenzeitung, Schullandheimaufenthalte mit „Naturrallyes“ und anderen selbstgeplanten Unternehmungen, Gesprächskreise vor und nach der Freiarbeit, die alle mit Metagesprächen verbindbar sind, gewinnen im Sinne des bewußten Wechsels von Engagement und Distanz erhöhte Bedeutung.

Die klassische Aufgabe der Medienerziehung in der Grundschule, nämlich das Gespräch mit Eltern über den vernünftigen Mediengebrauch der Kinder, sollte weiterhin gepflegt werden, weil viele junge Mütter und Väter beim Elternabend und beim Gespräch mit der Lehrerin zum ersten Mal mit Informationen zu Mediennutzung und Medienwirkung konfrontiert werden. Die Handlungsempfehlungen sollten auf die z.T. auch durch Forschung abgesicherten Merkmale reflektierten Mediengebrauchs gerichtet sein:

- Vorbildwirkung der Eltern,
- Gemeinsame Planung der „Fernsehwoche“ und strikte Einhaltung der Vereinbarung (unter Einbezug von Großeltern usw.),
- Gebrauch eines Fernsehtagebuches (z.B. Langreuter, 1988),
- Aufbau einer „Leseatmosphäre“ durch Vorbild, positive Einstellung zum Buch, Bilderbuchanschauen, Vorlesen usw. als wichtige Alternative,
- gemeinsame Beschäftigungen bei Spiel, Basteln, Modellbau usw., vor allem an regnerischen Sonntagen.

Kann die Grundschule vernünftig mit den medialen Erfahrungen der Kinder umgehen, z.B. wenn sie von Horrorfilmen erzählen oder im Spiel Mediengewalt nachspielen? Aufenanger (1991) zählt vier Reaktionsmöglichkeiten auf, die er jeweils mit Begründungen für nicht wünschenswert hält: Verbot, Ignorieren, Mißbilligung, Aufarbeitung (im Sinne „pflichtgemäßer“ Gespräche über Medienerfahrungen). Als fünfte und empfehlenswerte Reaktion nennt Aufenanger das „Aufgreifen“: „Erfahrungen nicht generell ausblenden, aber auch nicht grundsätzlich akzeptieren“, fallbezogen sich in Gespräche einschalten, Motivationen herausfinden, Motive zurückspiegeln („Na Peter, möchtest du unser starker Mann sein?“). Das Anknüpfen an lebensweltliche Erfahrungen, das hier empfohlen wird, ist methodisch gesehen sicher sinnvoll. Es stellt sich jedoch die Frage, ob das Prinzip „nicht grundsätzlich akzeptieren“ ausreicht oder ob sich Grundschule nicht dezidierter und systematischer als Gegenkultur gegenüber der Medienwelt und im Sinne von „Gegensteuerung“ (Lichtenstein-Rother) verstehen sollte. Viele Inhalte und Modalitäten der Medienwelt stehen den Erziehungszielen der Grundschule diametral entgegen (gegen Menschenrechte, gegen Ziele der Sozialerziehung, gegen Haltungen wie Anstrengung und Ausdauer, vgl. Lukesch 1989, 9). Lehrerinnen und Lehrer sollten diese Unterschiede klar aufzeigen und Positionen unterstützen (z.B. Kinder stärken, die entsprechende Einstellungen haben), die als Widerstand, als Nicht-Anpassung, als Konsumverzicht gegenüber der Medienwelt zu kennzeichnen sind.

Weiterführende Literatur

HOFFMANN, H.: *Gestern begann die Zukunft. Entwicklung und gesellschaftliche Bedeutung der Medienvielfalt.* Darmstadt: Wissenschaftliche Buchgesellschaft 1994.

GLOGAUER, W.: *Die neuen Medien verändern die Kindheit.* Weinheim: Deutscher Studienverlag 1993.

8

Kinder verschiedener Kulturen

Wilhelmine M. Sayler

8.1 Zum (heterogenen) Erscheinungsbild unserer Schulklassen

8.1.1 Kinder deutscher Nationalität – eine Einheit?

Schule heute ist immer weniger denk- und vorfindbar mit einer national, muttersprachlich und kulturell homogenen Schülerschaft. Aber auch dort, wo es kaum ausländische Familien in den Wohngemeinden gibt, ist der Blick über den Nahraum hinaus auf das Faktum der „Einen Welt“ und ihre vielerlei Gesichter, ihre vielfältigen Verflochtenheiten und Abhängigkeiten zu weiten. Interkulturelle Pädagogik stellt sich dieser Realität und begreift den Brückenschlag nicht nur als Aufgabe, sondern ganz wesentlich auch als Chance.

In der Grundschule sind zum einen, selbstverständlich, die Kinder deutscher Nationalität, die **Majorität,** in Deutschland geboren und groß geworden; aber das heißt – je nach Bundesland – vorherrschend mit der politisch-soziokulturellen Prägung ihrer Eltern und ihres Umfeldes durch nahezu 45 Jahre geschichtlicher Entwicklung entweder im westlichen Verständnis demokratischer Bindungen, Verantwortung und Freiheiten sowie sozialer Marktwirtschaft, oder aber in östlicher Theorie und real-komplexer Praxis sozialistischer „Demokratie“ und Planwirtschaft.

Juristisch sind den deutschen Kindern jene aus **Aussiedler**familien zuzurechnen. Die Geschichte dieser Familien unterscheidet sich in vielfältiger Weise je nachdem, ob sie aus Rumänien, Polen, der früheren UdSSR bzw. den GUS-Staaten oder einem anderen osteuropäischen Land migrierten. Über Jahrzehnte waren sie mehr oder weniger marginalisiert, integriert meist nur in dem Maß, in dem sie bereit waren, ihre Muttersprache zur absoluten Privatsache zu machen. Sie alle lebten in diktatorisch geschlossenen Gesellschaften mit autoritärem Erziehungsstil.

Während sich in Rumänien weitgehend jahrhundertealte deutschstämmige Dorfgemeinschaften erhalten hatten, in denen – wenn auch ein überwiegend altertümliches – Deutsch gepflegt wurde, kam zumindest in der UdSSR und insbesondere in Polen (wo nach 1945 sogar die Existenz deutschsprachiger Menschen im Land bestritten wurde) der Elterngeneration unserer deutschstämmigen Grundschüler die deutsche Sprache immer mehr abhanden, so daß nicht davon ausgegangen werden darf, daß die Kinder sie als Muttersprache erfahren hatten. Hinzu kommt, daß in Aussiedlerfamilien aus Polen und den GUS-Staaten nicht selten nur ein Elternteil deutschstämmig ist.

In den Statistiken treten Aussiedler nur im Jahr der Zuwanderung in Erscheinung; fortan sind sie unterschiedslos im Rahmen der deutschen Wohnbevölkerung erfaßt, was eine, auch diesen Kindern unterschiedlicher Mutter- bzw. Erstsprache gerechtwerdende Bildungsplanung für den jeweils nächsten Schuljahresbeginn zumindest erheblich erschwert.

Unter den Grundschülern deutscher Staatsangehörigkeit sind noch **zwei Minderheitengruppen** zu nennen:

a) die Kinder der **Sorben** (insges. ca. 60.000 Einwohner[18], eine Ethnie (die sich nachdrücklich als Volk bezeichnet), die im östlichen Sachsen und südöstlichen Brandenburg ihre eigene Sprache und Kultur über Jahrhunderte hinweg bewahrt hat und deren kulturelle Autonomie von der DDR gefördert wurde sowie von der Bundesrepublik unverändert anerkannt ist;

b) die Kinder der zahlenmäßig etwas stärkeren Gruppe der **Sinti und Roma** (etwa 70.000 Einwohner[19] mit deutscher Staatsbürgerschaft), seit ca. 500 bzw. 100 Jahren im Gebiet der alten Bundesländer lebend, längst als Streuminorität ansässig geworden und überwiegend zweisprachig mit der Muttersprache Romani. (Im Vorgriff auf nachfolgende Informationen sei hier schon der Vollständigkeit halber erwähnt, daß weitere 35.000 bis40.000 Sinti und Roma in den alten Bundesländern leben: ca. 30.000 aus europäischen Mittelmeerländern als Arbeitsmigranten sowie 5.000 bis10.000 Flüchtlinge überwiegend aus Rumänien und dem früheren Jugoslawien.)

Anders als für die Sorben wird der Minderheitenanspruch auf Sprachenschutz und -förderung für die Sinti und Roma in Deutschland nicht berücksichtigt. Während sorbische Kinder also die Wahl haben zwischen dem Besuch einerseits einer öffentlichen sorbischen Grundschule mit der Erstsprache Sorbisch oder mit der Erstsprache Deutsch, andererseits einer Regelschule, gibt es für die Sinti- und Romakinder ausschließlich die Regelschule, ohne das Angebot muttersprachlichen Zusatzunterrichts.

Eine vierte Gruppe von Kindern ist schließlich zu nennen, die nach deutschem Recht die deutsche Staatsbürgerschaft erhalten: die **Kinder aus deutsch-ausländischen Ehen**. Im Jahr 1991 waren es (erst) etwa 5% der Neugeborenen[20]; da die Zahl deutsch-ausländischer Eheschließungen derzeit jedoch bereits bei etwa 10% liegt[21], wird ihre Zahl steigen. Kinder aus diesen Ehen wachsen stets mehr oder weniger bikulturell auf, unabhängig vom Nationalitätenstatus ihrer Eltern. Vieles, was nachfolgend über Kinder ausländischer Eltern gesagt wird, kann also zumindest partiell auch für sie gelten.

Deutsch-ausländische Familien können Brückenfunktion nach beiden Seiten einnehmen, leben sie doch „multikulturelle Gesellschaft". Sie sind jedoch auch innerfamiliär wie im Kontakt mit der Umwelt der Spannung zweier Kulturen, zweier Sozialisationsmuster ausgesetzt (und im Fall der Trennung erweist sich nicht selten

---

[18] Für Sorben wie für Sinti und Roma werden amtlicherseits nur geschätzte Zahlen genannt.

[19] Vergl. Presse- und Informationsamt der Bundesregierung: Sozialpolitische Umschau, Nr. 68 und 69/1993.

[20] Vergl. Presse- und Informationsamt der Bundesregierung: Sozialpolitische Umschau, Nr. 68 und 69/1993.

[21] Berechnet nach Angaben des Bundesamts für Statistik, Wiesbaden, vom Sommer 1993

– zu Lasten des Kindes –, daß die Rechtsauffassungen beider Länder nicht kompatibel sind).

Wurde bis jetzt schon deutlich, wie wenig homogen die kulturelle Herkunft der Kinder deutscher Nationalität ist, so wird das Bild noch differenzierter, wenn man bedenkt, wie ausgeprägt die in den Familien mehr oder weniger stark weitergegebenen historisch gewachsenen regionalen *Unterschiede in Dialekt und Brauchtum*, in Art und Ausmaß *religiöser Bindung* oder Beziehungslosigkeit gegenüber christlicher Tradition sind. Zur faktischen Heterogenität tragen nicht zuletzt die verschiedenen *klassenspezifischen kulturellen Milieus* der Kinder bei; sie sind es vielleicht sogar, die dem Lehrer zunächst „ins Auge springen".

8.1.2 Kinder anderer Nationalitäten – heterogen nach Herkunft und Schicksal

Bei einem beachtlichen Teil der Schülerschaft handelt es sich um Kinder ausländischer Nationalität. Hier unterscheidet sich allerdings die Zusammensetzung der Grundschulklassen in den alten Bundesländern erheblich von jener in den neuen und spiegelt damit die Bevölkerungsstruktur wider (Schuljahr 91/92: ausländische Grundschüler in Gesamt-Deutschland 8,84%, in den alten Bundesländern 11,68%, in den neuen Bundesländern 0,14%[22]).

Wanderungsbewegungen hat es immer gegeben. Migration kann vorübergehenden oder dauerhaften Aufenthalt bedeuten. Die *Ursachen von Migration* – und hier speziell nach Deutschland – sind zahlreich: politisch-wirtschaftliche Verflechtungen, Wanderung in Grenzregionen ohne Mauern, die fortschreitende europäische Einigung, Nord-Süd- und West-Ost-Gefälle, politische Instabilität und Wirren, Arbeitsmigration oder Flucht – um nur die wichtigsten zu nennen. Die Gründe für Migration können für Angehörige ein und derselben Nationalität zur gleichen Zeit oder zeitlich verschoben sehr verschieden sein (z.B. für Jugoslawen oder für Polen).

Das Statistische Bundesamt weist für Mitte 1992 bei den Ausländern unter uns nicht weniger als 20 verschiedene Nationalitäten mit jeweils mehr als 50 Tsd. Personen aus, davon 11 mit mehr als 100 Tsd. und hiervon wiederum 5 mit mehr als 250 Tsd. Personen. Die Perestroika mit ihren vielfältigen Folgen hat zu einer erheblichen Verschiebung der Rangplätze einzelner Nationalitäten geführt[23].

Zwei Gruppen von Ausländern seien hier – nicht zuletzt mit Rücksicht auf die spezifische Situation, die sich für ihre Kinder ergibt –, gesondert erwähnt:

Kinder von Asylbewerbern und von Asylberechtigten

Kriege, Bürgerkriege, Minoritäten- und individuelle Verfolgung im Sinn von Menschenrechtsverletzungen mit Gefahr für Leib und Leben, aber auch Naturkatastrophen und wirtschaftliches Elend, Hungersnot treiben Menschen zu Millionen in die Flucht. Die Bundesrepublik gewährt **politisch Verfolgten** unter bestimmten

---

22 Berechnet nach Angaben des Bundesamts für Statistik, Wiesbaden, vom Sommer 1993

23 vgl. auch Kasten 8-2)

Bedingungen Asyl[24]. Bis ihr Verfahren abgeschlossen ist, gelten sie als Asylbewerber, nach der Anerkennung als Asylberechtigte. (Juristisch sind von ihnen zu unterscheiden die sogenannten Kontingentflüchtlinge und die sogenannten de-facto-Flüchtlinge (vgl. u.a. AUERNHEIMER, 1990, 50, 55f.).

Wichtig in unserem Zusammenhang ist zunächst insbesondere

- das zum Teil dramatische und traumatisierende Schicksal, das Flüchtlingskinder und ihre Eltern erlitten haben,
- ihre Herkunft aus den verschiedensten Ländern und Kulturen,
- die schwierigen Lebensbedingungen – insbesondere für Kinder – in Asylantenunterkünften,
- die unfreiwillige Konfrontation dieser Familien mit der ihnen nicht nur nach Sprache und Kultur hier fremden Welt,
- daß die Kinder **Asylberechtigter** in Deutschland schulpflichtig sind; wohingegen nur in Bayern, Hessen und Niedersachsen Recht und Pflicht zum Schulbesuch auch für die Kinder von **Asylbewerbern** besteht, während andere Bundesländer wiederum zum Teil den Elternwunsch (pro oder contra Schulbesuch) akzeptieren, zum Teil betonen, daß sie zu einem Beschulungsangebot für diese Kinder nicht verpflichtet sind,
- daß es für Flüchtlingskinder noch weniger als für alle anderen aus Migrantenfamilien feststeht, ob ihre Eltern in Deutschland bleiben (wollen/dürfen) oder eines Tages in die Heimat zurückkehren (können/müssen).

Viele der Flüchtlingsfamilien kommen aus Ländern der sogenannten **Dritten Welt** und gemahnen uns daran, daß es nur die **Eine Welt** gibt.

Kinder von Arbeitsmigranten

Die größte und in sich wiederum äußerst heterogene Gruppe ausländischer Mitbürger bilden die sogenannte **Arbeitsmigranten** i.e.S. Wenn man von der zweiten oder dritten, gelegentlich sogar schon von der vierten Generation spricht, so sind damit die Kinder, Enkel und vereinzelt auch schon Urenkel jener Arbeitsmigranten (frühere Bezeichnung „Gastarbeiter") gemeint, die seit 1955 insbesondere bis zum Anwerbestop 1973 in großer Zahl im Interesse der Wirtschaft aus den sogenannten Herkunftsländern nach Deutschland angeworben wurden[25] oder die als Ehegatten bzw. im Zuge der Familienzusammenführung als Kinder und Jugendliche, nun also als zweite oder dritte Generation, ihren Eltern folgten oder folgen. 1992 machen die Angehörigen der Herkunftsländer Türkei, Jugoslawien, Italien, Griechenland, Spanien, Portugal und Marokko etwa 4 Millionen von insgesamt 6,25 Mill. der in Deutschland lebenden Ausländer aus (*vgl. Kasten 8-1*); entsprechend stark sind sie auch als Gesamtgruppe in den Schulen der alten Bundesländer vertreten, wobei der

[24] a) Grundgesetz, Artikel 16 (2); b) Gesetz zur Neuregelung des Ausländerrechts von 1990, §§ 17, 18 und 20; c) Gesetz zur Änderung des Grundgesetzes, Art. 16 und 18 (in: Bundesgesetzblatt Nr. 31 vom 29.6.1993); d) Neufassung des Asylverfahrensgesetzes vom 27.7.93 (in: Bundesgesetzblatt Nr. 41 vom 5.8.93)

[25] bilaterale Regierungsabkommen mit Italien 1955, mit Spanien und Griechenland 1960, 1961 mit der Türkei, 1964 mit Portugal, 1965 mit Tunesien und Marokko und 1968 mit Jugoslawien

prozentuale Anteil der einzelnen Nationalitäten an den Grundschülern häufig nach oben oder unten vom Einwohneranteil abweicht (*vgl. Kasten 8-1*). Der Anteil aller ausländischen Grundschüler an der Gesamtzahl der Grundschüler unterscheidet sich in den einzelnen Bundesländern erheblich (*vgl. Kasten 8-2*).

Kasten 8-1:

Mitte 1992 lebten in Deutschland von insgesamt 6,25 Millionen Ausländern etwa 4 Millionen aus den sogenannten Herkunftsländern: 1 829.000 Türken, 948.000 Jugoslawen, 557.000 Italiener, 342.000 Griechen, 134.000 Spanier sowie 97.000 Portugiesen und 79.000 Marokkaner.

*Anteil **aller** ausländ. Grundschüler an der Gesamtzahl der Grundschüler nach Bundesländern (Schuljahr 1991/92)*[26]

B-W	22,1 %	BW	14,6 %	BY	7,8 %	SH	5,2 %
HH	21,7 %	HE	14,6 %	RP	7,5 %		
		HB	14,3 %	SL	7,3 %		
		NW	13,7 %	NI	7,0 %		

neue Bundesländer mit Berlin-Ost	0,14%
alte Bundesländer mit Berlin-West	11,68%
Gesamt-BRD	8,64%

[26] Da es nirgends in der Literatur (und auch nicht beim Bundesamt für Statistik) für die Bundesrepublik Deutschland eine zusammenfassende Gegenüberstellung der ***prozentualen Anteile*** I. der *ausländischen Einwohner* der verschiedenen Nationalitäten mit jener II. der *ausländischen Grundschüler* der verschiedenen Nationalitäten sowie III. aller ausländischen Grundschüler an der Gesamtzahl der Grundschüler in den einzelnen Bundesländern gibt, wurden sie von mir für dieses Studienbuch (nach den natürlichen Zahlen des Bundesamtes für Statistik) errechnet.
Die hier vorgelegten Zahlen geben nicht nur den Ist-Stand für 1992 wieder, sondern sie ermöglichen auch, – im Vergleich mit älteren Daten oder jeweils jüngstem Zahlenmaterial – die quantitativen Auswirkungen vielfältig bedingter Migrationsbewegungen auf das deutsche Schulsystem nachzuvollziehen.

Kasten 8-2:

Ausländische. Einwohner und ausländische Grundschüler (GS) aus den sogenannten Herkunftsländern (in Tsd.)[27]

I. Ausländische **Einwohner** Gesamt-BRD (Mitte 1992)			II. Ausländische **Grundschüler** alte Bundesländer[28] Schuljahr 1991/92	
TR[29]	1.829	29,3%	132,4	44,4%
YU	948	15,2%	35,0	11,7%
I	557	8,9%	28,7	9,6%
GR	342	5,5%	13,7	4,6%
E	134	2,1%	3,9	1,3%
P	97	1,5%	3,8	1,3%[30]
MA	79	1,3%	?	?
PL[31]	279	4,5%	(6,3	2,0%)
RO	130	2,1%	(1,3	0,4%)
Ausländer insg.	6.252	100 %	299,4	100 % aller ausl. GS

---

[27] Zahlen des Bundesamtes für Statistik, Wiesbaden; alle %-Werte selbst errechnet; bei II. exakte Zahlen auf 1 Kommastelle auf- oder abgerundet.

[28] Angaben für die **neuen** Bundesländer einschließlich Ost-Berlin entfallen, da dort insges. weniger als 100 Grundschüler aus den Nationalitäten der sog. Herkunftsländer und weniger als insges. 90 aus PL und RO die Grundschule besuchen.

[29] Nationalitäten-Kennzeichen: TR (Türkei), YU (Jugoslawien), I (Italien), GR (Griechenland), E (Espana/Spanien), P (Portugal), MA (Marokko) , PL (Polen), RO (Rumänien)

[30] Geringfügige Prozentwert-Unterschiede zwischen I. und II. sind wegen Auf-/Abrundung nicht interpretierbar.

[31] Polen (PL) und Rumänen (RO) als erst in den letzten Jahren hinzugekommene stärkere Nationalitätengruppen; ihre Grundschülerzahlen in Bayern, Baden-Württemberg und Hamburg sind nicht gesondert ausgewiesen, sondern unter „Sonstige“ miterfaßt.

8.1.3 Kinder von Arbeitsmigranten – ausgewählte kultur- und nationalitätenspezifische Aspekte

Nachfolgend seien einige kulturell und für die Schule wichtige Unterschiede *innerhalb* einzelner Nationalitätengruppen – aber auch *zwischen* den verschiedenen Nationalitäten – skizziert:

- **Griechische Kinder** gehören fast ausnahmslos der griechisch-orthodoxen Kirche an, die im Herkunftsland nicht nur Staatskirche ist, sondern auch im Lauf der Zeit einen erheblichen Beitrag zur Erhaltung griechischen Selbstbewußtseins und graecochristlicher Kultur geleistet hat.
- In **Italien** unterscheiden sich die Dialekte sehr stark. Insbesondere in den Landesgebieten Süditaliens, aus denen die meisten Arbeitsmigranten kommen, ist ausschließlicher Dialektgebrauch verbreitet. Die „Muttersprache" vieler italienischer Grundschüler ist also zunächst ein erheblich von der Standardsprache abweichender Dialekt.
- Die Muttersprache **spanischer Kinder** kann sowohl die Staatssprache (Castellano) sein als auch Katalanisch, Baskisch oder Galizisch - Nationalitätensprachen, die in den jeweiligen Provinzen als Pflichtsprachen unterrichtet werden.
- **Italienische, portugiesische und spanische Kinder** wachsen nahezu ausnahmslos in katholischen Elternhäusern auf.
- Rund 90% der **Türken** sind Moslems sunnitischer Richtung; die Muttersprache der meisten Kinder ist Türkisch, bei einer nicht unerheblichen Zahl ist sie jedoch Kurdisch (Türkisch ist für sie also Fremdsprache).
- Die Nationalitäten- und sprachliche Vielfalt des früheren Jugoslawien spiegelt sich auch bei den **jugoslawischen Kindern** in Deutschland wider: Ihre Muttersprache kann Serbisch, Kroatisch, Slowenisch, Makedonisch, seltener auch Albanisch oder Ungarisch sein; die Religionszugehörigkeit ist vornehmlich serbisch-orthodox, römisch-katholisch oder islamisch.
- Für die Familien aus Ländern mit **voller EG-Mitgliedschaft** besteht die Möglichkeit mehrfachen Aufenthaltswechsels zwischen dem Herkunftsland und Deutschland – für die Schulkinder keineswegs von Vorteil –; Familien etwa aus der Türkei dagegen fällen mit der Rückkehr in die Türkei eine unwiderrufliche Entscheidung (die in dieser Härte allerdings nicht für die in Deutschland aufgewachsenen Kinder gelten muß).
- Als **nationalitäten-unabhängiges Charakteristikum** der Arbeitsmigranten aus den Anwerbeländern ist zu nennen, daß sie nahezu alle davon ausgegangen sind, nach einigen Jahren in ihre Herkunftsländer zurückkehren zu können – eine Vorstellung, die sich aus vielfältigen Gründen nicht realisierte, die aber nicht ohne Einfluß auf die schulische Motivation der Kinder bleiben konnte und kann.

8.1.4 Kinder von Arbeitsmigranten – Biographie, Umfeld und Lebenssituation als differenzierende Aspekte

Galten die bisherigen Aussagen zunächst Gesamtgruppen von Arbeitsmigranten und ihren Kindern, so müssen nun zumindest einige **differenzierende Aspekte** zu Biographie, Umfeld und Lebenssituation dieser Kinder genannt werden, sollen wir ihnen und sie uns nicht Fremde bleiben, soll Grundschule für sie auch Lebens- und Begegnungsraum sein.

- Der größere Teil der Grundschüler aus Arbeitsmigrantenfamilien (nachfolgend nur „Kinder“ genannt) ist bereits **in Deutschland geboren**, die anderen kamen sehr früh oder erst kurz vor der Einschulung, manche auch erst im schulpflichtigen Alter – als sogenannte Seiteneinsteiger – nach Deutschland. Entsprechend groß sind die Unterschiede in der kulturellen Prägung sowie im Grad der Vertrautheit mit deutscher Umwelt und Sprache.
- Für die **Seiteneinsteiger** kommt neben den Migrationsfaktoren psychisch belastend hinzu, daß sie sich in der deutschen Schule – wenn primär nach dem Sprachverständnis zugeordnet wird, – nicht selten in einer Klassenstufe wiederfinden, der sie nach Größe und Alter (und damit auch – nicht zuletzt – nach körperlichem Entwicklungsstand) längst entwachsen sind.
- Ein Teil der Kinder hat zumindest einige Jahre im Herkunftsland mit Großeltern oder Onkel und Tante gelebt, sie als eigentliche **Eltern** erlebt. Die biologischen Eltern in Deutschland können dadurch leicht zu „Fremden“, zu „Nennonkel und -tante“ werden – mit allen psychologischen und sozialisatorischen Konsequenzen.
- Nicht wenige waren (oder sind noch) **„Pendelkinder“**, hin- und hergeschickt, damit immer wieder getrennt auch von Freunden, von vertrauter Umgebung. Dies kann die Sprachentwicklung erschweren, Sprachenvermischung oder –verwirrung bedingen, Trennungsschmerz und –ängste hervorrufen, zum Gefühl, weder hier noch dort geliebt zu werden – weil immer wieder „fortgeschickt“ – (vgl. gestörte Entwicklung des Urvertrauens), kann zu genereller Verunsicherung führen, die u.U. kompensatorisch überspielt wird.
- Die meisten Kinder haben **Geschwister**, aber bei nicht wenigen leben alle oder ein Teil der Geschwister im Herkunftsland, so daß sie faktisch als Einzelkinder aufwachsen (u.U. mit der unausgesprochenen Sorge, eines Tages von den Eltern ausgetauscht zu werden).
- Die Familien der Kinder oder sie selbst kommen großenteils aus wenig entwikkelten **ländlichen Gebieten**, zum Teil auch aus **Städten**, die dann meist die erste Etappe auf dem Weg der Migration bildeten. Dies bedeutet im allgemeinen unterschiedlich stark ausgeprägte Sozialisation in der Herkunftstradition, bedeutet eine größere oder geringere Kluft im Erlebnis der Kultur hier und dort.
- Ein Großteil der Eltern – wenn auch keineswegs alle – sind **Arbeiter** und viele in Akkord und/oder Schichtarbeit. Dies hat zur Folge, daß die Kinder häufig sich selbst überlassen werden müssen, daß insbesondere die größeren Mädchen früh neben, manchmal auch statt der Schule Geschwisteraufsicht und Mutterfunktion zu übernehmen haben.
- Die **Schulbildung der Eltern** ist nicht selten gering, entsprechend der Infrastruktur und den sozioökonomischen Bedingungen im Herkunftsgebiet. Vor allem wenn die Kinder erst der „zweiten Generation“ angehören, können sie rasch besser Deutsch als ihre Eltern, was sowohl zur Folge hat, daß die Eltern sie bei Hausaufgaben nicht unterstützen können, als auch, daß es bei Behördengängen etc. zu einer Art Rollentausch kommt, was auf Dauer zu einer Kränkung des

Selbstwertgefühls der Eltern und zu konflikthaften innerfamiliären Reaktionen führen kann.

- In vielen ausländischen Familien setzt – entsprechend den eigenen Erfahrungen in der Herkunftskultur, aber auch aus Angst vor zu liberalen Einflüssen der deutschen Umwelt – etwa mit dem Grundschulalter der Kinder eine rigide **Rollendifferenzierung zwischen Jungen und Mädchen** ein, wobei die Mädchen im allgemeinen wesentlich mehr innerfamiliäre Aufgaben zugewiesen bekommen, gleichzeitig erheblich stärker in ihren Möglichkeiten und Freiheiten eingeschränkt werden; insbesondere in muslimischen Familien werden die Töchter von den Söhnen, auch den jüngeren, kontrolliert und überwacht. Kontakte zwischen Mädchen und Jungen gelten als verwerflich, wobei „das Verwerfliche" traditionell auf seiten des Mädchens gesehen wird.
- Arbeitsmigranten sind zu einem beachtlichen Teil im Hinblick auf ihre Kinder stark **aufstiegsorientiert**; nicht zuletzt ihretwegen sind sie ja in Deutschland (geblieben). Dies ist jedoch nur ein Grund, weshalb eine pauschale Einordnung ausländischer Arbeiterfamilien in die soziologische Kategorie der sog. Unterschicht ihrer spezifischen Situation nicht gerecht wird. Diese Aufstiegsorientiertheit gilt in sehr vielen Familien auch den Mädchen – wenn auch nicht immer in letzter Konsequenz. In die Schulleistungen der Kinder setzen die Eltern hohe Erwartungen. Soweit ihnen vergleichbare Erfahrungen fehlen, sind sie jedoch kaum in der Lage, die damit verbundenen Anforderungen genügend zu würdigen. Die Kinder werden nicht selten durch zusätzlichen muttersprachlichen Unterricht und – soweit es sich um islamische Familien handelt – durch hinzukommenden Koranunterricht sowie häusliche Verpflichtungen überlastet. Die umfassende Bedeutung des Spiels für eine gesunde Entwicklung – auch des spielerischen Lernens in der Grundschule – ist so gut wie nicht bekannt. Die Bedingungen für häusliche Schularbeiten sind häufig ungünstig (beengter Wohnraum, daher kein eigener, abgegrenzter Arbeitsplatz, laufender Fernsehapparat, Störung durch Geschwister und Besuch, mangelnde Hausaufgabenhilfe). Aber selbst dort, wo die häuslichen Arbeitsbedingungen günstiger sind, müssen Migranten-Kinder zumindest ab dem Schulalter immer mehr leisten als die deutschen, müssen sie doch die Sprach- und „Spiel"regeln einer bikulturellen Welt verstehen und beherrschen lernen.
- Eine entscheidende Hilfe für kindgemäßes Hineinwachsen-Können in die sprachlich und kulturell so komplexe Umwelt bietet der **Kindergarten**. Er stellt gerade auch bei Kindern ausländischer Eltern eine optimale Voraussetzung für erfolgreichen Schulbesuch dar. Die Häufigkeit des Kindergartenbesuchs durch Kinder von Arbeitsmigranten nähert sich zusehends der der deutschen Kinder an, obgleich in ländlichen Herkunftsregionen der Kindergarten kaum bekannt war und Mütter es sich als Versagen hätten anrechnen lassen müssen, hätten sie die Erziehung ihrer Kinder nicht alleine geleistet.

8.1.5 Was für alle Migrantenkinder gilt

Für alle Kinder aus Migrantenfamilien, gleich ob Aussiedler-, Flüchtlings- oder Arbeitsmigrantenfamilien, ob deutscher oder anderer Nationalität, gilt,

- daß die **Trennung** von Verwandten, von Freunden, von vertrauter Umgebung psychische Wunden schlagen kann – gleich, ob sie durch das „Heimholen" zu den Eltern oder durch Flucht (mit all ihren erschreckenden Begleiterscheinungen) bedingt war –: Wunden, die verletzlich bleiben.
- daß es auch bei **relativer Zweisprachigkeit** nicht selbstverständlich ist, daß im muttersprachlichen Milieu Erlebtes auch in der deutschen Sprache zu Begriff gebracht werden kann und ebenso, daß im deutschsprachigen Umfeld Erfahrenes auch mit dem exakten emotionalen Gehalt in die Muttersprache umgesetzt werden kann. Zu dieser Übertragungsleistung Hilfestellung zu geben – etwa auch durch Rollenspielangebot – ist für eine ganzheitlich gesunde Entwicklung noch vorrangiger als Orthographie und Grammatik. Auch deshalb heißt es zu beachten: Grundschüler sind nicht nur Schüler, also Leistungspersönlichkeiten, sondern zu allererst Kinder.
- daß es für die Entwicklung und Stabilisierung ihres Selbstwertgefühls wichtig ist, von ihrer Umgebung als das geachtet und gemocht zu werden, was sie sind: Kinder rumäniendeutscher, vietnamesischer, türkischer Eltern usw., gleichwertig und allemal: **Kinder**. Das heißt zugleich, daß es für sie wie für alle Kinder wesentlich ist, daß auch ihre Eltern von ihrer Umgebung wahrnehmbar geachtet, respektiert werden. In dem Maß, in dem die Kinder sich hier zu Hause fühlen, werden sie sich als Kölner, Münchner oder Leipziger usw. verstehen – und dies wiederum zu akzeptieren, ist die Aufgabe ihrer Eltern.
- Migrantenkinder wachsen nicht nur in zwei Sprachen und Kulturen auf, sondern auch in und zwischen **zwei Erziehungs- und Unterrichtsstilen**, die in vieler Hinsicht – zumindest ohne sensible dialogische Hilfe – nicht kompatibel sind.
- Mittelbare Begegnung oder unmittelbare Konfrontation mit diskriminierenden Vorurteilen, **ausländerfeindlicher Haltung** oder gar kriminellen rechtsradikalen Übergriffen kann für Kinder anderer Nationalität, Hautfarbe oder Mutter- (bzw. auch Vater-)sprache nicht nur nachhaltig ängstigende und destabilisierende, sondern auch zutiefst verletzende und irritierende Wirkung haben und damit auch die schulische Leistungsfähigkeit gravierend beeinträchtigen.

Grundschule kann und muß den äußeren Rahmen wie den emotionalen Raum dafür bieten, daß Ängste und Erlebnisse ausgesprochen werden können und dafür, daß *alle* Kinder, die der Majorität wie jene der Minoritäten, Freude daran gewinnen, sich gemeinsam in ein aufgeschlossen-kritisches, **solidarisches Verhalten** einzuüben. Das aber heißt:

Grundschule muß ein Ort interkultureller Erziehung sein; denn Schule ist für alle Kinder da.

8.2 Grundschule als Ort interkultureller Erziehung

8.2.1 Aufgaben und Ziele interkultureller Erziehung

Interkulturelle Erziehung basiert auf den Menschenrechten: der Gleichwertigkeit aller Menschen, sowie auf der Überzeugung, daß die Würde des Menschen unantastbar ist. Interkulturelle Erziehung kann nicht unpolitisch sein (was jedoch nicht meint, sie sollte parteipolitisch sein).

Interkulturelle Pädagogik – oder „Integrative Pädagogik", ein Begriff, den ich vorziehe – entwickelte sich aus der Ausländerpädagogik und ihr Name ist Programm (*vgl. Kasten 8-3)*: Sie will Antwort sein auf eine „kleiner werdende Welt", Antwort auf eine durch Arbeitsmigranten, Aussiedler und Flüchtlinge zunehmend „multikulturell" werdende Gesellschaft; sie arbeitet weitgehend interdisziplinär (wenn auch mit eindeutiger Schwerpunktsetzung auf der Erziehungswissenschaft), berücksichtigt zunehmend auch ausländische interkulturelle Forschung und Praxis. Sie geht von einem dynamischen Kulturverständnis aus; ihre Zielgruppen sind Ausländer wie Deutsche, Minoritäten wie Majorität. Ihre *Zielsetzung*: auf dem Weg über Begegnung und Dialog, Konfliktbearbeitung und Vorurteilsabbau, über die kritische Beschäftigung mit eigener wie fremder Kultur und Tradition und die Überwindung ethnozentrischer Fixierungen hin zu mehr Chancengerechtigkeit, zu Toleranz, zu verantwortungsbewußtem solidarischem Handeln – und damit zu einer Bereicherung aller Beteiligten wie der Gesellschaft insgesamt.

Bei intensiverer Beschäftigung mit der Materie wird deutlich, daß es sich hier nur um einen – wie immer bedeutsamen – Minimalkonsens handelt, daß es *die* interkulturelle Pädagogik und *die* interkulturelle Erziehung nicht gibt (vgl. u.a. Sayler, 1991). Doch lassen sich für den Bereich der Grundschule Schwerpunkte nennen, hinter die nicht mehr zurückgegangen werden kann: Interkulturelle Erziehung hat als *Aufgabe*

1. die Integration der Kinder ausländischer Eltern und/oder anderer Zunge, wobei Integration als selbstverständliches Dazugehören, nicht als identitätsgefährdende An- oder Einpassung verstanden wird,
2. die Befähigung deutscher Kinder, Integration zu ermöglichen,
3. die Weitung des kindlichen Horizonts hin auf die „Eine Welt" und das Erkennen wechselseitiger Abhängigkeit.
4. Wie bei aller Erziehung geht es immer auch um ein Lernen der Eltern und der Lehrer,
5. dabei werden die Lehrer im Sinn von Paulo Freire als Lehrer-Schüler, die Schüler als Schüler-Lehrer begriffen; das heißt Interkulturelle Erziehung ist nicht anders möglich als dialogisch.

Letztendlich geht es für alle an diesem Prozeß Beteiligten, also für Schüler, Eltern und Lehrer, um eine *Erhöhung der Sozial-, Selbst- und Sachkompetenz.*

Kasten 8-3:

Der Terminus **„Ausländerpädagogik“** entwickelte sich aus der Erkenntnis, daß die isolierten Bemühungen ehrenamtlicher Kräfte in sog. „Hausaufgabenhilfen“ qualitativ und quantitativ nicht ausreichen konnten, um alle nachgeholten oder hier geborenen Kinder der Arbeitsmigranten angemessen zu fördern und bestmöglich zu integrieren.

Das Aufgabenfeld weitete sich rasch über die Gruppe der Schulkinder hin aus: Kindergartenerziehung, Arbeit mit ausländischen Frauen und Mädchen, mit ausländischen Jugendlichen und Eltern und generell mit ausländischen Erwachsenen wurde zunehmend in den Gesichts- und Aufgabenkreis mit einbezogen. Zu diesem Zeitpunkt war es längst für die meisten in diesem Feld Tätigen evident, daß reine „Ausländerpädagogik“ zu kurz greift, daß vielmehr effektive und verantwortbare Erziehungs- und Bildungsarbeit als Integrationshilfe nicht allein Ausländer, sondern ebenso Deutsche als Zielgruppe ansprechen und einbeziehen muß, da *viele wesentliche Aufgaben nur im Miteinander zu bewältigen sind,* und da Integration nur von beiden Seiten aus geschehen kann.

Allerdings wurde vielfach weder in der breiten Öffentlichkeit noch im politischen oder administrativen Bereich die längst vollzogene und *unerläßliche Erweiterung der Zielgruppe um deutsche Kinder und Erwachsene* zur Kenntnis genommen. Andererseits wurde erstaunlich rasch begriffen, daß Umfang und Vielschichtigkeit des Aufgabenfeldes keinesfalls von der Pädagogik allein ausgeleuchtet (geschweige denn „bewältigt“) werden können, daß es vielmehr der *Zusammenarbeit mit einer Reihe anderer Disziplinen* bedurfte. Migrationssoziologie, Germanistik und“Herkunftssprachen“seien vorrangig genannt.

Seit einer Reihe von Jahren wird als Reaktion auf Ungenügen und Mißverständlichkeit des Terminus „Ausländerpädagogik“ und den mit ihm verbundenen historischen Ballast zunehmend jener andere der **Interkulturellen Pädagogik** bzw. der **interkulturellen Erziehung** verwendet.

8.2.2 Schulorganisatorische, thematische und methodische Umsetzungen

Zu (1) Für *Kinder nicht-deutscher Muttersprache* ist das Prinzip der Individualisierung von besonderer Bedeutung:

Sie beginnt durch die Zusammenarbeit von Kindergarten und Schule bereits bei den **Einschulungs**vorbereitungen.

a) Förderung der Deutsch-Kenntnisse: Intendiert ist die uneingeschränkte Teilnahme am Unterricht der *Regelklasse.* Fehlen Deutschkenntnisse jedoch ganz oder nahezu, so erfolgt in den alten Bundesländern – wo schulorganisatorisch irgendmöglich – die maximal einjährige (äußerstenfalls zweijährige) spezielle Förderung mit vermehrtem Deutschunterricht in den *Vorbereitungsklassen* (für ausländische Kinder) bzw. in den *Förderklassen* (für Aussiedlerkinder). In den Regelklassen wird die Möglichkeit des *Förderunterrichts* – bei Bedarf – auf die Förderung von „Deutsch als Zweitsprache“ konzentriert.

b) Muttersprachlicher Zusatz- oder Ergänzungsunterricht wird – wiederum soweit schulorganisatorisch möglich – auf Wunsch der Eltern angeboten. (Bayern bietet darüber hinaus als Alternative zu den Regelklassen „zweisprachige Klassen" an, deren muttersprachlicher Unterrichtsanteil zunächst weit überwiegt; doch ist der Besuch dieser Klassen rückläufig [Schuljahr 91/92 rd. 18% der ausländischen Schüler].)

Für die Aufrechterhaltung der Verbindung zur Herkunftskultur, das Gespräch in der Familie und das Selbstwertgefühl der Kinder kommt der Förderung der Muttersprache erhebliche Bedeutung zu. Daß Mehrsprachigkeit zunehmend nicht nur eine Chance ist, sondern eine Notwendigkeit wird, ist evident. Daher wäre es wünschenswert, daß verstärkt auch deutsche Kinder an „muttersprachlichem Unterricht" teilnehmen und so in eine **„Begegnungssprache"** hineinwachsen.

Dennoch ist muttersprachlicher Unterricht, der ja nicht nur in Sprache einübt, sondern auch Inhalte vermittelt, und der im allgemeinen von hierfür *aus den Herkunftsländern abgeordneten Lehrern* erteilt wird, inhaltlich wie pädagogisch häufig nicht unproblematisch: Erziehungs- und Unterrichtsstil weichen vom deutschen ab, und das heimatliche Lehrmaterial entspricht nicht immer demokratischen Grundsätzen; darüber hinaus finden sich in ihm nicht selten nationalistische, letztendlich den schulischen Integrationsbemühungen entgegenlaufende Tendenzen.

c) Islamische religiöse Unterweisung: Da – aus juristischen Gründen – islamischer Religionsunterricht in keinem Bundesland als ordentliches Lehrfach eingeführt ist, wird in fünf Bundesländern für türkische Kinder muslimischen Glaubens die religiöse Unterweisung im Rahmen des muttersprachlichen Ergänzungsunterrichts unter Verantwortung der Kultusverwaltungen erteilt. In den übrigen alten Bundesländern liegt die Verantwortung für diesen Ergänzungsunterricht bei den diplomatischen und konsularischen Vertretungen der *Türkei* – eine für das deutsche Schulsystem und für muslimische Kinder nicht-türkischer Nationalität keinesfalls befriedigende Regelung.

d) Gegen Ende der Grundschulzeit kommt der **Schullaufbahnberatung** gerade ausländischer Eltern besondere Bedeutung zu, da sie – zumindest sofern sie nicht selbst schon das deutsche Schulsystem durchlaufen haben, – die Leistungsfähigkeit ihres Kindes in Relation zu den Anforderungen von Haupt-, Real- und Gesamtschule sowie von Gymnasien kaum einschätzen können. Die im Unterricht der Grundschule dem Lehrer leicht mögliche **Binnendifferenzierung** mit entsprechend individuell ausgewählten Aufgabenstellungen und Arbeitsmaterialien hat die Kinder stärker nach ihren individuellen Möglichkeiten und Bedürfnissen gefördert und ihnen damit stetigere Lernerfolge ermöglicht, als dies in den weiterführenden Schulen mit dem Fachlehrerprinzip möglich sein wird.

Zu (2) **Interkulturelle Erziehung deutscher Kinder** ist heute ein Muß, selbst ohne Anwesenheit ausländischer Kinder in einer Klasse oder Schule. Wo immer dem Klassenverband auch Kinder anderer Muttersprache angehören, findet interkulturelles Lernen deutscher Kinder *gemeinsam* mit ausländischen statt.

Dabei gilt es, auf beiden Seiten empathisches Verstehen zu fördern und soziale Neugier zu wecken. Soziale Vorurteile bedürfen der kindgemäßen Bearbeitung. Für beides bietet sich das Rollenspiel an, das die für interkulturelles Lernen so entscheidende **Interaktion** in den Mittelpunkt rückt. Zugleich kann es den Boden für weitere Wissensvermittlung (auch mit Hilfe von Unterrichtsfilmen zum Thema) bereiten.

Der Erfahrungsraum der Kinder ist auszuweiten durch bewußtes Wahrnehmen der gemischt-nationalen und -kulturellen Umwelt, etwa im *Stadtteil* mit seinen Menschen, Geschäften, Arbeitsplätzen usw. (vgl. u.a. BERGER, 1989; BERGER & ZIMMERMANN, 1989).

Im Rahmen des Unterrichts wie bei Spiel und Sport kommt der Bildung **„gemischter Gruppen“** – auch in Partnerschaftsarbeit – besondere Bedeutung zu. Dies kann jedoch nicht heißen, daß sprach- oder nationalitätenhomogene Gruppen grundsätzlich vermieden werden sollten. (Auch sie sind wichtig, nicht zuletzt wegen ihrer Entlastungsfunktion und zur Übung der Herkunftssprache; dennoch tragen sie tendenziell im Klassenverband oder in der Gesamtschülerschaft zur wenig wünschenswerten Subgruppenbildung bei.)

Grundschule hat die einmalige Chance, nicht nur im Rahmen des Unterrichts zu wechselseitiger Hilfe anzuregen, sondern darüber hinaus Impulse zu geben und Aufgaben zu stellen, die im Freizeitbereich *gemeinsam* – und nur gemeinsam – in **Kinderpatenschaften/-partnerschaften** oder – bei Unterstützung der Eltern – auch in Kleingruppen aufgegriffen und gelöst werden können. In derartig angeleiteten, nun *außerschulischen* Aktivitäten, die u.a. auf bausteinartigen Anregungen aufbauen können, sind Spiel und interkulturelles Lernen (durch Erfahrung und Wissenszuwachs) ineinander verwoben (vgl. Bonner Modell, SAYLER, 1987 b und c).

Hier ebenso wie im täglichen Schulleben im Kontakt zwischen Kind und Lehrer erweist sich, daß es für die **sozial-emotionale Integration** zuverlässiger, beständiger, tragfähiger Beziehungen bedarf; diese können sich insbesondere durch die regelmäßige Einbeziehung der Kinder anderer Muttersprache in die Lebenswirklichkeit deutscher Kinder auch in ihrem familiären Milieu und umgekehrt ebenso deutscher Kinder in die Lebenswirklichkeit der ursprünglich „fremden“ Kinder entwickeln.

Zu (3) Bewußt und ungewußt haben unsere Kinder Kontakt mit der sogenannten **Dritten Welt**: greifbar nah scheinbar durch Fernsehsendungen, zum Einverleiben in den vielfältigsten Früchten und Lebensmitteln, durch Menschen auf der Straße, oft auch durch Mitschüler, vielleicht sogar durch Vater oder Mutter (s.o.). Nähe - Ferne, exotische Eindrücke und Schreckensbilder: Das Thema „Dritte Welt - Eine Welt“ im Grundschulunterricht *auf kindgemäße Weise* nahebringen, vergleichen, ordnen heißt nicht nur den kindlichen Horizont weiten, sondern auch zu sozialem und ökologischem Verantwortungsbewußtsein erziehen.

Für diese Aufgabe stehen Lehrern vorzügliche altersadäquate *Unterrichtsmaterialien*, Spiele (die auf spannende Weise viel Information transportieren), Filme, Diareihen und Hörspiele sowie eine Vielzahl interessanter Bilderbücher zur Verfügung.

Und der Vergleich etwa „Wohnen dort und Wohnen hier“ oder „ein Kindertag dort und hier“ etc. kann, über die spezifischen Eindrücke und Einsichten hinausgehend, Hemmungen reduzieren und den Austausch auch zwischen deutschen und Migranten-Kindern eröffnen. Die gemeinsame Arbeit an einem „Dritte Welt – Eine Welt-Projekt“ führt unter mehrfachem Aspekt zu interkulturellem Lernen.

Zu (4) Motivierende interkulturelle Erziehung kann ein „Türöffner" auch zu den Eltern, insbesondere zu den ausländischen Schüler-Eltern sein. Doch **Elternarbeit**, ein Grundpfeiler im Rahmen interkultureller Erziehung, meint mehr: Begegnung und Zusammenarbeit mit ihnen sowie unter ihnen – als Gewinn für die Kinder, die Eltern *und* die Lehrer.

Elternarbeit, nicht zuletzt der Hausbesuch, will Migranteneltern helfen, die Schwellenangst, die Angst vor dem deutschen Lehrer, ja auch vor seinen möglichen bildungs-, status- und nationalitätsbedingten Vorurteilen zu überwinden. Sie will die Eltern gewinnen, schulische Bemühungen zu unterstützen, auch an den Elternabenden aktiv teilzunehmen, an der Gestaltung des Schullebens mitzuwirken. Doch Elternarbeit will auch dies: Einblick gewinnen in die häusliche Lebenswelt des Kindes, von den Eltern erfahren, welche Ansichten sie über Erziehung (eines Jungen, eines Mädchens) haben, was die Migrationssituation für sie und das Kind bedeutet, welche Erwartungen sie an die deutsche Schule haben (*vgl. Kap. 6.2.4*).

Gute Elternarbeit will dazu beitragen, daß auch ausländische Eltern die Schule ihres Kindes als „*ihre* Schule" erleben können. Dies wäre nicht zuletzt ein entscheidender Schritt zur Integration auch der Eltern. Vorurteilsfreier, respektvoller – dialogischer – Umgang mit ihnen (Erfahrungen, die sie weder in Behörden der Heimat noch in Ausländerämtern allzu häufig gemacht haben), das gemeinsame Interesse am Wohl ihres Kindes können die beste „*Hilfe zur Selbsthilfe*" für sie sein (vgl. auch Sayler, 1987 b, 183-249).

Wie beim (zu dolmetschenden) Gespräch mit Migranteneltern können **ausländische Lehrer** deutschen Kollegen wichtige Partner im Rahmen interkultureller Erziehung sein: beim Herstellen von Kontakten zu Schülereltern, beim Bemühen, die Situation eines leistungsschwachen oder verhaltensauffällig gewordenen Schülers zu verstehen, beim Erfahrungs- und Informationsaustausch, in der Auseinandersetzung mit der fremden Kultur, beim Aufeinander-Abstimmen von Unterrichtsvorbereitungen und – das wäre optimal – bei wiederholtem Team-Teaching.

Es ist gut, sich dessen bewußt zu sein, daß ausländische Lehrer sich von deutschen Kollegen häufig gering geachtet erleben. Das bedeutet: Die Initiative zur Zusammenarbeit, die Bereitschaft auch zu erforderlicher Hilfestellung muß vom deutschen Lehrer, der deutschen Lehrerin ausgehen!

Zu (5) Immer wieder erweist sich Interkulturelle Erziehung als im wesentlichen *soziale Erziehung*. Sie muß sowohl ein durchgängiges – jedoch keinesfalls verbissen vertretenes – Prinzip sein, als auch in situativem wie in vorausgeplantem Unterricht thematisch werden. Lehrer und Lehrerinnen, die sich um interkulturelle Erziehung und interkulturelles Lernen bemühen, werden feststellen, wie sehr sie damit auch sich selbst in die Pflicht nehmen: Auch das meint Empathie, meint **dialogische Erziehung**.

8.3 Medien, Materialien, Literatur für Lehrer und Kinder

Vorbemerkungen: Zu interkultureller Erziehung gibt es bereits umfangreiche Literatur, zahlreiche Materialien und Medien.

(1) Als Charakteristikum muß bezeichnet werden, daß die Titel einschlägiger Monographien häufig nur einen Ausschnitt der behandelten Fragestellungen erkennen lassen. Der Blick ins Inhaltsverzeichnis ist also unverzichtbar.

(2) Da interkulturelle Erziehung ein recht junges Forschungsgebiet ist, das sich zudem überwiegend durch einen starken Bezug zur gesellschaftlichen Realität auszeichnet – Realität, die durch den permanenten Fluß der Migrationsbewegungen sowie der gesellschaftlichen und politischen Reaktion hierauf gekennzeichnet ist –, kann die Berücksichtigung des Erscheinungs- bzw. Herstellungsjahres einer Veröffentlichung oder eines Films für deren Verständnis von erheblicher Bedeutung sein.

8.3.1 Literatur zu interkultureller Erziehung

Für die gründlichere Beschäftigung mit Einzelaspekten sei hier besonders hingewiesen (1) auf folgende Periodika:

Informationsdienst zur Ausländerarbeit. Hrsg. Institut für Sozialarbeit und Sozialpädagogik (ISS), Frankfurt a.M., (4 Hefte jährl.) mit ausführlicher aktueller Bibliographie.

Interkulturell. Forum für Interkulturelle Kommunikation, Erziehung und Beratung (früher: Ausländerkinder. Forum für Schule und Sozialpädagogik). Hrsg. Forschungsstelle Migration und Integration (fomi) an der Pädagogischen Hochschule Freiburg, (4 Hefte jährl.)

Lernen in Deutschland. Zeitschrift für interkulturelle Erziehung. Hrsg. A.J. Tumat, Pädagogische Hochschule Kiel; Baltmannsweiler: Schneider, (2 Hefte jährl.)

VIA Magazin. Hrsg. Verband der Initiativgruppen in der Ausländerarbeit (VIA), Duisburg, (2 Hefte jährl.)

(2) auf die schriftlichen Materialien des Deutschen Instituts für Fernstudien (DIFF) an der Universität Tübingen (Fernstudien Erziehungswissenschaft):

Ausländerkinder in der Schule (mit äußerst informativen, gut lesbaren Themenheften, z.T. auch mit konkreten Unterrichtsmaterialien) – Themenhefte von 1983-87

a) *Bereich Unterricht*: Anfangsunterricht mit ausländischen Schülern/Aufnahmeunterricht für „Seiteneinsteiger"/ Förderung in Sprach- und Fachunterricht/ Gemeinsames Lernen mit ausländischen und deutschen Schülern/ Konflikte, Störungen und soziales Lernen.

b) *Bereich Lebenswelt*: Herkunftsland (HL.) Türkei/ HL. Griechenland/HL. Jugoslawien/ HL. Italien/ HL. Spanien/ HL. Portugal.

c) *Bereich Kooperation*: Zusammenarbeit mit ausländischen Eltern/ Materialpaket für italienische (und deutsche) Lehrer/ Materialpaket für türkische (und deutsche) Lehrer.

Weiterbildung für die Arbeit mit Aussiedlern: Herkunftsland (HL.) Polen/ HL. Sowjetunion bzw. GUS/ HL. Rumänien/ Psychosoziale Integrationsprobleme/ (alle Themenhefte von 1992)

8.3.2 Arbeitsmaterialien, Spiele, Übungen und Kinderbücher zu interkultureller Erziehung i.e.S.* und zum Thema 'Dritte Welt'**

(1) Kurzauswahl von Arbeitsmaterialien, Spielen und Übungen

SAYLER, W.M. (Hrsg.): *Bausteine zur interkulturellen Erziehung.** Spiele und Übungen für bi- und multikulturelle Kindergruppen. Saarbrücken, Fort Lauderdale 1987: breitenbach

SCHMITT, R. (Hrsg.): *Dritte Welt in der Grundschule.*** Unterrichtsbeispiele, Lehrplanübersichten, Material. Frankfurt a.M. 1989: Arbeitskreis Grundschule e.V.

SPIER, A.: *Mit Spielen Deutsch lernen.** Spiele und spielerische Übungsformen für den Unterricht mit ausländ. Kindern, Jugendlichen und Erwachsenen. Königstein/Ts. 1981: Scriptor

Staatsinstitut für Schulpädagogik und Bildungsforschung (Hrsg.): *Miteinander und voneinander lernen.** Handreichungen für den interkulturellen Unterricht. München 1992 (Bezug: Hrsg., Abt. Grund- und Hauptschulen, Arabellastr. 1, 81925 München)

(2) Informationsschriften und -verzeichnisse über Kinderbücher, Materialien usw.

Es gibt eine beachtliche Zahl spannender, informativer und im Sinn interkultureller Erziehung* sowie im Sinn von Aufgeschlossenheit für „Dritte-Welt-Fragen"** motivierender Kinderbücher. Überwiegend kommentierte Auswahlverzeichnisse mit Altersstufenangaben haben veröffentlicht u.a.

Arbeitskreis Grundschule e.V. (Hrsg.): *Projekt „Dritte Welt in der Grundschule".*** Zentrale Dokumentation von Literatur, Unterrichtsmaterialien, AV-Medien und Spielen. Bremen 1990 (Bezug: Prof. Dr. R. Schmitt, Univ. Bremen, Fachbereich 12, 28353 Bremen)

Deutsche Welthungerhilfe u.a. (Hrsg.): *Guck mal übern Tellerrand.*** Lies mal, wie die andern leben! Empfehlenswerte Kinder- und Jugendliteratur zum Thema „Dritte Welt„.

Erklärung von Bern (Hrsg.): *Fremde Welten.***/* Kinder- und Jugendbücher zum Thema Dritte Welt und ethnische Minderheiten. Zürich, 10. Ausg. 1991 (Bezug: Buch- und Medienvertrieb, Postfach 20 20 13, 42220 Wuppertal)

Lernen in Deutschland, Zeitschrift für interkulturelle Erziehung: Leselisten Migrantenkinder- und Dritte-Welt-Kinder- und Jugendbücher. */** Heft 1, Mai 1992

Misereor (Hrsg.): *Materialverzeichnis „Eine Welt/Dritte Welt im Unterricht".*** Informationsmaterialien, Spiele, AV-Medien, Bücher mit Arbeitshilfen für Lehrer (Bezug: Misereor, Postfach 1450, 52015 Aachen)

Schweizerisches Jugendbuch-Institut (Hrsg.): *Im andern Land.***/* Kinder und Jugendbücher als Verständigungshilfe zwischen ausländischen und schweizer/deutschen Kindern. Zürich 1986

terre des hommes (Hrsg.): *Themenlisten* */** für Bücher, Unterrichtsmaterialien, AV-Medien und Spiele (Bezug: Ruppenkampstr. 11a, 49084 Osnabrück

terre des hommes Arbeitsgruppe: *Eulenspiegel.*** Informationen, Spiel- und Projektanregungen für die Hand von Kindern (Bezug: Kreuzstr. 13, 52457 Aldenhoven-Pattern)

Verband binationaler Familien und Partnerschaften (IAF e.V.): *Kommt mit ins Tausendbäumeland.** Multikulturelle Kinderbücher. Nov. 1993 (Bezug: Vorgebirgsstr. 6, 53111 Bonn)

8.3.3 Audiovisuelle Medien

Zur interkulturellen Erziehung steht eine beachtliche Zahl von Filmen (auch auf VHS-Kassetten) und Tonbildern zur Verfügung. (Hauptthemenkreise: Aus den Herkunftsländern ausländischer Kinder/Schwierigkeiten ausländischer Kinder in Deutschland/spezielle Angebote für ausländische Kinder wie „Deutsch für ausländische Schüler"/Konflikte im Miteinander und deren Bewältigung/ Anregungen zu gemeinsamem Tun/Filme für die Fortbildung des Lehrers). Die genauen Titel mit Kurzbeschreibungen und Alterszuordnung sind den Katalogen der jeweiligen *Verleihstellen* zu entnehmen:

Landes- und Stadt-Bildstellen (Gesamtkatalog FWU des Instituts für Film und Bild in Wissenschaft und Unterricht)

Diözesan-Filmstellen der katholischen Kirche (Katalog Audiovisuelle Medienzentrale)

Film Funk Fernseh Zentren der Evangelische Landeskirchen (AV-Medien-Katalog)

Bundes- und jeweilige Landeszentrale für polititsche Bildung (AV-Medien-Katalog)

Weiterführende Literatur

Akpinar, M. & Zimmer, J. (Hrsg): *Von wo kommst'n du? Interkulturelle Erziehung im Kindergarten.* Bd. 1-4, München 1984: Kösel

Auernheimer, G. (Hrsg): *Handwörterbuch Ausländerarbeit.* Weinheim, Basel 1984: Beltz

Borelli, M. (Hrsg): *Zur Didaktik Interkultureller Erziehung in der Grundschule.* In: *Zur Didaktik interkultureller Pädagogik,* Teil II (S. 91-153). Hohengehren 1992: Schneider.

Landesinstitut für Schule und Weiterbildung: *Unterricht für ausländische Schüler in Regelklassen der Grundschule.* Erfahrungen und Anregungen. Soest 1993: Soester Verlagskontor

Landesinstitut für Schule und Weiterbildung: *Religiöse Unterweisung für Schülerinnen und Schüler islamischen Glaubens.* Soest 1991: Soester Verlagskontor

Pommerin, G. (Hrsg): *„Und im Ausland sind die Deutschen auch Fremde" – Interkulturelles Lernen in der Grundschule.* Frankfurt a.M.

Sandfuchs, U. (Hrsg): *Lehren und Lernen mit Ausländerkindern. Grundlagen, Erfahrungen, Praxisanregungen.* Bad Heilbrunn/Obb. 1981: Klinkhardt

Sayler, W.M.: *Gastarbeiterkinder in Deutschland.* Bonn 1980: Pädag. Hochsch. Rheinland, Abt. Bonn

Sayler, W.M.: *Wider die Xenophobie! Ausländer zwischen Ablehnung und Integration – am Beispiel spanischer Migranten in Deutschland.* (SIC = Studien zur Interkulturellen Kommunikation, Bd. 2). Saarbrücken, Fort Lauderdale 1987 a:breitenbach

III

Arbeitsfelder und ihre Grundlagen

9

Einschulung und Anfangsunterricht

Manfred Baumann und Horst Nickel

9.1 Das Kind zur Zeit des Schuleintritts

9.1.1 Die Einschulung im Erleben von Kind und Eltern

Die Einschulung stellt sowohl für das Kind als auch für seine Eltern einen bedeutsamen Einschnitt dar. Er bringt nicht nur für beide tiefgreifende Veränderungen im gewohnten Tagesablauf und in der äußeren Lebensgestaltung mit sich, sondern kann das gesamte Erleben und Verhalten nachhaltig beeinflussen (vgl. NICKEL, 1981; PAETZOLD, 1988). Dies ist um so mehr der Fall, je stärker Erziehungsstil und Anforderungen der Schule von den bisherigen Interaktionsformen im familiären und vorschulischen Bereich abweichen. Das gilt ganz besonders auch für die Begegnung und Auseinandersetzung des Kindes mit seiner Umwelt. Je größer diese Diskrepanzen sind und je weniger es gelingt, einen bruchlosen Übergang von der familiären und vorschulischen Erziehung zu Stil und Inhalt der ersten Grundschuljahre herzustellen, um so gravierender wird dieser Einschnitt erlebt (NICKEL, 1992c). Bildungsorganisatorische Maßnahmen können das zwar erleichtern, *ein wirklich gleitender Übergang zwischen Vorschul- und Grundschulzeit kann jedoch nur erreicht werden, wenn auch eine weitgehende Angleichung der jeweils realisierten Lebens- und Lernform erfolgt* (PORTMANN, 1988; *vgl. 9.2.2*).

Wie intensiv und nachhaltig die Erfahrungen zu Beginn der Schulzeit erlebt werden, läßt sich nicht zuletzt daran ermessen, daß Erinnerungen aus dieser Zeit meist bis in das späte Erwachsenenalter sehr lebendig bleiben. Um so bedenklicher muß es stimmen, wenn diese Erfahrungen vorwiegend mit Erlebnissen der Frustration und des Mißerfolgs verbunden sind. Das muß sich nicht nur auf die schulische Lern- und Leistungsmotivation nachteilig auswirken und damit auf den weiteren schulischen Bildungsweg, sondern es kann darüber hinaus auch die gesamte Persönlichkeitsentwicklung ungünstig beeinflussen (EINSIEDLER, 1988; RIES, 1989).

Da das Kind mit dem Schuleintritt in der Regel erstmals auch einer permanenten pädagogischen Einwirkung mit gezielten Leistungsanforderungen begegnet, die eine erhebliche physische und psychische Beanspruchung bedeuten, ist es naheliegend, den entsprechenden Voraussetzungen besondere Aufmerksamkeit zu widmen.

9.1.2 Körperliche Verfassung und Einschulung

Zum Verlauf der körperlichen Entwicklung

Betrachtet man die körperliche Entwicklung des Kindes zur Zeit der Einschulung unter dem rein quantitativen Aspekt der Zunahme an Größe und Gewicht, so kann man im allgemeinen einen ruhigen und gleichmäßigen Wachstumsverlauf registrieren. Das gilt insbesondere für das **Körperwachstum** einschließlich Kopf und Gehirn. Sechsjährige haben im Durchschnitt etwa 50% ihrer späteren Endgröße erreicht; die bereits im Kleinkind- und Vorschulalter beobachtete Tendenz einer zunehmenden Verlangsamung der somatischen Wachstumsprozesse setzt sich in den folgenden Jahren weiter fort. Allerdings führte die allgemeine körperliche Akzeleration dazu, daß Sechs- bis Siebenjährige heute durchschnittlich etwa 8 bis 10 cm größer sind als in den ersten Jahrzehnten dieses Jahrhunderts. Ferner hat sich der noch im Kleinkind- und Vorschulalter bestehende Größenunterschied zwischen Knaben und Mädchen zur Zeit des Schuleintritts bereits ausgeglichen.

Die **Körpergestalt** des Kindes, die in den ersten Lebensjahren noch ganz erhebliche proportionale Abweichungen von der Endgestalt des Erwachsenen aufweist, hat sich dieser im sechsten bis siebten Lebensjahr bereits weitgehend angenähert. Das gilt ganz besonders für das Verhältnis Kopf zu Körper und Rumpf zu Extremitäten. Lange Zeit wurden diese Veränderungen im Sinne eines **„ersten Gestaltwandels"** (Zeller, 1964) als ein spezifischer Entwicklungsabschnitt des Übergangs vom Kleinkind- zum Schulkindalter beschrieben. Er sollte auch mit entsprechenden psychischen Veränderungen einhergehen. Spätere Untersuchungen wiesen jedoch nach, daß die proportionalen Veränderungen der Körpergestalt während des Kleinkind- und Vorschulalters eher kontinuierlich ablaufen und ein unmittelbarer Zusammenhang mit der psychischen Entwicklung nicht gegegeben ist (Nickel, 1981).

Die Einschulung aus schulärztlicher Sicht

Eine Entscheidung über die Einschulung eines Kindes setzt zunächst eine Überprüfung der Frage voraus, ob und inwieweit es rein körperlich den neuen Anforderungen zu entsprechen vermag. Allgemein erfolgt eine schulärztliche Untersuchung daher zunächst mit dem Ziel, diejenigen Kinder, die aufgrund ihrer bisherigen somatischen Entwicklung bzw. ihres akuten Gesundheitsstandes voraussichtlich den mit der Einschulung verbundenen psycho-physischen Belastungen nicht gewachsen sein dürften, vor Schaden durch eine zu frühe oder zu diesem Zeitpunkt ungünstige Einschulung zu bewahren. Darüber hinaus ist es aber auch Aufgabe des dafür zuständigen Arztes, solche Schulanfänger, die infolge körperlicher Gebrechen oder Mängel in der normalen Grundschule nicht angemessen gefördert werden können oder dort bei verdeckter Behinderung (z.B. Seh- und Hörschäden) in ihrer gesamten Entwicklung schwerwiegend geschädigt werden, in Zusammenarbeit mit Schulpsychologen, Schulverwaltung und Eltern geeigneten Einrichtungen zuzuführen. In neuerer Zeit können dies immer häufiger auch sog. Integrationsklassen sein, in denen behinderte und nicht behinderte Kinder unter besonderen pädagogischen Bedingungen und zum Erfolg für beide Gruppen gemeinsam unterrichtet werden (*vgl. Kap. 19*). Die somatische Schuleignungsdiagnostik dient daher vor allem der Klärung folgender Fragestellungen:

- Ist das Kind aufgrund seines **aktuellen Gesundheitszustandes** den mit einer Einschulung verbundenen physischen Beanspruchungen gewachsen?
- Vermag es aufgrund seines bisherigen **körperlichen Entwicklungsstandes** und der damit verbundenen allgemeinen physischen Belastbarkeit den mit der Einschulung verbundenen Anforderungen zu entsprechen?

- Leidet das Kind an einer **körperlichen Behinderung**, die trotz normaler psychischer Leistungsfähigkeit eine Aufnahme in die Grundschule zum gegenwärtigen Zeitpunkt nicht ratsam erscheinen läßt oder überhaupt unmöglich macht?
- Lassen sich bei dem Kind **dauerhafte Erkrankungen** oder Störungen feststellen, die die schulische Leistungsfähigkeit erheblich mindern können?

Die letztgenannte Frage betrifft zweifellos die schwerwiegendste Entscheidung. Hier geht es vor allem um Erkrankungen und Störungen im Bereich des Zentral-Nervensystems (ZNS) sowie des Hormonhaushalts, die nur langfristig zu behandeln oder auch weitgehend irreparabel sein können, wie z.B. die meisten Hirnschädigungen infolge einer frühkindlichen Enzephalitis und andere hirnorganische Erkrankungen. In diesen Fällen ist eine möglichst frühzeitige angemessene sonderpädagogische Betreuung sehr wichtig, um diese Kinder rechtzeitig ihren Möglichkeiten entsprechend zu fördern, ggf. auch in einer Integrationsklasse *(vgl. Kap.19)*. Außerdem ist es wichtig, die Lernmotivation und damit die Leistungsfähigkeit nicht durch Mißerfolgserlebnisse in einer Überforderungssituation zusätzlich zu beeinträchtigen. Entsprechende Überlegungen können auch für Kinder mit körperlichen Behinderungen bedeutsam sein.

Zweifellos kann die schulärztliche Untersuchung allein keine hinreichende Grundlage für die zu treffende Entscheidung über eine angemessene Einschulung liefern, wenn ihr auch hinsichtlich der hier angesprochenen Fragen ein besonderes Gewicht zukommt. Stets bedarf sie der Ergänzung durch die Ergebnisse einer entsprechenden psychologischen Diagnose des Entwicklungs- und Leistungsstandes (*vgl. 9.3.3*).

Aber auch die schulärztliche Untersuchung selbst sollte als abgestufter Prozeß mit fortschreitender Spezialisierung verstanden werden. Während sich die beiden ersten Fragestellungen hinsichtlich des somatischen Befundes in der Regel hinlänglich aufgrund der allgemeinen schulärztlichen Untersuchung beantworten lassen, bedarf es zur Klärung der beiden anderen Aspekte meistens einer weitergehenden fachärztlichen Differential-Diagnostik, etwa durch Hinzuziehung eines Neurologen bzw. Kinderpsychiaters. Die notwendige enge Interaktion von ärztlichen und psychologischen Untersuchungsverfahren könnte durch ein entsprechendes personelles Zusammenwirken in Schulkliniken und psychologischen Beratungsstellen wesentlich gefördert werden, wie es in anderen Ländern (z.B. Schweden oder USA) bereits erfolgreich praktiziert wird. Sie ist Teilaspekt eines multidimensionalen Vorgehens, als das sich die Schuleingangsdiagnostik heute versteht (NICKEL, 1984; *vgl. 9.2 und 9.3*).

9.1.3 Psychischer Entwicklungsstand und Einschulung

Kognitive Voraussetzungen

Im kognitiven Bereich erwartet man allgemein von einem Schulanfänger, daß seine Erkenntnisfunktionen einen Entwicklungsstand erreicht haben, die eine realistische Zuwendung zur Umwelt sowie eine differenzierende Auffassung und Verarbeitung von Umweltreizen ermöglichen (*vgl. Kap. 3.2*). Dies erfordert zunächst die Fähigkeit zu einer **visuellen** und **akustischen Durchgliederung** von Umwelteindrücken, insbesondere auch sprachlicher und schriftlich-symbolischer Art (*vgl. Kap. 11.2*). Weiterhin setzt es eine analytisch-teilinhaltliche Beachtung und **Begriffs-**

bildung in dem Sinne voraus, daß das Kind in der Lage ist, Objekte auf der Grundlage übereinstimmender Teile, die es aus dem Gesamtzusammenhang herauszulösen gilt, unter übergeordneten Gesichtspunkten neu zusammenzufassen. Ein realistischer Umweltbezug schließt ferner die Fähigkeit ein, **Größen- und Mengenverhältnisse** realitätsgerecht aufzufassen und zu beurteilen (NICKEL, 1981; Witzlack, 1968; *vgl. 9.3.3*).

Darüber hinaus wird der Schulerfolg eines Kindes aber auch wesentlich von seinem **sprachlichen Entwicklungsstand** bestimmt. Das Ausmaß, in dem der Schulanfänger den sprachlichen Anforderungen der Schule entspricht, ist aber ganz wesentlich von seinen entsprechenden familiären Erfahrungen abhängig. Das gilt ganz besonders für Kinder aus soziokulturell benachteiligten Bevölkerungsschichten. Für sie ist die übliche Unterrichtssprache infolge ihrer schichtenspezifischen Sprachmuster weithin unverständlich oder nur schwer zugänglich (*vgl. Kap. 11.1*). Diese Bedeutung des sprachlichen Entwicklungsstandes blieb bei Einschulungsuntersuchungen lange Zeit unberücksichtigt und fand erst im Zusammenhang mit den Bemühungen um eine angemessene vorschulische Förderung gebührende Beachtung (vgl. NICKEL, 1985c). Ein systematisches Sprachtraining ist seither wesentlicher Bestandteil der meisten Programme einer kognitiven Entwicklungsförderung im Vorschulalter, wie der Bereich der kognitiven Leistungsanforderungen insgesamt die eigentliche Domäne vorschulischer Trainingsprogramme bildet.

Heute kann man hinsichtlich aller kognitiven Voraussetzungen einer erfolgreichen Einschulung zweifelsfrei feststellen, daß sie weitgehend von einer angemessenen Erfahrungsbildung und Unterstützung im Kleinkind- und Vorschulalter mitbestimmt werden. Zwar sind einer möglichen Förderung durchaus gewisse biologische Grenzen gesetzt, sowohl in den zugrundeliegenden physischen, besonders **neurophysischen Reifungsprozessen** einerseits als auch in dem genetischen Potential andererseits, doch sind diese Grenzen in der Regel sehr viel weiter als aufgrund biogenetischer reifungsorientierter Entwicklungstheorien lange Zeit angenommen wurde (*vgl. Kap. 1.1*).

Zweifellos gibt es Kinder mit einem deutlich individuell verzögerten biologischen Entwicklungstempo. Diese stellen die sog. eigentlichen Spätentwickler dar; doch bilden sie in der Regel die Ausnahme und können keineswegs den bisher bei Einschulungsuntersuchungen ermittelten Prozentsatz schulunreifer Kinder auch nur annähernd erklären. Ähnliches gilt auch für jene Kinder, bei denen wir ein unterdurchschnittliches genetisches Potential annehmen müssen. Zwar bilden in der Gruppe der zurückgestellten Schulanwärter diejenigen mit Intelligenzmängeln vielfach den größten Anteil, doch darf man daraus keineswegs schon auf ein unzureichendes genetisches Potential schließen. Gerade die enge Beziehung zwischen Intelligenzmangel und soziokultureller Deprivation, wie sie in verschiedenen empirischen Arbeiten deutlich wurde und sich auch bei Einschulungsuntersuchungen bestätigte, legt eher eine entgegengesetzte Interpretation nahe. Andererseits weisen die Befunde der letzten Jahrzehnte aber auch darauf hin, daß einer vorschulischen und schulischen Entwicklungsförderung durchaus Grenzen gesetzt sind, die sich nicht im Sinne einer beliebigen pädagogischen Machbarkeit überschreiten lassen (NICKEL & SCHMIDT-DENTER, 1995, Kap. 9).

Motivationale und emotionale Voraussetzungen

Schulunterricht setzt in der Regel die Fähigkeit zum Lernen und Arbeiten innerhalb einer größeren Gruppe gleichaltriger Kinder voraus. Dazu gehört eine **Ar-**

beitshaltung, die durch ein gewisses Maß an Anstrengungsbereitschaft, **Ausdauer, planmäßiger Aufmerksamkeit** und **Selbststeuerung** gekennzeichnet ist, ferner die Bereitschaft zum Verzicht auf die Durchsetzung der eigenen Bedürfnisse zugunsten gemeinsam übernommener Zielsetzungen und Aufgaben (*vgl. 9.3.3*). Daß solche Anforderungen in hohem Maße von der Schulorganisation sowie von Inhalt und Form des jeweiligen Unterrichts abhängen, nicht zuletzt auch von dem erzieherischen und methodisch-didaktischen Verhalten des Lehrers, steht außer Frage. Überhöhte Leistungsanforderungen können wesentliche Ursache einer negativ erlebten Belastungssituation sein. Umgekehrt kann eine kindorientierte Unterrichtsatmosphäre in Verbindung mit einem emotional warmen, zugewandten und verständnisvollen Verhaltensstil die Anpassung an die schulische Arbeitssituation erheblich erleichtern (Tausch & Tausch, 1991).

Insofern stellen die motivationalen und emotionalen Voraussetzungen schulischen Lernens auch ein Problem des jeweils bestehenden Schulsystems dar (*vgl. 9.2*). Andererseits handelt es sich aber auch um einen entwicklungspsychologisch relevanten Aspekt, da jedes Schulsystem ein gewisses Maß an Anforderungen hinsichtlich der Arbeitshaltung, Selbständigkeit und sozialen Einordnungsbereitschaft stellen muß und deshalb die Frage zu klären ist, wie und wann die Entwicklung und Ausbildung solcher Einstellungen und Verhaltensmuster erfolgt (*vgl. Kap. 3.1*).

Bedeutsam erscheint in diesem Zusammenhang die Feststellung, daß eine unzureichend entwickelte Arbeitshaltung häufig bei solchen Kindern als Ursache schulischen Versagens registriert wird, deren kognitive Fähigkeiten den Anforderungen der Schule voll entsprechen. Da dies oftmals gerade bei jüngeren Schulanfängern zu beobachten ist, die als intellektuell gut begabt vorzeitig eingeschult wurden, liegt die Annahme nahe, daß es sich hier doch in stärkerem Maße um einen altersabhängigen Entwicklungsprozeß handelt (vgl. Dumke & Panskus, 1979). Dies scheint nach verschiedenen Autoren ganz besonders für die Selbststeuerung zu gelten, die wesentlich von der Ausreifung des Gehirns abhängt. Diese Annahme stützt sich u.a. auf Untersuchungen an hirngeschädigten Kindern, nach denen eine altersentsprechende Entwicklung zur Selbststeuerung schon bei nur leichten Beeinträchtigungen gestört war (Schenk-Danzinger, 1974).

Zweifellos ist die Selbststeuerung des Kindes, vor allem die Ausbildung eines Gleichgewichts von Impuls und Hemmung, von hirnphysiologischen Reifungsprozessen abhängig. In enger Beziehung dazu dürfte auch die Entwicklung einer fixierenden Beachtung und die Erweiterung der Aufmerksamkeitsspanne stehen. Unbestreitbar ist aber auch die Tatsache, daß die Schule selbst wesentlich zur Ausbildung einer von ihr erwarteten und geforderten Arbeitshaltung beitragen kann. Je nach methodisch-didaktischem Konzept und Unterrichtsstil des Lehrers wird sie durch diese Ansprüche im ungünstigen Falle aber nicht nur eine ungesteuerte Impulsivität, sondern auch die natürliche Spontanität und Aktivität der Kinder hemmen. Die Tatsache, daß vorzeitig eingeschulten begabten Kindern mit einem hohen kognitiven Entwicklungsstand oftmals dieser Anpassungsprozeß nicht gelingt, könnte gerade darin eine wesentliche Ursache haben. Vielleicht ist darüber hinaus in dieser Hinsicht die *Diskrepanz zwischen schulischen Anforderungen und den bisherigen Erfahrungen* im Kindergarten und familiären Umfeld für jüngere Kinder noch zu groß, so daß es deshalb eher zu Anpassungsschwierigkeiten und damit zu schulischem Versagen kommt. Nicht vergessen werden darf in diesem Zusammenhang auch die Rolle, die einer angemessenen vorschulischen Erziehung gerade in dieser Hinsicht zukommt (Nickel & Schmidt-Denter, 1995, Kap.9).

Aus all dem ergibt sich die Schlußfolgerung, daß analog zu den kognitiven Leistungsanforderungen auch bezüglich der Erwartungen an die Arbeitshaltung des Schulanfängers und damit an seine motivationalen und emotionalen Voraussetzungen eine weitgehende Annäherung von schulischen Anforderungen und systematischer vorschulischer Förderung anzustreben ist, mit dem Ziel, auch in dieser Hinsicht einen möglichst bruchlosen Übergang zu erreichen. Zwar kann die Schule nicht auf ein bestimmtes Maß an Arbeits- und Anstrengungsbereitschaft, Selbststeuerung und Ausdauer verzichten, doch wird sie zu überprüfen haben, inwieweit die bisher dominierenden Unterrichtsformen und pädagogischen Verhaltensstile hier eher zu Überforderungen führen, die auch hinsichtlich ihrer weiteren pädagogischen Auswirkungen eigentlich nicht wünschenswert sind. Aufgabe einer systematischen Vorschulerziehung müßte es andererseits sein, solche Arbeitsformen unter kindgemäßen Bedingungen zu entwickeln und so weit anzubahnen, daß ein kindorientierter Anfangsunterricht darauf weiterführend aufbauen kann (*vgl. 9.4*).

Soziale Voraussetzungen

Auch verschiedene soziale Verhaltensmuster müssen als Voraussetzung einer erfolgsversprechenden Einschulung verfügbar sein. Dazu zählen die **Einordnung in die Gruppe** gleichaltriger Kinder, die Fähigkeit zu gemeinsamer **Arbeit im Klassenverband**, sowie eine gewisse **Selbständigkeit** und schließlich die Ablösung von einer kleinkindhaften Bindung an die familiären Bezugspersonen, verbunden mit der Bereitschaft, neue außerfamiliäre Beziehungen zu Gleichaltrigen und Erwachsenen – hier vor allem zu den Lehrpersonen – aufzubauen (*vgl. 9.3.3*). Die Entwicklung dieser sozialen Voraussetzungen steht aber stärker noch als die der genannten kognitiven und motivationalen Aspekte in engem Zusammenhang mit entsprechenden Lernvorgängen im Kleinkind- und Vorschulalter (*vgl. Kap. 10.2*).

Eine wichtige Rolle spielt dabei die frühzeitige und angemessene Gewährung einer kindzentrierten Selbständigkeit durch die familiären Bezugspersonen, wie schon Heckhausen und Kemmler (1957) feststellten, ganz besonders, wenn sie mit einer emotional warmen, zugewandten erzieherischen Grundhaltung einhergeht. Weiterhin ist es eine zentrale Aufgabe familienbegleitender Erziehungseinrichtungen, frühzeitig Kontakte zu Gleichaltrigen zu fördern und die Ausbildung kooperativer Verhaltensweisen zu unterstützen. Das gilt nicht nur für traditionelle Kindergärten, sondern auch für Eltern-Initiativ-Gruppen sowie für Eltern-Kind-Spielgruppen im Vor-Kindergarten-Alter (Köcher & Nickel, 1993; Nickel, 1985c, 1996).

Der fördernde Einfluß des Kindergartenbesuchs auf die Schulfähigkeit, der sich in entsprechenden Untersuchungen immer wieder registrieren läßt, dürfte nicht nur in der schon diskutierten Unterstützung einer Selbststeuerung seine Ursache haben, sondern vor allem auch in der Ausbildung solcher sozialer Verhaltensmuster, die eine Anpassung an die Anforderungen der Schule wesentlich erleichtern. Dabei weisen die Erfahrungen mit Kindern aus sog. nichtautoritären Erziehungseinrichtungen in den traditionell geführten Anfangsklassen darauf hin, daß auch im sozialen Verhalten die Anforderungen der Schule nicht als unverrückbare Normen angesehen werden dürfen, an denen sich eine vorschulische Erziehung und Entwicklungsförderung zu orientieren hat. Sie lassen vielmehr erkennen, wie sehr die Schulreife oder Schulfähigkeit (*vgl. 9.2.1*) auch im Bereich des sozialen Verhaltens nicht zuletzt ein Problem der Schule selbst darstellt, und daß hier entwicklungspsychologische und pädagogische Aspekte auf das engste miteinander verknüpft sind (Nickel, 1992c).

9.2 Der Schuleintritt als Übergang zwischen zwei Lebensbereichen

9.2.1 Das Konstrukt der „Schulreife"

Erste Bemühungen, Kinder, die den Anforderungen der Schule im offiziell festgesetzten Einschulungsalter nicht gewachsen sind, vor einem vermeidbaren Mißerfolg in den Anfangsklassen zu bewahren, reichen bis in die Zeit vor dem 2. Weltkrieg zurück. Allerdings ging man zunächst von der Annahme aus, daß der Schulerfolg in erster Linie davon abhänge, ob das Kind aufgrund biologischer Reifungsprozesse einen Entwicklungsstand erreicht habe, der es befähige, den besonderen schulischen Anforderungen zu entsprechen (*vgl. Kap. 1.1.3*). So entstand das **Schulreifekonzept** (Kern, 1951/63; Kroh, 1948). Durch eigens dafür entwickelte Testverfahren sollte dieser Entwicklungsstand diagnostiziert und eine Prognose über den zu erwartenden Schulerfolg erstellt werden. Am konsequentesten war in dieser Hinsicht das Konzept von Kern mit dem darauf basierenden „Grundleistungstest" (Kern, 1951/71). Da nach dem reifungstheoretischen Konzept jedes Kind im Verlauf seiner Entwicklung das Stadium der vollen Schulreife erreichen wird, wenn auch zu unterschiedlichen Zeitpunkten, lag die Forderung nahe, man sollte mit der Einschulung konsequenterweise bis zu diesem Zeitpunkt warten. Deshalb verlangte Kern eine generelle zeitliche Verschiebung der Einschulung, wie sie dann während der fünfziger Jahre auch in denverschiedenen Bundesländern erfolgte.

Da man in der Folgezeit in der Entwicklungspsychologie von diesen reifungstheoretischen Konstrukten mehr und mehr abrückte und Entwicklung vorwiegend als das Ergebnis von Lernprozessen verstand (Aebli, 1976; *vgl. Kap. 1.1*) wurde auch das Konzept der „Schulreife„entsprechend modifiziert. Jetzt standen nicht mehr Reifungsprobleme im Vordergrund, sondern man fragte, über welche Fähigkeiten Kinder verfügen müssen, wenn sie in der Schule erfolgreich sein sollen. Das Schulreifekonzept wandelte sich somit in ein **Schulfähigkeitskonzept** (*z.B. Witzlack 1968*). Dabei richtete sich das besondere Interesse einerseits auf die Bedeutung einer vorschulischen Förderung (Dollase, 1978), andererseits trat aber auch deutlich hervor, daß der Erfolg in der Grundschule entscheidend von den Gegebenheiten der Schule selbst abhängt, vor allem von der Art und Weise, wie ihre Anforderungen von den Lehrern in pädagogisches Handeln umgesetzt werden (Nickel, 1981).

Aus der Vielzahl der vorgelegten Untersuchungen kristallisieren sich vor allem zwei Ergebnisse mit zunehmender Deutlichkeit heraus:

> Das erste betraf die Erkenntnis, daß es kaum gerechtfertigt sein dürfte, unter der sog. „Schulreife" einen allgemein gültigen und relativ eindeutigen Maßstab zur Kennzeichnung eines bestimmten Entwicklungsstandes zu verstehen. Die Schulreife eines Kindes kann vielmehr immer nur sinnvoll beurteilt werden im Hinblick auf ganz bestimmte konkrete Anforderungen, die von Schulsystem zu Schulsystem, ja von Klasse zu Klasse und von Lehrer zu Lehrer oft einer sehr erheblichen Variation unterliegen.

Das zweite betraf die Punktwerte, die Schulanfänger bei Schulreifetests erzielen. Sie hängen wesentlich von den bisherigen vorschulischen Lernerfahrungen ab. Eine bloße Zurückstellung schulunreifer Kinder ohne besondere Betreuung läßt deshalb am Ende der Wartezeit vielfach keinen Entwicklungsfortschritt erkennen.

Auf das Problem der Abhängigkeit des Schulerfolgs von den Anforderungen seitens der Schule weist u.a. bereits die Tatsache hin, daß in Schulformen, in denen der Anfangsunterricht in stärkerem Maße kindzentriert und auch individualisierend gestaltet ist, als in unserem traditionellen Schulsystem, das Problem der Schulreife in dieser Weise keine Bedeutung besitzt. Das zeigt sich z.B. recht deutlich in den **Montessori-Schulen**, die sowohl nach ihrer didaktischen Gesamtkonzeption als insbesondere auch von den Lehrplänen her jene Aspekte besonders betonen. Darüber hinaus konnte man aber seit Einführung systematischer Schulreifeuntersuchungen auch feststellen, daß die *Gültigkeit von Erfolgs- bzw. Mißerfolgsprognosen gerade für kritische Fälle wesentlich von dem jeweiligen Lehrer und seinem Unterrichtsverhalten abhängt* und daß die Entscheidung über Einschulung oder Zurückstellung diesen Faktor eigentlich mitberücksichtigen müßte.

Andererseits fällt auf, daß alle bisherigen Maßnahmen zur Lösung des Schulreifeproblems ausschließlich beim Schüler ansetzen, also individuumzentriert waren. Das gilt sowohl für die reifungstheoretischen als auch für die lerntheoretischen Konzepte. Demgegenüber gehört es zu den integrierenden Kennzeichen einer ökologisch-systemischen Perspektive, den Blick nicht primär auf das Individuum zu richten, sondern auf das gesamte System, dem es angehört und in das es quasi eingebettet ist (*vgl. Kap. 1.2.3*). Zahlreiche Hinweise ergaben sich bereits bei der Darstellung der psychischen Voraussetzungen einer erfolgreichen Einschulung (*vgl. 9.1.3*). Weiterhin weisen Beobachtungen schulpsychologischer Beratungsstellen darauf hin, daß z.B. Schulanfänger mit ähnlichen Testpunktwerten in verschiedenen Schulen und teilweise sogar in Parallelklassen derselben Schule sehr unterschiedliche Erfolgschancen besitzen, und zwar je nach Qualität des Anfangsunterrichts und Verhaltensstils von Lehrern.

9.2.2 Die Einschulung aus ökopsychologischer Perspektive

Abb. 9-1: Ein ökologisch-systemisches Schulreifemodell: Die Einschulungsproblematik als Wechselbeziehung der Teilsysteme Schule, Schüler und Ökologie (nach NICKEL*, 1990)*

Zwar wurden bereits seit den fünfziger Jahren Umweltfaktoren als wichtige Bedingungsvariablen der Schulreife bzw. Schulfähigkeit diskutiert, doch geschah dies stets im Hinblick auf ihre Bedeutung für die individuelle Entwicklung des Schülers. Sowohl das Schulreifekonzept als auch das Schulfähigkeitskonzept blieben damit in ihrer Grundstruktur stets individuumzentriert. Einen ersten Ansatz zu einem ökopsychologisch orientierten Konzept der Einschulungsproblematik wurde von NICKEL (1982c) entwickelt und im Verlauf der letzten Jahre mehrfach modifiziert (NICKEL, 1989, 1992c). Nach diesem Modell stellen sich die *Konstrukte „Schulreife" oder „Schulfähigkeit" stets als Ergebnis einer Wechselwirkung von drei Teilsystemen dar: Schüler, Schule und Ökologie.* Dabei umfaßt die Ökologie gleichermaßen die Wechselbeziehung des Schülers mit seiner familiären, vorschulischen und schulischen Umwelt (*vgl. Abb. 9-1*).

Die Notwendigkeit dieses Konstrukts ergibt sich letztlich daraus, daß alle Kulturgesellschaften bestimmte Anforderungen an das Kind stellen, die durch die Institution Schule in besonderer Weise repräsentiert werden. Dort wird der Schulanfänger in der Regel erstmals mit fremdbestimmten, unausweichlichen Leistungsanforderungen konfrontiert. *Es kommt nun entscheidend darauf an, wie hoch diese* ***Anforderungsschwelle*** *liegt und ob sie der Schüler problemlos zu überschreiten vermag.*

Auf seiten der Schüler spielen dabei die bereits dargestellten körperlichen, kognitiven, motivationalen und sozialen Faktoren eine entscheidende Rolle (*vgl. 9.1* und *9.3*). Wiederholt erwähnt wurden bisher auch die Bedingungen dieses Konstrukts, die sich aus dem schulischen Bereich ergeben, und zwar sowohl aus dem Schulsystem und den daraus abgeleiteten allgemeinen Anforderungen als auch aus den speziellen Unterrichtsbedingungen. Sie sind nach ökopsychologischem Verständnis auf gleicher Ebene mit den individuellen Voraussetzungen im Schüler zu sehen. Die einen können nicht ohne die anderen verstanden und in ihrer Gewichtigkeit bewertet werden, sie bilden gleichsam Feder und Nute im Sinne eines Konstrukts der Passung, das wir dann als „Schulreife" bezeichnen.

Dazu gehört aber noch eine dritte, ebenfalls gleichgewichtige Komponente, nämlich die der Ökologie im familiären, vorschulischen und schulischen Bereich. Dabei kommt es ganz wesentlich darauf an, daß sich diese drei Umweltsysteme gegenseitig unterstützen und fördernd zusammenwirken. Denn nur dann ist ein bruchloser, gleitender Übergang von einem Lebensbereich in den anderen möglich. Im Sinne von BRONFENBRENNER (1981) handelt es sich dabei um eine Veränderung des Mesosystems der Schulanfänger (*vgl. Kap. 1.2.2*). Dieser Wechsel sollte durch gemeinsame Anstrengungen und Abstimmungen von Eltern, Lehrern und Vorschulerziehern im Sinne eines *ökologisch begleiteten Übergangs* gestaltet werden. Ganz besonders wichtig ist dies bei der Einschulung von Kindern aus sozial benachteiligten Bevölkerungsschichten und gewinnt gegenwärtig zusätzliche Bedeutung für die Kinder von Aussiedlern und ausländischen Mitbürgern (*vgl. Kap. 8*).

Alle drei Teilsysteme und ihre transaktionalen Wechselbeziehungen können in ihrer Bedeutung für das Problem der Schulreife allerdings nur auf dem Hintergrund der jeweiligen gesamtgesellschaftlichen Situation verstanden werden, also dem, was BRONFENBRENNER (1981) als **Makrosystem** bezeichnet (*vgl. Kap. 1.2.2*). Dazu gehören vor allem die allgemein anerkannten Ziel- und Wertvorstellungen einer Gesellschaft sowie ihre sozialen und ökonomischen Strukturen. Nicht zuletzt sind hier auch die vorherrschenden **Einstellungen zum Leistungsverhalten** zu nennen, die gerade in jüngster Zeit starken Veränderungen unterliegen. Aus ökopsychologischer Sicht handelt es sich bei der Einschulung also letztlich um einen typischen Übergangsprozeß zwischen zwei Lebensbereichen des Kindes und damit um eine Veränderung seines Mesosystems im Kontext eines bestimmten übergreifenden Makrosystems (BRONFENBRENNER, 1981; *vgl. Kap. 1.2.2*).

Solche *ökologischen Übergänge* von einem Lebensbereich in den anderen besitzen nun nach der ökopsychologischen Entwicklungstheorie eine ganz besondere Bedeutung für den Entwicklungsprozeß, sie können sich je nach Gegebenheiten fördernd und hemmend auswirken. Einerseits können die neuen Herausforderungen und die Notwendigkeit zur Anpassung an die veränderten physischen und sozialen Umweltgegebenheiten und die Ausbildung neuer Bewältigungsstrategien fördern und damit die Entwicklung stimulieren. Diese Übergänge können also wesentliche entwicklungsfördernde Potentiale entfalten. So konnte man in entsprechenden

Übergangssituationen insbesondere folgende Reaktionen beobachten: Größeres Orientierungsstreben, Veränderung des Anspruchsniveaus, Bereitschaft zur Umorientierung und die Entwicklung von Strategien zur sozialen Anpassung. Gelingt es allerdings nicht, geeignete Anpassungsstrategien zu entwickeln bzw. erfolgreich einzusetzen, kann andererseits der nichtbewältigte Übergang krisenhafte Reaktionen auslösen. Im Kontext der Einschulung bedeutet dies, daß er letztlich zum schulischen Versagen führt. Die Frage, ob es zu einem positiv stimulierten Entwicklungsverlauf oder zu ungünstigen krisenhaften Reaktionen kommt, hängt wesentlich von der Art der neuen Anforderungen und ihrer Abstimmung mit den individuell unterschiedlichen Kapazitäten des Kindes ab (*vgl. Kasten 9-1*).

Die entwicklungspsychologische Wirkung des Übergangs zur Schule ist also keineswegs nur durch die gesellschaftliche Setzung „Schuleintritt" bestimmt, sondern sie kann bei gleichen gesellschaftlichen Anforderungen - je nach den durch die ökologischen Systeme bedingten vorhergehenden Erfahrungen – bei Teilgruppen von Schülern ganz erheblich variieren. Insofern stellt sich der Übergang zur Schule – ökopsychologisch gesehen – als ein vielschichtiger **Wechselwirkungsprozeß** dar, der deshalb auch keine generelle, sondern nur eine **differentielle Lösung** zuläßt. Dabei kommt es insbesondere darauf an, daß dieser Übergang von den verantwortlichen Erziehungspersonen – und das sind in diesem Falle Eltern, Vorschulerzieher und Lehrer – in abgestimmter Weise begleitet wird (NICKEL, 1990, 1992c).

Diese Aufgabe, den Schuleintritt als einen *begleiteten ökologischen Übergang* zu gestalten, bedeutet zum einen, daß *Einschulungsuntersuchungen nicht mehr vorrangig als Selektion schulreifer und nichtschulreifer Kinder verstanden werden dürfen.* Vielmehr sollten sie *primär darauf abzielen, dem Lehrer fortlaufende angemessene Entscheidungshilfen für Lernwegalternativen und differenzierende Fördermaßnahmen im Sinne einer Prozeßdiagnostik zu liefern* (NICKEL, 1984, 1992c; *vgl. 9.3*).

Zum anderen erfordert dies aber auch die Bereitschaft der Institution Schule, und zwar aller ihrer Repräsentanten, insbesondere auch der einzelnen Lehrer, die allgemeinen Anforderungen sowie das spezielle didaktisch-methodische Vorgehen und den Unterrichtsstil immer wieder in Frage zu stellen und entsprechend den spezifischen Erfordernissen der jeweiligen Schulanfänger zu modifizieren (NICKEL, 1992c; *vgl. 9.4*).

Dabei kommt einer **inneren Differenzierung** sowohl für die generelle Verminderung der Versagerquote in den ersten Grundschuljahren als insbesondere auch für eine erfolgreiche Förderung sog. nichtschulreifer Erstkläßler, die ansonsten zurückgestellt worden wären, eine vorrangige Bedeutung zu. Nach bisherigen Befunden wird dadurch nicht nur die kognitive Leistungsfähigkeit der Kinder erheblich gefördert, sondern ihre gesamte Persönlichkeitsentwicklung, insbesondere hinsichtlich Selbstvertrauen und Leistungsmotivation als wichtige Voraussetzungen des Schulerfolges (DUMKE, 1980, DUMKE & HEIDBRINK, 1980).

Kasten 9-1:

Zur Beziehung von schulischen Anforderungen, Schulleistungen und Entwicklungsverlauf im ersten Grundschuljahr (nach Nickel, 1990)

Sind die neuen Anforderungen zu gering, bleibt das individuelle Wachstumspotential teilweise ungenutzt, die Entwicklung verläuft dann eher verzögert und erreicht nicht ihr volles Optimum. Fühlt das Kind sich zunehmend unterfordert, so führt eine fortschreitende Abnahme an Lern- und Leistungsmotivation auch zum Leistungsabfall und letztlich zum schulischen Versagen.

Sind die Anforderungen zu hoch, kommt es zum Leistungsversagen. Bei anhaltender Überforderung resultiert ein zunehmender Verlust an Lern- und Leistungsmotivation. Das fortschreitende Schulversagen beeinträchtigt das Selbstkonzept des Kindes und dies hat einen weiteren Leistungsabfall zur Folge, in Extremfällen kann es sogar zu Regressionen kommen, d.h. zu Verhaltensweisen früherer (vorschulischer) Entwicklungsniveaus.

Sind die schulischen *Anforderungen den individuellen Kapazitäten* des Kindes in etwa *angemessen*, bzw. liegen sie nur geringfügig über seinem Leistungsniveau, so kann es diesen nicht nur voll entsprechen, sondern wird zusätzlich zu vermehrter Anstrengung stimuliert. Dies kann für den Entwicklungsverlauf als optimal und damit sowohl für das Individuum als auch für die Umweltinstanzen als befriedigend bezeichnet werden.

Weiterhin zeigte sich, daß die Einschulungsproblematik in **Integrationsklassen**, in denen behinderte und nichtbehinderte Kinder gemeinsam unterrichtet werden, keine Rolle mehr spielt. Der Grund dafür ist mit hoher Wahrscheinlichkeit darin zu sehen, daß der Unterricht in diesen Klassen in hohem Maße individualisierend und differenzierend organisiert ist, so daß auch die nicht behinderten Kinder besser gefördert werden können (*vgl. Kap. 19.4*). Da sich in solchen Integrationsklassen auch die Eltern durch ein hohes Engagement für die schulischen Belange ihrer Kinder auszeichnen, kann man diese Unterrichtsorganisation als ein gutes Beispiel für einen besonders gelungenen Übergang zwischen den Lebensbereichen Familie und Schule verstehen (Nickel, 1992c).

9.3 Diagnostische Begleitung des Überganges zur Schule und des Anfangsunterrichts

9.3.1 Zur Bedeutung einer diagnostischen Begleitung

Kinder kommen mit unterschiedlichen Voraussetzungen zur Schule. Sie unterscheiden sich in körperlicher Konstitution, Reife und motorischer Geschicklichkeit, in Temperament, Begabung und psychischer Stabilität, in sozialer Aktivität und Durchsetzungsfähigkeit.

Manche Kinder sind im Kindergarten gewesen und an das Leben in der Gruppe gewöhnt, andere sind aus ihrer Familiensituation kaum herausgekommen. Einzelkinder sitzen neben Kindern aus Mehrgeschwisterfamilien, Ausländerkinder neben einheimischen. Deshalb ist es wichtig, daß sich die Lehrer von vornherein auf große individuelle Unterschiede der Kinder einstellen und von dieser Grundhaltung her den Unterricht gestalten.

Innere Differenzierung sollte die Stärken und Schwächen der Kinder in den verschiedenen Persönlichkeitsbereichen berücksichtigen. Um das zu bewältigen, müssen diese Besonderheiten erkannt werden. Dazu können diagnostische Verfahren einen wichtigen Beitrag leisten. Darüber hinaus können sie dem Lehrer Rückmeldungen über den Erfolg von Differenzierungsmaßnahmen vermitteln und ihm Hinweise für sein weiteres pädagogisches Vorgehen geben (*vgl. 9.2.2*). Der Übergang zur Schule und der Anfangsunterricht sind daher durch verschiedenartige diagnostische Maßnahmen zu begleiten (vgl. Nickel, 1982c, 1984).

Das Kennenlernen der Kinder in der ersten Schulzeit sollte in eine *den Unterrichtsprozeß begleitende Diagnostik übergehen, die zu „permanenten Entscheidungshilfen" führt* (Nickel, 1990, *vgl. 9.2.2*). Das gelingt sicher nur befriedigend, wenn den Lehrkräften ein Kategoriensystem zur Verfügung steht, nach dem sie ihre Beobachtungen vornehmen.

Es sei darauf hingewiesen, daß verschiedenartige Schulleistungstests im Angebot sind, die verwendet werden können, um in größeren Abständen die Leistungen der Schüler in wichtigen Bereichen vergleichbar einzuschätzen und Teilkomponenten der Leistung ausdifferenzieren zu können. Eine fundierte Sicht hilft neben der Förderung schließlich auch, eine begründete Zeugnisbeurteilung zu erarbeiten.

9.3.2 Allgemeine Untersuchungen vor dem Schulbeginn

Die **schulärztliche Untersuchung:** Sie wird zur Zeit der Anmeldung des Kindes zur Schule durchgeführt und stellt gesundheitliche Probleme, den körperlichen Entwicklungsstand, eventuelle körperliche Gebrechen und chronische Erkrankungen fest (*vgl. 9.1.2*).

Das **Einstellungsgespräch**: Die Anmeldung des Kindes in der Schule wird vielfach zu einem Gespräch der Lehrer mit den Schulanfängern genutzt. Erfahrene Lehrkräfte gewinnen daraus einen ersten Eindruck vom Entwicklungsstand des jeweiligen Kindes (*vgl. Kasten 9-2*). Häufig werden in das Gespräch diagnostische Aufgaben eingebaut, wie das Zeichnen eines Menschen, das Erläutern von Bildern oder Bildgeschichten, das Erfassen, Vergleichen und Verändern von Mengen, das Benennen und Vergleichen von Farben oder Gegenständen, das Erlernen kleiner Verse usw.

Kasten 9-2:

Das Einstellungsgespräch zwischen Lehrern und Kindern kann über folgende Fragen einen ersten Aufschluß geben:

Wie kontaktfreudig und kontaktaktiv ist das Kind?

Wie gelingt ihm die zeitweilige Lösung von der Mutter bzw. der begleitenden Kontaktperson?

Kann es Farben, Formen und Größen unterscheiden?

Wie gut ist die Feinmotorik ausgebildet?

Kann es bereits zählen oder mit Zahlen operieren?

Wie gut sind Gliederungs-, Sprach-, Sprech- und Merkfähigkeit entwickelt?

Wie werden Aufträge und Anregungen angenommen und umgesetzt?

Eigene Beobachtungen werden durch Gespräche mit den Eltern und den Kindergärtnerinnen der Schulanfänger ergänzt.

Gespräche mit Eltern: Sie dienen dazu, die Familienanamnese zu erheben und Besonderheiten des Kindes aus familiärer Sicht zu erfassen (vgl. Kasten 9-3).

Die Reihenfolge der Fragenbereiche wird im Gespräch der Situation gemäß variiert. Die Eltern geben in der Regel gern Auskunft und sind auch dankbar, wenn sie noch Hinweise für die Vorbereitung des Kindes auf die Schule erhalten.

Angaben der Kindergärtnerinnen: Die Kindergärtnerin begleitet die Kinder über eine längere Zeit in natürlichen Situationen. Sie leitet aus der Einschätzung des Entwickungsstandes eines Kindes Anregungserfordernisse für seine Tätigkeiten ab, um es in seiner Entwicklung zur Schulfähigkeit zu fördern. Folglich kann sie, besonders wenn sie darauf vorbereitet ist, sehr fundierte Aussagen über die Entwicklung und den aktuellen Stand seines Leistungs- und Sozialverhaltens machen.

9.3.3 Vertiefende diagnostische Untersuchungen

Zusätzliche und vertiefende Untersuchungen sind erforderlich, wenn kompliziertere Schullaufbahnentscheidungen, Zurückstellung vom Schulbesuch, Einweisung in Vorklassen oder Sonderschulen, vorzeitige Einschulung o.ä., anstehen. Diese werden von schulpsychologischen Diensten, Erziehungsberatungsstellen, Jugendämtern und anderen Instanzen übernommen. Ihnen stehen Fachkräfte und vielfältige diagnostische Verfahren wie Schulreifetests, Entwicklungstests, Lerntests, Konzentrationsleistungstests usw. zur Verfügung, um eine genauere Diagnose des aktuellen Entwicklungsstatus, der Lernfähigkeit, spezifischer Fähigkeiten und Ausfälle zu ermitteln. Auf Grundlage ihrer Gutachten und abgeleiteten Empfehlungen sind dann vom Schulleiter und dem Schulamt, nach Absprache mit den Eltern und bei Einbeziehung vorliegender Materialien, die **Schullaufbahnentscheidungen** zu treffen. Den Lehrern und Erziehern bieten die diagnostischen Befunde wichtige Hilfen für die Gestaltung spezieller Fördermaßnahmen (Baumann, 1965; Nickel, 1982c, 1984).

Kasten 9-3:

Im *Kieler Einschulungsverfahren* werden von Eltern folgende Bereiche erfragt, die als Grundorientierung für Eltern-Gespräche dienen können:

Einstellung zur Schule: Freut es sich auf die Schule? Welche Ängste, Befürchtungen, Vorstellungen hat es? Kennt es den Schulweg?

Spiel- und Arbeitsplatz: Hat das Kind einen Platz, an dem es gern spielt und an dem es künftig schulische Aufgaben erledigen kann?

Beziehung zu den Geschwistern: Hat das Kind Geschwister, welchen Alters? Wie beeinflussen diese die Erwartung auf die Schule? Wie verhält es sich zu ihnen?

Kontaktaufnahme zu Kindern, Verhalten in Gruppen: Hat das Kind dauerhafte Spielgefährten? Geht es regelmäßig in eine Gruppe, z.B. Sportverein, Musikgruppe? Knüpft es von sich aus Kontakte zu anderen Kindern? Setzt es sich in der Gruppe durch, ordnet es sich ein?

Kontaktaufnahme zu Erwachsenen: Nimmt das Kind Kontakt zu Nachbarn, Besuchern u.a. auf? Wie reagiert es auf Kontaktversuche anderer?

Selbständigkeit: Kann das Kind sich allein waschen, anziehen? Übernimmt es häusliche Aufgaben? Geht es dabei zügig vor, bummelt es?

Konzentration über einen längeren Zeitraum (Ausdauer): Womit spielt das Kind gern? Wie ausdauernd spielt es? Bringt es Spiele zum Abschluß, ehe es neue beginnt?

Reaktion auf Erfolg/Mißerfolg: Wie verhält sich das Kind, wenn es verliert oder ihm etwas nicht gelingt? Bittet es um Hilfe? Ist es schnell mutlos?

Bewerten eigener Leistungen: Schätzt das Kind seine Leistungen angemessen ein? Worauf ist es stolz ? Was meint es gut bzw. nicht zu können?

Die diagnostische Untersuchung der Schulfähigkeit hat immer zu gewährleisten, daß ein möglichst ganzheitliches Bild des Kindes gewonnen wird. Der folgende Überblick über einige typische Aufgabenstellungen soll nicht zur Testanwendung anleiten, sondern einen Eindruck vermitteln, wie bestimmte Voraussetzungen des Kindes in spielerischen Tätigkeiten sichtbar gemacht werden können.

Erfassung der Feinmotorik

Handgeschicklichkeit, Feinmotorik, Koordinierung von Auge und Hand usw. sind für das leichtere Erlernen des Schreibens erforderlich. Sie werden daher in vielen Tests geprüft. Schon das Ausmalen einer begrenzten Fläche, eines Quadrates, Dreiecks, einer Figur o.ä. zeigt, ob das Kind eine „schwere Hand" hat, verkrampft, zu druckvoll, mit ganzkörperlicher Beteiligung malt und dabei die Begrenzungen überfährt, oder ob es eine leichte und beherrschte Strichführung zeigt.

Ähnliche Erkenntnisse erzielt man, wenn man das Kind Ornamente nachzeichnen, mehr oder weniger enge Bahnen entlangfahren läßt. Bei der letztgenannten Aufgabe kann man quantifizieren, d.h. zählen, wie oft das Kind die Begrenzung überfahren hat.

Gliederungsfähigkeit, Formerfassung und Formdifferenzierung

Die visuelle und akustische Gliederungsfähigkeit des Kindes wird nach den Arbeiten von Kern (1951/71) als die Grundleistung angesehen, von der das Lesen- und Schreibenlernen direkt abhängt. Gliederungsfähigkeit, das heißt, in einem Ganzen die Teile erkennen zu können (im geschriebenen Wort die Buchstaben, im gehörten Wort die Laute); ähnliche Zeichen oder Gebilde anhand feiner Merkmale unterscheiden zu können („h" von „k, „q" von „b", usw.); komplexere Gebilde merkmalsgetreu wiedergeben zu können. Die Gliederungsfähigkeit wird in vielen Aufgabenvarianten geprüft: Abzeichnen von Mustern; Girlanden in „Stücke" schneiden; ein vorgegebenes Zeichen in einer Menge ähnlicher erkennen; Unterschiede beim Vergleich zweier Bilder erkennen; die Anzahl der Elemente in verschiedenen Mengen bestimmen.

Mengenerfassung

Dazu gehören Mengen nach Größen ordnen (Käfer mit 1 bis 7 Punkten in eine Reihe legen); aus Elementen (Bausteine, Perlen, Knöpfe) bestimmte Mengen herstellen. Bei allen Aufgaben kann ermittelt werden, wieviele Elemente das Kind „mit einem Blick", also simultan erfaßt.

Kenntnisse, Denkfähigkeiten

Das Kind benötigt schon einen Fundus von Kenntnissen über seine Umwelt, um bei den in der Schule angeprochenen Themen mitsprechen und mitdenken, um die im Lesematerial angebotenen Inhalte verstehen zu können. Aufschluß darüber geben:

- Fragen nach persönlichen Daten (Name des Kindes, der Eltern und Geschwister, Straßenname u.ä.);
- Benennung von Farben und Formen bei Vorlage von Farbtafeln, farbigen Gegenständen, Tafeln mit Kreisen, Quadraten u.a.;
- Zuordnen von Gegenstände nach Zusammengehörigkeit, wie Huhn zu Ei, Kamm zu Bürste, Blume zu Vase;
- Ergänzen von Mustertafeln, dabei von der Gesamtgestalt auf das fehlende Teil schließen lassen.

Inhaltserfassung, Sprach- und Sprechfähigkeiten

Anhand von Bildern und Bildgeschichten lassen sich solche Qualitäten wie Sinnerfassung, Sprach- und Sprechfähigkeiten, zusammenhängendes und kritisches Denken erfassen. Das geschieht mit Hilfe folgender Aufgabenstellungen:

- Erzählen, was auf Bildern zu sehen ist;
- Suchen, was auf Bildern nicht ganz stimmt;
- Bildreihen in die richtige Folge bringen;
- aus mehreren Bildern diejenigen suchen, die zu einer Geschichte gehören.

Gedächtnis

Das Gedächtnis bzw. die Merkfähigkeit wird relativ selten geprüft. Am leichtesten geschieht das durch

- Nachsprechen von Zahlen (8-6-9; 3-8-4; 2-7-3-5; usw.);
- Nachsprechen von Sätzen einer bestimmten (meist steigenden) Silbenzahl (Ute feiert heute Geburtstag /9/, sie hat ihre Freundinnen eingeladen/11/);
- Kofferpacken spielen, d.h. vier Gegenstände werden genannt, die das Kind merken, suchen und „einpacken" soll;
- Lernen eines Vierzeilers durch wiederholtes Vor- und Nachsprechen bis zum fehlerfreien Aufsagen;
- Erinnern an Gegenstände, die in einer früheren Aufgabe vorkamen.

Anstrengungsbereitschaft, Arbeitsverhalten, Konzentration

Motivationale Qualitäten sind wichtige Voraussetzungen zum Schulbesuch. Im Test sind sie aber nur schwer zu erfassen. Gebräuchlich sind folgende Aufgaben:

- eine Kante (um ein Bild o.ä.) malen, die aus einer bestimmten Zeichenfolge (Kreis, Kreuz, Dreieck) besteht.(Kriterium: Wie lange wird die Zeichenfolge beibehalten?)
- Alle Fische anstreichen, die in der gleichen Richtung schwimmen wie ein Modell (Vorgabe eines Muster-Fisches mit 64 Vergleichsexemplaren).

Aus der Ausführung verschiedenartiger Aufgaben erkennt der Fachmann sehr viel mehr als nur die angezeigten Voraussetzungen des Kindes (*vgl. 9.1.3*). Anweisungsverständnis, Arbeitstempo, Ausdauer, Konzentration und Arbeitshaltung werden bei verschiedenen Aufgaben deutlich. Gleichzeitig wird der Untersucher darauf achten, ob das Kind Rechts- oder Linkshänder ist, welchen Einfluß das auf seine Orientierung und Motorik hat, ob es voll sinnestüchtig ist oder ob Einschränkungen festzustellen sind. Er wird ein Bild von der Ansprechbarkeit und Kontaktaktivität des Kindes bekommen, wenn auch gerade diese Seite in Untersuchungssituationen verfälscht wahrgenommen wird.

Der Sinn vertiefender Untersuchungen zur Schulfähigkeit eines Kindes kann nur darin bestehen, aus der Berücksichtigung aller Faktoren, gekoppelt mit der vertieften Kenntnis der vorschulischen Entwicklungsbedingungen sowie der schulischen Anforderungen, ein fundiertes Urteil über seine Entwicklungschancen in der Schule zu bilden, dazu ein differenziertes Bild von den Födernotwendigkeiten und dem Betreuungsaufwand zu erstellen.

9.4 Gestaltung des Anfangsunterrichts

9.4.1 Ziele, Aufgaben und Bedingungen des Anfangsunterrichts

Um einen erfolgreichen Schulbesuch aller Kinder zu sichern, wird der Unterricht der ersten Monate bzw. der ersten zwei Jahre allgemein von dem folgenden Unterricht abgehoben und als **„Anfangsunterricht"** oder **„Erstunterricht"** bezeichnet.

Dem Anfangsunterricht wird die besondere Aufgabe zugewiesen, die Kinder „dort abzuholen", wo sie sich entwicklungsmäßig befinden (MEIERS, 1981; NAEGELE, PORTMANN & KALB, 1987, 9). Es ist also zu gewährleisten, daß die Anforderungen der Schule in körperlicher, geistiger, emotionaler und sozialer Hinsicht auf die Voraussetzungen jedes einzelnen Kindes richtig abgestimmt werden (*vgl. 9.2.2*).

Die Förderung eines jeden Kindes ist das Grundprinzip des Überganges zur Schule und des Anfangsunterrichts. Jedes Kind hat das Recht auf Förderung gemäß seiner individuellen Besonderheiten. Für die Lehrer ist die Förderung aller Kinder die zentrale Aufgabe in jeder Unterrichtsstunde, nicht nur in speziellen Förderstunden. Sie beobachten das Lern- und Arbeitsverhalten der Kinder, stellen deren Stärken und Schwächen fest, und geben entsprechend differenzierte Angebote bzw. für einzelne Kinder Soforthilfen.

Der Anfangsunterricht soll den gleitenden Übergang zur Schule, die Entwicklung vom Spiel zum systematischen Lernen gewährleisten und dabei Grundlagen der Bildung im weiten Sinne legen. Diese Zielstellung umfaßt verschiedene Seiten der psychosozialen und geistigen Entwicklung:

- Eine wichtige Funktion des Anfangsunterrichts ist es, die soziale Eingewöhnung der Kinder zu gewährleisten. Sie sollen sich zunehmend als Mitglieder einer Klassengemeinschaft fühlen, in der die Lehrer Partner sind (*vgl. Kap. 2.2*). Die Schulanfänger sollen dazu die Klassenkameraden gut kennenlernen und sich ihnen als Mitschüler emotional verbunden fühlen, zu ihnen freundschaftliche Beziehungen pflegen. Da immer wieder Kinder in die Schule kommen dürften, die noch keine Erfahrungen mit dem Leben in Gemeinschaften Gleichaltriger gewonnen haben und die auch in der Familie relativ isoliert (eventuell als Einzelkinder) aufwachsen, kommt den sozialen Eingewöhnungshilfen besondere Bedeutung zu, die von der Lehrkraft methodisch geschickt zu gestalten sind.

- Von Anfang an soll der Unterricht mündiges Verhalten der Kinder fördern, also Selbstbestimmung, Selbsterprobung und Selbstkontrolle, sowie Verantwortung für eigenes Handeln entwickeln, indem ihnen Entscheidungsfreiräume geboten werden (*vgl. Kap. 2.3*).

- Die Ausprägung von Lernfreude, Erfolgszuversicht, der Bereitschaft zum aktiven Handeln durch die ständige Sicherung der Sinnperspektive beim Lernen sind Grundlagen, von denen die weitere Entwicklung des Kindes geprägt wird (*vgl. Kap. 3.1*).

- Der Anfangsunterricht soll selbständiges, ausdauerndes und konzentriertes Handeln fördern und fordern, Geist und Gedächtnis, Genauigkeit und Schönheit, Kooperativität und Hilfsbereitschaft im sozialen Miteinander, grundlegende Kenntnisse, Fertigkeiten und Lernfähigkeiten entwickeln. Daher werden in den Anfangsstunden gemeinsam Regeln des Verhaltens erarbeitet, die den Schülern als Grundorientierung dienen. Vereinbarungen über Zeiten des konzentrierten und ruhigen Arbeitens, über Phasen der Kommunikation und Entspannung müssen festgelegt und eingehalten werden, damit sich die Kinder an diese Ordnung gewöhnen können.

- Die Aneignung der Kulturtechniken Lesen, Schreiben und Rechnen, sowie allgemeiner geistiger Techniken und Arbeitsverfahren gehört zu den Zielen des Anfangsunterrichts, da sie wesentliche Grundlagen des Weiterlernens bilden (*vgl. Kap. 11*). Sie stehen aber nicht mehr so ausschließlich im Zentrum der Aufgabenstellung für die erste Schulzeit. Mitunter sind erst die Voraussetzungen für die Aneignung der Kulturtechniken zu entwickeln.

Diese Ziele sind nur zu verwirklichen, wenn der Unterricht selbst kindgemäß, differenziert und sozial integrativ abläuft, wenn die Kinder nicht nur genau vorgegebene Aufgaben, Handlungen und Inhalte abzuarbeiten haben, sondern Möglichkeiten der Mitbestimmung und Wahl aus einem Angebot für Tätigkeiten, Möglichkeiten der Planung, Entscheidung, Ausführung und Kontrolle ihrer Handlungen bekommen. Die Lehrer müssen bei der konkreten Umsetzung der Ziele von der Achtung des Kindes als Subjekt ausgehen, dessen Selbstwert als Kind anerkennen und eine bejahende Grundeinstellung zu jedem Schüler entwickeln und erhalten. Durch diese Haltung gewährleisten sie eine warme und fröhliche Gesamtatmosphäre bei der Arbeit, die eine wesentliche Komponente der entwicklungsfördernden Unterrichtsgestaltung darstellt. Die Umsetzung genormter Anforderungen würde dem entgegenstehen (*vgl. Kap. 4.2*).

Viele Lehrer müssen allerdings lernen, die Widersprüchlichkeit zwischen dem vorgestellten Ideal von Leistung, demokratischem oder sozialem Verhalten und der erlebten, zurückbleibenden Realität zu verarbeiten und auszuhalten (LICHTENSTEIN-ROTHER, 1990, 14).

Für das Zustandekommen eines freundlichen pädagogischen Klimas ist die freundliche Raumgestaltung nicht unwesentlich. Schule und Klasse sollen nicht allein als Lernorte angesehen werden, sondern als „Lebensstätte für Kinder" (LICHTENSTEIN-ROTHER, 1990, 13), in der sie miteinander leben, spielen, kommunizieren, sich auseinandersetzen und auch lernen (*vgl. Kap. 5*). Die „Schule zu entschulen" fordert VON HENTIG (1990, 8); unter der Zielrichtung „Öffnung des Unterrichts" werden Reformen zum traditionellen Unterricht diskutiert (BÖNSCH, 1990; BRÜGELMANN, 1990; LICHTENSTEIN-ROTHER, 1990; RAMSEGER, 1990; SCHWARZ, 1990; *vgl. Kasten 9-4, Kap. 4-2*).

9.4.2 Methodische und organisatorische Grundformen des Anfangsunterrichts

Im Anfangsunterricht wird in der Regel die übliche Fachorientierung zugunsten eines fächerübergreifenden Gesamtunterrichts aufgegeben. Klassenlehrer halten folglich den gesamten Unterricht selbst. Sie können die Phasen des Unterrichts frei gestalten, ohne streng an den 45-Minuten-Takt gebunden zu sein. Vielmehr werden die Konzentrationsphasen der Kinder stärker berücksichtigt. Die Lehrkraft braucht sich nicht streng an einen festen Stundenplan zu halten, sondern kann die Arbeiten zu den Lehrbereichen im Sinne eines offenen Unterrichts flexibel kombinieren. WEIGERT (1989, 76)) schlägt folgenden Ablauf des Unterrichtsvormittags als Möglichkeit vor:

- offener Anfang
- Morgenkreis als gemeinsamer Tagesbeginn
- erste Arbeitsphase
- Aktivitäten im musischen Bereich
- zweite Arbeitsphase
- Bewegungsphase
- dritte Arbeitsphase
- Spielphase
- gemeinsamer Tagesabschluß

Kasten 9-4:

Dimensionen angezielter Veränderungen des Anfangsunterrichts:

Institutionelle Öffnung: Sie strebt an, Personen des gesellschaftlichen Lebens in den Unterricht einzubeziehen bzw. die Erlebnisse der Schüler über den Rahmen der Schule hinauszuführen.

Inhaltliche Öffnung: Dies bedeutet, Erfahrungen und Erlebnisse der Kinder in die Unterrichtsgestaltung eingehen zu lassen; Bedürfnisse und Interessen für die Auswahl der Themen zu nutzen.

Organisatorisch-methodische Öffnung: Sie sucht, die einseitig frontale Unterrichtsweise zu überwinden und diese durch verschiedenartige Arbeitsformen zu ersetzen bzw. zu ergänzen. Jedes Kind soll das Tempo und die Schwierigkeiten der Anforderungen für sein Fortschreiten selbst mitbestimmen.

Öffnung in Richtung Schülerorientierung: Sie faßt viele oben genannte Aspekte zusammen. Diese Dimension betont die Bereitschaft des Lehrers, sich auf die vielen kleinen und großen Fragen, die Probleme jedes einzelnen Kindes wirklich einzulassen, individuelle Arbeitspläne für die Kinder zu schaffen, sich mehr von den Strebungen der Kinder als vom programmatischen Vorgaben leiten zu lassen, letztere dienen ihnen mehr als Anregung denn als Vorschrift.

Schließlich wird der Klassenraum von vielen Lehrern schon in Aktionsbereiche aufgeteilt, um eine variable Arbeit der Kinder zu ermöglichen. Bewährt hat sich nach MAYER-BEHRENS (1987) folgende Aufgliederung:

- Gruppentische, mit einem festen Arbeitsplatz für jeden Schüler;
- ein Klassentisch für die Arbeit im Kreis, für frontale Phasen;
- eine Werkenecke, in der gebastelt wird;
- eine Spielecke für Tischspiele u.ä.;
- eine Leseecke mit Sessel oder Matratze bzw. Teppich, in die man sich zum Lesen oder Ruhen zurückziehen kann;
- ein Drucktisch mit Druckkästen oder Schreibmaschine;
- ein Bio-Tisch oder -Regal für Beobachtungen und Experimente.

Somit wird der *Klassenraum mehr zu einer „Schulwohnstube", die Gelegenheiten zu verschiedenartigen Tätigkeiten bietet, Gemeinschafts- und Heimatgefühl vermittelt.* Es lassen sich ohne großen Aufwand verschiedene Sozial- und Tätigkeitsformen und didaktisch-methodische Grundformen realisieren.

Die **Sozialformen** (MEYER, 1987) wie Einzelarbeit, Partnerarbeit, Gruppenarbeit und Frontalunterricht werden häufiger gewechselt. Sie geben dadurch den Schülern Gelegenheit, zu verschiedenen Mitschülern Beziehungen aufzunehmen, zu kooperieren und zu kommunizieren, Hilfe zu erbitten und zu leisten, kurz, soziale Kompetenz zu erwerben *(vgl. Kap.10.3).* Andererseits haben sie Gelegenheiten, sich in die Arbeit zu vertiefen, den Ausführungen der Lehrkraft, die diese an die ganze Klasse richtet, zu folgen. Insgesamt erwerben sie dabei wichtige Techniken des unterrichtlichen Lernens. Für die Lehrer ergeben sich aus der *Anwendung verschiedener Sozialformen gute Möglichkeiten der Differenzierung des Unterrichts.* Neben frontalen Unterweisungen können sie einzelnen Schülern oder Schülergruppen Lernaufgaben zuweisen, die deren Voraussetzungen entsprechen, und differenzierte Hilfen organisieren.

Der Anfangsunterricht setzt sich in der Regel aus verschiedenen typischen **Organisationsformen** zusammen:

Kreisgespräch: Die Klasse kommt jeweils zum Tagesbeginn, zum Tagesabschluß oder bei besonderen Anlässe im Kreis zusammen. Diese Form dient der dem Gemeinschaftsgefühl. Erlebnisse, Konflikte, Anliegen, Erfahrungen usw. werden angehört und besprochen. Aus Konflikten werden Regeln abgeleitet.

Im Kreis erfolgt die Planung und Auswertung von Arbeitsaufgaben. Der Tagesablauf sollte planend vorgedacht werden, wobei die Kinder in die Inhalts- und Ablaufplanung einbezogen werden und somit das Programm mitbestimmen. Tagespläne und Freiarbeitszeiten werden festgelegt, Projekte ausgewählt und besprochen. Ebenso legen Kinder im Kreis Rechenschaft über ihre Arbeiten ab; sie stellen ihre Ergebnisse, Erfahrungen, erlesenen Inhalte o.ä. dar und lassen die Mitschüler an diesen teilhaben.

Im Kreis erfolgt oft die Innovation (Anregung) für bestimmte Vorhaben. Man knüpft an Erlebnisse an, schafft Motivationen für neue Vorhaben, läßt Vorstellungen zusammentragen und erreicht die Einigung auf eine konkrete Aufgabenstellung. Im Kreis kann gefrühstückt werden, wobei die lockere Kommunikation gepflegt wird.

Frontalarbeit: Sollen neue Inhalte oder Arbeitstechniken eingeführt werden, wird die Frontalarbeit mit der ganzen Klasse oder größeren Gruppen zu wählen sein. Neue Buchstaben, neue Rechenverfahren, neue Themen im Heimat- und Sachunterricht sind effektiv durch frontale Unterweisung einzuführen, wenn die Kinder diese nicht selbständig erarbeiten können, bzw. Zeit gespart werden soll.

Stillarbeit: Am persönlichen Arbeitsplatz oder in den unterschiedlichen Funktionsbereichen erfolgt die individuelle Stillarbeit an den unterschiedlichen Aufgaben, die aus den Tages- oder Wochenplänen gewählt oder in der Planungsphase gewünscht wurden. Sie ist auch besonders dafür geeignet, daß sich die Lehrer einzelnen Kindern gesondert zuwenden und diese individuell fördern, ihnen über Lernschwierigkeiten hinweghelfen oder weiterführende Impulse geben.

Jedes Kind soll die Möglichkeit und Pflicht zur selbstgesteuerten, ungestörten Versenkung in bestimmte Tätigkeiten haben, um eine entsprechende Lernhaltung, um Durchhalte- und Konzentrationsfähigkeit ausbilden zu können. Die konzentrierte Stillarbeit soll im Laufe der Zeit ausgedehnter werden. Gepflegt werden dabei Tätigkeiten wie Lesen, Schreiben, Rechnen, Malen, Zeichnen, Schreibmaschine schreiben, Drucken, Experimentieren, Basteln usw.

Gruppenarbeit: Bei Gruppenarbeiten geht es um das gemeinsame Arbeiten und Spielen. Kooperation und Kommunikation sind nicht nur erlaubt, sondern eingeplant und erwünscht. Gegenseitige Hilfestellung, Vorlesen und Vortragen, gegenseitiges Aufgabenstellen und Kontrollieren werden gepflegt. Partner- und Gruppenspiele, oft mit didaktischen Spielmaterialien aller Art, werden durchgeführt. Sie dienen dem sozialen Lernen, der Entspannung und der spielerischen Festigung bestimmter Kenntnisse und geistiger Techniken (Kopfrechnen bei Spielen mit zwei

Würfeln, Zeichenerkennung bei Dominospielen, Lesen und Festigung von Inhaltskategorien bei Quartettspielen). In Gruppenarbeit können Spiele selbst entwickelt werden. Weiterhin dienen sie der Vorbereitung von Programmpunkten für Feste und Feiern. Einige Kinder werden erst langsam zur Gruppenarbeit zu führen sein. Bei ihnen wird die Lehrkraft zunächst den Kontakt schaffen, eventuell selbst mitspielen, dann den Kontakt des Kindes zu wenigen anderen fördern, bis die Scheu überwunden ist.

Projektarbeit: In Abständen plant die Klasse die Ausführung bestimmter Projekte, die dann für eine gewisse Zeit im Zentrum der gemeinsamen Tätigkeit stehen. Die Schüler sollen am Finden der Thematik, der Planung und der Ausführung aktiv beteiligt sein. Das Produkt der gemeinsamen Bemühungen soll möglichst vorzeigbar als ein Wandbild, eine Sammlung, eine Aufführung, ein Bilder- oder Lesebuch o.ä vorliegen. Es stellt das sichtbare Ergebnis der Bemühungen und Leistung aller dar. Am Ende der Arbeit wird ausgewertet, werden Probleme bei der Ausführung besprochen, wird der Anteil jedes Kindes gewürdigt.

Tages- oder Wochenplanarbeit (Freiarbeit): Zur Entwicklung der Selbständigkeit der Kinder bei der Bewältigung der Lernaufgaben werden die Kinder schrittweise an Tages- und später Wochenpläne gewöhnt. Diese geben den Schülern eine Reihe von Aufgaben vor, die für sie Pflicht sind und ihrem aktuellen Leistungsstand entsprechen. Sie lassen den Kindern aber die Freiheit der Entscheidung, wann sie die Aufgaben erledigen. Zumeist beziehen sie sich auf Lesen, Schreiben, Rechnen und andere zentrale Lernbereiche. In einem freiwilligen Teil werden Vorschläge für weitere Lern- und Spieltätigkeiten vorgegeben.

Ein reichhaltiges und gut geordnetes **Lernmaterial** ist die Voraussetzung dafür, daß die Schüler in den Freiarbeitsphasen schnell die richtigen Materialien finden und darüber verfügen können. Natürlich werden die Kinder ganz langsam an die eigengesteuerte Aufgabenerledigung herangeführt; zuerst kann innerhalb einer Arbeitsphase entschieden werden, dann im Ablauf des Tages und schließlich innerhalb der Woche.

Weiterführende Literatur

Baumann, M.: Unterrichtsgestaltung. Probleme aus psychologischer Sicht. In U. Drews (Hrsg.), *Unterstufe, Grundschule in Ost und West*: 1. deutsch-deutsches Kolloquium am 29./ 30. Juni 1990 in Berlin. Hrsg. von Akademie der Pädagogischen Wissenschaften/ Institut für Bildungsforschung und Erziehungswissenschaft, Fachinformationszentrum Bildung (S. 111-116). Berlin 1990: Verlag für Wissenschaft und Bildung

Einsiedler, W.: Schulanfang und Persönlichkeitsentwicklung. *Grundschule*. 1988,20,20-23

Meiers, K. (Hrsg.): *Schulanfang - Anfangsunterricht*. Heilbrunn/Obb. 1981: Klinkhard

Nickel, H.: Grundsatzdiskussion II: Die Einschulung als pädagogisch-psychologische Herausforderung – „Schulreife“ aus öko-systemischer Sicht. In D. Haarmann (Hrsg.), *Handbuch Grundschule*. (Bd. 1). *(3.Aufl.)* Weinheim 1996: Beltz

Nickel, H. & Schmidt-Denter, U.: *Vom Kleinkind zum Schulkind*. (5. Aufl.). München 1995: Reinhardt (Kap.10)

PORTMANN, R. (Hrsg.): *Kinder kommen zur Schule*. Frankfurt 1988: Arbeitskreis Grundschule

Verfahren zur Schuleingangsdiagnostik:

FRÖSE, S., MÖLDERS, R. & WALLRODT, W.: *Das Kieler Einschulungsverfahren*. Weinheim 1988: Beltz

HETZER, H. & TENT, L.(Hrsg.): *Weilburger Testaufgaben für Schulanfänger (WTA)*. Weinheim 1971: Beltz

INGENKAMP, KH.: *Beurteilungsbogen für Erzieherinnen zur Diagnose der Schulfähigkeit*. Weinheim 1990: Beltz

JÄGER, R.S., BEETZ, E., ERLER, R. & HABERSANG-WALTHER, R.: *Mannheimer Schuleingangs-Diagnostikum (MSD)*. (3. überarb. Aufl.). Weinheim 1991: Beltz

MEIS, R.(Hrsg.): *Duisburger Vorschul- und Einschulungstest* (DVET). (2. Aufl.). Weinheim 1990: Beltz

ROTH, H., SCHLEVOIGT, G., SÜLLWOLD, F. & WICHT, G. (Hrsg.): *Frankfurter Schulreifetest (FST)*. Weinheim 1970: Beltz

10

Soziales Lernen

Harry Dettenborn und Ulrich Schmidt-Denter

10.1 Inhalte sozialen Lernens in der Grundschule

Wie Schule überhaupt, so ist auch Grundschule das Schnittfeld zweier Lernfelder. Es finden fachlich-stoffliches Lernen und soziales Lernen statt. Beide sind eng miteinander verbunden. Sie gesondert zu betrachten, ist dennoch sinnvoll und notwendig.

Als „**soziales Lernen**" wird hier verstanden der Erwerb von Fähigkeit und Bereitschaft zu solchen zwischenmenschlichen Verhaltensweisen, die zu einem sozialakzeptablen Kompromiß zwischen eigenen Befürfnissen und Normanforderungen bzw. Fremdbedürfnissen führen.[32]

Es geht also um die *Verfügbarkeit*, aber auch die *Anwendung* solcher Verhaltensweisen auf der kognitiven, emotionalen und motorischen Ebene. Dies ist identisch mit sozialer Kompetenz, die nicht generelle Persönlichkeitseigenschaft, sondern situationsabhängig genutztes Verhaltensinventar ist. Genaugenommen haben wir es nicht mit *der* sozialen Kompetenz, sondern mit einer Vielfalt einzelner Kompetenzen zu tun (*vgl. 10.2*). Einige zentrale Inhalte sozialen Lernens seien beispielhaft genannt:

Achtung vor sich selbst und vor anderen: Hier zeigt sich die enge Verknüpfung von Sozialkompetenz und Selbstkompetenz. Inkompetentes Sozialverhalten geht oft auf ein negatives Selbstbild und labilisiertes Selbstgefühl zurück. Ursprünge werden oft bereits im Grundschulalter gelegt.

Zuhören und Verständnisbereitschaft: Die aktive Zuwendung zu den Äußerungen des anderen ist Voraussetzung für adäquate Kommunikation und produktive Konfliktlösung und offenbar ein schwieriges Lernziel.

Einfühlungsvermögen: Das Nachempfinden von Haltungen und Erlebensweisen anderer modifiziert soziale Handlungen. Wenn Lehrer bereits bei Grundschülern feststellen, daß nach dem Sieg in einer „Kampelei" brutal weitergetreten wird, fehlt es offenbar an Einfühlungsvermögen.

Soziale Perspektivenübernahme: Sie ist die mehr kognitive Seite des Vorhergenannten. Es geht um die Rekonstruktion und Beurteilung einer Situation aus der Sicht des anderen oder der anderen. Damit werden erst die Lösung von der Egozentrizität des Vorschulkindes und die Integration verschiedener Sichtweisen als Voraussetzung sozial kompetenten Handelns möglich.

Differenzierte Folgenreflexion: Eine wesentliche Quelle verantwortlichen Handelns sind die Antizipation und Beurteilung von Folgen eigener Handlungen für

---

[32] Zu den sehr unterschiedlichen Auffassungen zum Begriff „Soziales Lernen" vgl. Kasten (1981, 339 ff.), Schwarz (1990, 11).

andere, für sich selbst, in materieller oder in ideeller Beziehung, im zeitlichen Nahbereich oder im Sinne von Fernwirkung.

Selbstbehauptung: Die Fähigkeit, eigene Bedürfnisse und Wünsche ohne Schädigung anderer durchzusetzen, ist z.B. eine Voraussetzung zu gewaltfreier Konfliktlösung.

Die Komplexität sozialer Situationen stellt eine besondere Herausforderung dar, die angemessen reflektiert werden muß. Die eigenen und die Interessen, Absichten, Ziele anderer, die verschiedenen Handlungsmöglichkeiten und ihre jeweiligen Folgen, die situativ geltenden Normen – all dies sind Momente, die Situationen oft unüberschaubar und sehr kompliziert machen und hohe Anforderungen stellen. Diese Komplexität zu bewältigen, gelingt verhaltensauffälligen Kindern schlechter als unauffälligen Kindern (vgl. BOEHNKE, DETTENBORN, HORSTMANN & SCHMIESCHEK, 1992). Reflexionen über die eigene und über andere Personen, über Beziehungen und Interaktionen zwischen Personen, über Gruppen und Normen – all diese Elemente sozialer Kognitionen – sind hier vereint, was die Gefahr der Überforderung birgt und die Gefahr inadäquater Bewältigungsstrategien erhöht.

Diese und weitere soziale Kompetenzen ermöglichen im Sinne von Fähigkeit und Bereitschaft kompetentes Verhalten, wie Probleme kooperativ bewältigen, Konflikte produktiv (gewaltfrei) lösen, Gespräche sachorientiert führen, Versuchungen zurückweisen, angemessene Reaktion auf Kritik zeigen, Schwächen eingestehen und sich entschuldigen, nicht verletzende Kritik üben, erwünschte Kontakte herstellen, Gefühle zeigen, Hilfe leisten, Komplimente machen und annehmen usw.

Das soziale Lernen unterscheidet sich von Sach- bzw. Objektlernen, z.B. in bezug auf physikalische Gegebenheiten durch eine Reihe spezifischer Besonderheiten, die auch für die Gestaltung sozialen Lernens durch den Lehrer von Bedeutung sind: Soziales Lernen knüpft ungleich stärker an zwischenmenschliche Bedürfnisse an als Sachlernen. Ebenso haben subjektive Wertsysteme einen stärkeren Einfluß auf die Informationsaufnahme und -verarbeitung. Wertungen im Spannungsfeld von Norm und Bedürfnis sind z.B. im Unterschied zu Lernprozessen über physikalische Objekte nicht auszuschließen. Die damit verbundene größere Selbstbetroffenheit, der immanente Selbstbezug des Lerninhalts, führt zu einer für soziales Lernen spezifischen emotionalen Beteiligung. Neben vielen Vorteilen hat das auch Nachteile, die der Lehrer beachten muß, so z.B. die größere Gefahr, daß selbstbezogene Emotionen die kognitiven Prozesse beeinträchtigen. Aber auch die Einflüsse von Vorurteilen oder Fehlgewöhnungen spielen hier eine für das Sachlernen entfallende Rolle. Schließlich ist, weil beim sozialen Lernen Objekt und Subjekt des Lernprozesses identisch sind, u.a. der Einfluß des eigenen Handelns des Schülers auf den Lerngegenstand (z.B. eine Sozialbeziehung, eine Personwahrnehmung, ein Konflikt) ungleich größer als beim Objektlernen (*vgl. Kap. 16.2*).

10.2 Entwicklung sozialer Beziehungen

10.2.1 Entwicklungsvoraussetzungen

Soziale Entwicklung läßt sich als die „Veränderung der Beziehungen eines Individuums zu anderen Menschen oder Gruppen von Menschen im Lauf des Lebens" definieren (SCHMIDT-DENTER, 1994a, 3). Im Rahmen des sozialen Lernens in der Schule besteht das pädagogische Ziel darin, diesen Prozeß zu begleiten, zu steuern und zu optimieren. Wie bei jeder Entwicklungsförderung oder pädagogischen Intervention kommt es auch bei der Unterstützung des sozialen Lernens darauf an, die Zielvorstellungen in Abhängigkeit vom Entwicklungsstand und von den Verhaltensmöglichkeiten des Sozialisanden zu formulieren. Es sollten also die jeweiligen psychologischen Bedingungen und vorhandenen sozialen Kompetenzen bekannt sein und berücksichtigt werden.

Soziale Kompetenz beinhaltet die Fähigkeit, sich sowohl wirkungsvoll als auch in sozial akzeptierter Weise mit seiner sozialen Umwelt auseinanderzusetzen (SCHMIDT-DENTER, 1978). Soziale Kompetenz äußert sich in der Regel in Verhaltensweisen wie:

- Kontakte initiieren und aufrechterhalten können
- Aufmerksamkeit, Zuneigung und Hilfe von anderen erlangen können sowie dasselbe den anderen geben können
- Lösungen bei Auseinandersetzungen finden und mit anderen kooperieren können
- Bindungen und Freundschaften eingehen und unterhalten können.

Diese Fähigkeiten verbessern sich im Laufe der kindlichen Entwicklung. So beobachtet man in den ersten beiden Lebensjahren häufig nur einseitig *sozial gerichtete Verhaltensweisen* (wie Anlächeln, Blickkontakt, Lautäußerungen), die von dem anderen Kind nicht beantwortet werden. Der einseitige soziale Kontaktversuch geht mit zunehmendem Alter jedoch in **soziale Interaktionen** über, bei denen der Interaktionspartner kongruent reagiert. Die Handlungen sind sowohl zeitlich abgestimmt als auch in Form und Inhalt koordiniert. So ergibt sich eine „formale Alteration", d.h. aufeinander abgestimmte Aktions-Reaktions-Sequenzen, wie sie auch für soziale Interaktionen in späteren Altersabschnitten charakteristisch sind.

Auf den sozialen Interaktionen aufbauend entwickelt sich das *kooperative Spiel*. Es stellt nach ECKERMANN und STEIN (1982, 52 ff) folgende hohe Anforderungen:

- Einigung über den Gegenstand oder das Thema des Spiels
- Einigung über den Umgang mit dem Spielgegenstand und über dieVerteilung sinnvoll miteinander verbundener Rollen
- Bewältigung der zeitlichen Struktur; Finden eines wechselseitigen Rhythmus alternierender Handlungen. Aktives und passives Verhalten müssen relativ präzise aufeinander abgestimmt werden.
- Bewältigung von Unterbrechungen, die eine kritische Phase im Handlungsablauf darstellen, und Finden eines Neuanfangs
- Kommunikation über den erreichten Stand der Beziehung und der gemeinsamen Anstrengungen

- Bewältigung des Themen- oder Gegenstandswechsels, der nach einer gewissen Zeit unvermeidlich wird und eine Gefahr für die Aufrechterhaltung der Kommunikation darstellt.

Die Anforderungen, die das kooperative Spiel stellt, setzen hinsichtlich verschiedener Funktionen einen bestimmten Entwicklungsstand voraus; gleichzeitig ist der soziale Kontext, den das kooperative Spiel bietet, in hohem Maße geeignet, eine entsprechende Entwicklungsförderung durchzuführen. Die Förderung der sozialen Kompetenz und ihrer psychologischen Grundlagen ergänzen sich gegenseitig. Dies betrifft z.B. folgende Bereiche:

Spracherwerb: Der soziale Austausch wird durch verbale Fähigkeiten erleichtert und dient gleichzeitig als Medium für die sprachliche Entwicklung.

Regelverständnis: Kooperation setzt die Anwendung von Regeln voraus und trägt aber auch zur weiteren Erfahrungsbildung darüber bei, wie Regeln steuernd wirken, inwieweit man andere beeinflussen kann und sich selbst beeinflussen lassen muß.

Rollenverständnis: Eine Einübung von Handlungsrollen erfolgt bereits im Kontext der frühen Eltern-Kind-Interaktion. Diese bildet eine Grundlage für spätere soziale Beziehungen, die ihrerseits zur Differenzierung und Erweiterung des Rollenverständnisses beitragen.

Soziale Schemabildung: Soziales Handeln und soziales Lernen sind davon abhängig, welche Vorstellungen das Kind von anderen Personen und von den Beziehungen zwischen Personen entwickelt hat. Die Konstruktion sozialer Schemata ist abhängig vom allgemeinen geistigen Entwicklungsstand des Kindes und von den sozialen Erfahrungen. Beide Komponenten stehen in Wechselwirkung zueinander.

Ein Modell des allgemeinen kognitiven Entwicklungsprozesses stammt von PIAGET (1972). Es beschreibt, wie Kinder in verschiedenen Lebensabschnitten Erkenntnisse über ihre Umwelt gewinnen (*vgl. Kap. 1.1*). Das Modell bezieht sich vor allem auf den Erkenntnisprozeß gegenüber der materiellen Umwelt und unterscheidet diesbezüglich vier Hauptstadien der kognitiven Entwicklung:

- die sensu-motorische Intelligenz (0 - 1,6 Jahre)
- das voroperative, anschauliche Denken (1,6 - 8 Jahre)
- das konkret-operatorische Denken (8 - 12 Jahre)
- das formal-operatorische Denken (ab 12 Jahre).

Die altersabhängigen Erkenntnisprozesse über die soziale Umwelt bezeichnet man als sozial-kognitive Entwicklung (KELLER, 1980). Ein angemessenes Verständnis für die Handlungen anderer Personen wird nach PIAGET bis zum Beginn des konkret-operatorischen Denkens durch den kindlichen Egozentrismus erschwert. **Egozentrismus** bezeichnet die Unfähigkeit, die Perspektive eines anderen gedanklich einzunehmen und die eigene Sichtweise nicht als absolut, sondern als eine von mehreren möglichen zu verstehen. Überwunden wird der Egozentrismus durch die Fähigkeit zur **Perspektivenübernahme** (*vgl. 10.3*). Zahlreiche Untersuchungen weisen nach, daß Kinder sehr viel früher als von PIAGET angenommen in der Lage sind, angemessen auf die innere und äußere Situation eines Interaktionspartners zu reagieren. So zeigte sich, daß Kinder schon vor Erreichen der Stufe des konkret-operatorischen Denkens den Gefühlsausdruck anderer richtig interpretieren können, bei Dialogen über ein bestimmtes Thema die Vorkenntnisse des Gegenüber berücksichtigen und in Notsituationen entsprechend der bedrängten Lage dem anderen helfen (vgl. hierzu Schmidt-Denter, 1994a). Die Perspektivenübernahme gelingt Kindern leichter, wenn ihnen die Situation bzw. der Handlungskontext vertraut ist und wenn enge Beziehungen bestehen bzw. zahlreiche Interaktionen stattfinden, durch die Informationen über den anderen Menschen vermittelt werden. Das rein abstrakte schlußfolgernde Denken über das Denken einer anderen Person ist dagegen stark von der Entwicklung des operatorischen Denkens abhängig.

Der Zugang zur inneren Welt des Mitmenschen erfolgt allerdings nicht nur auf dem Wege des intellektuellen Erkenntnisgewinns. Neben den kognitiven spielen affektive Faktoren eine Rolle. Empathische Fähigkeiten ermöglichen es, die Gefühle und die Befindlichkeit anderer unmittelbar nachzuerleben. Die **Empathie** beruht auf der Ähnlichkeit zwischen dem Fremd- und Selbsterleben. Dadurch ergibt sich ein Zugang zu unserer sozialen Umwelt, den wir gegenüber der materiellen Umwelt nicht haben. Empathisches Erleben bildet vor allem bei jüngeren Kindern die entscheidende psychologische Grundlage für soziale Beziehungen. Mit zunehmendem Alter gewinnen kognitive Faktoren an Gewicht, ohne daß jedoch die affektiven Bedingungen jemals bedeutungslos werden. Die Entwicklung vollzieht sich vielmehr als ständige Wechselwirkung zwischen affektiven und kognitiven Prozessen. Beide Prozesse korrigieren und fördern sich gegenseitig (Hoffman, 1983).

10.2.2 Anforderungen und Bedingungen der Schule

Die Schule stellt besondere Anforderungen an die sozialen Kompetenzen des Kindes und bildet einen wichtigen Kontext für soziales Lernen (Nickel & Schmidt-Denter, 1979). Die meisten sozialen Interaktionen laufen unbeeinflußt durch Erwachsene ab (Oswald & Krappmann, 1991); auch das Wissen der Lehrer über das Sozialleben der Schüler ist sehr begrenzt (Petillon, 1991). Für Schulanfänger stellt das Zurechtfinden in der Schülergruppe, der Umgang mit den Gleichaltrigen und das Erreichen einer befriedigenden sozialen Position eine zentrale Herausforderung dar.

Während **Konflikte** im Vorschulalter noch fast ausschließlich nach dem Prinzip von Sieg und Niederlage entschieden werden (vgl. Nickel & Schmidt-Denter, 1980; Schmidt-Denter, 1980), beobachtet man im Grundschulalter zunehmend Strategien des Aushandelns und der Konsensbidlung. Im Unterschied zur asymmetrischen Erwachsenen-Kind-Beziehung ist bei der symmetrischen Gleichaltrigen-Interaktion kein Standpunkt von vornherein „richtiger“ als der andere. Dies erleichtert eine gemeinschaftliche und partnerschaftliche Lösung von Problemen (Wagner, 1991).

Kooperation und **Wettbewerb** werden häufig wie unvereinbare Gegensätze angesehen, deren Paradoxie sich innerhalb der Schulklasse noch steigere. Das Paradox sieht Ulich (1975, 63) darin, daß das Lernen ein Miteinander, die Leistung aber ein Gegeneinander darstelle. Die empirische Forschung rückte in den letzten Jahren jedoch zunehmend davon ab, kooperierendes und konkurrierendes Verhalten prinzipiell als einander ausschließend zu behandeln und das eine als das eher Erwünschte und das andere als das eher Unerwünschte zu betrachten. Beide Kategorien repräsentieren grundlegende psychische Bedürfnisse und beinhalten wichtige Entwicklungsaufgaben im Kindesalter. Erfolg, Leistung einerseits und positive Gruppeninteraktionen, Sichwohlfühlen andererseits können sich gegenseitig bedingen (WEBB, 1980). Es kommt somit eher auf eine produktive Bewältigung des Spannungsverhältnisses von individueller Profilierung und solidarischer Hilfestellung an als darauf, einen der beiden Aspekte isoliert zu sehen. Die Bewältigung dieses Spannungsverhältnisses kann – wie FEND (1990) zeigt – bestimmte geschlechts- und altersspezifische Formen annehmen. So scheint Schulleistung als Statuskriterium bis zum Alter von 13 Jahren wichtiger zu sein als danach, und in den Augen der Mädchen scheint solidarisches Verhalten ein wichtigeres Statuskriterium zu sein als in den Augen der Jungen.

Bei Schulkindern lassen sich *verschiedene Gesellungsformen* unterscheiden. OSWALD und KRAPPMANN (1988) stellten drei Typen fest: Gruppe, Geflecht und Interaktionsfeld. Die **Gruppe** ist gekennzeichnet durch eine klare Außengrenze, wechselseitige Freunschaften zwischen den Mitgliedern, ein dominierendes Gruppenthema sowie eine differenzierte interne Strukturierung. Häufiger läßt sich das **Geflecht** beobachten, in dessen Rahmen gleichgeschlechtliche Kinder regelmäßig miteinander interagieren und teilweise enge Beziehungen unterhalten. Das Geflecht stellt einen Kontext für Kontaktmöglichkeiten dar, innerhalb dessen wechselnde Freundschaften geschlossen werden, so daß Konstanz und Wandel in einem ausgewogenen Verhältnis stehen. Das Geflecht ist somit flexibler und weniger hierarchsich strukturiert als die Gruppe. Von einem **Interaktionsfeld** spricht man dann, wenn bestimmte Kinder untereinander häufiger interagieren, sie jedoch nicht miteinander befreundet sind.

Die Tendenz zur Geschlechtersegregation, die bereits für das Vorschulalter gut dokumentiert ist (SCHMIDT-DENTER, 1985a, b) setzt sich während der Grundschuljahre fort. Die Bevorzugung gleichgeschlechtlicher Kontakte nimmt bis zum Eintritt in die Pubertät zu, jedoch gibt es auch – häufig in ritualisierter Form - Begegnungen zwischen den Geschlechtern. Besonders beliebt sind Jagd- und Fangspiele (Jungen fangen Mädchen – Mädchen fangen Jungen). Einige der 11– 12jährigen zeigen bereits ein weitergehendes Interesse am anderen Geschlecht, was z.B. in „Quatsch-Machen“ und Neckereien zum Ausdruck kommt.

Die Strategien zur Erlangung eines hohen Status sind bei Jungen und Mädchen unterschiedlich. Während Jungen sich vor allem mit körperlicher Durchsetzungsfähigkeit einen Rangplatz „erkämpfen“, setzen Mädchen vorwiegend verbale Strategien ein. Verbal-aggressive Mittel werden auch zum Gruppenausschluß und zur Diskriminierung genutzt (SCHMIDT-DENTER, 1994b). Sozial isolierte Kinder gibt es in fast allen Schulklassen. Sie werden von keinem Mitschüler als Freund oder Banknachbar gewählt und bleiben von gemeinsamen Unternehmungen weitgehend ausgeschlossen (PETILLON, 1991). Da Statuspositionen eine hohe Stabilität aufweisen, bleiben Außenseiter in ihren sozialen Erfahrungen stark eingeschränkt. Darüber hinaus besteht ein positiver Zusammenhang zwischen Sozialintegration und Schulleistung; die gut integrierten Kinder haben signifikant bessere Noten (OSWALD & KRAPPMANN, 1991).

Geschlechtsspezifische Unterschiede konnten in bezug auf die Intensität vs. Extensität von Beziehungen wiederholt nachgewiesen werden (WALDROP & HALVERSON, 1975; von SALISCH, 1991). Jungen bevorzugen demnach breiter angelegte

Beziehungssysteme, während Mädchen mehr begrenzte und intensive Freundschaftsbeziehungen schätzen. Diese Unterschiede erklären sich z.T. aus den bevorzugten Tätigkeiten, die man entweder besser in einer Gruppe oder einem exklusiveren Kreis realisieren kann.

Zur Qualität der Gleichaltrigen-Beziehungen zeigte sich, daß die Anwesenheit von Mädchen das Gruppenklima in der Schulklasse günstig beeinflußt. Positive Interaktionen waren in der geschlechtsgemischten Gruppe häufiger und nahmen mit dem Alter der Kinder zu (Horstkemper, 1987).

In zahlreichen Untersuchungen werden die besonderen Interaktionsqualitäten im *Umgang zwischen Freunden* beschrieben. Freundschaft basiert auf Freiwilligkeit, sie bedarf der kontinuierlichen Stützung und Bejahung. Freunde kooperieren daher häufiger miteinander, zeigen häufiger positiven Affekt (Lachen) und prosoziales Verhalten (Schenken, Teilen). Befreundete Kinder berühren sich oft, imitieren einander und reagieren in negativer Weise auf eine längere Trennung.

Im Grundschulalter wird zwischen verschiedenen Intimitätsstufen der Freundschaft unterschieden. Die Kinder verstehen bereits den Begriff eines „besten Freundes" in Abgrenzung zu anderen engen oder nur gelegentlichen Freundschaften, obwohl Oberschüler diesbezüglich noch schärfer differenzieren (Serafica, 1982). Beste und enge Freunde vermitteln soziale Unterstützung, tragen zur Identitätsbildung bei und dienen als Kontext, in dem Intimität erfahren werden kann. Vor allem von der besten Freundschaft erwartet man einen Austausch positiver Gefühle. Enge und gelegentliche Freunde werden im Gegensatz zum besten Freund häufiger wahrgenommen als intellektuell stimulierend. Nur die besten Freundschaften werden als selbsterhaltend erlebt, d.h. daß man nichts Besonderes tun muß, um die Beziehung aufrechtzuerhalten.

In Abhängigkeit vom sozial-kognitiven Entwicklungsstand ändert sich das Verständnis von Freundschaft aus der Sicht des Kindes. Zur Entwicklungsabfolge der Freundschaftskonzepte unterscheidet Bigelow (1977) drei Stufen:

Situationale Stufe (Klasse 2-3): Gemeinsame Aktivitäten, Ähnlichkeiten und Nähe bilden die wichtigsten Grundlagen der Freundschaft. Die Kosten-Nutzung-Beziehung ist der herausspringende Gesichtspunkt. Als Freunde werden diejenigen angesehen, mit denen das Kind gerade in befriedigender Weise spielt.

Vertragsbezogene Stufe (Klasse 4-5): Gemeinsame Normen, Werte, Regeln und Sanktionen werden anerkannt. Persönlichkeitseigenschaften des anderen Kindes stellen einen wichtigen Gesichtspunkt für die Beziehung dar.

Internal-psychologische Stufe (Klasse 6-7): Grundlagen der Freundschaft sind gegenseitiges Verstehen, Empathie, die Möglichkeit der Selbstexploration und die Erfahrung von Intimität.

Gleichaltrigen- und Erwachsenen-Kind-Beziehungen können im Widerspruch und in Konkurrenz zueinander angelegt sein („Generationskluft", vgl. Schmidt-Denter, 1994a), in der Regel jedoch bilden beide Beziehungsformen integrierte Bestandteile einer differenzierten Sicht der sozialen Welt des Kindes. Gute Beziehungen von Schülern zu Erwachsenen und zu Gleichaltrigen korrelieren positiv miteinander. Soziale Kompetenzen in dem einen Bereich stehen in Zusammenhang mit sozialen Kompetenzen in dem anderen Bereich. Erwachsene und Gleichaltrige erfüllen jeweils unverzichtbare Funktionen für die soziale Entwicklung.

Als Mythos der „antiautoritären Welle" erwies sich auch die Auffassung, daß der Aufbau von innerer Autonomie und Selbstvertrauen im Konflikt mit und im Widerstand gegenüber Autoritäten erfolge. Die notwendige Basis hierfür sollte die Solidarität unter den Schülern bilden. Nach den vorliegenden empirischen Untersuchungen bringt die fehlende Beziehung zu den Autoritätspersonen keinen Selbstbehauptungseffekt mit sich. Die gestörte Lehrer-Schüler-Beziehung bedeutet im Gegenteil eine erhebliche Belastung für die Entwicklung von Autonomie und Selbstvertrauen (HORSTKEMPER, 1987). Sie geht häufig einher mit gestörten Gleichaltrigen-Beziehungen, die somit kaum eine Kompensation darstellen können. Für den Aufbau von Identität, Autonomie und Selbstvertrauen bilden tragfähige Beziehungen zu Gleichaltrigen und zu erwachsenen Bezugspersonen die notwendige Voraussetzung.

10.3 Pädagogische Gestaltung sozialen Lernens

10.3.1 Soziales Lernen – ob wir wollen oder nicht

Kehren wir zurück zu der Aussage, daß die Grundschule Schnittpunkt zweier Lernfelder, nämlich des Sachlernens und des Soziallernens ist. Nach der Kennzeichnung dessen, was soziales Lernen ist, wird sofort klar: Die Gewichtungen sind ungleich. Das stoffliche Sachlernen in den einzelnen Fächern ist weitgehend durch Rahmenlehrpläne, Richtlinien, Organisationsnormen, Bewertungsmaßstäbe gesteuert. Es ist durch methodische und didaktische Prinzipien gestaltet, die das Sachgewicht der Lehrerausbildung ausmachen. Für das soziale Lernen gilt das nur in Ansätzen.

Dennoch findet soziales Lernen in der Grundschule in starkem Maße und mit intensiver Wirksamkeit für die Persönlichkeitsentwicklung der Kinder statt – ob Schule oder Lehrer das wollen oder nicht. Das gilt allerdings nur für die spontanen, viel weniger aber für die gestalteten sozialen Lernprozesse. Was ist mit dieser Unterscheidung gemeint?

Spontanes soziales Lernen findet in natürlichen Sozialbeziehungen zwischen Schülern sowie zwischen Schülern und Lehrern statt. Sie sind hauptsächliche Quellen des Erwerbs sozialer Kompetenz sowie damit verbundener Prozesse der Bildung von Selbstgefühl und Identität. In diese erste Art sozialen Lernens, d.h. in spontanes soziales Lernen, sind Lehrer unweigerlich eingebunden. Sie können nicht bestimmen, ob oder ob nicht, sondern lediglich auf das „Wie?" Einfluß nehmen. Sie setzen durch ihr Verhalten soziale Lernimpulse, in dem sie z.B. im Sinne des Imitationslernens Modell der Nachahmung sind oder im Sinne des Verstärkerlernens durch ihre Reaktionen, z.B. Lob und Tadel, die Wahrscheinlichkeit beeinflussen, mit der Schüler ihr Verhalten wiederholen oder verändern. Je mehr sie dabei von den Gesetzmäßigkeiten und Effekten sozialen Lernens und ihrer Umsetzung wissen, desto förderlicher ist dies für die Persönlichkeitsentwicklung der Schüler, für die Effektivität des Sachlernens und die eigene Berufszufriedenheit. Bei mangelnder Fähigkeit oder Bereitschaft, solche Lernprozesse zu gestalten, sind diese Faktoren eher Bestandteile des sog. heimlichen Lehrplans und dem Zufall überlassen, z.B. den zufällig eingebrachten sozialen Kompetenzen des Lehrers, seinem Verantwortungsgefühl, seinem Berufsethos.

Gestaltetes soziales Lernen als zweite Art sozialen Lernens in der Grundschule findet statt, wenn es Lehrer mit Hilfe adäquater Methoden und didaktischer Prinzipien zum Gegenstand von Unterricht und Schulleben machen. Soziale Lernsituationen werden nicht mehr nur hingenommen und mit Re-Aktionen bedacht, sondern vorgedacht, gezielt genutzt und geschaffen. Dieses gestaltete soziale Lernen setzt über das Beobachtungslernen und das Verstärkerlernen – die beim spontanen sozialen Lernen dominieren – hinaus auch auf Einsichtslernen. Es ist dann von dem Irrtum befreit, daß nur Sachlernen, nicht aber soziales Lernen methodische und didaktische Anforderungen stellt. Dieser Irrtum scheint genährt aus einer Reihe von Teilirrtümern, z.B. daß es keine einschlägigen Methoden gibt, daß der Raum für solcherart Lernen im schulischen Normalbetrieb nicht vorhanden ist, daß man für diese Art Lernen nicht zuständig ist, daß guter Sachunterricht ausreicht und alles andere Sache der Eltern ist usw. Im Ergebnis dessen auftretende Lerndefizite werden dann in die Kompetenz von Spezialisten wie Berater und Beratungslehrer, Schulpsychologen und Sozialpädagogen delegiert, die damit immer mehr überfordert sind.

Die ungünstige Entwicklungstendenz in der Schule scheint darin zu bestehen, daß die beiden Felder des Lernens – Sachlernen und Soziales Lernen – recht unterschiedlich bestellt werden. Das eine Feld sorgfältig bestellen zu wollen und das andere wuchern zu lassen, mindert aber offenbar den Gesamtertrag. Es wird aktuellen Veränderungen in der Kindheit und daraus entstehenden Bedürfnissen von Kindern, auch sozialen Lernbedürfnissen, nicht Rechnung getragen. Gemeint sind damit Veränderungen in der Rolle der Familie wie die Tendenz zur Kleinfamilie mit einem geringeren Lernpotential in bezug auf soziale Beziehungen, die Verringerung der Erziehungspotenz der Familie, der Anstieg der Scheidungsquote (*vgl. Kap. 6*). Gemeint ist auch, daß „Erfahrungs"-Bildung durch „Leben aus zweiter Hand" über Medien zuungunsten realer Sozialerfahrung immer mehr aufgewertet wird (*vgl. Kap. 7*). Gemeint ist schließlich die Tendenz zur Pluralität von Normen, die u.a. zu immer komplexer und ambivalenter werdenden Handlungsbedingungen, zu einem Mißverhältnis von Handlungsfreiräumen und ihrer sozial kompetenten Ausfüllung sowohl für Schüler wie für ihre Bezugspersonen (Lehrer und Eltern) führen. Falsch verstandene pluralistische Erziehung, teils aus Hilflosigkeit, teils unter liberaler Flagge, landet oft in Unverbindlichkeit und Werterelativismus und erzeugt Orientierungsnot bei allen Beteiligten. Gerade beim Grundschüler mit seinem Start in neue Sozialisationsbedingungen und Handlungsanforderungen sind initiale Folgen hochwahrscheinlich. Dies kann eigentlich nur zu der Schlußfolgerung führen, daß die Rückbesinnung auf den Erziehungsauftrag der Schule derzeit besonders wichtig ist, um ihren Bildungsauftrag zu gewährleisten. Ein besonders geeigneter Weg, diese Defizite abzufangen, ist die Gestaltung sozialen Lernens. Wie beim Sachlernen führt er über methodische Kompetenz des Lehrers und die Frage, wie soziales Lernen in der Grundschule initiiert werden kann. Antworten können im wesentlichen auf den Ebenen Unterrichtsgestaltung und Gestaltung von Schulleben gefunden werden.

10.3.2 Gestaltungsmöglichkeiten

Auf der Ebene der *Unterrichtsgestaltung* gibt es zwei methodische Zugänge. Der eine Zugang besteht in Arbeitsformen wie Gruppenarbeit oder projektbezogene Arbeit, die an beliebige Sachinhalte angebunden werden können und deshalb in fast jedem Fach anwendbar und denen soziale Lernprozesse bzw. Selbsterfahrung in Sozialbeziehungen immanent sind. Beim anderen Zugang werden soziale Lerninhalte bzw. -ziele explizit zum Gegenstand der Reflexion (z.B. im Unterrichtsgespräch) oder der Handlung (z.B. Rollenspiele) gemacht. Ein Beispiel wird in *Kasten 10-1* genannt, wobei eine oder beide Rollen auch durch Kinder vor allem höherer Grundschulstufen zu gestalten sind.

Für die Gestaltung des Unterrichts im Sinne sozialen Lernens besteht ein Widerspruch zwischen der Vielfalt der Möglichkeiten und ihrer Nutzung. Schwarz (1992) thematisierte diesen Widerspruch in der Lehrplan-Nutzung in Grundschulen, der besteht zwischen zu schwacher Bindung an übergeordnete Ziele in Lehrplänen – wie Selbst- und Mitverantwortung, Kooperation, Nachdenklichkeit– einerseits und zu geringer oder mangelnder Offenheit im Umgang mit Lehrplänen – wo eine zu starke Stofforientierung soziales Lernen hemmt – andererseits. Noch am ehesten wird diese Paradoxie auflösbar sein in der Ausrichtung des *Unterrichtsgesprächs* – in all seinen Varianten und Einbettungen – auf soziale Lerninhalte. Dabei scheint wichtig, daß nicht spontan und nach Augenblickseingebung Themen bearbeitet werden. Vielmehr geht es um langfristige Linien (Lernziele), die auf der jeweiligen Klassenstufe so variiert werden, daß an konkreten Erfahrungen und Beziehungsproblemen sowie an alterstypischen Bedürfnissen der Kinder angeknüpft wird und entsprechende Reflexions- bzw. Handlungsmöglichkeiten eröffnet werden. So wird das Lernziel „Interessenkonflikte und ihre produktive Lösung“ in der ersten Klasse eher am Thema „Höflich sein oder lügen?“, in der 3. Klasse aber schon am Thema „Was ist gerecht?“ umzusetzen sein. Das gleiche gilt, wenn es um Selbstbild, Außenseiterproblematik, Angst oder moralische Verantwortung geht. Indem die Grobthematik in jedem Lehrgang auf höherem Niveau und mit der jeweiligen Altersspezifik umgesetzt wird, kommt das in der allgemeinen Didaktik als „Spiralprinzip“ bekannte Vorgehen zur Wirkung. Es fördert und erfordert das notwendige Zusammenspiel von Orientierung an Rahmenrichtlinien und Kreativität des Lehrers bei der Auswahl und Umsetzung sozialer Lerninhalte.

Die Ebene der Gesprächsführung hat dabei ihre eigene Bedeutung und Berechtigung. Die handlungsorientierte Umsetzung ist aber die unverzichtbare Voraussetzung dafür, daß nicht nur Wissen, sondern handlungsleitende Sozialkognitionen und Motivationen ausgebildet werden und daß die Wahrscheinlichkeit der Umsetzung in sozial kompetentes Handeln steigt. Viele Ansätze zur Förderung der sozialen Kompetenz beinhalten dementsprechend auch ein *Training der Perspektivenübernahme*, etwa indem bei einer Mitteilung auf die besondere Situation, die Vorkenntnisse und die Motive des Interaktionspartners Bezug genommen werden soll. Jede Form des sozialen Austauschs ist davon abhängig, daß man sich in die Perspektive eines anderen hineinversetzen sowie seinen inneren Zustand und seine Handlungsabsichten verstehen kann. Neben der Modifizierung der Unterrichtsformen spielt dabei gerade in der Grundschule die Nutzung von Spielen eine herausragende Rolle.

Interaktionsspiele oder *kooperative Spiele* sind geeignet, eine ganze Reihe von wesentlichen sozialen Lernzielen zu bearbeiten, so z.B. Kontaktfindung, Körperwahrnehmung, Selbstwahrnehmung und Identitätsbildung, Perspektivenübernahme, Konsensbildung, Kommunikations- und Kooperationsfähigkeit. Der gerade am Beginn des Grundschulalters ablaufende Übergang vom Egozentrismus zur Kooperation unterstreicht die Bedeutung solcher Spielformen, ebenso die Erkenntnis aus entwicklungspsychologischen Studien, daß hinter sozial inkompetentem – z.B. aggressivem – Verhalten von Kindern meist verzerrte Selbst- und Fremdwahrnehmung stehen. Konkrete Spielvorschläge, Nachweise positiver Effekte für den einzelnen Schüler, für die Klasse als Gruppe und für den Lehrer sowie den für Transfer in den Schulalltag finden sich bei Böschemeyer und Vopel (1985), Fritz (1981), Gold, Wagner, Rauftl, Vogel und Weber (1984), Orlick (1985), Walker (1991).

Rollenspiele als eine Sonderform von Interaktionsspielen sind als Ausprobieren von „Realität" besonders geeignet für den Erwerb oder die Modifikation von Fertigkeiten im Umgang mit Verhaltensregeln und Situationen, mit Fremderwartungen und eigenen Bedürfnissen. Sie können vom Lehrer stärker auf Rollenerforschung und Selbsterfahrung oder mehr im Sinne von Problemlösung ausgerichtet werden (Fritz, 1981, 189). Häufige Ausgestaltungen sind nicht-verbales Spiel (Ausdruckstraining), verbales Spiel (Sprachtraining) und handlungsbetontes Spiel (Gold u.a., 1984, 136).

Abb.10-1: „Kooperation" (Quelle: Walker, 1991)

Kasten 10-1:

Gestaltung eines sozialen Lerninhaltes[33]

Gutes und schlechtes Zuhören

Ziele:	Auseinandersetzung mit der Bedeutung des Begriffs „Zuhören"und den eigenen Erfahrungen in bezug darauf
Altersstufe:	2. bis 8. Klasse
Material:	Wandzeitung, Tafel
Zeitrahmen:	1 bis 2 Stunden
Vorbereitung:	Die Lehrkräfte überlegen sich ein Rollenspiel: Die einc soll etwas erzählen, was ihr wirklich widerfahren ist, die andere hört zu.
Ablauf:	Der Klasse wird lediglich angekündigt, daß die Lehrpersonen jetzt ein Rollenspiel vorführen.

Die Klasse solle aufpassen, worum es geht. Die eine Lehrperson fängt an, etwas zu erzählen, was ihr in der letzten Zeit passiert ist (es soll möglichst spannend sein), die zweite hört ihr ganz schlecht zu (unterbricht ständig, spielt mit Schlüsseln oder anderen Gegenständen, erzählt von eigenen Erfahrungen). Nach einer Weile wird das Rollenspiel abgebrochen und von vorne gespielt mit dem Unterschied, daß die Zuhörerin diesmal gut zuhört, d.h. sich ihrer Partnerin zuwendet, Einfühlungsvermögen zeigt, anteilnehmende Fragen stellt.

Anschließend erzählen die Schüler, was ihnen beim Rollenspiel aufgefallen ist und gegebenenfalls, woher sie solche Situationen kennen.

In einem zweiten Schritt macht die Klasse eine spontane Sammlung von Ideen (Brainstorming) zu der Frage: „Woran merkst du, wenn dir jemand schlecht zuhört?" bzw. „Woran merkst du, wenn dir jemand gut zuhört?" In Paaren (entweder vor der ganzen Klasse oder alle gleichzeitig) wird schlechtes und gutes Zuhören ausprobiert. Bei der Auswertung sollten die Schülerinnen/Schüler erzählen, wie sie sich in den verschiedenen Rollen gefühlt haben. Weitere Fragen zur Auswertung können sein: „Wie oft hast du das Gefühl, daß dir wirklich jemand zuhört? Wer hört dir zu und in welchen Situationen? Was ist das für ein Gefühl? Wie oft hörst du anderen richtig zu? Ist das wichtig? Warum oder warum nicht?" Es können Gesprächsregeln entwickelt werden, die bei der nächsten Sitzung vorgestellt und besprochen und dann an die Wand als verbindlich für alle gehängt werden.

---

[33] aus Walter, 1991, 45

Konfliktlösungsübungen sind einerseits nur Spezialinhalt der bisher genannten Vorgehensweise, andererseits sind sie besonders wichtiger Gegenstand sozialen Lernens, in dem die meisten der bisher genannten Fertigkeiten und Bereitschaften zusammenfließen und auf den Prüfstand konträrer Interessenlage gestellt werden. Konflikttoleranz, gewaltfreies flexibles Lösungsverhalten erweisen sich als besonders dringliche, aber auch schwierige Lernziele. Methodische Hinführungen und konkrete Handlungsanleitungen für den Lehrer finden sich bei GOLD u.a. (1984), NEUBAUER, GAMPE und KNAPP (1985), WALKER (1991).

Die **Dilemmamethode** ist auf der Basis des Ansatzes von KOHLBERG (1987) in vielfältiger Weise auf schulische bzw. curriculare Anwendung hin modifiziert worden und dennoch ungenügend bekannt. Im Kern geht es darum, daß Schüler mit Geschichten, Situationen, Ereignissen konfrontiert werden, in denen sich Menschen zwischen zwei konkurrierenden Werten entscheiden müssen, z.B. zwischen der Höflichkeits- und Ehrlichkeitsnorm (vgl. Dilemmabeispiel 1 in Kasten 10-2), zwischen Freundschaft und Gesetzestreue, zwischen Hilfsbereitschaft und Achtung fremden Eigentums oder – etwa in einem komplexeren Dilemma (vgl. Beispiel 2 in *Kasten 10-2*) – zwischen mehreren Gerechtigkeitsaspekten, z.B. Gleichheit, Bedarf, Verdienst, Gesetzesvorschrift, Solidarität.

Gegenstand der mit verschiedenen Methoden gestaltbaren Diskussion ist weniger die Entscheidung, sondern vor allem deren *Begründung* durch das Kind. In dieser Diskussion werden vor allem moralische Urteilsfähigkeit, Empathie, Diskursfähigkeit, Konfliktlösestrategien des Schülers einerseits für den Lehrer erkennbar und anhand bestimmter Kriterien bewertbar, andererseits beim Schüler zum Gegenstand sozialen Lernens. Durch Vorgabe von Argumenten und Begründungen, die eine Entwicklungsstufe über dem Diskussionsniveau der Kinder liegen (Zone der nächsten Entwicklung, *vgl. Kap. 1.3*), werden nach KOHLBERG sozial-kognitive Entwicklungen angestoßen. Die Folgen veränderter Kindheitseinflüsse wie soziale Erfahrungsdefizite in der Familie und Extensivierung passiven Medienkonsums führen zu Mängeln an Sprachkompetenz (z.B. steigende Häufigkeit von Ein-Wort-Sätzen), daher ist der für die Dilemmamethode geltende Effekt besserer Diskurs- und Argumentationsfähigkeit nicht hoch genug zu veranschlagen.

Dieser Effekt sowie die Auseinandersetzung mit sozialen Lerninhalten rechtfertigen es, die Methode im Prinzip in allen Grundschulstufen einzusetzen, wenn auch der Kern, nämlich das Erlernen jeweils höherer Stufen moralischen Argumentierens, allenfalls in den späteren Stufen der Grundschule systematisch zu verwirklichen ist.

Auch die Strukturierung des Unterrichts mit Dilemmata wird mit zunehmendem Alter der Schüler bessere Voraussetzungen finden. Die folgende Gestaltungsvariante einer Dilemmastunde zeigt ein methodisches Beispiel für das Schlußstadium der Grundschule.

Kasten 10-2:

Dilemmabeispiele[34]

Dilemmabeispiel 1: „Der Kuchen“

Thomas war zum Geburtstag von Hans eingeladen. Es hat ihm gut gefallen, nur der Kuchen hat ihm nicht geschmeckt. Trocken und gar nicht süß war er. Als er geht, fragt ihn Hans beim Verabschieden, ob ihm der Kuchen geschmeckt hat und er noch ein Stück mitnehmen will? Was soll Thomas antworten?

Dilemmabeispiel 2: „Die drei Fische“

Im letzten Urlaub in Griechenland traf ich einmal drei Brüder. Jeden Morgen fuhren sie mit ihrem Fischerboot – sie hatten vom Vater gemeinsam ein Boot geerbt – hinaus auf das Meer.

Der älteste Bruder, Theo, hatte eine Familie mit 5 Kindern im Alter von 1 - 10 Jahren. Er war körperlich sehr klein und deshalb nicht so leistungsfähig.

Der mittlere Bruder, Solon, ein großer, starker Mann, war Junggeselle. Er rakkerte sich ab und arbeitete für zwei.

Der jüngste Bruder, Nikis, hatte gerade geheiratet. Durch einen Unfall in der Kindheit war er am rechten Arm stark behindert. Er arbeitete auf dem Boot, so gut er es vermochte.

Die drei Brüder verkauften jeden Tag die Fische auf dem Markt und teilten den Gewinn unter sich auf. Wie haben sie wohl das Geld unter sich aufgeteilt. Welches ist die gerechte Lösung?

Gestaltungsvariante einer Dilemmastunde[35]

Grobstruktur Dilemmastunde

1. Konfrontationsphase: Erarbeitung/Präsentation des Dilemmas (Text, Film, Ton, Bericht...) incl. Prüfung des Verständnisses (Nacherzählen, Inhaltsangabe)
2. Individuelle Entscheidung und Begründung
3. Diskussion, Argumentesammlung in Kleingruppen
4. Diskussion, Überprüfung der Argumente in der Klasse
5. Zusammenfassung der wichtigsten Argumente

[34] Landesinstitut für Schule und Weiterbildung Nordrhein-Westfalen, 1991, 149

[35] Landesinstitut für Schule und Weiterbildung Nordrhein-Westfalen, 1991, 182

10.3.3 Anwendung im Schulalltag

Einsetzbar sind fiktive Dilemmata oder Realdilemmata aus dem Erfahrungsfeld der Schüler in der Klasse, im Schulleben, aber auch darüber hinaus (Gemeinwesenbezug). Es gibt inzwischen nicht nur didaktische Vorgaben zur Strukturierung von Dilemmastunden (s. oben), sondern auch Dilemmasammlungen für verschiedene Fächer und Erfahrungsberichte zur lebenspraktischen Generierung der Methode (vgl. Landesinstitut für Schule und Weiterbildung Nordrhein-Westfalen, 1991). Zu den Erfahrungen gehört auch, daß Lehrer nach systematischer Erprobung meist der Methode gegenüber aufgeschlossen sind, weil sie ermöglicht, Unterrichtsinhalte wesentlich interessanter, differenzierter und strukturierter anzugehen und soziales Lernen mit Stoffvermittlung zu verbinden.

Eine besonders effektive Möglichkeit sozialen Lernens im Unterricht sind die Reflexion und gezielte *Bearbeitung realer Konfliktfälle* oder auffälliger Verhaltensweisen vor allem im Schulleben selbst. Dies ist keine spezielle Methode, sondern ein spezielles Anwendungsfeld aller bisher genannten Methoden. Hinweise zu dieser Anwendung geben u.a. GORDON (1990), SINGER (1988), SPANHEL (1989). Es gibt aber auch Methoden, die ausdrücklich in diese Anwendungsrichtung zielen. Als ein Beispiel sei der aus dem Bereich von Strafrecht und Kriminologie transferierte *Täter-Opfer-Ausgleich* genannt. Er ist indiziert, wenn z.B. ein Schüler einen anderen mit körperlichen Gewalthandlungen traktiert hat. Es geht um Gespräche zwischen den Betroffenen, also zwischen „Täter“ und „Opfer“, in die die Klasse einbezogen werden kann und die vom Lehrer, aber auch von sozialkompetenten Schülern nach didaktischen Leitprinzipien moderiert werden. Das Ziel besteht nicht in der pauschalen Verurteilung oder in der schnellen Entschuldigung. Angestrebt wird vielmehr, Zusammenhänge, Bedürfnisse, Ängste zu reflektieren, die zur „Tat“ geführt haben und die ihre Folge sind. Über den Einblick in die psychische Situation beider Beteiligter soll Offenheit und Vertrauen geschaffen und letztlich über individualpräventive Lernerfolge auch generalpräventive Effekte erzielt werden. Die sind nicht nur auf die Aggressivhandlung und dazugehörige Normen bezogen, sondern z.B. auch auf die für Schüler erfahrungsgemäß schwierige Relativierung von rigorosen Extremhaltungen oder der Trennung zwischen „Tat“ und „Täter“ und die speziell für Grundschüler oft noch bestehenden Schwierigkeiten, Absicht und Versehen differenziert zu bewerten.

Auf der Ebene *Schulleben* eröffnet sich ein Gestaltungsfeld für soziales Lernen, das als natürliche Alltagswelt des Schülers Handlungsrahmen und Konfliktträger ist. Die Möglichkeit, lebensnahes und ganzheitliches Lernen mit Schülerinteressen zu verbinden, bietet dabei gute Voraussetzungen zur Förderung von Sozialkompetenz. Ansatzpunkte sind dabei nicht nur die Gestaltung von sozialen Höhepunkten wie Festen oder Theaterabenden, sondern z.B. die alltägliche Gewährleistung von Mitverantwortung der Schüler (und Lehrer) in Schule und Schulleben. Das kann sich auf die Bildung innerschulischer Vermittlungsgremien oder die Eigenverantwortung der Schüler bei der Gestaltung von Schulräumen, auf die Beteiligung von Schülern bei innerschulischen Entscheidungen, bei der Festlegung von Verhaltensregeln und bei der Konflikt- oder Sanktionsregelung nach bestimmten Arten von Verstößen gegen die Schulordnung beziehen. Bestimmte Tutoren- bzw. Mentorenprogramme unter dem Motto „Schüler helfen Schüler" (vgl. Feldmann, 1980; Troch, 1992,) beziehen sich keineswegs nur auf fachliche Nachhilfe, sondern sind mit der dabei entstehenden Beziehungsdynamik ein Feld intensiver Sozialerfahrung und Moralbildung.

Der hinter all diesen Formen stehende Gedanke ist, durch eigenaktive Partizipation am Schulleben zu Identifkation mit Schule zu gelangen, d.h. daß z.B. durch Teilhabe an der Entstehung und Durchsetzung von Normen der Fremdcharakter schulischer Normen gemindert wird. Der Gewinn an demokratischer Handlungskompetenz, Diskursfähigkeit und Streitkultur und anderen Indizien von Sozialkompetenz rechtfertigt die Mühe und Geduld, die notwendig ist, um solche Lernprozesse anzuschieben und in Gang zu halten.

Weiterführende Literatur

Nickel, H. & Schmidt-Denter, U.: *Vom Kleinkind zum Schulkind* (5. Aufl.). München 1995: Reinhardt

Oelkers, J. & Prior, H.: *Soziales Lernen in der Schule*. Königstein 1982: Scriptor

Schmidt-Denter, U.: *Soziale Entwicklung. Ein Lehrbuch über soziale Beziehungen im Laufe des menschlichen Lebens* (2. Aufl.). München-Weinheim 1994: Psychologie Verlags Union

Schwarz, B.: *Soziales Lernen und Verhalten von Schülern*. Frankfurt a.M. 1990: Lang

11

Sprache, Sprechen, Lesen, Schreiben

Karin Kohtz und Gudrun Schulz

11.1 Lesen- und Schreibenlernen

11.1.1 Problemskizze

Es ist bisher noch nicht gelungen, eine allgemeingültige, umfassende Theorie des Schriftspracherwerbs zu entwickeln. Solange Lernen als ein rezeptiver Prozeß der Informationsaufnahme gedeutet wurde, interessierten vor allem Fragen der optimalen Vermittlung, also die Methodenfragen. Seitdem der Schriftspracherwerb aber als ein aktiver Prozeß der Aneignung verstanden wird (**Spracherfahrungsansatz**, *s. 11.1.6*), stehen die Aspekte der kindlichen Informationsgewinnung und -verarbeitung im Mittelpunkt des Forschungsinteresses.

11.1.2 Gesprochene und geschriebene Sprache

Wir verständigen uns durch Sprache, indem wir eine Abfolge von Lauten (Phonemen) produzieren, die innerhalb eines Sprachsystems bedeutungsunterscheidend sind. Die Sprachlaute bezeichnen in bestimmter Abfolge Ausschnitte der Realität (Dinge, Gedanken, Gefühle usw.), vollkommen unabhängig von der Realität. Das Haustier heißt „Hund", „dog" oder „chien"; nur in der Kindersprache sagt man „Wauwau". Schrift fixiert das Gesprochene durch ein sekundäres System, nämlich das der graphischen Zeichen (Grapheme). Das Schriftzeichen kann sich noch entfernt auf die abgebildete Wirklichkeit beziehen („Bilderschrift" der Chinesen). Vollkommen von der Realität abstrahiert dagegen die Buchstabenschrift, indem ihre Grapheme ausschließlich Sprachlaute fixieren. Prinzipiell erfolgt das Aufschreiben nach dem *phonematischen Prinzip*: einem bedeutungsunterscheidenden Sprachlaut entspricht ein bedeutungsunterscheidendes Schriftzeichen im Verhältnis 1:1 (GPK-Regel: Graphem-Phonem-Korrespondenz). Dieses Prinzip wird jedoch in unserer Schreibung durch das Wirksamwerden anderer Prinzipien vielfach durchbrochen, indem z.B. der Wortstamm erhalten bleibt (morphematisches Prinzip): bei >Wald< hört man im Auslaut ein >t<, schreibt aber ein >d<. Diese Unregelmäßigkeit führt zu erheblichen Lese-Rechtschreibschwierigkeiten und stellt daher auch für den Lehrenden ein bedeutsames Problem dar: Einerseits soll er auf die bestehende Regelhaftigkeit hinweisen, damit die Kinder von Anfang an das Prinzip der Schriftsprache durchschauen; andererseits muß er das phonematische Prinzip im gleichen Atemzug relativieren, wenn bei den Kindern nicht falsche Annahmen entstehen sollen, die zu Lese- und Rechtschreibfehlern führen.

Insgesamt erweist sich die Buchstabenschrift in ihrer Abstraktheit als außerordentlich leistungsfähig. Wir können mit 26 Buchstaben alle bekannten und zukünftig entstehenden Wörter aufschreiben, während man im Chinesischen ca. 2000 der insgesamt 50000 Zeichen allein für den täglichen Schriftgebrauch benötigt.

11.1.3 Der Leseprozeß

Ein Kind beherrscht in der Regel bei Schuleintritt den mündlichen Gebrauch seiner Muttersprache, zumindest die semantische und syntaktische Ebene der Sprache. Es kann sich auf korrekte Weise verständlich machen und versteht das Sprechen der Erwachsenen. Nun muß es lernen, die *Sprache als Abfolge von Sprachlauten* wahrzunehmen, unabhängig vom inhaltlichen Aspekt (großer Gegenstand – kurzes Wort: Baum; kleiner Gegenstand – langes Wort: Sicherheitsnadel).

Beim Lesen muß die geschriebene Sprache in gesprochene Sprache zurückverwandelt werden, damit dem Geschriebenen der Sinn entnommen werden kann. Dieser Prozeß erfolgt in Teilschritten: Zunächst muß ein Schriftzeichen erfaßt und richtig gedeutet werden. Dann muß das Lautbild des Wortes aus den einzelnen Sprachlauten gewonnen werden. Dem Kind muß dabei bewußt sein, daß ein Graphem einen Sprachlaut nur in ungefähr bezeichnet (>e< in wer, wenn, winken). Wenn der Sinn des Wortes richtig erfaßt worden ist, wird u.U. die Aussprache korrigiert (für „Wald“ statt >w-aa-l-d< nun >walt<).

In älteren Fibeln hat man häufig das Üben der Sinnentnahme hinausgeschoben und sich anfangs auf die Zuordnung von Buchstaben und Sprachlauten beschränkt. Dies hat zu einem verständnisleeren „Silbenbellen“ der Leseanfänger geführt, das weit entfernt war von einem sinnerfassenden Deutungsprozeß.

Lesen stellt einen mehrstufigen Re- bzw. Dekodierungsprozeß dar, der immer auf Sinnentnahme hinstrebt. Mit fortschreitender Lesegewandtheit können Zwischenschritte ausgelassen werden, indem das Geschriebene sofort sinngemäß gedeutet wird, ohne daß die Klanggestalt tatsächlich oder vor dem inneren Ohr herstellt werden müßte Goodman, 1976). Dialektfreies Sprechen erleichtert das Wiedererkennen der gesprochenen Sprache in den geschriebenen Wörtern, was jedem Lehrer als Sprachvorbild bewußt sein sollte; wogegen es für die Kinder mit stark dialektgefärbter Sprache schwierig ist, das gewonnene Klangbild mit der eigenen Sprache in Kongruenz zu bringen (liest „Vater“, spricht „Voater“ oder „Vadda“).

11.1.4 Der Schriftspracherwerb als bedeutende Phase in der geistigen Entwicklung des Kindes

Dem Schulanfänger wird nicht nur abverlangt, daß er eine veränderte Einstellung zur Sprache gewinnt, indem er lernt, auf ihren lautlichen Aspekt zu achten. Ebenso muß sich seine optische Auffassung verändern, indem er außer der bildhaften Darstellung nun abstrakte Strichfiguren erkennen und unterscheiden muß „hinter deren graphischer Monotonie sich unbegrenzte Aussagemöglichkeiten verbergen“ (Weigl, 1976, 72). Es müssen also Bereitschaft und Fähigkeit zum bewußten Umgang mit den beiden unterschiedlichen Formen von Sprachtätigkeit – Sprechen/Hören und Lesen/Schreiben – entwickelt werden, wobei die Konzentration auf die graphische Fixierung *einen abstrakteren Umgang mit der zwischenmenschlichen Kommunikation* erfordert. „Die Neugierde, aus den Buchstabenfolgen etwas Interessantes zu erfahren und durch schriftliche Wiedergabe etwas auszusagen, setzt in kommunikativer Hinsicht die Ausbildung einer völlig neuen Einstellung voraus“ (83). Die Beherrschung der Schriftsprache erfordert einen Wechsel von einem akustischen zu einem optischen Zeichensystem als Mittel der Kommunikation. Die Beherrschung dieses zweiten Kommunikationssystems setzt eine *bewußte Sprachplanung* voraus, indem sowohl sprach- wie auch schreibmotorische Möglichkeiten mitbedacht werden müssen. Ein Lese-Schreibanfänger leistet weit mehr als eine schlichte Zuordnung von Graphemen und Phonemen. Er arbeitet vielmehr auf dem Hintergrund seiner Spracherfahrung mit einer Fülle von Korrespondenzen und Regelungen. Weigl stellt fest, daß sich jedes Kind, früher oder später, offenbar heimlich auf „'Entdeckungsreise' in den Gefilden der Schriftsprache" (86) begibt. Diese selbständigen Entdeckungen gelten den Beziehungen der Phonologie zur Schriftebene. *Das Kennenlernen der Entsprechungen von gesprochener zu geschriebener Sprache durch phonemanalytische und -synthetische Operationen stellt den eigentlichen Inhalt des Leselernprozesses dar.* Die angestellten Entdeckungen veranlassen den Schulanfänger zu einer veränderten Einstellung zur eigenen Sprache. In „qualitativen Sprüngen", die nicht direkt lehrbar oder kontrollierbar sind, scheint das Kind in seiner Lesefähigkeit fortzuschreiten. Schriftsprache stellt somit eine besondere Form des Sprachverhaltens dar, „im Sinne des Verhaltens zur Sprache ebenso wie des Verhaltens bei der Sprachverwendung" (96). Auch wenn das Erlernen bestimmter Bewegungsabläufe, die für normgerechtes Schreiben erforderlich sind, mühsam genug ist, liegt die eigentliche Schwierigkeit des Schreibens nicht im psycho-motorischen Bereich, sondern im *Übergang von der spontanen mündlichen zur geplanten schriftlichen Kommunikation.*

11.1.5 Zur Methodik des Erstleseunterrichts

Solange das Lernen des Kindes vorwiegend als ein rein rezeptiver Prozeß angesehen wurde, kam einer ausgefeilten Methodik besondere Bedeutung zu, auch und gerade beim Lesenlernen. Aus diesem Grunde hat es in der Vergangenheit einen erbitterten „Methodenstreit" gegeben.

Tradition hat das Voranschreiten vom Einfachen zum Vielgestaltigen, vom einzelnen Buchstaben über Wörter zu Sätzen. Dieses einzelheitlich-synthetische Verfahren wurde schon in der Antike praktiziert und erhielt sich bis in die neueste Neuzeit. Kinder lernten zunächst die Buchstaben und ihren Lautwert (>b< heißt >be< und klingt wie >b<). Erst im 19 Jh. setzte sich die Methode durch, statt des Buchstabennamens den Lautwert einzuführen. Buchstabe und zugehöriger Laut wurden dabei assoziativ miteinander verbunden: „i" schreien erschreckte Kinder (Empfindungslaut). Diese Methode ging sehr systematisch vor, indem sie einen Buchstaben nach dem anderen einführte und ausführlich übte. Die Hauptschwierigkeit des synthetischen Verfahrens bestand darin, die Kinder zu einer sinnvollen Lautgewinnung und Lautverschmelzung hinzuführen. Wenn sie zunächst nur den normierten Lautwert des Buchstabens gelernt hatten, bereitete es ihnen Schwierigkeiten, die Phonemvariationen zu erfassen und z.B. das abgeschwächte >e< richtig zu lesen. Mehrgliedrige Grapheme (>sch<) und Nasale (>ng<) konnten auf diesem Wege nicht erschlossen werden; Sinnentnahme spielte eine untergeordnete Rolle. *Der traditionelle Leseunterricht war wenig motivierend, da die Erwartung der Kinder, durch Lesen das Wissen und die Kommunikationsmöglichkeiten zu erweitern, im gesamten Anfangsunterricht keine Rolle spielte.*

Nach Begründung der Ganzheitspsychologie setzte in den dreißiger Jahren dieses Jahrhunderts ein Gesinnungswandel ein.

Man argumentierte, es sei kindgemäßer und der Alltagserfahrung entsprechender, zunächst das Ganze aufzufassen und sich dann erst mit dessen Teilen zu beschäftigen. Nach dem Muster, daß man zunächst einen Tisch insgesamt erfaßt und erst danach registriert, wieviele Beine er hat, wurde auch die Texterfassung gedeutet. Das Kind erkannte in der Fibel einen zusammenhängenden Satz, der sich durch Druck im Flattersatz vom nächsten Satz als Einheit abgrenzte. Dieser Satz wurde ganzheitlich erfaßt. Die Durchgliederung nach Wörtern erfolgte erst später. Schließlich wurde über den Anlautvergleich oder über Reimwörter die Analyse des Wortes in seine Einzelelemente vorgenommen. Das ganzheitlich-analytische Verfahren wirkte sich auf die Motivation stimulierend aus, da Schulanfänger schon nach wenigen Wochen „lesen“ konnten. Beim wiederholten Vorlesen hatten sie sich die Texte eingeprägt und reproduzierten sie auswendig, evtl. durch die Abbildungen unterstützt. *Der Einblick in das äußerst ökonomische Verfahren eines Buchstabensystems wurde den Kindern jedoch vorenthalten.* Sie lernten Wörter so wie Bilderschrift aufzufassen, wie chinesische Charaktere, jedes als eine neue Ganzheit aus einer unüberschaubaren Menge von Gestalten. Ein selbständiges Erlesen, vielleicht sogar von Wörtern des Alltagslebens, wurde nicht angebahnt, da die Buchstaben nur in der bekannten Anordnung im jeweiligen Lesewort aufgefaßt und daher nicht in anderen Kombinationen erkannt wurden. Vergleichende Untersuchungen ergaben, daß spätestens im 4. Schuljahr nicht mehr feststellbar war, nach welcher Methode ein Kind Lesen gelernt hatte, daß also keine der beiden Methoden als die bessere gelten konnte (Ferdinand, 1979).

Da beide Methoden Vor- und Nachteile aufwiesen, lag es nahe, ein drittes Verfahren zu entwickeln, das die Schwächen der beiden „reinen“ Methoden vermeidet und ihre Vorzüge kombiniert, die **Methodenintegration**. Mit ihr wird von Anfang an das Lesen an bekannten, sinnvollen Wörtern geübt, die analysiert und synthetisiert und zu sinnvollen Sätzen kombiniert werden (Dathe, 1968; Vestner, 1974; Menzel, 1976). Alle seit Anfang der siebziger Jahre entstandenen Leselehrgänge sind nach dem Prinzip der Methodenintegration aufgebaut, die Fibel der DDR sogar seit Ende der sechziger Jahre.

11.1.6 Der Spracherfahrungsansatz

Kinder lernen ihre Muttersprache nicht einfach durch Imitation, sondern sie versuchen, aus dem Wahrgenommenen Regelhaftigkeiten herauszufiltern, die sich schöpferisch weiterverwenden lassen. Sie erahnen z.B. die Prinzipien der Verbbildung und -flexion und wenden sie selbständig an („es kircht“, „ich bringte“), wobei sie phasenweise z.B. übergeneralisieren. Nach Durchschauen des alphabetischen Prinzips der Schreibung erkennen Kinder Flexionsendungen sowie Funktionswörter, ja ganze Satzmuster im Geschriebenen wieder und verwenden diese Kenntnisse, um den Prozeß der Sinnentnahme möglichst ökonomisch zu gestalten. Demnach ist „*Lesen eine schnelle Abfolge von Deutungen, ein probierendes Informationsverarbeiten.* Je weniger erreichbare Information der Leser benützt, desto schneller und wirksamer ist sein Lesen“ (Goodman, 1976, 144). Es ist daher bereits für Leseanfänger hilfreich, mit Sinnerwartungen zu operieren, weil auf diese Weise der mühselige Vorgang des Erlesens strukturiert und verkürzt werden kann (Dehn, 1988). Lesen richtet sich immer auf Sinnerschließung von geschriebener Sprache, weshalb ein isolieres Training der „Lesetechnik"„ unsinnig ist. Brügelmann (1983, 161) hebt hervor, *daß sich das Sinnverstehen in einer kommunikativen Situation vollzieht*, in der die Bedeutung der Wörter erfahren wird. Beim Spracherwerb wird die jeweilige soziale Situation erlebt und gedeutet, wenn sprachliche Äußerungen vom Kind eingesetzt werden. *Dagegen ergeben sich spontan weniger Situationen, in denen ein Kind die sozialen Bezüge des Geschriebenen erfahren kann; sie müssen vom Lehrer gezielt organisiert werden.* Auch das Schreibenlernen erfordert strukturierendes Denken als Grundlage der Systembildung, was aus der phasenweisen Entwicklung der spontanen Schreibversuche, „vom Unvollkommenen zum Vollkommenen" ablesbar ist (Scheerer-Neumann, 1987; Dehn, 1988).

In einer vorkommunikativen Phase des Schreibens ahmen Kinder den Schreibprozeß nach, indem sie in Kritzelschrift schreiben und anschließend Erwachsene bitten vorzulesen. In der anschließenden vorphonetischen Phase werden einzelne bekannte Buchstaben willkürlich integriert. Indem die Kinder Einsicht in das phonematische Prinzip gewinnen, wird in einem halbphonetischen Schreibstil das Wesentliche eines Wortklangbildes erfaßt und aufgezeichnet, etwa alle Vokale. In der nächsten Phase wird eine streng phonetische Schreibweise praktiziert, bei der es zu Übergeneralisierungen von soeben entdeckten Regeln kommen kann („*Schtrase*" in Analogie zu „Schule" und „Glas", Brügelmann, 1983, 159). In der fünften Phase ist das Kind fähig und bereit, das erworbene Regelsystem zu erweitern und sich, abweichend von der phonetischen Schreibweise, an den gängigen Rechtschreibmustern zu orientieren; in der letzten Phase endlich wird orthographisch korrekt geschrieben. „*Die spontanen Schreibversuche von Kindern lassen ein Maß an regel-hafter Ordnung erkennen, das wieder einmal die aktive Denkleistung beim Speichern von Eindrücken belegt*" (Brügelmann, 1983, 158).

11.1.7 Aktuelle Tendenzen im Lese- und Schreiberstunterricht

Moderne Leselehrgänge bestehen nicht nur aus Fibel und Lehrerhandbuch, sondern schließen eine Fülle von Arbeitsmaterialien mit ein. Sie tragen mit ihrem reichen Materialangebot der Einsicht Rechnung, daß niemand genau weiß, auf welchem Wege ein Kind seine Erkenntnisse gewinnt, und *daß es daher sinnvoll ist, sehr unterschiedliche Lernmaterialien anzubieten.* Hinzu kommt, daß die Lernvoraussetzungen von Kindern in heutigen Eingangsklassen so unterschiedlich sind, daß ein geschlossenes Voranschreiten der ganzen Klasse im Lernprozeß kaum mehr vorstellbar ist. Gefordert ist daher eine möglichst große **Differenzierung**. Leselehrgänge gehen daher von einem gemeinsamen Fundamentum aus, das durch eine Vielzahl von Zusatzangeboten angereichert werden kann, gedacht sowohl für die schwachen wie für die gewandten Leser. Für den Einsatz von Leselehrgängen spricht, daß sie systematisch aufgebaut sind, von einem Expertenteam erstellt, das umfassende Überlegungen zu Auswahl und Aufbau des Lesewortschatzes, der Textauswahl, des Schreibbeginns usw. angestellt hat (Eichler & Balhorn, 1992). Zu bemängeln ist an den Leselehrgängen, daß sie auf eine möglichst große, abstrakte Gruppe von Schülern abgestellt sind und daher in der Regel wenige Texte mit unmittelbarem Lebensbezug enthalten, die neugierig machen und zur Entschlüsselung herausfordern. Eine Identifikation der Leseanfänger mit den Fibelkindern und ihren Geschichten ist nur begrenzt möglich. Zudem wirken sich der geringe Wortschatz und die monotonen Satzbaupläne häufig nachteilig auf die Sprachentwicklung von Erstkläßlern aus, die durch diese simplifizierenden Sprachmuster auf ein primitiveres Sprachniveau zurückgeworfen werden (Hannig, 1974; Pregel, 1992). Zu hinterfragen ist, inwieweit durch die Lehrgangsmaterialien tatsächlich eine qualitative Differenzierung angeleitet wird. Viele schwächere Leser können durch leicht abgewandelte Übungen sicherlich gefördert werden. Daß ein Mehr nicht hilft, wenn etwas in der Theoriebildung falsch gelaufen ist, lehren die neueren Forschungsgebnisse zur **Lese-Rechtschreib-Schwäche**. *Gewandte Leser werden durch die Fibellesestoffe kaum gefördert, da sie qualitativ andere Texten benötigen*, um ihr Lesebedürfnis zu befriedigen (*vgl. Kap. 17*). Kinder, die Lesen bereits vor Schulbeginn oder in den ersten Unterrichtswochen gelernt haben, könnten mitunter mühelos im Leseunterricht einer 4.Klasse mitarbeiten (Kohtz, 1989). Es fördert sie nicht, wenn sie zusätzlich ein paar Sätzchen der gleichen Bauart lesen sollen, während sie in ihrer Freizeit umfangreiche Abenteuergeschichten verschlingen oder ihr Wissen systematisch mit Hilfe von Sachbüchern erweitern.

Den individuellen Stand der Spracherfahrung eines jeden einzelnen Kindes meinen dagegen diejenigen stärker zu berücksichtigen, die auf den Einsatz von vorgefertigten Materialien verzichten. Gemeinsame Erlebnisse können zu Lesetexten verarbeitet werden oder individuelle Texte entstehen, indem ein Kind zu einem Bild einen Satz formuliert, der von der Lehrerin aufgeschrieben wird. Die Eigenfibel hat seit der Reformpädagogik Tradition. Röber-Siekmeyer (1992) nimmt als erste Lesewörter die Namen der Kinder. Da man sich in der neuen Lerngruppe kennenlernen möchte, ist die Motivation gegeben. Gerade die Unregelmäßigkeit der Graphem-Phonem-Korrespondenz in Namen entspricht nach ihrer Meinung der realen Situation und verweist die Kinder von Anfang an auf die Notwendigkeit, den korrekten Lautwert des Graphems durch Probieren herauszufinden.

Genannt sei schließlich noch die Möglichkeit, vom eigenen Schreiben der Kinder zum Lesen zu gelangen (Chomsky, 1976; Reichen, 1987). Der Klasse werden anhand einer Anlauttabelle die Buchstaben vorgestellt, deren Lautwerte durch Bilder assoziiert werden. Nachdem das alphabetische Prinzip durchschaut worden ist, können die Kinder ihre eigenen Texte verfassen. Sie sprechen die einzelnen Wörter langsam vor sich hin und suchen sich die entsprechenden Buchstaben zusammen. Starke Motivation, die aus der kommunikativen Qualität der Situation entspringt, leitet dieses Vorgehen. Daß hierbei das phonetische Prinzip übergeneralisiert wird, entspricht dem Stufenmodell der Schreibentwicklung und kann in einer Übergangsphase hingenommen werden.

Es ist allerdings auch in diesem Modell schwierig zu beobachten, welches Kind an welchem Punkt des Schriftspracherwerbsprozesses angekommen ist, und zu entscheiden, wie ihm in seiner aktuellen Situation geholfen werden kann. Meiers verweist sehr eindringlich auf die Notwendigkeit, **selbständiges Lernen** anzuleiten und aufzubauen. „Selbstgesteuertes Lernen tritt nicht automatisch durch eine Verringerung fremdbestimmten Lernens ein; der Verzicht auf die Fibel als Prototyp des fremdbestimmten Lernens und die Forderung nach offenem Unterricht mit allen Implikaten ergeben noch kein Konzept für einen Unterricht, in dem Kinder erfolgreich lernen können" (1993, 12).

Es wäre sicherlich sinnvoll, den Schriftspracherwerbsprozeß durch die Arbeit am Computer zu unterstützen (GÜNTHER, 1990), da mit ihm ganz neue Erfahrungen zur Schreibplanung gesammelt werden können. In absehbarer Zeit ist jedoch kaum mit der allgemeinen Nutzung dieser Möglichkeit zu rechnen, da sowohl ideelle Vorbehalte wie materielle Engpässe eine generelle Ausstattung der Grundschulen mit Computern verhindern.

11.1.8 Diskussion

Lesen kann nicht direkt gelehrt werden, da sich der Leseanfänger in einem komplexen Lern- und Verstehens-prozeß die Schriftsprache selbständig aneignen muß. Die Lehrerin kann diesen Prozeß nur anregen, fördern und evtl. - bei falscher Hypothesenbildung - korrigieren. Hierbei ist wohl nicht die entscheidende Frage, welcher Verfahren und Medien man sich bedient. Viel wichtiger ist es, daß eine Lernatmosphäre geschaffen wird, in der ein Kind Freude hat und Mut gewinnt, sich selbständig auf Entdeckungsreise zu begeben, um das Geheimnis der Schrift zu entschlüsseln.

Da die Lernvoraussetzungen der Kinder sehr unterschiedlich sind, sollten vielfältige Anregungen ergehen und reichhaltiges Material bereitstehen. Fibeln werden von Materialpaketen begleitet; lehrgangsunabhängige Materialien können in jeden Unterricht eingefügt werden. Nicht zu vergessen seien jedoch Bücher! Kinder sollen von Anfang an als Ziel des Leseunterrichts das Buchlesen vor Augen haben; *also müssen Bücher schon den Anfangsunterricht begleiten.* Kinder finden den Weg zum Buch, wenn man ihnen regelmäßig - auch und gerade in der Schule! - vorliest, wenn man zusammen Bilderbücher anschaut, dabei Gedanken austauscht und Geschichten erraten läßt. Lieblingsbücher können vorgestellt und Sachbücher zum Nachschlagen von Wissenswertem herangezogen werden. Alle Leselernmaterialien, ob geschlossen dargeboten oder in offenen Situationen gestaltet, haben nur eine Zubringerfunktion, und das sollten auch Kinder erkennen. Da alle großen Taschenbuchverlage Buchreihen für Leseanfänger nebst methodischen Hilfen anbieten, können auch in einer 1. Klasse neben den schönen, aber teuren Bilderbüchern Ganzschriften gelesen werden. Als oberstes Prinzip allen Leseunterrichts, auch des Erstunterrichts, sollte daher gelten: Kinder brauchen Bücher!

11.2 Junge Leser und ihre Lektüre

11.2.1 Lesemotivation im Verhältnis von Lesenwollen und Lesensollen

Die häufig gestellte Frage, ob die Kinder des Fernsehzeitalters überhaupt noch lesen wollen, beantwortet ROALD DAHLS Heldin, Matilda, aus dem gleichnamigen Kinderbuch auf eine verblüffend einfache Weise: „Vati", sagt sie, „meinst du, daß du mir ein Buch kaufen könntest?" „Ein Buch?" fragte (der Vater)? „Wozu brauchst du denn ein gottverdammtes Buch?" „Zum Lesen, Vati." „Und was hast du gegen das Fernsehen, um Himmels willen? Wir haben einen fabelhaften Fernsehapparat mit einem Riesenbildschirm, und jetzt kommst du und willst ein Buch haben? Du bist ganz schön verwöhnt, mein Mädchen?" (Dahl, 1989, 13). Wie immer man die Aussage interpretiert, scheint sie doch die Umkehrung mancher anderer Analysen *(vgl. Kap. 7)* und Beobachtungen: Alle kennen Kinder, die ohne Fernsehen nicht mehr leben können, denen, so scheint es, die elektronischen Medien den Blick in das Buch verstellt haben. Hat man es dann in der Geschichte über Matilda mit einer versteckten Beschwörung des Autors zu tun, der seine Leser nicht verlieren will? Oder gibt es tatsächlich den Wunsch von Kindern nach dem Buch, nach dem Lesen als einer für sie wichtigen Tätigkeit?

In Untersuchungen bei Kindern erster Klassen zur Entwicklung ihrer Lesebedürfnisse im Kontext zum Leselehrgang (Kasswan, 1990, Schulz, 1991) fiel zu *Beginn* ihrer „Schullaufbahn" eine intensive Hinwendung zur **Lesetätigkeit** auf. Von den befragten Kindern *(103)* gaben zu Beginn der ersten Klasse über *97 %* an, sich auf das Lesenlernen zu freuen. Sie begründeten ihre Freude auf das Lesen vor allem mit sinngebenden Motiven[36]. In den Aussagen der Kinder wurde deutlich, welche Rolle das Buch in ihrer Bedürfnislage spielte. So sagten einige Kinder: „Ich freue mich auf das Geschichtenlesen – Bücherlesen – Witze lesen. Dann kann ich endlich mal Geschichten bis zu Ende lesen." Hierbei zeigt sich ein ausgeprägtes **Leselernbedürfnis**. Dieser Befund ist von Interesse, weil sich das Bedürfnis auf die **Handlung** selbst richtete. Das verdeutlichen Äußerungen der Kinder, wie: „Ich will Lesenlernen, weil ich dann alle Buchstaben kenne, – auch die schwierigen Buchstaben kenne, – alle Wörter lesen kann, – auch schwere Wörter lesen kann" usw.

Die Vorstellung von Schule, so zeigen Beobachtungen bei Schulanfängern immer wieder, wird von vielen Kindern mit dem **Anreiz** verbunden, Lesen und Schreiben zu lernen bzw. sich darin weiter zu vervollkommnen. Lesen ist in diesem Falle für das Kind **„Antrieb"** und „Anreiz", sich die Welt auf eine besondere Weise, mittels Literatur, aneignen zu können, wie es ansonsten in diesem Maße in diesem Alter noch nicht möglich ist. Woher der Anstoß dafür kommt, haben neben der Leserpsychologie auch Literaturwissenschaft und Lesedidaktik immer wieder versucht zu erklären. Baumgärtner ging bereits 1974 als Herausgeber der Publikation „Lesen – Ein Handbuch" auf die Anfänge einer literarischen Motivierung ein, wenn er schrieb, daß das Grundschulkind „auf bereits gegebene Umgangserfahrungen mit Literatur und auf ein **Vorwissen über Literatur**" verfüge, auf das zurückgegriffen werden könne (Baumgärtner, 1974, 538).

Im Verlauf der Ontogenese des Kindes gehören unterschiedliche Formen von Literatur zu den frühen Begegnungen und damit auch zu den ersten Anstößen für den künftigen Umgang mit dem Buch. Reime, Sprüche, Verse, Lieder, Geschichten, Märchen werden dem Kind – im besten Falle – vorgesprochen, erzählt, vorgelesen – oder das Kind betrachtet Bilderbücher, hört Erzählungen über Kassette oder sieht Verfilmungen im Fernsehen oder im Kino. Das Kind macht auf diese Weise Erfahrungen, die in ihm „etwas" in Bewegung setzen. Das wiederum motiviert den erneuten Zugriff zu der besonderen Erfahrungswelt Buch *(über den Begriff Motivation, Motiv, vgl. Kap.3 und 4)*.

---

[36] Diese Einordnung wurde nach Leontjew (1982, 193) vorgenommen.

Für das *lesenlernende* Kind erwächst die Motivation zur Lektüre von Büchern beispielsweise aus einer bisher kaum möglichen Entdeckung:

Lesen schafft Frei - Räume zur Entdeckung der Welt und zum Finden des eigenen Ich in dieser Welt.

Lesen ist ein äußert subjektiver Vorgang. Das betrifft sowohl das stille Lesen für sich wie das Zuhören, wenn einer vorliest oder das Kind der Vorlesende selbst ist. Dabei wird der Prozeß der Lektüre von dem individuellen Freiheitshintergrund ebenso bestimmt wie von der Freiheit des Lesers, das zu lesende Buch, das er auswählt und die Textstellen selbst zu bestimmen, an denen er innehält, um vom äußerlich gelenkten Wahrnehmen auf innerlich gelenktes Denken und Fühlen umzuschalten. Dadurch wird Lesen zu einem Akt der Individualisation (vgl. MEIERS, 1990, 35). Schule, speziell Lesedidaktik und Literaturdidaktik, hat bzw. haben auf den Wunsch der Kinder nach dieser Art von Unabhängigkeit unterschiedlich reagiert *(vgl. Kap. 5)*.

Lange Zeit und mitunter heute noch wurde bzw. wird negiert, daß **Schriftspracherwerb** kein zeitlich eng begrenzter, allein schulisch angeregter Vorgang, sondern ein bereits früh einsetzender mehrstufiger Entwicklungsprozeß ist, dessen Phasen durch jeweils besondere Aneignungsstrategien gekennzeichnet sind, die sich darüber hinaus im Wechsel über das Lesen und Schreiben und in der Begegnung mit unterschiedlichster Lektüre entfalten (vgl. GÜNTHER, 1987).

Bevor Kinder zur Schule kommen, verfügen sie über erste Erfahrungen mit Zeichen und den damit verbundenen Bedeutungen. Man denke nur an den Umgang der Kinder mit Signets auf Bahnhöfen und Flughäfen, mit denen sie auf Reisen oder anderswo konfrontiert werden, an Zeichen für Haltestellen von Bus, S-Bahn usw. Es gibt Kinder, die sehr früh das Medium Schrift erkunden und für sich bereits als Mittel der Kommunikation nutzen *(vgl. Abb. 11-1)*.

Als IANA (eigentlich Jana) den Brief an ihre Mutter schreibt, ist sie 4 Jahre alt (1992). *(Abb. 11-1)*

In einer Mischung aus Zeichnung und Schrift (erstaunlich die „Linksseitigkeit" ihres Briefes und die selbst gezeichneten Linien, auf denen sie schreibt) berichtet sie über den Urlaub, der gerade hinter ihr liegt: Sonne, Wasser und Sand und Jana selbst sind unschwer auf dem Blatt zu erkennen. Zu lesen ist, daß „IANA" den Brief „AN MAMA" schreibt. Die Mutter muß den Brief lesen, möglichst vorlesen, dann „liest" ihn Jana noch einmal vor, d. h. sie gibt dem von ihr Dargestellten eine inhaltliche Bedeutung (ein sog. „Als-oblesen"). Alle Momente von Kommunikation sind in der Verbindung von Schreiben und Lesen erfüllt:

Abb. 11-1: Jana, 4 Jahre, schreibt einen Brief an ihre Mutter

Es gibt einen Kommunikator oder Sender (Jana), einen Kommunikanten oder Empfänger, Konsumenten (Mutter) und einen Botschaftsinhalt (der Urlaubsbericht).

Das alles fungiert lange vor der bewußten schulischen Unterweisung, und es macht auf die enge Verbindung von Schreiben und Lesen und auch auf die kommunikative Bedeutung dieser Tätigkeiten aufmerksam. Allerdings sind die Vorerfahrungen der Kinder mit Schrift und Buch und Text bei Eintritt in die Schule unterschiedlich wie auf allen anderen Gebieten auch.

Lange aber hat Schule gebraucht (vor allem die Schule der DDR), den Lese- und Schreiblehrgang beispielsweise nicht beim „Punkt Null" zu beginnen und so zu tun, als wäre die Fibel wirklich das erste Buch, das den Kindern bis dahin begegnete und die eher mageren „Bildchen - Texte" des Fibelanfangs das erste, was das Kind an Bild und Text zu sehen und zu hören bekommen hätte.

Die Berücksichtigung oder Nichtberücksichtigung der Vorerfahrungen der Kinder hing und hängt immer mit der Haltung zum Kind insgesamt und, davon ausgehend, mit der Funktion des Grundschulunterrichts und der Art und Weise des Schriftspracherwerbs zusammen *(vgl. Kap.4 und 5)*.

Häufig zu beobachten war und ist in diesem Zusammenhang eine Unterschätzung der Möglichkeiten des Lesealters zwischen 6 und 10 Jahren hinsichtlich der Beziehungen zum Buch und der Potenzen zum Verstehen von Texten.

11.2.2 Leser und Text, zwei Seiten einer Sache im Motivationsprozeß

Eine Unterforderung wie auch die Überforderung von Kindern sind in gleicher Weise motivationshemmend für die Leseentwicklung. Will man das verhindern, muß man vom ersten Schultag an Bücher und Texte auswählen, die Fibel eingeschlossen oder auch nicht,

- die sich an der Realität der Kinderwelt orientieren,
- die den tatsächlichen Leseinteressen und -bedürfnissen der Kinder entgegenkommen, obgleich man dabei nicht stehenbleiben, sondern neue Bedürfnisse auch durch neue Bücher wecken sollte,
- die durch anregende Begegnungen unterschiedlichster Art den Leser zum Lesen „verführen" (vgl. Kap. 14),
- die den Kindern selbst die Wahl ihrer Lektüre und Zeit zum Lesen auch im Unterricht gestatten.

Stärker genutzt werden sollten im Auswahlangebot für die 6-10jährigen Kinder Möglichkeiten einer Begegnung mit unterschiedlichsten Formen von Literatur, wie phantastische und realistische Erzählungen, Märchen und Schwänke aus aller Welt, Sachbücher und lustige Geschichten, Bilderbücher und Comics, Bücher mit Gedichten u. v. a. Dazu gehören die Weltbeststeller der Vergangenheit, wie „Pu, der Bär" (MILNE) oder „Mary Poppins" (TRAVERS) und „Peter Pan" (BARRIE) ebenso wie „Pinocchio" (COLLODI), die Bücher der ASTRID LINDGREN oder neueste Kinderbücher, weil die Vielfalt des Angebots verschiedene ästhetische Erfahrungen von Welt und Beziehungen der Menschen in der Welt zuläßt und unterschiedliche Lesebedürfnisse anspricht. Entscheidungen bezüglich des Lektüreangebots hatten und haben damit zu tun, wie die Literaturwissenschaft das Verhältnis zwischen Text und Leser betrachtet bzw. wem von beiden sie das Primat erteilt oder inwieweit die interaktionale Verflochtenheit zwischen den beiden Aktanten gesehen wird.

Aus der Sicht der Lesermotivation ist eine gleichwertige Berücksichtigung von Text und Leser notwendig.

Dieser **rezeptionsästhetische Ansatz** wurde von JAUS (1974) mit seiner „Literaturgeschichte als Provokation" eingeleitet. Er bedeutete eine Abkehr an einen essentialistischen Textbegriff, der einen impliziten Leser evozierte, der die im Text enthaltene Norm für den adäquaten Lesevorgang abbilde (vgl. GROEBEN, 1988, 151). Gegenwärtig durchgesetzt hat sich eine Auffassung zum **Verhältnis von Leser und Text**, in der der Sinn des Textes weder allein im „Text" selbst (d. h. in der Zeichensequenz, den Zeichen oder gar der Druckerschwärze) liegt, wie das ein ontologischer, essentialistischer Textbegriff unterstellt, noch allein im Kopf der Leser (vgl. GROEBEN, 152).

Ein solcher, Leser und Text und ihrer Wechselbeziehungen gerecht werdender Ansatz gibt für die Textauswahl sowie für die didaktische Gestaltung des **Leseunterrichts** in der Grundschule wichtige Impulse. Seine Vorzüge liegen vornehmlich auch darin, daß er den Fragen nachgeht, welche Texte der Leser bevorzugt und warum, welche unterschiedliche Wirkung verschiedene Texte auf unterschiedliche Leser bzw. auf altersspezifische Lesergruppen haben können.

Für die Beeinflussung der **Lesemotivation** von Kindern der Grundschule ist die Entscheidung, sowohl die Leser als auch ihre Lektüre zu beobachten, wichtig, weil die Anfänge von Zuwendung zu Büchern oder die Abwendung gegenüber Büchern wie auch der Zugriff zu bestimmter Lektüre sehr früh beginnen und Wirkungen in die Ferne zeigen kann.

Die verschiedenen Anstöße für die Kinder, dieses oder jenes zu lesen, den Fortgang der Buchvorlieben oder Abneigungen der Kinder zu verfolgen, führt unweigerlich zur Beobachtung der intra- und interindividuellen Variabilität der Lesemotivation der Kinder in einer Klasse. Die Frage, wodurch einer zum Buch kommt, was einer liest und weshalb der eine so und der andere anders reagiert (vgl. Bühler, 1987, 253), führt zur Beobachtung von Leserbiografien. Für den Lehrer, die Lehrerin in der Grundschule bieten Lesetagebücher eine gute Gelegenheit, etwas mehr über den einzelnen Leser und seine Buchauswahl, auch seine Vorlieben oder Abneigungen zu erfahren. Im Lesetagebuch, oder wie immer man es nennen will, können die gelesenen Bücher aufgeführt und zu ihnen Bemerkungen in unterschiedlichster Form beigefügt werden (kleine Einschätzungen des Buches, einzelner Stellen, der Bilder; eigene Zeichnungen zu einem Abschnitt; Aussagen über den Helden, die Heldin der Geschichte usw.). Ein weiterer Zugang zur bevorzugten Lektüre der Kinder ist das Vorstellen der eigenen Bücher in der Schule und das Ausprobieren unterschiedlicher Wege einer interessanten Begegnung mit Büchern im Unterricht, in denen die Kinder ihre Befindlichkeiten zur Geschichte auf unterschiedliche Weise einbringen können (vgl. Bambach, 1989). Auf diese Art entdeckt man auch Brüche, Umbrüche in der Lesemotivation bei einzelnen Kindern, auf die mittels didaktischer Konzepte oder in Verbindung mit dem Elternhaus reagiert werden kann. Voraussetzung für solche Beobachtungen und nicht zuletzt für die Entwicklung von Lesern sind direkte Zugänge zum Buch im Unterricht (Leseecke, Bücherregale im Klassenraum und/oder eine offene und jederzeit zugängliche Schulbibliothek u. ä.). Dazu gehören die Kenntnis und das Befördern häuslicher Lektüre sowie ein enger Kontakt zu einer Jugendbibliothek und zu den Eltern u. ä.

Von allein will nicht jeder lesen, denn Lesen bedeutet auch Arbeit und schöpferische Anstrengung.

Für Leseanfänger oder Kinder mit Schwierigkeiten im Lesen ist das Lesen von Büchern, gleich welchen Umfangs, eine hohe Anforderung. Da muß in dem Buch ein besonderer Genuß zu entdecken sein, wenn man sich das aufbürden soll oder will. Die „richtigen" Bücher für die Leser/den Leser, das ist ein nicht zu unterschätzender Anspruch für einen erfolgreichen Leseprozeß, der zum Lesenwollen von Büchern führt. Und selbst das reicht noch nicht aus, wie sich zeigt.

Die eingangs beschriebenen Ergebnisse der Erstkläßler, denen die Lesetätigkeit bei Eintritt in die Schule Anreiz und Anstoß zugleich war, Motivationsperspektive und Zielprojektion für Schule schlechthin, zeigten in der im zweiten Halbjahr wiederholten Befragung zu ihrer Interessiertheit am Lesen deutlich andere Ergebnisse. Die anfangs konstatierte positive Zuwendung bezüglich der Lesehandlung stellte sich nunmehr erheblich differenzierter dar. Etwa *ein Drittel (34 %)* der untersuchten Kinder lasen jetzt gar nicht mehr oder nur noch manchmal gern. Am Ende der

Klasse 1 blieben trotz intensiver didaktischer Bemühungen 20 % der Kinder bei ihrer Leseunlust.

Die Variabilität im Leseverhalten bezog sich auf alle untersuchten Kinder, verwies aber auch auf Unterschiede zwischen den einzelnen Klassen. Während in der einen Klasse *mehr als 50 %* nur noch manchmal oder gar nicht mehr gern lasen, waren es in einer anderen Klasse immerhin noch ca. *76 %* der Kinder, die auch im Halbjahr der ersten Klasse noch sehr gern lasen. Nach unseren Beobachtungen gingen die höheren Werte in der Zuwendung zum Lesen in der einen Klasse auf ein Verhalten der Lehrerin zurück, das sich in der Zuwendung zum einzelnen Leser und durch positive Verstärkung der Erfolge der Kinder ausdrückte.

Die Ursachen des allgemeinen Absinkens der Leselust waren unterschiedlicher Natur. Einerseits lag ihnen ein Mißverhältnis zwischen adäquater und nichtadäquater Erfüllung der Erwartungen der kindlichen Leser zugrunde. Das beruhte auf einer Unterschätzung der Schwierigkeiten des Leseprozesses durch die Kinder selbst; aber in gleicher Weise auf einer Unterforderung der Kinder, die z. T. als Leser zur Schule kamen bzw. über solche Vorfertigkeiten verfügten, die einen rascheren Durchlauf des Leselernprozesses ermöglicht hätten, als die Lehrerin, der Lehrer ihnen anbot.

Andererseits verwiesen die Aussagen der Kinder selbst direkt oder indirekt auf Ursachen ihres Motivationsverlustes. Eine Ursache war die Textbasis für das Lesenlernen. In allen untersuchten Klassen war im ersten Halbjahr die Fibel die einzige „Lesequelle".

So sprachen die Kinder darüber, daß sie zu Hause in Kinderbüchern schon gern läsen, aber nicht so gern nur in der Fibel. Spitta (1988) kritisierte in 5 Thesen die alleinig auf die Fibel orientierten Lese- und Schreiblehrgänge und meint damit vor allem das Vorgehen in standardisierten Situationen, an standardisierten Sätzen oder Wörtern mit Hilfe von standardisierten Übungen, bei dessen Vorgehen ein fiktiver, „normaler" Schüler vorausgesetzt wird.

In einem solchen Herangehen werden Chancen für individuelle Zugänge zum Lesen verschenkt, tritt ein, daß Kinder die Funktion und Struktur von Schrift nicht für sich persönlich entdecken können oder nur über Umwege, also „trotz" des Unterrichts, und daß sie wenig von der „Magie" des Lesens erleben, jener Faszination, die durch Lektüre für Denken, Gefühl und Phantasie verbunden sein kann.

Weil Lesen dem Kind einen Frei- Raum schafft, sollte von Anfang an ein Lektüreangebot zur Verfügung stehen, das dem Kind das Eintreten in unterschiedliche Räume verschiedener Zeiten und Kulturen gestattet.

11.2.3 Bücher die zum Lesen anregen

Eine Aussage zu treffen, es gäbe bestimmte Bücher, die zum Lesen anregen, scheint auf den ersten Blick in sich widersprüchlich, wenn davon ausgegangen wird, daß Lesen ein Prozeß individueller Zuwendung zu einem Objekt, in diesem Falle das Buch, ist. Dennoch zeigen empirische Untersuchungen, Bestsellerlisten und auch die Textvorschläge in Curricula und Lesebüchern für die Grundschule, daß es für bestimmte Lesergruppen auch ein ganz bestimmtes Lesepotential gibt.

Das Interesse für bestimmte Bücher wird insbesondere dadurch bestimmt, welche Erfahrungen sich ein Leser von der Lektüre eines Textes verspricht bzw. ob er glaubt, daß diese Erfahrungen in irgendeiner Weise für seine „innere Orientierung" bedeutsam, fruchtbar, hilfreich, genußvoll sein könnten (vgl. GROEBEN, 1988, 169).

Damit der Leser sich auf ein Buch einläßt, muß er vom „Inhalt und von der Oberfläche angesprochen sein, so daß er die Vorgänge als interessant empfindet und die Analogie zu seinen eigenen Möglichkeiten entdeckt" (GROEBEN, 1988, 169).

Ein Interesse an bestimmten Texten oder Büchern kann bereits bei jungen Lesern beobachtet werden.

Vorlieben für bestimmte Bücher lassen sich in Bibliotheken anhand der Ausleihkartei feststellen, mitunter auch am „Zustand" des einen oder anderen Büchereibuches ablesen oder an dem, was Kinder mit in die Schule bringen oder – eher verdeckt – untereinander austauschen.

Untersuchungen zu Leseinteressen und Leseverhalten geben Auskunft darüber, welche Bücher zu den Favoriten der Leser einer bestimmten Altersgruppe zählen.

Die in der „International Reading Study" 1991/92 untersuchten Drittkläßler in Deutschland entschieden sich im Trend vorrangig für Bildgeschichten und Comics, aber auch für Märchen und für Tiererzählungen (vgl. SCHULZ, 1993). Mitunter, so scheinen die Ergebnisse zu zeigen, garantiert ein Buch mit weniger Text und mehr Bild manchen Lesern einen größeren Genuß, weil man den Text auch mittels der Betrachtung der Bilder leichter bewältigen kann.

Lektürevorlieben haben immer etwas mit der individuellen Entwicklung des Kindes, mit den Anregungen, die es im Elternhaus wie in der Schule erhält, sowie mit der Lesefähigkeit der Kinder zu tun. Letzteres scheint mitunter ein Teufelskreis zu sein: Wer gut liest, liest meistens auch viel und umgekehrt im negativen Falle. Auffällig in der Entwicklung von Leseinteressen der Grundschulkinder ist der Zugriff junger Leser zum Märchen oder zu Erzählungen mit märchenhaften Strukturen, Elementen oder Figuren. Dabei ist immer mitzudenken, daß solche Einschätzungen interindividuell verschieden sind und daß z. B. in fünften und sechsten Klassen einer Grundschule (z. B. Berlin und Brandenburg) oder in der Orientierungsstufe bereits ganz andere Vorlieben bestehen können. Wichtig aber ist die Berücksichtigung dessen, was die Leser einer Klasse besonders mögen, damit man sie dort abholen und mit neuen Büchern vertrautmachen kann. Wie diese Prozesse funktionieren können, soll am Beispiel des Märchens exemplarisch verdeutlicht werden.

„Märchen lesen sich eben leichter", so die Aussagen von Grundschulkindern, die immer wieder zum Märchenbuch greifen. Schon die magische Eingangsformel des auktorialen Erzählers „Es war einmal ...", verfehlt ihre Wirkung nicht. Märchen lösen beim Vorlesen eine genußvolle Zuhörerhaltung bei Kindern aus. Märchen verfügen, so die Gedächtnispsychologie, über eine gute Struktur für eine optimale Speicherung und Reproduktion der Information. Ursprünglich begründet liege das im Zwang zur mündlichen Weitergabe zu fortlaufender Reproduktion, die zu dem typischen Strukturgerüst des Märchens führte. Dieses Gerüst bewirkt Behaltensleistung auf unterschiedlichen Ebenen des Lesevorgangs.

Aufgrund des Erkennens und Wiedererkennens märcheneigener Strukturen, die sich in Varianten wiederholen, wenn wir an die bekannten Grimm'schen Märchen denken (Dreigliedrigkeit im Aufbau, Achtergewicht, geringes Figurenensemble, Typisierung der Figuren ohne Psychologisierung, parataktischer Erzählstil, Eindimensionalität und Allverbundenheit, eingestreute Verse oder Reime u. ä.), unterstützen die Antizipation und Hypothesebildung des Lesers. Das Vorausgedachte bestätigt sich oder tritt leicht variiert und deshalb erkennbar in der Variation auf. Diese mehrstellige Beziehung zwischen Leser und Text motiviert die Kinder zum Lesen. Märchen behaupten für eine bestimmte Altersklasse ihre ungebrochene Vitalität. In einer Untersuchung von WARDETZKY (1989) ließ sich nachweisen, daß Grundschulkinder der DDR im Alter zwischen sieben und zehn Jahren profunde Märchenkenner und großartige Märchenerfinder waren.

Die Märchenkenntnis dieser Kinder ging weit über die von BÜHLER (1918) beobachteten bekannten Märchen hinaus. In der Produktion eigener Märchen verwendeten sie neben den Strukturmustern der Märchen der Brüder Grimm jene der Afanasjew'schen Zaubermärchen. Sie zeigten in ihren eigenen Märchen, daß sie auch über das von BÜHLER (1918) seinerzeit beobachtete „Märchenverhalten" von Kindern hinausgewachsen sind, denn sie bewältigten schreibend eine sehr reale, ihnen auf verschiedene Weise vertraute, mitunter bedrohliche Wirklichkeit.

Die Wirkung von Märchen auf den jungen Leser ist in pädagogischen, literaturwissenschaftlichen, soziologischen und psychologischen Studien stets heftig umstritten worden. Skepsis gegenüber der kindlichen Märchenlektüre erwuchs vor allem aus der Sorge, Märchen könnten – aufgrund mancher grausamer Details – Angst auslösen. Tausch kann aber bereits 1967 in einer empirischen Studie nachweisen, daß Märchen Kinder psychisch nicht belasten (zit. nach WARDETZKY, 1992, 47). Zuspitzung erfuhr die Debatte um Kind und Märchen in den 70er Jahren im Zusammenhang mit dem Anspruch der Studentenbewegungen, das emanzipierte Kind zu erziehen. „Böses" käme aus dem Märchen (GMELIN, 1975), denn es diskriminiere Randgruppen, wie z. B. die Stiefmutter, weshalb es aus den Kinderzimmern zu verbannen sei. Selbst wenn sich gegenwärtig auch Märchen in den Schulstuben behaupten (in allen Lesebüchern stehen Märchen der unterschiedlichsten Völker), finden sich in aktuellen Diskussionen nach wie vor Ansätze der Debatten der siebziger Jahre, entdeckt man Skepsis dem Märchen gegenüber, was den Einsatz im Unterricht betrifft. Deshalb ist nachzufragen, woraus das Märchen seine Anziehungskraft bezieht und auf welche Weise die beliebte Form genutzt werden kann, um Kinder zu neuer Lektüre zu führen.

Nach BETTELHEIM liegt heute wie in früheren Zeiten die wichtigste und schwierigste Aufgabe der Erziehung darin, dem Kind zu helfen, einen Sinn im Leben zu finden. Dazu sind viele Wachstumserfahrungen nötig.

Anders als jede sonstige Literatur führe das Märchen das Kind zur Entdeckung seiner Identität und seines Lebenssinns. Märchen gäben zu erkennen, welche Erfahrungen notwendig seien, den eigenen Charakter weiterzuentwickeln. Sie vermittelten die Gewißheit, daß ein gutes lohnendes Leben in Reichweite des Menschen liege, auch wenn viele Hindernisse dazwischenzutreten scheinen (vgl. BETTELHEIM, 1991, 28).

Leser wählen sich deshalb bestimmte Bücher aus, weil es für sie angenehm ist, die darin enthaltenen semantischen Strukturen zu entdecken bzw. neu zu generie-

ren, Ordnungsrelationen zwischen ihnen aufzuspüren und so neue kognitive und auch emotionale Erfahrungen zu machen (vgl. GROEBEN, 1988, 161).

Dabei sucht der Leser genau das ästhetische Objekt aus, das für ihn ein „mittleres Maß an Komplexität" bereitstellt, ein Maß, das zwei antagonistische Systeme verbindet.

Das eine ist die „genußvolle Reaktion, Attraktion, Lust, Belohnung (reward)". Das andere das der „Überforderung, Ablehnung, Unlust (aversion)" (BERLYNE, 1974, 10f.). Das bedeutet, daß solche Texte als Lektüre gesucht werden, die der Leser als „mittelintensiv" empfindet. **Mittlere Komplexität** ist ein mehrstelliger Relationsbegriff, der immer das Verhältnis zwischen einem konkreten Text und einem konkreten Leser bezeichnet, wobei unter der „Komplexität inhaltliche wie formale Aspekte zu subsumieren sind, die ebenfalls wieder interindividuell ganz unterschiedlich qualifiziert sein können ... Welches objektive Komplexitätsniveau vom einzelnen Rezipienten als 'mittleres' empfunden wird, hängt in erster Linie von seiner kognitiven Entwicklung und seinen Kompetenzen ab, d. h. von seiner bisherigen Lebensgeschichte als Sozialisationshistorie" (GROEBEN, 1988, 163).

Märchen und märchenähnliche Erzählungen scheinen für die jungen Leser „Wahltexte" des beschriebenen „mittleren Komplexitätsmaßes" zu sein (vgl. SCHULZ, 1988). Dazu trägt die Bekanntheit dieser Formen aus der Vorschulzeit sowie aus dem Unterricht bei, angefangen bei der Kassette bis hin zu den Verfilmungen. Erkennen und Wiedererkennen von Vertrautem verhelfen zu genußvoller „Reaktion". Zugleich liegen in der Variabilität der unterschiedlichen Märcheninhalte und -motive auch „Verunsicherungen", werden neue, überraschende Momente, auch komplexe Stimuli freigesetzt. In der Versicherung und der Verunsicherung liegt das produktive Moment der Neugier auf weitere ähnliche und andere Geschichten. Die Drachen im Märchen können zu Sachbüchern über Dinosaurier führen und umgekehrt. Sagen- und Märchengestalten füllen Comics und Bildgeschichten, moderne Märchen, wie die von Janosch, Born u. a. vertrauen auf die Sachkenntnis der Kinder und ermuntern zum Vergleich, wenn aus „Rumpelstielzchen" plötzlich ein „Rumpelstühlchen" wird. (JANOSCH, 1972) Autoren der modernen Kinderliteratur wissen um den vergnüglichen Umgang der Kinder mit dieser literarischen Form und scheinen dieser Struktur und ihrem Leseanreiz zu trauen, denn sie verwenden märchenhafte, phantastische Elemente bewußt in ihren Erzählungen über den Alltag der Kinder. Sie knüpfen geschickt an die vertrauten Muster an, um über diese Brücke auch neue Sachverhalte den Kindern nahezubringen. So kann für manchen Leser der Weg von den Märchen der Völker zu den Weltbestsellern, wie z. B. denen der ASTRID LINDGREN, die von sich behauptet, „nur" Märchen zu schreiben, ein kurzer und vergnüglicher werden.

Wenn Schule aus der Interaktion zwischen Leser und Text die aus der Verunsicherung und der Bestätigung gefundenen Bedeutungszuweisungen zuläßt, dann ist das motivierungsverstärkend, denn es erfolgt ein positiver Rücklauf für den Leser, was zu neuer Zielprojektion, ähnliche weitere Texte zu lesen, führen kann.

Einsichten in Momente der Motivierung der jungen Leser verweisen – über den Ansatz der Märchen hinaus – darauf, was bestimmte Bücher, Gattungen und Genres der Literatur in einem ganz bestimmten Entwicklungsabschnitt ermöglichen. Aber das allein reicht nicht. Es ist immer auch zu fragen nach der Bedeutung, die das gesellschaftliche Umfeld Büchern, einem bestimmten Buch beimißt, und nicht zuletzt danach, welche Wege in der Schule zur Begegnung mit unterschiedlichster Literatur gesucht und gefunden werden. Weshalb der eine liest und der andere nicht, was der eine in welchem Entwicklungsalter als Lektüre bevorzugt und was nicht, das hat mit der frühen Prägung der Kinder durch Literatur zu tun, mit den Anstößen einer Literaturbegegnung im Elternhaus und wohin sie in der Schule geführt wird. Unterschiedliche Zugänge zu einer reichen Lektüreauswahl sind Wege, Welt in ihrer Vielfalt und sich selbst als Leser darin zu entdecken.

Weiterführende Literatur

SCHOBER, O (Hrsg): *Abenteuer Buch...* Bochum 1993: Ferdinand Kamp Verlag

BETTELHEIM, B.: *Kinder brauchen Bücher. Lesenlernen durch Faszination.* München 1990, 5. Aufl.: Deutscher Taschenbuch Verlag

In Sachen Lesekultur. Bonn 1991: Bundesminister für Bildung und Wissenschaft

12

Denken, Begriffsbildung, Problemlösen

Joachim Lompscher und Elard Klewitz

12.1 Denken und Denkerziehung im Unterricht

12.1.1 Ziele und Bedingungen

In Einheit mit anderen Aufgaben hat der Unterricht dazu beizutragen, daß die Kinder lernen, Zusammenhänge zwischen Dingen und Prozessen, deren Merkmale, Ursachen, Folgen etc. zu erkennen, Vergleiche anzustellen, von Erscheinungen zu abstrahieren und Verallgemeinerungen zu bilden, aus Beobachtungen und Aussagen Schlüsse zu ziehen usw. – mit einem Wort, denken zu lernen.[37] Die eigene Aktivität der Lernenden und ihre Interaktion mit den Lehrenden sind dafür grundlegende Bedingungen (*vgl. Kap. 1 und 2*). Die Entwicklung *selbständigen, kritischen und kreativen Denkens* ist ein langwährender, komplizierter Prozeß. Die Grundschule kann (und soll!) ihn fördern, sie kann ihn aber auch behindern, wenn seine Bedingungen und Gesetzmäßigkeiten nicht beachtet werden (*vgl. Kap. 3*). Für die Denkerziehung im Unterricht gibt es unterschiedliche Konzepte und Programme (einen Überblick geben MACLURE & DAVIES 1991), die sich in die breite Palette zwischen „Übermittlungsstrategie“ und „Strategie der freien Persönlichkeitsentfaltung“ einordnen lassen (*vgl. Kap. 4*). Wir können nur auf einige Konzepte eingehen, wobei immer beachtet werden sollte, daß Denkerziehung nur ein - zweifellos sehr wichtiger - Aspekt der komplexen Aufgabenstellung des Unterrichts und der Erziehung ist, denn: Nicht das Denken als solches entwickelt sich, sondern der denkende Mensch - kognitive, emotionale, motivationale u.a. Aspekte bedingen und durchdringen sich wechselseitig.

12.1.2 Denkerziehung aus der Sicht von J. Piaget

PIAGET (1980) begreift intellektuelle Entwicklung als Anpassungsprozeß des Individuums an seine Umwelt. Diese Anpassung vollzieht sich durch progressive **Konstruktion kognitiver Strukturen** im Interaktionsprozeß zwischen Subjekt und Umwelt. Die Strukturveränderungen vollziehen sich in stetiger Höherentwicklung, wobei die Entwicklung in einer Ausgangsstruktur gründet und durch Differenzierung und Integration in eine neue, der Ausgangsstruktur überlegene Struktur mündet.

---

[37] Damit wird natürlich nicht behauptet, daß Vorschulkinder noch nicht denken, sondern es geht um eine neue Qualität, eine höheres Niveau, auf dem einerseits unterrichtliches Lernen möglich wird, das andererseits aber gerade durch unterrichtliches Lernen wesentlich herausgebildet wird.

Die Erkenntnis der Realität geschieht durch die **assimilative Aktivität** des Subjekts. Nicht die Objekte an sich, sondern die vorhandenen Erkenntnismittel, d.h. **Assimilationsschemata** bestimmen das Bild, das sich das Individuum von der Wirklichkeit macht. Das bedeutet, daß von den Objekten nur die Aspekte erkannt werden, für die beim erkennenden Subjekt Assimilationsschemata zur Verfügung stehen. Die Assimilation drückt somit die Tendenz aus, Informationen in das Denksystem einzugliedern, ohne die Denkweise selbst zu ändern.

Wenn die äußere Realität den Assimilationsversuchen Widerstand entgegensetzt, kommt ein zweiter, komplementärer Prozeß ins Spiel, der die Denkstrukturen den Erfordernissen der Objekte entsprechend differenziert und modifiziert, bis eine adäquate Assimilation möglich ist – die **Akkommodation**. Diskrepanzen, Widersprüche werden wahrgenommen, kognitive Konflikte entstehen, wenn die neue Information in einem bestimmten Spannungsverhältnis zu bereits bestehenden Assimilationsschemata steht. Sie bilden das Motiv für Strukturveränderungen mit dem Ziel, durch Differenzierung eines Schemas oder durch Koordinierung sich widersprechender Schemata den Konflikt zu lösen und ein stabileres Gleichgewicht herzustellen. Damit ist der bestimmende Entwicklungsfaktor die Wiederherstellung des Gleichgewichts, die **Äquilibration**. Sie bildet also den die anderen Entwicklungsfaktoren (Reifung, materiale und soziale Erfahrung) regulierenden Mechanismus (*vgl.Kap. 1.1.3*).

Man kann die Denkentwicklung in den Begriffen der Assimilation und Akkommodation als zirkulären Prozeß zwischen Subjekt und Objekt in der Weise beschreiben, daß das Subjekt die Objekte in vorhandene Schemata assimiliert, wobei sich letztere nach Maßgabe der Objekte akkommodieren müssen, was zur Modifikation des Assimilationsschemas führt. Im Gegensatz zur Assimilation als generalisiertem Formaspekt ist die Akkommodation auf die Anwendung dieses Planes auf spezifische Objekte gerichtet. Die Entwicklung des Denkens beruht auf der Koordination von Handlungen im weitesten Sinne.

„Wenn ein Kind beispielsweise Steinchen zählt, sie dabei zufällig in eine Reihe legt, feststellt, daß sie von links nach rechts gezählt dieselbe Zahl ergeben wie von rechts nach links, daß dies auch für eine kreisförmige Anordnung gilt usw., so hat es experimentell entdeckt, daß die Summe unabhängig von der Anordnung ist." (PIAGET, 1983, 65)

Die in diesem Beispiel beschriebene Entdeckung geschieht zwar durch die Manipulation von Kieselsteinen, beruht aber nicht auf deren Eigenschaften, sondern ist zurückzuführen auf die koordinierende Handlung des Individuums. Relationen zwischen Objekten werden durch die Handlungen des Subjekts gebildet, haben also nur eine Existenz als Konstruktion der Erkenntnistätigkeit des Subjekts, die es in die Objektwelt einführt und diese dadurch bereichert.

Mehr noch als die physische Umwelt wirkt die Gesellschaft durch soziale Übermittlung auf das Individuum ein.

„Es ist also klar, daß das soziale Leben die Intelligenz durch die dreifache Vermittlung der Sprache (Zeichen), des Inhalts der Austauschprozesse (geistige Werte) und der dem Denken auferlegten Regel (logische oder prälogische gesellschaftliche Normen) verändert." (PIAGET, 1974, 176)

Ist die Annahme der aktiven Konstruktion durch das Individuum richtig, so *muß der Lernprozeß vom Kind selbst gesteuert werden*, denn seine kognitive Struktur bestimmt, was es von dem Lernangebot wie aufnimmt, wie es die Erfahrungen koordiniert und systematisiert. Ein Unterricht, der auf verbaler Belehrung oder Vorgabe von Regeln durch den Lehrer aufbaut, wird diesem Lernen nicht gerecht. Die Schule müßte es sich deshalb zur Aufgabe machen, den Kindern Gegenstände und Materialien zur Verfügung zu stellen und sie mit Problemsituationen und Konflikten zu konfrontieren, die bei ihnen eine aktive Auseinandersetzung mit den Objekten und Situationen hervorrufen und damit zur selbständigen Konstruktion transformierbarer Strukturen führen.

Was aus entwicklungspsychologischer Sicht allein nicht geklärt werden kann, ist die *Wahl des Materials und der Situationen*, die der Lehrer den Kindern zur Verfügung stellen soll. Die Annahme, mit Hilfe von vorstrukturiertem logischen Material könnten kognitive Fähigkeiten ausreichend entwickelt werden, hat sich als problematisch erwiesen, denn die Aneignung der Umwelt – verstanden als Austauschprozeß zwischen individueller Struktur und Struktur der Umwelt – dürfte kaum möglich sein, wenn die Umwelt nur in Gestalt von artifiziellem Material zur Denkschulung repräsentiert ist.

In diesem Sinne argumentieren auch die Übersetzer des Buches „Denken geht zur Schule" von Furth & Wachs (1978, 15), in welchem durch ein strukturiertes Angebot von Denkspielen die kognitiven Fähigkeiten der Kinder entwickelt werden sollen: „Was ist das für ein Denken, das hier zur Schule geht, in eine Schule, die überall liegen könnte – nicht an einem Ort mit bestimmten Ereignissen, bestimmten Menschen und einer bestimmten Geschichte. Wenn auch bei Furth und Wachs gilt, daß die Kinder ihr Denken auf außerschulische Sachverhalte anwenden sollen – auf ihr Leben, so kommt ihr ‘Leben' hier nur als ein dürres Schema vor. Das Leben von Laboranten – so will es scheinen – die mit Eifer unter der Obhut liebenswürdiger Erwachsener alles klassifizieren, zählen, umordnen."

Natürliche Handlungskontexte, reale Problemstellungen sind die *geeignetsten Lernsituationen*, nicht nur weil sie mit den natürlichen Interessen der Kinder korrespondieren, sondern weil in ihnen kognitive Veränderungen optimal stimuliert werden. Problemstellungen müssen es der intellektuellen Kompetenz des Kindes überlassen, wie es die zugänglichen empirischen Informationen verarbeitet, müssen aber gleichzeitig offen genug sein, daß sich Kinder unterschiedlichen kognitiven Niveaus gewinnbringend mit ihnen auseinandersetzen können.

Als Beispiel für einen Lernprozeß, in dem die Schüler selbstbestimmt Probleme mit eigenen Denkmitteln zu lösen versuchen, soll im folgenden eine Sequenz aus dem Unterrichtsprotokoll „Warum schwimmt ein Schiff?" (Wagenschein, Banholzer & Thiel 1973, 161 f.) wiedergegeben werden (Kasten 12–1):

Im vorausgehenden Unterricht hatten die Kinder als theoretische Erklärung für das Schwimmen resp. Sinken von Körpern die An- bzw. Abwesenheit von Luftentwickelt. Die Hoffnung des Lehrers, die „Lufttheorie" mit einer zusammenfassenden Bemerkung ihrer nur beschränkten Gültigkeit zurückstellen zu können, um die Aufmerksamkeit auf die wesentlichen Größen Gewicht und Volumen zu lenken, erfüllt sich nicht. Der auf Konfliktinduzierung angelegte Versuch erzielte nicht den erwarteten Erfolg. Die Antworten von Matthias und von Uwe enthalten bereits die Lösung, der Begriff der Dichte für feste Körper wird von Matthias mit erstaunlicher Deutlichkeit formuliert. Dennoch hat diese Erklärung für die anderen keine Bedeutung, da sie offenbar nicht in bestehende Erklärungsmuster integrierbar ist, sie beharren auf der Lufttheorie. Ihre Vorstellungen werden jedoch nicht als falsch

Kasten 12-1:

„Warum schwimmt ein Schiff?“

Lehrer: Wir wissen nun: Irgend etwas hat die Luft mit dem Schwimmen zu tun, aber es gibt auch Körper, die keine Luft in sich haben und trotzdem schwimmen.

Versuch mit Radiergummi und Kerze. Radiergummi geht unter, Kerze schwimmt.

Lehrer: Komisch! Der kleine, leichte Radiergummi geht unter, und die dicke, große, schwere Kerze schwimmt.

Matthias: Ist ganz leicht. Weil so viel, das Stück, wie der Radiergummi, wenn nur so groß die Kerze wär wie der Radiergummi, dann wäre die leichter gewesen und diese leichter als so'n Stück Wasser.

Wenn die Kerze nur so groß wäre wie dieser Radiergummi, dann wäre die leichter als der Radiergummi, und der Radiergummi ist schwerer als das Wasser, und dadurch kann der sich ja runterdrücken, und die Kerze ist leichter als das Wasser, und dadurch drückt das Wasser die Kerze hoch, weil die Kerze ja keine Kraft hat runterzukommen.

Martin: Bei der Kerze ist es ja auch so, die besteht ja praktisch bloß aus Fett, und in dem Fett ist ja, glaub ich, Gas, und deshalb schwimmt es, denn Gas ist ja auch leichter als das Wasser.

Lehrer: Wir haben die Kerze ja auseinandergeschnitten und gesehen, daß in der Kerze kein Gas drin ist, auch keine Luft. Eigentlich ist es doch seltsam! Der schwere, 20 m lange Baumstamm schwimmt, und das kleine, leichte Pfennigstück geht unter.

Uwe: Wenn der Baumstamm so groß wie das Pfennigstück wär, so ein kleines Stückchen Baumstamm, das würde dann, würde dann, das ist dann viel leichter, wenn man es auf die Waage stellen würde. Und weil's leichter als Wasser ist, schwimmt es.

Stefan: Aber das Stück Baumstamm hat ja Luft in sich, aber das Pfennigstück ist ja geprägt und in'ne Form eingegossen, und deshalb ist da keine Luft drin, und es sinkt ab.

und zu korrigieren aufgefaßt, sondern als produktive Momente im Lernprozeß gedeutet, zeugen sie doch von der strukturierenden Aktivität des Subjekts, das versucht, Sinn in die beobachteten Erscheinungen zu bringen. Gleichzeitig sind sie berechtigte und notwendige Vorstufen der Erkenntnis.

Der Protokollausschnitt zeigt andeutungsweise, was den gesamten Unterricht bestimmt: die Gesprächsführung liegt bei den Schülern, das Lerntempo und die einzelnen Lernschritte erwachsen aus dem selbst regulierten Lernprozeß. Von der Dominanz der traditionellen Lehrerrolle ist in diesem Unterricht nichts zu spüren. Im gemeinsamen Bemühen wird eine Lösung des Problems gesucht. Dem sozialen Austausch kommt eine bedeutende Rolle bei der Entwicklung des operatorischen Denkens zu. Bei der Kommunikation mit anderen stellt das Kind fest, daß andere

Meinungen neben seiner eigenen existieren. Indem es gezwungen wird, seinen Standpunkt als einen unter vielen wahrzunehmen, sieht es sich genötigt, ihn zu rechtfertigen, zu verteidigen und seine Argumente auf ihre Widerspruchslosigkeit und Folgerichtigkeit zu überdenken und zu kontrollieren. So scheint der Unterricht ein gelungenes Beispiel dafür zu sein, wie über die Beschäftigung mit der Sache gleichzeitig produktive Denkerziehung betrieben werden kann.

Erkennen ist mehr als das Ablesen von Tatsachen, die aus empirischer Beobachtung gewonnen werden. Das Denken darf nicht zugunsten einer sinnlich faßbaren, anschaulichen Darstellung vernachlässigt werden. Begriffe sind Ergebnisse rationaler, hinter das sinnlich Wahrnehmbare gehende Denkprozesse (*vgl. 12.2.1*) und sie können nicht wie Tatsachen gelernt werden, die der Wahrnehmung unmittelbar zugänglich sind. An die Stelle direkter intellektueller Auseinandersetzung mit der Sache würde dann der *Merksatz* wie eine wahrheitsverkündende Instanz treten. Damit würde der Anschein erweckt, naturwissenschaftliche Erkenntnis ließe sich allein aus Erfahrungen und empirischer Generalisierung gewinnen, und die eigentlichen rationalen Überlegungen könnten gleichzeitig in Form von nicht weiter hinterfragbaren Regeln nebenbei eingeführt werden. Der eigenen geistigen Tätigkeit des Kindes würde der Boden entzogen, denn es ist noch nicht in der Lage, den Zusammenhang zwischen den eigenen Assimilationsschemata und dem angebotenen Erklärungsmuster des Erwachsenendenkens herzustellen. Wenn andererseits der Kontakt zu den ursprünglichen anschaulichen sensomotorischen Erfahrungen abgeschnitten wird, bleibt dem Kind nur kritiklose Unterwerfung und blindes Akzeptieren der vom Lehrer gegebenen Regel. Der Unterricht verschafft so kein Vertrauen in die eigene Denkfähigkeit, sondern hinterläßt geistige Konfusion.

Ein Unterricht, der sich die Entwicklung des Denkens zum Ziel setzt, darf nicht in erster Linie am Erreichen inhaltlicher Ziele gemessen werden. Stattdessen muß er so organisiert sein, daß er *optimale Möglichkeiten zur Strukturierung von Erfahrungen* bietet. Im Konkreten heißt das *weitgehend selbständiges, wiederentdeckendes Lernen durch sukzessives Überwinden von Widersprüchen, aktive Interaktion mit der physikalischen und sozialen Umwelt, argumentativer Dialog mit den Klassenkameraden und dem Lehrer.*

Die Problemstellung ist dabei besonders bedeutsam, denn durch sie wird die kognitive Aktivität des Kindes stimuliert. Kognitives Interesse, Neugier, Staunen, kurz Motivation ist an die Bedingung gemäßigter Diskrepanz gebunden. Aufgrund der herausragenden Rolle des Konflikts bzw. der Konfliktüberwindung im Aufbau kognitiver Strukturen erweist sich die *Konfliktinduktion als hervorragende Lehrstrategie*. Widersprüche aufzeigen und Aktualisieren relevanter, aber vom Kind unberücksichtigter Elemente durch Experimente oder problembezogene Diskussion sind Voraussetzungen für überdauernde Erkenntnisprozesse (KLEWITZ, 1989).

PIAGET (1950, 44) sah zwei prinzipielle Möglichkeiten der Unterrichtsgestaltung:

> „Die eine Möglichkeit besteht darin, alles so vorzubereiten, daß der Versuch gewissermaßen in dem Ablesen von vorher schon bis ins einzelne geordneten Tatsachen besteht. Die andere ist, den Schüler anzuregen, die Versuche selbst aufzubauen, einfach indem man ihm die Probleme nahebringt, für die er schon lange unbewußt eine Antwort sucht, und ihn weiterhin anzuregen, neue Probleme zu entdecken, bis er von selbst ein Interesse für

Experimente bekommt und vielleicht nach vielen vergeblichen Versuchen und Irrtümern Lösungen findet, indem er jedoch immer seine geistigen Fähigkeiten anwendet."

Welche Möglichkeit PIAGET für die angemessenere hielt, ist offensichtlich.

12.1.3 Denkerziehung aus der Sicht der Tätigkeits- und Ausbildungsstrategie

Die aus Piagets Theorie abgeleiteten Konsequenzen sind für die Denkerziehung sehr bedeutsam. AEBLI (1981, 1983), der sich auch auf Piaget stützt, betrachtet die „Anleitung zum Denken"allerdings weiter und behandelt „vier große Gruppen von Maßnahmen: (1) solche, die das Abrufen geeigneter Elemente und Relationen aus dem Repertoire unterstützen, (2) solche, die zur geeigneten Gruppierung und Verknüpfung der Elemente anleiten, (3) solche, die die Beweglichkeit der aufgebauten Strukturen fördern und (4) solche, die der Konsolidierung aufgebauter Strukturen dienen" (AEBLI, 1981, 363).

Dabei ist es nicht irrelevant, an welchen Inhalten die Denkerziehung erfolgt. *Wissen und Denken bedingen sich gegenseitig.* Lerngegenstände sind daraufhin zu analysieren, welche Anforderungen sie an die kognitive Verarbeitung stellen und welche Potenzen sie für die Befähigung der Lernenden zum Denken bieten.

Im naturwissenschaftlichen Unterricht der Mittelstufe – also auf einem höheren Niveau als dem der Grundschule – haben ADEY und SHAYER (1994, ADEY 1994) gezeigt, daß durch systematische Anleitung der Lerntätigkeit wesentliche Fortschritte in der kognitiven Entwicklung der Schüler (Übergang von konkreten zu formalen Operationen) erreicht werden können. In der Grundschule geht es um die Kultivierung der konkreten Operationen (logisches Denken im anschaulich-gegenständlichen Bereich) und um die Vorbereitung des Übergangs zu formalen Operationen, die für wissenschaftliches Denken kennzeichnend sind. Daß dafür bereits in 1. und 2. Klassen elementare Grundlagen geschaffen werden können, haben SODIAN, ZAITCHIK und CAREY (1991) gezeigt (*vgl. Kasten 12-2*).

Kasten 12-2:

Elemente der Entwicklung wissenschaftlichen Denkens

Schülern 1. und 2. Klassen wurde eine kleine Geschichte – unterstützt durch Bilder – vorgelesen, in der zwei Brüder

(1) eine Maus füttern wollen, von der sie nicht wissen, ob sie groß oder klein ist, bzw.

(2) klären wollen, ob die Maus groß oder klein ist.

Zwei Schachteln mit unterschiedlich großem Schlupfloch stehen zur Verfügung: In welche Schachtel soll das Futter gelegt werden,

(1) um sicher zu sein, daß die Maus das Futter bekommt?

(2) um zu klären, ob es sich um eine kleine oder eine große Maus handelt?

In einer zweiten Geschichte wollen zwei Kinder u.a. wissen, ob ein bestimmtes Tier einen guten Geruchssinn hat oder nicht. Sie vertreten entgegengesetzte Meinungen.

Was können sie tun, um herauszufinden, wessen Meinung richtig ist?

Ein stark und ein schwach riechendes Futter stehen zur Verfügung, das man in den Käfig legen und verdecken kann, so daß das Tier es nicht sieht.

Bezogen auf beide Kontrahenten wird nacheinander gefragt, welche Erwartung sie äußern, ob das Tier das stark oder das schwach riechende Futter finden wird. Die Kinder sollen nun im Experiment prüfen, wer recht hat. Welches Futter müssen sie in den Käfig legen? Warum?

Die Ergebnisse zeigten, daß die Mehrheit der 1.-Kläßler und fast alle 2.-Kläßler in der Lage waren,

zwischen dem Prüfen einer Hypothese und dem Erzielen eines positiven Handlungsresultates (Füttern) zu unterscheiden;

zwischen einem beweiskräftigen und einem nicht beweiskräftigen Test einer einfachen Hypothese und zwischen einer gerechtfertigten und einer nicht gerechtfertigten Schlußfolgerung aus einem Test zu unterscheiden.

Viele Kinder machten spontan Vorschläge, wie man eine Behauptung oder Hypothese prüfen könne (wobei allerdings – verständlicherweise – nur ein Teil der Vorschläge einen beweiskräftigen Test enthielt).

Dies sind wichtige Komponenten wissenschaftlichen Denkens. Sie konnten identifiziert werden, weil in dieser Untersuchung relativ elementare, aber für wissenschaftliches Denken grundlegende Anforderungen gestellt wurden:

– Die Kinder brauchten nicht – wie in anderen Untersuchungen – selbst Hypothesen über Phänomene zu generieren, die unterschiedliche Ursachen haben können, sondern sollten vorgegebene Hypothesen prüfen, d.h. nach Evidenz suchen, die eine Entscheidung zwischen zwei (einfachen) Hypothesen erlaubt.

- Da entgegengesetzte Hypothesen und Prüfmöglichkeiten angeboten wurden, entfiel die Notwendigkeit (die auch Ältere häufig nicht beachten bzw. nicht bewältigen), Gegenhypothesen zu generieren bzw. nach Gegenbeweisen zu suchen.
- Der Zusammenhang zwischen den Situationsbedingungen und Hypothesen war einfach und überschaubar, so daß es den Kindern relativ leicht fiel, aus den Fakten eindeutige Schlußfolgerungen abzuleiten, was bei komplexeren Variablenkonstellationen wesentlich schwieriger ist.
- Die Hypothesen waren für die Kinder gleichwertig und nicht durch subjektive Präferenzen und Vorurteile belastet, während in anderen Untersuchungen häufig Hypothesen zu testen waren, die subjektiv hohe Glaubwürdigkeit aufwiesen.
- Schließlich erleichterte auch der unmittelbare Kontakt zur Versuchsleiterin und deren schrittweises Vorgehen (Erläutern und Fragenstellen) die Bewältigung der Anforderungen.

Befragt man die Untersuchung daraufhin, wieweit die Kinder in wissenschaftliches Denken eingedrungen sind, so sind ihre Fortschritte natürlich noch bescheiden. Dafür spricht das schrittweise Vorgehen der Versuchsleiterin und vor allem die Tatsache, daß ihnen Hypothesen „frei Haus“ geliefert wurden. Es ist etwas grundsätzlich anderes, ob ich eine globale Situation in Hinsicht auf beweiskräftige Hypothesen struktuieren muß oder ob mir diese vorgegeben werden. Das zweite bedeutet eine entscheidende Komplexitätsreduzierung und Antizipation möglicher Ursachen und ihrer Implikationen. Durch das erfolgreiche Umgehen der Kinder mit der vereinfachten und vorstruktuierten Versuchsanordnung kann der Eindruck entstehen, sie verfügten über hypothetisch-deduktive Fähigkeiten, die sie aber in Wirklichkeit noch nicht besitzen.

Grundschulkinder sind noch nicht in der Lage, systematisch wissenschaftlich zu denken, sie verfügen aber bereits über wesentliche Grundlagen und Potenzen dafür. Wissenschaftliches Denken liegt in der „Zone der nächsten Entwicklung„ der Grundschulkinder (*vgl. Kap. 1.3.4*), und es wäre einseitig, den Unterricht in der Grundschule nur auf solche Inhalte und Anforderungen auszurichten, die im Bereich der Alltagserfahrungen und des Alltagsdenkens liegen, sich auf Systematisierung und quantitative Erweiterung der Erfahrungen der Kinder zu beschränken (so notwendig dieser Aspekt auch ist) und Anforderungen wissenschaftlichen Denkens zu vermeiden.

SCHMIDT-SCHÖNBEIN (1993) warnt vor einer Verabsolutierung des Prinzips der Konfliktinduzierung und betont die *komplementäre Rolle von Erfolg und Mißerfolg* bei der kognitiven Auseinandersetzung und Entwicklung.

> Sie fordert, „die Zusammenhänge zwischen erfolgreichem Handeln und reflexiver Erkenntnis bewußter – und zugleich effektiver – pädagogisch zu nutzen: Neben der Initiierung einsichtsvollen Lernens, zum Beispiel durch die Präsentation guter – *fremder* (Hervorhebung im Original, d. Verf.) – Beispiele, sollte das Subjekt vor allem auch, wenn es eine praktische Lösung eines Problems erreicht hat, zur reflexiven Weiterbearbeitung des *selbstproduzierten positiven Beispiels* (Hervorhebung im Original, d. Verf.) ermuntert werden. (Es) ... besteht spontanes Interesse an Erklärungen des eigenen Handelns, das – wenn es nur geringfügig unterstützt, das heißt in vielen Fällen, auch nur einfach zeitlich zugelassen wird – zu überraschenden Erkenntnissen führen kann“ (a.a.0., 192). Hier sei an die Aussagen über Kognition und Metakognition in *Kap. 3* erinnert.

Die im Kapitel 4.3 dargestellten *Bedingungen für die Befähigung zum Lernen gelten sinngemäß auch für die Denkerziehung*. Dies soll hier nicht wiederholt, sondern im Hinblick auf eine spezifische Variante der Tätigkeits- und Ausbildungsstrategie – das **Aufsteigen vom Abstrakten zum Konkreten** (DAWYDOW, LOMPSCHER & MARKOWA, 1982, LOMPSCHER, 1989, 1990, 1991) – ergänzt werden. Was bedeutet diese Bezeichnung?

Die Schüler werden zunächst angeregt und angeleitet, durch unterschiedliche praktisch-gegenständliche und geistig-vorgestellte Veränderungen an konkreten Repräsentanten des jeweiligen Lerngegenstands, z.B. Naturerscheinungen und -prozesse, herauszufinden, was sich dabei als invariant (unveränderlich) und damit als wesentlich für die jeweilige Klasse von Objekten erweist. Sie gewinnen so *durch eigene aktive, aber angeleitete Auseinandersetzung in der „Zone der nächsten Entwicklung"*, *Erkenntnisse über die grundlegenden, den jeweiligen Lerngegenstand konstituierenden Merkmale und Relationen*. Für diese **„Ausgangsabstraktionen"** werden gemeinsam „Modelle" entwickelt, d.h. graphische, symbolhafte o.a. Darstellungen (verbunden mit entsprechenden sprachlichen Formulierungen), die eine Möglichkeit bieten, die gefundenen Merkmale und Relationen von den Objekten zu abstrahieren und zugleich in anschaulicher Form zu fixieren. Damit erarbeiten sich die Schüler – in gemeinsamer Suche und Diskussion – Orientierungsgrundlagen und Mittel für das weitere Voranschreiten.

Die Gewinnung von Abstraktionen ist nicht das eigentliche Ziel des Erkenntnisprozesses, sondern nur ein Durchgangsstadium. Als *Ergebnis* aktiver Denktätigkeit werden sie zum *Mittel* der Denkprozesse – sie leiten und orientieren das weitere Eindringen in den Gegenstandsbereich, die Untersuchung unterschiedlicher konkreter Erscheinungen und Prozesse (*vgl. Kasten 12-3*). *Das Konkrete wird also mit Hilfe des Abstrakten analysiert, das seinerseits in diesem Prozeß inhaltlich angereichert wird.* Das Ziel ist die kognitive Durchdringung und Aneignung bestimmter Lerngegenstände bzw. ihrer Ausschnitte. Dies erfordert intensives Denken bei unterschiedlichsten Lernhandlungen und trägt zugleich zur Denkerziehung bei. Wissen und Denken stehen in Wechselwirkung.

12.2 Begriffsbildung

12.2.1 Begriffe und ihre Funktion im Denken

Begriffe sind Ergebnisse von Klassifikationen von Objektmengen nach bestimmten Merkmalen. Sie sind die wichtigsten Bausteine, aus denen sich unser Wissen zusammensetzt, und gewissermaßen „Werkzeuge" unseres Denkens: Wir operieren vorwiegend mit Begriffen, wenn wir kognitive Anforderungen unterschiedlicher Art bewältigen. Durch die Zusammenfassung und sprachliche Bezeichnung einer Vielfalt einzelner Gegenstände, Situationen, Ereignisse usw. zu Klassen ermöglichen die Begriffe ökonomisches Umgehen mit unseren Erfahrungen, gegenseitige Verständigung der Menschen und rationelle Orientierung in der Umwelt beim zielgerichteten Handeln (HOFFMANN, 1986, KLIX, ROTH & V.D. MEER, 1991, MANDL & SPADA, 1988).

Kasten 12-3:

Aufsteigen vom Abstrakten zum Konkreten in „Naturkunde"

So lernten in einem Unterrichtsversuch Schüler 4. Klassen durch Beobachtungen, kleine Experimente u.a. grundlegende Merkmale von Naturvorgängen kennen: Es gehen Veränderungen (von einem Zustand zu einem anderen) vonstatten, die bestimmte Wirkungen haben und unter bestimmten Bedingungen ablaufen; die Menschen können ihr Wissen über Naturvorgänge nutzen. Diese – noch sehr globale – begriffliche Grundstruktur fand ihren Niederschlag im „Modell des Naturvorgangs" (*Abb. 12-1*), das zur Orientierung bei der Untersuchung verschiedener Naturvorgänge diente und dadurch selbst mit konkreten Inhalten angereicht wurde (Giest, 1991a, b, Hinz, 1989). Zur Gewinnung der Ausgangsabstraktion „Naturvorgang" wurden die Schüler zunächst mit dem Ausspruch „Niemand kann zweimal in den gleichen Fluß steigen ..." (Heraklit) konfrontiert. Diese der Erscheinung widersprechende Aussage veranlaßte die Kinder zur Diskussion über das Für und Wider unter Aktualisierung ihrer Erfahrungen. Andere Beispiele wurden angeführt bzw. beobachtet, die auch Veränderungen in der Natur beinhalteten. Dabei stellten die Kinder u.a. fest, daß die Naturvorgänge mit unterschiedlicher Geschwindigkeit ablaufen und von verschiedenen Bedingungen abhängen. Der Vorgang des Rostens von Eisen wurde gründlicher untersucht, um die Zustandsänderungen, deren Wirkungen und Bedingungen genauer (auf dem Erfahrungs- und Erkenntnisniveau des 4. Schuljahres) zu erfassen. Parallel dazu entstand schrittweise das Modell, das dann selbst zum Gegenstand der Analyse wurde (Zusammenhänge zwischen den Komponenten, ihre Bedeutung etc.). Im weiteren diente das Modell als Mittel zur Analyse unterschiedlicher Naturvorgänge wie Erwärmung der Luft, Entstehung von Regen und Wind, Kreislauf des Wassers, Ernährung und Wachstum der Pflanzen. In elementarer Form und in schrittweisem Vorgehen lernten die Schüler allmählich, Fragen und Vermutungen zu formulieren, dazu ihre Vorkenntnisse und Alltagserfahrungen zu aktualisieren, prüfbare Folgerungen aus ihren Vermutungen abzuleiten, zu deren Überprüfung Beobachtungen und Experimente zu planen und zu realisieren, über ausgeführte Handlungen und Vorgehensweisen zu reflektieren. Es konnte gezeigt werden, daß nicht nur das entsprechende Wissen und Können besser als in Vergleichsklassen angeeignet wurde, sondern auch ein höheres Niveau hinsichtlich des selbständigen, elementaren „wissenschaftlichen" Denkens, theoretischen Verallgemeinerns (Kap. 3.2) erreicht wurde (vgl. Dawydow, 1988, Sak, 1984). Im Abschnitt 12.3.2 nehmen wir das Thema noch einmal auf.

In Abhängigkeit von den Bedingungen der Tätigkeit, den konkreten Handlungszielen und -motiven, den zu einem Gegenstandsbereich vorhandenen Erfahrungen und dem Niveau der kognitiven Entwicklung können für unterschiedliche Menschen bzw. für die gleichen Menschen in unterschiedlichen Situationen an einem Objekt unterschiedliche Merkmale bedeutsam sein. Dementsprechend sind *unterschiedliche Zuordnungen zu Klassen* möglich, z.B. der Baum als Pflanze, Sauerstoffproduzent, Rohstoff, Schattenspender, Lebensraum bestimmter Tiere usw. Der begrifflichen Klassenbildung werden jeweils bestimmte Merkmale als relevant, wesentlich zugrunde gelegt, d.h. sie werden von anderen – in diesem Fall irrelevanten, unwesentlichen – Merkmalen abstrahiert. Dadurch ist die Begriffsbildung außerordentlich flexibel und vielfältig.

So können Objekte – unter anderem – auf der Grundlage situationaler Zusammengehörigkeit (z.B. Tisch - Blume - Vase), funktionaler Verbundenheit (z.B. Brot - Messer - Essen), gemeinsamer Erscheinungsmerkmale (z.B. Farbe, Form, Material), des Zwecks (z.B. Kleidung, Nahrungsmittel, Geschirr) oder solcher Merkmale, die zur Tiefenstruktur (*vgl. Kap. 3.2*) gehören und durch spezifische kognitive Prozesse aufgedeckt werden (z.B. Tier- und Pflanzenklassifikation) zu Begriffsklassen vereinigt werden.

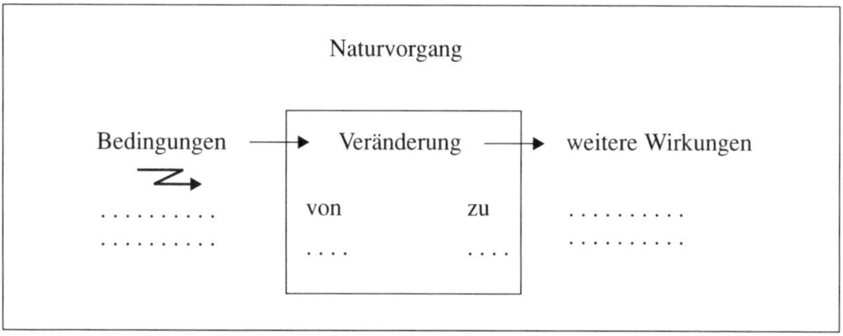

Abb. 12-1: Lernmodell zur Untersuchung von Naturvorgängen (nach Hinz, 1989)

Im Lauf der Entwicklung entstehen und verändern sich semantische, d.h. bedeutungshaltige Netzwerke, in denen Begriffe über-, unter- und nebengeordnet (hierarchisch) organisiert und durch vielfältige semantische Relationen miteinander verbunden sind (*Kap. 3.2*). Je höher die Stellung eines Begriffs in der Begriffshierarchie, desto weniger spezifische Merkmale zeichnen ihn aus, aber desto umfangreicher ist die Klasse der Objekte, die unter den Begriff subsumiert werden können. Und umgekehrt – je niedriger in der Hierarchie, desto mehr spezifische Merkmale sind vorhanden und desto geringer ist der Umfang der Klasse.

Man kann sich das durch Vergleich der Begriffe Lebewesen - Pflanze - Baum - Laubbaum - Birke bewußt machen.

Der Grad der Differenziertheit und Klarheit von Merkmalen eines Begriffs und ihrer Abstraktion von entsprechenden Objekten kann unterschiedlich sein. So sind manche Begriffe durch bestimmte – *typische* – Objekte repräsentiert, z.B. Vögel häufiger durch Spatz, Schwalbe u.a., seltener durch Ente, Pinguin u.a. Das hängt mit dem Umfang und der Qualität der Erfahrung, der Häufigkeit des Auftretens der verschiedenen Vertreter einer Klasse u.a. zusammen.

So kann man bei Grundschülern erleben, daß für sie die Blume eine typische Pflanze ist, der Baum dagegen nicht, oder daß historische Personen, z.B. Herrscher, in ihrer Vorstellung durch ein bestimmtes Äußeres gekennzeichnet sind (häufiger groß, stattlich, stark etc. als das Gegenteil). Ein typisches Merkmal kann so in den Vordergrund treten, daß nur bestimmte Vertreter zur entsprechenden Klasse „zugelassen“ bzw. andere –aufgrund dieses Merkmals und ohne Beachtung anderer – fälschlich einbezogen werden.

Nach ihrem Inhalt können Objekt-, Relations-, Ereignis- u.a. Begriffe, nach ihrer Funktion Beschreibungs- und Erklärungsbegriffe, nach ihrer Entstehung Alltags- und wissenschaftliche, natürliche und künstliche, empirische und theoretische Begriffe unterschieden werden.

Als Resultat von Abstraktions- und Klassifikationsprozessen sind Begriffe aus Handlungen an und mit Objekten hervorgegangen. Sie sind an Sprache gebunden und insofern *abstrakt-verbale* Strukturen, enthalten in der Regel aber auch – mehr oder weniger ausgeprägt – bildhaft-anschauliche (ikonische) und handlungs- bzw. bewegungsbezogene (aktionale) Komponenten. Der Anteil und die Wechselbeziehung dieser unterschiedlichen Bestandteile hängt vom Inhalt und vom Entwicklungsniveau des jeweiligen Begriffs ab.

Während erste **Begriffsbildungen** im Kleinkindalter auf der zufälligen Orientierung an einzelnen, isolierten Merkmalen beruhen, sind die Begriffe von Vorschul- und jüngeren Schulkindern wesentlich komplexere Gebilde, in denen zunächst anschauliche Merkmale dominieren. Durch die Gewinnung eigener Erfahrungen im Umgang mit unterschiedlichsten Gegenständen, die Alltagskommunikation mit verschiedenen Menschen, die unterrichtliche und außerunterrichtliche Lerntätigkeit dringen die Kinder immer mehr in den Bedeutungsgehalt der Sachverhalte und ihrer sprachlichen Bezeichnungen ein und bilden die entsprechenden Begriffe aus. Dieser Prozeß ist *nicht als Übernahme fertigen Wissens zu verstehen, sondern als* aktive Konstruktion in einem längeren Entwicklungsprozeß *(vgl. 12.1).*

Bereits in den 30-er Jahren hat Wygotski (1964) gezeigt, daß Begriffe nicht in einem Akt entstehen, sondern schon bis zur Erreichung des Schulalters eine Entwicklung über mehrere Etappen durchmachen (vgl. auch Nickel, 1982, 1984). Dies setzt sich in der Schule fort, wo die Kinder zunehmend mit Begriffen aus verschiedenen Wissenschaftsgebieten, konfrontiert werden. Deren Aneignung unterscheidet sich wesentlich von der Entwicklung der Alltagsbegriffe, da ihr Inhalt durch die spezifische Sicht der jeweiligen Wissenschaft bestimmt ist und sich nur im Prozeß der Aneignung des Begriffssystems, dessen Bestandteil sie sind, erschließt.

12.2.2 Die Bildung mathematischer Begriffe

Eine wichtige Aufgabe der Grundschule besteht darin, die Kinder in die Welt der Zahlen und Raumbeziehungen einzuführen, in elementarer Form mathematisches Denken anzubahnen und zu entwickeln. Dies ist nicht nur deshalb bedeutsam, weil mathematische Zusammenhänge, Denkweisen und Operationen in allen Lebens- und Arbeitsbereichen – vom Alltag über die Ökonomie und Technik bis zur Wissenschaft – eine große und weiter wachsende Rolle spielen, sondern auch, weil das „Mathematisieren“wichtige Potenzen für die Förderung der allgemeinen kognitiven Entwicklung der Kinder – im Hinblick auf das Abstrahieren und Verallgemeinern, das Ordnen und Klassifizieren, das Analogisieren und Formalisieren, das Begründen und Argumentieren u.a. – enthält.

Was unter *12.2.1* allgemein über Begriffe gesagt wurde, gilt auch für mathematische Begriffe – sie sind die wichtigsten Bausteine des mathematischen Wissens und „Werkzeuge“ des mathematischen Denkens. Ihre Besonderheit besteht darin, daß sie *gewissermaßen von allen gegenständlichen Merkmalen der Dinge und Prozesse abstrahieren und „nur“deren quantitative und räumliche Beziehungen erfassen und danach klassifizieren*: Zahlen und Zahlsysteme, Operationen mit Zahlen, geometrische Gebilde und deren Transformationen etc. Mathematische Begriffe besitzen besonders ausgeprägt eine Eigenschaft, die im Prinzip alle Begriffe haben: Sie entstanden und entstehen aus Bedürfnissen der menschlichen Tätigkeit, im Prozeß des Handelns an und mit Gegenständen unterschiedlichster Art, und sie dienen dem Handeln, seiner Ökonomisierung und Perfektionierung – sie haben einen stark *operativen Charakter*. Daraus folgt allerdings nicht, daß das Beschäftigen mit Zahlen auf das Rechnen-Können reduziert werden darf, denn letzteres beruht wesentlich auf dem Verstehen des(r) Zahlsystems(e) und der ihm (ihnen) zugrundeliegenden Zusammenhänge und Gesetzmäßigkeiten.

Aus ihrer vorschulischen Entwicklung bringen die Kinder umfangreiche und vielfältige – aber auch interindividuell unterschiedliche – *Erfahrungen über Quantitatives und Räumliches* mit: Viel und wenig, mehr und weniger, größer und kleiner, länger und kürzer ... zwei- und dreidimensionale Formen und Beziehungen, zahlenmäßiges Erfassen und Ordnen in überschaubaren Mengen (bis 5 oder 10, u.U. auch darüberhinaus). Diese Merkmale und Zusammenhänge sind aber für die Kinder noch weitgehend an die jeweiligen Gegenstände und Situationen gebunden. Sie davon zu abstrahieren und „in reiner Form“ zum Gegenstand des Denkens und Handelns zu machen, stellt eine große geistige Leistung dar, die nur in einem längeren Prozeß bewältigt wird. Die Kenntnis von Zahlwörtern und das Hersagen einer Zahlreihe (Zählen) oder das Abzählen von Gegenständen ist nur eine äußere (deshalb nicht unwichtige) Seite und täuscht oft eine geistige Leistung vor, die von den Kindern noch gar nicht bewältigt werden kann. Vom Stolz vieler Eltern über die vermeintliche Leistung ihrer Kinder und der nicht selten anzutreffenden Dressurleistung der Eltern selbst („Zeig mal, wie weit du schon zählen kannst!“, „Wie viele ... sind das?“u.ä.) abgesehen, zeugt dies aber vom Bestreben der Kinder, in die Welt der Zahlen einzudringen, und davon, daß dafür auch Voraussetzungen in den Erfahrungen der Kinder vorhanden sind.

Die für die Ausbildung mathematischer Begriffe notwendige *Abstraktionsleistung* ist nicht als ein einmaliger Akt im Sinne eines Aha-Erlebnisses zu verstehen, sondern als ein Prozeß immer tieferen Eindringens in quantitative und räumliche Beziehungen, deren Gesetzmäßigkeiten und die darauf beruhenden Operationen. Dies ist weder durch „Übermittlung“fertiger Kenntnisse noch durch Drill entsprechender Fertigkeiten zu erreichen, sondern nur durch *Schaffung von Bedingungen für aktive praktisch-gegenständliche und geistige Tätigkeit der Kinder auf der Grundlage ihrer Lernvoraussetzungen mit Orientierung auf ihre Zone der nächsten Entwicklung* (*vgl. Kap. 1, 3 und 4*). Voraussetzung dafür ist, daß von den Erfahrungen und Bedürfnissen der Kinder, von ihrer Lebenswirklichkeit und realen Tätigkeit ausgegangen und gewährleistet wird, daß mathematische Sachverhalte und Operationen für sie einen *Sinn* haben. Wird die Technik des Operierens mit Zahlen – ohne bzw. mit ungenügendem Verständnis der Zusammenhänge – in den Vordergrund gerückt, verwandelt sich das Lernen in mechanisches Pauken, das nicht nur die Freude am Lernen vergällt und eine hohe psychisch-physische Belastung für die Kinder darstellt. Es führt auch zu einem Mißverhältnis von Aufwand und Ergebnis – Anzahl und Art der Fehler, häufig sinnloses Manipulieren mit Zahlen trotz vieler Übungen und großer Anstrengung usw.

Damit die Kinder lernen, Zahlenoperationen richtig auszuführen, müssen sie vielfältige Handlungen mit unterschiedlichsten Gegenständen und Situationen realisieren. Schrittweise wird deren mathematischer Gehalt herausgehoben und bewußt gemacht. Dabei spielen *Kooperation* und *Kommunikation* eine grundlegende Rolle: Im gemeinsamen Handeln verständigen sich die Kinder untereinander und mit dem Lehrer – bei entsprechender Anregung und Anleitung – über Ziele und Bedingungen, verbalisieren, beraten und begründen ihr Vorgehen, interpretieren und bewerten unterschiedliche Ergebnisse und Wege zu ihnen, suchen Ursachen von Fehlern und Möglichkeiten ihrer Vermeidung, „verhandeln"die Bedeutung mathematischer Sachverhalte und Operationen. Aus dieser Tätigkeit werden die Begriffe und Operationen abstrahiert und zugleich als Mittel und Methoden für die Bewältigung realer Lebensanforderungen erkannt.

Der Aufbau eines mathematischen Begriffssystems, mathematischer Denk- und Arbeitsweisen und Operationen ist ein langwieriger und langjähriger Prozeß; beginnen kann und muß er mit dem Schulanfang. Die Schüler lernen, mathematisch verwertbare Daten durch Messen, Schätzen, Zählen u.a. zu gewinnen, solche Daten in Tabellen, Listen und anderen Formen darzustellen und rechnerisch zu verarbeiten, den Ziel- und Fragestellungen adäquate Lösungsverfahren zu suchen und auszuwählen, die realisierten Lösungen zu analysieren und zu interpretieren.

Wissenschaftler und Praktiker haben vielfältige Erfahrungen über Zugänge zur und Bedingungen der mathematischen Begriffsbildung bei Grundschulkindern gewonnen und beschrieben (Lauter, 1991, Lorenz, 1992, 1993 u.v.a.). Auch gegenwärtig werden international große Anstrengungen unternommen, um die noch vorhandenen Auswirkungen behavioristischer und mechanistischer Konzeptionen zu überwinden und Bedingungen und Gesetzmäßigkeiten rationeller und effektiver Ausbildung mathematischer Begriffe und mathematischen Denkens aufzudecken und nutzbar zu machen. Einen Überblick über unterschiedliche Konzeptionen, Schwerpunkte und Entwicklungstrends auf diesem Gebiet vermitteln Biehler, Scholz, Sträß er und Winkelmann (1994) und de Corte, Greer und Verschaffel (1994).

Bei Unterschieden in theoretischen Standpunkten und methodischen Vorgehensweisen im einzelnen herrscht weitgehende Übereinstimmung bei Forschern und Praktikern in folgenden Punkten:

- Der Sinn mathematischen Abstrahierens und Operierens mit Abstraktionen muß sich für die Kinder aus dem Bezug zu ihren Erfahrungen und Bedürfnissen, als Mittel zur Bewältigung von Anforderungen ihres realen Lebens ergeben;
- Der Aufbau mathematischer Begriffe und Operationen bedarf eines differenzierten, schrittweisen Vorgehens. Sorgfältige Berücksichtigung der jeweiligen Lernvoraussetzungen und aktuellen Lernprozesse, Überlegungen und Strategien der Kinder, dementsprechender Einsatz unterschiedlicher Lernmittel und -bedingungen zur Schaffung und geistigen Durchdringung der erforderlichen Erfahrungsbasis sind unerläßlich.

- Mathematische Begriffsbildung und Denkentwicklung beruht auf Handlungen, die geeignet sind, die mathematisch wesentlichen Sachverhalte und Relationen bewußt zu machen.
- Das Üben, Verinnerlichen, Reduzieren und Automatisieren solcher Handlungen zu Operationen und Fertigkeiten muß auf dem Verstehen der mathematischen Zusammenhänge basieren.

12.3 Problemlösen

12.3.1 Problem – Problemsituation – Problemlösen

Wie schon mehrfach betont, ist das Lösen von Problemen ein wesentliches Bewährungsfeld und zugleich eine wesentliche Quelle für Denken und Begriffsbildung. **Probleme** stellen eine besondere Klasse von Aufgaben dar – solche nämlich, für die der Löser keine Lösung parat hat, die er nur aus dem Gedächtnis abzurufen brauchte. Probleme sind immer in Beziehung zu Personen zu sehen: *Eine Aufgabe oder Anforderungssituation wird dann zum Problem, wenn dem Löser für ihre Bewältigung bestimmte Voraussetzungen fehlen.* Ein Problem enthält etwas für den Löser Unbekanntes, eine Leerstelle, die durch Denkprozesse aufgedeckt und ausgefüllt, oder eine Barriere, die überwunden werden muß: Einsatz von Such- und Findeprozeduren (heuristischen Strategien), Ausführen kognitiver Operationen über den im Gedächtnis gespeicherten Begriffen, Ableitung neuen Wissens aus dem vorhandenen, Gewinnung zusätzlicher Informationen aus anderen Quellen (AEBLI, 1983, DÖRNER, 1976, 1989, KLUWE, 1979, RUBINSTEIN, 1961).

Die allgemeine Struktur eines Problems besteht aus folgenden Komponenten:

- Ausgangs- oder Ist-Zustand, der unerwünscht ist und verändert werden soll
- Ziel- oder Soll-Zustand, der erreicht werden soll, und
- Transformationen oder Operationen zur Überführung des ersten in den zweiten.

Unbekannt kann jede dieser Strukturkomponenten oder Aspekte davon sein.

Daraus ergeben sich unterschiedliche Problemklassen, die jeweils spezifische Anforderungen an den Problemlöser stellen. Denkt man an die Unterschiedlichkeit der Gegenstandsbereiche, Komplexitätsgrade, Präsentationsformen usw., wird deutlich, daß es kaum eine Klassifikation geben kann, die die ganze Vielfalt möglicher Probleme erfaßt. Das heißt aber auch, daß es unendlich viele Möglichkeiten gibt, Probleme zu formulieren, die das Denken der Lernenden herausfordern und die Denkentwicklung stimulieren sollen.

Damit eine Anforderung Problemcharakter annimmt, müssen beim Löser, z.B. beim Schüler, folgende *psychische Bedingungen* gegeben sein:

- seine kognitiven Voraussetzungen (Wissen, geistige Fähigkeiten) müssen ihm ermöglichen, das Problem zu verstehen;
- es fehlen jedoch bestimmte kognitive Vorausssetzungen (Wissen über Sachverhalte, Strategien u.a.), um das Problem ohne weiteres zu lösen, d.h. es ist dafür spezieller kognitiver Aufwand notwendig;

- die Lösung zu finden muß für den Löser in irgendeiner Hinsicht attraktiv, interessant sein, d.h. es muß ein Bedürfnis entstehen, den kognitiven Aufwand zu realisieren, die damit zusammenhängenden Hindernisse und Schwierigkeiten zu überwinden.

Problemlösen ist demnach immer *ein mehr oder weniger komplexer Prozeß, an dem kognitive, motivationale, emotionale und volitive Komponenten beteiligt sind.* Um diese subjektive Seite des Problemlösens zu betonen, spricht man davon, daß der Mensch in eine **Problemsituation** gerät, sich in ihr befindet, einen Ausweg daraus sucht usw.

Um Schüler in Problemsituationen zu bringen und sie zu aktiver geistiger Auseinandersetzung damit anzuregen, muß das Verhältnis der genannten Komponenten differenziert beachtet werden. Diskrepanzen zwischen bisherigen Kenntnissen und neuen oder ungewohnten Erscheinungen oder Behauptungen, unerwartete Resultate eigener Handlungen, das Auftreten von Hindernissen auf dem Weg zur Lösung, das Mißlingen einer Lösung – diese und andere Widersprüche sind wichtige Anreger zu aktiver geistiger Tätigkeit.

Experimente, gezielte Beobachtungen, problembezogene Diskussionen dienen dazu, entsprechende Situationen zu schaffen. In Diskussionen z.B. stellen die Schüler fest, daß andere Meinungen außer der eigenen existieren. Indem das Kind seinen Standpunkt gegenüber den Argumenten der anderen verteidigt, ist es gleichzeitig gezwungen, die eigene Sicht auf Widerspruchslosigkeit und Folgerichtigkeit zu überdenken und eventuelle Widersprüche zu überwinden.

Die Bereitschaft der Kinder, kritisch und selbstkritisch an Erscheinungen und Aussagen heranzugehen, hängt wesentlich davon ab, daß die kindlichen Erklärungsversuche ernstgenommen, nicht einfach durch „richtige" ersetzt werden, sondern die Kinder die Möglichkeit erhalten, sich mit den Dingen selbst praktisch und theoretisch auseinanderzusetzen, um sie sich dadurch immer stärker geistig zu eigen zu machen.

12.3.2 Das Lösen mathematischer Probleme

Die Beschäftigung mit Mathematik ist für Schüler ständig mit Problemen und Bemühungen um deren Lösung verbunden, da hier immer wieder Anforderungen zu bewältigen sind, die über die bisher entwickelten Voraussetzungen hinausgehen. Natürlich entstehen in diesem Lernprozeß durch Übung und Wiederholung auch Routinen, festes Wissen und entsprechende Operationen, die aus dem Gedächtnis nur abgerufen werden müssen. Ohne diese Seite ist ein Lernfortschritt, ist auch das Problemlösen auf immer höherem Niveau gar nicht denkbar. *Als interiorisierte, reduzierte, automatisierte Ergebnisse entfalteter (praktisch-gegenständlicher und geistiger) Handlungen sind solche Routinen aber selbst ganz wesentlich aus dem Problemlösen hervorgegangen.*

Bei der Beschäftigung mit mathematischen Sachverhalten sind die Kinder ständig mit neuen Problemen konfrontiert: Das Abstrahieren mathematisch relevanter Merkmale und Zusammenhänge, das Bilden mathematischer Begriffe, das Erfassen und adäquate Realisieren des mathematischen Sinns und der Eigenschaften von Addition, Subtraktion usw., das Aufdecken elementarer geometrischer Gesetzmäßigkeiten und Transformationen – immer wieder entstehen neue Anforderungen. Ihre Bewältigung hilft, tiefer in die quantitativen und räumlichen Beziehungen der Wirklichkeit einzudringen. Besonders deutlich ist dieser Problemcharakter beim *Lösen sogenannter Text- und Sachaufgaben*, die eine sprachliche Beschreibung einer Realsituation enthalten. Der mathematische Sachverhalt muß erst herausgeschält werden, um die Situation mit mathematischen Mitteln bearbeiten und lösen zu können.[38] Gerade dies ist ja ein wesentlicher Sinn der Aneignung von Mathematik, der Entwicklung mathematischen Denkens. Solche Aufgaben eignen sich deshalb auch besonders zur Befähigung der Kinder, zunehmend komplexe und komplizierte Situationen zu analysieren und mit mathematischen Mitteln zu bearbeiten.

In der Schulpraxis dienen Text- und Sachaufgaben häufig als Übungsfeld für die Grundrechenarten, und sie enthalten dann die mathematischen Strukturen, die gerade erarbeitet worden sind (Addition und Subtraktion mit Überschreitung der 10 oder im Zahlraum bis 100, Aufgaben mit einer oder zwei voneinander unabhängigen oder abhängigen Rechenoperationen usw.). Das hat gewiß seine Berechtigung, enthält aber auch Gefahren: Die Kinder wissen im Prinzip schon vorher, welche Operationen gefordert sind, und sie gewöhnen sich an routinemäßiges Lösen solcher Aufgaben. Das wird z.T. noch dadurch gefördert, daß bestimmte Signalwörter (mehr – weniger, erhielt – gab ab usw.) oder Zahlenrelationen (eine größere und eine kleinere Zahl, zwei Zahlen etwa gleicher Größe usw.) bestimmte Operationen nahelegen. Dadurch werden die Kinder zu oberflächlichem Handeln verleitet, während eine sorgfältige Analyse der im Text dargestellten Situation evt. zeigen würde, daß gerade eine andere Operation adäquat ist.

Auf diese Weise werden wesentliche Potenzen des Lösens von Text- und Sachaufgaben verschenkt: Statt nur Routinen auszubilden und zu festigen (was auch notwendig ist) bieten sie die Chance, den Schülern die Notwendigkeit bewußt zu machen, über das bereits Bekannte hinauszugehen, neue Verfahren und Zusammenhänge kennen und nutzen zu lernen, neue Bereiche zu erschließen – tatsächlich Unbekanntes aufzudecken. Die Beschäftigung mit Text- und Sachaufgaben kann der Motivierung und Lernzielbildung im Hinblick auf die Ausbildung neuer Begriffe und Operationen, auf die Differenzierung zwischen bisher nicht unterschiedenen Sachverhalten, auf die Zusammenführung und Verallgemeinerung bisher getrennt betrachteter Sachverhalte usw. dienen. *Indem die Aufgaben so gestaltet werden, daß die Schüler tatsächlich kognitiven Aufwand zu ihrer Analyse und Lösung betreiben müssen, trägt das Lösen von Text- und Sachaufgaben wesentlich zur Denkentwicklung, zur tieferen geistigen Durchdringung und flexiblen Nutzung des mathematischen Wissens und zur Erkenntnis bei, daß mathematische Mittel und Methoden ein wichtiges Instrumentarium zur Bewältigung unterschiedlichster Lebensanforderungen sind.*

Das setzt allerdings voraus, einerseits genau zu bestimmen, worin das für die Schüler Unbekannte besteht, das sie aufdecken, verstehen, sich aneignen sollen, und andererseits die Anforderungsstrukturen der Aufgaben so zu bestimmen, daß die Schüler aufgrund des bisher Gelernten überhaupt in der Lage sind, die jeweils dargestellte Situation zu erfassen und so zu analysieren, daß das mathematische

---

[38] Auch eine mathematische Operation kann in sprachlicher Beschreibung gegeben werden: Bestimme die Summe der Zahlen 22 und 11 und dividiere sie durch 3. Dies ist dann keine Sach-, wohl aber eine Textaufgabe.

Problem erkannt wird. Ist die Diskrepanz zwischen den vorhandenen und den noch nicht vorhandenen Voraussetzungen (zwischen Bekanntem und Unbekanntem) zu groß, kommt kein Problemlösen zustande: Das Problem wird gar nicht als solches erkannt. Genau so wenig kommt Problemlösen zustande, wenn die Diskrepanz zu klein ist oder ganz verschwindet: Die Schüler erkennen sofort die Lösung oder den Lösungsweg und brauchen ihn nur – reproduktiv - zu realisieren, d.h. die Aufgabe erfordert nur den Abruf des verfügbaren Wissens aus dem Gedächtnis.

International stellt das Lösen von Text- und Sachaufgaben im Mathematikunterricht ein Problem dar: Trotz oft großer Mengen solcher Aufgaben über die Schuljahre hinweg entsprechen die Ergebnisse häufig nicht dem Aufwand. Weder bei Schülern noch bei Lehrern sind sie besonders beliebt, und wenn die Aufgaben tatsächlich Problemcharakter aufweisen, wissen viele Schüler nicht, wie sie damit umgehen sollen bzw. produzieren z.T. unsinnige Fehler, indem sinnlos und beliebig mit Zahlen aus dem Text herummanipuliert wird. Zahlreiche Untersuchungen sind darauf gerichtet, die Ursachen dieser und anderer Erscheinungen aufzudecken und Wege zu ihrer Überwindung zu weisen (vgl. de Corte, Greer & Verschaffel, 1994, Stern, 1992 a, b, *Kasten 12-4*).

Kasten 12-4:

Befähigung zum Lösen von Text- und Sachaufgaben

Ein Weg sei exemplarisch skizziert - das Aufsteigen vom Abstrakten zum Konkreten (s. 12.1.2, Lompscher, 1989, 158ff., 1990, Reinhold, 1988).

Es sollte versucht werden, das häufig unsystematische und oberflächliche Vorgehen der Schüler durch Vermittlung der heuristischen Strategie der *Ziel-Mittel-Bedingungs-Analyse* zu überwinden: Zunächst wird das Ziel daraufhin analysiert, mit welchen Mitteln seine Realisierung möglich ist, um unter diesem Aspekt zu suchen, welche Angaben dafür im Text vorhanden sind bzw. unter welchen Bedingungen sie selbst erst gesucht und erschlossen werden müssen. Der Ausgangspunkt ist also die Analyse des Unbekannten, des Ziels, von dem aus „rückwärts arbeitend“Teilziele gebildet werden, die dann „vorwärts arbeitend“, ausgehend von den verfügbaren und erforderlichen Daten, realisiert werden können. Im realen Lösungsprozeß gehen diese beiden Vorgehensweisen – „globale“ und „lokale“ Strategie – ineinander über. Der Erfolg solchen Vorgehens hängt wesentlich vom Wissen über funktionale Beziehungen zwischen Größen und von gründlicher Analyse der Realsituation ab, um die in ihr verborgene mathematische Struktur aufzudecken, ihre Elemente und Relationen zu erkennen und für die Lösung des Problems, die Findung des Gesuchten zu nutzen.

Die wichtigsten Etappen und Bedingungen des Ausbildungsprozesses im 4.Schuljahr, d.h. auf der Basis schon ziemlich großer, aber einseitiger Erfahrungen (s.o.) mit Text- und Sachaufgaben, waren folgende:

- Ein relativ umfangreicher Aufgabentext mit für die Lösung relevanten und irrelevanten Angaben führte zu unterschiedlichen, in der Regel erfolglosen Lösungsversuchen. Das Lösen „solcher schwierigen Aufgaben“ wurde zum Lernziel, das im weiteren Lern-Lehr-Prozeß in Teilziele aufgegliedert wurde.

- In gemeinsamer Arbeit wurde an unterschiedlichen Aufgaben deren abstrakte Struktur aufgedeckt und in einem „Lernmodell" fixiert *(Abb. 12-2),* wobei die Analyse des Gesuchten den Ausgangspunkt bildete. Verschiedene Hilfsmittel wurden eingesetzt, um die jeweilige mathematische Struktur aufzufinden (Zeichnungen, Tabellen u.a.). Das Lernmodell variierte von Aufgabe zu Aufgabe entsprechend der konkreten Struktur und diente als Hilfsmittel und Orientierungsgrundlage für die Analyse des jeweiligen Aufgabentextes.
- Die funktionalen Beziehungen zwischen unterschiedlichen Größen (z.B. Anfangszeit – Endzeit – Zeitdauer, Stückpreis – Anzahl – Kaufsumme) wurden durch praktisch-gegenständliche und geistige Handlungen (reale oder vorgestellte Veränderung einer Größe und Prüfung der Auswirkungen auf andere) systcmatisch analysiert und verallgemeinert. Bei der Aufstellung des einer Aufgabe entsprechenden Strukturmodells wurde zuerst der jeweilige allgemeine Begriff (Größe, Preis etc.) verwendet, dann seine Konkretisierung. Die funktionalen Beziehungen dienten der Begründung der mathematischen Operation: Wenn ... und ... gegeben ist, kann ich ... durch ... berechnen; wenn ... unbekannt ist, brauche ich ... und ..., um es berechnen zu können.
- An unterschiedlichen Aufgabenstrukturen, mit Formulieren und Umformulieren von Texten, indem Bekanntes und Unbekanntes vertauscht werden, die quantitativen Belegungen einzelner Größen verändert, Aufgaben zu Fragen und Fragen zu Aufgaben gebildet werden usw., wurden die zum Lösen von Text- und Sachaufgaben notwendigen Teilhandlungen
  - Erfassen des Ziels (Formulieren des Gesuchten)
  - Erfassen der wesentlichen Größen und der Beziehungen zwischen ihnen
  - Aufstellen adäquater mathematischer Gleichungen
  - Lösen der Gleichungen
  - Kontrollieren und Bewerten des Lösungswegs und des ermittelten numerischen Ergebnisses
  - Formulieren eines Antwortsatzes, bezogen auf Ziel- oder Fragestellung

  ausgebildet

  und allmählich zu einer ganzheitlichen, flexiblen, auf die Aufdeckung der jeweiligen Struktur gerichteten Handlung des Problemlösens integriert. Dabei wurde das Vorgehen zunächst ausführlich verbalisiert und argumentiert, später zunehmend verkürzt in dem Maße, wie sich die Schüler an systematisches, begründetes Vorgehen und den bewußten Gebrauch der mathematischen Begriffe und Operationen gewöhnt hatten. Dementsprechend verlor das Strukturmodell zunehmend seine Funktion – die Schüler benötigten es nicht mehr, da sie es (unterschiedlich in Tempo und Qualität) verinnerlicht hatten.

Der Leser kann über den Erfolg des Unterrichtsversuchs am Beispiel eines ausgewählten Ergebnisses, das auch für andere steht, selbst urteilen (*Abb. 12-3*). Die Schüler aus Versuchs- und Kontrollklassen hatten u.a. zwei Sachaufgaben zu lösen, die gleiche mathematische Struktur aufwiesen und sich nur im sachlichen Inhalt unterschieden: Bei einer Aufgabe war er den Schülern völlig vertraut, bei der anderen Aufgabe weniger (es ging um Flüssigkeiten, „mit denen wir noch nicht gerechnet haben" – Zahlen, Operationen usw. analog der 1. Aufgabe).

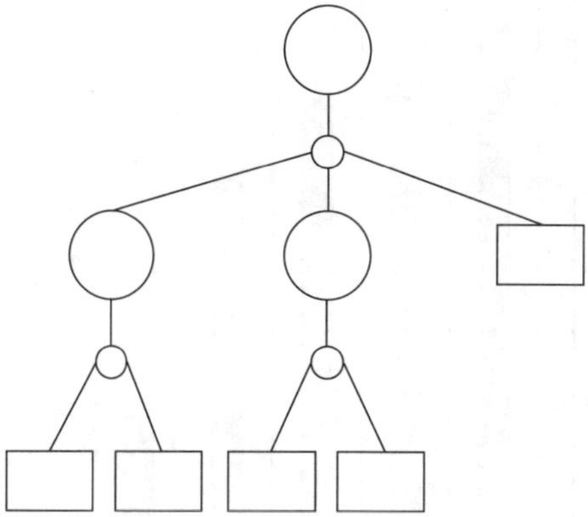

Unbekannte Größen	– durch Kreis gekennzeichnet
Bekannte Größen	– durch Rechteck gekennzeichnet
Funktionale Beziehung zwischen Größen	– durch Verbindungslinie gekennzeichnet
Operator	– durch kleinen Kreis gekennzeichnet

Abb. 12-2: Strukturmodell für das Lösen mathematischer Text- und Sachaufgaben (nach R*EINHOLD, 1988)*

Die offensichtliche Überlegenheit der Versuchsklassen weist auf Potenzen der eingesetzten Lehrstrategie hin, die vor allem auf Anregung der geistigen Aktivität, Selbständigkeit und Bewußtheit, auf systematische Befähigung zur Bewältigung von Lernanforderungen zunehmender Schwierigkeit und Komplexität sowie auf Gewinnung von Abstraktionen als Mittel der geistigen Durchdringung und Ordnungsstiftung im Konkreten setzt. Damit wird allerdings keine „Monopolstellung" beansprucht (*vgl. Kap. 4., 10, 13.*).

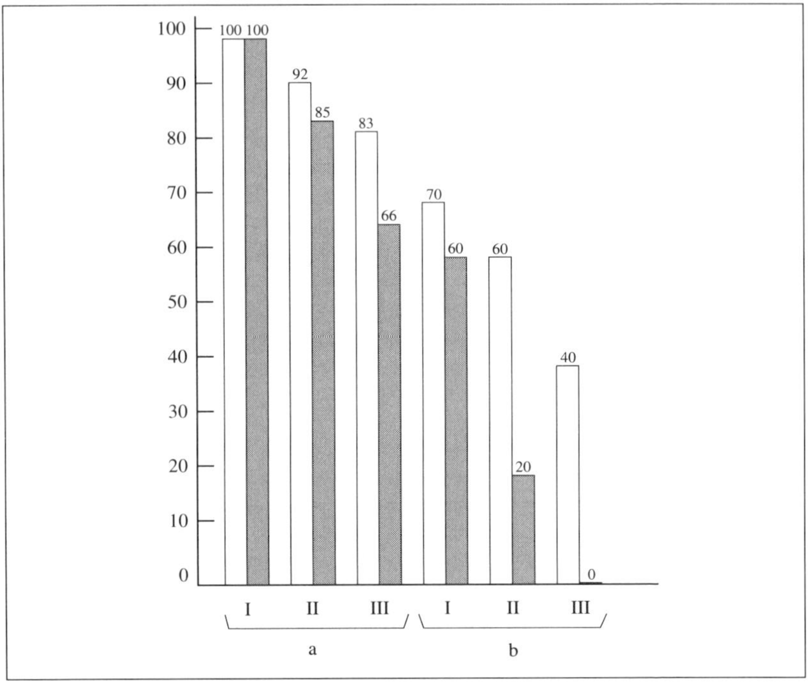

Abb.12-3: Lösen zweier Sachaufgaben mit gleicher Struktur, aber unterschiedlichem Inhalt (nach REINHOLD, 1988)

Vertrauter Inhalt	❏	Leistungsgruppen	I, II, III ;
		Versuchsklassen	a
unvertrauter Inhalt	❏	Kontrollklassen	b

Weiterführende Literatur

DÖRNER, D.: *Die Logik des Mißlingens. Strategisches Denken in komplexen Situationen.* Reinbek 1989: Rowohlt.

LOMPSCHER, J. (Hrsg): Psychologische Analysen der Lerntätigkeit. Berlin 1989: Volk und Wissen

MANDL, H. & SPADA, H. (Hrsg): *Wissenspsychologie*. München-Weinheim 1988: Psychologie Verlags Union.

OERTER, R. & MONTADA, L. (Hrsg.): *Entwicklungspsychologie.(3.Aufl.)* Weinheim 1995: Psychologie Verlags Union, Kap. 11 und 12.

PIAGET, J.: *Theorien und Methoden der modernen Erziehung*. Frankfurt/M. 1974: Fischer

SCHRÖDER, E.: *Vom konkreten zum formalen Denken*. Bern etc. 1989: Huber.

13

Erschließung der Umwelt

Hartmut Giest und Elard Klewitz

13.1 Umwelt und Lebenswirklichkeit

Jeder Mensch wird in eine bestimmte **Umwelt** hineingeboren, in der sich seine Entwicklung als Mensch vollzieht. In den vorhergehenden Kapiteln, besonders im Kapitel 1, ist in unterschiedlichen Zusammenhängen auf das Verhältnis zwi-schen Umwelt und Entwicklung eingegangen worden. Dabei wurde deutlich, daß *Entwicklung der Persönlichkeit des Menschen zunächst sowohl Prozeß als auch Resultat einer aktiven Auseinandersetzung des sich entwickelnden Individuums mit seiner Umwelt* ist. Die Entwicklung des Menschen begrenzt sich nicht nur auf die aktive Auseinandersetzung mit der Umwelt, sondern schließt auch ein aktives Verhältnis des Individuums zu sich selbst ein. Der Mensch besetzt die Subjektrolle nicht nur in bezug auf seine Außenwelt, sondern von einem bestimmten Niveau seiner Entwicklung an auch auf sich selbst. Das geschieht vor allem immer dann, wenn er bewußt und zielgerichtet lernt bzw. im weitesten Sinne sich selbst erzieht (bewußt und zielgerichtet seine Persönlichkeitseigenschaften verändert). Konsequenterweise muß also die Umwelt als Objektseite in der Subjekt-Objekt-Beziehung des Menschen um den Bereich des Ich (In-Welt) erweitert werden (vgl. MEYER, 1993, 1994). Die Tätigkeit des Menschen (seine spezifisch menschliche Form der Aktivität) bezieht sich auf die In-Welt und die natürliche sowie soziale Umwelt (in der Literatur findet man hierfür auch die Termini Um-Welt und Mit-Welt).

Die aktive Auseinandersetzung (Tätigkeit) des Menschen bezieht sich jedoch niemals auf die Totalität der Um-Welt (natürliche und soziale) noch der In-Welt. Es handelt sich jeweils nur um bestimmte Ausschnitte. Diesem Sachverhalt trägt der Begriff **Lebenswirklichkeit** Rechnung (vgl. SOOSTMEIER, 1992). Jene Ausschnitte der Welt (Um-Welt, Mit-Welt und In-Welt), mit denen das Kind sich auseinandersetzt, zu denen es Beziehungen herstellt, in denen es Erfahrungen macht, in denen es aktiv ist, bilden seine Lebenswirklichkeit[39]. Als Gegenstand des Unterrichts ist die Auseinandersetzung des Kindes mit seiner Lebenswirklichkeit bedeutsam für die Entwicklung der kindlichen Persönlichkeit. Zugleich besteht im Herstellen ei-

[39] Während beispielsweise MEIER (1993) die Lebenswelt als Begriff in einen pädagogischen Kontext stellt und darunter die Situation versteht, in der der Mensch lebt, bezeichnet SOOSTMEIER (1992) diesen als philosophischen Begriff, dessen pädagogisches Pendent der Begriff „Lebenswirklichkeit" ist. Nach SOOSTMEIER ist Lebenswirklichkeit die Gesamtheit aller Personen und anderer Lebewesen, aller Sachen und Sachverhalte, zu denen das Kind Beziehungen aufgebaut hat und aufbaut. Hierzu zählen Grundbedürfnisse des Lebens und individuelle Schemata, mit deren Hilfe das Subjekt Wirklichkeit in sich konstruiert. Aber auch der Einflußbereich der Lebensumstände in der Gemeinschaft geht hier ein (*vgl. dazu den Begriff Ökologie - Kap. 2.2*).

nes deutlichen Bezuges zur Lebenswirklichkeit des Kindes ein wichtiges Merkmal der Reformbemühungen in der Grundschule. Aus den Intentionen der einschlägigen Reformpläne (vgl. Ständige Konferenz der Kultus-minister, 1985) resultiert eine besondere Stellung des Sachunterrichts, die ihn mit der Innovation der Grundschule insgesamt eng verbindet (vgl. Hänsel, 1980). Ihm kommt die Aufgabe zu, den Kindern in spezifischer Weise *Hilfe bei der Erschließung ihrer Lebenswirklichkeit* zu geben (vgl. Beschluss der KMK vom 2.7. 1970). Sie umfaßt u.a. das Gewinnen von Erfahrungen

- im Umgang mit Medien,
- im Teilhaben am Leben innerhalb und außerhalb der Schule,
- im Erkunden der heimatlichen Umgebung,
- in der Teilnahme am Verkehr,
- im Wahrnehmen von Veränderungen im Laufe der Zeit,
- in der Begegnung mit vertrauten und fremden Menschen,
- im Benutzen von Spielsachen, Werkzeugen, Materialien und Geräten,
- im Umgehen mit Gütern und Geld und in der Inanspruchnahme von Dienstleistungen,
- im Umgehen mit der lebenden Natur,
- in der Auseinandersetzung mit Naturerscheinungen und der gestalteten Umwelt,
- im Nachdenken über sich selbst.

Betrachtet man diese Aufgaben, so wird klar, daß sie nicht allein nur vom Sachunterricht gelöst werden können. Der Schriftspracherwerb (*vgl. Kap. 11*), der Erwerb mathematischer Kompetenz (*vgl. Kap.* 12.2.2 und 12.3.2), die Beschäftigung mit der Kunst (*vgl. Kap. 14*) – alle anderen Unterrichtsdisziplinen in der Grundschule leisten einen wichtigen Beitrag, das Kind in die Lage zu versetzen, sich seine Lebenswirklichkeit zu erschließen. Diese wiederum beziehen in den Unterricht Gegenstände und Erscheinungen aus der Lebenswirklichkeit der Kinder ein, um u.a. zu erreichen, daß die Kinder den Erwerb kommunikativer Kompetenz in der Muttersprache, mathematischer Kompetenz und anderer Bildungsinhalte der Grundschule als sinnvoll erleben und sich sinnhaft aneignen können.

Das **Erschließen der Lebenswirklichkeit** erfolgt ausgehend von den Erfahrungen der Kinder, welche vor allem im Sachunterricht geklärt, ergänzt, geordnet und in schlüssige Zusammenhänge gebracht werden[40]. Von besonderer Bedeutung ist dabei, im Unterricht Bedingungen dafür zu schaffen, daß die Kinder die Fähigkeiten schrittweise entwickeln, ihre Lebenswirklichkeit differenzierter wahrzunehmen und zu erkennen sowie auch selbständig handeln zu lernen. Selbständigkeit verbindet hier sowohl die Selbstbestimmung als auch die Verantwortung im eigenen Handeln auf einem den Kindern angemessenen Niveau. Das verantwortungsbewußte, selbstbestimmte Handeln im Rahmen der Lebenswirklichkeit der Kinder vermittelt

---

[40] vgl. Rahmenplan Sachunterricht Nordrhein-Westfalen, 1985; Einsiedler und Rabenstein, 1985

ihnen zugleich Zugänge zu neuen Erfahrungen, die im Rahmen des Unterrichts an sie herangetragen werden und auf der Grundlage eigenen Handelns weiterführende Einsichten ermöglichen können.

Im Hinblick auf das Erschließen der Lebenswirklichkeit können Inhalte unter *aktual-genetischer als auch perspektivisch-genetischer Aspektsetzung* ausgewählt werden. Unter *aktual-genetischer Aspektsetzung* ist vor allem der Erwerb von Orientierungs- und Handlungsfähigkeit bei der Bewältigung von Anforderungen der unmittelbaren Lebenswirklichkeit der Kinder Gegenstand des Unterrichts:

- Begegnung mit Menschen,
- Umgang mit Medien,
- Teilnahme am schulischen und öffentlichen Leben – besonders am Straßenverkehr,
- Umgang mit der eigenen Person im Hinblick auf psychische und hygienische bzw. gesundheitserzieherische Probleme,
- Inanspruchnahme und Umgang mit Dienstleistungen öffentlicher und privater Einrichtungen,
- handelnder Umgang mit Geräten und Materialien u.a.,
- Auseinandersetzung mit aktuell erlebbaren, wahrnehmbaren, beobachtbaren Veränderungen im Lauf der Zeit, den Naturerscheinungen und der vom Menschen unmittelbar gestalteten Umwelt sowie
- Umgang mit Pflanzen und Tieren, die den Kindern vertraut sind.

Der *perspektivisch-genetische Aspekt* (in der Zukunft bedeutsame Lebenssituationen und für diese relevante historische Momente) wird einerseits dadurch berücksichtigt, daß fachliche Vorgehensweisen einbezogen werden, die den Kindern erste Erfahrungen mit den für die Wissenschaften spezifischen Formen der Wirklichkeitserschließung vermitteln. Zum anderen ergeben sich in diesem Zusammenhang vielfältige Möglichkeiten, Probleme in den Unterricht einzubeziehen, die im Leben der Kinder (z.B. via Medien – *vgl. Kap. 7*) eine gewisse Rolle spielen, jedoch vor allem für die Lebensperspektive bedeutsam sind. Dieses sind vor allem:

- die zunehmende Belastung der Umwelt, knapper werdende Rohstoffe, Hunger, Armut, Krieg und Frieden in der Welt;
- Probleme der Gestaltung einer multikulturellen Gesellschaft;
- Verantwortung für die Umwelt übernehmen, verantwortlich sich in der Umwelt verhalten;
- Folgewirkungen der Technisierung auf Mensch und Natur reflektieren;
- Soziale Wirkungen der modernen Industrialisierung erkunden und Lebensanforderungen (z.B. lebenslanges Lernen, Arbeit und Arbeitszeit, Arbeitslosigkeit, das Verhältnis Industrie-Umwelt) reflektieren;
- neue Medien erforschen und in ihrer Bedeutung für das eigene Leben bewerten;
- soziale Beziehungen bewußt gestalten;
- In-Welt erleben, den Umgang mit sich selbst gestalten lernen u.a.

Die genannten Themenkreise lassen sich unter dem Aspekt des *Verhältnisses zwischen Kind und Umwelt* in unterschiedliche **Lernfelder** gliedern, welche in den verschiedenen Rahmenplänen (Richtlinien), Lehrbüchern, Lehr- und Lernmaterialien für den Sachunterricht (in einigen Bundesländern auch Heimat- und Sachkunde, Sachkunde, Heimat- und Sachunterricht) in der einen oder anderen Form ihren Niederschlag finden. Zu unterscheiden wären etwa:

- Kind und Gesundheit/ Hygiene/ Sexualität;
- Kind und Gemeinschaft;
- Kind und Zeit;
- Kind und Raum;
- Kind und nichtlebende Natur;
- Kind und lebende Natur (Pflanzen und Tiere);
- Kind und Verkehr.

Diese Lernfelder des Sachunterrichts können Bausteine (Module) des Unterrichts in der Grundschule bilden, wobei die anderen Unterrichtsdisziplinen sich mehr oder weniger direkt auf die Inhalte dieser Lernfelder beziehen. Dies geschieht in verschiedenster Weise (themenzentrierter Unterricht, Projektunterricht, Projekttage und -wochen u.a. – vgl. Giest, 1994, *Kap. 4*).

Von diesem eher ganzheitlichen und komplexen „Umwelt-Lernen" ist die Umwelterziehung im engeren Sinne zu unterscheiden.

13.2 Umwelterziehung

13.2.1 Aufgaben und Ziele

Aufgaben

In der Gegenwart gewinnen Wirklichkeitsorientierung, Aufklärung, aktiv handelnde Umwelterkundung, gemeinsame Umweltgestaltung und Umwelterziehung eine hervorragende Bedeutung (vgl. Meier, 1990). Aus diesem Grund soll im folgenden exemplarisch am Beispiel der Umwelterziehung in der Grundschule dargestellt werden, welche Möglichkeiten der Unterricht bietet, Kindern bei der Erschließung ihrer Lebenswirklichkeit zu helfen. Diese Schwerpunktsetzung erscheint auch deshalb gerechtfertigt, weil in den Kapiteln 5,6,7,8 ausführlich zu den Umweltbereichen Schule, Familie, Medien, menschliche Kulturen Stellung genommen wurde.

Umwelterziehung hat eine spezifische Bedeutung, die sich in den letzten Jahrzehnten ausprägte. Der Begriff „Umwelterziehung" ist in Deutschland noch relativ neu. Obwohl schon 1953 die Kultusminister der damaligen 11 Länder der BRD empfahlen, Naturschutz und Landespflege in den Zielkatalog des Biologie- und Geographieunterrichts aufzunehmen, blieb der Stellenwert des Naturschutzes gering, da technischer Fortschritt, wirtschaftliche Leistungssteigerung und der damit wachsende Wohlstand der Bevölkerung im öffentlichen Bewußtsein dominierten.

Hinzu kam, daß ein bestimmtes Weltbild, welches in Europa seine Wurzeln u.a. in der christlichen Religion und in der Renaissance hat, den Menschen suggerierte, daß sie allein in der Lage und dazu bestimmt seien, über die Natur zu herrschen und auf der Grundlage der ihnen eigenen menschlichen Fähigkeiten mit allen damit zusammenhängenden Problemen fertig zu werden (vgl. HUBER, LÖW, MITTENREITER, SERVE, WITTMANN, 1991; PÖPPERL, 1988). Durch den „ökologischen Schock“, der infolge der Erdölknappheit anfangs der 70er Jahre ausgelöst wurde, diskutierte man in der Öffentlichkeit immer stärker die Schattenseiten des ungebremsten wirtschaftlichen Wachstums. Nachdem ferner eine zunehmende Sensibilisierung für Fragen der Ökologie entstand, reagierte auch die Kultusministerkonferenz (KMK) mit einem Beschluß, der Umwelterziehung zur Aufgabe der Schule erklärte.

Ziele

Nach dem KMK-Beschluß soll das *Ziel der Umwelterziehung* darin bestehen, „bei jungen Menschen Bewußtsein für Umwelt zu erzeugen, die Bereitschaft für den verantwortlichen Umgang mit der Natur zu fördern und zu einem umweltbewußten Verhalten zu erziehen, das über die Schulzeit hinaus wirksam bleibt“ (KMK-BESCHLUSS vom 17.10.1980, 1-2).

Im Rahmen dieses Ziels soll der Schüler u.a.

- „zu einer gezielten Beobachtung und Untersuchung seiner Umwelt bewegt werden;
- Einblicke in ökologische Zusammenhänge gewinnen und die Wirkungen von Störungen kennenlernen;
- zur Einsicht gelangen, daß verantwortungsbewußtes Handeln des einzelnen und der Gesellschaft notwendig ist, um dem Menschen die Umwelt zu sichern, die er für ein gesundes und menschliches Dasein braucht“.

Wegen der Bedeutung, die der Umwelterziehung zukommt, spricht sich die Kultusministerkonferenz nicht für ein eigenes Fach aus, sondern erklärt sie zu einem fächerübergreifenden Prinzip, da „die Ziele der Umwelterziehung ... an verschiedenen Inhalten, in mehreren Fächern oder in fächerübergreifenden Unterrichtsveranstaltungen verwirklicht werden“ (ebenda, 1).

Umwelterziehung wird damit in den Rang eines Prinzips erhoben, welches wie andere den grundsätzlichen Erziehungs- und Bildungsauftrag der Gesellschaft an die Schule kennzeichnet. „Richtig verstandene Umwelterziehung ist kein Fach, dessen Inhalte sich einfach so ohne weiteres kognitiv vermitteln lassen, sondern ist als **fächerübergreifendes Prinzip** in herausragender Weise (partiell starkem Wandel unterliegende) Lebenserziehung.“ (HUBER/LÖW 1991, 78; vgl. auch CALLIESS UND LOB, 1987). *Für den Unterricht in der Grundschule bedeutet das, Ziele, Inhalte und Verfahren der Umwelterziehung in geeigneter Weise mit denen der einzelnen Lernbereiche zu verbinden.* Aus seiner Aufgabenstellung innerhalb der Grundschule heraus (*vgl. 13.1*) ist verständlich, daß die Umwelterziehung besonders eng mit dem **Sachunterricht** verbunden ist[41]. In der Praxis wird daher die Umwelterziehung zur vorrangigen Angelegenheit des Sachunterrichts gemacht, was im Einzelfall nicht ausschließt, daß auch andere Lernbereiche ihren Beitrag leisten oder daß Umwelterziehung in fächerübergreifenden Projekten betrieben wird.

In den Empfehlungen des Arbeitskreises Grundschule e.V. für die Umwelterziehung in der Grundschule wird die Umwelterziehung sogar zu einer zentralen Aufgabe des Sachunterrichts erhoben. Aber es wird auch gefordert, die Umwelterziehung durch eine wirksame Gesamterziehung, Intensivierung der Schulgartenarbeit, gezielte Nutzung von Umweltzentren, Intensivierung der Lehrerfortbildung zu verbessern und Umwelterziehung zur gemeinsamen Aufgabe in der Grundschule zu machen (vgl. Schwarz, 1988; Gesing, Lob, 1991).

13.2.2 Theoretische Standpunkte

In der Theorie der Umwelterziehung lassen sich drei unterschiedliche Betrachtungsweisen erkennen. Die „klassische“ Umwelterziehung geht von der Auseinandersetzung mit der natürlichen, sozialen und gestalteten Umwelt aus und schließt darin auch die Umweltprobleme, welche durch den Zivilisationsprozeß entstanden sind, ein.

Angesichts der wachsenden Bedrohung der Lebensgrundlagen der Menschen sieht es Bolscho (Bolscho, Eulefeld und Seybold, 1980, 29) als vorrangiges Ziel der Umwelterziehung an, die „Voraussetzungen dafür zu schaffen, daß Schüler jetzige und zukünftige Umweltprobleme in ihrem eigenen Entscheidungsbereich besser bewältigen können.“ Umwelterziehung wird als **pragmatischer Ansatz** vertreten und hat die Aufgabe, ökologische Handlungskompetenz zu vermitteln. Bolscho versteht darunter, „die Fähigkeit und Bereitschaft zum Handeln unter Berücksichtigung ökologischer Gesetzmäßigkeiten“.

Im Gegensatz dazu wird Umwelterziehung im **umweltethischen Ansatz** als Erziehung zur Naturliebe verstanden. Entscheidende Ursachen für die gegenwärtigen Umweltprobleme sind in der Entfremdung des Menschen von der Natur zu sehen. Nur durch die Überwindung dieser Entfremdung ist nach Schreier – einem führenden Vertreter dieser Konzeption – umweltgerechtes Verhalten zu erreichen (vgl. Schreier, 1987, 1991; Schneider, 1991).

Nach Schreier sollen die Schüler die Natur als etwas schätzenswertes und damit schützenswertes erfahren. Die Erfahrung des Naturschönen soll durch regelmäßiges Beobachten, Sammeln und Darstellen gewonnen werden. „Das Naturschöne zielt auf Harmonie, Wohlfühlen, Ästhetik, Entspannung, Meditation“ (Stein, 1992, 9). Dadurch, daß die Menschen das technizistische, anthropozentrische Naturverständnis und damit auch die Entfrem-

[41] Im KMK-Bericht vom 12.12.1987 zur Umwelterziehung in der Schule heißt es dazu: „In allen Ländern ist die Umwelterziehung fester Bestandteil des Erziehungs- und Bildungsauftrags der Grundschule. Sie ist vornehmlich dem Sachunterricht zugewiesen, der sich aufgrund seiner natur-wissenschaftlich-technischen und sozialkundlichen Bezüge für die Behandlung von Umweltthemen anbietet. Aus der Sicht der Umwelterziehung als Teil der Gesamterziehung leisten weitere Fächer wie Deutsch, Kunst und Religionslehre zusätzliche Beiträge“ (Umwelterziehung in der Schule 1987, 6-7). Themenschwerpunkte sind: Wasser, Boden, Luft und zunehmende Belastung durch Lärm; Abfallbehandlung; Gewässerschutz; Naturschutz; Stadtentwicklung, Ortsumgehung; Verknappung der Rohstoffe (vgl. ebenda, 9).

dung von der Natur überwinden, sind sie frei für eine ökologische Sicht, die den Menschen als in die Natur eingebunden versteht.

Der **Entfremdungsansatz** *der kulturhistorischen Schule*, als ein dritter Ansatz, geht insofern darüber hinaus, als er die Entfremdung des Menschen weiter faßt. Ursachen für die ökologische Krise, in der die Menschheit steckt, werden hier in der Entfremdung des Menschen von sich (In-Welt-Krise), von seiner Gattung (Mit-Welt-Krise) und der Natur (Umwelt-Krise i.e.S.) gesehen (vgl. KREMER/STÄUDEL, 1989; GIEST, 1992). Nur wenn es gelingen sollte, Ziele, Inhalte und Verfahren menschlicher Tätigkeit auf das Herstellen der Einheit von menschlichem Individuum, mitmenschlicher Umwelt und natürlicher Umwelt zu beziehen, so die Verfechter dieses Ansatzes, ist ein Ausweg aus der globalen ökologischen Krise möglich (vgl. auch BAHRO, 1991).

In erster Linie geht es um den Erwerb von reflexiver Gestaltungskompetenz, die das Naturerleben, -wahrnehmen, -erkennen und -gestalten integriert. Diese wird dabei nicht allein auf die Natur bezogen, sondern orientiert auf das bewußte (reflexive) Gestalten der In-Welt (Selbsterziehung), Mit-Welt (soziales Lernen) und Umwelt (Umwelt-Lernen). Ihr entspricht im übrigen am ehesten ein emanzipatorischer Heimatbegriff (vgl. HASSE, 1987; MITZLAFF, 1991), der ganzheitlich die Kompetenz zur bewußten Um-Gestaltung der Lebenswirklichkeit und auf diese Weise Generierung einer „Heimat für mich" vs. der „Heimat an sich" beinhaltet. Damit ist die Bedeutung des kindlichen Erfahrungsraumes für die Umwelterziehung betont. Zugleich wird jedoch jegliche räumliche, zeitliche, soziale und ideologische Enge des traditionellen Heimatbegriffs abgelehnt (vgl. MEIER, 1990).

Der jeweils zugrundegelegte Ansatz der Umwelterziehung hat Auswirkungen auf den Inhalt und die Gestaltung des Unterrichts. Betrachten wir vor allem den zuerst und zuletzt dargestellten Ansatz der Umwelterziehung, so ist zu erkennen, daß hier die Lebenswirklichkeit des Kindes in der oben diskutierten Auslegung (*vgl. 13.1*) zum Gegenstand des Unterrichts wird. Daher können unter einer solchen Perspektive die Integration stiftenden Momente für einen fächer-übergreifenden Unterricht tatsächlich vom Sachunterricht ausgehen.[42] Mitunter werden jedoch auf der Suche nach relevanten Themen für die Umwelterziehung ausschließlich biologische und geografische Inhalte gefunden (vgl. RIEDEL, TROMMER, 1981). In den Vordergrund rücken dann solche in den Richtlinien und Rahmenplänen der Bundesländer ausgewiesenen Themen wie: Natürliche Umwelt, Pflanzen, Schulgarten, Tiere, Boden, Wasser, Luft, Wetter, Landschaft, Lärm, Energie/Rohstoffe, Gesundheit. Leider wird ausgeblendet, daß solche Themen wie Medien, Verkehr, Werbung mindestens ebenso bedeutend für die Umwelterziehung sind. Was bislang völlig unbefriedigend bewältigt wurde, ist die Integration der In-Welt - (vgl.

[42] Damit sei keiner Rückkehr zum traditionellen Gesamtunterricht das Wort geredet. Vielmehr geht es darum, die Lebenswirklichkeit, welche ja besonderer komplexer Lerngegenstand des Sachunterrichts ist, zum Ausgangspunkt eines projektorientierten Unterrichts zu machen und Kindern Möglichkeiten zu geben, diese sich mit Hilfe der Wissenschaften im Sinne DEWEY's zu erschließen und schließlich gestaltend zu verändern. Kennzeichnendes Merkmal eines solchen Unterrichts ist, daß zu keinem Zeitpunkt die Komplexität (Ganzheitlichkeit, Systemhaftigkeit) der Umwelt zugunsten isolierter fachlicher Abstraktionslinien vernachlässigt wird (vgl. GIEST, 1994).

Teml, 1991) und der Mit-Weltbezogenen Erziehung und Bildung in die Umwelterziehung. Da es sich hierbei jedoch um keine originäre Aufgabe des Sachunterrichts handelt, verweist die geschilderte Problemlage vielmehr darauf, daß es scheinbar nur mühsam gelingt, die Umwelterziehung als fächerübergreifendes Prinzip des Unterrichts umzusetzen. Dem entspricht vielleicht auch die Tendenz, bestimmte fächerübergreifende Themen vorwiegend in alternativ zum Unterricht veranstalteten Projektwochen abzuhandeln (vgl. Liepe, 1993): Müllvermeidung, Abfälle getrennt sammeln, Umweltaktion gesunder Wald, Rettet den Regenwald u.a. Hier finden sich dann auch solche Themen aus der sozialen Umwelt wie: „Miteinander leben“, „Gewaltfrei miteinander leben“, „Aktionswoche Dritte Welt“, „Wie sicher ist unsere Sicherheit?“, „Arm und reich. Wer wohnt wo?“, „Homosexualität in unserer Gesellschaft“ u.a. (vgl. Das AOL-projekte Buch, 1986).

Im folgenden sollen an dieser Stelle verschiedene Formen des Erschließens der Lebenswirklichkeit durch die Kinder im Rahmen der Umwelterziehung diskutiert werden.

13.3 Lerntätigkeit und Umwelterziehung

13.3.1 Umweltbegegnung/Umwelterleben

Alle o.a. Konzeptionen der Umwelterziehung (*vgl. 13.2.*) legen großen Wert auf Umwelt-Lernen an Phänomenen, allerdings mit unterschiedlicher Zielstellung. Erlebnisse in der Umwelt, die unmittelbare Begegnung mit ihr, haben im Rahmen der **Umweltethik** jedoch einen ganz besonderen Stellenwert, wie das nachfolgend beschriebene Beispiel beweist *(vgl. Kasten 13-1)*.

Dieses Beispiel verdeutlicht fehlende Erfahrung, aber auch die naive Unbefangenheit der Kinder gegenüber der Kleintierwelt. Kenntnisse werden nur nebenbei vermittelt, Erlebnis und sinnliche Erfahrung stehen im Mittelpunkt des Unterrichts. Anders als im Klassenunterricht, in dem die Kinder Pflanzen und Tiere häufig nur über Medien kennenlernen, schafft diese unmittelbare Zugangsweise Voraussetzungen für eine positiv besetzte emotionale Bindung an die Natur.

Kasten 13-1:

Unterrichtsbeispiel für das Umwelt-Lernen an Phänomenen

Folgendes Protokoll (vgl. Ahrens, 1992) beschreibt eine geleitete Lehrwanderung einer dritten Grundschulklasse aus Berlin. Die Kinder gehen am Malchower See entlang, bis sie zu einem aufgeschichteten Steinhaufen gelangen. „Könnt ihr euch vorstellen, welche Tiere in dem Steinhaufen leben?“ Die Kinder sind ratlos. Ein Schüler schlägt „Schlangen“ vor. Die Pädagogin erklärt, daß hier Eidechsen wohnen, die sich, wenn es warm genug ist, auf dem Steinhügel sonnen. Die Schüler staunen, und einer möchte wissen, ob Eidechsen gefährlich sind. Nach dieser Einführung erhalten sie als Arbeitsmaterialien oben offene Plastikbehälter, Lupen und Bestimmungsblätter mit den hier am häufgsten vorkommenden Bodentieren. Die Behälter sollen zunächst mit einigen Blättern und mit etwas Gras gefüllt werden, „damit sich die Tiere wohlfühlen und sich auch verstecken können.“

Nach dem Hinweis, daß es viele verschiedene Tiere gibt und nur jeweils ein Tier von jeder Art zu sammeln ist, beginnen die Schüler nach Bodentieren zu suchen. Da sie über keine Pinzette verfügen, heben sie die Tiere vorsichtig mit den Fingern auf oder versuchen, sie auf einem Blatt oder einem Stock in ihre Behälter zu befördern. Zunächst wird die Suche von einigen Ii-Rufen begleitet. Als aber die Kinder sehen, daß auch andere die Kleinlebewesen ohne Zögern mit der Hand anfassen, und immer neue Tiere entdeckt werden, nimmt das Interesse zu und die Ii-Rufe verstummen. Nur zwei Mädchen wollen sie nicht anfassen und rufen jeweils Jungen zur Hilfe, die dann die Tiere in ihre Behälter setzen. Bei der Auswertung am Ende der Stunde lassen einige Kinder ganz selbstverständlich Nacktschnecken über ihre Hand kriechen und betrachten interessiert die Schleimspur, die die Schnecken hinterlassen.

Wenn wir die Lehrwanderung unter dem Aspekt betrachten, in welcher Weise sie den Kindern zur Erkenntnisbildung verholfen hat, so müssen wir feststellen, daß es nicht ausreicht, Kinder an einem See entlang wandern zu lassen und sie aufzufordern, die Natur zu erforschen. Sie sind nur in der Lage, das zu erforschen, was sie schon erkennen können. Es kann sein, daß sie zu einigen Tieren und Pflanzen, die sie identifizieren können, Fragen stellen oder auf einige leicht erkennbare Gegenstände zeigen und fragen, was ist das? Aber auch dies wird nur der Fall sein, wenn sie gelernt haben, daß Formen, Farben etc. von Bedeutung sind, wenn man Dinge unterscheiden will. Das Bewußtsein, daß eine Erfahrung gemacht worden ist, entsteht nur, wenn das Kind über die geistigen Werkzeuge, die Lernmittel verfügt, mit denen es die ungeheuer verwirrende Menge von äußeren Eindrücken in bedeutungsvoller Weise ordnen kann. Dazu gehören Begriffe, die in der Erfahrung verankert sind *(vgl. Kap. 12)*. Oft jedoch wird im Unterricht ein Weg beschritten, bei dem die eigentlich erforderliche rationale Ausein-andersetzung mit dem Lerngegenstand auf die Einführung nicht weiter hinterfragbarer Begriffe reduziert wird. Versucht man jedoch, in die kindlichen Denkstrukturen fertige Wahrheiten, Erwachsenenvorstellungen zu implantieren, sind Fehldeutungen von vornherein programmiert. An die Stelle geistiger Auseinandersetzung mit dem Phänomen tritt die mit seinen sprachlichen Repräsentanten, seinen Zeichen – ganz so, als überreiche man dem Kind mit der sprachlichen Form auch die adäquate begriffliche Vorstellung.

Werden im Unterricht entwicklungsbedingte Grenzen der Begriffsbildung nicht beachtet, führt dies häufig dazu, daß Kinder in der Kommunikation mit dem Lehrer inhaltsleere Worthülsen verwenden. Begriffe, die auf einer sinnstiftenden Zuordnung subjektiver Erfahrung basieren, entstehen nicht. Die ursprüngliche kindliche Gedankenwelt lebt unter der verbalen Wissensschicht ungestört weiter.

Genauso ungünstig für die kindliche Entwicklung ist es aber auch, wenn durch fehlende oder unangemessen niedrige kognitive Anforderungen die Kinder auf einem geringen, inadäquaten Niveau der Auseinandersetzung mit ihrer Umwelt belassen werden („Kindertümelei"). Bedingt durch die moderne, von Medien bestimmte Umwelt der Kinder ist mitunter zu beobachten, daß diese in verbalen Äußerungen Begriffe (z.B. aus dem Fernsehen übernommen) verwenden, die leicht beim Lehrer zum Eindruck führen können, die Kinder hätten einen Sachverhalt verstanden. Der Lehrer muß daher genau beobachten, diagnostizieren, wie das Kind seine Lebenswirklichkeit strukturiert, mit welchen Denkoperationen und Erklärungs- und Deutungsgrundsätzen es an die Erscheinungen der Umwelt herangeht. Um nicht nur „totes Wissen" zu vermitteln, sondern Erkenntnisbildung und die Entwicklung von Handlungsfähigkeit zu ermöglichen, muß sich der Unterricht an der Zone der aktuellen Leistung des Kindes, u.a. an seinen Assimilationsschemata *(vgl. Kap. 4 und 12)* orientieren und darauf hinarbeiten, daß für jedes Kind seine Zone der nächsten Entwicklung erreichbar wird.

13.3.2 Umwelterkunden

Eine im Hinblick auf das Lernen (Lernvoraussetzungen, Anforderungen an die Handlungsregulation) anspruchsvolle Form des Erschließens der Lebenswirklichkeit ist das **Erkunden**. Es muß allerdings festgehalten werden, daß bis in die jüngste Zeit von vielen Grundschullehrern sowohl auf das Erleben als auch Erkunden der Natur und Umwelt im Rahmen des Unterrichts wenig Wert gelegt wurde. Daher wird in der aktuellen Literatur verstärkt auf diesen Aspekt aufmerksam gemacht. So gibt Beck (1990, vgl. auch 1988) im Zusammenhang mit der Erkundung von Wohnung und Schule (als festem Bestandteil des Unterrichts der Grundschule) folgende Anregungen:

Durch den Wohnbezirk gehen (Monatsgänge zu bestimmten Themen; Teilnahme an Stadtteilfesten und Aktionen); das Einbeziehen von realen Gegebenheiten des Stadtteils in den Unterricht (Stadtbibliothek, Feuerwehr, Post, Einladen von „Experten" zu bestimmten Themen, Bürgermeisterrunde); das Stellen gezielter Beobachtungsaufgaben (Fotos von der Umgebung, vom Schulweg, das Sammeln von Straßennamen, Straßenschilder malen, Bäume und Sträucher betrachten, Menschen bei der Arbeit beobachten); Beobachtungen der Kinder vielfältig dokumentieren (Zeichnungen der Wohnhäuser, des Schulweges, von einem Unterrichtsgang oder einer Exkursion, Zeitungsberichte über Aktionen und Ereignisse in der Umgebung sammeln und aushängen, Texte der Kinder veröffentlichen); Stadtplan rekonstruieren und lesen üben (mit Modellen einzelne Schulwege nachbauen, Straßenzüge mit Hilfe von Fotos rekonstruieren, Orientierungsspiele auf Stadtplänen spielen,

Erkundungsaufträge mit Hilfe eines Stadtplanes lösen); Geschichte des Stadtteils zugänglich machen (ältere Einwohner einladen, frühere Arbeits- und Lebensweisen nacherleben lassen – z.B. im darstellenden oder Rollenspiel); Können und Wissen anwenden lassen (Stadtrallye organisieren, ein Buch herstellen). Hierbei sollten auch ökologische Aspekte in die Erkundungen einbezogen werden (den Zustand der Bäume, Grünanlagen, des Waldes dokumentieren; die Standorte auf Karten festhalten, zugleich markieren, an welchen Stellen besondere Umweltbelastungen festzustellen waren – Müllhalden, Schmutz, Staub, Autoabgase, Luftverschmutzung durch die Industrie, Lärm u.a.); in gleicher Weise die Schule, den Schulhof und die Schulumgebung erkunden; Gewässer auf ihre Umweltbelastung prüfen (Sehtiefe, Schwebestoffe, geeignete chemische Analysen wie pH-Wert feststellen u.ä.); pH-Wert des Regenwassers messen; ökologisch sinnvolle und falsche Handlungsweisen dokumentieren, richtiges Verhalten darstellen und einüben; ökologischen Handlungsbedarf in der Umwelt erkunden und aktiven Naturschutz praktizieren.

Sowohl für die hier dargestellten Lernanforderungen, als auch für das nachfolgend beschriebene Problemlösen und Bearbeiten von Projekten spielt die Kooperation beim Lernen, das Partner- und/oder Gruppenlernen eine entscheidende Rolle. Eine zentrale Anforderung ist in diesem Zusammenhang das gemeinsame **Beraten** als zielgerichtete Kommunikation über Bedingungen und Verlauf des Lernens. Dieses ist nicht nur im Kontext mit dem sozialen Lernen, der Aneignung sozialer Verhaltensweisen, sondern auch für das unmittelbare Bewältigen der gegenständlichen Lernanforderung von Bedeutung *(vgl. Kap. 3.3, 4.1 und 10)*. Es kann jedoch nicht erwartet werden, daß die Kinder die erforderlichen Regeln, z.B. für das Beraten des Vorgehens bei der Erkundung oder beim Problemlösen bzw. bei der Bearbeitung von Projekten, von vornherein beherrschen. Deshalb besteht die Aufgabe des Lehrers darin, den Kindern geeignete Hilfestellungen zu geben, z.B. indem er gemeinsam mit ihnen **Handlungsorientierungen** entwickelt *(vgl. Kap. 4.3)*. Solche Orientierungsgrundlagen können beispielsweise in der Form von verbalen Modellen erarbeitet und auf Kärtchen schriftlich fixiert und auf diese Weise im Unterricht genutzt werden *(vgl. Abb. 13-1)*. So konnte im Rahmen eines Unterrichtsexperiments (GIEST, 1993) beobachtet werden, daß die konsequente Partner- und Gruppenarbeit unter Nutzung der o.a. Orientierungsgrundlage zu einer deutlichen Erhöhung der Kooperationsbereitschaft und -fähigkeit bei Kindern 4. Klassen und insgesamt zur Entwicklung sozialer Lernmotive führte.

Beraten leicht gemacht	
	Regeln, die ich beachten will
1. Ich höre meinem Partner aufmerksam zu.	– a) Ich spreche leise und freundlich mit meinem Partner.
2. Ich vergleiche das Gesagte mit meinem Wissen.	– b) Ich sage dem Partenr ehrlich meine Meinung.
3. Ich überlege, was der Partner mir sagen will.	– c) Ich bin nicht verletzt, wenn mein Partner etwas sagt, was mir nicht gefällt
4. Führt das Gesagte zu unserem gemeinsamen Ziel?	– d) Ich ergänze, erkläre – helfe meinem Partner

Abb. 13-1: Orientierungsgrundlage, die es den Kindern ermöglicht, Beraten als Lernhandlung und bedeutsame Komponente sozialen Lernens anzueignen (nach Giest, 1993)

13.3.3 Umweltprobleme bearbeiten

Das Bearbeiten, mehr noch das Lösen von Umweltproblemen durch Kinder ist zugegebenermaßen eine sehr anspruchsvolle Aufgabenstellung. Die Möglichkeit ihrer Realisierung hängt daher in entscheidendem Maße davon ab, wie es gelingt, den Kindern adäquate Mittel an die Hand zu geben, die es ihnen (bei prinzipieller Beachtung der oben gemachten Aussagen zu Möglichkeiten und Grenzen kindlicher Kognition – *vgl. 13.3.1*), gestatten, sich in angemessener Weise mit der Umwelt lernend und praktisch handelnd auseinanderzusetzen. Diese Mittel können Lernhandlungen und für deren Vollzug erforderliche materielle Hilfsmittel sein.

Betrachten wir den Aspekt der kognitiven Voraussetzungen für die Lösung ökologischer Problemstellungen. Hier kommen Lernmittel in Betracht, die es den Kindern gestatten, sich im Lerngegenstand (hier in dem der Problemstellung zugrundeliegenden Sachverhalt) und in den Anforderungen des **Problemlösens** als Lernhandlung zu orientieren.

Beispielsweise wurden im Rahmen eines Unterrichtsexperiments (Giest, 1993) Kinder vierter Klassen mit dem Problem konfrontiert, wie es sein konnte, daß kurze Zeit nach einem Atomunglück in Tschernobyl in Bayern die Kühe verseuchte Milch gaben, obwohl der Ort des Unglücks über 1000 km von Bayern entfernt liegt. Die Lösung war den Kindern nicht ohne Hilfsmittel zugänglich. Vor allem erwies sich als hinderlich, daß zur Lösung des Problems das gedankliche Abarbeiten kausaler Ketten erforderlich war. Monokausales Schließen, welches in der Regel von den Kindern praktiziert wird, führte nicht zur Lösung. Ein Lernmodell, welches wesentliche Zusammenhänge im Lerngegenstand abbilden und über den gesamten Lehrgang (30 Stunden) durch die Kinder weiterentwickelt und ausdifferenziert werden sollte, unterstützte das Finden der Antwort *(vgl. Abb. 13-2)*. Das Lernmodell wirkt im Sinne einer sinnlichen Stütze (Dawydow, 1977) und erleichtert dadurch die gedankliche Konstruktion des Zusammenhangs zwischen der verseuchten Luft in Tschernobyl, der Luftbewegung, dem verseuchten Niederschlag (Regenwasser) in Bayern, der Verseuchung des Bodens, der Pflanzen und schließlich der Kuhmilch.

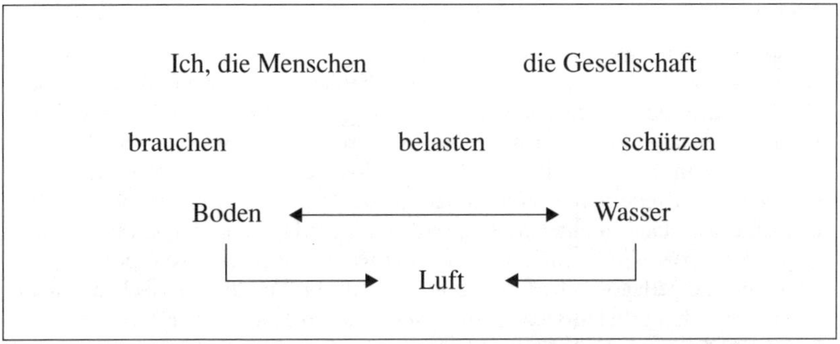

Abb.13-2: Orientierungsgrundlage, die den Kindern hilft, Zusammenhänge in der Natur(zwischen Boden, Wasser und Luft) sowie zwischen Mensch und (nichtlebender)Natur zu erkennen (nach GIEST, 1993)

Zahlreiche Untersuchungen sind darauf gerichtet, zu analysieren, wie Kinder Probleme lösen *(vgl. Kasten 13-2).*

Auch im Hinblick auf die Bewältigung von Anforderungen des Problemlösens bedürfen die Kinder geeigneter Hilfen, die es ihnen ermöglichen, sich die dazu erforderlichen subjektiven Lernvoraussetzungen anzueignen.

Im oben erwähnten Experiment wurde im Rahmen ökologisch orientierter Lernanforderungen eine geeignete Orientierungsgrundlage zum Problemlösen gemeinsam mit den Kindern erarbeitet und im Unterricht genutzt *(vgl. Abb. 13-3).*

Mit ihrer Hilfe gelang es den Kindern der Versuchsklassen deutlich besser, Anforderungen des Problemlösens zu bewältigen, als denjenigen aus den Kontrollklassen, die ohne solche Orientierungshilfen arbeiteten. Dies vor allem deshalb, weil über die grafische bzw. symbolische Präsentation die geistige Handlung „Problemlösen" sinnlich zugänglich wurde. Dieser Zugang ermöglichte das äußere, entfaltete Handeln (vollzogen an den Symbolen, für alle sichtbar und nachvollziehbar). Damit wurde ein Weg gegangen, der den Kindern das schrittweise Verinnerlichen der komplexen geistigen Handlung ermöglicht.

Kasten 13-2:

Untersuchungsergebnis zum Problemlösen

In einer anderen Untersuchung (Giest, 1994a) ging es um die Auswirkungen des Anlegens von Tiefbrunnen in den Savannengebieten Afrikas auf die Größe der Rinderherden der dort lebenden Nomaden (vgl. Vester, 1987). Die Problemsituation entstand durch den Widerspruch zwischen der Erwartung (die Rinderherden müssen *größer* werden[43] und der vom Versuchsleiter gegebenen Realitätssituation (die Rinderherden werden langfristig *kleiner*[44]. Ein Ergebnis der Untersuchung bestand in einer weiteren Stützung der Hypothese, daß die geistige Entwicklung der Kinder im Unterricht über weitgehende Strecken spontan, d.h. ohne gezielte pädagogische Förderung, verläuft. Im Vergleich zwischen den an der Untersuchung beteiligten vierten und sechsten Klassen ließ sich, was das Insgesamt der Kinder betrifft, kein Entwicklungsfortschritt feststellen. Wohl aber ließ sich ein solcher manifestieren, wurden die Leistungsgruppen in den Vergleich einbezogen. Leistungsstärkere Schüler lösten das Problem in der Klasse 6 (bezogen auf die Parameter Schrittzahl, Vorhandensein bereichsspezifischen Wissens und Abbau inadäquater Lösungsstrategien – trial and error) besser als in Klasse 4. Bei den leistungsschwächeren Schülern war dies aber gerade umgekehrt. Schüler, deren schulische Leistungen (gemessen am Notendurchschnitt der Fächer Deutsch, Mathematik, Sachkunde – Klasse 4 und Geschichte, Erdkunde, Biologie – vorfachlicher Unterricht Klasse 6) im unteren Drittel der Klassen rangierten, lösten, bezogen auf die o.g. Parameter, in Klasse 4 besser als in Klasse 6.

Insgesamt verwies die Untersuchung darauf

- daß ökologische Problemanforderungen zu ihrer Bewältigung eines hohen Maßes an kognitiver und metakognitiver Kompetenz bedürfen und
- die Entwicklung dieser Kompetenz insgesamt nicht befriedigt, vor allem was die Ausstattung der Kinder mit Grundwissen (Konzepte, Zusammenhänge - bereichsspezifisches Wissen, welches hier explizit den Lehrplanforderungen entspach) sowie mit metakognitiven Fähigkeiten (zielgerichtetes Suchen nach Informationen bzw. Verfügbarkeit von effektiven Problemlösestrategien) betrifft.

---

[43] Ursache ist das Vorhandensein von mehr Wasser.

[44] Ursachen hierfür sind die Begrenztheit der Menge des Grundwassers und der erhöhte Wasserverbrauch, welcher das Gleichgewicht zwischen Verbrauch und Erneuerung des Grundwassers durch Regen zerstört.

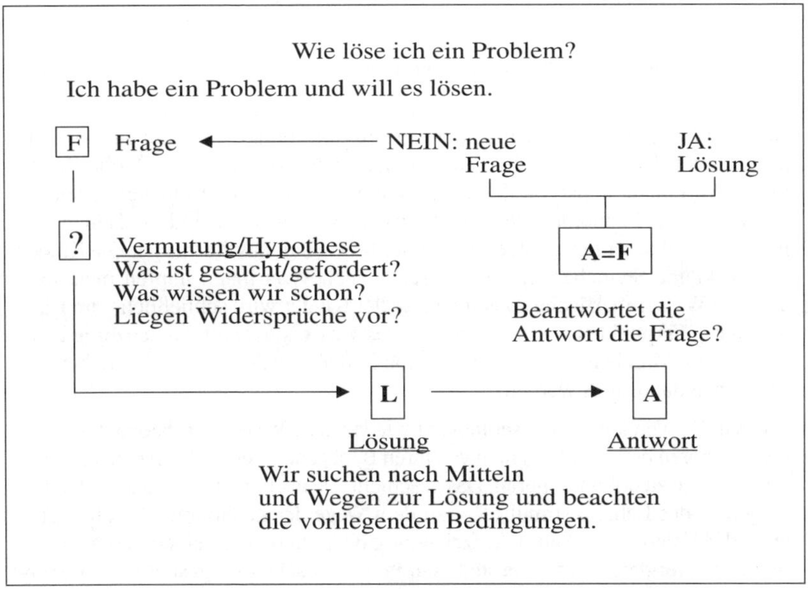

Abb.13-3: Orientierungsgrundlage, die den Kindern helfen kann, sich das Problemlösen als eine für die Entwicklung ökologischer Handlungskompetenz bedeutsame Lernhandlung anzueignen (in Anlehnung an Hinz, 1989, S. 164)

13.3.4 Umweltprojekte bearbeiten

Abschließend sei auf ein Beispiel (unter Nutzung von Anregungen aus WALGENBACH, 1990) verwiesen, in dem es um das Gewinnen der oben angesprochenen Einheit von In-Welt, Mit-Welt und Um-Welt und zugleich um die Einheit von Kind- und Wissenschaftsorientiertheit als auch darum geht, die Brücke von der Ästhetik zur Naturwissenschaft und von der Bewußtseinsveränderung zur Verhaltensänderung zu schließen *(vgl. Kasten 13-3)*. Dies erfolgt mit der Absicht, einen wirksamen Beitrag zu leisten, Kinder zu verantwortungsvollem Handeln gegenüber der Umwelt, den Mitmenschen und sich selbst zu erziehen.

Den Ausgangspunkt für den Unterricht bildete ein aktuelles Thema: Wasserverschmutzung[45], welches das Interesse der Kinder für den Lerngegenstand „Wasser in unserer Umwelt" weckt.

[45] Solche aktuellen Themen wie Öl-Pest durch ein Tankerunglück oder andere Umweltkatastrophen sind bedauerlicherweise fast täglich in den Medien präsent und führen zu Fragen der Kinder. Genauso möglich sind jedoch auch Anknüpfungspunkte, die sich aus Vorhaben, wie das Anlegen eines Feuchtbiotops in der Schulumgebung, eine Aktion von Umweltschützern – z.B. zur Renaturierung von begradigten Flußläufen oder Flächen ergeben.

Kasten 13-3:

Unterrichtsbeispiel für die Verbindung von entdeckendem und systematischem Lernen

Das Neu-Erleben des Wassers bildet den Ausgangspunkt, von dem aus das Lernen beginnt. Die Kinder gehen an eine natürliche Wasserstelle (Quelle, Bach, Fluß). An einem selbstgewählten (als schön empfundenen) Ort verweilen sie und lassen das Phänomen Wasser auf sich wirken. Schnell sind die Hände und Füße in das Wasser getaucht, es wird gefühlt, wie kalt das Wasser ist. Die Kinder werfen kleine Steinchen in das Wasser, manche von ihnen hüpfen mehrmals über die Wasseroberfläche. Das Interesse der Kinder wird schließlich – im Rahmen eines Fixpunktes – auf die Formen des Wassers gelenkt. Gleichzeitig kann anhand von Märchen und Geschichten die Bedeutung des Wassers im Leben der Menschen dargestellt werden.

Die Kinder wenden sich anschließend wieder dem Wasser zu, beobachten (sehen und hören bewußt), berichten von ihren Beobachtungen und versuchen, „ihre" Wasserstelle zu dokumentieren. Das geschieht – je nach Interessenlage und durch Angebote des Lehrers stimuliert – auf dem Wege der Zeichnung, der Photographie, der Video- oder Audio-Aufzeichnung oder auch durch einen verbalen Bericht. Ein Vergleich mit einer anderen, vom Menschen umgestalteten Wasserstelle (Flußbegradigung, Kanal, Springbrunnen, Wasserpumpe oder auch die Wasserleitung im Haushalt) macht deutlich, daß der Mensch hier versucht, das Wasser für sich dienstbar zu machen (Schiffahrt, Industrie, Haushalt). Hierdurch büßt das Wasser einen Teil seiner Natürlichkeit, die u.a. in der Formenvielfalt zum Ausdruck kommt, ein. Durch einen bewußt vollzogenen Vergleich der Formen des Wassers an der natürlichen Wasserstelle (Ruhe, Bewegung - Welle, Strudel, Wirbel, Wirbelstraße) und am Kanal (Bewegung ohne Ruhe - Strudel, Welle) wird diese Erkenntnis vertieft. Eine weitere Vertiefung erfolgt dadurch, daß Wasserformen gezeichnet, gemalt und/oder modelliert werden (Marmorier- und Aquarelltechnik bzw. Gips- und Ton-, Lehm- und Plastelinarbeiten). Im Zusammenhang mit diesen Arbeiten kann das unterschiedliche Verhältnis zwischen Bestimmen und Bestimmtwerden vertieft empfunden und im Rahmen eines Fixpunktes bewußtgemacht werden. Hierbei werden die Erfahrungen (mit der Hand, einem Stock oder Stein wurden sehr flüchtige Formen im Wasser hervorgerufen), welche bei der ersten handelnden Begegnung mit dem Wasser gewonnen wurden, aufgegriffen. Vor allem durch das Experimentieren mit der Aquarelltechnik erleben und erkennen die Kinder, daß die schönsten Bilder dann entstehen, wenn dem Wasser eine „Partnerrolle" bei der Gestaltungsarbeit eingeräumt wird, indem es „mitarbeiten" darf.

Diese Erfahrungen können nun auf die Gestaltung von utopischen Wasserwelten, auch Phantasiewelten, übertragen werden, indem z.B. die Kinder mit Wasser und Sand modellieren (Kanäle, Schleusen, Wehre, kleine Seen, Wasserfälle u.a. entstehen beim spielerischen entdeckenden und lernenden Gestalten). Auch Tischbrunnen können gebaut oder ein Feuchtbiotop im Schulgarten angelegt werden bzw. es kann eine Brunnenlandschaft auf dem Schulhof entstehen.

Im engen Zusammenhang mit den gestalterischen Arbeiten werden vertiefende Erkenntnisse über die Geschichte des Wassers, die Wirkungen des Wassers in der Natur, über den verschiedenen Umgang mit dem Wasser in der Geschichte aber auch in verschiedenen menschlichen Kulturen erworben (z.B. kann ein Vergleich zwischen den sogenannten Kultur- und Naturvölkern in dieser Hinsicht sehr aufschlußreich sein).

So sensibilisiert kann nun auch an praktische Probleme des Alltags herangegangen werden (sparsamer Umgang mit Wasser, Verhinderung von unnötiger Wasserverschmutzung, Naturschutzvorhaben in der Umgebung – z.B. Seen-, Teich-, Flußpatenschaft).

Dieses hier nur knapp skizzierte Vorgehen kann eine viel-dimensionale Ausweitung unter Einbeziehung von Inhalten unterschiedlichster Lernbereiche erfahren. Beispielsweise lassen sich auf dem Hintergrund des Erlebens englischer und französischer Gärten und der entsprechenden Architektur Voraussetzungen schaffen, Geschichte konkreter zu erfassen, indem erlebt werden kann, wie sich das jeweilige Weltbild auf das Verhältnis Mensch-Welt auswirkte.

In speziellen Unterrichtsversuchen und im Rahmen der Lehrerfortbildung konnte immer wieder beobachtet werden, daß ein solchermaßen verfaßtes Vorgehen sowohl dazu beiträgt, das ästhetische Erleben zu verändern (die Natürlich-keit wird als schön empfunden), als auch vielfältige Initiativen zur naturnahen und ökologisch relevanten Umgestaltung der Lebenswirklichkeit zu entwickeln.

Fassen wir zusammen:

Ausgangspunkt des Lernens im Rahmen eines auf die kindliche Aneignung der Lebenswirklichkeit gerichteten Unterrichts ist die unmittelbare Begegnung mit den Phänomenen der Natur und Umwelt. Das **Erleben** bildet den Ausgangspunkt des Lernens. *Es erfolgt jedoch im Rahmen der Lerntätigkeit.*

Erst nachdem gesichert ist, daß die Umwelt (hier auch Beziehungen zu kulturellen und sozialen Gegebenheiten) möglichst *mit allen Sinnen erlebt* und über verschiedene Wahrnehmungen differenziert wurde, können *adäquate kognitive Abbilder* (Kenntnisse über die Umwelt, vor allem Kenntnisse über Zusammenhänge und wechselseitige Abhängigkeiten) als Qualitäten des Erkennens erarbeitet werden. Für die Umwelterziehung ist dabei von substantieller Bedeutung, daß einerseits, entsprechend den Entwicklungsmöglichkeiten der Kinder, *Zusammenhänge in der Natur und Umwelt erkannt, kybernetisches Denken* – als Gegensatz zur monokausalen Denkweise (eine Ursache hat genau eine Wirkung – vgl. VESTER, 1974, 1990) angebahnt und andererseits die *Auseinandersetzung mit Natur und Umwelt nicht auf den Erwerb von Kenntnissen reduziert* wird. Von Verantwortung für Natur und Umwelt getragene gestalterische Kompetenz (Handlungskompetenz) als Erziehungsziel beinhaltet die *Entfaltung aller Komponenten der Tätigkeit* (Gefühle, Antriebe, Kenntnisse, Können, Willen u.a.). Das kann besonders eindrucksvoll im Rahmen des Projektunterrichts, der zugleich immer auch einen fächerintegrierenden Charakter trägt, erfolgen oder im Rahmen von Projektwochen und Projekttagen realisiert werden (vgl. GIEST, 1994b, *Kap. 4*).

Weiterführende Literatur

Calließ, J. und Lob, R.E. (Hrsg.): *Praxis der Umwelt- und Friedenserziehung*. 3 Bde. Düsseldorf 1987/88: Schwann-Bagel

Einsiedler, W. und Rabenstein, R. (Hrsg.): *Grundlegendes Lernen im Sachunterricht*. Bad Heilbrunn 1985: Klinkhardt (Studientexte zur Grundschuldidaktik)

Gesing, H.; Lob, R. E. (Hrsg.): *Umwelterziehung in der Primarstufe*. Heinsberg 1991: Agentur Dieck

Gudjons, H. (Hrsg.): *Natur zum Anfassen – ökologisch unterrichtet*. Hamburg 1988: Bergmann und Helbig

Meyer, W. G. : *Der Sachunterricht. Teil 1: Anthropologie und Pädagogik; Teil 2: Unterricht und Erziehung; Teil 3: Informationen und Reflexionen*. Heinsberg 1993, 1994: Diek

Schwarz, H.(Hrsg.): *Empfehlungen zur Umwelterziehung in der Grundschule*. Frankfurt/M. 1988: Arbeitskreis Grundschule e.V., Umweltstiftung WWF - Deutschland

14

Ästhetisches Erleben und Erfahren von Welt

Gudrun Schulz

14.1 Ästhetische Erziehung heute

In SCHILLERS Briefen „Über die ästhetische Erziehung des Menschen“ (1874) lesen wir, daß Sinnlichkeit und Vernunft zugleich tätig sein sollen, um eine Veredelung des Charakters des Menschen zu erreichen als Voraussetzung für die Errichtung eines Staats der Freiheit. Für Schiller ist es allein das Schöne, das wir als Individuum und als Gattung zugleich genießen können.

Ästhetische Erziehung wird im 19. Jahrhundert verstanden als ein Prinzip der Menschenbildung.

Wilhelm von HUMBOLDT setzt ästhetische Erziehung überhaupt mit Erziehung gleich, denn ästhetische Erziehung sei politische Erziehung.

Später, im Laufe der 19. Jh., ist die ästhetische Erziehung wieder eine unter anderen Möglichkeiten und wird reduziert auf ein „Ressort der esoterischen Innerlichkeit.“ (Brockhaus ENZYKLOPÄDIE, 1987, 219)

Dabei erfolgt die Herauslösung des Kunstwerks, mit dem sich die Spezialwissenschaften beschäftigen.

Erst die Kunsterziehungsbewegung zu Beginn des 20. Jh. verweist wieder auf die Notwendigkeit der Entwicklung der musischen Fähigkeiten der Menschen und betont deren Bedeutung für die Entwicklung der Persönlichkeit eines jeden einzelnen. Die mit dieser Bewegung hervorgebrachten Forderungen, mittels der Kunstproduktion und -rezeption Kreativität, Sensibilität und Selbstfindung zu fördern, prägen bis heute den Anspruch an ästhetische Bildung.

Dabei reicht gegenwärtig eine Besinnung auf die traditionellen Bereiche, wie Kunst-, Musik- und Literaturunterricht nicht mehr aus.

Eine solche Auffassung von ästhetischer Erziehung erfaßt lediglich Teilaspekte, die sich häufig auf die Kunst als spezifische Seite des Ästhetischen beschränken. Bedenkt man zudem bei einem tradierten Lehr- und Stundenplan die geringen Chancen, die die einzelnen Fächer in ihrem ästhetischen Bemühen haben, bleibt die Wirkung eingeengt.

Deshalb muß man heute das Ästhetische in einer neuen Dimension sehen. Das Ästhetische ist als „das Andere der Vernunft“ zu definieren, als eine Weltbeziehung, die sich von der erkennenden unterscheidet, der aber gleichfalls Erschließungskraft zugebilligt wird. Ästhetische Erfahrung bezieht sich dann nicht allein auf Kunsterfahrung, sondern ist ein Modus, Welt und sich selbst im Verhältnis zur Welt und zur Weltsicht anderer zu erfahren, was die Erlebnisse mit der Welt der Kunst einschließt (vgl. HENNRICH, 1989). In positiver Umkehrung eines Zitats von OTTO bedeutet dann ästhetisches Lernen, daß die Sinne notwendig, die Bilder eine erwünschte Alternative zur Wirklichkeit, die inneren Bilder kein zu unterdrückender Störfaktor sind und alles gleichfalls wichtig, was nicht begrifflich faßbar ist (OTTO, 1994, 57).

Ästhetisches Lernen, das Lernen mittels Phantasie, das Erproben der eigenen Kreativität, das Entdecken der Welt mit allen Sinnen birgt Elemente des kognitiven Lernens in sich und ist zugleich mehr, denn: Die Sinne sind beispielsweise einerseits Sinnesorgan und drücken die Fähigkeit der Wahrnehmung aus. Andererseits heißt Sinn auch, etwas persönlich bedeutsam finden und empfänglich, unterwegs zu sein für Eindrücke, für Gefühle, Verständnis aufzubringen für andere, für die Wirklichkeit ringsum. In enger Verbindung mit dem physischen und psychischen Aspekt steht der kognitive Aspekt, denn Sinn, das kann auch bedeuten Denken, Verstand und Bewußtsein eines Menschen (vgl. Biller, 1991, 8).

Die Sinne der Kinder ausbilden zu helfen und ihren Sinn zu wecken, heißt zugleich, die Sinnsuche und Sinnfindung der Kinder zu unterstützen. Eine Forderung, die gegenwärtig auch an die Grundschule gestellt und mit der Sinn-Defizit-These in der Gesellschaft begründet wird. Zu lesen und zu hören ist von der Sorge der Pädagogen, die eine Verkümmerung der Sinne bei Kindern feststellen, weil die Welt vornehmlich „aus zweiter Hand", über die elektronischen Medien, angeeignet wird.

14.2 Ästhetik – durch die Sinne wahrnehmen und sich sein Bild von der Welt machen

Pippi Langstrumpf, ein Name, bei dem man sofort an die Heldin in dem gleichnamigen Kinderbuch von Astrid Lindgren denkt und eine bestimmte Vorstellung von diesem „stärksten Mädchen der Welt" hat (Lindgren, 1987). Erstaunen erwecken diesbezüglich die Unterschiede in der Gestaltung der Hauptfigur durch verschiedene Illustratoren in mehreren deutschsprachigen Ausgaben, z. B. die Illustrationen von Walter Scharnweber, Oetinger, 1950; Rolf Rettich, Oetinger, 1987; Brigitte Schleusing, Der Kinderbuchverlag 1975 u. a. Zieht man Illustrationen aus anderen Ländern des in über 50 Sprachen der Welt herausgegebenen Kinderbuchs heran, dann entdeckt man, wie verschieden die Illustratoren das Mädchen gesehen haben.

Dabei hat A. Lindgren ihre Heldin sehr genau beschrieben: „Sie sah so aus:

> Ihr Haar hatte dieselbe Farbe wie eine Möhre und war in zwei feste Zöpfe geflochten, die vom Kopf abstanden. Ihre Nase hatte dieselbe Form wie eine ganz kleine Kartoffel und war völlig von Sommersprossen übersät. Unter der Nase saß ein wirklich riesig breiter Mund mit gesunden weißen Zähnen. Ihr Kleid war sehr komisch ... Es war wunderschön gelb; aber weil der Stoff nicht gereicht hatte, war es zu kurz, und so guckte eine blaue Hose mit weißen Punkten darunter hervor. An ihren langen dünnen Beinen hatte sie ein Paar lange Strümpfe, einen geringelten und einen schwarzen. Und dann trug sie ein Paar schwarze Schuhe, die genau doppelt so groß waren wie ihre Füße" (Lindgren, 1987, 13).

Wovon hing das „Bild" des Illustrators, der Illustratorin ab, das sie sich beim Lesen und Hören dieser Geschichte gemacht haben? Wodurch entstehen Vorstellungen von Personen beim Lesen und Hören von Büchern, Kassetten u. ä., in Gesprächen mit anderen, mit den Kindern einer Schulklasse? (*Vgl. Kap. 16*)

In diesem Prozeß spielen Erfahrungen, Erlebnisse, Anschauungen, Wissen und Können des Lesers, Hörers, Betrachters, Gesprächspartners, kurz, des Agierenden in der Interaktion mit dem Gegenüber eine große Rolle, aber auch Gefühle. Da die Menschen verschiedene Erfahrungen sammeln, die zudem altersspezifisch sind, erwachsen daraus die Unterschiede in der Sichtweise auf eine Sache, auf einen

Menschen, eine Landschaft, ein Kunstwerk. So gleicht ein „Bild" nicht dem anderen, wie das folgende Beispiel noch einmal verdeutlichen soll:

> „In den alten Zeiten, wo das Wünschen noch geholfen hat", so lesen wir im Märchen „Der Froschkönig", „lebte ein König, dessen Töchter waren alle schön, aber die jüngste war so schön, daß die Sonne selber, die doch vieles gesehen hat, sich verwunderte, sooft sie ihr ins Gesicht schien" Brüder GRIMM, 1962, 9).

Vor den Augen der Sonne bestehen können, das ist ein vertrautes Motiv in der Kunst und in den verschiedenen Kulturen der Völker. Sehen, Schauen, Betrachten, das ist ein wichtiger Sinn des Lebens. Über das Auge werden viele Entscheidungen getroffen, Schönes oder Häßliches, Angenehmes oder Unangenehmes.

Wie schön aber war des Königs jüngste Tochter?

Kindern, die gebeten wurden, sie nach dem Anhören des Märchens zu beschreiben, erschienen sie so schön wie „Cinderella", wie „Schneewittchen" in Walt Disneys Filmen, wie eine Barbie-Puppe, wie die Prinzessin im Märchen vom Froschkönig gezeichnet worden ist (Brüder GRIMM, 1962, 6f.) – oder wie eine Prinzessin eben aussieht: schön.

Warum *sehen* verschiedene Kinder das Schöne verschieden, und woher nimmt man den Maßstab für das Schöne oder das, was schön sein sollte?

Eine alte Frage, die bereits die Griechen stellten, und aus deren verschiedenen Antworten sich im Lauf der Jahrhunderte eine **Theorie vom Schönen** entwickelte, die **Ästhetik**.

Gegenstand der Ästhetik ist das Schöne in seinen beiden Erscheinungsformen, als Naturschönes und als Kunstschönes.

Von jeher war es ein Bemühen der ästhetischen Wissenschaft, das Naturschöne und das Kunstschöne zu unterscheiden als auch zu verbinden. Für Hegel bedeutet das Kunstschöne das ganz andere, das „Ideal", weil „aus dem Geist geborene und wiedergeborene Schönheit". In diesem Falle stehe sie höher als ein Naturprodukt (HEGEL, 1976, 14).

Wie immer man es mit dieser Auffassung vom Menschen als dem Produzenten von Schönheit in der Kunst heute und künftig halten will, der Frage von Produktion und Rezeption des Schönen durch den Menschen ist nachzugehen. Das betrifft auch die Frage, wieviel an Naturschönem bereits durch den Menschen selbst im guten wie im bösen „gestaltet" wurde.

Das Wort „**Ästhetik**" kommt aus dem Griechischen, abgeleitet von „aisthanesthai" und heißt so viel wie: „durch die Sinne wahrnehmen".

Durch die Sinne wahrnehmen, bedeutet, die Welt durch Sehen und Hören und Schmecken und Tasten und Fühlen ... aufnehmen, sie zu entdecken und zu gestalten, denn mit den Augen, den Händen, der Stimme ..., mittels Sprache, Denken, Phantasie und Gefühl schaffe ich mir ein Bild von der Welt und setze es mit anderen Bildern anderer Menschen in eine Beziehung.

Aus der Fülle der Sinneserfahrungen, d. h. aus der Verbindung der Fähigkeit zum Wahrnehmen generell, der Empfänglichkeit für Eindrücke, dem Nutzen des Verstandes, der Phantasie ... wählt man ständig aus der uns umgebenden Welt etwas Bestimmtes aus oder verwirft es, bewertet es als schön oder nichtschön, als nützlich oder unnütz usw. Damit wird einer Sache, einem Menschen ein bestimmter Wert zugemessen.

Die *Wirkung* des Natur-Schönen oder des Kunst-Schönen aus der Alltagswelt auf die Sinne erlebt man aus der Konfrontation mit dem Häßlichen und allen Nuancen, die im Bereich beider Pole liegen. Auch für diese Art der Wertung/Bewertung liefert das Märchen ein scheinbar simples Lösungsmuster, wenn im Märchen von „Frau Holle" auf der einen Seite die fleißige Goldmarie als die „goldene Jungfrau", und andererseits die faule Pechmarie als die „schmutzige Jungfrau" vorgestellt werden (Brüder GRIMM, 1978, 124). Das sind **Wertungsmuster** der Märchen, zu denen es zahlreiche Varianten gibt: schön und häßlich, fleißig und faul, geizig und freigebig, hilfsbereit und egoistisch ... und, was sich dazu noch an Möglichkeiten und Erinnerungen an andere Märchenkonstellationen anfügen ließe. Hinter dieser auf das Schwarz-Weiß-Schema zugeschnittenen Polarität verbirgt sich eine Aussage über die Beziehung zu dem, was als „gut und schön" oder „richtig und falsch" vom Betrachter der Dinge und Erscheinungen angesehen wird und wofür sich jemand entscheidet. Alle Menschen zu allen Zeiten unterlagen und bedienen sich bis heute solcher Wertungsmuster, wobei die gesellschaftlichen Wertmaßstäbe in der Beurteilung von „schön und gut" (natürlich in einer größeren Differenzierung, als sie das Märchen anbietet) eine entscheidende Rolle in der subjektiven Urteilsfindung spielen. Was jemand als schön oder häßlich empfindet, ob als Maler von Bildern oder Betrachter in einer Galerie, als Spieler oder Zuschauer im Theater, als Sänger oder Sprecher oder Zuhörer im Funk oder beim Fernsehen, als Betrachter, Nutzer oder Beschützer einer Landschaft, ob als einer, der gestaltet, oder das Gestaltete aufnimmt und sich aneignet: Es sagt etwas aus über seine Beziehung zur Welt. Kundgetan wird ein Verhältnis (manchmal nur sich selbst, indem etwas abgelehnt oder angenommen wird), das ein **ästhetisches Verhältnis zur Welt** ist und sich in einem Wert- und Geschmacksurteil ausdrücken kann. Das gilt sowohl für den Produzenten, als auch für den Rezepienten. Dabei können die Ansichten dazu, ob etwas schön oder unschön ist, zu ein und derselben Sache erheblich voneinander abweichen, wie oben angedeutet. Mancher empfindet beispielsweise die von einzelnen Kindern genannte „Schönheit" der Barbie-Puppe als häßlich und lehnt sie als Spielzeug schlichtweg ab. Ähnliche Differenzierungen treffen auf Filme wie auf Bilder zu, auf Spielzeug wie auf die Kleidung, auf die Wohnwelt wie auf die Stadt- und Parkgestaltung. Einbegriffen sind auch die zwischenmenschlichen Beziehungen, denn sie werden entscheidend durch lebensweltliche Fundierungen geprägt, die sich im Handeln und Verhalten dem Mitmenschen gegenüber ausdrükken.

Über Geschmack, so der Volksmund, läßt sich streiten. Gebunden aber ist jegliches diesbezügliche Handeln in jedem Falle an **ästhetische Erfahrungen** als einer besonderen Form sinnlicher Wahrnehmung, gedanklicher und sprachlicher Verarbeitung der Um-Welt und reicht dieserart in alle Gebiete menschlicher Lebensgestaltung.

Welches Spielzeug ein Kind zum Spielen benutzt, welche Bilder- und Kinderbücher es betrachtet und liest, in was für einer Alltagskultur es heranwächst, wie und wo es wohnt, in welcher Schulumwelt es sich bewegt, was für Anregungen es zur Begegnung mit Literatur, Musik und bildender Kunst und zur eigenen künstlerischen Gestaltung hat, wie seine Beziehungen in der Familie und zu anderen Kindern, Erwachsenen, Nachbarn sich gestalten: All diese Erfahrungen prägen seine

Wert- und Geschmacksvorstellungen, seine ästhetische Beziehung zur Welt.

In den vielfältigsten Welterfahrungen liegen Potenzen für die Entfaltung von Kreativität, Sensibilität und Selbstverwirklichung, auch von kritischem Bewußtsein in der Wertbestimmung, der Sinnfindung im Leben und seiner Sinngebung.

Kreativität ist ein **Synonym** für schöpferische Produktivität, für ein Denken, das fähig ist, fortwährend Schemata der Erfahrung zu durchbrechen. „Kreativ" ist ein Bewußtsein, daß ständig in Bewegung ist, Fragen stellt, dort Probleme entdeckt, wo andere zufriedenstellende Antworten finden, das fließende Situationen bevorzugt, in denen andere nur Gefahren wittern, das fähig ist zu selbständigen und unabhängigen Urteilen (unabhängig auch vom Vater, vom Lehrer und der Gesellschaft) (vgl. RODARI, 1992, 176).

In ständiger Bewegung, immerfort fragend, be-greifen wollend, indem sie „Lernen als eine Kombination von Spielen und Stoff" (BINNIG, 1992, 13) benutzen, so beginnen Kinder ihre Erfahrungen zu sammeln. Auf diese Weise entdecken sie die Welt, wollen alles wissen, auch das scheinbar Nebensächlichste, wollen alles noch einmal erfinden. Sie holen sich bei ihren Streifzügen in die nahe und weitere Umgebung auch Niederlagen, sind aber nicht davon abzuhalten, sich wieder in Bewegung zu setzen.

Beobachtungen an Kindern außerhalb von Schule verweisen nachdrücklich auf dieses Lebenselixier.

Da kennt man die „Geschwister„ von „Pippi Langstrumpf", die „Sachensucher", die alles mögliche entdecken und finden: „Goldklumpen und Straußenfedern und ... Knallbonbons und kleine Schraubenmuttern und all so was" (LINDGREN, 1987, 25). Sammler, die alles gebrauchen können und mit sich herumtragen, oder jene, die voller Geduld das Spinnennetz, den Käfer beobachten. Zu welchen Einsichten und Erfahrungen sie auf diese Weise gelangen, zeigte sich in der Zusammenarbeit mit Kindern einer Vorschulklasse (HÄUSER & SCHULZ, 1990). Für diese Kinder war die Welt eine aufregende Sache. An jeder Ecke warteten Überraschungen: Ein Junge der Gruppe, Jonas, hatte das Naturkundemuseum in Berlin besucht.

Er erzählte im Erzählkreis von dem Dinosaurier, den er im Museum gesehen hatte (wohlgemerkt nicht von einem Skelett, wie es dort zu sehen ist). „Größe?" fragte jemand von den Kindern. Antwort von Jonas: „Groß wie ein Hochhaus". Susanne, die auch schon in diesem Museum war, ging aus dem Zimmer auf die Straße und verglich mit den dort stehenden Hochhäusern. Ihr Ergebnis: „Nicht ganz, nur bis zum 2. Stock". Die anderen schauten aus dem Fenster. Man einigte sich auf eine Höhe zwischen dem 2. und 3. Stock. Es stellte sich heraus, daß fast alle Kinder schon im Naturkundemuseum zu Besuch waren und neben dem Riesenskelett des Sauriers gestanden hatten. „Der hatte einen zu kleinen Kopf", sagte Jonas, „deshalb mußten sie alle sterben". Anton sagte: „Nein, die Pflanzen waren zu feucht". Schweigen. Nachdenken. Dann Johanna: „Die Pflanzen sind ausgetrocknet". Darauf Anton, 5 Jahre alt: „Stimmt. Die Pflanzen sind ausgetrocknet. Da fanden die Pflanzenfresser kein Futter mehr und starben aus. Da mußten auch die Fleischfresser sterben". Anton hat überzeugt. Im weiteren werden Dinosaurier gemalt, gebastelt, Bücher über Dinosaurier angeschaut. Die Fragen nehmen zu. Das Thema ist ergiebig, ein Projekt wurde geboren. Ästhetische und soziale Prozesse waren in Gang gesetzt worden. Die Erwachsenen hatten die Suche nach Material unterstützt. Die Fragen stellten immer wieder die Kinder selbst. Von ihnen kamen die neuen Ideen.

Auf solche Weise wird Wirklichkeit durch das Kind sinnlich erfahren, handelnd erfaßt und geistig verarbeitet. Oder anders gesagt: Die Kinder wollen beobachten, erkunden, vergleichen, betasten, fühlen, zeichnen und malen, gestalten, erzählen und zuhören, staunen und sich wundern und fragen. Immer wieder fragen dürfen. Mit dem Nachfragen aber fängt bekanntlich die Entdeckung von Welt an. Mit dem Durch-Spielen von Möglichkeiten im Umgang mit den verschiedensten „Stoffen" beginnt Kreativität.

14.3 Das „Spiel" – ein kreativer Prozeß für ästhetisches Lernen

Schiller war der Ansicht, „der Mensch spielt nur, wo er in voller Bedeutung des Wortes Mensch ist, und er ist nur da ganz Mensch, wo er spielt" (1874, 594). Folgt man ihm, dann bedeutet das Spiel die Erweiterung der Wesenskräfte des Menschen, mehr noch, das, was ihn vollständig macht, was seine doppelte Natur auf einmal entfaltet (vgl. ebenda, 594f.).

Spiel ist „Quelle der Entwicklung und läßt die Zone der nächsten Entwicklung entstehen" (Wygotski, 1980, 431).

Beobachtet man Kinder in ihren frühesten Anfängen ihrer Entwicklung, dann stellt man fest, daß „Lernen eine Kombination von Spielen und Stoff, ... von Spiel und Spielzeug" (ist) (Binnig, 1993, 13). Spiel und Spielzeug bedingen einander, das eine setzt das andere voraus. Was hier für die frühe Entwicklung des kindlichen Lernens verdeutlicht wird, trifft, modifiziert, auch auf das Kind in der Grundschule zu. Im Spiel bewegt sich das Kind auf der Ebene der Bedeutungen, eingeschlossen die Freiheit der Phantasie und Gestaltung, die Realisation der Wünsche (vgl. Wygotski, 1980, 434).

Das Kind operiert im Spiel mit Bedeutungen, die von den Dingen losgelöst sein können. Etwas steht für etwas, es erhält Symbolcharakter. Das Stück Holz darf Pferd oder Wagen oder Puppe sein, je nachdem, wie es die eingebildete Situation verlangt. Das ist aber nicht zu trennen von der realen Handlung mit realen Gegenständen. In gleicher Weise kann dasselbe Stück Holz am Lagerfeuer das Feuer verstärken oder zum Teil eines Arbeitsgerätes werden (vgl. Wygotski, 1980, 438). Grundlage des Spiels ist die **Schaffung eingebildeter Situationen**, was für das Kind eine neue Stufe der Abstraktion, Willkürlichkeit und Freiheit bedeutet.

Alles kann alles bedeuten, jeder darf alles sein: Einmal der „König", und im nächsten Spiel auch dessen „Diener", der „treue Heinrich", um im Bild des eingangs erwähnten Märchens zu bleiben. Jeder versucht sich in verschiedenen Rollen, was unterschiedliche Erfahrungen zuläßt, stellt seine „Bilder", seine Vorstellungen von einer Figur, einer Situation vor und zur Diskussion.

Es gibt für Kinder kein Spiel ohne Verhaltensregeln und ohne ein spezifisches Verhalten des Kindes zu den Regeln. Wygotski folgt hier Piaget, der nachweist, wie die Regeln aus zwei Quellen gespeist werden. Die eine Quelle, das sind die Regeln, die die Erwachsenen dem Kind vorgeben und die wir entdecken, wenn die Kinder „Mutter, Vater, Kind" spielen, wobei wir überrascht sind über die „getreue" Wiedergabe unserer Ausdrucksweise und Auffassungen. Ähnliches entdeckt man, wenn die Kinder „Schule" spielen.

Die andere Quelle der Regeln entwickeln die Kinder in Verbindung mit den Erwachsenen, wobei sie selbst sehr erfinderisch sind und streng auf die Einhaltung der aufgestellten und von den Mitspielern anerkannten Regeln achten (vgl. WYGOTSKI, 1980, 449). Dabei werden wichtige Momente für das ästhetische Lernen des Kindes sichtbar: Das spielerische Erfassen des „Stoffes" ist eine von den Kindern bevorzugte Lernmethode, weil sie lustbetont ist und Spaß bereitet. Zugleich wird der „Kreativitätsmuskel" trainiert, denn der vorgefundene Gegenstand, der Stoff, das „Spielzeug" wird in eine neue Situation gebracht, verändert sich, erhält neue Bedeutungen, die wiederum auch den „Spieler" selbst verändern. Kreatives Denken und Gestalten als Teile des ästhetischen Lernens wollen gelernt und geübt sein.

Im Spiel liegt Imagination, Vorgestelltes, Phantasie. Im Spiel läßt sich die Welt entdecken und nach den eigenen Vorstellungen gestalten, verändern, beeinflussen. Im „Durchspielen" von Möglichkeiten, im Probieren einer **„Als-ob-Situation"** *(vgl. auch den folgenden Kasten 14-1)*, die ein „Immer-wieder-tun" einschließt, liegen sowohl der Reiz, als auch der Gewinn an Weltsicht und Welterkundung. Hierbei „lernt das Kind in einer Erkenntnissituation, ... die bestimmt ist durch innere Wünsche und Motive" (WYGOTSKI, 1980, 431).

Walter BENJAMIN verweist auf ein weiteres Moment, welches das Phänomen der Spielfreude erklären hilft, wenn er schreibt: „In der Tat: jedwede tiefste Erfahrung will unersättlich, will bis ans Ende aller Dinge Wiederholung und Wiederkehr, Wiederherstellung einer Ursituation, von der sie den Ausgang nahm ... Der Erwachsene entlastet sein Herz von Schrecken, genießt sein Glück doppelt, indem er's erzählt. Das Kind schafft sich die ganze Sache von neuem, fängt noch einmal von vorn an" (BENJAMIN, 1969, 71). Nach HECKHAUSEN (1964) ist das die typische Verlaufsform des Spiels, die sich aus einem sich wiederholenden Wechsel von Spannung und Lösung entwickelt, einem sogenannten Aktivierungszirkel.

Hier liegt auch eine Erklärung dafür, warum in einem bestimmten Alter bestimmte Spiele unentwegt über einen längeren Zeitraum gespielt werden, ohne daß die Kinder es ermüdend finden (MONTESSORI-Phänomen).

Tätigkeiten im Sinne eines solchen Aktivierungszirkels werden beim Kind durch bestimmte anregende Erlebnisse ausgelöst. Dazu gehören auch Formen von Diskrepanzerlebnissen, wie Neugier und Ungewißheit (vgl NICKEL & SCHMIDT-DENTER, 1995, 122), was die oben beschriebenen Beispiele andeuten.

Kasten 14-1:

Wesentliche Merkmale des Spiels

Eine genaue Definition dessen, was nun eigentlich Spiel sei, ist die Spielforschung bis heute noch schuldig geblieben. Das hängt von der Vielfältigkeit und von der Komplexität dieses Verhaltensbereichs ab (vgl. Nickel & Schmidt-Denter, 1995, 124). Abgeleitet von verschiedenen Definitionsversuchen zeigen sich aber dennoch zu verallgemeinernde wesentliche Merkmale, die das Spiel charakterisieren:

- „Spielen ist eher ein spontanes Verhalten und weniger von außen initiiert.
- Spieltätigkeiten werden um ihrer selbst willen ausgeführt, sie motivieren Kinder gleichsam von innen heraus (intrinsisch).
- Spielen bereitet Vergnügen, es ist also von positiven Gefühlen begleitet.

Diese Kriterien, die man kurz als *Spontaneität, intrinsische Motivation, Zweckfreiheit und positive Gefühlsbetonung* zusammenfassen könnte, sollten immer berücksichtigt werden, wenn Eltern und Erzieher mit Kindern spielen bzw. sie zum Spielen anregen oder gar durch das Spielen ihre Entwicklung fördern wollen" (Nickel & Schmidt-Denter, 1995, 124).

Das Spiel des Kindes ist keine „bloße Erinnerung an empfangene Eindrücke, sondern deren schöpferische Aufarbeitung, ein Prozeß, durch den das Kind die Gegebenheiten der Erfahrung miteinander verbindet, um eine neue Realität zu konstruieren, die seiner Neugier und seinen Bedürfnissen entspricht" (Rodari, 1992, 174).

Das produktive, das kreative Moment liegt darin, die Welt nicht nur mit den verschiedenen Sinnen wahrzunehmen und zu entdecken, sondern aus der eigenen Sicht heraus zu gestalten und im Gestalten sich selbst zu verändern.

So wie „Meta Morfoss" in der gleichnamigen Erzählung von Peter Hacks, in der, phantastisch überhöht, viel von der Phantasie der Kinder und ihrer Neugier zu entdecken ist: „Meta Morfoß war ein kleines Mädchen, welches die Angewohnheit hatte, sich dauernd zu verwandeln.

> Manchmal verwandelte sie sich in eine Muschel und lag ganz still im Algenwald und träumte im warmen Unterwasser vor sich hin. Wenn dann die Jungens im Teich tauchten und versuchten, die Muschel an die Oberfläche zu holen, klappte sie ihre Schalen zusammen und sagte ein bißchen furchtsam: 'Aber ich bin doch die Meta!' Oder sie verwandelte sich in einen Engel und flog mit langsamen Flügelschlägen durch den Abend. Dann konnte es vorkommen, daß sie einem Flugzeug begegnete, und der Kapitän sehr erstaunt zu sich sagte: 'Merkwürdig, hier fliegt ein Engel.' Und er starrte so angestrengt zum Fenster hinaus, daß das Flugzeug zu schwanken anfing. Und Meta rief ihm tröstend hinterher: 'Aber ich bin doch die Meta!'" (Hacks, 1990, 5f.). Was Meta auch alles anstellt, der Autor bekennt sich zu seiner Phantasiegestalt und damit zur Phantasie und zum Einfallsreichtum, den er Kindern zubilligt, wenn es am Schluß der Erzählung heißt: „'Ich weiß nicht, von wem sie das hat... Geerbt kann sie es nicht haben; denn weder mein Mann noch ich haben jemals die mindeste Lust verspürt, uns in allerlei fremdes Zeug zu verwandeln'... 'Kinder kommen eben manchmal auf Ideen', sagte Herr Morfoss" (Hacks, 1990, 34).

Damit Kinder auf Ideen kommen können, ist es erforderlich, daß das Kind vielfältige Impulse und Anregungen erhält, daß der Phantasie der Kinder reiche Nahrung gegeben, angemessene Aufgaben gestellt werden, die „ihre Strukturen festigen und ihr Gesichtsfeld erweitern" (RODARI, 1992, 174). Dazu gehören unterschiedlichste Möglichkeiten im Umgang mit den Gegenständen im Unterricht (*vgl. Kasten 14-2*), angefangen beim Spiel mit der Sprache (FÜHMANN, 1979), dem Spiel mit der Zahl, dem spielenden Erfassen von Würfel, Kugel, Kegel, dem Probieren, Experimentieren, Gestalten mit unterschiedlichsten Materialien bis zum Schattenspiel, dem szenischen Spiel und dem Spiel auf dem „Theater", was immer und wie immer die Spielstätten auch heißen sollten.

Kasten: 14 -2:

Formen des Spiels

Will man die Formen des Spiels für das Grundschulkind bündeln, sollten zumindest die folgenden ihren Platz im Schulalltag haben:

- Funktionsspiele (Hüpfspiele, Seilspringen u. ä.)
- Konstruktionsspiele (erfolgs- und zielgerichtete Spiele, wie das Bauen und Konstruieren eines Gegenstandes, aber auch das Fang- und Versteckspiel u. ä.);
- Phantasie- und Rollenspiel (nach eigener Idee, in Nach- und Umgestaltung von Texten u. ä.);
- Rezeptionsspiele (Betrachten von Bildern, von Büchern, Lesen von Büchern, Hören von Schallplatten, Sehen von Filmen u. ä.);
- Regelspiele (Tanz-, Kreis-, Brettspiele u. ä.) (vgl. NICKEL & SCHMIDT-DENTER, 1995, 126ff.).

Am Phantasie- und Rollenspiel wird noch ein besonderes allgemeines Merkmal des Spiels deutlich, das gerade für diese Form kennzeichnend ist: „sein 'Als-ob-Charakter'. Einerseits sind Inhalte und Tätigkeiten des Spiels selbst nicht eigentlich real, sowohl das Kind als auch der erwachsene Theaterdarsteller unterscheiden sich im Spiel von dem, was sie tatsächlich sind und wie sie sich im Alltag verhalten. Andererseits ist aber das Dargestellte auch nicht unwirklich. Diese Eigenart des Spiels nennt Heckhausen (1964) die Quasi-Realität des Handelns und Erlebens." (NICKEL & SCHMIDT-DENTER, 1995, 128f.)

Zum ästhetischen Handeln und Erleben, zum ästhetischen Lernen in diesem weiten Sinn gehört auch das Nutzen aller in den traditionellen Bereichen liegenden Möglichkeiten, wie die der literarischen, der musikalischen, der bildnerischen, der körperlichen Bildung und Erziehung. Aber das allein und jedes nur für sich reicht heute nicht mehr aus. Vielmehr liegen die größeren Möglichkeiten in der Verknüpfung und Verbindung der unterschiedlichsten Erfahrungen, Erlebnisse, Gedanken und Erkenntnisse, Gefühle und Phantasien in einem fächerübergreifenden Lernprozeß.

14.4 Ästhetische Entdeckung von Welt durch Lesen, Hören, Betrachten, Sprechen, Singen und Gestalten

Lesen ist eine oft genutzte Tätigkeit in der Grundschule, in Schule überhaupt. Gelesen wird in der Fibel, vorgelesen werden eigene Texte, gelesen wird in Kinderbüchern, Lesebüchern und Fachbüchern, gelesen werden Zeitungen und Zeitschriften, wird zunehmend auch schon von Grundschulkindern Computertext. Aber Lesen will gelernt sein (vgl. Kap. 11), vor allem literarisches Lesen.

Literarisches Lesen beansprucht die ganze Persönlichkeit des Kindes, sein Denken, sein Gefühl und seine Phantasie, denn es setzt sich mit künstlerisch gestalteten Werken/Texten auseinander, denen ein spezifisches, ein poetisches Verhältnis zur Welt zugrundeliegt (vgl. Kap. 11.3).

Die Interaktion zwischen Leser und Text, die Zwiesprache des Kindes mit einer Geschichte, mit einem Kinderbuch, die zwischen Leser und Text während des Lesens stattfindet, und das Gespräch mit anderen über das Gelesene kann ins Bodenlose führen, Schichten freilegen, die auf den ersten Blick nicht wahrnehmbar waren.

Der Text im Buch ist zunächst nicht mehr, als die schwarze Schrift auf weißem Grund. Erst in der Zuwendung eines Lesers erfährt der Text seine Verlebendigung. Im Prozeß des Lesens entstehen Bilder vor unserem inneren Auge, hören wir Töne, riechen, empfinden, schmecken wir, erleben eine besondere Form der Kommunikation. Lesen kann das Kind „verzaubern", kann den Leser vereinnahmen und seine Phantasie beflügeln, bis er selbst glaubt, im Land „Phantasien" zu sein wie Bastian Balthasar Bux, der leidenschaftlich die Bücher liebte wie sein Autor, Michael Ende, der die Bücherleidenschaft so beschreibt:

> „Wer niemals ganze Nachmittage lang mit glühenden Ohren und verstrubbeltem Haar über einem Buch saß und las und las und die Welt um sich vergaß... Wer niemals offen oder im geheimen bitterliche Tränen vergossen hat, weil eine wunderbare Geschichte zu Ende ging und man Abschied nehmen mußte von den Gestalten, mit denen man gemeinsam so viele Abenteuer erlebt hatte, die man liebte und bewunderte, um die man gebangt und für die man gehofft hatte, und ohne deren Gesellschaft einem das Leben leer und sinnlos schien..." (Ende, 1990, 12), der versteht nicht, daß, wer einmal zum Leser geworden ist, immer wieder lesen muß, weil die Welt der Bücher einem immer neue Welten des Denkens, des Fühlens, der Phantasie eröffnet.

Wer das erleben und erfahren möchte, dem muß Literatur im Unterricht lebendig werden. Lebendiges Lesen liegt bereits in der besonderen Affinität, die zwischen Buch und Kind besteht, weil „Suchbewegung, Vorstoß ins Neue, Ungefestigte sie (beide) charakterisiert" (Spinner, 1994, 74). Das ist eine gute Basis, Zeit und Raum zu schaffen für individuelles Lesen wie für die individuellen Wege der Kinder zum Buch. Das „Ab-Fragen des Inhalts" einer Geschichte durch den Lehrer führt auf einen schmalen Pfad, zu oft in Eintönigkeit und Enge. Dabei wird verschenkt, was in den Köpfen der Kinder an verschiedenen Geschichten mit oft überraschenden und sehr unterschiedlichen Lösungen verborgen ist. Diese zu vergleichen, die neuen Texte mit dem Buchtext in eine Beziehung zu setzen, die eindrucksvollsten Stellen als Beleg vorlesen zu dürfen oder dazu eine Zeichnung, eine Skizze u. ä. anzufertigen, weil man nicht darüber reden möchte oder erst später, kommt den Lesern und der Literatur und damit dem literaturästhetischen Lernen entgegen. Für solche Wege sollten Bücher in der Schule zugriffsbereit sein, sollte die Schule Raum und Zeit zum Lesen geben, den individuellen Zugriff zum Buch ebenso ermöglichen wie das gemeinsame Lesen und Hören von Geschichten, denn Lesen hat auch mit **Hören** zu tun.

Vorlesen/Erzählen und Zuhören sind traditionelle Formen der Begegnung mit Literatur, Urformen einer Kommunikation zwischen Vorleser/Erzähler und Zuhörer, wie sie auf alten Stichen zu sehen, wie sie heute noch im Kinderladen, in mancher Grundschulklasse im Unterricht zu finden sind, viel zu selten wahrscheinlich in der Familie. Dabei kann man sich der Wirkung einer solchen Situation sicher sein, der intimen Kontaktaufnahme zwischen Erzähler und Zuhörer. Hier laufen Stereotype ab, die Produktivität auf beiden Seiten befördern: Der Erzähler stellt sich auf die Zuhörer ein, er hat sie „im Blick", geht auf ihre Interessen ein bzw. kann sie wecken. So darf er Teile der Geschichte, die besonders „ankommen", weiter ausschmücken oder beim gegenteiligen Effekt auch raffen. Dem Vorleser wie dem Erzähler von Geschichten stehen Mimik, Gestik, Intonation der Stimme, Expressivität im Ausdruck, Wechsel der Figurenstimmen u. ä. zur Verfügung, um seine Zuhörer in den Bann der Geschichte zu ziehen.

Die jungen Zuhörenden gehen nicht nur mit der Geschichte mit, sondern in die Geschichte hinein. Das zeigt sich an gespannter Aufmerksamkeit, erstaunlicher Konzentration und Ausdauer beim Zuhören. Produktives Zuhören kann sich ausdrücken in Zwischenrufen, in eingefügten Kommentaren, in direkter „Mitgestaltung", indem die Erzählung durch Fragen und eigene Erzählteile unterbrochen oder durch eine kurze Darstellung zum Gehörten angereichert wird. Später kann die Geschichte nach-, oder weitererzählt werden, können Bilder oder Bildgeschichten das Gehörte auf neue, andere Art „erzählen". Zuhören schult die Phantasie der „Fernseh"-Kinder. Beim Zuhören bringt jeder – im Gegensatz zu Film und Fernsehen – sein Bild von der vorgestellten Geschichte, deren Personen, dem Milieu, der Landschaft, der Situationen ein. Dabei werden die eigenen „Bilder" vielfach gespeist, auch durch Fernsehbilder und solche aus Filmen. Diese Produktion eigener Vorstellungen ist für viele vergnüglich und genußvoll. Zu beobachten sind aber auch schon Kinder, die nicht mehr zuhören wollen oder können, die durch die Fernsehspots der Werbung, die Videoclips u. ä. auf eine andere, für jüngere Schulkinder verhängnisvolle Fährte gelockt worden sind. Diese Kinder können sich nicht einlassen auf Geschichten mit einem Anfang, in dem die Figuren, die Zeit, der Ort der Handlung vorgestellt, der Konflikt angelegt wird. Sie kennen nicht mehr das Warten auf den Höhepunkt, der mitunter genußvoll ausgedehnt wird, damit man mitfühlen, mitdenken, vorstellungsweise handelnd (als-ob-handelnd) auch in die Auseinandersetzung der Hauptfiguren sich einmischen kann. Sie wissen nichts mehr vom genußvollen Abschluß einer Geschichte oder dem Aussparen des Schlusses, weil der Autor dem Leser selbst die Auflösung der Geschichte zutraut.

Lesen und Zuhören bedeuten Arbeit und Schöpfertum. Der Lohn der Anstrengung liegt im Genuß des Erlebens einer schon nicht mehr alltäglichen Situation, einer Hin- und Zuwendung zum Buch oder zu einer erzählenden Person und der Erfahrung des Kindes, daß das Erzählte mit ihm selbst zu tun hat. Seine Freuden und Sorgen und Nöte werden z. B. in einem Buch wie „Pippi Langstrumpf" verhandelt. Auch manches Kind möchte groß und stark sein, freche Jungen „in die

Bäume hängen können", wenn sie kleine Kinder belästigen. Und der Erzähler, so spürt das Kind, nimmt mich ernst und baut auf mich als Zuhörer, Leser. Interaktion ist vonnöten, aber sie lohnt sich. Man geht anders aus einer Geschichte heraus, als man hineingegangen ist.

Kinder lassen sich auf das Doppelspiel der Phantasie in der Literatur ein, auf die zu entdeckende poetische, verdichtete Darstellung der Wirklichkeit im Text, die sie als solche letztlich durchschauen und auf die Möglichkeit der Nach-, Um- und Neugestaltung derselben während des eigenen Leseprozesses, des Zuhörens oder des eigenen Erzählens einer Geschichte.

Das selbst gelesene und das dem Kind erzählte Buch, die Geschichte, so entdekken die Leser anhand von Märchenkassetten und Verfilmungen von Kinderbüchern kann eine neue **Gestaltung** finden. Diese Kenntnis der Kinder zu nutzen und im Unterricht zu praktizieren, das bringt Leben in den Lese- und Literaturunterricht. Die neu entstehenden Formen sind dabei so vielfältig wie die Phantasie von Kindern und Lehrenden. Da finden sich Wege vom Buch zu anderen Medien, um beispielsweise eine Kassette selbst zu gestalten. Dabei kann eine Erzählung aufgelöst werden in ein szenisches Spiel, wobei die Figuren neu betrachtet, kritisch gesehen und entsprechend den individuellen Vorstellungen der Gestalter arrangiert werden dürfen. Das erfordert ein Probieren und Verwerfen, ein Umformen und Neuentdekken der Geschichte. Hinzu kommt beim Hörspiel das Einbeziehen von Geräuschen und Musik. Das Spiel mit den Tönen und deren phantasievoller Einsatz ist vergnüglich. Das Herstellen eigener Instrumente durch Verwendung unterschiedlichster Materialien führt zu neuen ästhetischen Erfahrungen. Auch das eigene Instrumentalspiel kann in die klangliche Gestaltung des Hörbildes einbezogen, und es können ganz neue „Musikinstrumente" entwickelt und ausprobiert werden (Büchsen, Becher u. ä., angefüllt mit unterschiedlichen Materialien, mit kleinen Kieseln, Kugeln, Körnern u. ä., ergeben z. B. ganz unterschiedliche „Tonlagen" für Rhythmusinstrumente). Wichtig und reizvoll, wenn die unterschiedlichen Ergebnisse vorgestellt und die einzelnen Lösungen diskutiert werden. Zuhören wird produktiv – rezeptiv, wird genußvoller und kenntnisreicher als vorher. Verwandlung erfahren die gelesenen und/oder gehörten Geschichten auch durch das Spiel der Kinder selbst als „Theaterspiel", durch das Spiel mit Hand- und Fingerpuppen, das Schattenspiel wie durch die Pantomime. Wie umgekehrt eigene Geschichten erfunden und in Form der genannten **szenischen Spiele** „erzählt" werden sollten. Dabei entstehen neue Geschichten, ausgedrückt in der Sprache des Körpers, durch Licht- und Schattenspiele, im Tanz, in Form von Bildgeschichten, von Farbtafeln u. ä.

Malen und Zeichnen gelten neben der Sprache als eine wichtige typische menschliche Ausdrucksform, insbesondere für die zwischenmenschliche Kommunikation.

Heute ist bekannt, daß das Malen und Zeichnen wie die Sprachentwicklung sehr früh beginnen. Was zunächst als Kritzeln bezeichnet wird und reiner Ausdruck an der Freude einer neu erworbenen Tätigkeit des Kindes ist, setzt sich allmählich als Möglichkeit der Kommunikation mit anderen fort. In einer Untersuchung bei Erstkläßlern im Umgang mit Kinderbüchern wurden von diesen das Malen zur Geschichte an erster Stelle gewünscht, um sich mit dem Buch und seinen Gestalten in eine Beziehung zu setzen. (Kasswan, 1990). Das Malen und Zeichnen ist eine gute

Möglichkeit, sich die Wirklichkeit auf diese spezifische Weise zu eigen zu machen).

Malen und Zeichnen sollten einen festen Platz in der Unterrichtsgestaltung haben, z. B. im Umgang mit Kinderbüchern, mit Gedichten wie in der Auseinandersetzung mit sozialen, mit gesellschaftlichen, die Kinder bewegenden Themen und Fragen. Das nicht zuletzt auch deshalb, weil unser Bildungswesen, wie EDWARDS (1982, 51) betont, fast ausschließlich auf die Förderung der sprachlichen, rationalen Prozesse ausgerichtet ist und damit einseitig die linke Hirnhemisphäre bevorzugt. Die Förderung des zeichnerischen und bildnerischen Gestaltens, als einer Tätigkeit, die besonders die vernachlässigte rechte Hirnhemisphäre beansprucht, könnte deshalb auch „eine wichtige ergänzende Funktion übernehmen, um das gesamte, dem Kind verfügbare Potential hinreichend zu entwickeln“ (NICKEL & SCHMIDT-DENTER, 1995, 153).

14.5 Alle Sinne ausbilden

In einem Vorschlag „Spaziergang mit den Sinnen/Einladung zu einer Walderkundung“ (GARLICHS, 1990, 25f.), sind folgende Aufgaben für die Schüler zu entdekken:

„Waldboden fühlen

Schließe die Augen.Betaste mit beiden Händen das Laub.

Fahre mit beiden Händen unter das Laub.

Stecke beide Hände tief in den Waldboden.

Oder: *Baumgeschichte*

Ein Baum ist der Wohnort für viele Tiere. Du bist eins davon:
Raupe

Holzbock

Specht

Borkenkäfer

Eichhörnchen

Maus ...

Erzähle von deinen Erlebnissen!“

Fühlen, Ertasten, Be-Greifen mit den Händen, mit den Fingern, auf der Haut. Sicht fortbewegen wie ein Tier, das heißt, auf verschiedene Art sich bewegen: kriechend wie ein Käfer oder springend wie ein Eichhörnchen. Im Ausprobieren dieser Situationen spürt das Kind seine Möglichkeiten und die menschlichen Grenzen.

Das Wahrnehmen der eigenen und das Hineinversetzen in die Fähigkeiten anderer heißt, auf den anderen eingehen, weil man sich einfühlen kann. Kinder lernen auf diese Art genauer hören, beobachten, fühlen, spüren, sehen: Beispielsweise das ‘Zittern des Lebendigen in den Zeichen, Zeichen des Wachstums in den Jahresringen der Baumscheiben, Lebens’zeichen’ in Blatt’adern’, kurz: auf die (Schrift-)’Spuren des Lebens’ in allen Gegenständen der sinnlichen Wahrnehmung aufmerken – vielleicht allererst aufmerksam machen! – die erwachende Sensibilität stärken und – wo möglich – in eine Gestaltung umsetzen lassen“ (BÄRMANN, 1993, 29).

Schrift und Schreiben sind dann mehr als Kommunikationsmittel oder Kulturtechniken schlechthin. Vielmehr bedeutet Schreiben auch, faszinierende ‘Spuren’ vor und unabhängig von aller Schreibarbeit sinnlich wahrnehmen und wirken zu lassen. Eine der frühesten Erfahrungen des Kleinkindes, wenn es überall „hinkritzelt".

Spuren und Zeichen kann man allerorten entdecken:

Die Jahresringe an einem frisch geschlagenen Baum, die Maserung an einem Stück Holz, die Linien der Blätter im Frühling an der Linde, der Eiche. Die Rinden dieser Bäume und ihre Zeichnung. Die Rillen auf Steinen und auf Muscheln, frische Spuren im Schnee, im Sand, Leuchtspuren in der abendlichen Stadt ... Zeichen, die man sehen, auch fühlen kann, wenn man ihnen nachspürt. Vorgabe, die zur Nachahmung reizt und Formen im Vergleich entdecken läßt, vielfältige ästhetische Erscheinungen beobachten lernt.

Eric Carle weiß um das Fühlen- und Tastenlernen und entwickelt Bücher zum Sehen und Hören und Fühlen!

Tastbilderbücher, die anregen sollen, mehrere Sinne zu nutzen.

In einer Begegnung von Frühlesern (Häuser & Schulz, 1990) mit Carles Buch: „Die kleine Spinne spinnt und schweigt" (1990), bedeutete es für die Kinder eine überraschende Entdeckung, daß der Spinnenfaden im Buch sich reliefartig von der Seite abhob. Seite für Seite wurde das Spinnennetz, das sich zudem aus verschiedenen geometrischen Formen entwickelt und ständig vergrößert, von den Zeigefingern der staunenden Kinder erfühlt, daß hieß, mit dem Finger nachgezogen. Wieder und wieder. Was der Lehrerin entgangen war, fanden die Kinder aufgrund ihrer gespannten Aufmerksamkeit heraus: Auch die kleine Fliege, die auf jeder Seite mit den wechselnden Tieren, denen die Spinne begegnet, beinahe nebensächlich erscheint, hebt sich gleichfalls eine Winzigkeit vom Blatt ab. Das Buch wurde zu einem der liebsten. Der Reiz der wiederholten Betrachtung erwuchs aus der Geschichte selbst, die bald schon von den Kindern mitgelesen wurde, aber vor allem auch aus der Lust heraus, den winzigen Spinnenfaden immer wieder fühlen und immer neue Figuren betrachten und beschreiben zu können.

Entwicklung des **Tastsinns** in seiner Doppelfunktion als **Erkundungs- und Gestaltungsorgan** ist eine wichtige Aufgabe im Grundschulunterricht.

In einer zweiten Klasse wurden im Fach „Bildende Kunst" Tasthäuser mit den Kindern gebaut, in deren Gestaltung sie, ausgehend vom Ertasten verschiedenster Materialien für die Bewohner ihrer Häuser, ihre Phantasie in die Gestaltung derselben einbringen konnten. Entstanden ist eine ganze Taststadt, der Ort „Tastenhausen", in dem Bewohner wie „Herr Tasti" und „Benjamin Wolkenreich" leben, wobei der Name Wolkenreich schon darauf hinweist, daß dieser Herr besonders sorgfältig in Watte gewickelt worden ist (Zabern & Mettler, 1993, 24f.).

Wahrnehmungsschulung versteht sich als Beitrag zur elementaren ästhetischen Erziehung in der Grundschule, bei der es um Differenzierung der Wahrnehmungsfähigkeiten geht.

Spurensuche mit den Augen, den Ohren, den Händen, den Fingern, die ein Genuß sein kann, worüber auch die frühen Figuren aus Knetmasse oder Stoff, die Zeichnungen von Kindern Ausdruck geben.

Mit den Händen wahrnehmen und lernen, denn „Hände können das Tor zum Entdecken sein. Durch sie erhält man die Chance des Wissenserwerbs durch Tasten, Fühlen, Greifen, Begreifen, Ausdrücken, Zeigen und Gestalten" (Bannmüller, 1993, 7).

Wahrnehmungslernen, das auf ganz unterschiedlichen Ebenen liegt, das aus der unmittelbaren wie aus der erinnernden sinnlichen Erfahrung gespeist werden kann.

Die Haltungen der Pädagogen dazu sind verschieden. Die einen beklagen „verlorengegangene Sinnlichkeit" (BANNMÜLLER, 1993), andere sehen in direkten sinnlichen Erfahrungen, die den Kindern in der Schule ermöglicht werden sollten, eine Chance, sich über eigene Gefühle und Vorstellungen, über ihre Phantasien und ihr Denken, auch über den eigenen Körper zu vergewissern.

Deutlich wird die Suche der Schule danach, die Sinnfindung der Kinder zu unterstützen, sinnstiftend zu wirken. Alle Aussagen machen deutlich, daß Grundschule heute der Verarmung an unmittelbaren Erfahrungen, wie sie der gegenwärtigen Lebenswelt entspricht, die Vermittlung sinnlicher, das heißt im Ursinn, ästhetischer Grunderfahrungen entgegensetzen möchte.

Verbunden werden die Bemühungen aus dem Wunsch heraus, die Schule und die Lebenswelt der Kinder sich nicht noch weiter voneinander entfernen zu lassen (vgl. BILLER, 1991).

Weiterführende Literatur

BILLER, K.: *Habe Sinn und wisse Sinn zu wecken.* Hohengehren 1991: Schneider Verlag

HENTIG VON, H.: *Ergötzen, Belehren, Befreien.* Zürich 1985: Hanser

MASET, P.: *Ästhetische Erziehung der Differenz.* Kunst und Pädagogik im technischen Zeitalter. Stuttgart 1995:Radius-Verlag

15

Bewegung, Spiel und Sport

Albrecht Hummel und Doris Küpper

15.1 Bewegung und kindliche Entwicklung

15.1.1 Die Bedeutung des Bewegungshandelns für die Gesamtentwicklung

Bewegung, Spiel und Sport haben unersetzbare Bedeutung für eine ganzheitliche Entwicklung. Einschränkungen, Deformierungen und Geringschätzungen dieses Bereichs schlagen sich nicht allein in einem Verlust an Spielfähigkeit oder sportlichem Bewegungskönnen nieder, sondern führen zu spürbaren Beeinträchtigungen der Gesamtentwicklung des Grundschulkindes.

Theoretisch begründet und empirisch nachweisbar ist der Zusammenhang von Bewegung, Spiel und Sport mit der körperlichen Entwicklung, der Entfaltung von Wahrnehmungsfähigkeit, der kognitiven Entwicklung sowie der Gewinnung vielfältiger sozialer, emotionaler, materialer und personaler Erfahrungen.

Die Bedeutung des spielerisch-sportlichen **Bewegungshandelns** für die Gesamtentwicklung des Grundschulkindes ist durch die Multifunktionalität des aktiven Sich-Bewegens begründet. In Anlehnung an Ehni (1977), Kretschmer (1981) und Leist (1993) lassen sich folgende Funktionen des Bewegungshandelns hervorheben:

- *Die produktive Funktion.* Kinder schaffen und gestalten Bewegungslandschaften, erweitern ihre Aktionsräume und erproben ihre konditionellen und koordinativen Möglichkeiten.
- *Die explorative Funktion.* Kinder erkunden und erfahren ihre Umwelt und erfassen materiale Eigenschaften.
- *Die Wahrnehmungsfunktion.* Sich bewegend nehmen Kinder ihren eigenen Körper und die Umwelt wahr und differenzieren ihr senso- und psychomotorisches System.
- *Die adaptive Funktion.* Durch belastendes Bewegungshandeln wird die Anpassung des Organismus an motorische Bewegungsreize gefördert.
- *Die expressive und die impressive Funktion.* Kinder können durch ihre Motorik, Gestik und Mimik etwas ausdrücken und sind in der Lage, Erlebniseindrücke aus und durch Bewegung zu verarbeiten.
- *Die komparative Funktion.* Das kindliche Bewegungshandeln drängt nach einem wetteifernden Vergleich mit anderen Kindern und mit sich selbst nach vereinbarten Regeln.
- *Die kommunikative Funktion.* Kindliches Bewegungshandeln begünstigt dialogische Kommunikation.

Wieweit jedoch im spielerisch-sportlichen Bewegungshandeln des Grundschulkindes eine integrative entwicklungsfördernde Kraft gesehen wird, hängt vom jeweiligen theoretischen Entwicklungskonzept ab (*vgl. Kap.1*) .

Es ist gerade am Beispiel der Geschichte des Sportunterrichts in der Grundschule gut zu belegen, wie die Konjunkturen verschiedener Entwicklungsmodelle (das biogenetische Modell, das sozialisationstheoretische Modell, das interaktionistische Modell) Einfluß auf die konzeptionelle Begründung des Sportunterrichts (der Leibeserziehung, der Körpererziehung) dieser Schulstufe ausübten und Spuren von Einseitigkeiten in der Schulpraxis hinterließen.

> „Die Entwicklung von Körper und Bewegung ist demnach nicht biogenetisch festgelegt, etwa derart, daß bestimmte somatische oder motorische Merkmale im Kindes- und Jugendalter von selbst ausreifen oder im höheren Erwachsenenalter sich zurückbilden, wenngleich biogenetische Entwicklungsfaktoren in Betracht zu ziehen sind. Ebensowenig ist die Entwicklung von Körper und Bewegung umgekehrt sozial determiniert, etwa derart, daß bestimmte Umweltbedingungen körper- und bewegungsbezogene Merkmale aus einem passiven Organismus gleichsam zwangsläufig hervortreiben, wenngleich Umwelteinflüsse nicht übersehen werden dürfen. Obwohl weder die „Biologie" noch die „Umwelt" übersprungen werden können, bleibt die Person gleichwohl Subjekt ihrer Entwicklung, indem sie in ihrem Handeln zum einen ihre biogenetischen Prädispositionen in einer bestimmten Weise erst realisiert, indem sie sich zum anderen mit den sozial-ökologischen Gegebenheiten auseinandersetzt und auf sie einwirkt." (BAUR, 1989, 52f.)

Gleichwohl werden gerade für das Grundschulalter einige Besonderheiten unterstellt, welche die biogenetischen Prädispositionen in diesem Wechselspiel akzentuieren. Es sei hier lediglich auf die vermutete Existenz genetisch vorbestimmter „sensitiver Phasen" für die koordinative und konditionelle Vervollkommnung, auf die Theorie vom sogenannten „besten motorischen Lernalter" und die Annahme des besonderen Wirkens eines natürlichen „Bewegungstriebes" verwiesen.

Genetische Programme für die motorische Entwicklung können als empirisch gesichert nur für die ersten Lebensjahre angenommen werden. Kinder durchlaufen in dieser Zeit ein genetisches Programm zum aufrechten Gang, relativ unabhängig von den milieubedingten Faktoren. Für die späteren Lebensabschnitte scheint es auch mit Blick auf die körperliche und motorische Entwicklung zweckmäßig zu sein, die biogenetischen Prädispositionen als ein zwar vorgegebnenes, jeoch relativ weitgestecktes individuelles Möglichkeitsfeld zu verstehen.

15.1.2 Entwicklungsförderung durch Bewegung und Spiel

Das Grundschulkind ist ein in besonderem Maße bewegungsbedürftiges Kind, und dies erfordert die Bewahrung und Schaffung besonderer Bewegungsmöglichkeiten. Es stellt sich vor diesem Hintergrund die Frage, wie die besonderen entwicklungsfördernden Wirkungen von Bewegung und Spiel zu konkretisieren und zu systematisieren sind. Im Anschluß an GRÖSSING (1993, 148 ff.) kann dies für die körperliche, die kognitive, die soziale und die emotionale Dimension der allgemeinen Entwicklung (*vgl. Kap. 9.1*) dargestellt werden.

Vielseitige und regelmäßige Bewegungshandlungen im Grundschulalter haben einen positiven Einfluß auf die *allgemeine körperliche Entwicklung*:

- Die Wirkungen zeigen sich in einer verbesserten Entwicklung und erhöhten Leistungsfähigkeit des Herz-Kreislauf-Systems.
- Regelmäßige und angemessen belastende Bewegungshandlungen führen zu günstigen Adaptationen im Muskelsystem.
- Angemessen belastende Bewegungshandlungen führen zu positiven Adaptationen im passiven Bewegungsapparat.
- Vielseitige Bewegungshandlungen haben einen positiven Einfluß auf die neuronale Vernetzung des Zentralnervensystems.
- Vielseitige Bewegungshandlungen beugen muskulären Dysbalancen und dem damit verbundenen Haltungsverfall vor.
- Vielseitige und regelmäßige Bewegungshandlungen sind eine Voraussetzung für die Entwicklung und den Erhalt der allgemeinen Beweglichkeit, Gesundheit und Geschicklichkeit.

Vielseitige und regelmäßige Bewegungshandlungen im Grundschulalter haben einen positiven Einfluß auf die *allgemeine kognitive Entwicklung*:

- Gestützt durch Untersuchungen von Piaget (vgl. Scherler, 1975) und Le Boulch (1972) wird angenommen, daß vielseitige und regelmäßige Bewegungshandlungen die Intelligenzentwicklung positiv beeinflussen.
- Kinder mit gut entwickelten Bewegungsfähigkeiten verfügen über einen höheren Intelligenzquotienten als Kinder mit geringeren motorischen Fähigkeiten (Zimmer, 1981).
- Es besteht ein statistisch nachweisbarer positiver Zusammenhang zwischen motorischer Leistungsfähigkeit und Schulreife (Eggert & Schuck, 1975).
- Durch systematische Bewegungshandlungen werden bessere Voraussetzungen für das kognitive Lernen geschaffen (verbesserte Konzentrationsfähigkeit, erhöhte psychophysische Belastbarkeit).

Vielseitige und regelmäßige Bewegungshandlungen im Grundschulalter haben einen positiven Einfluß auf die *allgemeine soziale Entwicklung*:

- Spielerisch-sportliche Bewegungshandlungen im gemeinsamen, koedukativen Sportunterricht bieten Möglichkeiten, viele Regeln, Rollen und Konflikte spielerisch zu erproben und zu inszenieren.*(vgl. Kap.10)*
- Die Offenheit und Transparenz des Handlungsgeschehens und der Leistungsvollzüge, der häufige Körperkontakt mit Mitschülern und das Erleben von Unterschieden im Spannungsfeld zwischen gemeinschaftlicher Einbindung und persönlicher Identität bieten besonders günstige Gelegenheiten zur Einflußnahme auf das Sozialverhalten der Schüler.
- Nicht zu unterschätzen ist das Einüben und Pflegen bewährter, funktioneller Ordnungen für das gemeinschaftliche Sporttreiben und dessen Einfluß auf das Entstehen eines individuellen Ordnungssinns.

Vielseitige und regelmäßige Bewegungshandlungen im Grundschulalter haben einen positiven Einfluß auf die *allgemeine emotionale Entwicklung*:

- Bewegungshandlungen können sich durch Erlebniswerte auszeichnen und die Gefühlsentwicklung nachhaltig beeinflussen.

„In diesen Situationen werden Freude und Ärger, Sieg und Niederlage, Widerstand und Kraft, Grenzen und Ausweitungen, Beziehungen und Versagungen, Einsamkeit und Geborgenheit, Angst und Risiko, Sicherheit und Hilfe erfahren und erlebt." (Grössing, 1993, 157)

- Das intensive Ausleben der Gefühle bei Spiel und Sport sowie das Sprechen über die erfahrenen Gefühle können zweifelsohne der emotionalen Entwicklung des Grundschulkindes förderlich sein.

In der Altersspanne vom 6./7. Lebensjahr bis zum Eintritt in die Pubertät besitzen **konditionelle Fähigkeiten** (Kraft, Schnelligkeit, Ausdauer), **koordinative Fähigkeiten** (Gleichgewichtsfähigkeit, Rhythmusfähigkeit, räumliche Orientierungsfähigkeit), das Beherrschen von Ball- und Geschicklichkeitsspielen, kleiner Kunststücke sowie einfacher sportmotorischer Fertigkeiten einen außerordentlich hohen sozialen Wert in der Gleichaltrigengruppe. Sie sind von erheblicher Bedeutung für den Aufbau der Ich-Identität und die Entfaltung des Selbstwertgefühls des Grundschulkindes.

Es gibt Verweise darauf, daß gerade in dieser Altersspanne das individuelle Körper- und Bewegungskonzept wesentlich zur Stabilisierung des Selbstkonzeptes beiträgt. Einzelne Bewegungserlebnisse und Körpererfahrungen positiver oder negativer Art können geradezu von schlüsselhafter Bedeutung für das weitere Entwicklungsgeschehen sein *(vgl. Kap. 9.1)*.

15.2 Spiel und Bewegung in der Lebenswelt von Kindern

15.2.1 Der Verlust von Spielräumen durch Urbanisierung

Betrachtet man die Lebenswelt von Kindern, so ist unschwer festzustellen, daß die Chancen für hinreichende Gelegenheiten zum **Bewegungsspiel** immer geringer werden. Den Ursachen und Folgen für diese Tatsache soll in diesem Kapitel nachgegangen werden.

Einer der wichtigsten Gründe dafür, daß bewegungsreiche Spielaktivitäten in der Lebenswelt von Kindern eine immer geringere Bedeutung haben, ist zweifellos in der weitgehenden Urbanisierung zu suchen, die nur noch wenig Raum für Bewegungspiele läßt (vgl. Jacob, 1984; Landau, 1992; Zimmer, 1993). Zwar wird durch die Einrichtung von Spielplätzen vermeintlich ein Ausgleich zu den verlorengegangenen Spielräumen geschaffen, doch können die genormten Ausstattungen solcher Spielplätze kaum die reizvollen Bewegungsanlässe in der freien Natur ersetzen. Klettergerüste sind eben schneller „ausgespielt" als Bäume, in denen geklettert werden kann, konfektionierte Balancierbalken fordern weniger zum Spiel mit dem Gleichgewicht heraus als Zäune, Äste oder Mauern.

Hof- und Gartenanlagen im unmittelbaren Wohnumfeld werden vorwiegend nach ästhetischen Kategorien gestaltet, und konsequenterweise werden dort Bewegungsspiele nur selten zugelassen. Die Erkundung von naturnahen Spielräumen mit ihren vielfältigen Anlässen für phantasievoll gestaltete Bewegungsaktivitäten ist Kindern immer weniger möglich.

Verschärft wird diese Entwicklung noch durch die Tatsache, daß den Kindern über vielfältige Erleichterungen durch Verkehrsmittel die bewegungsaktive Bewältigung des Schulweges in der Regel abgenommen wird. Dadurch entfallen längere Fußwege, und die Fahrt zur Schule mit dem Fahrrad wird aus Sicherheitsgründen weitgehend vermieden.

15.2.2 Imitation der Freizeitgewohnheiten der Erwachsenen

Selbst dort, wo die räumlichen Einschränkungen nicht allzu gravierend sind, ist jedoch auch ein Rückgang bewegungsreicher Spielaktivitäten zu beobachten. Dies erklärt sich daraus, daß sich die **Spiel- und Freizeitgewohnheiten** der meisten Kinder durch ein verändertes Angebot im Bereich audio-visueller und elektronischer Medien gewandelt haben (*vgl. Kap.7*).

In erheblichem Maße bestimmen Computer mit ihren Spielangeboten die Lebenswelt von Kindern, und wo dies nicht der Fall ist, simuliert zumindest der Gameboy spannende Spielsituationen auf dem Miniaturbildschirm. Die Faszination solcher Möglichkeiten bindet das Spielbedürfnis der Kinder auch an solche Spielthemen, die häufig Bewegungsaktivitäten in das Bildschirmgeschehen einbeziehen, so daß die paradoxe Situation entsteht, daß Kinder und Jugendliche Bewegungsspiele statt in der Realität nur noch in der Pseudowirklichkeit des Bildschirms erleben.

Bei dieser Entwicklung spielt die Vorbildwirkung der Erwachsenen eine nicht unerhebliche Rolle, deren Freizeitbeschäftigungen ebenfalls weitgehend von den elektronischen Medien gesteuert werden. Das konsumorientierte Verhalten der älteren Generation setzt Maßstäbe auch für die Kinder, und in dem Maße, wie Eltern den eigenen Medienkonsum nicht mehr in Frage stellen, bieten sie auch ihren Kindern keine Alternativen in Form bewegungsreicher Spiele mehr an.

15.2.3 Belastungen durch nebenschulische Aktivitäten

Das Elternhaus spielt bei den Anregungen für die Freizeitgestaltung der Kinder eine wesentliche Rolle. Allerdings stellen sich die Anregungsbedingungen für das Spielverhalten der Kinder durchaus unterschiedlich und nicht immer positiv dar. Zwischen den polaren Möglichkeiten, alleingelassen zu werden und keinerlei Förderung zu erfahren und der Überforderung durch Aktionismus spannt sich ein Spektrum von Erfahrungen, die nicht unbedingt förderlich für spontane Bewegungsaktivitäten sein können.

Viele Kinder werden durch ihr Elternhaus in einen Freizeitstress gedrängt, der in gutgemeinter Fürsorge zustande kommen kann. Häufig wird der Tagesablauf durch die Teilnahme an organisierten Bildungs- und Förderungsangeboten so stark verplant, daß nur noch geringe Zeiträume für spontane Spielverabredungen bleiben (vgl. Berg, 1991,15). Damit unterliegt auch der Rest an Zeit, der dem Spielen vorbehalten bleiben kann, der Organsation durch Verabredungen räumlicher und zeitlicher Art. Eine bedürfnisgerechte Rhythmisierung des Tagesablaufs, in den auch bewegungsreiche Spielaktionen integriert werden können, ist dann kaum mehr möglich.

15.2.4 Folgen der Entwicklung und Konsequenzen für die Schule

Der dargestellte und begründete Rückgang bewegungsreicher Spiele in der Lebenswelt von Kindern hat in mehrfacher Hinsicht fatale Folgen:

Elementare koordinative Fähigkeiten können sich nicht in hinreichender Weise entfalten, so daß die Kinder mit einem äußerst schmalen Hintergrund an Bewegungserfahrung in die Schule kommen (vgl. KUNZ, 1993). Sie zeigen deutliche Defizite in der **Bewegungssicherheit** im Alltag: gering ausgeprägte Reaktionsfähigkeit, Unsicherheiten bei der Erhaltung des Körpergleichgewichts, altersunangemessene räumlich Orientierungsprobleme oder augenfällige Rückstände bei elementaren koordinativen Anforderungen nehmen zu. Damit entsteht ein Defizit an Bewegungssicherheit, das sich nicht nur in alltäglichen Bewegungssituationen (wie zum Beispiel auf dem Schulweg oder in der Pause) als Gefährdungspotential erweist. Auch im Kontext des Bewegungslernens zeigen die koordinativen Defizite, die durch mangelnde Bewegungserfahrung in der vor- und nebenschulischen Spielwelt der Kinder entstehen, ihre begrenzende Wirkung. Die bereits für den Alltag genannten Gefährdungen setzen sich im Schulsport fort, führen zu distanzierenden Effekten und setzen so einen Teufelskreis in Gang, der zu weiterer Bewegungsunlust und Ungeschicklichkeit führen kann.

In Verbindung mit falschen Ernährungsgewohnheiten verstärken sich häufig die fatalen Folgen. Die Anzahl übergewichtiger Kinder nimmt zu und verschärft die dargestellten Probleme weiter.

Aber nicht nur unter dem Aspekt einer gesunden Entwicklung der Kinder erweisen sich die Folgen reduzierter Erfahrungen im Bereich der Bewegungsspiele als fatal. Mit der dargestellten Entwicklung verschwinden auch viele bewegungsreiche Kinderspiele, die zum Teil aus einer langen Tradition überliefert wurden, aus dem Bewußtsein und gehen verloren. Daß dies auch als ein kultureller Verlust verstanden werden kann, ist offenkundig.

Die dargestellten Phänomene und ihre Folgen können von all jenen, die im schulischen Bereich für eine entwicklungsgerechte Förderung der Kinder Verantwortung tragen, nicht übersehen werden; sie fordern pädagogische Konsequenzen geradezu heraus. Auch wenn die Schule bei weitem nicht alle gesellschaftlich verursachten Defizite kompensieren kann, so muß sie sich doch als „Instanz des sozialen Ausgleichs" (KURZ, 1977, 136 ff.) um eine nachholende Bereitstellung von Bewegungsgelegenheiten kümmern, die im familiären Umfeld entweder nicht vorhanden sind oder nicht als bedeutsam erkannt werden.

Dabei fällt besonders ins Gewicht, daß die Schule als Institution selbst ein verstärkender Faktor für Bewegungsrestriktionen ist. Der von ihr verordnete Sitzzwang im zeitlichen Raster des schulorganisatorischen Ablaufs widerspricht den Bedürfnissen der Kinder in vielfacher Hinsicht. Umso mehr muß sich Schule der Verpflichtung stellen, ein hinreichendes Angebot an Bewegung, Spiel und Sport zu sichern, um auch ihren eigenen restriktiven Wirkungen in dieser Hinsicht entgegenzusteuern.

Als Instanz, die ihren Auftrag auch darin sieht, Kulturgut zu erhalten und zu überliefern, könnte Schule außerdem dazu beitragen, daß traditionelle Bewegungsspiele der Kinder, wie sie über Generationen gespielt wurden, nicht in Vergessenheit geraten.

Wenn sich die Grundschule zur nachholenden Bereitstellung von Bewegungsgelegenheiten verpflichtet fühlt, so hat dies wiederum Konsequenzen in zweierlei Hinsicht:

- Bewegungsgelegenheiten als Elemente des Schullebens gehören zum pädagogischen Verantwortungsbereich aller Lehrerinnen und Lehrer und der Schulleitung; sie dürfen nicht nur als eine fachliche Aufgabe gesehen werden, die ausschließlich von den Sportlehrkräften wahrzunehmen ist.
- Für den Sportunterricht bedeutet diese Verpflichtung eine Orientierung für sein pädagogisches Selbstverständnis, sein Zielspektrum und seine Vermittlungsverfahren. Dabei gilt es, die häufig allein sachstrukturell aus dem Lebensbereich Sport abgeleiteten Akzentuierungen zugunsten einer an der kindlichen Entwicklung orientierten konzeptionellen Ausrichtung zu relativieren.

15.3 Entwicklung von Handlungsfähigkeit durch Bewegung, Spiel und Sport

15.3.1 Aufgaben und Ziele des Sportunterrrichts in der Grundschule

Unter der pädagogischen Leitidee einer integrativen Entwicklungsförderung durch spielerisch-sportliches Bewegungshandeln lassen sich die allgemeinen Aufgaben und Ziele eines grundschulgerechten Sportunterrichts ableiten, begründen und pädagogisch legitimieren.

> „Der fachgerechte Grundschulsportunterricht ermöglicht den Kindern durch sein vielseitiges Bewegungs- Spiel- und Sportangebot wesentliche Erfahrungen und Einsichten, ohne die Bildung und Erziehung unvollständig bleiben würden. Grundschulkinder erfahren die veränderliche Belastbarkeit und Leistungsfähigkeit ihres eigenen Körpers und erleben seine wechselnde Reaktion bei Anstrengung, Ermüdung und Erholung. Gleichzeitig machen sie materiale Erfahrungen, sowohl im Umgang mit Geräten als auch in der Auseinandersetzung mit der Natur beim Sporttreiben im Freien sowie Selbsterfahrungen, die sich beim Lernen, Üben, Trainieren, Gestalten sportlicher Situationen, im Finden und Einhalten von Regeln, im Miteinander und Gegeneinander und im Umgang mit Partnern und in der Gruppe erschließen." (Schrenk, 1989, 21)

Die Entwicklung individueller Handlungsfähigkeit beinhaltet mehr als die Vermittlung von Qualifikationen im Sinne des Erwerbs von motorischen Fertigkeiten oder sportlichen Könnens, ohne jedoch auf diese qualifikatorischen Komponenten im Sinne von „Einstiegs- und Schlüsselqualifikationen" zu verzichten. Dieses „Mehr" bezieht sich auf Komponenten wie Entscheidungs- und Kritikfähigkeit, die Freude am Suchen eigener Wege zur Lösung von Aufgaben oder die Bereitschaft, eigenes Handeln mit seinen Folgen für das Handeln der anderen abzuschätzen und gegebenenfalls zu verändern. Es beinhaltet auch die Fähigkeit, scheinbar alltägliches Handeln unter verschiedenen Sinnrichtungen gewissermaßen „mehrperspektivisch" zu akzentuieren und auszugestalten.

Für den Schulsport als Ganzes hat sich – nicht völlig unumstritten – die **Handlungsfähigkeit im Sport** als das übergeordnete Ziel für die inhaltliche und prozessuale Gestaltung des Unterrichts im Fach durchgesetzt. Der außerschulische, „große" Sport wurde in den letzten Jahrzehnten zum dominierenden Bezugsfeld für den

Unterricht. Für die Gestaltung des Schulsports wurden die Sportarten bestimmend. Es führte aber dazu, daß ein Denken und Handeln in Kategorien der Sportarten – man denke nur an die Beschaffenheit der traditionellen Sportstätten und Sportgeräte - pädagogische Vorsätze überlagerte.

Schulpädagogisch reflektiert wird „Handlungsfähigkeit im Sport" als pädagogische Leitidee wie folgt charakterisiert:

Die Schüler sind in der Lage,

- in ausgewählten Sportarten (Kernsportarten, Ergänzungssportarten) den Regeln gemäß aktiv mitzuwirken;
- reglementierte Sportarten nach den Bedürfnissen der Beteiligten abzuändern;
- Sport unter verschiedenen Sinnrichtungen zu erleben (Gesundheit, Geselligkeit, Leistung, Abenteuer, Eindruck, Ausdruck);
- Sport selbst zu organisieren und in diesen Organisationsarrangements auch unterschiedliche Handlungspositionen einzunehmen (Akteur, Arrangeur, Instrukteur, Konsument – vgl. Kurz, 1977).

Die pädagogische Kritik gegen das Konzept „Handlungsfähigkeit im Sport" richtet sich unter anderem auf folgende Punkte:

- Überbetonung der „Sache" Sport, verbunden mit der Befürchtung, daß die Strukturen (Sportarten, Disziplinen, Techniken) und Prinzipien (Überbietung, Wettkampf, Formalisierung, Leistung) des Sports auch den Schulsport durchweg prägen;
- Vernachlässigung der nichtsportiven Bewegungskultur und die Verschüttung eines pädagogisch bedeutsamen anthropologischen Bewegungsverständnisses, das von den Bewegungsmöglichkeiten des menschlichen Individuums ausgeht und jedem Kind die Entfaltung eines kreativen Bewegungssinns unterstellt;
- Formalisierung und methodische Schematisierung des Unterrichts im Sinne fehlender methodischer „Offenheit" durch zu starke Ausrichtung methodisch-organisatorischer Strukturen an den sachlichen Anforderungsstrukuren des Sports und die damit verbundene Reduktion pädagogischer Bildung auf eine sportiv ausgerichtete, qualifikatorische Ausbildung.

Brodtmann (1984, 42) faßt diese Kritik folgendermaßen zusammen:

> „Auch wenn man von einem sehr weiten und offenen Sportverständnis ausgeht, erfaßt die Zielformulierung „Handlungsfähigkeit im Sport" jedoch keineswegs alle fachlichen Möglichkeiten von Sportunterricht und Schulsport, sondern führt sogar zur Ausgrenzung von Sachverhalten, die unter einer über den Sport hinausgehenden Perspektive als pädagogisch sehr bedeutsam angesehen werden können."

Für die pädagogische Legitimation des Sportunterrichts in der Grundschule kann festgestellt werden, daß die Leitidee „Handlungsfähigkeit im Sport" nicht als dominierende pädagogische Intention geeignet ist. Die Handlungsbefähigung für den außerschulischen Sport muß sich dem Primat einer integrativen Entwicklungsförderung durch Bewegung, Spiel und Sport unterordnen. „Handlungsfähigkeit im Sport" ist in der Grundschule nur in dem Maße bedeutsam, wie sie der integrativen Entwicklungsförderung dienlich ist. Im Vordergrund des Sportunterrichts auf der Primarstufe steht die **Befähigung zum** (allgemeinen) **Bewegungshandeln**. Die Struktur dieses Befähigungsprozesses orientiert sich eher an personalen Dispositionen des Grundschulkindes, an dessen Bewegungsbereitschaft und den möglichen Sinnperspektiven kindgemäßen Bewegungshandelns, als an klar abgrenzbaren Bezugsfeldern außerschulischer sportiver Bewegungskulturen.

Die Befähigung zum allgemeinen Bewegungshandeln dient in erster Linie der *Anbahnung und Entfaltung einer individuellen Bewegungskultur des Grundschulkindes.*

Ein an der Entfaltung individueller Bewegungskultur orientierter Bewegungsunterricht, der einen Beitrag zur integrativen Entwicklungsförderung leisten soll, ist von vornherein intentional und inhaltlich „offener" und prozeßorientierter angelegt als ein Sportunterricht mit inhärenter Sportartenorientierung. Ein prägnantes Konzept für einen entwicklungsfördernden Sportunterricht in der Grundschule hat Kretschmer (1981) vorgelegt.

Für die intentionale und inhaltliche Gliederung des Sportunterichts (Bewegungsunterrichts) an der Grundschule lassen sich mehrere plausible Systematisierungen finden.

> „Die Befähigung zum Bewegungshandeln setzt ein personales Gefüge aus angelegten und erworbenen Fähigkeiten konditioneller, koordinativer, sozialer und kognitiver Art voraus, das als vorangegangene Bewegungserfahrung in jede neu zu erlernende Bewegungshandlung eingebracht und darin weiterentwickelt und ausgeformt wird." (Grössing, 1993,43)

Die Befähigung zum Bewegungshandeln in der Grundschule erfordert sowohl eine Kombination als auch eine differenzierte Gestaltung *motorischen Lernens* (Koordination, Kondition, Bewegungsfertigkeiten), *sozialen Lernens und kognitiven Lernens.*

Erzieherische Intentionen müssen – soll ihr Anspruch praktisch eingelöst werden – inhaltlich (stofflich, lerngegenständlich) konkretisierbar sein. Für die inhaltliche Gliederung des Sportunterrichts (Bewegungsunterrichts) an Grundschulen haben sich verschiedene Einteilungsformen herausgebildet.

So gliedert beispielsweise der Bildungsplan für Grundschulen in Baden-Württemberg:

Arbeitsbereich 1: Spielen und Spiel
Arbeitsbereich 2: Sich bewegen mit und ohne Gerät
Arbeitsbereich 3: Sich bewegen an Großgeräten
Arbeitsbereich 4: Spielen und sich bewegen im Wasser

In jedem Arbeitsbereich wiederum werden die Inhalte nach Individualerfahrungen, mit Partner und Gruppe und nach sportartbezogenen Erfahrungen untergliedert (vgl. Schrenk, 1989,25).

Vielfach wird auch von „Sportbereichen" gesprochen, bewußt nicht von Sportarten, jedoch bei deutlicher Orientierung an Sportarten und Sportartengruppen. Beispielsweise im Rahmenplan für die Berliner Grundschulen (1993).

Danach umfaßt der Sportunterricht an Grundschulen folgende Sportbereiche:

- Gymnastik/Tanz – Grundformen der Bewegung ohne und mit Kleingerät
- Leichtathletik – Grundformen der Bewegungen Laufen, Springen, Werfen
- Gerätturnen – Grundformen der Bewegung an Großgeräten
- Spiele – allgemeine Spielfähigkeit, Kleine Spiele (Ballspiele)

- Schwimmen – Grundformen des Spiels und der Bewegung im Wasser
- Ergänzende Sportbereiche (ohne Curriculum) (Rahmenplan Berlin, 1993,7)

Ein weitreichender Orientierungsanspruch verbirgt sich auch in dem bewußt bewegungserzieherischen Ansatz von GRÖSSING (1993). Er unterscheidet vier Bereiche von Bewegungshandlungen:

- Bereich sportlicher Bewegungshandlungen
- Bereich spielerischer Bewegungshandlungen
- Bereich gestaltender Bewegungshandlungen
- Bereich gesundheitsbedachter Bewegungshandlungen.

15.3.2 Zur Gestaltung des Sportunterrichts in der Grundschule

Für eine pädagogisch anspruchsvolle, grundschulgerechte Befähigung zum Bewegungshandeln ist die *prozessuale (methodisch-organisatorische) Gestaltung des Sportunterrichts* von mindestens eben solcher Bedeutung wie die inhaltliche Gestaltung. Neben den tradierten und bewährten Formen der deduktiv angelegten, lernzielorientierten pädagogischen Arbeit mit methodischen Reihen (Übungsreihen, Spielreihen) im Sinne einer klar gegliederten, ergebnisorientierten Lernschrittmethodik ist für eine möglichst entwicklungsfördernde Befähigung zum Bewegungshandeln eine prozeßoffene, induktiv angelegte, aufgebende, ganzheitliche Vorgehensweise wesentlich stärker in den Alltag des Grundschulsports einzubeziehen als das bisher aus verschiedenen Gründen geschehen ist.

Das gelingt umso besser, je direkter von ursprünglichen Bewegungsproblemen der Kinder ausgegangen wird und der Bewegungsunterricht problemorientiert strukturiert wird. Dafür sind mehr oder weniger „offene" **Bewegungsaufgaben** als Lerngelegenheiten zu schaffen. Die Trendverschiebung zum „offenen", problemorientierten Unterricht folgt der pädagogischen Intention WAGENSCHEINS (1988,183):

> „Das Entlang-Gejagtwerden längs den Geleisen des Systems bildet nicht. Wir wollen Geleisleger erwecken, nicht Geleisfahrer machen."

Für einen offenen, problemorientierten Bewegungsunterricht haben sich bereits zahlreiche methodische Zugänge und Gestaltungsmuster herausgebildet. Als Beispiel ist die Idee der **„Bewegungsbaustelle"** nach MIEDZINSKI (1983, 1991) zu nennen, die vielfältig modifiziert bereits Eingang in den Sportunterricht der Grundschulen gefunden hat.

Im Prinzip beruht die Idee der Bewegungsbaustelle auf der klassischen Baukastenidee, wie sie bereits von FRÖBEL für die feinmotorische Entwicklungsförderung ausgearbeitet wurde; die Bewegungsbaustelle dient jedoch vorzugsweise der großmotorischen Entwicklung.

Die pädagogische Arbeit mit „Bewegungsbaustellen" läßt sich durch folgende Merkmale und Hinweise kennzeichnen:

„Bewegungsbaustellen"

- werden vom Sportlehrer vorstrukturiert:

Bereitstellung des Baustellenmaterials (Sportgeräte, Alltagsmaterialien wie Kartons, LKW-Schläuche, textile Fußbodenfliesen, Federkernmatratzen, u.a.m.); Bestimmung von Regeln für die Auswahl und Kombinationsbreite von Baumaterialien z.B. durch „Kartenziehen"; Abschätzung von Risiken ;

- fordern die Selbständigkeit der Schüler bereits bei der Aufgabenstellung und Anforderungsbestimmung; die Schüler werden als echte Mitgestalter des Unterrichts aktiviert;
- sind ständig veränderbar und bieten Platz für unterschiedliche Bewegungshandlungen und fordern zum Üben auf;
- erlauben die Vereinbarung von Regeln und die Durchführung von Wettbewerben;
- können vorgezeigt werden und ermöglichen das Vormachen kleiner Kunststücke;
- erfordern die Einhaltung einer funktionellen Ordnung.

Der Einsatz des methodischen Elements „Bewegungsbaustelle„– es ist nur ein Gestaltungsmoment unter vielen – erlaubt auch die Anbahnung eines Grundverständnisses, daß die etablierte Bewegungswelt des Sportes veränderbar ist (vgl. Trebels, 1983, 21f.). Die Schüler erfahren die Offenheit:

- für unterschiedliche Sinnorientierungen,
- für unterschiedliche Bewegungsformen und Bewegungsräume,
- für Regelveränderungen durch Regelabsprachen.

Auf allen Ebenen seines methodischen Handelns zur Entwicklung der motorischen Handlungsfähigkeit steht der Lehrer vor der Entscheidung, ob er eher „offen" oder eher „geschlossen" vorgeht, ob stärker der *induktive Weg* oder der *deduktive Weg* der inhaltlichen und prozessualen Gestaltung betont wird. Reformpädagogische Erfahrungen vieler Lehrergenerationen sprechen auch in dieser Hinsicht gegen eine alternative Betrachtungsweise, sie verweisen auf eine Kombination beider Wege (*vgl. Kap. 4*).

15.4 Grundschule als Ort für Bewegung und Spiel

15.4.1 Die große Pause

So wichtig der Sportunterricht für den gezielten Aufbau einschlägiger Kompetenzen für Bewegung, Spiel und Sport ist, so wenig darf man jedoch die pädagogische Bedeutung dieses Handlungsfeldes auf die bloß fachliche Ausrichtung begrenzen. Gerade die Grundschule erschließt vielfältige über den Sportunterricht hinausgehende Möglichkeiten, Erfahrungsräume für Spiel und Bewegung im Schulleben zur Verfügung zu stellen. Gleichwohl kann der Sportunterricht hierfür eine wichtige Anregungsfunktion erfüllen.

Auf der Suche nach solchen Möglichkeiten, die im pädagogischen Verantwortungsbereich der Schule über den Sportunterricht hinaus im schulischen Alltag Chancen für nachholende und ausgleichende Bewegungserfahrungen erschließen, kommt der bewegungsreichen Pause besondere Bedeutung zu. Dabei geht es nicht nur um die schulorganisatorisch gesicherten Pausen zwischen den Unterrichtsstunden, sondern auch um jene Pausen, die spontan in den Klassenunterricht integriert werden können.

Pausen stellen ein wichtiges schulisches Erfahrungsfeld außerhalb des Unterrichts dar, indem sie Chancen dafür eröffnen, daß die Kinder im Laufe eines Schulvormittags das tun, was ihrem natürlichem Bedürfnis nach Entspannung und Erholung entspricht: Sie können sich unterhalten, spielen, toben, sich ausruhen, kurz ihre individuellen Wünsche und Vorstellungen von einer sinnvollen Pausenaktivität verwirklichen. In diesem Verständnis erfüllt die Pause also eine kompensatorische Funktion. Darüber hinaus erschließt sie aber zugleich vielfältige Möglichkeiten der Kommunikation, des sozialen Lernens, der Erfahrungsbildung und der Kreativitätsentfaltung. Deshalb ist die Pause keine pädagogische „Leerstelle“, sondern ein höchst bedeutsamer Lebensraum für das selbstbestimmte Handeln der Kinder. Die Verantwortung der Schulleitungen und Kollegien gilt auch für diesen Freiraum. Allerdings darf eine solche pädagogische Zuständigkeit nicht als eine Verlängerung des Unterrichts auf die Pause mißverstanden werden. Unter dem hier diskutierten Aspekt liegt die Aufgabe der Schule darin,

- Bewegungsgelegenheiten im Schulgelände zu schaffen,
- während der Pausen bewegungsreiches Spielen nicht nur zu dulden, sondern dazu zu ermuntern,
- vom Sportunterricht – aber auch von anderen Fächern aus – Anregungen für das Spielen in der Pause zu geben.

Die zahlreichen veröffentlichten Anregungen für eine bewegungsfreundliche Ausgestaltung von Pausenhöfen können hier nicht wiedergegeben werden (vgl. Kammler, 1978; Kraft, 1977); stattdessen sollen einige Prinzipien dargestellt und begründet werden, die Initiativen zu einer **bewegungsfreundlichen Pausengestaltung** leichter machen könnten; sie werden von Ergebnissen einschlägiger Untersuchungen gestützt (vgl. Kottmann, Küpper, Brux & Heck, 1985).

Bereits mit geringem materiellen Aufwand sind Bewegungsgelegenheiten zu schaffen. Bewegungsangebote für die Pausen sind nicht von größeren Umbauten abhängig. Bereits die Ausgabe von Kleingeräten fordert vielfältige Bewegungsaktivitäten heraus. Wenn für jede Klasse eine Kiste mit Spielgeräten (z.B. Seilchen, Softbälle, Frisbeescheiben aus textilem Material)bereitsteht, ist schon ein entscheidender Schritt getan. Darüber hinaus können Bodenmarkierungen oder Zielfelder und -linien an Wänden in Eigenarbeit selbst angebracht werden, so daß auf diese Weise räumliche Abgrenzungen und Spielbereiche entstehen.

*Die bereitgestellten Geräte und Einrichtungen sollten möglichst vielseitig nutzbar sein.*Geräte und Einrichtungen, die im wesentlichen monofunktional zu nutzen sind, sind für das Spielen in der Pause weniger geeignet als solche, die in ihrer Funktion veränderbar sind und damit die kreative Phantasie der Kinder herausfordern. Nutzungsvorgaben, die keine Spielvarianten zulassen, verlieren relativ schnell ihren Reiz.

Die Angebote sollten möglichst das Spielen in überschaubaren Gruppen zulassen. Dieses Prinzip wird häufig bei der Abgrenzung von Spielräumen mißachtet. Besser als ein großes markiertes Spielfeld sind mehrere kleine Felder, die mit weniger Aufwand selbständiges Organisieren der Spielhandlungen erfordern.

Geräte und Einrichtungen sollten möglichst auch bei schlechterem Wetter oder bei feuchten Flächen genutzt werden können. Diese Forderung ist zwar nicht durchgängig einzuhalten, jedoch sollte zumindest vor dem Anbringen von Bodenmarkierungen darauf geachtet werden, daß sich an den vorgesehenen Stellen nicht allzu leicht Pfützen bilden.

Bei der Planung von Bewegungsräumen sollten „Verkehrswege" und Ruhebereiche hinreichend berücksichtigt werden. Um ungestörtes Spielen in der Pause zu ermöglichen, dürfen die Spielräume nicht von eingespielten Verkehrswegen gekreuzt werden (z.B. Ein- und Ausgangsbereiche, Wege zu Sportstätten). Darüber hinaus gilt es auch, Ruhezonen vor Störungen durch intensive Bewegungsaktionen in der unmittelbaren Nachbarschaft zu schützen.

Bewegungsangebote in der Pause erschweren nicht die Aufgaben der aufsichtführenden Lehrkräfte, vielmehr hat sich gezeigt, daß Pausenaktivitäten strukturierter ablaufen und Konflikte oder aggressives Verhalten gemildert werden. Wenn Lehrkräfte darüber hinaus ihre Pausenaufsicht dazu nutzen, die Kinder beim Spielen zu beobachten und beobachtete Schwierigkeiten und Verhaltensauffälligkeiten zum Anlaß nehmen, sie in ihrem Unterricht pädagogisch aufzuarbeiten, dann stellt sich die Bewegungspause als ein Erfahrungs- und Bewährungsfeld von beträchtlicher pädagogischer Bedeutung dar (*vgl. Kap.16 und 18*).

15.4.2 Bewegungspausen im Unterricht

Eine wichtige Chance, mehr Bewegung in den schulischen Alltag zu integrieren, bieten kurze **Bewegungspausen im Unterricht**. Sie haben besonders dann ihren Sinn, wenn die Konzentrationsfähigkeit nachläßt und der schulisch verursachte „Sitzzwang" die Kinder ermüdet. Während des Unterrichts können sie mit wenig Aufwand spontan durchgeführt werden; nach Phasen hoher Konzentration entlasten und entspannen sie schon nach wenigen Minuten .(*vgl. Kap. 9.3*)

Insbesondere an Tagen ohne Sportunterricht können geplante Bewegungspausen auf dem Schulhof im Umfang von 10 bis 15 Minuten eine wichtige Funktion im Sinne entwicklungsgerechter Rhythmisierung des Schultages erfüllen. Solche Pausen bedürfen der Anleitung durch den Klassenlehrer. Schnell zu organisierende kleine Spiele eignen sich besonders und stellen keine hohen fachlichen Anforderungen an die Lehrkräfte. Wenn solche Bewegungspausen während des Unterrichts auch noch viel zu selten verwirklicht werden, ihre positive Wirkung für den folgenden Unterricht ist nicht zu übersehen. Sie helfen, Bewegungsförderung zu einem Anliegen aller Lehrkräfte werden zu lassen und Schule insgesamt bewegungsfreundlicher zu gestalten (vgl. KOTTMANN, KÜPPER & PACK, 1992).

15.4.3 Spiel und Bewegung im Rahmen von Schulfesten

Über den Schulalltag hinaus soll auch die Bedeutung von Spiel und Bewegung bei der Gestaltung festlicher Anlässe im Schuljahr zumindest angedeutet werden.

Schulleben entfaltet sich ja nicht nur im Alltag, auch bei herausgehobenen Anlässen kann sich die pädagogische Zuständigkeit aller Kolleginnen und Kollegen für eine Integration von Bewegung und Spiel in das Schulleben bewähren. So können bei einem **Schulfest** Bewegungsangebote für Kinder, Eltern, Geschwister und Lehrkräfte dazu beitragen, daß über gemeinsame Aktivitäten der Festcharakter eines solchen Anlasses besonders intensiv erlebt wird. Anregungen zur aktiven Beteiligung der Kinder bei der Planung solcher Bewegungsangebote können von unterschiedlichen unterrichtlichen Zugängen – nicht nur vom Sportunterricht – aus erfolgen. Vorführungen, Bewegungsstationen, an denen man seine Geschicklichkeit erproben kann, gemeinsames Tanzen sind Beispiele für solche Bewegungsgelegenheiten bei Schulfesten.(*vgl. Kap.5*)

Weiterführende Literatur

BRODTMANN, D.: *Sportunterricht und Schulsport.* Bad Heilbrunn 1984: Klinkhardt.

BRODTMANN, D. & TREBELS, A.(Hrsg.): *Sport begreifen, erfahren und verändern.* Reinbek bei Hamburg 1983: Rowohlt

DIETRICH, K. & LANDAU, G.: *Sportpädagogik.* Reinbek bei Hamburg 1990: Rowohlt

GRÖSSING, ST.: *Bewegungskultur und Bewegungserziehung.*Schorndorf 1993: Hofmann

KURZ, D.: *Elemente des Schulsports.* Schorndorf 1977: Hofmann

KRETSCHMER, J.: *Sport und Bewegungsunterricht* 1-4. München 1981: Urban und Schwarzenberg

IV

Unterstützen und Fördern

16

Schülerpersönlichkeit und Lernleistungen: Erkennen und Beurteilen

Gerald Matthes & Gerhild Ries

16.1 Beobachten, Beschreiben, Beurteilen

16.1.1 Diagnostische Aufgaben des Lehrers

Kasten 16-1

Beispiel 1:

Gerd, ein Schüler des 4. Schuljahres, fällt in letzter Zeit in seinen Leistungen deutlich ab. Bislang war er ein fröhlicher Schüler, offen und interessiert am Unterrichtsstoff, stolz auf seine Lernfortschritte. Nun arbeitet er selbst in seinem Lieblingsfach Mathematik nicht mit, schaut abwesend vor sich hin, macht Fehler bei Aufgaben, deren Schwierigkeitsniveau er schon beherrscht. Er läuft häufig in der Klasse umher, zieht seinen Kameraden Grimassen, macht Faxen und Witze. Er kommt öfter ohne Schulaufgaben, hat Hefte und Bücher vergessen.Beispiel 2:

Lehrerin M. hat zu Schuljahrsanfang ein 3. Schuljahr übernommen. Sie ist dabei, ihren Lehrplan für den Rechtschreibunterricht aufzustellen. Dazu müßte sie wissen, was die Kinder an Rechtschreibkenntnissen besitzen. Sie plant ein Probediktat. Aber welchen Text, welche Wörterliste soll sie nehmen? Sie entscheidet sich für einen standardisierten diagnostischen Rechtschreibtest. Dieser gibt nicht nur über die Fehleranzahl Auskunft, sondern ermöglicht deren Aufschlüsselung nach „Fehlertypen“, die Ansatzpunkte für didaktische Maßnahmen aufzeigen.

Die beiden oben dargestellten Beispiele sind typische Ausschnitte aus der Arbeit einer Grundschullehrerin. Im ersten Fall geht es um plötzlich auftretende Lernprobleme und sich andeutende Verhaltensschwierigkeiten eines Kindes, im zweiten um ein didaktisches Problem, die Lernvoraussetzungen der Schüler für ein Lehrziel. Um zu entscheiden, welche pädagogischen Maßnahmen im einzelnen angemessen sind, muß die Lehrerin nähere Informationen sammeln: über die Persönlichkeit der Kinder, ihre Entwicklungsbedingungen, ihr soziokulturelles Lebensumfeld sowie über ihre allgemeinen wie spezifischen Lernvoraussetzungen. Ist die Handlungsentscheidung gefallen, muß ihre Wirkung immer wieder überprüft und abschließend beurteilt werden, ob das pädagogische Vorgehen erfolgreich war. Diese *handlungsbezogene Sammlung und Aufbereitung von Informationen zur Problemlösung* nennt man **Diagnose** (Krapp, 1986, 568). Der Lehrer ist also immer auch Diagnostiker. In vergleichenden Schulklassenuntersuchungen fanden Schrader und Helmke, daß die diagnostische Kompetenz des Lehrers eine bedeutsame Komponente erfolgreichen Lehrerverhaltens darstellt. Das trifft besonders für die diagnostische Sensibilität gegenüber den affektiven Lernvoraussetzungen der Schüler zu. Hohe diagnostische Kompetenz erleichtert es dem Lehrer lernfördernde und unterstützende Maßnahmen einzusetzen, sie ermöglicht eine Feinabstimmung des Unterrichts auf die jeweilige Schülersituation (Helmke, 1988; Schrader & Helmke, 1987).

Die Diagnostik in der Grundschule dient vornehmlich der **Modifikation**, d.h. der pädagogischen Veränderung durch erzieherische und unterrichtliche Maßnahmen. Im Fall von Gerd handelt es sich um eine **persönlichkeitsbezogene** Diagnose, im zweiten Fall um eine **curriculumbezogene**. Die curriculumbezogene Diagnose umfaßt die Planung und Gestaltung des Unterrichts sowie die Lernzielkontrolle (Krapp, 1986, 569; Schwarzer & Schwarzer, 1979, 66).

Neben die Diagnose im Dienste der Modifikation tritt in begrenztem Umfang in der Grundschule die Diagnose zum Zwecke der **Prognose**, z.B. beim Schulanfang, bei der Übertrittsempfehlung zu weiterführenden Schulen oder im Fall von Sonderschuleinweisungen.

Die notwendigen Informationen zur Erstellung einer Diagnose gründen sich auf vielerlei Wahrnehmungen im Schulalltag. Unsere Wahrnehmungen vermitteln uns jedoch kein objektives Bild der Wirklichkeit. Zu fragen ist daher, wie wir Personen, wie wir den Schüler wahrnehmen.

16.1.2 Die Wahrnehmung von Personen

Die Wahrnehmung ist ein komplizierter Verarbeitungsprozeß, der mit emotional-motivationalen und kognitiven Faktoren verknüpft ist. Dabei spielt der Wahrnehmende eine aktive Rolle, er selegiert die Eingangsreize und interpretiert und wertet die Sinneseindrücke subjektiv. Da Wahrnehmungen die Orientierungsgrundlage für das Handeln bilden, sind sie von den Zielvorstellungen des Handelnden determiniert. So sieht ein Förster den Wald anders als ein Erholungssuchender. Der Lehrer sieht das Kind als Schüler. *Wahrnehmungen sind immer mehr oder weniger subjektive Eindrucksbildungen.* Das ist besonders der Fall, wenn sie sich auf Personen richten. Anders als bei der Dingwahrnehmung kann der Wahrnehmende vom Wahrgenommenen selbst wahrgenommen werden. Der Beobachter kann dabei u.U. zur Veränderung des wahrzunehmenden Verhaltens des anderen beitragen, was wiederum seinerseits zu einer veränderten Beobachterhaltung führen kann. Es ändert z.B. der Schüler, der sich vom Lehrer beobachtet fühlt, sein Verhalten, woraufhin der Lehrer seinerseits die offene Beobachterhaltung aufgibt. Zum anderen richtet sich die Personwahrnehmung nicht allein auf äußere Merkmale, sondern auch auf „Inneres", auf Motive, Absichten, Einstellungen, Gefühle und Fähigkeiten des anderen. Diese sind aber der Wahrnehmung nicht direkt zugänglich, sie werden über „Äußeres", über Erscheinung, Sprache, Mimik und Gestik sowie über Handlungen erschlossen.

Im folgenden soll der Prozeß der Personwahrnehmung an dem Modell von Warr und Knapper (1968) verdeutlicht werden *(Abb. 16-1)*.

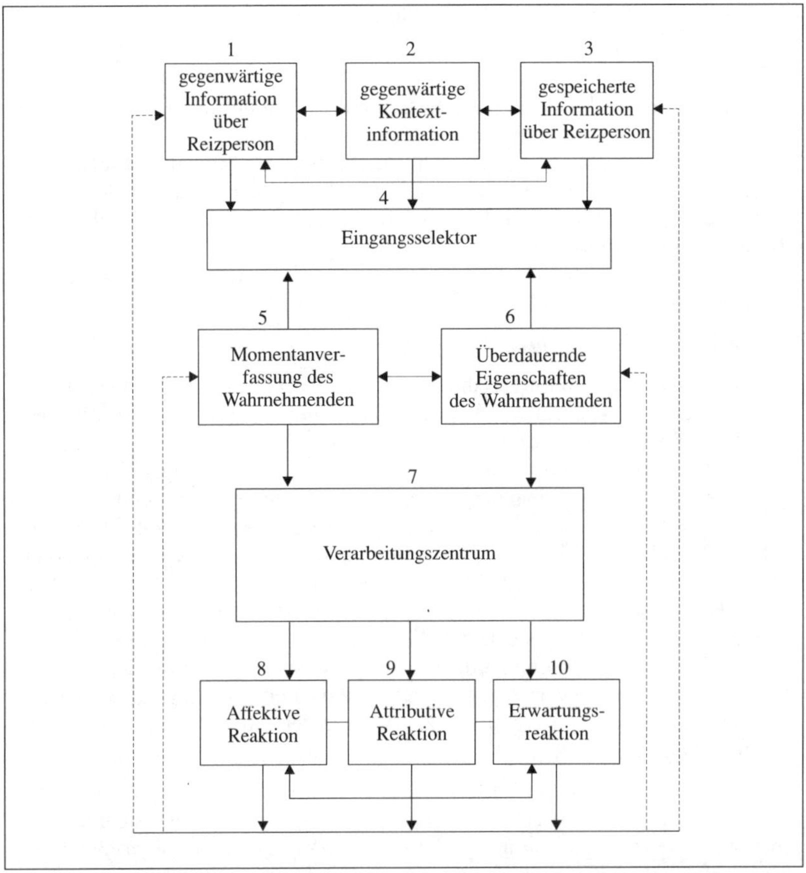

Abb.: 16-1: Schematische Darstellung der Personwahrnehmung nach W*ARR* *und* K*NAPPER* *(*U*LICH* *und* M*ERTENS, 1974, 70)*

Danach wird die wahrzunehmende Person in ihrem situativen und personellen Umfeld wahrgenommen. Die gegenwärtige Information über die Zielperson wird zudem mitbestimmt von dem gespeicherten Wissen des Wahrnehmenden über sie. Diese Eingangsinformation wird beeinflußt durch die momentane Verfassung der Person des Wahrnehmenden und durch ihre überdauernden Eigenschaften; beide fungieren als eine Art Eingangsselektor. Die selegierten Informationen werden im Verarbeitungszentrum nach den individuellen Verarbeitungsstrategien (z.B. subjektive Schlußfolgerungen) der Wahrnehmungsperson aufbereitet. Daraus resultiert schließlich die Urteilsreaktion, bei der sich drei Komponenten unterscheiden lassen.

- die affektive, die gefühlsmäßige Stellungnahme
- die attributive Reaktion. (Darunter versteht man die Zuschreibung von Ursachen, die dem beobachtbaren Verhalten zugrunde liegen können)
- die Erwartungsreaktion. Sie bezieht sich auf das zukünftige Verhalten der Person, das aufgrund des jetzigen Urteils zu erwarten sein wird.

Von der Urteilsreaktion ergeben sich verschiedene, im Modell gestrichelt angedeutete Rückkoppelungen. Wie ein solcher Prozeß in der Schule ablaufen kann, zeigt das Beispiel in *Kasten 16-2*. Vergleiche auch die in Kapitel 2.2 beschriebenen schulischen Interaktionsprozesse.

Kasten 16-2

Beispiel eines Personwahrnehmungsprozesses[50] *:*

Die Klasse sitzt konzentriert an ihren Arbeitsblättern (2). Die Lehrerin sieht wie Reza zu seiner Nachbarin Anne spricht (1), einem ruhigen, eifrigen Mädchen (2). Reza, er ist Türke, war ihr schon öfter durch Unruhe im Unterricht aufgefallen (3). Die sonst besonnene und ruhige Lehrerin (6) ist im Augenblick jedoch gereizt wegen einer Auseinandersetzung mit dem Schulleiter (5). Zudem hat sie generell das Gefühl, daß Gastarbeiterkinder besonders anstrengend sind (6). So hat sie übersehen, daß Reza von Anne bezüglich einer Aufgabe befragt worden war und flüsternd, wenn auch etwas umständlich, Auskunft gab. Sie sah es hingegen so, wie wenn der von seiner Arbeit abschweifende Reza auf Anne einredete und sie ablenkte (4). Sie deutet Rezas Verhalten daher als Störung, bedingt durch seine Arbeitsunlust und ordnet es als typisches Problem von Gastarbeiterkindern ein (7). Leicht verärgert (8) weist sie ihn zurecht und sagt: „Durch deine Unruhe und Unkonzentriertheit (9) lenkst du andere ab und wirst selbst keine Lernfortschritte machen" (10).

Die Zurechtweisung stellt für Reza eine neue Information über die Lehrerin dar (1). In der gegebenen Situation (2) fühlt er sich gekränkt (5) und sieht die Zurechtweisung als ungerecht an (7). Er sagt empört: „Ich habe ja gar nichts gemacht, die Anne hat mich was gefragt" (8). Die Lehrerin deutet das als provozierende Ausrede (7). Sie sieht ihre ursprüngliche Beurteilung Rezas als Störer bestätigt (3) und sieht sich in der Auffassung über anstrengende Gastarbeiterkinder bestärkt (6).

16.1.3 Schülerbeobachtung im Schulalltag

Um Kenntnisse über und Verständnis für die Lernsituation der Schüler zu erlangen, ist über die beiläufige Wahrnehmung ihres Verhaltens hinaus eine gezielte **Beobachtung** erforderlich, besonders da, wo sich persönliche Schwierigkeiten, soziale Probleme oder Lernstörungen abzeichnen.

[50] Die Zahlen in Klammern beziehen sich auf die Kennzeichnungen der Variablen in Abb. 16-1.

Unter Beobachtung versteht man eine „absichtliche, aufmerksam-selektive Art des Wahrnehmens, die ganz bestimmte Aspekte auf Kosten der Bestimmtheit von anderen beachtet" (GRAUMANN, 1973, 15).

Die Beobachtung ist die grundlegende psychologische Methode. Die Verhaltensbeobachtung rechnet dabei im Vergleich mit exakten und objektiven Methoden wie Tests zu den subjektiven Verfahren. Bei den Beobachtungsverfahren unterscheidet man zwischen Beobachtungen in **natürlichen Situationen** und in **künstlich** herbeigeführten, wie sie für wissenschaftliche Zielsetzungen im Labor arrangiert werden. Die Beobachtungen des Lehrers, sofern sie im Rahmen des Schulalltags stattfinden, sind der ersten Form zuzurechnen.

In den meisten Fällen sind der Lehrer und die Lehrerin **teilnehmende Beobachter**, da sie selbst in das zu beobachtende Geschehen einbezogen sind. Sind sie zu stark engagiert dabei, geht die für die Objektivität der Beobachtung notwendige Distanz zwischen Beobachter und Observand u.U. verloren.

Bei den Beobachtungsverfahren wird weiter gemeinhin zwischen **systematischen** (absichtlich geplanten und weitgehend kontrollierten) und **unsystematischen** (vorwissenschaftlichen) unterschieden. Allerdings ist diese Einteilung – wie auch die zwischen natürlichen und künstlichen Situationen – nicht immer eindeutig zu vollziehen. Die systematische Verhaltensbeobachtung erfordert eine Planung und Kontrolle des gesamten Beobachtungsprozesses sowie trainierte Beobachter, sie setzt detaillierte Beobachtungspläne voraus. Das ist vom Lehrer nicht zu leisten und daher dem Psychologen vorbehalten. Die Schülerbeobachtung des Lehrers im Rahmen des Schulalltags ist zumeist eine unsystematische Verhaltensbeobachtung, doch sind auch geplante und kontrolliertere Formen möglich und erforderlich.

Gelegenheitsbeobachtungen. Während der Unterrichtsarbeit oder in Pausen fallen gewisse Ereignisse auf – ein Grüppchen sondert sich in einer entfernten Schulhofecke ab, die anderen machen große Bogen um sie – oder ein bestimmtes Schülerverhalten macht auf sich aufmerksam – ein plötzlicher Tränenausbruch, ein unerwartetes Verstummen und Erröten, ein Wutanfall –. Solche Gelegenheitsbeobachtungen verdienen sorgfältig festgehalten zu werden. Sie sagen für sich genommen noch nichts aus, sie lenken aber u.U. auf ein bisher unbemerktes Problem hin. Gelegenheitsbeobachtungen werden zum Ausgangspunkt für gezielte und wiederholte Beobachtungen.

Die Gefahr bei solchen „event-samples" ist jedoch, daß vor allem extreme Ereignisse festgehalten werden, ihre Aufzeichnung zu einer Sammlung negativen Schülerverhaltens gerät.

Geplante, situationsbezogene Verhaltensbeobachtung. Die geplante Beobachtung kann sich entweder auf ein bestimmtes Verhalten beziehen, dessen Auftreten über verschiedene Situationen hinweg verfolgt wird – z.B. Mißerfolgsverarbeitung bei kognitiven Leistungen, im Sport, beim Werken –. Sie kann aber auch bestimmte schultypische Situationen akzentuieren – z.B. Gruppenarbeit, Gemeinschaftskreis, freie Arbeitsphase – und die unterschiedlichen Verhaltensweisen im Zeitkontinuum registrieren. Die Beobachtungen im Schulalltag laufen immer neben den sonstigen Aufgaben her, sie liefern daher mehr oder weniger zufällige Informationen und unterliegen vielen Fehlerquellen. Sie sind darum immer wieder infrage zu stellen und zu überprüfen. Eine Möglichkeit der Überprüfung ergibt sich beim Team-teaching oder bei gegenseitigen Hospitationen von Kollegen. Der zeitweilig von Unterrichtsaufgaben freigesetzte Kollege kann eine distanzierte Beobachterhaltung einnehmen. Vor allem werden die Verhaltensweisen der Kinder im Rahmen der Schüler-Lehrer-Interaktion beobachtbar. Schülerverhalten wird als Reaktion auf Lehrerverhalten verstehbar.

Das Anlegen einer *Schülerkartei*, in die die Beobachtungen eingetragen werden, verhindert, daß nur auffällige Schüler beobachtet werden und die stillen und unauffälligen, z.T. gleichfalls problembehafteten, übersehen werden. In bestimmten Zeitabschnitten kann dann überprüft werden, über welche Kinder viel oder keine Beobachtungen vorliegen. Zweck der Beobachtung ist es ja, alle Kinder besser kennen und verstehen zu lernen und Entscheidungsgrundlagen für erzieherische und curriculare Maßnahmen zu erhalten.

Teilstandardisierte Beobachtung. Für bestimmte Fragen läßt sich auch in der Schularbeit durch eine gewisse Standardisierung der Beobachtungsmethode eine größere Objektivität erreichen, indem nach einem vorher erstellten Plan einige oder alle der folgenden Faktoren festgelegt und standardisiert werden:

- Die *Beobachtungssituation*, z.B. Pause, Mathematikunterricht, Partnerarbeit
- Die *Beobachtungszeit*, z.B. jeweils 5 Minuten nach Beginn der betreffenden Situation oder 10 Minuten vor Schluß der Sitzung
- Die *Beobachtungsintervalle*, z.B. täglich; 1 mal die Woche; für jeweils 5, für 10 Minuten
- Die *Beobachtungsdauer*, z.B. 2 Wochen; ein viertel Jahr.

Durch einen solchen Plan wird die freie Beobachtung der wissenschaftlichen, systematischen zunehmend angenähert.

*Beschreibung des Verhaltens.*Die Beobachtungen müssen schriftlich festgehalten werden, wenn sie für pädagogisches Handeln und Beurteilungen fruchtbar gemacht werden sollen.

Auf die Beobachtung folgt als zweiter Schritt die Protokollierung des Verhaltens.

Das kann entweder in Form eines freien Protokolls erfolgen oder/und mit Hilfe eines standardisierten Beobachtungsbogens (*vgl. 16.2.2*), bei dem das beobachtete Verhalten vorgegebenen Kategorien zugeordnet wird.

Vergleichen Sie folgende Eintragungen:

(1) Moni war heute wieder äußerst aggressiv.

(2) Jan war während der Gruppenarbeit undiszipliniert und laut.

(3) Gabi warf in der letzten Stunde während der Gruppenarbeit mit Peter, Anne und Jan öfter ihr Buch auf den Tisch und schrie bei der Diskussion häufig dazwischen.

Das Protokoll (1) beschreibt nicht die Beobachtung, sondern die Schlußfolgerung daraus, es ist der Schluß auf ein Persönlichkeitsmerkmal. Derartige Schlußfolgerungen aufgrund einzelner Beobachtungen stehen in der Gefahr, vorschnell zu verallgemeinern. Sie bilden dann für die Zukunft ein Selektionsraster, das blind macht gegenüber Verhaltensweisen, die dieser Schlußfolgerung widersprechen.

Bei (2) wird das Verhalten weniger wertend und vor allem situationsbezogen beschrieben, so daß kein Schluß auf eine überdauernde Eigenschaft wie bei (1) nahegelegt wird.

(3) gibt das beobachtete Verhalten und eine genaue Situationsschilderung einschließlich der Beteiligten wieder. Es registriert *was, wann, wo, wie* getan wurde.

Die Schwierigkeit für den Lehrer oder die Lehrerin besteht darin, daß sie die Eintragungen nicht während der Beobachtung, sondern nur in gewissem Abstand davon machen können. Es handelt sich um Gedächtnisprotokolle, die das Beobachtete immer mehr oder weniger getreu wiedergeben. Zudem stellen Wahrnehmungen immer auch Interpretationen dar und schließen Schlußfolgerungen ein, wie sich anhand des Modells der Personwahrnehmung (vgl.*16.1.2*) ablesen ließ. Diese Schlußfolgerungen, die zwischen dem wahrgenommenen objektiven Verhalten und seiner Protokollierung liegen, werden **Inferenz** genannt (ROSENSHINE, 1973).

Beobachtungsniederschriften lassen sich nach dem Grad ihrer Inferenz unterscheiden. Bei den o.a. Beispielen ist (1) hochinferent, (3) niedriginferent. Niedriginferente Daten bleiben auf der beschreibenden Ebene, hochinferente abstrahieren mehr oder weniger vom konkreten Verhalten und kategorisieren es. Die damit verbundene Gefahr wird aus dem Beispiel (1) sichtbar. Andererseits ist der Lehrer mit der Protokollierung vieler niedriginferenter Einzelinformationen zeitlich u.U. überfordert. Höher inferente Daten hingegen sind ökonomische Zusammenfassungen und Kategorisierungen, die einer schnellen Orientierung dienen. Wie soll der Lehrer verfahren?

Grundsätzlich gilt, die Beschreibung von der Beurteilung zu trennen. Das bedeutet, sich bei der Protokollierung immer wieder auf wertende Stellungnahmen zu kontrollieren und so nahe wie möglich bei der Beschreibung des konkreten Verhaltens und seines situativen Kontextes zu bleiben. Deutungen und Vermutungen sollten als solche gekennzeichnet und mit einem Fragezeichen versehen werden.

Die Beurteilung ist erst der letzte Schritt, der auf der Sammlung von vielfältigen Beobachtungen aufbaut. Im Beurteilungsprozeß werden die einzelnen Befunde zusammengefaßt, abgewogen und gewichtet und abschließend in Hinblick auf die zu fällende pädagogische Entscheidung oder die anstehende Begutachtung bewertet. Dabei werden nach Möglichkeit andere Informationsquellen herangezogen wie Testergebnisse, Zeichnungen, schriftliche Arbeiten, Gespräche mit Eltern u.a. (*vgl.16.2.2*).

Beurteilungsbereiche. Was alles soll beobachtet werden? Kann und muß sich der Lehrer nicht auf bestimmte Verhaltensbereiche beschränken und auf welche? Die Frage ist nicht eindeutig zu beantworten. Bei kindlichem Verhalten läßt sich nicht Wesentliches und Unwesentliches unterscheiden. Vermeintlich periphere Erscheinungen im Verhalten können zum Zentrum der kindlichen Persönlichkeit führen. THOMAE nennt sechs Hauptrichtungen des Verhaltens, die bei der Beobachtung und Beurteilung von Kindern berücksichtigt werden sollten (1979, 48):

- Das Verhalten in Spiel und Freizeit
- das Verhalten zu Gleichaltrigen bzw. Kameraden
- das Verhalten zu Lehrern und Erziehern
- das Verhalten zu sich selbst
- das Verhalten zu Sachen und sachlichen Aufgaben
- das Verhalten zu Werten.

Beobachten und das Sammeln von Informationen geschehen immer im Hinblick auf eine bestimmte Fragestellung. Das Problem, das gelöst werden soll, bildet die allgemeine Leitlinie für die Beobachtungsrichtung und den diagnostischen Schwerpunkt. Der Lehrer muß sich bei der Diagnose und Beurteilung an seinen Erziehungs- und Lehrzielen orientieren. BARTNITZKY und CHRISTIANI (1987, 54 f.) nennen sechs Beurteilungskategorien, die sie durch Lernzielformulierungen näher konkretisieren. Es handelt sich um folgende Kategorien:

- Kooperationsfähigkeit
- Selbständigkeit
- Leistungsbereitschaft
- Umgang mit Konflikten und Kritik
- Verläßlichkeit
- Produktivität

Schülerverhalten und Schulleistungen stehen in Wechselbeziehung mit einem vielfältigen Bedingungsgefüge. Beurteilungen dürfen sich daher nicht nur auf die isolierte Diagnose des aktuellen Schülerverhaltens stützen, sondern müssen das Lebensumfeld und die Biographie des Schülers einbeziehen. KRAPP (1986, 623) hat ein Klassifikations- und Funktionsmodell der Bedingungsfaktoren der Schulleistung aufgestellt, das als Suchraster für notwendige Informationen über den Schüler und sein Umfeld dienen kann (*vgl. Abb. 16-2*). Das Modell sieht die Persönlichkeit des Schülers in der Wechselbeziehung zu familiären und schulischen Faktoren, wobei jeweils nicht nur die aktuellen Einflußfaktoren, sondern auch die früheren Entwicklungsbedingungen berücksichtigt werden müssen (*vgl. Kap. 1*).

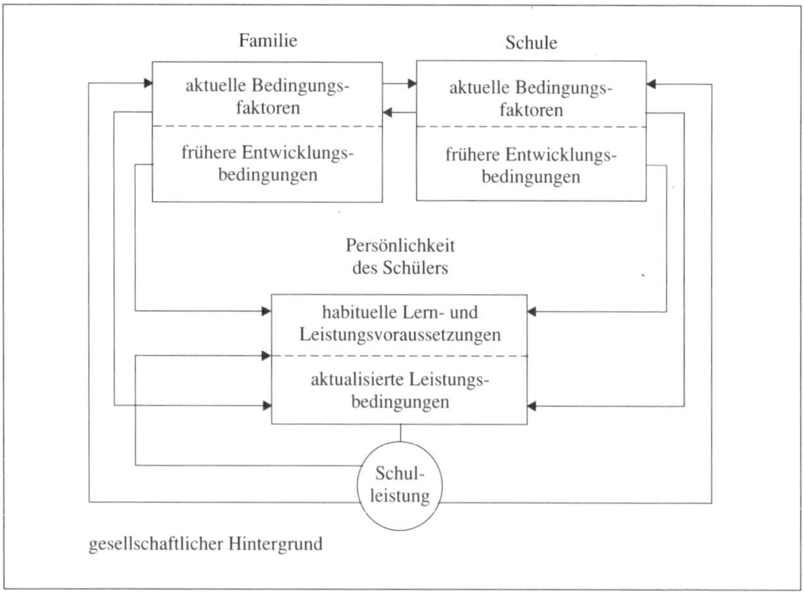

Abb.:16-2: Bedingungsfaktoren der Schulleistung (KRAPP, 1993, 623)

16.2 Beurteilungsfehler und Beurteilungshilfen

16.2.1 Beurteilungsfehler und ihre Folgen

Daß sich Lehrer in ihren Beurteilungen unterscheiden, weiß jeder aus seiner Schulzeit. Es gibt den strengen Lehrer, er gibt schlechtere Noten als andere Lehrer, und es gibt den Lehrer, bei dem es viele gute Noten gibt. Man spricht vom **Strenge**- und **Milde-Effekt** im Lehrerurteil. Andere Lehrer vermeiden extreme Urteile, sie zeichnet eine **Tendenz zur Mitte** aus. Ihr Gegenstück ist die **Extremtendenz**, bei der mittlere Noten vermieden werden.

Neben solchen allgemeinen Urteilstendenzen gibt es weit weniger offensichtliche Fehlerquellen im Urteil. Die beiden Untersuchungen im *Kasten 16-3* gingen ihnen nach.

Kasten 16-3

Fehlerquellen im Lehrerurteil

Hadley (1973) untersuchte den Einfluß der Sympathie des Lehrers auf die Benotung. Er verglich das Lehrerurteil über die Mathematikleistungen der Schüler mit dem Ergebnis eines objektiven Leistungstests über den fraglichen Unterrichtsstoff. Anhand dieses Vergleichs ließ sich feststellen, wie weit die Lehrerbenotung mit den objektiven Testleistungen übereinstimmte. Gleichzeitig bat er die Lehrer, eine Sympathieeinschätzung der Schüler vorzunehmen. Entsprechend dieser Aufstellung teilte er die Kinder in drei Sympathiegruppen ein. Dabei ergab sich, daß bei 50 % der beim Lehrer Beliebtesten die Benotung besser ausfiel, als es ihre Leistungen erwarten ließen, bei den Unbeliebtesten verhielt es sich genau umgekehrt, 50 % wurden schlechter als ihre Testleistungen zensiert.[51]

Weiss (1974) legte einer Gruppe von 92 Lehrern zwei Aufsätze aus der 4. Klasse zur Beurteilung vor. Der einen Hälfte der Lehrer wurde dazu mitgeteilt, der eine Aufsatz sei von einem Schüler, dessen Vater Redakteur bei einer großen Tageszeitung sei, der andere von einem Schüler, dessen beide Eltern berufstätig seien und der viel Schundhefte lese. Die andere Lehrerhälfte bekam die gleichen zwei Aufsätze, nur waren die Informationen über die Schüler vertauscht. Der Aufsatz vom angeblichen Redakteurssohn wurde im Durchschnitt signifikant besser beurteilt, unabhängig davon, welcher der beiden Aufsätze als „Redakteursaufsatz" galt. Es fiel dabei nicht nur das Gesamtergebnis besser aus, sondern auch einzelnen Beurteilungsaspekte wie Inhalt, Stil, ja sogar die Rechtschreibung.

In der Untersuchung von Hadley hat die Lehrer-Schüler-Beziehung die objektive Beurteilung beeinträchtigt. Die positive Bewertung „sympathisch" färbte auf die Beurteilung der Schülerleistung ab. Man spricht von einem „Halo-Effekt" (Hof- oder Heiligenschein-Effekt), dabei wird von einem oder wenigen Merkmalen, meist

[51] Zu Einflüssen auf die Beurteilung von Mathematikleistungen vergleiche Schrader und Helmke (1990).

wertbesetzten, ein Urteil über die Gesamtpersönlichkeit abgeleitet. Der Aufbau der Untersuchung kann nebenbei als Anleitung zur Selbstprüfung des Lehrers dienen, ob und ggf. bei welchen Kindern seine Sympathie oder Antipathie die Benotung verzerrt.

Im Falle der Aufsätze von Weiss sind durch die Zusatzinformationen Stereotype und soziale Vorurteile geweckt worden, von denen dann auf sprachliche Merkmale in den Kinderaufsätzen geschlossen wurde. Derartige Erwartungen auf Grund sozialer Vorurteile können nicht nur die Leistungsbewertung, sondern auch die Beurteilung der ganzen Schülerpersönlichkeit beeinträchtigen.[52]

Bei beiden Untersuchungen handelte es sich um **Verknüpfungsfehler**, bei denen von einem Merkmal auf ein oder mehrere damit gekoppelte geschlossen wird. Es wird subjektiv ein objektiv und logisch nicht gegebener Zusammenhang zwischen Merkmalen angenommen. Beispiele für solche Verknüpfungstendenzen sind: ordentlich und ehrlich; freundlich und gutmütig; intelligent und unpraktisch. Aus mehreren solchen Verknüpfungstendenzen entstehen Verknüpfungsstrukturen. Sie reduzieren die Informationsfülle und machen sie überschaubar. Schon wenige Informationen über einen Menschen führen durch entsprechende Schlußfolgerungen zu einem abgerundeten Bild von ihm. Sie stellen andererseits aber auch z.T. unzulässige Vereinfachungen des Urteils dar. So fand Höhn (1967) in ihren Untersuchungen über das Lehrerurteil folgende Eigenschaften zu einem Stereotyp des „schlechten Schülers“ verknüpft: faul, frech, geltungsbedürftig, unaufmerksam, unordentlich, schlechte soziale Einpassung, moralische Fehler und Milieubelastung. Man spricht in solchen Fällen von einer **impliziten Persönlichkeitstheorie** des Lehrers von einem Schüler.

Anhand des Modells von Warr und Knapper (*vgl. 16.1.2*) konnten wir verfolgen, wie derartige Urteilsfehler entstehen und sich stabilisieren.

Das Modell der Personwahrnehmung weist auch auf eine andere Fehlerquelle hin, die Zuschreibung von Ursachen des Verhaltens oder **Kausalattributionen**. So werden z.B. Fehler vorschnell auf Fähigkeitsmangel zurückgeführt, das Nichtmitmachen im Unterricht auf Unwilligkeit oder gar Widersetzlichkeit attribuiert etc. Im allgemeinen wird eine Leistung umso höher bewertet, je mehr sie durch Anstrengung zustande kam. Attribution einer Leistung auf Anstrengung führt daher zu besserer Benotung, Attribution auf mangelnde Anstrengung zu schlechterer. Lehrer neigen dazu, die Ursachen von Schulleistungen überwiegend beim Schüler selbst zu suchen.

In einer Untersuchung von Meyer und Butzkamm (1975) sollten 10 Grundschullehrer die Ursachen für die Mathematikleistungen ihrer 315 Schüler benennen. Sie erklärten sie zu 86 % mit Merkmalen der Schüler, vornehmlich mit Begabungs- und Anstrengungsfaktoren (zu 77 %). Schulische Faktoren wurden fast überhaupt nicht benannt. Ein analog angelegter Versuch bei Lehramtsstudenten im Schulpraktikum ergab ein vergleichbares Attributionsmuster (Ries & Heinen, 1979).

Hier könnten ich-schützende Tendenzen beim Lehrer wirksam sein, die vor allem bei schlechten Leistungen die persönliche Verantwortung abweisen.

---

[52] Zu weiteren Einflußfaktoren auf die Beurteilung von Schüleraufsätzen vergleiche Nikkel und Wieczerkowski (1974).

*Sich selbst erfüllende Prophezeiung.*Fehlurteile bleiben nicht ohne Folgen für den Schüler. Die Personwahrnehmung ist ein Interaktionsprozeß mit Rückkoppelungsschleifen. Mit dem Urteil des Lehrers und seinen Ursachenzuschreibungen verbinden sich Erwartungen über Verhalten und Leistungen des Schülers in der Zukunft. Sie steuern sein Verhalten und seine unterrichtlichen Entscheidungen. Dem Schüler teilen sich die Einstellungen und Erwartungen des Lehrers entweder direkt über dessen sprachliche Reaktionen oder indirekt über seine Handlungen, über Mimik und Gestik mit. Die Erwartungen werden dann vom Schüler in sein Selbstbild übernommen. Sein Selbstkonzept entspricht allmählich dem Bild, das der Lehrer von ihm hat und schließlich verhält er sich gemäß den Lehrererwartungen. Solche sich selbst erfüllende Prophezeiungen – auch **Pygmalion-Effekt** genannt (ROSENTHAL & JACOBSON, 1971) – sind besonders bei einem noch ungefestigten Selbstbild des Schülers und bei stark ausgeprägter Lehrererwartung zu vermuten. Eine besondere Rolle spielen dabei die Ursachenerklärungen, die der Lehrer dem Schüler für sein Verhalten und seine Leistungen übermittelt (*vgl. Kap. 2*).

16.2.2 Methodische Hilfen zur Verbesserung der Beurteilung

Eine Beurteilung sollte objektiv sein und genaue Aussagen über Merkmale oder Verhalten des Schülers machen. *Objektiv ist ein Urteil dann, wenn es unabhängig vom Beurteiler ist*, d.h. wenn mehrere Beurteiler beim gleichen Sachverhalt zum gleichen Ergebnis kommen. Das besagt aber noch nicht, daß das Urteil damit auch zutreffend ist. Die Lehrer in der Untersuchung von Weiss (*vgl. Kasten 16-3*) kamen ziemlich übereinstimmend zu einer besseren Beurteilung des Aufsatzes, wenn er vorgeblich vom Sohn des Redakteurs geschrieben war. Ihr Urteil besaß aber keine Validität oder Gültigkeit.

Valide ist ein Urteil dann, wenn es das Merkmal oder die Leistung, die es zu erfassen vorgibt, genau erfaßt. die Wirklichkeit adäquat (zutreffend) widerspiegelt. Voraussetzungen für Objektivität und Validität einer Beurteilung sind die sensible Beobachtung im Schulalltag und das Bewußtsein für Beurteilungsfehler. Das wurde bereits erläutert. Erinnerungstäuschungen, Übersehen und Vergessen von Wichtigem können darüber hinaus durch spezielle methodische Hilfen eingeschränkt werden, die das Erfassen und Speichern von Informationen vereinfachen und erleichtern.

Auf einige der wichtigsten Möglichkeiten soll nachfolgend verwiesen werden.

Schülerbeobachtungsbögen und Schätzskalen. Beobachtungsbögen enthalten Zusammenstellungen von Einschätzungsgesichtspunkten, Kriterien und Indikatoren und sollen dazu dienen, wichtige Seiten des Verhaltens möglichst umfassend und objektiv einzuschätzen.

Wer einen Beobachtungsbogen erarbeiten will, kann z.B. die von BARTNITZKY und CHRISTIANI (1987) genannten Kategorien (*vgl. 16.1.3*) für die Grobgliederung verwenden. Als differenziertere Leitkriterien und Beobachtungsgesichtspunkte können die einzelnen zielbezogenen Indikatoren dienen, die die beiden Autoren für jeden Bereich vorschlagen (*vgl. Kasten 16-4*).

Einen solchen Beobachtungsbogen gestalteten SCHWARK, WEISS und REGELEIN (1986, 112 ff.) in tabellarischer Form. Die Einschätzungsmerkmale sind in den Zeilen angeordnet. Die Spalten bieten Raum für Notierungen in bestimmten zeitlichen Abständen, so daß Entwicklungsverläufe abgebildet werden können.

Kasten 16-4

Auszug aus einem Kriterienkatalog zur Beurteilung des Arbeits- und Sozialverhaltens (Bartnitzky & Christiani, 1987, 54).

Kategorie 1

Kooperationsfähigkeit

Ziele:

- jemandem zuhören
- auf den Mitschüler eingehen
- sich jemandem aktiv zuwenden
- gesprächsbereit sein
- ungezwungen, unvoreingenommen miteinander umgehen
- mit andern sich freuen und traurig sein können
- helfen und Hilfe annehmen
- Freunde haben
- gemeinsam spielen
- zur Zusammenarbeit mit Partnern und in Gruppen bereit sein
- an gemeinsamen Planungen mitarbeiten
- sich um Mitschüler kümmern
- Beziehungen zueinander aufnehmen
- Spielregeln einhalten

Als Hilfsmittel für die Kodierung und Quantifizierung von Schülermerkmalen können **Schätzskalen** benutzt oder selbst erstellt werden (Clauss, 1968; Kleber, 1992, 240 ff.; Schwarzer & Schwarzer, 1977, 66 f.).

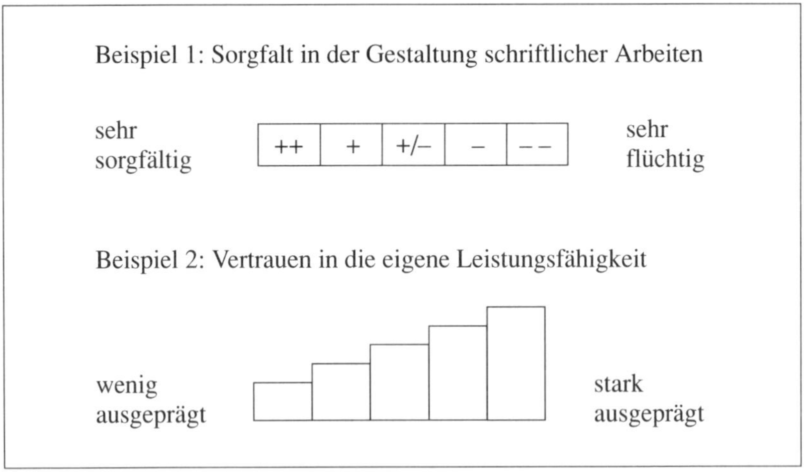

Abb.:16-3 Beispiele für Schätzskalen

In manche Beobachtungsbögen sind derartige Skalen bereits eingearbeitet. Sie erfordern mitunter hochinferente Aussagen (wie im Beispiel 2) und sollten nur verwendet werden, wenn geklärt ist, welcher Begriffsinhalt der Einschätzung zugrundezulegen ist. Die Struktur der Skalen richtet sich nach dem Einschätzungsgegenstand und der notwendigen bzw. möglichen Differenziertheit. Es können z.B. fünf- oder siebenstufige Skalen verwendet werden. Manche Skalen sind unipolar, andere bipolar. Unipolare Skalen werden eingesetzt zur Erfassung der Häufigkeit des Vorkommens eines Verhaltens, z.B. Häufigkeit mit der ein Schüler sich meldet, oder zur Schätzung des Ausprägungsgrades eines Merkmals (Beispiel 2). Bei bipolaren Skalen sind die beiden Skalenenden durch polare Begriffe verankert (Beispiel 1). Schätzskalen und Beobachtungsbögen ermöglichen zeitsparende und relativ objektive Einschätzungen. Ihr Nachteil besteht darin, daß sie die individuelle Einmaligkeit des Schülers nicht widerspiegeln können.

Diagnosehilfen zu einzelnen Lernbereichen. Um zu ermitteln, wo die Kinder in den einzelnen Lernbereichen stehen, werden mündliche und schriftliche Lehrzielkontrollen durchgeführt, Arbeitsergebnisse geprüft und die Tätigkeit im Unterricht bei verschiedenen Arbeitsformen beobachtet. In der fachdidaktischen Literatur finden sich zu wichtigen Lehrzielen Strukturbilder und -modelle, aus denen die Dimensionen des Lerngegenstandes und Stufen der Aneignung ersichtlich sind und nützliche Diagnosehilfen abgeleitet werden können.

In eine diagnostische Probe für das Rechnen bis 20 müssen Aufgaben mit den verschiedenen Anforderungsdimensionen, Komplexitätsgraden und Schwierigkeitsstufen eingearbeitet werden. Der Zahlenbereich 1 bis 6 soll ebenso vertreten sein wie der Bereich von 14 bis 20. Es ist nötig, Anforderungen mit und ohne Überschreiten des Zehners zu stellen. Auch die verschiedenen Formen des Zerlegens und der Vereinigung von Mengen, der additiven und subtraktiven Verknüpfung sind zu berücksichtigen. Schließlich erwartet man von einer guten diagnostischen Überprüfung, daß sie darüber informiert, auf welcher Handlungsebene (vom handelnden Umgang z.B. mit Rechenplättchen bis zum Kopfrechnen) die Schüler die Aufgaben lösen können.

In vielen Handreichungen für den Lehrer finden sich Vorschläge für diagnostische Proben in Form von Lehrzielkontrollen und qualitativen Fehleranalysen (Analyse von Rechtschreibfehlern oder Rechenfehlern, Verlesungsanalysen). Mit ihrer Verwendung wird auch die jeweilige didaktische Konzeption der Autoren angenommen.

Tests, die Lehrer unter Berücksichtigung von Regeln der Testkonstruktion für ihre eigene Arbeit entwerfen, werden als **informelle Tests** bezeichnet. Von Testverlagen angebotene **formelle (standardisierte) Tests** bieten darüber hinaus Gelegenheit, *den Leistungsstand anhand der Leistungsverteilung in der sog. Standardisierungsstichprobe des Tests zu beurteilen* (Ingenkamp, 1988, 44 ff.). Den Maßstab für die Einschätzung haben die Testautoren mit Hilfe großer Stichproben gewonnen, die eine Population (definiert nach Alter, Klassenstufe, Schulart, Territorium u.a.) repräsentieren. Im Testhandbuch stellen sie die erforderlichen Vergleichstabellen zur Verfügung. Außer Leistungen in den Sachbereichen können unter anderem die Ausprägung bestimmter Seiten der Intelligenz, das Ausmaß der Fähigkeit zum konzentrierten Arbeiten, der motorische Entwicklungsstand, die visuelle Differenzierungsfähigkeit oder die Prüfungsängstlichkeit gemessen werden. Zur differenzierten Erfassung schulischer Leistungen stehen einige Testverfahren zur Verfügung.

Beispiele:

- Diagnostischer Lesetest zur Frühdiagnose von Lesestörungen (Müller, 1984)
- Diagnostischer Test Deutsch (Nauck & Otte, 1980)
- Diagnostischer Rechtschreibtest – DRT 2 (Müller, 1983)
- Westermann Rechtschreib-Test 4/5 (Rathenow, 1979)
- Mathematik-Test für 2. Klassen (Feller & Hugow, 1981)
- Diagnostischer Rechentest für 3. Klassen (Samstag & Samstag, 1992)

Diese und weitere Verfahren können in folgenden Fällen nützlich sein:

- *Zur Überprüfung der eigenen Urteilssicherheit und Ergänzung der Einschätzung.* Aus diesem Anlaß könnte zum Beispiel etwa im zweiten Monat der 3. Klasse der Diagnostische Rechtschreibtest DRT 2 dazu verhelfen, den Leistungsstand der Lerngruppe wie auch einzelner Schüler objektiver zu beurteilen. Für die einzelnen Schüler können im Resultat Aussagen wie die folgende getroffen werden: „Die Fehlerzahl Claudias im DRT 2 entspricht dem Prozentrang 20". Das heißt: 20 Prozent der Kinder der Standardisierungsstichprobe hatten ebensoviel oder mehr Fehler (und ca. 80 Prozent hatten weniger Fehler). Dieser Wert ist mit einer gewissen Unsicherheit behaftet. Zufallsfaktoren beeinflussen das Testergebnis, z.B. die „Tagesform des Kindes". Wie viele andere Tests nennt der DRT 2 deshalb auch sog. Prozentrangbereiche, in denen die „wahren Werte" mit einer Wahrscheinlichkeit von 66,8% liegen. Der DRT 2 ermöglicht weiterhin, die Art der Fehler zu untersuchen: So werden Fehler der Wortdurchgliederung (Heraushören der Lautfolge u.a.) und Regelfehler (z.B. Groß- und Kleinschreibung) unterschieden.
- *Zur differenzierten Untersuchung der Lernergebnisse und -vorausetzungen einzelner Schüler*, wenn befriedigende Fortschritte ausbleiben. Hier können bestimmte Tests z.B. zur Erkenntnis beitragen, ob vielleicht Teilleistungsschwächen vermutet werden müssen, die große Wirkungen nach sich ziehen. Hierbei ist es aber auch vordringlich zu beobachten, wie das Kind lernt. Durch die Variation von Lernangeboten und -hilfen werden erfolgversprechende Lernwege gefunden.

16.3 Schülergutachten und Zeugnisse

16.3.1 Die Beurteilung im 1. und 2. Schuljahr

Verbale Beurteilungen gehören zum alltäglichen Handwerkszeug, mit dem Lehrer arbeiten. Sie loben die Kinder, beschreiben Unzulänglichkeiten und weisen darauf hin, was bereits gut gelungen ist. Besonders gespannt erwarten die Kinder und ihre Eltern die Einschätzung auf dem Schulzeugnis. Der Inhalt löst in der Familie Freude und Stolz aus, möglicherweise aber auch Besorgnis, Enttäuschung und Zweifel. Die einzelnen Sätze können nachgelesen, erörtert und vorgezeigt werden. Man schätzt sie als Bestandteil eines offiziellen Dokuments. Indem die Schüler die Einschätzung selbst lesen sowie sie vermittelt über die Äußerungen der Eltern, Geschwister und anderer Personen verstehen, gehen von ihr oft nachhaltige Wirkungen aus, die hoffentlich stimulieren und ermutigen.

Vom Zeugnis wird die zusammenfassende, würdigende und erklärende Berichterstattung zur Lernentwicklung des Schülers und zum erreichten Stand erwartet. Die Eltern möchten verläßlich und eindeutig informiert werden. Die Einschätzung soll dabei helfen, den Entwicklungsbedürfnissen und -problemen des Kindes noch besser gerecht zu werden.

Hinweise für die Anfertigung der Zeugnisbeurteilung werden in Rundbriefen der Schulbehörden, Erfahrungsberichten von Praktikern und in der pädagogischen Literatur in zahlreichen Varianten gegeben, teils sehr hilfreiche (z.B: Bartnitzky & Christiani, 1987; Schwark, Weiss & Regelein, 1991), teils auch solche, denen offenbar mechanistisch-summierende und normative Zielvorstellungen zugrundeliegen. Sogar Computerprogramme, die die betriebliche Einschätzungspraxis zum Vorbild haben, mit Textbausteinen arbeiten und deren jeweils zutreffende Zusammenfügung empfehlen, sind zu finden. Derartiges jedoch weist einen Weg, der der Individualität des Schülers nicht gerecht wird und den Pädagogen weniger Freude bereitet, als die aus dem persönlichen Engagement für das Kind hervorgehende Einschätzung, bei der der Leser spürt, daß die Verfasserin das Kind wohlwollend und sachlich beurteilt und einige realisierbare Hinweise für die zukünftigen Bemühungen gibt.

Die Gestaltung der Zeugnisse muß den schulrechtlichen Bestimmungen entsprechen und wird in den Ländern durch Vorschriften, Erlasse und Rundschreiben geregelt, die sich auf Empfehlungen der Kultusministerkonferenz stützen. So sollen die Zeugnisse in den Klassen 1 und 2 keine Ziffernzensuren enthalten, vielmehr eine differenzierte verbale Gesamteinschätzung geben, die Aussagen über die Sozialentwicklung und die Lernentwicklung in den Fächern und ihren Teilbereichen umfaßt.

Für die Aufnahme von Aussagen zum Arbeits- und Sozialverhalten gibt es in den Ländern unterschiedliche Regelungen. In Brandenburg z.B. werden sie nicht direkt in das Zeugnis integriert, sondern gesondert ausgewiesen. Mitteilungen zum Leistungsstreben und Anstrengungsniveau, zu Verläßlichkeit und Solidarität seien (besonders, wenn sie kritisch abgefaßt werden) in einem offiziellen Dokument fehl am Platz, sie könnten als zusätzliche Information neben dem Zeugnis wirksamer sein (Schieder, 1992, 16). Wie Bartnitzky und Christiani (1987, 10, 50 ff.) zeigen, kann der Beurteilung aber auch ein weiter pädagogischer Leistungsbegriff zugrundegelegt werden. Dieser umfaßt die Förderung des Vertrauens in die eigene Leistungsfähigkeit, die Ausbildung von Zielstrebigkeit und Sorgfalt und darüber hinaus Ziele des sozialen Lernens (Verantwortungsgefühl, Hilfsbereitschaft, Sensibilität, soziale Fähigkeiten, adäquater Umgang mit Anerkennung und Kritik).

Die *Wirkung des Zeugnisses* hängt unter anderem davon ab,

– wie die Schüler an der Beurteilung beteiligt werden und Gelegenheit erhalten, selbst einzuschätzen und zu prüfen, was sie bereits können. Das ist eine Aufgabe, die von der selbständigen Wahl von Übungen über die gegenseitige Bewertung in der Partnerarbeit bis hin zu „Eigenzeugnissen" reicht.

Kasten 16–5:

Beispiel für eine Einschätzung der Ergebnisse in den Lernbereichen

(Zeugnis *am Ende des 2. Schuljahres*)

Besonders große Fortschritte hat Jens im Lesen erreicht. Er versucht sogar schon, beim Lesen eines unbekannten Textes überschauend vorzugehen, so daß es ihm gut gelingt, den Sinn zu erfassen und den Text ausdrucksvoll vorzutragen (manchmal etwas überhastet).

Die einfacheren Wörter des Rechtschreiblehrgangs kann Jens nach Diktat fehlerfrei aufschreiben. Bei Wörtern mit Mitlauthäufungen bereitet das Erkennen der genauen Lautfolge noch Schwierigkeiten. Das Schreiben muß Jens noch etwas üben. Er schreibt zu schnell und zum Teil unleserlich.

An Gesprächen im Sachunterricht beteiligte Jens sich lebhaft und konnte seine Vorstellungen und sein gutes Umweltwissen verständlich mitteilen. Sehr war er an technischen Aufgaben interessiert und hat für geschickte Lösungen große Anerkennung seiner Mitschüler geerntet.

In Mathematik hat Jens keine Schwierigkeiten, die Aufgabenstellung zu verstehen. Es ist ihm im Laufe des Schuljahres immer besser gelungen, sogar bei mehrschrittigen Textaufgaben auf alle wichtigen Angaben zu achten. Er bemüht sich, im Zahlenraum bis 100 schnell zu rechnen und Rechenvorteile zu nutzen, im Eifer unterlaufen ihm dabei manchmal Fehler.

Im Sport ist Jens leistungsfreudig und leistungsfähig. Er ist reaktionsschnell und gewandt.

Jens singt gern. Auch beim darstellenden Spiel war er spontan bereit mitzuspielen und bereicherte die gemeinsame Tätigkeit durch gute Ideen.

- wie die Eltern über Anforderungen, Beurteilungsgesichtspunkte und -maßstäbe informiert und ihre Auffassungen und Wünsche zur Beurteilungspraxis berücksichtigt werden. Bei der Formulierung der Aussagen soll man sich vor Augen führen, welche Reaktionen sie bei den Eltern vermutlich auslösen werden. Auf Leistungsrückstände, Lernschwächen und die Entwicklung des Kindes beeinträchtigende Verhaltensauffälligkeiten sollte taktvoll hingewiesen werden. Hoffnungen, die Lern- und Lebenssituation des Kindes werde mit Hilfe des Zeugnis auf rationelle und bequeme Weise positiv verändert, sind allerdings illusorisch. Hier sind Beratungsgespräche und intensive Kontakte notwendig.
- in welcher Form die Schüler das Zeugnis erhalten und bereits vorher mit dem Inhalt vertrautgemacht werden. Die Einschätzung kann in einem Gespräch vor der eigentlichen Zeugnisausgabe vorgelesen und erläutert werden. Das fördert die Selbsteinschätzung, und man erfährt, was das Kind bereits versteht und ob es sich gerecht beurteilt fühlt. Manche Lehrerinnen verfassen die Einschätzung als persönlichen Brief an das Kind, der vorgezeigt werden kann und zu Lernfreude und neuen Anstrengungen beitragen soll. Zur notwendigen differenzier-

teren Information und Beratung können dann gesonderte persönliche Gesprächen mit den Eltern geführt werden *(vgl. Kap. 6)*.

16.3.2 Von der freien Beurteilung zu den Zeugnisnoten

In der Regel vom dritten Schuljahr an werden Zeugnisformen bevorzugt, die neben der verbalen Einschätzung auch Ziffernzensuren enthalten. Bei der Zensierung wird die Bewertung anhand eines Maßstabes vorgenommen.

Allgemein unterscheiden wir folgende **Maßstäbe und Bezugsnormen** für die Einordnung einzelner Handlungsergebnisse (Leistungen) (HECKHAUSEN, 1989, 271 ff.; KLEBER, 1992, 143 ff.):

Soziale Maßstäbe (Bezugsnormen) ergeben sich aus der Verteilung von Gütemerkmalen der Leistungen in einer Bezugsgruppe (Klassengruppe, Altersgruppe, soziologische Gruppe...). Eine Leistung – so wird hier eingeschätzt – zeichne sich im Vergleich zu der von anderen Mitgliedern der Gruppe durch bestimmte Qualitätsmerkmale aus. Ihr wird z.B. bescheinigt, sie sei in der Korrektkeit der Ausführung am besten gelungen oder durchschnittlich, sie sei überdurchschnittlich originell oder vergleichsweise schematisch usw. Auch den im Abschnitt 16.2.3 genannten Tests liegen soziale Maßstäbe zugrunde: Die getesteten Kinder werden an der Standardisierungsstichprobe gemessen.

Curriculare oder kriterienorientierte Maßstäbe (Bezugsnormen) messen das Handlungsergebnis am Lern- oder Lehrziel. Das geschieht, wenn z.B. mitgeteilt wird, dem Schüler unterliefen beim Schreiben lautgetreuer Wörter keine Fehler mehr, er könne die geometrischen Figuren Dreieck, Rechteck und Quadrat benennen, usw. Solche Informationen sind oft sehr aussagekräftig, weil die nächsten Lernziele erkennbar werden.

Individuelle Maßstäbe (Bezugsnormen) vergleichen die Leistung eines Schülers mit seinen früheren Resultaten oder seinen Leistungen auf einem anderen Gebiet. Z.B. wird zum Ausdruck gebracht, es falle ihm jetzt leichter, Lösungswege bei Sachaufgaben zu begründen, er halte sich bei gemeinsamen Beschäftigungen besser an die Gruppenregeln, es gelinge ihm aber bei Konflikten noch immer nicht, sich zu wehren.

Jedes Bezugssystem ist berechtigt und von Bedeutung für das Kind selbst, seine Erziehungsberechtigten und die Pädagogen. Sie benötigen Informationen darüber, inwiefern das Lehrziel erreicht wurde (curricularer Maßstab) und ob der Schüler persönliche Fortschritte und einen Fähigkeitszuwachs erzielte (individueller Maßstab). Die Einschätzung von Jens (*vgl. Kasten 16-5*) zeichnet sich gerade dadurch aus, daß viele Aussagen auf die Lehrziele bezogen sind und Auskunft über die individuellen Fortschritte und Probleme gegeben wird. Zum Teil möchten die Eltern auch erfahren, wie die Qualität des Arbeitsergebnisses im Rahmen dessen, was in einer Vergleichsgruppe erreicht wurde, einzuschätzen ist (sozialer Maßstab). Bei einer häufigen Verwendung des klasseninternen sozialen Bezugssystems allerdings werden Leistungsunterschiede zwischen den Schülern über Gebühr betont. Es gibt dabei immer „schlechte" Schüler, die gemessen am individuellen Maßstab aber durchaus erfolgreich sein können. In der Leistungsmotivation mancher Schüler wird es dadurch leicht zu einer fragwürdigen Dominanz des Wunsches kommen, besser als andere zu sein; andere Schüler wiederum werden bald ihre Leistungszuversicht verlieren. Individuelle Vergleiche sind hingegen überwiegend motivierend und konkret orientierend, weil sie den Einzelnen direkt auf seine Fortschritte und Stärken hinweisen *(vgl. Kap. 18.1)*.

Zensieren *ist Messen (Vergleichen) mit Hilfe definierter Grundanforderungen.* Das sind jene, die für das weitere Vorankommen im Lehrgang unbedingt vorausgesetzt werden müssen, weil die Schüler ansonsten auf dem Gebiet nicht mehr erfolgreich weiterlernen können. Sind diese Grundanforderungen voll erfüllt, wird die Note „befriedigend (3)“ gegeben. Bei „gut“ wird eine sichere, bereits über Grundlegendes hinausgehende Erfüllung konstatiert, „sehr gut“ soll erteilt werden, wenn die Leistung den Anforderungen in besonderem Maße entspricht. Die Noten (4) bis (6) kennzeichnen Stufen von partiellen bis hin zu „in absehbarer Zeit nicht aufholbaren“ Rückständen (Beschluß der KMK vom 3.10.1968, 22). Zensuren stellen also ihrer Anlage nach in der Bundesrepublik Deutschland curriculare Maßstäbe dar: Sie sollen charakterisieren, mit welcher Güte das Lehrziel erreicht wurde. Allerdings werden sie leicht als Schubfächer betrachtet, ermöglichen sie doch ganz offenkundig auch soziale Vergleiche und sagen nichts über die Umstände aus, unter denen die Leistung entstand. Die einzelnen Teilleistungen sind nicht mehr sichtbar.

Andererseits sind zusammenfassende Bewertungen in Form von Zensuren notwendig, um eine adäquate Selbsteinschätzung entwickeln zu können. Ein realistisches Anspruchsniveau und Anstrengungsbereitschaft können dadurch gefördert werden. Die Schüler sind auf die objektive und gerechte Bewertung durch die Lehrerinnen angewiesen, müssen in einprägsamer Weise erfahren, wo sie stehen. Konkrete Hinweise zum Umgang mit Zensuren finden sich bei Bartnitzky (1989).

Durch Zensierung kann die Entwicklung der Verhaltenssteuerung und Motivation unterstützt werden, wenn gewährleistet wird,

– *daß der Schüler genau weiß, wofür er eine Zensur erhalten hat und davon überzeugt ist, daß ihm eine Verbesserung gelingen kann.*

  Zensierung löst weniger Angst aus, wenn die Betroffenen in Bewertungsvorgänge einbezogen werden und diese ihnen transparent sind. Die Schüler sollen erfahren, was bewertet wird (Lehrziele) , welche Maßstäbe angelegt werden, und selbst Vorschläge zur Bewertung einbringen. Besondere Anerkennung kann ein Schülerbeitrag zur Bewertung finden, der berücksichtigt, wie die Leistung zustandekam.

– *daß erst zensiert wird, nachdem die Schüler sich in ausreichender Weise mit dem Lerngegenstand beschäftigen konnten.*

  Ein Schüler, der während der Behandlung des Unterrichtsstoffes krank war, wird selbstverständlich nicht zensiert. Diese Richtlinie wird allgemein akzeptiert. Müßte sie aber dem Sinn nach nicht auch auf Schüler übertragen werden, die überfordert waren? Ihnen blieb die aneignende Beschäftigung mit dem Gegenstand ebenfalls versagt. Manchmal ist deshalb zu erwägen, ob bei Leistungen, die mit 5 oder 6 bewertet werden müßten, eine spezielle verbale Bewertung vorgenommen und auf die Zensierung verzichtet werden soll. In den „Grundsätzen zur Förderung von Schülern mit besonderen Schwierigkeiten beim Erlernen des Lesens und des Rechtschreibens“ (Beschluß der KMK vom 20.04.1978) wird ausdrücklich auf derartige Möglichkeiten verwiesen. Die Bewertungen „mangelhaft“, und „ungenügend“ sagen aus, daß der Lernprozeß nicht abgeschlossen ist und wichtige Voraussetzungen für das Fortschreiten fehlen. Gerade dieser Sachverhalt erfordert Ermutigung und Motivierung. Die Information darüber, daß das Lernziel, das die meisten der Mitschüler erreicht haben, bei weitem noch nicht erreicht ist, muß behutsam gegeben werden und mit weiterer Förderung verbunden sein.

Mit der **Zeugniszensur** werden die Leistungen in einem großen Lernbereich zusammenfassend bewertet. Sie soll den erreichten Leistungsstand kennzeichnen, aber auch den Weg und die Tendenzen würdigen. Darüber geben die Folge der einzelnen Zensuren, ihre Zuordnung zu bestimmten Lehrzielen und die Notizen aus Beobachtungen Auskunft.

Weiterführende Literatur

BARTNITZKY, H. (Hrsg.): *Umgang mit Zensuren in allen Fächern.* Frankfut am Main 1989: Scriptor

BARTNITZKY, H. & CHRISTIANI, R.: *Zeugnisschreiben in der Grundschule.* Heinsberg 1987: Agentur Dieck

HELLER, H. (Hrsg.): *Leistungsdiagnostik in der Schule.* (4. Aufl.). Bern 1984: Huber

KLEBER, E.W.: *Diagnostik in pädagogischen Handlungsfeldern.* Grundlagentexte Pädagogik. Weinheim 1992: Juventa

KRAPP, A.: Diagnose und Prognose. In B. Weidenmann & A. Krapp (Hrsg.), *Pädagogische Psychologie.* (Kap. 14, 565-630). Weinheim 1993: Psychologie Verlags Union

SCHWARK, W., WEISS, W.W. & REGELEIN, S.: *Beurteilen und Benoten in der Grundschule.* (3. Aufl.). München 1991: Ehrenwirth

SCHWARZER, C. & SCHWARZER, R.: *Praxis der Schülerbeurteilung. Ein Arbeitsbuch.* (2. Aufl.). München 1979: Kösel

17

Begabte Kinder in der Grundschule

Ernst A. Hany und Uwe Schaarschmidt

17.1 Begabte Kinder – eine gleichzeitige Herausforderung für die wissenschaftliche und die pädagogische Arbeit

Was soll in den folgenden Ausführungen unter einem begabten (bzw. hochbegabten) Kind verstanden werden?

Ein (hoch)begabtes Kind vermag – verglichen mit anderen – effektiver zu lernen, produktivere und originellere Ideen zu entwickeln, leichter, d.h. mit weniger Aufwand, Kompetenzen zu erwerben. Von einem solchen Kind ist zu erwarten, daß es auch später, insbesondere in seinem Berufsleben, hohe Leistungsfähigkeit, Kreativität und Innovationsfreude unter Beweis stellen wird, sofern es angemessene Entwicklungsbedingungen vorfindet. (Zum Begabungsbegriff vgl. Feger, 1988; Hany & Nickel, 1992.)

Begabung wird damit als eine Disposition für hohe Leistungsfähigkeit gefaßt. Sie erleichtert, ja ermöglicht u.U. erst die Ausprägung der speziellen Fähigkeiten, wie sie sich später auf den Gebieten von Wissenschaft, Technik, Wirtschaft, Handwerk, Kultur, Sport u.a. niederschlagen. Daß sich Begabung in solch speziellen Fähigkeiten manifestieren kann, setzt die gezielte Wissensaneignung, die Übung und das Training voraus.

In den letzten Jahren sind Begabungsthemen generell, insbesondere aber Themen zur intellektuellen Begabung, auf die wir uns im folgenden konzentrieren wollen, intensiver in der wissenschaftlichen Arbeit aufgegriffen worden. Vor allem aus der psychologischen Forschung konnten weitere wichtige Erkenntnisse zu Wesen und Äußerungsweisen von Begabungen gewonnen werden. Sie haben auch Fortschritte erbracht, die u.a. für das Lernen und Lehren in der Grundschule von Bedeutung sind. So eröffnen uns die heute vorliegenden Ergebnisse der Begabungsforschung auch bessere Möglichkeiten, Begabungen mit höherer Treffsicherheit frühzeitig zu erkennen und damit auch entsprechende Förderbemühungen in Gang zu setzen. Denn eine wesentliche Schlußfolgerung heutiger Begabungsforschung lautet, daß ein frühes Reagieren – und zwar im Gleichklang von Eltern und Lehrern – eine entscheidende Voraussetzung dafür ist, daß das vorgefundene kostbare Entwicklungspotential nicht verschüttet wird.

Spätestens aber an diesem Punkt werden auch (noch immer) Bedenken angemeldet. Befürchtet wird zum Beispiel, daß der Versuch, Begabungen bereits im frühen Schulalter, ja u.U. im Vorschulalter zu erkennen und zu fördern, für die betroffenen Kinder mehr Nachteile als Vorteile mit sich bringen könnte.

So wird häufig die Frage gestellt, ob ein solcherart herausgehobenes Kind nicht in eine Außenseiterposition gebracht, ob auf diesem Wege nicht Überheblichkeit begünstigt und die gewünschte Anstrengungsbereitschaft nicht eher beeinträchtigt als entwickelt wird.

Nun, auch auf diese Frage geben die heute verfügbaren Ergebnisse psychologischer Begabungsforschung (vgl. u.a. HÄUSER & SCHAARSCHMIDT, 1991; STAPF, 1988) eine klare Antwort:

Für den weiteren Entwicklungsverlauf ist bereits von entscheidendem Gewicht, wie die Erzieher mit der Feststellung umgehen, es handle sich im vorliegenden Falle um ein besonders begabtes Kind. So sollte etwa die **Diagnose** „Hochbegabung" nie in dem Sinne gebraucht werden, daß dem betroffenem Kind von vornherein Überlegenheit attestiert wird. Vielmehr ist sie als Hinweis auf eine besondere *Entwicklungschance* zu begreifen, deren Nutzung vor allem von den Anstrengungen des Kindes selbst abhängt. Und sie ist zugleich eine Aufforderung an die Eltern und die Schule, die Realisierung der aufgezeigten Möglichkeiten durch die jeweils angemessenen Erziehungs- und Bildungsbedingungen zu unterstützen.

So gesehen hängt es nicht allein von der Treffsicherheit und Differenziertheit einer Diagnose, sondern auch von deren verantwortungsvollem Gebrauch gegenüber Kindern, Eltern und Erziehern ab, welche Weichenstellung für die Entwicklung einer Begabung erfolgt.

17.2 Erkennen von Begabungen

17.2.1 Zwei prinzipielle Äußerungsweisen von Begabungen

Aus dem bisher Gesagten ergibt sich, daß sich Begabung auf zweierlei Weise äußern kann: Erstens in hoch zu bewertenden *Leistungen* und zweitens in spezifischen *Persönlichkeitsmerkmalen*, die als Voraussetzungen solch herausragender Leistungen gelten können. Entsprechend diesen beiden Äußerungsseiten von Begabung sind auch zwei grundsätzliche Herangehensweisen an ihre Identifikation zu unterscheiden.

In der Praxis wird heute das Vorgehen bevorzugt, wonach aus erbrachten **Leistungen** auf Begabung rückgeschlossen wird.

Für Begabung sprechen danach außerordentliche Schul- und Studienergebnisse wie auch spätere wissenschaftliche, technische und künstlerische Leistungen von Rang.

Sicher hat ein solches Herangehen auch zu Erfolgen in der Begabungserkennung geführt. Man denke etwa an die Ergebnisse verschiedener Leistungswettbewerbe im lokalen wie auch im nationalen und internationalen Rahmen (wie „Jugend forscht" oder die früheren DDR-Schülerolympiaden), die das Auffinden nicht weniger Begabungen ermöglichten. Und natürlich können auch Schul- und Studiennoten als Begabungsindikatoren in Betracht kommen, sofern sie Leistungen realistisch – und damit auch differenziert – widerspiegeln.

Doch sehen wir auch die Grenzen dieses Herangehens. Vor allem die folgenden Einschränkungen sind zu bedenken:

Erstens ist nicht immer der direkte Schluß von einem bestimmten Leistungsniveau auf zugrunde liegende Begabung möglich. So kann eine hoch zu bewertende Leistung auch primär durch äußere Faktoren, wie etwa intensive Hilfestellung, zustande gekommen sein. Andererseits – und das sei besonders betont – muß das

Ausbleiben einer hohen Leistung nicht notwendigerweise für einen Mangel an Begabung sprechen. Jede Begabung braucht die ihr angemessenen Bedingungen, um sich entwickeln und realisieren zu können. Die weitverbreitete Meinung, daß der Begabte sich kraft seiner überdurchschnittlichen Leistungsfähigkeit schon durchsetzen werde und demzufolge auf weniger Hilfe angewiesen sei, trifft so ganz sicher nicht zu. Es gibt nicht wenige Erfahrungen, auch aus unserer eigenen Beratungspraxis, wonach ein Mangel an Verständnis, Förderung und Entfaltungsmöglichkeiten dafür verantwortlich zu machen ist, daß sich latent vorhandene Begabung nicht auch in entsprechenden Leistungen niederschlägt. (*vgl.* STAPF,1988.)

Im Grunde äußert sich in dieser verbreiteten Auffassung ein endogenistisches Entwicklungsmodell. Es wird auf Reifeprozesse gesetzt, umweltabhängige Entwicklungsbedingungen werden in ihrer Wirkung unterschätzt (*vgl. Kap. 1*).

Zweitens ist zu berücksichtigen, daß eine Leistung auch nur dann Begabungsindikator sein kann, wenn sie Resultat einer Anforderungsbewältigung ist, die den Einsatz von Begabung ermöglicht, ja erfordert. Anders gesagt: Es muß ein ausreichend hohes Anforderungsniveau vorausgesetzt werden. In Situationen der Unterforderung können Hinweise auf Begabung kaum gewonnen werden. Und ohne Frage gilt, daß hochbegabte Kinder durch viele schulische Situationen nur ungenügend herausgefordert werden. Dieser Umstand erklärt auch mit , daß die Angaben von Lehrern hinsichtlich begabter Schüler oft weniger sicher und differenziert sind, als dies in bezug auf leistungsschwache Schüler der Fall ist (*vgl. Kap.16 und 18*).

Drittens schließlich erlaubt die bloße Orientierung an schon vorliegenden Leistungen keinen Schluß auf die ihnen zugrunde liegenden Ursachen. Vorgefundene Leistungsbesonderheiten und Leistungsunterschiede werden auf diese Weise kaum erklärbar. Es sind keine ausreichenden Informationen zu gewinnen, die für die Gestaltung differenzierter, individuell zugeschnittener Fördermaßnahmen geeignet wären. Aber gerade in der Vorbereitung und Unterstützung individuumsgerechter Intervention liegt der eigentliche Sinn jeder Diagnostik.

Erbrachte Leistungen für sich genommen sind also noch keine hinreichend verläßlichen Indikatoren für mögliche Begabungen und erlauben keine gezielten und differenzierten Rückschlüsse auf deren weitere Entwicklung. Um diesen Ansprüchen zu genügen, muß darüber hinausgehend *nach den persönlichkeitsspezifischen Voraussetzungen für erzielte Leistungen gefragt werden.* Dies setzt eine psychologisch begründete Begabungsdiagnostik voraus.

17.2.2 Die Rolle der Intelligenz als Begabungsindikator

Schon in den Anfängen der Entwicklung einer wissenschaftlichen Psychodiagnostik vor etwa 100 Jahren gab es Bestrebungen, ihre Ergebnisse in systematischer Weise für die Begabungserkennung zu nutzen. Diese Versuche ordneten sich in den Kontext der Arbeiten zur Erforschung und Messung der **Intelligenz** ein. Begabung und Intelligenz wurden dabei im wesentlichen gleichgesetzt, begabungsdiagnostische Aussagen auf Intelligenzergebnisse zurückgeführt.

Diese Konzeption lag unter anderem auch der im Jahre 1921 begonnenen und bis heute berühmten TERMAN-Längsschnittstudie zur Begabungsentwicklung zugrunde. Das Begabungsniveau wurde hier ausschließlich mit Hilfe des **Intelligenzquotienten** (IQ) definiert (TERMAN, 1954).

Nach TERMAN stellt ein IQ>140 einen Indikator für Hochbegabung dar. Ausgehend von der Normalverteilungsannahme der Intelligenz (*vgl. Abb.17-1*) sind damit 0,4 Prozent der Gesamtbevölkerung den Hochbegabten zuzurechnen. Andere Autoren, wie zum Beispiel WEBB, MECKSTROTH & TOLAU (1985), setzen das Kriterium für Hochbegabung bereits mit einem IQ>130 an. Das entspricht einem Bevölkerungsanteil von knapp 2,5 Prozent. Der Kreis der Begabten erweitert sich auf 10 bis 15 Prozent, wenn der Bereich überdurchschnittlicher Intelligenz noch hinzugezogen wird, wie das verschiedene Forscher vorschlagen. Der untere Grenzwert wird dann gewöhnlich bei einem IQ von 120 bzw. 115 festgelegt.

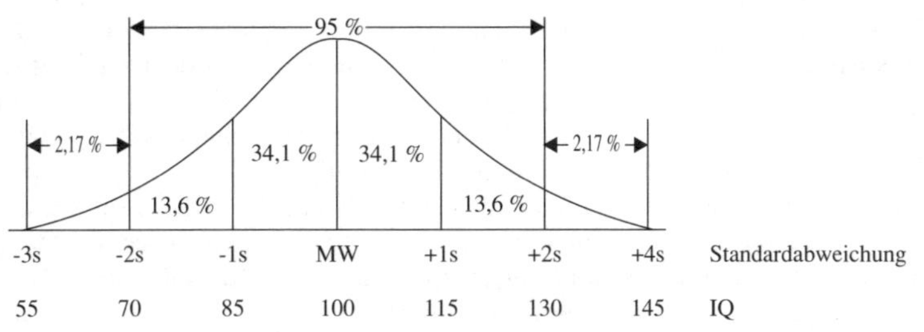

Abb.17-1: Zusammenhang zwischen der Gaußschen Normalverteilungskurve und dem IQ (ROTH, OSWALD, W. D.&DAMMERLANG 1980)

Natürlich muß bei der Suche nach begabungsrelevanten Persönlichkeitsmerkmalen der Intelligenz ein besonderer Stellenwert zukommen. Dies gilt sicher generell, auch für solche Begabungsbereiche wie psychomotorische oder künstlerische Talente. Doch steht heute außer Frage, daß die traditionelle Konzeption, wonach sich Begabungsdiagnostik auf die IQ-Feststellung in einem Intelligenztest reduzierte, in mehrfacher Hinsicht überholungsbedürftig ist:

Erstens ist der IQ mit dem dahinterstehenden Intelligenzkonzept für begabungsdiagnostische Aussagen unter verschiedenen Aspekten unzureichend. Als globales Fähigkeitsmaß liefert er keine differenzierten Informationen über Intelligenzbesonderheiten, worauf eine Begabungsdiagnose jedoch in hohem Maße angewiesen ist. Mit dem IQ gewinnen wir auch keinen Aufschluß über das Zustandekommen eines Intelligenztestresultates. Im Grunde wird damit *über die Ebene bloßer Betrachtung von Leistungsäußerungen mit all ihren oben genannten Beschränkungen nicht wesentlich hinausgegangen.*

Zweitens halten wir die alleinige Orientierung auf Intelligenzmessung generell für unzureichend, weil *Begabung nicht auf Intelligenz* reduzierbar ist. Heute wird allgemein anerkannt, daß zu einer Begabungsdiagnose auch Informationen über außerintellektuelle Persönlichkeitsbereiche gehören, wobei die Emotion und insbesondere die Motivation eine wichtige Rolle spielen dürften.

Drittens ist zu berücksichtigen, daß nach unserem heutigen Verständnis von Begabung deren Entwicklung und Entfaltung nicht allein auf ein Gefüge von Persönlichkeitsdispositionen zurückgeführt werden kann, sondern daß dabei auch die

Interaktionsbeziehung im Mensch-Umwelt-System Berücksichtigung finden muß. Zu denken ist vor allem an die *Analyse des familiären und schulischen Hintergrundes und dessen Wirksamkeit im Sinne fördernder oder hemmender Bedingungen für die Begabungsentwicklung* (*vgl. Kap.1, 2 und 6*).

17.2.3 Drei Forderungen an die Begabungsdiagnostik

Nach dem bisher Gesagten sind es vor allem drei Forderungen, denen die Begabungsdiagnostik genügen sollte, und das gilt für das Vorgehen des Lehrers ebenso wie für das des Psychologen, wenn sich auch die konkreten Methoden und Techniken unterscheiden:

Erste Forderung: Die Begabungsdiagnostik muß selbstverständlich die Erfassung der Intelligenz einbeziehen, doch ist dabci mehreren Gesichtspunkten Rechnung zu tragen. So ist zunächst eine differenziertere Analyse von Intelligenzleistungen gefordert, als dies in der traditionellen Begabungsdiagnostik der Fall war. Damit ist zum einen gemeint, daß ein globales Intelligenzmaß, wie es etwa in Form des IQ vorliegt, aufgeklärt werden muß. Zum Beispiel gilt es, über die Leistungsanalyse in unterschiedlichen Intelligenzdimensionen (wie „verbales Verständnis", „räumliches Vorstellen", „schlußfolgerndes Denken" ...) auf individuelle Spielarten von Intelligenz und damit Begabungsprofile zu schließen. Zum anderen soll damit auch gesagt sein, daß sich die Begabungsdiagnostik nicht nur auf Leistungseffekte stützen darf, wie sie ein traditioneller Intelligenztest liefert. Für die Erkennung intellektueller Begabung dürfte es aufschlußreicher sein, das „*Wie*" des Herangehens an die Problemlösung zu erfassen, die kognitiven Hintergründe erbrachter Denkleistungen aufzuklären.

Im Ergebnis eines solchen prozeßorientierten Vorgehens gelangen Facaoaru und Bittner (1987, 197) zu folgender Charakterisierung der Leistungsbesonderheiten Hochbegabter: „Hochbegabte zeigen einen schnelleren Zugriff zu den im Langzeitgedächtnis gespeicherten Informationen, ein schnelleres Kodieren, Speichern und Dekodieren lexikalischer Einheiten, eine höhere Genauigkeit im Behalten der Reihenfolge von Stimuli im Kurzzeitgedächtnis, eine höhere Geschwindigkeit im Suchen von Informationen innerhalb des aktiven Gedächtnisses sowie effizientere Strategien zur Begriffsbildung und eine höhere Effizienz in der Benutzung der begrenzten Gedächtniskapazität."

Und schließlich kann Intelligenzmessung, wenn sie begabungsdiagnostische Analysen liefern soll, nicht auf die *Erfassung der intellektuellen Lernfähigkeiten* verzichten (vgl. u.a. Guthke, 1977).

Dazu einige Worte mehr: Der herkömmliche Intelligenztest ist durch die sogenannte Statusmessung gekennzeichnet. Die Erhebung konzentriert sich hier auf die Feststellung der intellektuellen Leistungsfähigkeit, wie sie zum Meßpunkt vorliegt. Sie erlaubt keine Aussagen über Veränderungs- und Entwicklungsmöglichkeiten im diagnostizierten Leistungsbereich.

Gerade diese aber dürften für eine Begabungsdiagnostik unverzichtbar sein. Denn nach allen Erfahrungen geben sich Begabte schon frühzeitig dadurch zu erkennen, daß sie Lernanregungen leicht aufgreifen und effektiver als andere zur Vervollkommnung und Steigerung ihrer Leistungsfähigkeit nutzen, daß sie also **Lernfähigkeit** in einem hohen Maße unter Beweis stellen.

Für Eltern und Erzieher manifestiert sich die hohe Lernfähigkeit solcher Kinder besonders deutlich in der Sprachentwicklung. Übereinstimmend weisen die Berichte darauf hin, daß diese Kinder, wenn sie einmal zu sprechen begonnen haben, sehr rasche Fortschritte in der Vervollkommnung ihrer sprachlichen Fähigkeiten erzielen.

Häufig ist die in der entwicklungspsychologischen Literatur beschriebene schrittweise Herausbildung sprachproduktiver Leistungen nach Ein-, Zwei- und Dreiwortsätzen für Eltern und Erzieher gar nicht beobachtbar. Sie zeigen sich nicht selten durch den plötzlichen Umschlag in die Qualität der Erwachsenensprache überrascht. Dabei muß sich das hohe Entwicklungstempo nicht in jedem Falle auch in einem außergewöhnlich frühen Zeitpunkt des Sprachbeginns niederschlagen. Mitunter scheint es so, daß sich diese Kinder mit ihren verbalen Äußerungen zurückhalten, bis sie dies in einem ihrem Anspruchsniveau entsprechenden Maße vermögen (HÄUSER, 1989).

Für die hohe Lernfähigkeit spricht auch, daß ein größerer Teil begabter Kinder bereits im Vorschulalter erste, mitunter schon beachtliche Lese-, Schreib- und Rechenfertigkeiten erwirbt, wobei auch hier in der Regel kein systematischer Aneignungsprozeß nachweisbar ist, sondern das Lernen „nebenbei", für Eltern und Erzieher oft unbemerkt erfolgt, gestützt auf das tägliche Informationsangebot aus der das Kind umgebenden Welt (HÄUSER & SCHAARSCHMIDT, 1991).

Der Erfassung der intellektuellen Lernfähigkeit, wie wir sie oben gefordert haben, kann mit dem sogenannten **Lerntestparadigma** entsprochen werden (GUTHKE, 1977).

Das Grundanliegen dieser Diagnostizierungsstrategie besteht darin, *über die Feststellung des intellektuellen Status hinaus Entwicklungspotenzen sichtbar zu machen.* Zu diesem Zweck wird untersucht, in welchem Grade ein Proband unter gezielter pädagogischer Einflußnahme seine intellektuelle Leistung zu steigern vermag. Das Lerntestparadigma folgt unter anderem der Forderung WYGOTSKIS (1964), wonach auf die Eintwicklungsmöglichkeiten eines Kindes über die Bestimmung seiner „Zone der nächsten Entwicklung"„ geschlossen werden sollte (*vgl. Kap. 1.3.*).

Zweite Forderung: Die Begabungsdiagnostik muß außerintellektuelle Persönlichkeitsbereiche mit berücksichtigen, insbesondere die Motivation.

Schilderungen von Eltern begabter Kinder weisen darauf hin, daß Motivationsbesonderheiten zu den frühesten diagnostisch verwertbaren Merkmalen gehören dürften. So wird immer wieder berichtet, daß diese Kinder bereits im Säuglingsalter durch einen höheren Grad an Wachheit und Aufmerksamkeit, durch Suche nach Stimulation und visuelle Exploration („mit großen Augen um sich blickend") auffällig waren. Besonders das Explorationsverhalten scheint nach bisheriger Erkenntnis ein frühzeitig verfügbares Merkmal von diagnostischer Valenz zu sein. Nach LEHWALD (1989) zeigt das begabte Kind schon in den ersten Lebensjahren in problemhaltigen Anforderungssituationen ein hohes Maß an Explorationstätigkeit, die auf das Erkunden von Objekteigenschaften und Funktionszusammenhängen ausgerichtet ist. Über die Explorationsaktivität schließt er auf die Wißbegier, einen motivationalen Zustand, der Kinder veranlaßt, neue Informationen bevorzugt aufzunehmen bzw. bekannte in bereits vorhandenes Wissen einzufügen.

Es ist davon auszugehen, daß *intellektuelle Begabung stets durch einen unlösbaren Zusammenhang von Kognition und Motivation charakterisiert ist (vgl. Kap. 3).* Die **Motivation** ist eine notwendige Voraussetzung für die Aufrechterhaltung des für kognitive Leistungen erforderlichen Aktivationsniveaus. Sie steuert den

Einsatz und das Zusammenwirken der diesen Leistungen zugrunde liegenden relevanten Teilprozesse. So gesehen macht also Motivation erst kognitive Leistungen möglich und bestimmt deren konkrete Ausrichtung, wie umgekehrt der erfolgreiche Einsatz von Kognition über das aus der Aufgabenbearbeitung und -bewältigung geschöpfte Lust- und Erfolgserleben auf gesteigerte Motivation zurückwirkt.

In den Kontext des engen wechselseitigen Zusammenhangs von Kognition und Motivation läßt sich durchaus die oft bestätigte Erfahrung einordnen, daß sich Begabte nicht notwendigerweise allen Anforderungen gegenüber durch ein höheres Niveau der Leistungsmotivation und Anstrengungsbereitschaft auszeichnen. Zu beachten ist stets die Spezifik der jeweiligen Leistungsanforderung. So wird in der Regel geistig fordernde Tätigkeit mit Lust, Freude und Anstrengungsbereitschaft aufgenommen, dagegen sich wiederholende, eintönige und unterfordernde Tätigkeit mit Ablehnung beantwortet. Aus dieser Sicht müssen auch die mitunter vorgebrachten Klagen von Eltern oder Erziehern begabter Kinder über deren „Faulheit" bei manchen täglich zu verrichtenden Aufgaben nicht im Widerspruch zu dem bisher gezeichneten Bild stehen.

Dritte Forderung: Bei der Begabungsdiagnosik ist der **Umwelt** Rechnung zu tragen. Nahezu alle Autoren, die sich zu Begabungsfragen äußern, weisen darauf hin, daß eine verständnisvolle und anregungsreiche, die Interessen und Fähigkeiten aufgreifende, fördernde und fordernde familiäre und schulische Situation eine wichtige Bedingung für die Ausformung eines vorhandenen Begabungspotentials darstellt. Dabei ist nicht von einer einseitigen Beeinflussung der Kinder durch die Erziehungseinstellungen und -praktiken in Elternhaus und Schule auszugehen. Es ist zugleich der Anteil in Rechnung zu stellen, den die Kinder selbst einbringen und (den objektiven Möglichkeiten entsprechend) einbringen können. So weisen Erfahrungsberichte immer wieder darauf hin, daß begabte Kinder auf der Grundlage einer für sie charakteristischen hohen Eigenaktivität in stärkerem Maße an der Gestaltung der Interaktion mit den Erziehern beteiligt sind und sein wollen, als dies für die Mehrzahl ihrer Altersgefährten zutrifft.

Unter diagnostischem Aspekt hat die Analyse der Umweltbedingungen mehreres zu leisten: Generell sollte sie einen Erklärungshintergrund für die in der diagnostischen Situation aufgefundenen Leistungsbesonderheiten bieten. Sie sollte uns z.B. in die Lage versetzen, den Beitrag familiärer oder schulischer Einflüsse auf die Ausformung eines Begabungspotentials abzuschätzen. Dabei muß es vor allem darum gehen, Risikofaktoren für die Begabungsentfaltung aufzufinden, wie etwa Defizite in den Anregungsbedingungen, und Hinweise auf nicht ausgeschöpfte Entwicklungpotenzen zu erhalten. Es ist eine Vielzahl von Faktoren und Bedingungen, die in diesem Sinne zu beachten sind. Dies reicht von der Zuwendung, die das Neugeborene erfährt, bis zur Fähigkeit und Bereitschaft der späteren Lehrer und Erzieher, die Begabung eines Kindes zu erkennen und anzuerkennen, d.h. ihr pädagogisches Handeln darauf einzustellen. Dabei kann die Relevanz der Umweltbedingungen in Abhängigkeit vom Zeitpunkt in der Entwicklung des Kindes recht unterschiedlich sein. Demzufolge wird sich auch der diagnostische Aussagewert von Informationen über die Entwicklungsumwelt eines Kindes immer nur vor dem Hintergrund des jeweiligen Entwicklungsstandes und -bedarfs beurteilen lassen. Um es an einem einfachen Beispiel zu sagen: Die Zahl und Art der Bücher, die in einer Familie vorhanden sind, werden für ein Vorschulkind noch von wenig Entwicklungsrelevanz sein. Sie können jedoch in der späteren Entwicklung zu einem wichtigen Anregungsfaktor werden.

17.2.4 Der mögliche Beitrag des Lehrers zur Begabungserkennung

Sicher ist der Lehrer in besonderem Maße gefordert, wenn es gilt, auf Begabungen aufmerksam zu werden, sie möglichst frühzeitig und in ihrer spezifischen Ausprägung zu erkennen. Allerdings ist diese Aufgabe nicht vom Lehrer allein zu lösen. Ihm stehen für seine Arbeit (in der Regel) keine standardisierten psychodiagnostischen Verfahren zur Verfügung, wie das für den Psychologen gilt. Er ist vor allem auf die weniger sicheren und objektiven Methoden der Beobachtung, Exploration und Werkanalyse angewiesen. Und vom Lehrer kann auch nicht das psychologische Hintergrundwissen erwartet werden, das in vielen Fällen für die differenzierte Diagnose und weitergehende Interpretation des diagnostischen Befundes wünschenswert wäre. Damit sind ohne Frage Einschränkungen in seiner diagnostischen Kompetenz gegeben. Andererseits ist der Lehrer aber auch in einer Position, die ihm wichtige Vorteile gegenüber dem diagnostizierenden Psychologen verschafft:

Während der Psychologe den zu Beurteilenden in der Regel nur aus Kurzbegegnungen kennt und aus der meist weniger natürlichen Untersuchungssituation, kann der Lehrer ihn in Alltagssituationen beobachten, in die er ständig Einblick hat und die für den Schüler zentrale Tätigkeitsbereiche darstellen (wie die Unterrichtssituation). Es gehört auch zu seinen Vorteilen, *daß dem Lehrer aus dem kontinuierlichen und aktiven Kontakt und aus Vergleichen mit anderen Schülern stets neue Informationen zufließen*. Wir sehen vor allem zwei Wege, auf denen der Lehrer die Vorteile seines spezifischen diagnostischen Zugangs nutzen kann:

Erstens denken wir an seine besonderen Möglichkeiten, dem Entwicklungsaspekt gebührend Rechnung zu tragen. Mit SCHMIDT (1987) sind wir der Auffassung, daß eine zutreffende Interpretation diagnostischer Befunde immer auch Informationen über die Entwicklungsgeschichte dessen, was wir diagnostiziert haben, voraussetzt. Sie sind – so Schmidt –notwendig, weil der aktuelle Zustand „eine geronnene Entwicklung" verkörpert, also Produkt einer Vorgeschichte (und als solches selbst wieder Ausgangspunkt einer Entwicklung) ist.

In der Begabungsforschung konnte z.B. wiederholt demonstriert werden, daß die biographische Analyse wesentliches zur konditionalgenetischen Aufklärung des Phänomens „hochbegabter Leistungsversager" beizutragen vermag. In den Biographien solcher Kinder und Jugendlicher war immer wieder die folgende Regelhaftigkeit nachweisbar: Am Anfang stand eine massive Fehlbeanspruchung im Sinne permanenter und hochgradiger Unterforderung, die Motivationsverlust nach sich zog. Auf dieser Grundlage entwickelten sich Diziplinprobleme und/oder andere Verhaltensauffälligkeiten. Es war dann schließlich eine Bedingungskonstellation geschaffen, die trotz großer intellektueller Kapazität weiteren Lernfortschritt behinderte und bis zum Schulversagen führte.

Ohne Frage dürften die Möglichkeiten des Lehrers zur diagnostischen Nutzung von Entwicklungsinformationen besonders günstig sein, kann er doch oft über Jahre in Kommunikation mit dem Elternhaus (*vgl. Kap. 6.1*) die Entwicklung eines Schülers aus unmittelbarer Nähe und in bezug auf verschiedenste Anforderungssituationen verfolgen. Zur Unterstützung dieses Anliegens können zumindest partiell auch spezielle diagnostische Methoden zur Erfassung von Entwicklungsdaten dienen, wie sie in den letzten Jahren verstärkten Eingang in die Psychologie gefunden haben. Zu denken ist an solche Methodenvarianten wie Anamneseschemata, Lebensereignis-Inventare und biographische Fragebögen.

Zweitens dürfte der Lehrer mehr als jeder andere in der Lage sein, die intellektuelle Leistungsfähigkeit seiner Schüler nicht nur nach quantitativen Kriterien, sondern auch und vor allem nach der *Qualität von Denkprozessen zu* beurteilen.

Voraussetzung ist, daß sich die diagnostische Tätigkeit des Lehrers – in Übereinstimmung mit der Forderung Rubinsteins (1958), das Kind zu studieren, indem man es unterrichtet – nicht nur auf das Aneignungsniveau und die Lernresultate orientiert, sondern auch und vor allem auf den *Aneignungsprozeß* (*vgl. Kap. 3 und 4*).

Diese Aufgabe bedarf einer besonderen Vorbereitung des Lehrers. Es gilt z.B. zu lernen, welche Rückschlüsse im Unterricht beobachtbares Verhalten (wie etwa das Frageverhalten) auf die Art, die Effizienz und Organisation von Informationsverarbeitungsprozessen erlaubt (*vgl. Kasten 17-1*).

Die kognitionspsychologische Grundlagenforschung hält heute eine Menge Wissen bereit, dessen diagnostische Nutzung auch für den Lehrer von Gewinn sein kann. Es geht dabei vor allem um solche Erkenntnisse, die es ermöglichen, zum „Wie" des Zustandekommens von intelligenten Leistungen vorzudringen. Denn erst dann sind die für den individuellen Fall entscheidenden pädagogischen Eingriffsstellen auszumachen. Und dieser nur so mögliche maßgerechte Zuschnitt von Fördermaßnahmen muß der wichtigste Zweck einer jeden Begabungsdiagnostik sein.

Kasten 17-1:

Ein Indikator für intelligentes Verhalten

Um ein Beispiel aus unseren eigenen Begabungsuntersuchungen zu erwähnen: Da fragt ein 5jähriges Mädchen seine Oma, wieviel 21 mal 27 sei. Auf die Gegenfrage der Oma, warum das Mädchen das wissen wolle, lautet die Antwort: „Ich wollte die Löcher in der Gasheizung in unserem Bad zählen. Weil da aber so viele sind, habe ich nur die Reihe so (vertikal) und die Reihe so (horizontal) gezählt. Wenn man die mal nimmt, müßte man doch wissen, wieviele Löcher es insgesamt sind." Es ist dies ein Beispiel für ein Frageverhalten, das auf Minimierung des hier erforderlichen kognitiven Aufwandes ausgerichtet ist und deshalb als Indikator für intelligentes Verhalten gelten kann. Es steht wohl außer Frage, daß Indikatoren dieser Art im Unterrichtsgeschehen am besten zu gewinnen sein dürften.

17.3 Ziele und Manahmen der Begabtenförderung

17.3.1 Zielsetzungen der Begabungsförderung

Die **Förderung** begabter Schüler folgt gewissen allgemeinen Zielen, die für jede Form besonderer Begabung gelten. Deshalb wird in der folgenden Darstellung der Förderziele und -maßnahmen auf die vorliegende Begabungsart – auch aus Platzgründen – nur vereinzelt eingegangen. Detailliertere Ausführungen finden sich z. B. bei FEGER (1988) oder MÖNKS und YPENBURG (1993).

Die Förderung begabter Kinder muß zwar von den allgemeinen Aufgaben der Grundschule ausgehen, diese jedoch im Hinblick auf die Entwicklungsbesonderheiten und Lernbedürfnisse der Begabten ausgestalten (vgl. *Kasten 17–2*).

Deren kognitive Stärken sind in diesem Sinne besonders zu beachten, ohne daß die Entwicklung der Gesamtpersönlichkeit in den Hintergrund geraten darf. Deshalb ist die geistige Förderung in mancher Hinsicht zu ergänzen. Neben der eigentlichen Entwicklung von Denkfähigkeiten und der Vermittlung von Wissen und Fertigkeiten müssen vor allem *Interessen* angeregt und die *Leistungsmotivation* gefördert werden. Darüber hinaus gilt es, für eine angemessene Wahrnehmung der eigenen Stärken und Schwächen als Voraussetzung für die Entwicklung eines stabilen *Selbstkonzepts* zu sorgen. Einer überstrengen Selbstbewertung (Perfektionismus), die manchen hochbegabten Kindern zu schaffen macht, ist dabei entgegenzuwirken. Statt dessen sollen die Kinder auch die eigenen Schwächen annehmen lernen und insgesamt erkennen, da nicht nur ihre Fähigkeit zur logischen Schlußfolgerung, ihr gutes Gedächtnis und ihr ausgepräg tes Wissen wertvoll sind, sondern da auch ihre Gefühle, Wünsche und Phantasien wichtig sind. Die Entwicklung des Gefühlslebens trägt sicherlich auch zur Entfaltung *kreativer Denkfähigkeiten* bei.

Kasten 17–2:

Besondere Bedürfnisse begabter Kinder

John Feldhusen und Ann Wyman-Robinson (1980) haben sich in Indiana (USA) jahrelang mit der Begabtenförderung in der Grundschule beschäftigt; sie beschreiben folgende besonderen Bedürfnisse begabter Kinder (Feldhusen & Wyman-Robinson, 1980; zit. n. Feldhusen & Kolloff, 1986, 128f.). Danach wollen diese

- Grundfertigkeiten und grundlegende Konzepte vollständig meistern; solche Lerntätigkeiten ausführen, die ihrem Wissensstand und ihrer Lerngeschwindigkeit angemessen sind;
- Erfahrungen im kreativen Denken und im kreativen Problemlösen sammeln;
- Fähigkeiten des konvergenten Denkens (logische Deduktion; logisches Problemlösen) entwickeln;
- Anregungen zur Entwicklung der Vorstellungskraft sowie des bildhaften und räumlichen Denkens erhalten;
- in ihrer Selbstwahrnehmung und dem Akzeptieren ihrer eigenen Fähigkeiten, Interessen und Bedürfnisse unterstützt werden;
- dazu angeregt werden, anspruchsvolle Ziele und Wünsche zu verfolgen;
- an vielfältige Lernfelder, Künste, Berufe und Beschäftigungen herangeführt werden;
- hinsichtlich des Lernens in ihrer Unabhängigkeit, Selbstbestimmtheit und Disziplin gefördert werden;
- Erfahrungen darin sammeln, wie man intellektuell, künstlerisch und affektiv mit anderen begabten, kreativen und talentierten Schülern in Kontakt tritt;
- eine breite Wissensbasis auf vielen Gebieten erwerben;
- zum Lesen angehalten werden und Zugang zum erwünschten Material erhalten.

Besondere Beachtung muß die Entwicklung der sozialen Kompetenz finden. Begabte Kinder sind zwar meist sozial gut integriert; dennoch gilt es, ihre Team- und Kommunikationsfähigkeit sowie deren Voraussetzungen, einerseits die Sensibilität für die eigenen Ansprüche und Bedürfnisse sowie die der anderen Kinder, andererseits die Fähigkeit zu verbalem und nonverbalem Ausdruck, zu schulen. Allzustarke Wettbewerbsorientierung und das demonstrative Auskosten von Leistungserfolgen (Schwelgen in Siegerposen) wären zugunsten prosozialer Einstellungen eher zurückzudrängen, wenngleich es den Kindern auch immer wieder zu gönnen ist, wenn sie die Früchte intensiver Anstrengung ernten.

Gesamtziel der Lernförderung sollte die Entwicklung von Fertigkeiten der selbständigen, selbstgesteuerten Wissensaneignung sein. Wenn die Kinder in die Lage versetzt werden, den eigenen Interessen selbst nachzugehen (d. h. fähig sind, sich erreichbare Ziele zu setzen, sich Informationen zu beschaffen und diese Informationen systematisch zu be- und zu verwerten), so kann die unterrichtliche Betreuung in Differenzierungsphasen weitgehend reduziert werden. Durch die Förderung selbstgesteuerter Lernaktivitäten werden auch die besten Grundlagen für die langfristige Interessenentwicklung gelegt.

Selbstgesteuerte Lernaktivitäten beruhen zu einem erheblichen Teil auf dem Lesen von schriftlichem Material. Deshalb sollen begabte Kinder bereits früh zum Lesen angehalten werden, damit sie Lesefertigkeiten erwerben. Selbstgesteuertes Lernen erfordert aber auch das Setzen von Zielen. Hier sollen begabte Kinder frühzeitig lernen, auch langfristige Ziele zu verfolgen; sie sollten sich häufig über Ausbildungs- und Berufsziele Gedanken machen und ihre Lernaktivitäten selbst als erste Schritte auf eine berufliche Spezialisierung konzipieren. Natürlich werden sich die Berufspläne der Kinder noch öfter ändern; eine längerfristige Zielperspektive regt aber zu einem systematischen Wissenserwerb an.

17.3.2 Methoden und Manahmen der Begabtenförderung

Für die Förderung hochbegabter Schüler wurden zahlreiche Vorschläge und ausgefeilte Programme erarbeitet, letztere vor allem in den USA (Maker, 1982; Renzulli, 1986). die meisten dieser Programme beinhalten folgende Elemente:

- Um Fähigkeiten des logisches und kreativen Denkens zu fördern, werden den Kindern regelmäßig (meist morgens „zum Aufwärmen") Knobelaufgaben, Rätsel oder Probleme präsentiert.

- Fähigkeiten des „wissenschaftlichen Arbeitens" werden vermittelt, z. B. durch Erklärungen, wie man nahegelegene Bibliotheken benutzt, durch Hinweise, wie man Kurzvorträge abfaßt, durch Übungen, wie man Argumente für und gegen eine These sammelt, usw.

- Selbständiges Arbeiten wird angeregt, indem die Kinder zunehmend eigene „Projekte" verfolgen dürfen; zunächst gibt die Lehrkraft die Themen vor, dann dürfen die Kinder selbst aus einer Themenliste auswählen und schließlich sollen sie ihre eigenen Vorschläge vorbringen. Dokumentation und Bewertung der eigenen Arbeit durch die Kinder selbst fördert deren Reflexion und Eigenverantwortlichkeit.

- Soziale Kompetenz wird durch Kleingruppen und Partnerarbeit gefördert. Bedeutsam ist auch die Auflage, die Ergebnisse der eigenen „Projekte" der Klasse vorzustellen, d. h. sozial wertvolle Ergebnisse zu erbringen. Manchmal übernehmen die Kinder auch selbst die Rolle des Lehrers für eine Kleingruppe. Viele „Projekte" sind so konzipiert, da Interviews mit Persönlichkeiten des öffentlichen Lebens oder mit Experten durchzuführen sind; dadurch werden soziale Fertigkeiten trainiert.

- Zur Förderung der Persönlichkeitsentwicklung werden Übungen zur Selbstwahrnehmung empfohlen, z. B. zur Artikulierung von Bedürfnissen, Werten, Emotionen, Meinungen. Im sozialen Vergleich werden Unterschiede herausgearbeitet; dabei wird das Recht auf Individualität betont.

- Aufgrund des hohen Lerntempos der begabten Schüler stellt sich immer das Problem der angemessenen Lerninhalte, durch die das reguläre Curriculum ergänzt und erweitert werden kann. Maker (1982) empfiehlt hier die Weiterführung der Unterrichtsinhalte in Richtung auf die Einführung abstrakter, allgemeiner und komplexer Begriffe. Gleichzeitig plädiert sie für die bevorzugte Behandlung von Themen, die soziale Werte vermitteln (z. B. Verständnis für andere Kulturen; Achtung vor dem menschlichen Körper).

BARBARA CLARK (1992) weist darauf hin, da neben der besonderen inhaltlichen und methodischen Planung des Unterrichts für begabte Kinder der *Gestaltung der Lernatmosphäre* besondere Bedeutung zukommt. Ihr „Integrative Education Modell" enthält die folgenden Empfehlungen, die nicht nur für hochbegabte Kinder förderlich sind:

- Die gesamte schulische Lernumgebung sollte als lernanregend erlebt werden (beginnend mit kooperativen Beziehungen zwischen Lehrern, Schülern und Eltern über die weitgehende Individualisierung des Lernens bis hin zur entwicklungsorientierten Funktion der Leistungsrückmeldungen).
- Die Raumgestaltung und das Verhalten der Lehrkräfte sollten beruhigend und entspannend wirken.
- Alle Sinne und vor allem Körperhaltung und -bewegung sollten in kognitive Lernaktivitäten miteinbezogen werden.
- Das Sprachverhalten der Lehrkräfte sollte ermutigen und als Modell für offene Kommunikation dienen.
- Entscheidungsbefugnisse, die den Schülern eingeräumt werden, dürften deren Gefühl von Freiheit und selbstausgeübter Kontrolle stärken.
- Herausfordernde Lernaufgaben würden die Lernmotivation anregen.
- Ferner würde die Ermutigung von intuitivem und imaginativem Denken zu einer integrativen Förderung aller Gehirnfunktionen beitragen.

17.4 Förderformen

In diesem Abschnitt wird dargestellt, welche Organisationsformen für die Begabtenförderung vorgeschlagen werden. Nähere Erläuterungen finden sich bei FEGER (1987) oder CROPLEY, MCLEOD und DEHN (1988).

17.4.1 Integrierende Formen

Gegen die Trennung hochbegabter Kinder von ihren Altersgenossen bereits im Grundschulalter bestehen erhebliche Bedenken. Neben unerwünschten Effekten wie die Verringerung sozialer Kompetenz oder die Entwicklung elitärer Attitüden auf Schülerseite wird vor allem befürchtet, da durch eine solche Maßnahme eine starke Leistungsorientierung in die Grundschule hineingetragen wird und die spielerischen, schöpferischen und sozial-integrativen Elemente zurückgedrängt werden. Diese Argumente können aber nicht zur Verhinderung von Binnendifferenzierungsmanahmen ins Feld geführt werden. Die Behauptung, „kooperatives Lernen" von Hochbegabten gemeinsam mit anderen Schülern sei den begabten Schülern förderlicher als separate Instruktion, ist aufgrund mangelnder empirischer Belege nicht haltbar. Zur Diskussion im deutschen Sprachraum vgl. DREWELOW und URBAN (1992) sowie KLAUER (1992).

In der Grundschule überwiegen Bemühungen, hochbegabte Schüler im regulären Klassenverband zu fördern, indem man für sie Zusatzaufgaben bereitstellt oder sie zur Betreuung schwächerer Schüler heranzieht. Die Möglichkeit des Überspringens einer Klassenstufe bzw. die vorzeitige Einschulung wird derzeit durch die Schulbehörden besonders favorisiert, da dies mit dem geringsten organisatorischen Aufwand einhergeht. So positiv die Erfahrungen mit dieser Form der Akzeleration sind, so deutlich muß jedoch auch auf die besonderen Indikationen für diese Maßnahme verwiesen werden: Nur körperlich und emotional gut entwickelte, sozial kompetente und geistig in allen Bereichen fortgeschrittene Kinder sind für das Überspringen geeignet.

Wesentlich mehr begabte Kinder könnte man durch Manahmen der Unterrichtsanreicherung oder der teilweisen Akzeleration fördern, die im nächsten Abschnitt dargestellt werden. Will man mit diesen Förderformen den regulären Unterricht nicht beeinflussen, so bleibt nur deren außerschulische Organisation. So hat die Förderung durch zusätzlichen Unterricht, z. B. an freien Samstagen in freiwilligen Arbeitsgemeinschaften auch schon in Deutschland Anhänger gefunden. Betreut von Lehrkräften oder Eltern mit besonderen Kompetenzen, beschäftigen sich die Schüler in Kleingruppen mit interessanten Themen. Ferienseminare und Schülerakademien ergänzen diese Manahmen in der Sekundarstufe. In besonderen Fällen, die es schon immer gab, ohne da die Schule aus strukturellen Gründen darauf reagieren kann, erhalten einzelne Schüler mit ausgeprägten Interessen und extremen bereichsspezifischen Fähigkeiten (z. B. in Musik oder Mathematik) Privatunterricht.

17.4.2 Separierende Manahmen

Jede Form der unterrichtlichen **Differenzierung** erfolgt im Dienste der gezielten Förderung homogener Lerngruppen. Die zeitweise Herausnahme hochbegabter Schüler aus ihren Klassen erlaubt einerseits, mit der homogeneren Restklasse diejenigen Lernziele effizient zu erreichen, die die begabteren Schüler bereits früher erreicht haben. Andererseits bietet dies die Möglichkeit, mit den Hochbegabten anspruchsvollere Lernaktivitäten durchzuführen. Viele der in den USA entwickelten Förderprogramme beruhen auf der Voraussetzung, da hochbegabte Kinder durch eigenständiges oder angeleitetes Vorauslernen Zeit gewinnen. Diese Zeit wird für besondere Lernaktivitäten außerhalb der regulären Klasse genutzt.

Die einfachste Organisationsform stellt der sogenannte „Resource Room“ dar, der an vielen US-Grundschulen eingerichtet ist. Dieser Raum enthält stimulierende Objekte,z. B. Lexika, Computer, Atlanten, Anschauungsmodelle und Zeitschriften. Kinder, die durch angeleitetes Vorauslernen Lernzeit eingespart haben, dürfen den Resource Room erforschen und mit Hilfe der Materialien ihren eigenen Interessen nachgehen. Eine aufsichtführende Lehrkraft leitet die Schüler zur systematischen Verfolgung ihrer Interessen an.

Aufwendiger ist die Durchführung eines regelrechten Programms. Ein längerfristiges, für ein halbes oder ein ganzes Schuljahr angelegtes Förderprogramm hat meist die Form, da es eine Schulstunde pro Schultag oder einen Vormittag pro Unterrichtswoche in Anspruch nimmt. Die Schüler versammeln sich in einem eigenen Raum und werden von einer speziell ausgebildeten Lehrkraft betreut. Da die Schüler aus verschiedenen Klassen kommen können, ihre Klasse aber nur für die Dauer des Förderprogramms verlassen, heißt diese Förderform „pull-out program“.

Einschneidendere Manahmen wie die Bildung von Sonderklassen für Grundschüler oder die Möglichkeit für akzelerierte Schüler, bereits vor Beendigung der regulären Grundschulzeit z. B. am Mathematikunterricht des Gymnasiums teilzunehmen, werden in Europa aus vielfältigen Gründen so gut wie nicht praktiziert. Aber auch die Durchführung besonderer Kurse für begabte Schüler wird von Eltern und Lehrkräften häufig abgelehnt (Rost, 1990).

17.4.3 Außerschulische und integrative Förderung

Begabungsförderung ist nicht die einzige Aufgabe der Grundschule. Deshalb verbleibt sowohl den Eltern als auch der gesamten Gemeinde Verantwortung für die Förderung ihres talentierten Nachwuchses. Eltern ist es häufig auch am liebsten, wenn sie von den Lehrern zwar Ratschläge für die Förderung erhalten, aber anregende Aktivitäten mit ihren Kindern selbst ausführen (Rost, 1990). Lokale Leistungswettbewerbe (z. B. Vorlesewettbewerbe), die von örtlichen Sponsoren ausgerichtet und von Schule und Elternhaus unterstützt werden, könnten darüber hinaus die Funktion übernehmen, ein leistungsfreundliches Klima in einer Gemeinde zu schaffen. Spielerische Denk- und Wissenswettbewerbe zwischen Schulklassen oder zwischen Schulen (ausgeführt von den jeweils leistungsbesten Kindern) verschaffen den intellektuell begabten Kindern diejenige öffentliche Anerkennung, die sportlichen und musikalischen Talenten regelmäßig zuteil wird. Kinder- und Jugendgruppen können durch gemeinschaftliche explorative Tätigkeiten (Exkursionen, Diskussionen) ebenfalls zur Interessenentwicklung beitragen.

In allen Fällen ist die enge Zusammenarbeit zwischen Elternhaus und Schule unerläßlich. Hier gibt es häufig Reibungen, wenn Eltern zur Auffassung gelangen, die Lehrerin der ersten Jahrgangsstufen würde gerade ihr Kind (trotz oder auch aufgrund seiner offensichtlichen Begabung) vernachlässigen. Lehrer laufen ihrerseits Gefahr, Eltern überzogene Leistungsansprüche zu unterstellen, wenn diese eine besondere Förderung für ihr Kind verlangen. In diesen Fällen ist die offene Diskussion unter allen Beteiligten unerläßlich. Am runden Tisch unter Moderation des Schulleiters oder eines am Ort angesehenen Bildungspolitikers sind Möglichkeiten und Grenzen der schulischen Förderung begabter Kinder klarzustellen. Keine Grundschule wird sich gegen Zusatzangebote für begabte Kinder sträuben, wenn die profitierenden Eltern bereit sind, für den entstehenden Sachaufwand aufzukommen. Eine ergänzende individuelle Beratung der Eltern und Lehrkräfte durch schulpsychologisches Personal wird der Vielfalt der oft divergierenden Interessen der Erziehungsberechtigten, der unterschiedlichen Unterrichtsstile der Lehrkräfte und der oft einzigartigen Entwicklungsbesonderheiten hochbegabter Schüler noch am ehesten gerecht.

17.5 Konzeption eines umfassenden Förderprogramms

Wie sollen Lehrkräfte vorgehen, wenn sie einzelne begabte Schüler ihrer Klasse gezielt fördern wollen? Hierfür gibt es kein Rezept, das in allen Fällen paßt. In den USA erfolgt die besondere schulische Förderung Hochbegabter in der Regel in kompletten Programmen, deren Ausarbeitung von den staatlichen Bildungsbehörden als Voraussetzung für eine finanzielle Förderung verlangt wird. Die einzelnen Schritte zur Erarbeitung eines solchen Programms, wie sie etwa Maker (1982) vorschlägt, stellen aber auch nützliche Anhaltspunkte für Lehrkräfte dar, die hierzulande etwas für begabte Kinder tun wollen.

Wer Fördermaßnahmen für Hochbegabte in der eigenen Schule plant, sollte zunächst Experten (z. B. Klassenlehrer, Schulpsychologe, Schulleiter, Vertreter der Deutschen Gesellschaft für das hochbegabte Kind, örtlichen Mäzen) für beratende Funktionen gewinnen. Sodann ist diejenige Form der besonderen Begabung zu definieren, die gefördert werden soll. Ausgehend von der Bedarfslage der Schülerschaft ist zu entscheiden, ob man einfach die besonders Intelligenten fördern will, ob die Förderung sprachlich Begabten zugutekommen soll oder ob man sich um mathematisch begabte Mädchen aus Ausländerfamilien kümmern will, um nur einige Beispiele zu nennen.

Abhängig davon sind diejenigen Meßverfahren auszuwählen oder zu konstruieren, mit deren Hilfe untersucht wird, wie groß die zu berücksichtigende Zielgruppe ist und welche besonderen Lernbedürfnisse diese Schüler aufweisen. Hierfür wird man Schülerakten und Zensurenbögen, Ergebnisse von Intelligenztests und Protokolle von Gesprächen mit Schülern, Eltern und Lehrern zusammentragen (*vgl. 17.2*).

Spätestens nach Vorliegen dieser Informationen gilt es, diejenigen Erziehungsprinzipien zu formulieren, welche die Durchführung eines Förderprogramms rechtfertigen helfen. Die schriftliche Fixierung dieser Prinzipien ist hilfreich für die Legitimationsdiskussion und dient auch zur Bestimmung der konkreten Programmziele, z. B. der Förderung von Kreativität oder der Entwicklung von Interessen. Die Erarbeitung der konkreten Lernziele und -methoden hängt dann noch von dem zugrundegelegten instruktionspsychologischen Modell ab. Hier sind - zumindest in den USA - die Lernzieltaxonomie von Bloom (Bloom, Englehart, Furst, Hill & Krathmohl, 1956) und Bruners Ansatz der „grundlegenden Konzepte eines Wissensbereichs“ (Bruner, 1960) recht beliebt. Auch Guilfords Intelligenz-Struktur-Modell, das jeweils mehrere Arten von Denkinhalten, -prozessen und -produkten unterscheidet (Guilford, 1967), eignet sich zumindest für den Aufbau einer strukturierten Lernzielmatrix. Es gilt somit, konkrete Unterrichtseinheiten zu entwerfen, die einerseits auf die Eigenschaften der zu fördernden Schüler und andererseits auf die festgelegten Unterrichtsziele abgestimmt sind (*vgl Kap.4)*.

Anschließend ist die Durchführung des Programms und seine Verzahnung mit dem regulären Unterricht auch organisatorisch und finanziell zu planen. Die Erarbeitung von Manahmen zur Evaluation des Programms, d. h. einerseits zur Erfassung des Lernfortschritts der Schüler, andererseits zur Messung der Effektivität und Effizienz des Programms insgesamt, schließen neben Anstrengungen, die Zustimmung der Beteiligten für die Durchführung zu gewinnen, die allgemeine Programmplanung ab.

Die Einführung eines allgemeinen Förderprogramms entbindet nicht von der Notwendigkeit, die Förderung individuell, d. h. für jeden einzelnen beteiligten Schüler gesondert, zu planen. Für jeden Teilnehmer sind Möglichkeiten festzulegen, wie der reguläre Unterricht gestrafft werden kann, damit Zeit für die Teilnahme an dem Förderprogramm frei wird. Im einfachsten Fall könnte dies darin bestehen, da man die Teilnehmer des Förderprogramms von regulären Hausaufgaben (die nur der Übung dienen) befreit, damit sie Zeit für das Förderprogramm haben. Die individuellen Leistungs- und Problembereiche sind ebenso zu ermitteln wie die persönlichen Lernbedürfnisse und bevorzugten Lernstile. Für jeden Schüler sind individuelle Programmziele festzulegen; der Lern- und Entwicklungsfortschritt mu ebenfalls in jedem Einzelfall überprüft werden. Diese Form der Programmindividualisierung ist in den USA zum Teil zwingend vorgeschrieben. Damit soll verhindert werden, da Kinder aufgrund gewisser Gemeinsamkeiten (z. B. IQ über 130) in ein Programm gesteckt werden, das ihren Bedürfnissen im Einzelfall nicht gerecht wird.

Manche Lehrkraft wird angesichts des hohen Aufwandes, der für eine gezielte Förderung der Begabten betrieben werden müßte, fragen: Lohnt sich dieser Aufwand denn? Haben nicht auch die Begabten eigentlich mehr davon, wenn ich mich gerade in der Grundschule zuerst einmal um die Schwächeren kümmere, damit die Klasse einigermaßen homogen wird? Diese Fragen darf man nicht einfach damit abtun, da man dem Fragesteller die Tendenz zur „Anstrengungsvermeidung" unterstellt. Vielmehr ist bis heute umstritten, ob die am häufigsten praktizierte Form der Begabtenförderung, nämlich die Anreicherung der Lerngegenstände durch Bildung von Interessengruppen und freiwilligen Arbeitsgemeinschaften, wirklich Denkkapazitäten schult, Lernstrategien vermittelt oder wichtige Wissensbestände schafft. Nur folgende Effekte gelten als sicher, wenn man begabte Kinder bereits in der Grundschule ausreichend fordert und anregt: Sie behalten oder erwerben Spaß am Lernen, sie bilden stabile Interessen aus, und die Gefahr ist geringer, da sie an einer weiterführenden Schule oder Hochschule deshalb versagen, weil sie vorher nie gelernt haben sich anzustrengen. Diese motivationalen Effekte würden bereits allein aureichen, um die differenzierte Förderung begabter Grundschüler zu rechtfertigen; dazu kommen noch die im Einzelfall oft erheblichen kognitiven Effekte, deren Dauerhaftigkeit jedoch durch langfristig angelegte wissenschaftliche Untersuchungen erst noch nachgewiesen werden muß.

Weiterführende Literatur

FEGER, B.: *Hochbegabung - Chancen und Probleme.* Bern 1988: Huber

HANY, E.A. u. NICKEL, H. (Hrsg.): *Begabung und Hochbegabung*: Theoretische Konzepte, empirische Befunde, praktische Konsequenzen. Bern 1992: Huber

18

Lernschwierigkeiten und ihre Folgen

Gerald Matthes & Christine Schwarzer

18.1 Was verstehen wir unter Schulleistungsschwierigkeiten?

Es ist eine Alltagserfahrung, daß immer dann, wenn sich Menschen in einer Lerngruppe gemeinsam einen Lernstoff aneignen wollen oder sollen, einige von ihnen Probleme mit dem Lernen haben. Da sich der Lernprozeß zudem einer direkten Beobachtung entzieht, ist es für die lehrende Person oft schwierig, ein bestimmtes Verhalten von Schülern eindeutig als Ausdruck einer Lernschwierigkeit zu identifizieren. Schüler mit **Lernschwierigkeiten** bilden deshalb auch keine einheitliche, homogene Gruppe hinsichtlich ihres Verhaltens.

Manche von ihnen

- entwickeln emotionale Störungen wie Schulängstlichkeit,
- schwänzen den Unterricht,
- entwickeln besonders auffällige Verhaltensweisen,
- werden besonders aggressiv,
- ziehen sich zurück,
- entwickeln körperliche Symptome wie Magenbeschwerden,
- verwenden besonders viel Zeit und Mühe auf die Hausaufgaben.

Dabei wollen wir hier davon ausgehen, daß Lern- und Leistungsschwierigkeiten „normal" sind in dem Sinne, daß sie zum schulischen Alltag ebenso gehören wie gute Lernerfolge. Es soll hier also nicht um gelegentliche Mißerfolge beim schulischen Problemlösen gehen, die wohl unvermeidlich sind, wenn man eine Gruppe von Schülern mit unterschiedlichsten Lernvoraussetzungen mit dem gleichen Lernstoff konfrontiert. Vielmehr sollen permanente Mißerfolge beleuchtet werden, die dann auch administrative Maßnahmen wie z.B. Zurückstellung vom Schulbesuch, Sitzenbleiben oder Überweisung auf eine Sonderschule nach sich ziehen.

Geht man davon aus, daß es Unterschiede zwischen Menschen gibt, die sich auch im Leistungsbereich widerspiegeln, so könnte man Lern- und Leistungsschwierigkeiten für „normal", aber auch unabänderlich halten, denn es gibt eben gute und schlechte Schüler. Die Problematik beginnt aber, wenn man versucht, exakte Kategorien für das Vorhandensein von Lern- und Leistungsstörungen zu definieren. Der Gegenstandsbereich, um den es hier geht, besteht nämlich nicht aus eindeutig definierten Kategorien, die ihren Niederschlag in einer Theorie der Schulleistung und des Schulversagens finden. Vielmehr handelt es sich um Sammelbegriffe, die je nach Sichtweise der jeweiligen Forscher eine unterschiedliche Tönung erhalten.

So finden sich für Normabweichungen im kognitiven Bereich in der Literatur Begriffe wie Schulversagen, Lernstörung, Lernschwäche, erwartungswidrige Minderleistungen, Schulschwierigkeiten, schlechte Schüler, Lernbeeinträchtigungen, Auffälligkeiten im Lern- und Leistungsbereich u.ä. (vgl. HELLER & NICKEL, 1980; HÖHN, 1976; SCHWARZER, 1980; TIEDEMANN, 1980;).

Wir wollen Lern- und Leistungsschwierigkeiten, die dazu führen, daß Schwierigkeiten im Erbringen der geforderten Schulleistung entstehen, als **Schulleistungsschwierigkeiten** definieren.

Schulleistungsschwierigkeiten sind als *Diskrepanz zwischen schulischen Anforderungen und persönlichen Leistungen* zu definieren.

Schulleistungsschwierigkeiten können als Sammelbegriff für Phänomene benutzt werden, die die Diskrepanz zwischen einem gegebenen individuellen Leistungsniveau und einer erwarteten Leistungsnorm aufzeigen.

Wie werden solche Diskrepanzen zwischen Anforderungsnorm und Leistung sichtbar gemacht? Im schulischen Kontext werden sie über Noten und Beurteilungen vermittelt. Eine Leistungsbeurteilung ohne die Verwendung einer Bezugsnorm ist aber nicht möglich. Bei der Definition von Anforderungen, die oft nicht explizit vorgenommen werden, orientieren sich Lehrer an einem Maßstab, einer Bezugsnorm oder auch an mehreren Bezugsnormen gleichzeitig oder nacheinander (*vgl. Kap. 16.3.2*).

In der Literatur werden dabei drei Bezugsnormen unterschieden, die bei der Leistungsbewertung zur Anwendung kommen können, wobei wir nochmals darauf hinweisen möchten, daß diese Einteilung nicht vortäuschen will, daß sich Lehrer als reine Anwender der einen oder anderen Bezugsnorm identifizieren lassen:

- die soziale Bezugsnorm
- die individuelle Bezugsnorm
- die kriteriale/sachliche Bezugsnorm.

Bei der sozialen Bezugsnorm wird ein Schüler mit der jeweiligen Bezugsgruppe, meistens der Klasse, verglichen, bei der individuellen Bezugsnorm werden seine Leistungen mit eigenen vorangegangenen Leistungen verglichen und sozusagen im Längsschnitt betrachtet und bei der sachlichen oder kriterialen Bezugsnorm wird die individuelle Leistung mit einem vorher festgesetzten Kriterium oder Leistungsstandard verglichen.

Übertragen wir diese Bezugsnormen der Leistungsbeurteilung jetzt auf die Definition von Schulleistungsschwierigkeiten, so können wir feststellen, daß je nachdem, welche Bezugsnorm überwiegend benutzt wird, ein Schüler Schwierigkeiten hat, wenn er

- weit unter dem Durchschnitt der Klasse liegt (soziale Bezugsnorm),
- sich nicht von einem einmal erreichten Leistungsniveau weiterbewegt (individuelle Bezugsnorm),
- die gesetzten Lernziele nicht erreicht (sachlich-kriteriale Bezugsnorm).

Es ist unter dieser Perspektive interessant zu diskutieren, welche Auswirkungen die ausschließliche Anwendung einer einzigen Bezugsnorm hat. Eine Orientierung an der sozialen Bezugsnorm könnte z.B. erklären, weshalb Schüler in einer Klasse Lern- und Leistungsschwierigkeiten haben und in einer anderen nicht (vgl. Klauer, 1982; Rheinberg, 1982a;Trudewind & Kohne, 1982).

18.2 Ursachen

Meistens findet eine Lernschwierigkeit in der Schule also ihren Ausdruck in Schulleistungsschwierigkeiten, die dann angenommen werden, wenn die Leistungen, also die sichtbaren Produkte des Lernprozesses, nicht mehr den Anforderungen entsprechen.

Als Ursachen für solche Minderleistungen werden zunächst persönliche Mängel in der Schülerpersönlichkeit angenommen. Deshalb argumentieren Eltern und Lehrer oft so:

- Lernschwierigkeiten beruhen auf Faulheit
- Lernschwierigkeiten beruhen auf Konzentrationsmängeln
- Lernschwierigkeiten sind die Folge von mangelnder Begabung
- Lernschwierigkeiten beruhen auf Motivationsmängeln.

Eine solche individualisierende Sichtweise ist sicher in manchen Fällen zutreffend, sie ist aber im Regelfall viel zu einseitig und taugt deshalb alleine nicht zur Erklärung von Lern- und Leistungsschwierigkeiten.

Individualisierende Erklärungen, die von einem Ursache-Wirkungs-Modell ausgehen, wie es ursprünglich in der Medizin üblich war (vgl. Medizinisches Modell, Barkey, 1976;Goldenberg, 1973;), lassen wenig Raum für ermutigende Erziehung und deren positive Wirkung (Christiani, 1989). Sie vernachlässigen Umwelteinflüsse auf menschliches Verhalten.

Die meisten Schüler weisen auch nicht in allen Bereichen gleichermaßen schlechte Leistungen auf, sondern zeigen ein mehr oder weniger ausgeprägtes Leistungsprofil. Viele Schüler versagen z.B. nur in einem Teilbereich, etwa im Rechtschreiben, zeigen in anderen Bereichen aber durchschnittliche oder sogar überdurchschnittliche Leistungen. Sie sind *partielle Versager*. In welchen Fächern man es sich leisten kann, Versager zu sein und in welchen nicht, so meinen einige Autoren, werfe ein Licht auf die Wertschätzung verschiedenartiger Fähigkeiten in unserem Kulturkreis. So dürfen Schüler ruhig miserable Jogger sein, sie müssen jedoch fit in Mathematik sein. Auch in der Grundschule führen Defizite im Erlernen der Kulturtechniken zu offiziellen Konsequenzen, während mangelhaftes Singen oder Turnen als tolerabel erscheint.

Solche Argumente spielten eine große Rolle bei der Einführung der verbalen Zeugnisse in der Grundschule. Zusätzlich machten Forschungsbefunde wie der, daß ein Drittel der Sitzenbleiber dies bereits im Grundschulalter tun, eine Reform der Grundschulzeugnisse nötig (Schwarzer & Petzold, 1993).

Oft ist nicht der Schüler gestört oder hat Probleme, sondern die Situation ist problematisch oder wird vom Schüler in dieser Weise erlebt und ermöglicht ihm deshalb nicht die volle Entfaltung seiner Fähigkeiten.

Eine **„gestörte schulische Situation"** könnte beispielsweise durch eines oder mehrere der folgenden Merkmale gekennzeichnet sein:

- Die Schüler werden selten gelobt für gute Leistungen.
- Die Schüler werden nicht ermuntert, auf ihren Stärken aufbauend, Neues zu lernen.
- Kleine Leistungsfortschritte werden nicht zur Kenntnis genommen.
- Die stofflichen Anforderungen richten sich nach den leistungsstarken Schülern.
- Es wird bei Leistungsrückmeldungen überwiegend die soziale Bezugsnorm verwendet.
- Die Lehrer-Schüler-Interaktion ist nicht von gegenseitigem Vertrauen getragen.

Aber auch situative Erklärungsversuche taugen allein ebenso wenig wie individuelle zur Aufklärung von Lern- und Leistungsschwierigkeiten.

Forschungen haben nämlich ergeben, daß Schulleistungsschwierigkeiten in den meisten Fällen durch ein *Geflecht verschiedenster Bedingungen verursacht werden* (vgl. PEKRUN & HELMKE, 1991). Das größte Problem dabei ist, daß es bisher keine allgemein gültige Theorie der Schulleistung oder ihrer negativen Ausprägung, der Schulleistungsschwierigkeit, gibt. Es existiert jedoch eine Fülle von Einzelbefunden, Sammelreferaten und Modellen, deren gemeinsames Merkmal bei aller Verschiedenheit in drei entscheidenden Einflußgrößen gesehen wird, nämlich: Schule, Familie und Schülerpersönlichkeit.

Wie die Abbildung *18 -1* deutlich macht, sind die drei Einflußgrößen nicht unabhängig voneinander, sondern beeinflussen sich gegenseitig. So läßt sich mit Hilfe dieses Modells z.B. die Frage beantworten, wie funktional oder dysfunktional die familiäre Sozialisation in bezug auf das schulische Lernverhalten ist. Dabei spielt das elterliche Erziehungsverhalten eine bedeutende Rolle. In vielen Untersuchungen wurden schichtspezifische Unterschiede herausgearbeitet, die Auswirkungen auf das Lern- und Leistungsverhalten der Kinder haben (vgl HURRELMANN & ULICH, 1990; SCHNEEWIND, BECKMANN & ENGFER, 1983).

Ursula LEHR, die sich mit dem Problem der berufstätigen Mutter beschäftigte und hierüber auf die Bedeutung von Erziehungsverhaltensweisen stieß, faßte die Forschungsbefunde treffend zusammen:

„Die meisten Forschungsergebnisse lassen darauf schließen, daß das mütterliche Erziehungsverhalten – die Selbstsicherheit der Mutter, ihre durchaus fordernde, aber doch akzeptierende und liebevolle Zuwendung und Fürsorge – Zusammenhänge mit Aktivität, Selbständigkeit, Anpassungsfähigkeit und Soziabilität deutlich werden läßt, während eine Unsicherheit der Mutter, eine weniger liebevolle, vernachlässigende und eher feindselige Einstellung zum Kind wie auch eine zu streng fordernde Erziehungshaltung eher zu Verhaltensproblemen und Fehlanpassungen führen" (LEHR, 1975, 261).

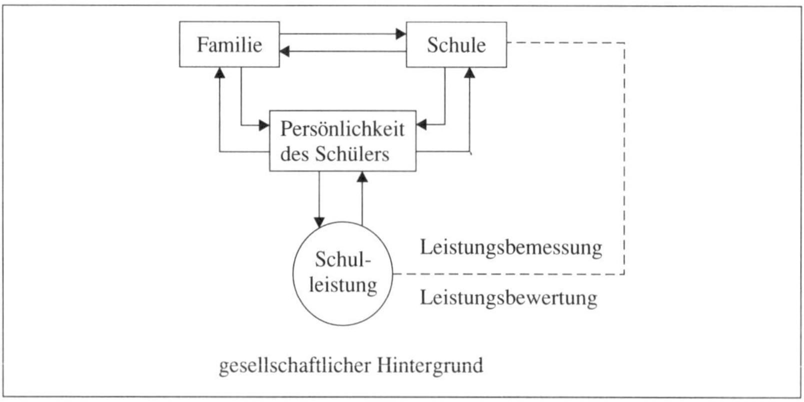

Abb. 18-1: Ein Modell zur Darstellung der Bedingungsfaktoren von Schulerfolg und Schulversagen (nach KRAPP ,1976, 94)

Ein Kind, das aber Akzeptanz und Forderung in einem angemessenen Ausmaß geboten bekommt, ist in der Lage, ein positives Selbstkonzept der eigenen Fähigkeiten auszubilden. Bei Leistungsanforderungen aktualisiert es eher „Hoffnung auf Erfolg“ als „Furcht vor Mißerfolg“ (*vgl. Kap. 3.1.4*). Es traut sich etwas zu, kann jedoch zu schwierige von noch lösbaren Aufgaben unterscheiden und hat es nicht nötig, die Ursachen für Erfolg und Mißerfolg immer in äußeren Umständen, z.B. der Hilfe der Mutter, zu suchen (HECKHAUSEN, 1980; WEINER, 1975).

Ein solches Kind bringt optimale Voraussetzungen für schulische Lernsituationen mit, denn auch im Unterricht wird erwartet, daß sich Schüler von Lerngegenständen anregen lassen, sich anstrengen, das Ziel zu erreichen, um hinterher als Bekräftigung (auch für ihr Selbstkonzept) ein Lob oder eine gute Note vom Lehrer zu erhalten. Später tritt diese äußere, extrinsische Bekräftigung dann zurück zugunsten intrinsischer Verstärker, die überwiegend mit der Befriedigung über die gelöste Aufgabe zusammenhängen.

Die Verhaltensweisen von Mutter und Lehrer bezüglich Leistungs-anforderungen und Zuwendung unterscheiden sich hier kaum, und das Kind kann sein Selbstkonzept, sein positives Leistungsmotiv und seine Zuversicht, geforderte Aufgaben meistern zu können, weiter ausbauen (vgl. HURRELMANN, 1988; HELMKE, 1991). Über die positive Leistungsrückmeldung wirkt die Schule wieder auf das Elternhaus zurück und verstärkt dort möglicherweise das Interesse an der schulischen Laufbahn des Kindes. Ein positiver Kreislauf ist in Gang gekommen. Ebenso können wir uns negative Kreisläufe vorstellen, die in jedem der drei Bedingungsfaktorenbündel ihren Ursprung haben können (vgl. ULICH, 1989; HURRELMANN, 1990). Da das Fähigkeitsselbstkonzept eine überragende Rolle spielt bei der Erklärung von Lernstörungen, wollen wir im folgenden anhand von Beispielen aus diesem Bereich die Situation von „schlechten Schülern“ deutlich machen.

18.3 Die psychische und soziale Situation eines „schlechten Schülers“

18.3.1 Fähigkeitsselbstbild und Leistungsschwierigkeiten

Schulleistungsschwierigkeiten bleiben in der Regel nicht lange verborgen. Der Schüler sieht sich mit seinen Unzulänglichkeiten konfrontiert. Diese Situation kann nachvollziehen, wer daran denkt, welche Gefühle und Bestrebungen eigene Mißerfolge ausgelöst haben. Unter Umständen können die normalerweise stabil positiven Beziehungen zur eigenen Person erschüttert werden und die Freude am Lernen verlorengehen.

Möglicherweise ist es in dem folgenden Beispiel aus der erziehungsberaterischen Praxis bereits dazu gekommen (KRAUSE, 1988, 17). Marco war Schüler der 3. Klasse und schrieb über sich:

„Ich passe nicht immer auf. Ich mache vieles falsch.

Ich fange manchmal Streit an.

Ich bin aber im Sport gut.

Aber im Schreiben mache ich noch viele Fehler.

Mir fällt es schwer in der Schule.

Zu Hause gefällt es mir, wenn Sommer ist. Weil ich dann Fahrradfahren kann.“

Marco bringt hier sein **Fähigkeitsselbstbild** differenziert zum Ausdruck. Es umfaßt die Meinung über die eigenen Leistungen und die Leistungsfähigkeit auf Gebieten, die der Person wichtig sind, und enthält oft auch Angaben über vermeintliche Ursachen und Verbesserungsmöglichkeiten.

Wodurch es ursprünglich zu den Schulschwierigkeiten, von denen Marco spricht, gekommen ist, kann an dieser Stelle nicht differenziert betrachtet werden. Von Bedeutung waren Teilleistungsprobleme im sprachlichen Bereich. Sie äußerten sich in Mängeln bei der Durchgliederung von Lautfolgen und Lautdifferenzierung. Die sprachliche Artikulation war lange Zeit verbesserungsbedürftig. Didaktisch konnte das nicht ausreichend kompensiert werden und führte zu deutlichen Beeinträchtigungen des Lesen- und Schreibenlernens. Marcos Eltern waren enttäuscht. Sensibilisiert nahm Marco Lerndefizite wahr und bemerkte feinfühlig, daß ihm vieles schwerer fiel als den meisten seiner Mitschüler. Die früheren Ursachen bestanden zu dem Zeitpunkt, an dem die „Eigenbeurteilung“ aufgeschrieben wurde, bereits nicht mehr, aber die Folgen hinterließen ihre Spuren in der Lerngeschichte. Das Fähigkeitsselbstbild hat eine bestimmte Gestalt und Ausprägung angenommen und wurde selbst zum Ausgangspunkt weiterer Lernschwierigkeiten.

Faktoren, von denen die psychische Verarbeitung wahrgenommener Schulleistungsschwierigkeiten abhängt, sind unter anderem

- das jeweils aktuelle Fähigkeitsselbstbild,
- die Einschätzung der Größe der Diskrepanz zwischen den zur Verfügung stehenden Fähigkeiten und den Anforderungen der Aufgabe,
- die subjektiv eingeschätzte Wichtigkeit einer Verbesserung der Leistungen,
- das Ausmaß der Befürchtung negativer Folgen bei anhaltendem und sich verstärkendem Leistungsversagen,
- die subjektive Theorie zur Erklärung der Ursachen der Schwierigkeiten,
- die zur Verfügung stehenden Mittel zur Bewältigung von Schwierigkeiten (z.B. Lern- und Arbeitstechniken),
- die Einschätzung der Chancen, mit den gegebenen eigenen Fähigkeiten eine dauerhafte Verbesserung der Leistungen erreichen zu können.

Diese genannten psychischen Faktoren überschneiden sich teilweise, und aus anderen Blickwinkeln können weitere hinzugefügt werden. Wie sich in vielen Untersuchungen zur Leistungsmotivation zeigte, sind vor allem die Wechselwirkungen entscheidend (Heckhausen, 1989; Knörzer, 1980; Peterson & Seligman, 1984; Weiner, 1975). **Erfolgs-** und **Mißerfolgsspiralen** wurden nachgewiesen. Angelehnt an ein von Knörzer (1985) dargestelltes Schema soll diese Möglichkeit anhand des Beispiels von Marco hypothetisch demonstriert werden.

Marco benötigte Unterstützung, weil er seine schulischen Fähigkeiten insgesamt geringschätzte und ihm diese Tatsache wahrscheinlich zum Nachteil gereichte. Wir nehmen nun an, Marco werde mit einer Textaufgabe in Mathematik konfrontiert. Obwohl er gewöhnlich keine Schwierigkeiten beim Rechnen und Operieren mit Mengen hatte, wirkte sich bisher bei Textaufgaben aus, daß sein Lesen stark duch das Bemühen um Segmenterfassung und Wortstrukturierung charakterisiert war und die Sinnerfassung deshalb ungenügend blieb.

Schon *während der ersten Konfrontation mit der Aufgabe* nimmt Marco eine Bewertung vor: *Was ist das für eine Aufgabe?* Gefühle und andere Erfahrungen werden aktualisiert. Positive Erinnerungen würden interessierte Zuwendung hervorrufen, und der Junge könnte zuversichtlich sein, auch Klippen zu meistern. Marco würde sich ein hohes, aber angemessenes Leistungsziel stellen, sich anstrengen wollen und wissen, welche Lösungsstrategie etwa aussichtsreich sein könnte. Leider wird die vorausschauende Selbsteinschätzung Marcos in Wirklichkeit anders aussehen, denn er stellt innerlich fest: „Schon wieder so eine Textaufgabe! Ich kann das nicht und habe auch keine Lust.“ Ihm fehlt die Gewißheit, es gut schaffen zu können. Da er jedoch gewillt und gewohnt ist, schulische Anforderungen möglichst zu erfüllen, übernimmt er die Aufgabe doch, allerdings *nicht gern, ohne hohes Anspruchsniveau und in der Erwartung, ihm werde bei Schwierigkeiten geholfen.*

Auch *während der Arbeit an der Aufgabe* befürchtet Marco, zu versagen und sich bloßzustellen und möchte möglichen Mißerfolgen ausweichen. Vielleicht findet er Gelegenheit, die Arbeit zu unterbrechen, z.B. wäre irgendein unerwartetes Ereignis willkommen. Die geringe Erfolgszuversicht schwächt den Antrieb zum Überwinden von Schwierigkeiten. Gedanken an die unangenehme Lage und an Wege, ihr zu entkommen, lassen sich nicht beiseite schieben: „Ich schaffe es ja doch nicht...!“ Der Schüler wird vielleicht ängstlich an einem wenig brauchbaren Gedanken festhalten, gern Pausen einlegen und nach Hilfe suchen. Es können *emotionale Blockaden* auftreten.

So läßt sich teilweise erklären, daß das Arbeitsverhalten leistungsschwächerer Schüler oft von geringer Kontinuität und „Konzentrationsproblemen“ gekennzeichnet ist. Erfordern Aufgaben längere Aufmerksamkeit, Planung und schrittweise Durchführung, so kommt es vielfach nicht zum Handlungsabschluß, fehlt doch die subjektive Aussicht, am Ende Erfolg zu haben. Die Qualität des Gebotenen leidet, wenn der Schüler weniger mit der Selbstkontrolle der Handlung als mit Gedanken an seine Situation beschäftigt ist (Kuhl & Kraska, 1989). Ein von Erfolgszuversicht gestützter Problemlösungsprozeß zeichnet sich demgegenüber durch flüssiges Denken und flexibles Berücksichtigen mehrerer Lösungswege aus. Die positive Grundstimmung ist günstig für die Konzentration. Schwierigkeiten treffen den Schüler nicht unvorbereitet, mit großer Ausdauer kann er versuchen, sie zu meistern.

Ist die Arbeit beendet, wirken Eindrücke und Erinnerungen nach. Ein Erfolg wird beflügelnd wirken, falls Marco sich sagen kann: „Das habe ich allein geschafft.“ Diese Aussicht ist allerdings nicht hoch. Der Schüler war auf Hilfe aus und mißtraut seinen eigenen Fähigkeiten gewöhnlich. So können selbst gute Leistungen durch Selbstzweifel herabgewürdigt werden. Im Falle des Mißerfolgs würde Marco nicht sehr überrascht sein, gewiß aber betroffen und traurig, fände er sich doch in seiner Selbsteinschätzung bestätigt und erneut entmutigt. Sicherlich beschäftigen die Gedanken an die Gründe seiner Schwierigkeiten ihn häufig. Gefundene Antworten beeinflussen das Verhalten.

Die pädagogische Psychologie nennt die Zuschreibung von vermuteten Ursachen zu Erfolgen und Mißerfolgen **„Kausalattribution“**,. So können – wie in *Abb. 18-2* dargestellt – Ursachen angenommen werden, die mit der eigenen Person verbunden sind (das sind „internale Faktoren“, z.B. Klugheit und Sorgfalt oder Flüchtigkeit und ungenügendes Wissen), oder andere, die nicht direkt von der eigenen Person abhängen („externale Faktoren“, z.B. unangemessene Aufgabenschwierigkeit, unklare Erläuterungen, Ablenkung). Manche der Ursachen werden als vorübergehend (variabel) eingeordnet, anderen hingegen wird Stabilität zugemessen.

Stabilität über Zeit	**Personabhängigkeit**	
	internal	***external***
stabil	Begabung	Aufgabenschwierigkeit
variabel	Anstrengung	Zufall

Abb. 18-2: Schema der Kausalattribution (nach Weiner, B. 1975, 89)

Marco nannte als Ursachen, er passe nicht immer auf, und die Schule falle ihm schwer. Hier dominierten offenbar internal-stabile Ursachenzuschreibungen. Er verzeichnete, daß er dauerhaft und auf umfangreichen Gebieten viel schwächere Leistungen als seine Mitschüler erreichte und mußte demzufolge zeitlich stabile Ursachen erwägen und sie auch *bei sich* selbst suchen. Ihm bieten sich folgende *Erklärungsprinzipen* an:

- Ich strenge mich zu wenig an. (Wahrscheinlich wurde ihm das zuweilen deutlich bescheinigt.)
- Ich bin unfähig, Schule fällt mir schwer. (Auch für diese „Erklärung" wird er aus seiner Umgebung Signale erhalten haben.)

Stolz und Selbstwertgefühl werden meist durch die Variante „Ich strenge mich zu wenig an" in geringerem Maße beeinträchtigt, da die Anstrengung selbst gesteuert werden kann (Jopt, 1978). Marco allerdings beschäftigte sich innerlich mehr mit der Fähigkeitsseite.zu wenig an" in geringerem Maße beeinträchtigt, da die Anstrengung selbst gesteuert werden kann (Jopt, 1978). Marco allerdings beschäftigte sich innerlich mehr mit der Fähigkeitsseite.

Schüler, die ihre Fähigkeiten pessimistisch und ohne Realitätsbezug einschätzen, profitieren von der lernenden Beschäftigung mit dem Gegenstand weniger als eigentlich möglich. Hinzu kommt, daß ihnen Querverbindungen zu anderen Lerninhalten, die das Einprägen erleichtern, leicht verborgen bleiben und das Neue nicht sicher verankert werden kann. Auch hier gibt es einen Kreislauf, der sich verselbständigen kann; er beinhaltet die Kumulation (Anhäufung) von Wissensdefiziten, so daß immer mehr Vorkenntnisse fehlen.

18.3.2 Interpersonelle Wechselwirkungen

Eltern, Lehrer und Mitschüler bilden sich eine Meinung über die Fähigkeiten und die Anstrengungen eines Schülers. Die Eltern beobachten gespannt, wie ihr Kind lernt, und interessieren sich auch dafür, wo es im Vergleich zu anderen steht. Sie sind enttäuscht, wenn fast nie Anlaß besteht, sich über interessierte und erfolgreiche Lernbemühungen ihres Kindes freuen zu können. Besorgt stellen sie mangelnde Anstrengungsbereitschaft fest. Wie leicht werden nun viele ihrer Bemerkungen, Hilfestellungen und emotionalen Zeichen durch Unzufriedenheit geprägt sein, die ihr Kind noch mißerfolgsängstlicher und unausgeglichener werden lassen. Die Eltern wollen das Ausbleiben größerer Anstrengungen schließlich nicht länger tolerieren und verleihen ihren Forderungen allmählich mehr Nachdruck. Kompensationsprozesse, Mißverständnisse und Konflikte sind vorprogrammiert. Auch in der Schule bemerken die Mitschüler, wem eine leichte Aufgabe gestellt oder eine offenbar schwere zugetraut wird. Nicht nur die Zensuren führen zu sozialen Vergleichen. Die Schüler erhalten eine Vielzahl von Rückmeldungen, auf denen sie ihre subjektive Meinung voneinander und über sich selbst aufbauen können. *Das Fähigkeitsselbstbild spiegelt die erlebten direkten und indirekten Einschätzungen wider.* So kann es bereits in den Anfangsschuljahren zu Entmutigung kommen (Breuer & Kasten, 1984). Wenn Bezugspersonen keinen anderen Weg sehen als den der Ermahnungen und Zusatzübungen, so ist zu befürchten, daß das zu nachhaltigen Störungen der interpersonellen Beziehungen zu den nahestehenden Personen führt (Betz & Breuninger, 1987).

Die Formen und Wege, auf denen die Kinder versuchen, mit solchen Situationen fertig zu werden und einem drohenden Verlust sozialer Anerkennung zu begegnen, gehen weit auseinander (Betz & Breuninger, 1987; Jeske, 1993; Knörzer, 1985). Marco gehörte offenbar nicht zu denen, die sich und anderen nachhaltig verdeutlichen wollen, sie legten keinen Wert auf gute Schulleistungen. Er tendierte mehr dazu, seine sportlichen Neigungen und Fähigkeiten auszubauen und konnte auf diese Weise sein Selbstwerterleben stützen. Andere Schüler begeben sich in die Rolle des Versagers, praktisch als „Schutz“ vor weiteren unbequemen Anforderungen. Manche halten lange an einer irreal überschätzenden naiven Erfolgszuversicht und Selbstwahrnehmungsweise fest und wehren Korrekturen des Selbstbildes ab.

18.3.3 Wie kann die Situation verbessert werden?

Marco war überzeugt, ihm falle es in der Schule schwer. Deshalb bestand ein wichtiges Erfordernis darin, ihm – gestützt auf echte Lernfortschritte – dabei zu helfen, eine grundlegend positive Meinung über seine schulischen Fähigkeiten und Möglichkeiten zu bilden, was auch Wissen um Unzulänglichkeiten beinhaltet. Dazu gehörten folgende Zielstellungen:

Stabilisierung des Selbstwertgefühls und Erkennen der Leistungsmöglichkeiten. Marco brauchte Gelegenheiten, sich überzeugen zu können, daß ihm vieles in der Schule auch gut gelingen konnte. Glücklicherweise sah er seinen Selbstwert durch die sportlichen Leistungen bestätigt und konnte darin bekräftigt werden, und er glaubte diffus, die Verbesserung seiner schulischen Leistungen und seiner sozialen Stellung letztlich auch selbst bewirken zu können (z.B. wenn er schrieb, daß er nicht immer aufpaßt und manchmal Streit anfängt).

Herausbildung von genauerem Wissen um Unzulänglichkeiten Das pädagogische Bestreben schloß ein, Marco dabei zu unterstützen, seine spezifischen Schwächen zu sehen. Es sollte aber auch kein undifferenziert-positives Selbstkonzept angestrebt werden. Verbesserungen in der Lesetechnik waren nötig. Marco muß beim Rechtschreiben und auch in Mathematik ein zweites Mal hinschauen und sich vergewissern, ob die Lösung richtig ist. Weiß Marco das, so sind die Lernschwierigkeiten für ihn nicht beängstigend.

Gewährleistung echter Lernfortschritte, indem an der Beseitigung von Kenntnislücken und Fähigkeitsmängeln und an der Verbesserung der Arbeitstechniken gearbeitet wurde. Wichtig war, daß Marco erlebte, daß die Konzentration auf Aufgaben sich lohnte und Ausweichverhalten letztlich die ungünstigere Strategie war. Konzentriertes Arbeiten mußte bestätigt und bekräftigt werden.

Ganz gleich, welche Form von Bewältigungsversuchen bei Lernschwierigkeiten im Vordergrund steht, „Faulheit", ungenügende Sorgfalt, Schulangst, störendes oder besonders unauffälliges Verhalten, für das Mädchen oder den Jungen hat dieses Verhalten eine Funktion, und es liegen verstehbare Gründe vor. Dasselbe gilt andererseits für die Reaktionen der Bezugspersonen. Die Lebenssituation des Schülers ist oft durch eine Reihe gleichsinniger Wirkungen charakterisiert, die entweder ermutigen, beleben, aktivieren oder im Gegensatz dazu entmutigen und Ausweichverhalten verstärken.

18.4 Prävention und Intervention bei Lernschwierigkeiten

Um eine Entwicklung herbeizuführen, in der neue Tendenzen dominieren, müssen Bedingungen geschaffen werden, die andersartige, positive, die Persönlichkeit unterstützende Lernerfahrungen erlauben. In Untersuchungen von Strittmatter (1993) gelang es, Schulangst und Mißerfolgsbefürchtungen durch stabile sozioemotionale Beziehungen, Übung von Arbeitstechniken und transparente Leistungsbewertung zu senken. Rheinberg (1980, 1982b) zeigte unter anderem, daß die bevorzugte Anwendung individueller Bezugsnormen die Aufmerksamkeit auf erreichte Fortschritte und eigene Stärken lenkt. In Arbeiten, die sich auf die Tätigkeitstheorie stützen, wurde der Stellenwert differenziert anforderungsbezogener Selbsteinschätzungen untersucht und Schlußfolgerungen für die Herausbildung einer entfalteten, gleichzeitig selbst- und methodenbewußten Lerntätigkeit gezogen (Dawydow, Lompscher & Markowa, 1982; Lompscher, 1988, *vgl. Kap. 4.3*). *Dem Schüler muß Lernerfolg ermöglicht, vermittelt und vor Augen geführt werden.* Resultierten aus der bisherigen pädagogischen Strategie für einen Schüler dominierend negative Lernerfahrungen, können nur solche Wege zur Wende führen, die von ihm als vielversprechend eingeordnet werden. Möglichkeiten bieten z.B. ein entsprechend arrangierter Stützunterricht und der Übergang zu Korrektur- und Bewertungsformen, die eher den Erfolg (gemessen am bisherigen) vor Augen führen. Fördermaßnahmen und Trainingsprogramme, die vorrangig Wissensvermittlung zum Ziel haben, reichen ebensowenig aus wie das bloße Bemühen um emotionale Stabilisierung, ohne das Lernhandeln zu entwickeln.

Grundsätzlich können sich vorbeugende und eingreifende Maßnahmen in der Schule auf folgende Faktoren beziehen:

- auf den einzelnen Schüler
- auf Schülergruppen/die ganze Klasse
- auf einen einzelnen Lehrer
- auf ein ganzes Lehrerkollegium
- auf die Eltern
- auf alle am schulischen Lernprozeß Beteiligten
- auf schulische und häusliche Umwelten.

Dabei ist eine solche Trennung von Adressaten der schulischen Maßnahmen eher von heuristischem Wert; denn in der Praxis überschneiden sich die Maßnahmen oft oder werden nebeneinander durchgeführt. So könnte eine Lehrerin z.B. für schulängstliche Schüler ein „Programm" entwickeln, das ihre selbst- und aufgabenbezogenen Kognitionen verändert. Gleichzeitig könnte sie aber auch die Umwelt streßfreier gestalten, indem sie klare, eindeutige Anweisungen gibt, Fehler sofort korrigiert, aber auch deutlich macht, daß Fehler notwendig zum Lernprozeß gehören und nicht eine Abwertung des Selbstkonzepts der eigenen Fähigkeit bedeuten. Eine solche Veränderung der Lernumwelt wird sich auf alle Schüler positiv auswirken, wobei natürlich die Lehrerin die Art der Rückmeldung individuell gestalten muß, denn die Qualität der selbstbezogenen Kognitionen, die jeder Schüler hat, ist sehr verschieden.

In den letzten Jahren hat sich die Erkenntnis durchgesetzt, daß bestimmte *selbst- und aufgabenbezogene Kognitionen* eine wichtige Rolle für leistungsorientiertes Verhalten spielen. Kausalattributionen, Ursachenzuschreibungen für Erfolg und Mißerfolg also, wie wir sie im dritten Abschnitt dieses Kapitels kennengelernt haben, werden dabei in der Literatur zentral behandelt. Es hat sich nämlich herausgestellt, daß kognitive Prozesse zwischen Erfolg-Mißerfolg und dem nachfolgenden Leistungsverhalten vermitteln. Es ist also nicht gleichgültig, ob Schüler ihre Leistung mit eigener Anstrengung oder Begabung, mit Glück und Zufall oder mit Aufgabenschwierigkeit erklären. Ihre emotionale Befindlichkeit, ihr Fähigkeitsselbstkonzept sowie das nachfolgende Verhalten werden davon stark geprägt. Diese Zusammenhänge machen sogar erklärbar, weshalb ein leistungsmotivierter Schüler sich nach einer negativen Leistungsrückmeldung noch mehr anstrengt. Er führt seinen temporären Mißerfolg z.B. auf mangelnde Anstrengung zurück, die er ja selbst verändern kann und nimmt sich vor, bei der nächsten Aufgabe mehr Anstrengung zu investieren. Sein Selbstkonzept leidet dabei überhaupt nicht (vgl. KRAMPEN, 1983; RIES, 1989). Eine Selbstkonzeptminderung wäre allerdings eher zu erwarten, wenn Schüler schlechte Leistungen häufig auf mangelnde Begabung zurückführen, die nicht so manipulierbar und veränderbar ist wie die Anstrengung (*vgl. Abb. 18-3*).Da Lehrer auch „Fremd-Zuschreibungen" für Leistungsergebnisse ihrer Schüler vornehmen, kann es auch zu nicht kompatiblen Sichtweisen hinsichtlich der Entstehung einer Schülerleistung kommen. Führt der Schüler selbst seine positive Leistung z.B. auf vermehrte Anstrengung zurück, der Lehrer hingegen auf Aufgabenleichtigkeit, kann dies langfristig möglicherweise zu einer Revision des Selbstkonzeptes beim Schüler führen, wie Untersuchungen zur „Sich selbst erfüllenden Prophezeiung" gezeigt haben (vgl. ROSENTHAL & JACOBSON, 1971; *vgl. Kap. 16.2.1*).

Um solche negativen Wirkungen von Zuschreibungsprozessen zu vermeiden, gibt WEINER (1975, 126) dezidierte Empfehlungen für Lehrer und Eltern, damit ihre Lehr- und Bewertungsbemühungen sich bei den Schülern positiv auswirken.

Neben der positiven Gestaltung des Schul- und Klassenklimas (vgl. WOLF & V. SALDERN, 1989) spielen auch strukturelle und pädagogisch-inhaltliche Maßnahmen der gesamten Schule eine Rolle. Eine „gute Schule", die wenig Lernstörungen, positive Schulleistungen, ein geringes psychosoziales Belastungspotential für alle am Lernprozeß Beteiligten sowie Identifikation mit der Institution und Lernfreude fördert, zeichnet sich unter anderem durch folgende Merkmale aus (vgl. AURIN, 1990, 143):

- Anspruchsvolles Leistungsprogramm,
- Beteiligung aller (auch der Schüler und Eltern) an wichtigen Entscheidungen,
- Zusammenarbeit aller Lehrkräfte in fachlichen Fragen,
- Bereitschaft, sich auch von Personen außerhalb der eigenen Schule (z.B. Berater, Psychologen) helfen zu lassen.

Abb. 18-3: Mögliche Lehrer- und Schülerattributionen bei Erfolg (nach SCHWARZER, CH.*)*

			Schüler-Selbst	**„Das ist so gut geworden, weil…“**		
			internal-stabil Fähigkeit	internal-variabel Anstrengung	external-stabil Leichtigkeit	external-variabel Zufall (Glück)
			„…ich ein so guter Schüler bin, ich kann das einfach.“	*„…ich mir bei dieser Aufgabe so viel Mühe gegeben habe“*	*„…das für mich eine so leichte Aufgabe war.“*	*„…mir zum Glück mein großer Bruder alles erklärt hat“*
Lehrer-Fremd	internal-stabil Fähigkeit	*„…meine Schüler für ihr Alter schon sehr viele Fähigkeiten entwickelt haben.“*	*Kompatible Attributions-muster*	*möglicherweise positive Wirkung auf das Selbstkonzept des Schülers*	*Bestätigung*	*keine Wirkung (evtl. Scham beim Schüler)*
„Das ist so gut geworden, weil…“	internal-variabel Anstrengung	*„…sich die Schüler diesmal wirklich große Mühe gegeben haben.“*	*Schüler fühlt sich unterbewertet, korrigiert möglicherweise sein positives Selbstkonzept*	*kompatible Attributions-muster*	*negativer Effekt auf das Selbstkonzept des Schülers*	*keine Wirkung (evtl. Scham beim Schüler)*
	external-stabil Leichtigkeit	*„…die Aufgabe für die Klasse wohl wirklich zu einfach war.“*	*negativer Effekt auf das Selbstkonzept des Schülers*	*Schüler fühlt sich unterbewertet, korrigiert möglicherweise sein positives Selbstkonzept*	*kompatible Attributionsmuster*	*keine Wirkung (evtl. Scham beim Schüler)*
	external-variabel Zufall (Glück)	*„…die Schüler zufällig auf Leute aus dem Heimatverein mit vielen Informationen getroffen sind .“*	*negativer Effekt auf das Selbstkonzept des Schülers*	*Schüler fühlt sich unterbewertet, korrigiert möglicherweise sein positives Selbstkonzept*	*möglicherweise negativer Effekt auf Selbstkonzept des Schülers; Attributionsmuster schließen sich aber nicht grundsätzlich aus*	*kompatible Attributionsmuster*

Damit eine Schule sich in Richtung „gute Schule“ entwickeln kann, müssen alle am Lehr-Lernprozeß Beteiligten immer wieder in den Entscheidungs- und Innovationsprozeß mit einbezogen werden. Nur so kann gewährleistet werden, daß die positiven tragenden Ideen einer „guten Schule“ auch wirklich Früchte bringen und Schüler Freude am Lernen haben.

Eine solche systemische Sichtweise von Veränderungsprozessen, die alle beteiligten Personen berücksichtigt, bezieht notwendigerweise auch die Eltern mit in die schulische Arbeit ein (vgl. Peeks, 1993). Da die Schüler den größten Teil ihrer Zeit nicht in der Schule verbringen, ist der elterliche Einfluß auf den Schulerfolg kaum zu überschätzen. Sogar offizielle politische Verlautbarungen wie z.B. „America 2000: An educational strategy“ von Präsident Bush im Jahre 1991 (vgl. Lewis, 1991) weisen massiv auf die Notwendigkeit der Beziehung zwischen Schule und Elternhaus hin. Ohne diese Bemühungen können Schulen keine „guten Schulen“ bleiben oder werden, denn Schule muß ständig auf veränderte Familienbedingungen, Freizeitgewohnheiten, Lebenseinstellungen und Ziele eingehen (*vgl. Kap. 6*).

Auch in „guten Schulen“ werden sich Lern- und Leistungstörungen nicht völlig vermeiden oder beseitigen lassen, aber die Sensibilität für mögliche Entstehungsbedingungen ist in diesen Schulen gestiegen sowie die Bereitschaft, über Probleme zu diskutieren und diese ernsthaft zu beseitigen.

Weiterführende Literatur

Betz, D. & Breuninger, H.: *Teufelskreis Lernstörungen.* (2., überarb. Aufl.). München 1987: Urban und Schwarzenberg

Jeske, W.: *Lernstörungen und Leistungshemmungen.* Neuwied 1993: Luchterhand

Schwarzer, Ch.: *Gestörte Lernprozesse.* Weinheim 1980: Beltz

19

Behinderte Kinder in der Grundschule

Dieter Dumke

19.1 Die gegenwärtige Diskussion um eine integrative Erziehung

Die Integration Behinderter ist nicht nur eine humane Aufgabe der Gesellschaft, auch die Schule kann sich dem Anliegen einer integrativen Erziehung auf Dauer nicht verschließen (MUTH, 1986). Zwar wird schon seit langem in pädagogisch-psychologischen Fachdiskussionen die Nichtaussonderung behinderter Schüler begründet und gefordert (z.B. DEUTSCHER BILDUNGSRAT, 1974), das gemeinsame Lernen von behinderten und nichtbehinderten Schülern konnte jedoch erst aufgrund von Elterninitiativen in größerem Ausmaß durchgesetzt werden. Durch bundesweit organisierte Arbeitsgemeinschaften und Tagungen entwickelte sich der Integrationsgedanke zu einer beachtlichen Integrationsbewegung (ROSENBERGER, 1986).

Der augenblickliche Stand der schulrechtlichen Bestimmungen zur Integration Behinderter läßt sich für die Bundesrepublik Deutschland kaum in Kurzform beschreiben; die Unterschiede zwischen den Bundesländern sind sehr groß. Das Saarland schuf 1986 als erstes Bundesland eine gesetzliche Grundlage für eine generelle Verantwortung der Regelschule[53] für behinderte Schüler (SANDER, 1990). Auch wenn inzwischen einige andere Länder dem Beispiel des Saarlandes gefolgt sind bzw. noch folgen wollen, wurde damit keineswegs eine einheitliche und dem Anliegen der Integrationsbewegung entsprechende Entwicklung eingeleitet.

Einschränkungen ergeben sich in der Praxis vor allem dadurch, daß die Aufnahme behinderter Kinder von der personellen, räumlichen und sächlichen Ausstattung der jeweiligen Schule abhängig gemacht wird. Damit ist weiterhin mit einem eher geringen Anteil an behinderten Schülern in der allgemeinen Schule zu rechnen. Das gilt auch für die Grundschule, obwohl hier die Entwicklung am weitesten vorangeschritten ist. Ferner wird häufig nach *zielgleich* und *zieldifferent* zu unterrichtenden Schülern unterschieden. **Zielgleiche Integration** heißt, daß die behinderten Schüler grundsätzlich den Lernanforderungen der allgemeinen Schule gerecht werden können (in der Regel z.B. Körperbehinderte). Entsprechend erfordert **zieldifferente Integration** einen Unterricht nach den Lehrplänen der jeweiligen Sonderschule; hiervon sind lern- und geistigbehinderte Schüler betroffen. Die in einzelnen Bundesländern bzw. in manchen Schulversuchen anfangs praktizierte Begrenzung der Integration auf zielgleich zu fördernde Schüler ist im Grundschulbereich weitgehend überwunden, und zwar unabhängig vom Anteil an integrativen Maßnahmen überhaupt.

Schließlich können auch die gegenwärtigen Bestrebungen, Sonderschulen in sog. Förderzentren umzuwandeln, eine Erschwerung in der Umsetzung des Prinzips der

[53] „Regelschule" wird hier synonym für den schulrechtlich verwendeten Begriff „allgemeine Schule" gebraucht.

Nichtaussonderung darstellen. Das wäre dann der Fall, wenn das Förderzentrum zum vorrangigen Förderort werden würde und die sonderpädagogische Förderung der behinderten Kinder in der Regelschule die Ausnahme bliebe.

Die zögerliche und nur teilweise Bereitschaft der Kultusministerien zu einer weitergehenden Zulassung von integrativem Unterricht hängt zu einem erheblichen Teil mit der Annahme eines erhöhten Finanzbedarfs zusammen. Denn insgesamt läßt sich das gemeinsame Lernen vor allem deshalb nicht *kostenneutral* durchführen, weil sich der Bedarf an Sonderschullehrerstunden pro Schüler in der Regelschule im Vergleich zur Sonderschule häufig als höher erwiesen hat. Daneben werden die bildungspolitischen Entscheidungen auch von Vorbehalten bzw. vermuteten Vorbehalten bei einem Teil der Eltern- und Lehrerschaft bestimmt, selbst wenn eine einheitliche Gegenströmung kaum erkennbar ist. Am deutlichsten haben bisher Sonderschullehrer ihre Bedenken gegen eine integrative Erziehung artikuliert (BLEIDICK, 1988; DUMKE & KRIEGER, 1990). Häufig wird angenommen, die behinderten Schüler könnten in der Regelschule nicht angemessen gefördert werden. Im Hinblick auf die Entwicklung der nichtbehinderten Schüler besteht vor allem die Befürchtung, daß die sozialen Vorteile auf Kosten der Schulleistungen zustande kommen könnten (SPECK, 1988, 316).

Die Organisation des gemeinsamen Lernens erfolgt im Prinzip nach zwei Grundmodellen, obwohl es eine Reihe von Varianten gibt. Im **Integrationsklassen-Modell** werden 4 bis 6 verschiedenartig behinderte Schüler mit 15 bis 18 nichtbehinderten Schülern gemeinsam unterrichtet. Ein wesentliches Merkmal ist das **Zwei-Lehrer-System**, denn während der überwiegenden Zahl der Stunden kommt ein zweiter Lehrer, meistens ein Sonderschullehrer, hinzu. Demgegenüber besuchen im **Modell der wohnortnahen Integration** alle Schüler, behinderte und nichtbehinderte, die für das Wohngebiet zuständige Schule. Dadurch entfallen in der Regel höchstens ein bis zwei behinderte Kinder auf eine Klasse. Entsprechend niedriger ist die Zahl der Stunden für den zusätzlich anwesenden Sonderschullehrer.

19.2 Der integrative Unterricht

Die Entwicklung der behinderten und nichtbehinderten Schüler in Integrationsklassen kann nicht unabhängig von den Bedingungen und Prozessen des gemeinsamen Lernens gesehen werden. Es geht daher um die Frage, wie Lehrer den Unterricht für Schüler mit sehr heterogenen Lernvoraussetzungen organisieren, damit alle eine angemessene Förderung erhalten. Sicher ist, daß sich der herkömmliche lehrerzentrierte Klassen- bzw. Frontalunterricht mit seiner selektiven Komponente für die integrative Arbeit als ungeeignet erweist. Eine umfangreiche systematische Erhebung zur Unterrichtsorganisation im Vergleich zu Regelklassen liegt bisher zu den Bonner Modellversuchen vor (DUMKE, KELLNER & KRANENBURG, 1993).

Hierfür wurde ein eigenes Beobachtungssystem erstellt (SCHÄFER, 1993). Im Integrationsklassen-Modell (Grund- und Gesamtschule) waren fünf Integrations- und acht Parallelklassen, im Wohnortmodell (nur Grundschulen) acht integrativ geführte und vier Parallelklassen einbezogen. Pro Klasse erstreckten sich die Beobachtungen, die nach einem festen Zeittakt von jeweils Ein-Minuten-Einheiten erfolgten, auf 20 bis 40 Unterrichtsstunden, so daß eine breite Datenbasis vorliegt.

Im integrativen Unterricht hat eine erhebliche Reduzierung des Klassenunterrichts (deutlich unter 50 %, teilweise ein Drittel der Unterrichtszeit) zugunsten von Einzel-, Partner- und Gruppenarbeit stattgefunden. Diese andere Gewichtung der **Sozialformen des Unterrichts** ermöglicht nicht nur Arbeitsweisen, die die Schülerselbsttätigkeit ansprechen, sondern auch differenzierte Aufgabenstellungen (bis zu einem Drittel der Unterrichtszeit) für alle Schüler. Hinzu kommen teilweise in über 50 % der Zeit zusätzliche **Differenzierungsmaßnahmen** für einzelne behinderte Schüler. Im Vergleich zu den Parallelklassen wendet sich der Lehrer eine viel längere Zeit einem einzelnen Schüler, einem Paar oder einer Gruppe zu. Für den integrativen Unterricht ist somit ein intensiver Lehrerkontakt zu den einzelnen Schülern charakteristisch. Das gilt auch, wenn nur ein Lehrer anwesend ist. Die Gefahr einer einseitigen Individualisierung ist insofern nicht gegeben, als durch die verschiedenen Gruppierungen von Schülern auch das soziale Lernen in einem ausgewogenen Verhältnis realisiert wird.

Mit dem integrativen Unterricht sind Forderungen erfüllt worden, die bereits seit der Reformpädagogik bestehen und ebenfalls vom Deutschen Bildungsrat (1974) nachdrücklich erhoben wurden: die Reduzierung des lehrerzentrierten Klassenunterrichts zugunsten des selbstgesteuerten Lernens von Schülern (*vgl. Kap. 3.1.2 u. 4.2*). Auch die erziehungspsychologische Forschung hat seit langem das hohe Ausmaß an Dirigierung und Lenkung durch den Lehrer bemängelt und die damit verbundenen negativen Folgen für die Entwicklung der Schüler aufgezeigt (Nickel, 1978; Tausch & Tausch, 1991; *vgl. Kap. 2.3*).

Sicherlich darf man nicht den Schluß ziehen, daß der Integrationsprozeß allein die Umsetzung längst bekannter Methoden bewirkt habe. Auch in den Vergleichsklassen war eine Zunahme **schülerzentrierter Organisationsformen** zu beobachten. Ganz offensichtlich ist gegenwärtig eine gewisse Umorientierung in der Unterrichtsgestaltung zu erkennen. Dieser Veränderungsprozeß hat auch die Bereitschaft der Lehrer begünstigt, ihren Unterricht für Schüler mit sehr **heterogenen Lernvoraussetzungen** zu öffnen.

Mit der veränderten Organisationsstruktur des Unterrichts geht ein insgesamt positives Arbeitsverhalten einher. Die manchmal geäußerte Befürchtung, **selbstgesteuertes Lernen** könnte die Schüler veranlassen, die ihnen zugestandenen größeren Freiräume in unterrichtswidriger Weise zu nutzen, hat sich nicht bestätigt. Die vorliegenden Ergebnisse weisen vielmehr auf das Gegenteil hin.

19.3 Die Entwicklung der behinderten Schüler

19.3.1 Leistungsentwicklung

Bereits in älteren Untersuchungen wurden die Leistungen von lernschwachen bzw. lernbehinderten Schülern in Regel- und Sonderschulen miteinander verglichen. In den Regelschulen gab es jedoch keine sonderpädagogische Förderung.

Sander (1982, 137) kommt aufgrund der Analyse verschiedener Untersuchungen zu dem Fazit, daß die Förderung in der Sonderschule auf keinen Fall besser war als in der Regelschule. „Die Lernbehindertenschule in Deutschland kann ihre Existenz in der Tat nicht mit besseren Untersuchungsergebnissen rechtfertigen“.

In jüngerer Zeit haben Tent, Witt, Bürger und Zschoche-Lieberum (1991) anhand parallelisierter Stichproben von Hauptschülern und Schülern der Sonderschule für Lernbehinderte in einer Querschnittserhebung für den Schulleistungsbereich ebenfalls keine Effekte zugunsten der Sonderschule für Lernbehinderte gefunden. Auch hier zeichneten sich vielmehr Vorteile für die auf der Hauptschule verbliebenen Schüler ab. Das galt insbesondere für Rechenleistungen.

Diese Befundlage tritt noch akzentuierter hervor, wenn es um den Vergleich von Sonderschulen für Lernbehinderte und integrativ ausgerichteten Schulmodellen geht, d.h. wenn gezielte sonderpädagogische Hilfen in der Regelschule zur Verfügung stehen. Hier sind vor allem die Untersuchungen von Haeberlin, Bless, Moser und Klaghofer (1990) an schulleistungsschwachen Schülern in der deutschsprachigen Schweiz zu nennen. Der Vergleich fiel auch dann noch zugunsten der Regelklasse aus, wenn der spezifische Förderunterricht durch einen ambulant tätigen Sonderschullehrer (Heilpädagogische Schülerhilfe) nicht gegeben werden konnte. Die Leistungsfortschritte der Lernbehinderten zeigten sich wiederum besonders deutlich im mathematischen Bereich.

In den meisten integrativ geführten Klassen werden unterschiedlich behinderte Schüler unterrichtet. Da außerdem die Zahl der Klassen in den einzelnen Schulversuchen relativ klein ist und der Aufwand für Kontrollgruppen-Pläne sehr hoch wäre, gibt es in Deutschland bis jetzt keine systematischen Gruppen-Vergleiche hinsichtlich der Entwicklung behinderter Schüler in Integrationsklassen und in Sonderschulen. Statt dessen wird stärker auf Einzelfall-Analysen zurückgegriffen.

Inzwischen liegen differenzierte Darstellungen von Entwicklungsverläufen behinderter Schüler aus den Bonner Modellversuchen zur schulischen Integration vor (Dumke & Krieger, 1992; Dumke & Schäfer, 1993; Kellner, Wirtz & Dumke, 1993). Berücksichtigt sind dabei unterschiedliche Behinderungsarten (Lernbehinderte, Körperbehinderte, Geistigbehinderte, Gehörlose, Erziehungsschwierige), zwei verschiedene Integrations-Modelle (Integrationsklassen-Modell, wohnortnahe Integration) sowie die Schulstufen Grundschule und Sekundarstufe I. Die Dauer der Beobachtungen liegt zwischen vier und sechs Jahren; ein Teil der untersuchten Schüler hat inzwischen bereits die Sekundarstufe I durchlaufen.

Die Analysen der Entwicklungsberichte belegen, daß integrativer Unterricht eine angemessene und positive Leistungsentwicklung der behinderten Schüler ermöglicht. In einer Reihe von Fällen waren die zum Teil großen Lern- und Entwicklungsfortschritte aufgrund der jeweiligen Ausgangssituation kaum zu erwarten gewesen. Bei einigen Schülern gab es behinderungsbedingt große Unterschiede zwischen einzelnen Leistungsbereichen. Auch ist teilweise mit diskontinuierlichen Verläufen zu rechnen. In die insgesamt positive Bewertung sind alle Behinderungsarten eingeschlossen, ausdrücklich auch die Geistigbehinderten. Außerdem gelang die integrative Erziehung nicht nur in der Grundschule, sie konnte in der Sekundarstufe I (Gesamtschule) erfolgreich fortgesetzt werden.

Einige Studien analysieren die Leistungsentwicklung von Schülern aus Integrationsklassen getrennt für einzelne Behinderungsarten. So stellt Fuchs (1990) anhand einer differenzierten Beschreibung einzelner Lernleistungen von geistigbehinderten Schülern fest, daß die Entwicklungsschritte vor dem Hintergrund der Leistungsmöglichkeiten dieser Kinder als erheblich zu bewerten sind. Für hörgeschädigte Schüler kommt Raidt (1990) aufgrund von Beobachtungen und Befragungen zu dem Ergebnis, daß das Schulleistungsniveau der integrativ erzogenen Kinder und Jugendlichen im Vergleich zur Sonderschule höher liegt. In den von Benkmann und Pieringer (1991) referierten amerikanischen Untersuchungen und Meta-Analysen war der Leistungsstand der behinderten Schüler in regulären Klassen meistens besser als in Sonderklassen.

Neuerdings liegt eine Längsschnittstudie aus England an geistigbehinderten Kindern mit Down-Syndrom, einer Chromosomenanomalie, vor (Casey, Jones, Kugler & Watkins, 1988). Die kognitive Entwicklung und Schulleistungen wurden in Abhängigkeit von der Schulform (Integrationsklasse vs. Sonderschule) untersucht. Die integrativ unterrichteten Kinder wiesen signifikant größere Fortschritte bei der Zahlbegriffsbildung und im Sprachverständnis sowie in der Intelligenzentwicklung auf.

Über alle Untersuchungen und Studien hinweg läßt sich feststellen, *daß behinderte Schüler in Integrationsklassen keineswegs schlechtere Lern- und Schulleistungen aufweisen. Vielmehr gibt es eine Reihe von Belegen, die eher für Vorteile zugunsten der integrativ geführten Klassen sprechen.*

19.3.2 Sozial-emotionale Entwicklung

Die Forderung nach gemeinsamem Lernen von Behinderten und Nichtbehinderten enthält implizit die Annahme einer besseren sozialen Entwicklung auch der behinderten Kinder. Beispielsweise antworteten über 80 % der Eltern behinderter und nichtbehinderter Kinder, die nach den Gründen für die Wahl einer Integrationsklasse gefragt wurden, übereinstimmend: „Ich erwartete positive Einflüsse im Sozialverhalten" (Dumke, Krieger & Schäfer, 1989). Andererseits wird gelegentlich die Befürchtung geäußert, daß die behinderten Schüler in eine noch stärkere soziale Isolierung geraten könnten. So warnt auch Cloerkes (1982) nachdrücklich vor einer naiven Anwendung der **Kontakthypothese** im Sinne Homans (1972). Das Zusammensein von behinderten und nichtbehinderten Schülern allein genüge nicht zur Verbesserung der sozialen Beziehungen und lasse manche Hoffnungen als übertrieben erscheinen.

Soziometrische Befragungen
Inzwischen liegen verschiedene Befunde zur sozialen Stellung behinderter Schüler in integrativ geführten Klassen vor, die mit soziometrischen Verfahren gewonnen wurden. In den meisten Fällen entspricht der durchschnittliche soziale Status der behinderten Schüler weitgehend dem der nichtbehinderten Schüler (Dumke & Schäfer, 1993; Preuss-Lausitz, 1990; Maikowski & Podlesch, 1988; Wocken, 1987b).

Die Ergebnisse der soziometrischen Untersuchungen zum Bonner Integrationsklassen-Modell (vier bis sechs behinderte Schüler, überwiegend Unterricht im **Zwei-Lehrer-System**) über sechs Jahre hinweg widersprechen deutlich der These einer Isolierung der behinderten Schüler in gesonderten Gruppen. Vielmehr wird ihre umfangreiche Einbeziehung in die verschiedenen sozialen Aktivitäten bestätigt (Dumke & Schäfer, 1993). Auch Wocken (1987b) fand für Integrationsklassen an Hamburger Grundschulen, daß sich die soziometrischen Beziehungen zwischen Behinderten und Nichtbehinderten weitgehend als gleichgewichtig erwiesen.

Die insgesamt positiven Befunde zur sozialen Stellung Behinderter in der Klasse beziehen sich hauptsächlich auf Integrationsklassen, in denen sich verschiedenartig behinderte Schüler befinden. Denn ein wesentliches Kriterium für den Status stellt die Behinderungsart dar (vgl. auch Tröster, 1990). Lernbehinderte und Erziehungsschwierige gehören am häufigsten zu den abgelehnten bzw. wenig beliebten Schülern.

So hatten in den Schweizer Untersuchungen von Haeberlin et al. (1990) die lernbehinderten Schüler in Regelklassen mit Heilpädagogischer Schülerhilfe eine signifikant niedrigere soziometrische Position als ihre Mitschüler. Im Bonner Modell der wohnortnahen Integration (mit ein bis zwei behinderten Schülern pro Klasse) in den Grundschulen eines gesamten Stadtbezirks lag der soziale Status der behinderten Schüler (rund 70 % waren lernbehindert oder erziehungsschwierig) noch im unteren Durchschnittsbereich (Dumke & Krieger, 1992). Es befanden sich wesentlich mehr nichtbehinderte Schüler in ungünstigen soziometrischen Positionen. Im Berliner Wohnortmodell, das ebenfalls vorwiegend behinderte Schüler mit Lern- und Verhaltensproblemen aufnimmt, erzielten die meisten behinderten Kinder einen soziometrischen Status „im unauffälligen Mittelfeld" (Preuss-Lausitz, 1990, 109). Allerdings hatten sich die sozialen Beziehungen erst im Laufe der sechs Grundschuljahre zu diesem positiven Ergebnis hin entwickelt. Für eine Bewertung sind also auch die Dauer und Intensität der integrativen Maßnahmen zu berücksichtigen.

Beobachtungsstudien

Studien, die soziales Verhalten von behinderten und nichtbehinderten Schülern in der Unterrichtssituation vergleichend untersuchen, gibt es bisher kaum. Im Rahmen der Bonner Modellversuche wurde ein Beobachtungssystem entwickelt, das die verschiedenen Aspekte des Schülerverhaltens direkt erfassen sollte (Dumke & Mergenschröer, 1993; Schäfer, 1993). Die Schülerbeobachtungen fanden in Integrations- und Parallelklassen statt. Aufgrund der Vergleiche ließen sich wesentliche Merkmale des sozialen Handelns und Kommunizierens in integrativ geführten Klassen aufzeigen:

In Integrationsklassen laufen mehr soziale Kontakte ab. In der Regel handelt es sich um Arbeitskontakte. Auch schauen und hören die Schüler anderen Schülern öfter zu. Durch die verschiedenen sozialen Situationen entstehen vielfältige Beziehungen zwischen Behinderten und Nichtbehinderten. Die größere Zahl von sozialen Interaktionen schließt deutlich mehr erkennbare positive, in geringerem Maße auch mehr negative emotionale Reaktionen ein. Die Schüler zeigen untereinander häufig Zuwendung. Diese gegenseitige Anerkennung stellt eine wichtige Bedingung für das Entstehen und Aufrechterhalten sozialer Beziehungen dar (Gottman, 1983).

Außerdem kommt in Integrationsklassen der gegenseitigen Unterstützung von Schülern eine besondere Bedeutung zu. Im Vergleich zu den Regelklassen stieg der Erhalt von Hilfe und das Helfen unter Schülern auf mehr als das Vierfache. Die in der Untersuchung von Krappmann und Oswald (1988) berichteten Probleme bei Hilfesituationen in Grundschulklassen, wo Hilfe von Schülern in beträchtlichem Ausmaß verweigert oder nicht akzeptiert wurde, hatten in den Integrationsklassen eine ganz untergeordnete Bedeutung. Die vielfältigen integrativen Maßnahmen tragen hier zur Verbesserung der Akzeptanz und Unterstützung sowie des **Sozialklimas** insgesamt bei. Daher kann im Sinne der **Kontakthypothese** (Cloerkes, 1985; Homans, 1972) festgestellt werden, *daß sich die sozialen Beziehungen in Integrationsklassen nicht nur durch ihre Zahl, sondern auch durch ihre Qualität auszeichnen.*

19.4 Die Auswirkungen auf nichtbehinderte Schüler

19.4.1 Schulleistungen

In Diskussionen zum gemeinsamen Lernen von Behinderten und Nichtbehinderten wird immer wieder gefragt, ob Integration nicht auf Kosten der Schulleistungsentwicklung der nichtbehinderten Schüler erfolge. Die Klärung dieser Frage ist somit von vorrangigem Interesse, denn die Antwort dürfte die Entscheidung für oder gegen den integrativen Unterricht weitgehend mitbestimmen (vgl. Kasten 19-1).

Kasten 19-1

Ergebnisse zur Entwicklung der Schulleistungen in Integrationsklassen

Wocken (1987a) verglich die Lesefertigkeit von 13 Integrationsklassen des 1. Schuljahres mit der Eichstichprobe sowie das Zahlenrechnen und das Leseverständnis von sieben Integrationsklassen mit den Leistungen in Parallelklassen. Die Befunde legten die Annahme der „Patthypothese" nahe (gleiche durchschnittliche Streuungen und Mittelwerte), obwohl auch gewisse Hinweise für die Annahme der „Optimierungshypothese" vorlagen (bessere durchschnittliche Schulleistungen der Integrationsklassen). Zwischen den einzelnen Klassen gab es relativ große Unterschiede.

In einer weiteren Untersuchung (Dumke, 1991) wurden die Schulleistungen von fünf Integrationsklassen (1. bis 5. Schuljahr) in Lesen, Rechtschreibung und Mathematik über drei Jahre hinweg denen von insgesamt 11 Parallelklassen gegenübergestellt. Um die Lernvoraussetzungen der Schüler kontrollieren zu können, dienten Intelligenztestleistungen als Kovariate. Bei weitaus den meisten Vergleichen bestanden keine signifikanten Unterschiede zwischen beiden Gruppen.

Abweichungen von den Parallelklassen traten jedoch hinsichtlich der Variabilität der Schulleistungen auf. Die Integrationsklassen zeichneten sich durch eine größere Streuung aus. Hier werden teilweise auch solche lernschwachen Schüler gefördert, die in Regelklassen durch Sitzenbleiben oder Einweisung in die Sonderschule aus dem Klassenverband ausscheiden würden. Daneben fanden sich vermehrt Schüler mit guten Schulleistungen. Damit zeigt sich die positive Entwicklung weniger in den Mittelwerten, als vielmehr in der Art und Weise, wie sich die Schulleistungen innerhalb der Klasse verteilen.

Auch Bless und Klaghofer (1991) stellten fest, daß sich die Anwesenheit behinderter Schüler nicht ungünstig auf die Entwicklung der Schulleistungen begabter nichtbehinderter Schüler auswirkt.

Insgesamt zeigen die vorliegenden Untersuchungen zur Schulleistungsentwicklung in Integrationsklassen, daß trotz der Heterogenität der Lerngruppen eine angemessene Förderung aller Schüler erreicht wird. Damit widersprechen die Befunde solchen Ansätzen, die Leistungsverbesserung bei gleichzeitiger Verringerung von **Leistungsstreuung** anstreben (Helmke, 1988). Die integrativ unterrichtenden Lehrer stellen sich durch eine entsprechende Unterrichtsorganisation bewußt der Heterogenität der Lerngruppe und ermöglichen damit allen Schülern gute Entwicklungschancen.

19.4.2 Soziale Kognitionen

Auf Anzahl und Qualität sozialer Interaktionen wurde bereits im Zusammenhang mit der sozial-emotionalen Entwicklung behinderter Schüler hingewiesen. Daher sollen hier nur noch kurz die sozial-kognitiven Fähigkeiten als wesentliche Voraussetzungen für sozial kompetentes Verhalten angesprochen werden. Zentrale Aspekte **sozialer Kognitionen** sind die **Rollenübernahme** als Fähigkeit, sich in Situationen anderer Personen zu versetzen, und das **moralische Urteil** (ECKENSBERGER & SILBEREISEN, 1980). Wenn integrativer Unterricht angemessene Lerngelegenheiten in sozialen Interaktionen ermöglicht, dann müßte sich dies auf die Entwicklung der verschiedenen Bereiche der sozial-kognitiven Fähigkeiten der nichtbehinderten Schüler auswirken. DUMKE und MERGENSCHRÖER (1990) sind dieser Frage nachgegangen.

Schüler des 4. bis 6. Schuljahres sollten eine Erzählungsfortsetzung schreiben (Außenseiterposition eines neuen Schülers). Einbezogen waren drei Integrations- und vier Parallelklassen sowie sechs Kontrollklassen an Schulen ohne Integrationserfahrung. Die Auswertung erfolgte nach einem differenzierten Kategoriensystem.

Schüler aus Integrationsklassen haben gegenüber Schülern aus Parallelklassen und in noch größerem Ausmaß gegenüber Schülern aus Kontrollklassen von Schulen ohne Integrationserfahrung signifikant höhere Werte hinsichtlich verschiedener Aspekte **sozialer Kognitionen**. Das gilt besonders für die Komponenten der **Rollenübernahme**, aber auch beim **moralischen Urteil** im Sinne KOHLBERGS (1974) sind die Unterschiede signifikant. Die Befunde können insgesamt verstanden werden als das Ergebnis von Lernprozessen im gemeinsamen Alltagserleben von behinderten und nichtbehinderten Schülern.

19.5 Die Bewertung durch Eltern und Lehrer

Die Beurteilung der integrativen Erziehung durch Eltern ist in mehreren Untersuchungen erfaßt worden. Die Befunde lassen relativ einheitlich eine recht positive Einstellung erkennen: Die Eltern behinderter Kinder äußern den höchsten Grad an Zufriedenheit. Weitaus die meisten Eltern der nichtbehinderten Kinder stimmen dem Integrationskonzept ebenfalls voll zu. Die vorgebrachten Einwände lassen sich weitgehend als Forderung nach einer noch konsequenteren Einhaltung der Möglichkeiten des integrativen Unterrichts und einer Verbesserung der Rahmenbedingungen verstehen.

Eltern aus Parallelklassen beurteilen das gemeinsame Lernen positiver als Eltern aus Schulen ohne Integrationserfahrung. Häufig fehlten entsprechende Informationen für eine Entscheidung zugunsten einer Integrationsklasse. Die Zustimmung zur integrativen Erziehung wächst mit der Erfahrung. Die größere Distanz zur Integration führt umgekehrt zu einer günstigeren Bewertung der Sonderschule. Dabei spielen auch die Behinderungsart und der Schweregrad eine wesentliche Rolle. Die Eltern aus Parallel- und Kontrollklassen befürworten in stärkerem Maße traditionelle Erziehungsziele der Anpassung; außerdem sind sie leistungsorientierter.

Neben den Einstellungen und Erfahrungen der Eltern sind auch die Urteile der Lehrer zum integrativen Unterricht von zentraler Bedeutung. Daher wird auch in den meisten Berichten über Schulversuche zur Integration die Rolle des Lehrers angesprochen.

Unter Einbeziehung auch von amerikanischer Literatur haben Dumke, Krieger und Schäfer (1989, 85) verschiedene Merkmalsbereiche ermittelt und zu einem Modell eines hypothetischen Variablenzusammenhangs der Bereitschaft von Lehrern zur schulischen Integration zusammengestellt. Dieses Modell wurde in einer umfangreichen Befragung von Lehrern verschiedener Schulformen sowie von Lehrern mit und ohne Integrationserfahrung überprüft. Die faktoren- und regressionsanalytischen Auswertungen lieferten eine weitgehende Bestätigung der Modellannahmen.

Mehr als die Hälfte und zum Teil sogar zwei Drittel der Lehrer ohne Integrationserfahrung sind sehr oder zumindest grundsätzlich bereit, in einer integrativ geführten Klasse zu arbeiten. Mit Ausnahme von Sonderschullehrern bevorzugen die meisten Lehrer das Wohnortmodell gegenüber dem Integrationsklassen-Modell. Beachtlich ist auch die hohe Bereitschaft von Lehrern (zwischen 55 und 75 %), im **Zwei-Lehrer-System** zu unterrichten. Die beste Vorhersage für eine Bereitschaft zum integrativen Unterricht liefert der Faktor „allgemeine Einstellung zur Integration". Weitere Differenzierungen ergeben sich hinsichtlich Art und Schweregrad der Behinderung.

Die Lehrer, die bereits über mehrjährige Erfahrungen mit dem gemeinsamen Lernen verfügen, zeichnen sich durch eine weitgehend einheitliche und sehr positive Beurteilung der schulischen Integration Behinderter aus. Die Präferenz liegt jeweils bei dem realisierten Modell. Die Lehrer äußern sich sehr zufrieden mit der Kooperation im **Zwei-Lehrer-System**. Die große Zustimmung wird daran ersichtlich, daß fast alle Lehrer prinzipiell weiterhin zum integrativen Unterricht bereit sind. Allerdings besteht eine wesentliche Einschränkung darin, daß sie ihre Mitarbeit auch von der Einhaltung bestimmter Rahmenbedingungen abhängig machen (vgl. Dumke & Krieger, 1992).

19.6 Ausblick

Bei einem Resümee des bisher vorliegenden Forschungsstandes zum gemeinsamen Lernen von behinderten und nichtbehinderten Schülern tritt eine Diskrepanz zwischen den fast durchweg positiven Ergebnissen einerseits und der noch geringen Realisierung von integrativem Unterricht andererseits ganz offensichtlich zutage. Hinsichtlich der Entwicklung sowohl der behinderten als auch der nichtbehinderten Schüler haben sich die Erwartungen weitgehend, zum Teil sogar voll erfüllt. Das gilt nicht nur für den sozial-emotionalen Bereich, sondern auch für die Schulleistungsentwicklung. Daher bleibt zu fragen, warum trotz der insgesamt positiven Erfahrungen die gemeinsame Erziehung von Behinderten und Nichtbehinderten weiterhin nur sehr zögerlich praktiziert wird.

Sicherlich ist zu berücksichtigen, daß ein Teil der günstigen Befunde auch mit der spezifischen Situation der Schulversuche zu erklären sein dürfte. Die Teilnahme war für Schüler, Eltern und Lehrer meistens freiwillig, die Lehrer haben sich bewußt der neuen Aufgabe gestellt, und es konnte überwiegend mit angemessenen Rahmenbedingungen gearbeitet werden.

Eine generelle Einführung des integrativen Unterrichts setzt allerdings auch eine umfassende Kenntnis über die Möglichkeiten des gemeinsamen Lernens voraus. Bei den Eltern ist hier besonders an solche Gruppen zu denken, die sich eher an traditionellen Erziehungszielen orientieren und stark leistungsorientiert sind. Sie könnten befürchten, daß sich die integrative Erziehung für ihre nichtbehinderten Kinder eher nachteilig auswirkt. Daher sind in diesem Zusammenhang die Befunde zur flächendeckenden wohnortnahen Integration (Dumke, Krieger & Brosell, 1990) von besonderem Interesse. Für Eltern nichtbehinderter Kinder ist es hier im Einzelfall schwierig, sich gegen Integration zu entscheiden, da alle Kinder des Wohngebiets, also auch die behinderten Kinder, die gleiche Klasse besuchen können. Dennoch äußerten auch diese - relativ stark leistungsorientierten – Eltern ihre große Zufriedenheit mit dem Unterricht in integrativ geführten Klassen. Sie haben offensichtlich erfahren können, daß sich die Ziele des sozialen Lernens mit denen nach angemessener Leistungsentwicklung durchaus vereinbaren lassen. Die Ergebnisse weisen auf die Wichtigkeit einer umfassenden Aufklärung der Eltern ohne bisherige Integrationserfahrung hin.

Bei der Realisierung schulischer Integration hat der Lehrer eine Schlüsselfunktion inne. Seine Kompetenz und Bereitschaft bestimmen den Erfolg des integrativen Unterrichts. Von daher sollte für die Weiterentwicklung des integrativen Unterrichts ein Untersuchungsbefund besondere Beachtung finden: In einer Befragung an Lehrern ohne Integrationserfahrung bestand eine der größten Diskrepanzen zwischen der Bereitschaft der Lehrer zur Integration und der subjektiven Vorstellung, für diese Aufgabe nicht ausreichend kompetent zu sein. Damit wird auf die Notwendigkeit einer entsprechenden Aus- bzw. Fortbildung nachdrücklich verwiesen.

Die meisten Lehrer, die mehrjährige Erfahrung mit dem gemeinsamen Lernen haben, sind auch weiterhin grundsätzlich zur integrativen Erziehung bereit. Häufig machen sie ihre Zustimmung zur Fortsetzung der Arbeit jedoch von einer verläßlichen Zusage angemessener Bedingungen, insbesondere der Zuweisung von Sonderschullehrer-Stunden abhängig. In vielen Fällen hat sich Integration im Rahmen der Kostenneutralität als nicht angemessen durchführbar erwiesen. In Zeiten knapper finanzieller Mittel dürfte hier das größte Hindernis für eine generelle Einführung der integrativen Erziehung zu sehen sein.

Dennoch bleibt aufgrund der insgesamt positiven Erfahrungen festzuhalten, daß das gemeinsame Lernen von behinderten und nichtbehinderten Schülern sehr wohl möglich und zu befürworten ist, wenn entsprechende Rahmenbedingungen gegeben sind und die Bereitschaft besteht, sich der Aufgabe auch fachlich zu stellen. Integrativer Unterricht kann als Teil einer Schulreform interpretiert werden. Er ordnet sich in die erfolgreichen Bestrebungen insbesondere der Grundschule nach einem differenzierten und schülerorientierten Unterricht ein. In diesem Sinne kommt integrativer Unterricht allen Schülern zugute.

Weiterführende Literatur

Dumke, D. (Hrsg.): *Integrativer Unterricht.* Gemeinsames Lernen von Behinderten und Nichtbehinderten. (2. Aufl.). Weinheim 1993: Deutscher Studien Verlag

Eberwein, H. (Hrsg.): *Behinderte und Nichtbehinderte lernen gemeinsam.* Handbuch der Integrationspädagogik. (3. Aufl.). Weinheim 1994: Beltz

Gehrmann, P. & Hüwe, B. (Hrsg.): *Forschungsprofile der Integration von Behinderten.* Essen 1993: Neue Deutsche Schule

Heyer, P., Preuss-Lausitz, U. & Zielke, G.: *Wohnortnahe Integration.* Weinheim 1990: Juventa

Muth, J.: *Integration von Behinderten.* Essen 1986: Neue Deutsche Schule

Wocken, H., Antor, G. & Hinz, A. (Hrsg.): *Integrationsklassen in Hamburger Grundschulen.* Hamburg 1988: Curio

Literaturverzeichnis

ADEY, P. & SHAYER, M.: Really raising standards. Cognitive intervention and academic achievement. London/New York 1994: Routledge.

ADEY, P.: Cognitive acceleration: science and other entrances to formal operations. *Lern- und Lehr-Forschung*, LLF-Berichte Nr. 7, S. 49-63, Potsdam 1994: Universität Potsdam

AEBLI, H. & Ruthemann, K.: Angewandte Metakognition: Schüler vom Nutzen der Problemlösestrategien überzeugen. *Zeitschrift für Entwicklungspsychologie und Pädagogische Psychologie.* 1987, XIX, 1, 46-64

AEBLI, H.: Denken: Das Ordnen des Tuns, Bd. II: Denkprozesse. Stuttgart 1981: Klett.

AEBLI, H.: Die geistige Entwicklung als Funktion von Anlage, Reifung, Umwelt- und Erziehungsbedingungen. In H. ROTH (Hrsg.), *Begabung und Lernen. Ergebnisse und Folgerungen neuer Forschungen.* (10. Aufl., S. 151-191). Stuttgart 1976: Klett-Cotta

AEBLI, H.: Grundlagen des Lehrens. Stuttgart 1987: Klett

AEBLI, H.: Zwölf Grundformen des Lehrens. Stuttgart 1983: Klett

AHRENS, G.: Umwelterziehung in der Grundschule an naturnahen Lernorten. Unveröffentlichte wissenschaftliche Hausaufgabe für die erste Lehramtsprüfung. Berlin 1992: Freie Universität

ALTENBERGER, H. & MAURER, F. (Hrsg.): Kindliche Welterfahrung in Spiel und Bewegung. Sportpädagogische Perspektiven. Bad Heilbrunn 1992: Klinkhardt

ANDERSON, D. et al.: Television viewing at home: Age trends in visual attention and time with TV. *Child Development.* 1986, 57, 1054-1033

ANWEILER, O.: Schulpolitik und Schulsystem in der DDR. Opladen 1988: Leske + Budrich

AUERNHEIMER, G.: Einführung in die interkulturelle Erziehung. Darmstadt 1990: Wiss. Buchgesellschaft

AUFENANGER, S.: Zum pädagogischen Umgang mit den Medienerfahrungen der Kinder. In S. AUFENANGER (Hrsg.), *Neue Medien - Neue Pädagogik?* (196-206) Bonn 1991: Bundeszentrale für politische Bildung

AURIN, K. (Hrsg.): Gute Schulen - Worauf beruht ihre Wirksamkeit? Bad Heilbrunn 1990: Klinkhart

AUSUBEL, D.P., NOVAK, J.D. & HANESIAN, H.: Psychologie des Unterrichts, Bd. 1 und 2. Weinheim und Basel 1980/81: Beltz

BAACKE, D., SANDER, U. & VOLLBRECHT, R.: Die Werbewelt der Kinder. *Kinderzeit. Sozialpädagogische Blätter.* 1993, 44, H.1, 22-25

BAHRO, R.: Rückkehr - Die In - Weltkrise als Ursprung der Weltzerstörung. Berlin, 1991: Horizonte, Altis

BAMBACH, H.: Erfundene Geschichten erzählen es richtig. Lesen und Leben in der Schule. Konstanz 1989: Faude

BANDURA, A.: Social learning theory. Englewood Cliffs, NJ 1977: Prentice-Hall

BANDURA, A.: Sozial-kognitive Lerntheorie. Stuttgart 1979: Klett-Cotta

BANNMÜLLER, E.: Mit den Händen wahrnehmen. *Die Grundschulzeitschrift.* 1993, 64, 7-12

BARKER, R.G.: Ecological Psychology: Concepts and methods for studying the environment of human behavior. Stanford 1968: Stanford University Press

BARKEY, P.: Modelle in der pädagogischen Diagnostik. In P. BARKEY, H.P. LANGFELD, & G. NEUMANN (Hrsg.), *Pädagogisch-psychologische Diagnostik am Beispiel Lernschwierigkeiten.* Bern 1976: Huber

BÄRMANN, F.: Faszination durch Linien. *Grundschule.* 1993, 1, 28-29

BARTNITZKY, H. & CHRISTIANI, R.: Zeugnisschreiben in der Grundschule. Heinsberg 1987: Agentur Dieck

BARTNITZKY, H. (Hrsg.): Umgang mit Zensuren in allen Fächern. Frankfurt am Main 1989: Scriptor

BASTIAN, J. & GUDJONS, H. (Hrsg.): Das Projektbuch. Theorie - Praxisbeispiele - Erfahrungen. Hamburg 1986: Bergmann und Helbig

BAUMANN, M.: Schulanfängeruntersuchung und Schullaufbahn - Eine psychologische Untersuchung zum Zusammenhang von Diagnose, Prognose und Schulbewährung. Greifswald 1965: Ernst-Moritz- Arndt-Universität

BAUMGÄRTNER, A. C.: Lesen - Ein Handbuch. Hamburg 1974: Verlag für Buchmarkt-Forschung

BAUR J.: Körper- und Bewegungskarrieren. Schorndorf 1989: Hofmann

BAUR, J.: Zur Anlage-Umwelt-Kontroverse: Die Entwicklung der Motorik in der Frühen Kindheit. In: *Bewegungswelt von Kindern und Jugendlichen. Bericht über den 8. DVS-Hochschultag.* Paderborn 1987. Schorndorf 1989, 74-85: Hofmann

BECK, G.: Lehren im Sachunterricht ... zwischen Beliebigkeit und Wissenschaftsorientierung. In: *Die Grundschulzeitschrift* 1993, 67, 6-8

BECK, G.: Umgebung erkunden. *Die Grundschulzeitschrift*. 1990, 37, 20

BECK, G: Anregungen für ein schulnahes Curriculum. In G. BECK UND W. SOLL (Hrsg.), *Heimat, Umgebung, Lebenswelt*, (S. 95-113). Frankfurt a. M. 1988: Scriptor

BELL, R.Q.: Contribution of human infants to caregiving and social interaction. In M. Lewis & J.Aa. Rosenblum (Eds.), *The effect of the infant on its caregiver.* (pp. 1-19). New York 1974: Wiley

BENJAMIN, W.: Über Kinder, Jugend und Erziehung. Frankfurt a. M. 1969: edition suhrkamp 391

BENKMANN, R. & PIERINGER, G.: Gemeinsame Erziehung behinderter und nichtbehinderter Kinder und Jugendlicher in der Allgemeinen Schule. Entwicklungsstand und Forschung im In- und Ausland. Berlin 1991: Pädagogisches Zentrum

BENNER, D.: Erziehender Unterricht. In: Wittenbruch, W. (Hrsg.): *Das pädagogische Profil der Grundschule*. (2. erw. Auflage). Heinsberg 1989: Dieck, 84-99

BENNER, D.: Über die Aufgaben der Pädagogik nach dem Ende der DDR. In: *Pädagogik* 1993, 6, 891-906

BERG, C.: Kinderleben in der Industriekultur. Der Beitrag der Historischen Sozialisationsforschung. In:BERG,C.(Hrsg.):*Kinderwelten*. Frankfurt 1991, 15-40: Suhrkamp

BERGER, H. & ZIMMERMANN, U.: Babylon in Berlin. Unterrichtseinheiten zur interkulturellen Stadtkunde. Weinheim 1989: Beltz

BERGER, H.: Die Welt vor meiner Haustür. Kinder erforschen ihre Umgebung. Weinheim 1989: Beltz

BERLYNE: D. E.: Studies in the new experimental aesthetics. In Groeben, N.: *Leserpsychologie. Lesemotivation - Lektürewirkung*. Münster 1988: Aschendorffsche Verlagsbuchhandlung

BERTALANFFY, L.v.: General systems theory. New York 1968: Braziller

Beschluß der KMK vom 17.10.1980. Bonn: Sekretariat der Ständigen Konferenz der Kultusminister der Länder der Bundesrepublik Deutschland

Beschluß der KMK vom 2.7.1970. Bonn: Sekretariat der Ständigen Konferenz der Kultusminister der Länder der Bundesrepublik Deutschland

Beschluß der KMK vom 20.04.1978: Grundsätze zur Förderung von Schülern mit besonderen Schwierigkeiten beim Erlernen des Lesens und des Rechtschreibens. In M. NAEGELE & R. VALTIN (Hrsg.), *LRS in den Klassen 1-10* (S. 9-11). Weinheim 1992: Beltz

Beschluß der KMK vom 3.10.68: Allgemeine Bestimmungen über die Zeugniserteilung in den allgemeinbildenden Schulen. SVBl. 1973 (7)

Beschluß des Kollegiums des Ministeriums für Volksbildung für eine bessere Bildungs- und Erziehungsarbeit in der Unterstufe der sozialistischen Schule. Vom 18. Juni 1965. In: *Bildung und Erziehung (Loseblattsammlung)*, S/Ic/16, B1 1-9

BETTELHEIM, B.: Kinder brauchen Märchen. München 1991, 15. Auflage: Deutscher Taschenbuchverlag

BETZ, D. & BREUNINGER, H.: Teufelskreis Lernstörungen. (2., überarb. Aufl.). München 1987: Urban und Schwarzenberg

BIEHLER, R., SCHOLZ, R.W., STRÄß ER, R. & WINKELMANN, B. (Eds.): Didactics of mathematics as a scientific discipline. Dordrecht etc. 1994: Kluwer.

BIGELOW, B.J.: Children's friendship expectations: A cognitive-developmental study. *Child Development*.1977,48,246-253

BILLER, K.: Habe Sinn und wisse Sinn zu wecken. Hohengehren 1991: Schneider Verlag

BINNIG, G.: Aus dem Nichts. Über die Kreativität von Natur und Mensch. München 1992: Piper

BIRTHLER, M.: „Die Suche nach dem eigenen Weg wurde zu schnell beendet."In: *Pädagogik*. 1991, 11, 36-39

BLEIDICK, U.: Betrifft Integration: behinderte Schüler in allgemeinen Schulen. Konzepte der Integration: Darstellung und Ideologiekritik. Berlin 1988: Marhold

BLESS, G. & Klaghofer, R.: Begabte Schüler in Integrationsklassen. *Zeitschrift für Pädagogik*. 1991,37,215-223

BLOOM, B.S. (Hrsg.): Taxonomie von Lernzielen im kognitiven Bereich. Weinheim 1972: Beltz

BLOOM, B.S., ENGLEHART, M.D., FURST, E.J., HILL, W.H. u. KRATHWOHL, D.R. (Eds.): Taxonomy of educational objectives. Handbook I: Cognitive domain. New York 1956: McKay

BLOOM, B.S.: Stability and Change in Human Characteristics. New York 1965: Wiley

BOECKMANN, K. et al.: Werden Kinder durch vermehrtes Programmangebot zu mehr Fernsehen verleitet? *Publizistik.* 1990, 35, 190-199

BOEHNKE, K., DETTENBORN, H., HORSTMANN, K. & SCHMIESCHEK, M.: Zwang und Hang zur Komplexitätsreduzierung - sozialkognitive Aspekte moralischen Urteilens bei Kindern. *Zeitschrift für Psychologie.*1992,200,371-390

BÖHME-DÜRR, K.: Fernsehkinder: dumm und unkreativ? In: K. BÖHME-DÜRR et al. (Hrsg.), *Wissensveränderung durch Medien* (217-235). München 1990: Saur

BOLSCHO, D.; EULEFELD, G. und SEYBOLD, H.: Umwelterziehung - Neue Aufgaben für die Schule. München 1980: Urban & Schwarzenberg

BÖNSCH, M.: Wege vom geschlossenen zum offenen Lernen in der Grundschule. In U. DREWS (Hrsg.), *Unterstufe, Grundschule in Ost und West: 1. deutsch-deutsches Kolloquium am 29. und 30. Juni 1990 in Berlin.* Akademie der Pädagogischen Wissenschaften/Institut für Bildungsforschung und Erziehungswissenschaft, Fachinformationszentrum Bildung (S. 130-142). Berlin 1990: Verlag für Wissenschaft und Bildung

BÖSCHEMEIER, H. & VOPEL, K. W.: Kommunikationsspiele 1. Schuljahr. Hamburg 1985: Isko-Press

BOSHOWITSCH, J.L: Die Persönlichkeit und ihre Entwicklung im Schulalter. Berlin 1970: Volk und Wissen

BOß MANN, D.: Hausaufgaben. *betrifft:erziehung.* 1984,5,37-44

BOULCH, J.: L'éducation par le Mouvement. Paris 1972:Ed.Est

BRAZELTON, T.B., KOSLOWSKI, B. & MAIN, M.: The origins of reciprocity: The early mother-infant interaction. In M. LEWIS & J.A. ROSENBLUM (Eds.), *The effect of the infant on its caregiver.* (pp. 49-76). New York 1974: Wiley

BRECHT, B.: Ein Kinderbuch. Berlin 1965: Der Kinderbuchverlag

BREUER, H. & KASTEN, M.: Zur emotionalen Grundstimmung von weniger erfolgreichen Schulanfängern. In: *Beiträge aus der Erziehungsberatungsstelle Greifswald.* (Heft 6, S. 30-36). Greifswald 1984: Schriftenreihe der Ernst-Moritz-Arndt-Universität

BREZINKA, W.: Erziehungsziele, Erziehungsmittel, Erziehungserfolg. (3. Aufl.). München 1995: Reinhardt

BREZINKA, W.: Grundbegriffe der Erziehungswissenschaft. (5. Aufl.). München 1990: Reinhardt

BROCKHAUS: Enzyklopädie in 24 Bänden. Mannheim 1987: F. A. Brockhaus

BROCKHAUS: Enzyklopädie. Wiesbaden 1968: F.A. Brockhaus

BRODTMANN,D.: Sportunterricht und Schulsport. Bad Heilbrunn 1984: Klinkhardt

BRONFENBRENNER, U.: Die Ökologie der menschlichen Entwicklung. Stuttgart 1981: Klett-Cotta

BRONFENBRENNER, U.: Ökologische Sozialisationsforschung. Stuttgart 1976: Klett

BRONFENBRENNER, U.: Ökologische Sozialisationsforschung. In L. KRUSE, C.F. GRAUMANN & E.D. LAUTERMANN (Hrsg.), *Ökologische Psychologie.* (S. 76-79). München 1990: Psychologie Verlags Union

BRONFENBRENNER, U.: Toward an experimental ecology of human development. *American Psychologist.* 1977,32,513-531

BRÜGELMANN, H.: Grundschule in der DDR: Austausch des Systems oder Öffnung der Schule? Plädoyer für eine Reform von unten und in kleinen Schritten. In In U. Drews (Hrsg.), *Unterstufe, Grundschule in Ost und West: 1. deutsch-deutsches Kolloquium am 29. und 30. Juni 1990 in Berlin.* Akademie der Pädagogischen Wissenschaften/ Institut für Bildungsforschung und Erziehungswissenschaft, Fachinformationszentrum Bildung (S. 29-37). Berlin 1990: Verlag für Wissenschaft und Bildung

BRUNER, J.S.: The process of education. Cambridge, MA 1960: Harvard University Press

BRUNNER, E.J.: Verhaltensmodifikation in der Schulklasse und das Kommunikationssystem „Lehrer-Schüler". *Psychologie in Erziehung und Unterricht.* 1977,24,37-43

BÜHLER, Ch.: Motivation. In: *dtv-Atlas zur Psychologie.* Bd. 2., München 1987: Deutscher Taschenbuchverlag GmbH & Co. KG

Bund-Länder-Kommission für Bildungsplanung: Bildungsgesamtplan. Bd. 1. Stuttgart 1973: Klett

BUSS, M.: Die Vielfernseher. Fernsehzuschauer-Forschung in Deutschland. Frankfurt 1985

CALLIEß, J. und LOB, R.E. (Hrsg.): Praxis der Umwelt- und Friedenserziehung. 3 Bde. Düsseldorf 1987: Schwann-Bagel

CARLE, E.: Die kleine Spinne spinnt und schweigt. Hildesheim 1990: Gerstenberg Verlag

CASEY, W., JONES, D., KUGLER, B. & WATKINS, B.: Integration of Down's Syndrome children in the primary school: A longitudinal study of cognitive development and academic attainments. *British Journal of educational Psychology.* 1988,58,279-286

CHARLTON, M. & NEUMANN-BRAUN, K.: Medienthemen und Rezipiententhemen. Einige Ergebnisse der Freiburger Längsschnittuntersuchung zur Medienrezeption von Kindern. In W. SCHULZ (Hrsg.), *Medienwirkungen* (9-23). Weinheim 1992: VCH

CHRISTIANI, R. Die Grundschule braucht keine Zensuren. *Grundschule.* 1989,4,22-24

CLARK, B.: Growing up gifted: Developing the potential of children at home and at school (4th edition). New York 1992: Macmillan

CLAUSS, G.: Zur Methodik von Schätzskalen in der empirischen Forschung. *Probleme und Ergebnisse der Psychologie.* 1968, 26, 7-52

CLOER, E. & WERNSTEDT, R. (HRSG.): Pädagogik in der DDR. Eröffnung einer notwendigen Bilanzierung. Weinheim 1994: Deutscher Studienverlag

CLOERKES, G.: Die Kontakthypothese in der Diskussion um eine Verbesserung der gesellschaftlichen Teilhabechancen Behinderter. *Zeitschrift für Heilpädagogik.* 1982,33,561-568

CLOERKES, G.: Einstellung und Verhalten gegenüber Behinderten. Eine kritische Bestandsaufnahme internationaler Forschung. (3. erweiterte Aufl.). Berlin 1985: Marhold

CORTE, E., de ,GREER, B. & VERSCHAFFEL, L: Mathematics learning and teaching. In BERLINER, D. & CALFEE, R. (Eds.); *Handbook of Educational Psychology.* New York 1994: Macmillan.

Club of Rome: Die globale Revolution. Spiegel-Spezial 1991

CROPLEY, A., MCLEOD, J. u. DEHN, D.: Begabung und Begabungsförderung. Entfaltungschancen für alle Kinder! Heidelberg 1988: Asanger

DAHL, R.: Matilda. Hamburg 1989: Rowohlt Verlag

Das AOL-Projekte Buch. Reinbek 1986: Rowohlt.

DAWYDOW, W.W. (Davydov, V.V.): Problems of developmental teaching. *Soviet Education* 1988 (30), 8, 15-97; 9-83; 10, 3-77

DAWYDOW, W.W.: Arten der Verallgemeinerung im Unterricht. Berlin 1977: Volk und Wissen

DAWYDOW, W.W., LOMPSCHER, J. & MARKOWA, A.K. (Hrsg.): Ausbildung der Lerntätigkeit bei Schülern. Berlin/Moskau 1982: Volk und Wissen/Pedagogika.

DAWYDOW, W.W.: Problemy razvivajuscego obucenija. Moskva 1986: Pedagogika.

Der Lesebaum - Der ABC-Baum. Hannover 1992: Schroedel

DERSCHAU, D.v.: Hausaufgaben als Lernchance. München 1979: Urban und Schwarzenberg

Deutscher Bildungsrat (Hrsg.): Zur pädagogischen Förderung behinderter und von Behinderung bedrohter Kinder und Jugendlicher. Stuttgart 1974: Klett

Deutscher Bildungsrat, Bildungskommission: Strukturplan für das Bildungswesen. Stuttgart 1970: Klett

Die Kinder- und Hausmärchen der Brüder Grimm. Berlin 1962: Der Kinderbuchverlag

DIXON, R.A. & LERNER, R.M.: A history of systems in developmental psychology. In M.H. BORNSTEIN & M.E. LAMB (Eds.), *Developmental psychology: an advanced textbook.* (pp. 1-35). Hillsdale, N.J 1984: Erlbaum

DOLLASE, R.: Handbuch der Früh- und Vorschulpädagogik. (Band 1 und 2). Düsseldorf 1978: Schwan

DÖRNER, D.: Die Logik des Mißlingens. Strategisches Denken in komplexen Situationen. Reinbek 1989: Rohwohlt.

DÖRNER, D.: Problemlösen als Informationsverarbeitung. Stuttgart etc. 1976: Kohlhammer.

DRERUP, H.: Medienforschung und Medienpädagogik - Vermittlungsprobleme. *Unterrichtswissenschaft.* 1992, 20, 144-161

DREWELOW, H. u. URBAN, K.K. (Hrsg.): Besondere Begabungen - spezielle Schulen? *Erziehungswissenschaftliche Beiträge, Bd. 18.* Rostock 1992: Universität Rostock

DUMKE, D. & PANSKUS, G.: Der Schulerfolg vorzeitig aufgenommener Grundschüler. *Unterrichtswissenschaft.* 1979,16,174- 181

DUMKE, D. & HEIDBRINK, H.: Auswirkungen unterschiedlicher Förderung auf die Persönlichkeitsstruktur lernschwacher Schüler. *Psychologie in Erziehung und Unterricht.* 1980,27,1-9

DUMKE, D.: Förderung lernschwacher Schüler. München 1980: Reinhardt

DUMKE, D., KRIEGER, G. & SCHÄFER, G.: Schulische Integration in der Beurteilung von Eltern und Lehrern. Weinheim 1989: Deutscher Studien Verlag

DUMKE, D., KRIEGER, G. & BROSELL, A.: Wohnortnahe Integration in der Beurteilung von Eltern. *Berichte aus dem Seminar für Psychologie der Universität Bonn,* 1990, Nr. 13

DUMKE, D. & MERGENSCHRÖER, B.: Soziale Kognitionen von Schülern in Integrationsklassen. *Psychologie in Erziehung und Unterricht.* 1990,37,111-122

DUMKE, D. & KRIEGER, G.: Einstellungen und Bereitschaft von Sonderschullehrern zum integrativen Unterricht. *Zeitschrift für Heilpädagogik.* 1990,41,235-245

DUMKE, D.: Schulleistungen nichtbehinderter Schüler in Integrationsklassen. *Zeitschrift für Pädagogische Psychologie.* 1991,5,33-42

DUMKE, D. & KRIEGER, G.: Wohnortnahe Integration behinderter Kinder in Grundschulen des Stadtbezirks Bonn-Beuel. *Berichte aus dem Seminar für Psychologie der Universität Bonn,* 1992, Nr. 14

DUMKE, D. & MERGENSCHRÖER, B.: Schülerverhalten in Integrationsklassen. In D. DUMKE (Hrsg.), *Integrativer Unterricht.* (2. Aufl.). Weinheim 1993: Deutscher Studien Verlag

DUMKE, D. & SCHÄFER, G.: Entwicklung behinderter und nichtbehinderter Schüler in Integrationsklassen. Einstellungen, soziale Beziehungen, Persönlichkeitsmerkmale und Schulleistungen. Weinheim 1993: Deutscher Studien Verlag

DUMKE, D., KELLNER, M. & KRANENBURG, M.: Unterrichtsorganisation in Integrationsklassen. In D. DUMKE (Hrsg.), *Integrativer Unterricht.* (2. Aufl.). Weinheim 1993: Deutscher Studien Verlag

DUNCKER, L.: Lernen als Kulturaneignung. Weinheim 1994: Beltz

ECKENSBERGER, L.H. & SILBEREISEN, R.K.: Handlungstheoretische Perspektiven für die Entwicklungspsychologie Sozialer Kognitionen. In L.H. ECKENSBERGER & R.K. SILBEREISEN (Hrsg.), *Entwicklung sozialer Kognitionen.* Stuttgart 1980: Klett-Cotta

ECKERMANN, C.O. & STEIN, M.R.: The toddler's emerging interactive skills. In K.H. RUBIN & H.S. ROSS (Eds.), *Peer relations and social skills in childhood* (pp. 41-73). New York 1982: Springer

EDELMANN, W: Lernpsychologie.München 1993: Beltz

EGGERT,D.& SCHUCK,K.: Untersuchungen zu Zusammenhängen zwischen Intelligenz, Motorik und Sozialstatus im Vorschulalter. In: MÜLLER,H-J. u.a.: *Motorik im Vorschulalter.* Schorndorf 1975: Hofmann

EHNI,H.,KRETSCHMER, J.&SCHERLER,K.: Spiel und Sport mit Kindern. Reinbek 1985: Rowohlt

EHNI, H.: Sport und Schulsport. Schorndorf 1977: Hofmann

EIMEREN, van B. & LÖHR, P.: Kinderfernsehen und gesellschaftliche Verantwortung. *Media Perspektiven.* 1991, H.10, 649-660

EINSIEDLER, W. und RABENSTEIN, R. (Hrsg.): Grundlegendes Lernen im Sachunterricht. Bad Heilbrunn 1985: Klinkhardt (Studientexte zur Grundschuldidaktik)

EINSIEDLER, W.: Schulanfang und Persönlichkeitsentwicklung. *Grundschule.* 1988,20,20-23

ELKONIN, D.B. & DAWYDOW, W.W. (Hrsg.): Vozrastnye vozmoznosti usvoenija znanij. Moskau 1966: Prosvescenie

ELKONIN, D.B.: Psychologie des Spiels. Berlin 1980: Volk und Wissen

ELKONIN, D.B.: Izbrannye psichologiceskie trudy. Moskau 1989: Pedagogika

ENDE, M.: Die unendliche Geschichte. München 1990: dtv

ENGELSTED, N., HEDEGAARD, M., KARPATSCHOF, B. & MORTENSEN, A. (Eds.): The societal subject. Aarhus 1993: Aarhus University press

ENGESTRÖM, Y.: Learning by expanding. Helsinki 1987: Orienta-Konsultit Oy

ENGESTRÖM, Y.: Non scolae sed vitae discimus: Toward overcoming the encapsulation of school learning. *Learning and Instruction.* 1991,1,243 -259

ERHARDT, K.: Die Grundschule. In: NOHL, H./PALLAT, L. (Hrsg.): *Handbuch der Pädagogik.* Bd. 4. Langensalsa 1928: Beltz, 91-104

FACAOARU, C. u. BITTNER, R.: Kognitionspsychologische Ansätze der Hochbegabungsdiagnostik. *Zeitschrift für Differentielle und Diagnostische Psychologie.* 1987,8,193-205

FEGER, B.: Förderprogramme für Hochbegabte. *Psychologie in Erziehung und Unterricht.* 1987,34,161-170

FEGER, B.: Hochbegabung - Chancen und Probleme. Bern 1988: Huber

FEHNEMANN, U.: Das elterliche Erziehungsrecht in der Schule. In G. HEPP (Hrsg.), *Eltern als Partner und Miterzieher in der Schule.* (S. 20-35). Stuttgart 1990: Metzler

FELDHUSEN, J.F. u. WYMAN-ROBINSON, A.J.: Super saturday: Design and implementation of Purdue's special program for gifted children. *Gifted Child Quarterly.* 1980,24,15-21

FELDHUSEN, J.F. u. KOLLOFF, P.B.: The Purdue Three-Stage Enrichment Model of gifted education at the elementary level. In J.S. RENZULLI (Ed.), *Systems and models for developing programs for the gifted and talented* (pp.126-152). Mansfield Center, CN 1986: Creative Learning Press

FELDMANN, K.: Schüler helfen Schülern. Tutorenprogramme in der Schule. München 1980: Urban u. Schwarzenberg

FELLER, G. & HUGOW, K.: Mathematiktest für 2. Klassen. Weinheim 1981: Beltz

FEND, H. et al.: Sozialisationseffekte der Schule. Weinheim 1976: Beltz

FEND, H.: Sozialisierung und Erziehung. Eine Einführung in die Sozialisationsforschung. In W. BREZINKA (Hrsg.),. *Studien zur Erziehungswissenschaft* (Bd. 5, 8. Aufl.). Weinheim 1976: Beltz

FEND, H.: Schulklima: Soziale Einflußprozesse in der Schule. Weinheim 1977: Beltz

FEND, H.: Vom Kind zum Jugendlichen. Bern 1990: Huber

FENNER, H.-J.: Verfahren und Ergebnisse zur Objektivierung des Lehrerverhaltens. In H. NICKEL & E. LANGHORST (Hrsg.), *Brennpunkte der Pädagogischen Psychologie.* (S. 123-133). Bern/Stuttgart 1973: Huber/Klett

FENNER, H.J. & NICKEL, H.: Angst und Schulleistungen von Schülern verschiedener Schularten sowie der Zusammenhang mit Dirigismus und Extraversion von Lehrern. In: NICKEL, H. (Hrsg.), *Psychologie der Entwicklung und Erziehung* (S. 218-231). Pfaffenweiler 1993: Centaurus

FIEDLER, M.: Bidirectionality of influence in classroom interaction. *Journal of Educational Psychologie.* 1975,67,735-744

FIRESTONE, G.R. & BRODY, N.: Longitudinal investigation of teacher-student interactions and their relationship to academic performance. *Journal of Educational Psychology.* 1975,67,544-550

FISCHER, A.: Werdegang und Geist der Grundschulerziehung. In: KREITMAIR, K. (Hrsg.): *Aloys FISCHER. Leben und Werk.* Bd. 1. München o. J.: Bayerischer Schulbuchverlag, 325-355

FITTKAU, B.: Dimensionen des Lehrerverhaltens und ihre Bedeutung für die Auslösung von Angst und Sympathie bei Schülern. *Zeitschrift für Entwicklungspsychologie und Pädagogische Psychologie.* 1969,1,77-92

FLAMMER, A.: Entwicklungstheorien. Psychologische Theorien der menschlichen Entwicklung. Bern 1988: Huber

FÖLLING-ALBERS, M.: Kind und Schule heute. *Pädagogische Welt.* 1990, 44, 440-444

FÖLSCH, G.: Das Beratungsgespräch zwischen Lehrern und Eltern. *Psychologie in Erziehung und Unterricht.* 1979,26,239-247

FÖRSTER, O.: Das erste Schuljahr. (4. Auflage). Leipzig 1902: Klinkhardt

FRANZ, S.: Unsere Schüler zur Selbsteinschätzung befähigen. Berlin 1987: Volk und Wissen

FRITZ, J.: Methoden des sozialen Lernens. München 1981: Juventa

FUCHS, I.: Gemeinsames Leben und Lernen in Grundschulklassen. Zieldifferente Förderung von Kindern mit geistiger Behinderung. In A. SANDER et al., *Gemeinsame Schule für behinderte und nichtbehinderte Kinder und Jugendliche.* St. Ingbert 1990: Röhrig

FÜHMANN, F.: Die dampfenden Hälse der Pferde im Turm von Babel. Berlin 1978: Der Kinderbuchverlag

FURTH, H.G. & WACHS, H.: Denken geht zur Schule. Weinheim 1978: Beltz

GAGNE, R.M.: Die Bedingungen des menschlichen Lernens. 2. Auflage. Hannover 1973: Schroedel

GALPERIN, P.J.: Die geistige Handlung als Grundlage für die Bildung von Gedanken und Vorstellungen. In LEONTJEW, A.N., GALPERIN, P.J. u.a., *Probleme der Lerntheorie* (S. 33-49). Berlin 1965: Volk und Wissen

GALPERIN, P.J.: Zum Problem der Aufmerksamkeit. In LOMPSCHER, J. (Hrsg.), *Sowjetische Beiträge zur Lerntheorie. Die Schule P.J. Galperins* (S. 15-23). Köln 1973: Pahl-Rugenstein

GARLICHS, A.: Alltag im offenen Unterricht. *Beiträge zur Reform der Grundschule,* Bd.78, Arbeitskreis Grundschule e. V.. Frankfurt a. M. 1990

GARLICHS, A.: Alltag im offenen Unterricht. Das Beispiel Lohfelden-Vollmarshausen. *Beiträge zur Reform der Grundschule,* Bd. 78. Frankfurt 1991: Arbeitskreis Grundschule e.V.

GARLICHS, A.: Spaziergang mit den Sinnen/Einladung zu einer Walderkundung. *Die Grundschulzeitschrift.* 1990, 64, 25-27

GESING, H.; LOB, R. E. (Hrsg.) : Umwelterziehung in der Primarstufe. Heinsberg 1991: Agentur Dieck

GEULEN, D.: Zur Konzeptualisierung sozialisationstheoretischer Entwicklungsmodelle. In J. MATHES (Hrsg.), *Lebenswelt und soziale Probleme. Verhandlungen des 20. Deutschen Soziologentages zu Bremen* 1980. Frankfurt 1981: Campus

GEULEN, D.: Zur Integration von entwicklungspsychologischer Theorie und empirischer Sozialisationsforschung. *Zeitschrift für Sozialisationsforschung und Erziehungssoziologie.* 1987,7,2-25

GEULEN, D.: Die historische Entwicklung sozialisationstheoretischer Ansätze. In K. HURRELMANN & D. ULICH (Hrsg.), *Neues Handbuch der Sozialisationsforschung* (S. 21-56). Weinheim 1991: Beltz

GIBSON, J.J.: Wahrnehmung und Umwelt. Der ökologische Ansatz in der visuellen Wahrnehmung. München 1982: Urban & Schwarzenberg

Giest, H.: Einführung in die Naturwissenschaften. Wege zur Ausbildung theoretischen Denkens in der Mittelstufe. *Empirische Pädagogik* 1991a 5 (1), 25-45

GIEST, H.: Psychologische Aspekte der Aneignung fachspezifischen Wissens im Rahmen sachbezogenen Lernens. *Empirische Pädagogik* 1991b 5 (3), 229-243.

GIEST, H.: Ökologie in Schule und Unterricht. In *Lern- und Lehrforschung*, .LLF-Berichte Nr. 1, (S. 54 - 109). Berlin 1992: Humboldt-Universität

GIEST, H.: Projekte - Zauberwort eines modernen Unterrichts. In *Lern- und Lehrforschung*, .LLF-Berichte Nr. 4a, (S. 17 - 39). Berlin 1993: Bildungsinnovation und individuelle Lernförderung e.V.

GIEST, H. : Rinderherdenaufgabe - ein Beispiel für Problemlösen in der Grundschule. In *Lern- und Lehrforschung*, .LLF-Berichte Nr. 9, (S. 59-113). Potsdam 1994a: Universität Potsdam

GIEST, H.: Projektunterricht - Ansätze für einen fächerübergreifenden Unterricht in der Grundschule. Berlin 1994b: Volk und Wissen

GLASER, R.: The maturing of the relationship between the sciences of learning and cognition and educational practice. *Learning and Instruction* 1991, 129-144

GLÖCKEL, H.: Erziehungsauftrag oder Erziehungsaufträge? Von der Aufgabe der Schule in unserer Zeit. In W. TWELLMANN (Hrsg.), *Handbuch Schule und Unterricht*. Bd. 7.1, (344-356). Düsseldorf 1985: Schwann

GLOGAUER, W.: Videofilm-Konsum der Kinder und Jugendlichen. Bad Heilbrunn 1988: Klinkhardt

GLOGAUER, W.: Medienwirkungen. *Pädagogische Welt*. 1992, 46, 345-346

GLOGAUER, W.: Die neuen Medien verändern die Kindheit. Weinheim 1993: Deutscher Studien Verlag

GÖBELBECKER, L. F.: Unterrichtspraxis im Sinne naturgemäßer Reformbestrebungen. Wiesbaden 1904: Otto Nemnich

GOLD, V., WAGNER, M., RAUFTL, W.L., VOGEL, M. & WEBER, I.: Kinder spielen Konflikte. Frankfurt a.M. 1984: Fachbuchhandlung für Psychologie. Verlagsabt.

GOLDENBERG, H.: Contemporary Clinical Psychology. Monterey, Cal. 1973: Brooks/Cole

GORDON, T.: Lehrer-Schüler-Konferenz. München 1990: Heyne

GOTTMAN, J.M.: How children become friends. *Monographs of the Society for Research in Child Development*. 1983,48,1-86

GÖTZE,B. & HAHNEMANN.R.: Grundschulpädagogik im Überblick. Bad Heilbrunn/Obb. 1975: Klinkhardt

GRABBE, B.: Der pädagogische Nutzen von Hausbesuchen des Lehrers. In G. HEPP, (Hrsg.), *Eltern als Partner und Miterzieher in der Schule*. (S. 115-120). Stuttgart 1990: Metzler

GRAUMANN, C.F.: Grundzüge der Verhaltensbeobachtung. In C.F. GRAUMANN & H. HECKHAUSEN (Hrsg.), *Pädagogische Psychologie 1, Entwicklung und Sozialisation* (S. 14-41). Frankfurt am Main 1973: Fischer

GRAY, F., GRAUHARD, P.S. & ROSENBERG, H.: Little brother is changing you. *Psychology today*. 1974,7,42-26

GREENBERG, B.S. & REEVES, B.: Children and the perceived reality of television. *Journal of Social Issues*. 1976, 32, 86-97

GROEBEL, J.: Fernseh- und Videogewalt: Der aktuelle Forschungsstand. *Unterrichtswissenschaft*. 1986, 14, 154-167

GROEBEL, J. & KLINGLER, W.: Kinder und Medien 1990. *Media Perspektiven*. 1991, H.10, 633-648

GROEBEN, N.: Leserpsychologie: Lesemotivation - Lektürewirkung. Münster 1988: Aschendorffsche Verlagsbuchhandlung

GRÖSSING,ST.: Bewegungskultur und Bewegungserziehung. Schorndorf 1993: Hofmann

GUDJONS, H. (Hrsg.): Natur zum Anfassen - ökologisch unterrichtet. Hamburg 1988: Bergmann und Helbig

GUDJONS, H.: Handlungsorientiert lehren und lernen. Bad Heilbrunn 1991: Klinkhardt

GUILFORD, J.P.: The nature of human intelligence. New York 1967: McGraw-Hill

GÜNTHER, K.-B.: Schriftspracherwerb: Modellhafte und individuelle Entwicklung. In BALHORN & BRÜGELMANN (Hrsg.), *Welten der Schrift in der Erfahrung der Kinder*. Konstanz 1987: Faude

GUTHKE, J., BÖTTCHER, H.R. & SPUNG, L.: Psychodiagnostik. Berlin 1990: Deutscher Verlag der Wissenschaften

GUTHKE, J.: Zur Diagnostik der intellektuellen Lernfähigkeit. Berlin 1977: Deutscher Verlag der Wissenschaften

HABERMAS, J.: Zur Entwicklung der Interaktionskompetenz. Frankfurt/M. 1975: Suhrkamp

HACKER, W.: Arbeitspsychologie. Psychische Regulation von Arbeitstätigkeiten. Berlin 1986: Deutscher Verlag der Wissenschaften

HACKS, P.: Meta Morfoß. Berlin 1990, 9. Auflage: Der Kinderbuchverlag

HADLEY, S.T.: Feststellungen und Vorurteile in der Zensierung. In M. HOFER & F.E. WEINERT (Hrsg.), *Pädagogische Psychologie 2, Lernen und Instruktion* (S. 293-301). Frankfurt am Main 1973: Fischer

HAEBERLIN, U., BLESS, G., MOSER, U. & KLAGHOFER, R.: Die Integration von Lernbehinderten. Bern 1990: Haupt

HAGSTEDT, W.: Offene Unterrichtsformen. Methodische Modelle und ihre Planbarkeit. In: HAMEYER, U., LAUTERBACH, R. & WIECHMANN, J. (Hrsg.): *Innovationsprozesse in der Grundschule. Fallstudien, Analysen und Vorschläge zum Sachunterricht* (S. 367-382). Bad Heilbrunn/Obb 1992: Klinkhardt

HÄNSEL, D.: Didaktik des Sachunterrichts - Sachunterricht als Innovation der Grundschule. Frankfurt/M. 1980: Diesterweg

HÄNSEL, D. (Hrsg.): Das Projektbuch Grundschule. Weinheim und Basel 1991: Beltz

HASSE, J.: Heimat - Anmerkungen über nie erreichte Ziele - Schule vor neuen Aufgaben? Oldenburg 1987: Universität Oldenburg, Zentrum für pädagogische Berufspraxis

HASSELHORN, M.: Metakognition und Lernen. In: NOLD, G. (Hrsg.), *Lernbedingungen und Lernstrategien.* Tübingen 1992: Narr, 35-63

HÄUSER, D.: Zu Grundlagen der Diagnostik der Sprachentwicklung im Vorschul- und frühen Schulalter. Berlin 1989: Unveröff. Dissertation B, APW Berlin

HÄUSER, D. & SCHULZ, G.: Modellversuch zu hochbegabten Kindern. Berlin 1990: Unveröffentl. Manuskript

HÄUSER, D. u. SCHAARSCHMIDT, U.: Begabung frühzeitig erkennen und fördern - aber wie? In H.-D. SCHMIDT, U. SCHAARSCHMIDT u. V. PETER (Hrsg.), Dem Kinde zugewandt (S. 96-106). Hohengehren 1991: Schneider

HECKHAUSEN, H. & KEMMLER, L.: Entstehungsbedingungen der kindlichen Selbständigkeit. *Zeitschrift für experimentelle und angewandte Psychologie.* 1957,4,603-622

HECKHAUSEN, H.: Entwicklung und Sozialisation. In F. E. WEINERT, C. F. GRAUMANN, H. HECKHAUSEN & M. HOFER u.a. (Hrsg.), *Funk-Kolleg Pädagogische Psychologie,* Bd.1., Frankfurt 1974: Fischer

HECKHAUSEN, H.: Motivation und Handeln. Berlin 1980: Springer

HECKHAUSEN, H.& RHEINBERG, F.: Lernmotivation im Unterricht, erneut betrachtet. *Unterrichtswissenschaft.* 1980, 8, 7-47

HECKHAUSEN, H.: Motivation und Handeln. (2., überarb. u. erg. Aufl.). Berlin 1989: Springer

HEDEGAARD, M., HAKKARAINEN, P., ENGESTRÖM, Y. (Eds.): Learning and teaching on a scientific basis. Aarhus 1984: Universitet

HEGEL, G. W. F.: Werke. Berlin 1976: Aufbau-Verlag

HELLER, K., NICKEL, H. & ROSEMANN, B.: Beurteilen und Beraten (= Bd. 4 des Studienprogramms „Psychologie in der Erziehungswissenschaft"). Stuttgart 1978: Klett-Cotta

HELLER, K. & NICKEL, H.: Psychologie in der Erziehungswissenschaft. (Bd. 1). Stuttgart 1980: Klett

HELLER, H. (Hrsg.): Leistungsdiagnostik in der Schule. (4. Aufl.). Bern 1984: Huber

HELMKE, A.: Prüfungsangst. Ein Überblick über neuere theoretische Entwicklungen und empirische Ergebnisse. *Psychologische Rundschau.* 1983, 34, 193-211

HELMKE, A.: Leistungssteigerung und Ausgleich von Leistungsunterschieden in Schulklassen: unvereinbare Ziele*? Zeitschrift für Entwicklungspsychologie und Pädagogische Psychologie.* 1988,20,45-76

HELMKE, A.: Leistungssteigerung und Ausgleich von Leistungsunterschieden in Schulklassen: unvereinbare Ziele? *Zeitschrift für Entwicklungspsychologie und Pädagogische Psychologie.* 1988, XX, 45-46

HELMKE, A. Entwicklung des Fähigkeitsselbstbildes vom Kindergarten bis zur dritten Klasse. In R. PEKRUN & H. FEND (Hrsg.), *Schule und Persönlichkeitsentwicklung.* (S. 83-99). Stuttgart 1991: Enke

HELMKE, A.: Selbstvertrauen und schulische Leistungen. Göttingen 1992: Hogrefe

HELMKE, A. & RENKL, A.: Unaufmerksamkeit in Grundschulklassen: Problem der Klasse oder des Lehrers. *Zeitschrift für Entwicklungspsychologie und Pädagogische Psychologie*. 1993, XXV, 185 - 205

HELMKE, A. & MÜKUSCH, CH.: Handlungs- und Lageorientierung bei Grundschülern. *Zeitschrift für Pädagogische Psychologie*. 1994, 8, 63-72

HENRICH, D.: Kunstphilosophie und Kunstpraxis. *Kunstforum*. 1989, 100, 162-179

HENTIG, H v..: Die Reform der Schule war nicht radikal genug. In: *betrifft: erziehung*. 1979, 10, 39-58

HENTIG, H. v.: Schule als ein Lebensraum. *Deutsche Lehrerzeitung*. 1990,37(48),8

HENTIG, H v..: Schule neu denken. München 1993: Hanser

HILDEBRAND-NILSHON, M. & RÜCKRIEM, G. (Hrsg.): Kongreßbericht des 1. Internationalen Kongresses zur Tätigkeitstheorie. Berlin 1988: System Druck

HINZ, G.: Befähigung zum Erkennen und Lösen von Problemen. In LOMPSCHER, J. (Hrsg.), *Psychologische Analysen der Lerntätigkeit* (S. 137-181). Berlin 1989: Volk und Wissen.

HITZIGER, H.: Die Angst des Lehrers vor Elternkontakten. In W. MELZER (Hrsg.), *Eltern - Schüler - Lehrer.* (S. 158-171). Weinheim 1985: Juventa

HOFER, M.& PEKRUN, R., ZIELINSKI, W.: Psychologie des Lerners. In: WEIDENMANN, B., KRAPP, A. (Hrsg.), *Pädagogische Psychologie* (S. 219-275). München 1986: Urban & Schwarzenberg

HOFFMANN, J.: Das aktive Gedächtnis. Berlin 1982: Deutscher Verlag der Wissenschaften

HOFFMANN, J.: Die Welt der Begriffe. Berlin 1986: Deutscher Verlag der Wissenschaften.

HOFFMANN, M.L.: Empathy, guilt and social cognition. In W.F. OVERTON (Ed.), *The relationship between social and cognitive development* (pp. 1-51). Hillsdale, N.J. 1983: Erlbaum

HÖHN, E.: Der schlechte Schüler. München 1976: Piper.

HOLAHAN, C.J.: Environmental psychology. New York 1982: Random House

HOLZKAMP, K: Lernen. Subjektwissenschaftliche Grundlegung. Frankfurt/M 1993: Campus

HOMANS, G.C.: Theorie der sozialen Gruppe. (6. Aufl.). Opladen 1972: Westdeutscher Verlag

HORSTKEMPER, M.: Schule, Geschlecht und Selbstvertrauen. Eine Längsschnittstudie über Mädchensozialisation in der Schule. Weinheim 1987: Juventa

HUBER, H.; LÖW, R.; MITTENREITER, W.; SERVE, H.; WITTMANN, H.: Umwelterziehung in der Schule. Donauwörth 1991: Auer

HUESMANN, L.R & ERON, L.D.: The development of aggression in American children as a consequence of television violence viewing. In L.R. HUESMANN & L.D. ERON (Eds.), *TV and the aggressive child* (45-80). Hillsdale, NJ 1986: Erlbaum

HULL, C.L.: Principles of behavior. New York 1943: Appleton-Century Crofts

HULL, C.L.: A behavior system. An introduction to behavior theory. Concerning the individual organism. New Haven 1952: University Press

HUPPERTZ, N.: Die Wirklichkeit der Zusammenarbeit zwischen Schule und Elternhaus. München 1988: Bardtenschlager

HUPPERTZ, N.: Elternabend, Elternsprechstunden und Elternsprechtag - Eine kritische Bestandsaufnahme. In G. HEPP (Hrsg.), *Eltern als Partner und Mit-Erzieher in der Schule*. (S. 76-84). Stuttgart 1990: Metzler

HURRELMANN, B., HAMMER, M. & NIEß , F.: Lesesozialisation, Band 1. Gütersloh 1993: Bertelsmann

HURRELMANN, K.: Sozialisation und Gesundheit. Weinheim 1988: Juventa

HURRELMAN, K. & ULICH, D.: Neues Handbuch der Sozialisationsforschung. München 1990: Psychologie Verlags Union

HURRELMANN, K.: Familienstreß, Schulstreß, Freizeitstreß. Weinheim 1990: Beltz Grüne Reihe

HURRELMANN, K.: Bio-psycho-soziale Entwicklung. *Zeitschrift für Sozialisationsforschung und Erziehungssoziologie*. 1991, 11,98-103

HUSSERL, E.: Die Krisis der europäischen Wissenschaften und die transzendentale Phänomenologie. Husserliana Bd. VI. Den Haag 1962: Nijhoff

HUSTON, A. et al.: The effects of TV action and violence on children's social behavior. *The Journal of Genetic Psychology*. 1981, 138, 183-191

HUSTON, A. et al.: Fernsehspezifische Formen und kindliches Sozialverhalten. *Fernsehen und Bildung*. 1983, 16, 128-138

INGENKAMP, K.: Lehrbuch der pädagogischen Diagnostik. Studienausgabe. Weinheim 1988: Beltz

JACOB, J.: Umweltaneignung von Stadtkindern. Wie nutzen Kinder den öffentlichen Raum? *Zeitschrift für Pädagogik*, 30(1984) 5, 687-697

JANK, W. & MEYER, H.: Didaktische Modelle. Frankfurt/M. 1991: Cornelsen

JANTOS, W.: Kooperation und Kommunikation in der Lerntätigkeit. In: LOMPSCHER, J. (Hrsg.), *Psychologische Analysen der Lerntätigkeit* (S. 91-136). Berlin 1989: Volk und Wissen

JANTZEN, W. (Hrsg.): Die neuronalen Verstrickungen des Bewußtseins. Zur Aktualität von A.R. Lurijas Neuropsychologie. Münster 1994: Lit

JAUSS, H. R.: Literaturgeschichte als Provokation. Frankfurt a. Main 1970: Suhrkamp Verlag

JESKE, W.: Lernstörungen und Leistungshemmungen. Neuwied: 1993: Luchterhand

JOPT, U.J.: Selbstkonzept und Ursachenerklärung in der Schule. Bochum 1978: Kamp

JOPT, U.-J. & DEDERING, P.: Zur Notwendigkeit von Elternpartizipation in Schülersicht. In W. MELZER (Hrsg.), *Eltern - Schüler - Lehrer.* (S. 172-189). Weinheim 1985: Juventa

JÜLISCH, B.: Analyse und Ausbildung von Begriffsstrukturen. In: LOMPSCHER, J. (Hrsg.), *Psychologische Analysen der Lerntätigkeit* (S. 231-271). Berlin 1989: Volk und Wissen

KAISER, E.: Unterrichtsformen, Differenzierung und Individualisierung. In L. ROTH (Hrsg.), *Pädagogik - Handbuch für Studium und Praxis* (S. 730-741): München 1991: Ehrenwirth

KAMMLER,H..: Der Pausenspielhof. Ein Beispiel sozialen Lernens. Schorndorf 1978: Hofmann

KASPER, H. u.a.: Laßt die Kinder lernen. Offene Unterrichtssituationen. Braunschweig 1989: Westermann

KASSWAN, G.: Zur Entwicklung der Lesebedürfnisse im Leseunterricht der Klassen 1 unter besonderer Berücksichtigung von Möglichkeiten im Hort - dargestellt an epischer Kinderliteratur. Diss. Berlin 1990: Akademie der Pädagogischen Wissenschaften

KASTEN, H.: Soziales Lernen. In SCHIEFELE, H. & KRAPP, A. (Hrsg.), Handlexikon zur Pädagogischen Psychologie. (S. 339-343). München 1981: Ehrenwirt

KECK, R.W. (Hrsg.): Kooperation Elternhaus - Schule. Bad Heilbrunn 1979: Klinkhardt

KELLER, M.: Entwicklungspsychologie sozial-kognitiver Prozesse. In M. Waller (Hrsg.), *Jahrbuch für Entwicklungspsychologie 2.* (S. 89-126). Stuttgart 1980: Klett-Cotta

KELLNER, M., WIRTZ, E. & DUMKE, D.: Die Entwicklung eines geistigbehinderten Jungen mit autistischem Syndrom in einer Integrationsklasse. *Heilpädagogische Forschung.* 1991,17,14-20

Kemmler, L.: Erfolg und Versagen in der Grundschule. Göttingen 1967: Hogrefe

KERN, A.: Der Grundleistungstest zur Ermittlung der Schulreife. (6. Aufl. 1971). München 1951: Ehrenwirth

KERN, A.: Sitzenbleiberelend und Schulreife. (4. Aufl. 1963). Freiburg 1951: Herder

KERN, H.J.: Lehrer-Selbsttraining. Frankfurt 1979: Deutsches Institut für Intern. Päd. Forschung

KESSEL, W.: Welche Erwartungen haben Schüler an ihre Lehrer, und wie wirken die Erwartungen auf den Erziehungserfolg. *Pädagogik.* 1980,35,613-629

KLAFKI, W.: Erziehungswissenschaft - Theorie und Praxis. In W. KLAFKI u.a. (Hrsg.), *Erziehungswissenschaft* 3. Eine Einführung, Bd. 3. Funk-Kolleg Erziehungswissenschaft. Frankfurt 1971: Fischer

KLAFKI, W.: Zum Bildungsauftrag des Sachunterrichts in der Grundschule. In: *Grundschulunterricht* 1993 (40) 1, 3-6

KLAUER, K.-J.: Bezugsnormen zur Leistungsbewertung: Begriffe, Konzepte, Empfehlungen. In: F. RHEINBERG (Hrsg.), *Jahrbuch für Empirische Erziehungswissenschaft. Schulleistungsbewertung.* (S. 21-38). Düsseldorf 1982: Schwann

KLAUER, K.J.: Erziehung. In H. Schiefele & A. Krapp (Hrsg.), *Handlexikon zur pädagogischen Psychologie.* (S. 108-112). München 1981: Ehrenwirth

KLAUER, K.J.: Zur Diagnostik von Hochbegabung. In E.A. HANY u. H. NICKEL (Hrsg.), *Begabung und Hochbegabung: Theoretische Konzepte, empirische Befunde, praktische Konsequenzen* (S.205-214). Bern 1992: Huber

Klauer, K.J. (Hrsg.): Kognitives Training. Göttingen 1993: Hogrefe

KLEBER, E.W.: Diagnostik in pädagogischen Handlungsfeldern. Grundlagentexte Pädagogik. Weinheim 1992: Juventa

KLEMM, K. u. a.: Den Bildungsbegriff erneuern. In: *Westermann's Pädagogische Beiträge.* 1986, 3, 24-29

KLEWITZ, E. & MITZKAT, H.E. et al.: Entdeckendes Lernen und offener Unterricht. Braunschweig 1977: Westermann

KLEWITZ, H. & MITZKAT, H: Entdeckendes Lernen. In: H. Bartnitzky; R. Christian (Hrsg.), *Handbuch der Grundschulpraxis und Grundschuldidaktik* (S. 44-53). Stuttgart 1981: Klett

KLEWITZ, E.: Zur Didaktik des naturwissenschaftlichen Sachunterrichts vor dem Hintergrund der genetischen Erkenntnistheorie Piagets. Essen 1989: Westarp-Verlag.

KLINE, S.: Let's make a deal: Merchandising im US-Kinderfernsehen. *Media Perspektiven.* 1992, H.4, 220-234

KLINGBERG, L.: Lehrende und Lernende im Unterricht: zu didaktischen Aspekten ihrer Position im Unterrichtsprozeß. Berlin 1990: Volk und Wissen

KLIX, F.: Begabungsforschung - Ein neuer Weg in der kognitiven Intelligenzdiagnostik? *Zeitschrift für Psychologie.* 1983,191,360-387

KLIX, F., ROTH, E. & V.D. MEER, E. (Hrsg.): Kognitive Prozesse und geistige Leistung. Berlin 1991: Deutscher Verlag der Wissenschaften

KLIX, F.: Die Natur des Verstandes. Göttingen 1992: Hogrefe

KLUWE, R.: Wissen und Denken. Modelle, empirische Befunde und Perspektiven für den Unterricht. Stuttgart etc. 1979: Kohlhammer.

KNÖRZER, W.: Die psychischen Auswirkungen von Mißerfolgen in einem zentralen Schulfach. In: L. DUMMER (Hrsg.), *Legasthenie. Bericht über den Fachkongreß 1984.* (S. 50-67). Hannover 1985: Bundesverband Legasthenie e.V.

KNÖRZER, W.: Lernmotivation. In: *Lexikon der Psychologie des 20. Jahrhunderts* (Bd. 11, S. 749-778). Zürich 1980: Kindler

KÖCHER, E.T.M. & NICKEL, H.: Analysen von Eltern-Kind-Spielgruppen unter ökologischer, entwicklungspsychologischer und pädagogisch-psychologischer Perspektive. In NICKEL, H. u.a. (Hrsg.), *Psychologie der Entwicklung und Erziehung.* (S. 133-147). Pfaffenweiler 1993: Centaurus

KÖCK, O. & OTT, H.: Wörterbuch für Erziehung und Unterricht. Donauwörth 1979: Auer

KOHLBERG, L.: Zur kognitiven Entwicklung des Kindes. Frankfurt 1974: Suhrkamp

KOHLBERG, L.: Moralische Entwicklung und Erziehung. In G. LIND & J. RASCHERT (Hrsg.), *Moralische Urteilsfähigkeit.* Weinheim 1987: Beltz

KONETZKY, S.: Die Grundschullehrgänge des Zentralinstituts. In: ECKHARDT, K./KONETZKY, S. (Hrsg.): *Grundschularbeit.* Langensalza 1928: Beltz, 9-15

KÖNIG, E. u.a.: Diskussion Unterrichtsvorbereitung - Verfahren und Modelle. München 1980: Ehrenwirth

KOSSAKOWSKI, A.: Theoretische und praxisrelevante Probleme einer Periodisierung der psychischen Ontogenese der Persönlichkeit. *Psychologie für die Praxis.* 1984,3,177-192

KOSSAKOWSKI, A. (Hrsg.): Psychische Entwicklung der Persönlichkeit im Kindes- und Jugendalter. Berlin 1987: Volk und Wissen

KOSSAKOWSKI, A.: Theoretische Ansätze zur Periodisierung der psychischen Entwicklung. In W. MANZ & U. SCHMIDT-DENTER (Hrsg.), *Entwicklung und Erziehung im ökologischen Kontext.* (S. 68-77). München 1990: Reinhardt

KOTTMANN,L.,KÜPPER,D.&PACK,R.: Mehr Bewegung in der Schule! *Körpererziehung,* 42(1992)10, 354-359

KOTTMANN,L.,KÜPPER,D.,BRUX,A.& HECK,T.: Pausensport. Materialien zum Sport in Nordrhein-Westfalen, H. 13. Köln 1985: Greven

KRAFT, P.: Der Schulhof als Ort sozialen Verhaltens. Braunschweig 1877: Westermann

KRAMPEN, G.: Kausalattribuierung guter Noten und Selbstkonzepte eigener Fähigkeiten in vier Kohorten lernbehinderter Sonderschüler. *Heilpädagogische Forschung.* 1983,10,133-143

KRANTZ, D. & TEEGEN, F.: Psychologisch hilfreiche Gespräche mit Schülern und Eltern. In NICKEL, H. & LANGHORST, E. (Hrsg.), *Brennpunkte der pädagogischen Psychologie.* (S. 348-358). Bern und Stuttgart 1973: Huber und Klett

KRAPP, A.: Diagnose und Prognose. In B. WEIDENMANN U. A. KRAPP (Hrsg.), *Pädagogische Psychologie* (Kap. 14, 565-630). München 1986: Urban & Schwarzenberg

KRAPPMANN, L. & OSWALD, H.: Probleme des Helfens unter Kindern. In H.W. BIERHOFF & L. MONTADA (Hrsg.), *Altruismus. Bedingungen der Hilfsbereitschaft.* Göttingen 1988: Verlag für Psychologie Hogrefe

KRAUSE, CH.: Zur Genese des Selbstbildes bei neun- bis dreizehnjährigen Schülern. *Psychologie für die Praxis.* 1987, 5, 57-65

KRAUSE, CH.: Zum Zusammenhang von Schulerfolg und Selbstbildentwicklung. In *Beiträge aus der Arbeit der Erziehungsberatungsstelle Greifswald.* (Heft 8, S. 15-21). Greifswald 1988: Ernst Moritz Arndt-Universität

KREMER, A.; STÄUDEL, L. (Hrsg.): Ökologie und naturwissenschaftlicher Unterricht. Marburg 1989: Redaktionsgemeinschaft SOZNAT

KRETSCHMER,J.: Sport und Bewegungsunterricht 1 - 4, München 1981: Urban und Schwarzenberg

KROH, O.: Psychologie des Grundschulkindes. (22. Aufl. 1944). Langensalza 1927: Beyer

KROH, O.: Zur Psychologie des Schulanfängers. *Zeitschrift für Pädagogik.* 1948

KROH, O.: Pädagogische Folgerungen (1928). In: WENZEL, A. (Hrsg.): *Grundschulpädagogik.* Bad Heilbrunn 1970: Klinkhardt, 76-95

KROHNE, H.W.: Theorien zur Angst. Stuttgart 1982: Kohlhammer

KROHNE, H.W. (Hrsg.): Angstbewältigung in Leistungssituationen. Weinheim 1985: edition Psychologie

KUHL, J. & KRASKA, K.: Self-regulation and metamotivation: Computational mechanisms, development, and assessment. In R. KANFER, P.L. ACKERMAN & R. CUDECK (Eds.): *Learning and individual differences: Abilities, motivation and methodology.* (pp. 343-347). Hillsdale, N.J. 1989: Erlbaum

KÜHNEL, J.: Moderner Anschauungsunterricht. 3. Auflage. Leipzig 1910: Klinkhardt

KUNZ,T.: Weniger Unfälle durch Bewegung. Schorndorf 1993: Hofmann

KURZ, D.: Elemente des Schulsports. Schorndorf 1977: Hofmann

LANDAU, G.: Kindliche Spielerfahrung in der Lebenswelt. In:H. ALTENBERGER& F. MAURER H. (Hrsg.): *Kindliche Welterfahrung in Spiel und Bewegung* (53-64), Bad Heilbrunn 1992:Klinkhardt

LANDESINSTITUT für Schule und Weiterbildung Nordrhein-Westfalen (Hrsg.): Demokratisch Urteilen und Handeln. Vorschläge für den Unterricht. Soest 1991

LANG, A.: Die kopernikanische Wende steht in der Psychologie noch aus. Hinweise auf eine ökologische Entwicklungspsychologie. *Schweizerische Zeitschrift für Psychologie.* 1988,47,93-108

LANG, S.: Lebensbedingungen und Lebensqualität von Kindern. Frankfurt am Main 1985: Campus

LANGER, J., SCHULZ VON THUN, F. & TAUSCH, R.: Verständlichkeit in Schule, Verwaltung, Politik und Wissenschaft. München 1974: Reinhardt

LANGREUTER, F.: Wenn ich fernsehen will, mach' ich was daraus. München 1988: ars edition

LAUTER, J.: Fundament der Grundschulmathematik. Donauwörth 1991: Auer.

LAVE, J. & WENGER, E.: Situated learning. Legitimate peripheral participation. Cambridge 1991: Cambridge University Press

LEHR, U.: Die mütterliche Berufstätigkeit. In: F. NEIDHART (Hrsg.). *Frühkindliche Sozialisation.* Stuttgart 1975: Enke

LEHR, U.: Zur Frage der Gliederung des menschlichen Lebensablaufs. *Aktuelle Gerontologie.* 1976,6,337-345

Lehrplan Sachunterricht. In Kultusminister des Landes Nordrhein-Westfalen (Hrsg.), *Richtlinien und Lehrpläne für die Grundschule in Nordrhein-Westfalen.* Düsseldorf 1985

LEHWALD, G., VAN DER MEER, E. U. MEHLHORN H.-G: Zu einigen Aspekten psychologischer Begabungsforschung. *Psychologie für die Praxis.* 1989,7,113-134

Leipziger Lehrerverein (Hrsg.): Die Arbeitsschule. Beiträge aus Theorie und Praxis. Leipzig 1909: Klinkhardt

LEIST,K.-H.: Lernfeld Sport. Reinbek 1993:Rowohlt

LEONTJEW, A.N.: Probleme der Entwicklung des Psychischen. Berlin 1964: Volk und Wissen

LEONTJEW, A.N. & GALPERIN, P.J. u.a.: Probleme der Lerntheorie. Berlin 1965: Volk und Wissen

LEONTJEW, A.N.: Tätigkeit, Bewußtsein, Persönlichkeit. Berlin 1979,1982: Volk und Wissen

LEWIN, K.: A dynamic theory of personality. New York 1935: McGraw-Hill

LEWIS, A. America 2000. What kind of nation? Phi Delta Kappa. 1991,734-735

LICHTENSTEIN-ROTHER, I,RÖBE, E.: Grundschule - Der pädagogische Raum für Grundlegung der Bildung. (5. Auflage). Weinheim 1991: Beltz

LICHTENSTEIN-ROTHER, I.: Grundlegung der Bildung als Orientierungsrahmen für die Realisierung des pädagogischen Auftrages der Grundschule. In U. DREWS (Hrsg.), *Unterstufe, Grundschule in Ost und West: 1. deutsch-deutsches Kolloquium am 29. und 30. Juni 1990 in Berlin.* Akademie der Pädagogischen

Wissenschaften/Institut für Bildungsforschung und Erziehungswissenschaft, Fachinformationszentrum Bildung (S. 13-22). Berlin 1990: Verlag für Wissenschaft und Bildung

LICHTENSTEIN-ROTHER, I.: Veränderte Lebenswelt als Impuls für Innovationen in der Grundschule. In: HAMEYER, U., LAUTERBACH, R. & WIECHMANN, J. (Jrsg.): *Innovationsprozesse in der Grundschule. Fallstudien, Analysen und Vorschläge zum Sachunterricht* (S. 55-69). Heilbrunn/Obb. 1992: Klinkhardt

LIEPE, J.: Der Kopf des Drachens oder über Projektunterricht und Projektwochen. *Grundschulunterricht.* 1993, 5, 3-4

LINDGREN, A.: Pippi Langstrumpf. Hamburg 1987: Oetinger

LITT, TH.: Führen oder Wachsenlassen. (Repr. der 13. Aufl. von 1961, 1. Aufl. 1927). Stuttgart 1972: Klett

LOMPSCHER, J. (Hrsg.): Sowjetische Beiträge zur Lerntheorie. Die Schule P.J. Galperins. Köln 1973: Pahl-Rugenstein

LOMPSCHER, J. (Hrsg.): Theoretische und experimentelle Untersuchungen zur Entwicklung geistiger Fähigkeiten. Berlin 1975: Volk und Wissen

LOMPSCHER, J. (Hrsg.) : Persönlichkeitsentwicklung in der Lerntätigkeit. (3. Aufl.). Berlin 1988: Volk und Wissen

LOMPSCHER, J. (Hrsg.): Psychologische Analysen der Lerntätigkeit. Berlin 1989: Volk und Wissen.

LOMPSCHER, J.: Aufsteigen vom Abstrakten zum Konkreten im Unterricht - Versuche zu einer alternativen Lehrstrategie. Berlin 1990: Akademie der Pädagogischen Wissenschaften.

LOMPSCHER, J.: Aneignungsweisen und Lehrstrategien. *Empirische Pädagogik* 1991, (5) 211-228

LOMPSCHER, J.: Die Lehrstrategie des Aufsteigens vom Abstrakten zum Konkreten - Ausgangspositionen. *Empirische Pädagogik* 1991 5 (1), 5 - 23.

LOMPSCHER, J.: Lehr- und Lernstrategien im Unterricht - Voraussetzungen und Konsequenzen. In NOLD, G. (Hrsg.), *Lernbedingungen und Lernstrategien* (S. 95-104). Tübingen 1992: Gunter Narr Verlag

LOMPSCHER, J.: Lehrstrategien - Lerntätigkeit - Lernergebnisse. In KLOSE, D. & UFFELMANN, U. (Hrsg.), *Vergangenheit - Geschichte - Psyche* (S. 151-162). Idstein 1993: Schulze-Kirchner-Verlag

LOMPSCHER, J.: Lernstrategien - metakognitive Aspekte. *Lern- und Lehrforschung, LLF-Berichte* Nr. 5, 9-80. Potsdam 1993: Universität Potsdam

LORENZ, J.H.: Anschauung und Veranschaulichungsmittel im Mathematikunterricht. Göttingen 1992: Hogrefe.

LORENZ, J.H.: Mathematik und Anschauung. Köln 1993: Aulis.

LÜCKERT, H.R. (Hrsg.): How to develop your child's intelligence? Freiburg 1967: Deutsch

LÜCKERT, H.R. (Hrsg.): Begabungsforschung und Bildungsförderung als Gegenwartsaufgabe. München 1972: Reinhardt

LÜFTNER, W.: Handelndes Lernen im Sachunterricht. Frankfurt/M. 1983: Diesterweg

LUKESCH, H.: Außerschulische Medien - Feinde, Konkurrenten oder Helfer bei der schulischen Bildungsarbeit? Regensburg 1989: Manuskript

LUKESCH, H. et al.: Jugendmedienstudie. (2. Aufl.). Regensburg 1990: Roderer

LURIJA, A.R. (Hrsg.): Problemy vyssej nervnoj dejatel'nosti normal'nogo i anomal'nogo rebenka, Bd. I-II. Moskau 1956/58: Izd. Akademii pedagogiceskich nauk

LURIJA, A.R.: Sprache und Bewußtsein. Berlin 1982: Volk und Wissen

LURIJA, A.R.: Die historische Bedingtheit individueller Erkenntnisprozesse. Berlin 1987: Deutscher Verlag der Wissenschaften

MACLURE, S. & DAVIES, P. (Eds.): Learning to think: thinking to learn. Oxford etc. 1991: Pergamon.

MAGER, R.F.: Zielananlyse. Weinheim 1977: Beltz

MAIKOWSKI, R. & PODLESCH, W.: Zur Sozialentwicklung behinderter und nichtbehinderter Kinder. In Projektgruppe Integrationsversuch (Hrsg.), *Das Fläming-Modell.* Weinheim 1988: Beltz

MAKER, M.B.: Curriculum development for the gifted. Rockville, MD 1982: Aspen Systems

MANDL, H., FRIEDRICH, H.F. & HRON, A.: Psychologie des Wissenserwerbs. In: WEIDENMANN, B. & KRAPP, A. (Hrsg.), *Pädagogische Psychologie* (S. 143-218). München 1986: Psychologie Verlags Union

MANDL, H. & SPADA, H. (Hrsg.): Wissenspsychologie. München-Weinheim 1988: Psychologie Verlags Union.

MANDL. H.: Lernen will gelernt sein. Lernstrategien und Kontrollprozesse. In SCHEIDGEN, H., STRITTMATTER, P., TACK, W.H. (Hrsg.): *Information ist noch kein Wissen* (S. 71-83). Weinheim und Basel 1990: Beltz

MANDL, H. & FRIEDRICH, H.F. (Hrsg.): Lern- und Denkstrategien. Göttingen 1992: Hogrefe

MAURER, F.: Lebenssinn und Lernen. Langenau-Ulm 1990: Vaas

MAYER-BEHRENS, H.: Grundschule - Haus für Kinder (Vom Klassenraum zur Lernlandschaft. Ein Kernstück der Schulreform). Heinsberg 1987: Agentur Dieck

MECKLENBRÄUKER, S., WIPPICH. & BREDENKAMP, J.: Bildhaftigkeit und Metakognitionen. Göttingen 1993: Hogrefe

MEER, E. v.d..: Die dynamische Struktur von Ereigniswissen. In: KLIX, F., ROTH, E. & v.d.MEER, E. (Hrsg.), *Kognitive Prozesse und geistige Leistungen* (S. 41-63). Berlin 1991: Deutscher Verlag der Wissenschaften

MEIER, R.: Heimatkunde und Sachunterricht - Gegensatz oder Kontinuum? In *Unterstufe/ Grundschule in Ost und West. Erstes deutsch-deutsches Kolloquium am 29. und 30. Juni in Berlin,* (S. 191-198). Berlin 1990: Verlag für Wissenschaft und Bildung.

MEIER, R.: Auswahllexikon. Grundschulunterricht. 1993, 2, 36

MEIERS, K. (Hrsg): Schulanfang - Anfangsunterricht. Heilbrunn/Obb. 1981: Klinkhardt

MEIERS, K.: Hat Lesen Zukunft? In: 6. *Europäischer Lesekongreß 1989.* Berlin (West) 1990: Kongreßbericht

MELZER, W. (Hrsg.): Eltern - Lehrer - Schüler. Zur Elternpartizipation an Schule. Weinheim 1985: Juventa

METZNER BÜHLER, CH.: Das Märchen und die Phantasie der Kinder. *Zeitschrift für Psychologie.* Beiheft 7. 1918

MEYER, H.: Unterrichts-Methoden; I: Theorieband. Frankfurt/M. 1987 ,1988: Scriptor

MEYER, W. G.: Der Sachunterricht. Teil 1: Anthropologie und Pädagogik; Teil 2: Unterricht und Erziehung; Teil 3: Informationen und Reflexionen. Heinsberg 1993, 1994: Diek

MEYER, W.U. & BUTZKAMM, A.: Ursachenerklärungen von Rechennoten, Lehrerattribuierungen. *Zeitschrift für Entwicklungspsychologie und Pädagogische Psychologie.* 1975,7,53-56

MEYER, W.U.: Das Konzept von der eigenen Begabung. Bern 1984: Huber

MEYERS: Großes Universallexikon. Mannheim 1981: Meyers Lexikonverlag

MIEDZINSKI, K..: Die Bewegungsbaustelle. Dortmund 1983: modernes lernen

MIETZEL, G.: Psychologie in Unterricht und Erziehung. Göttingen 1993: Hogrefe

MILLER, J.G.: Living systems. New York 1978: McGraw-Hill

MINSEL, W.R.: Praxis der Gesprächspsychotherapie. Wien 1974: Böhlau

MINSEL, W.R., ROYL, W. & MINSEL, B. (Hrsg.): Verhaltenstraining - Modelle und Erfahrungen. Ralingen/ Wintersdorf 1976: Selbstverlag

MITZLAFF, H.: Heimat und Umwelt. In H. Gesing u. R. E. Lob (Hrsg.), *Umwelterziehung in der Primarstufe* (S. 129-174). Heinsberg 1991: Agentur Dieck

MOLL, L.C. (Ed.): Vygotsky and education. Instructional implications and applications of sociohistorical psychology. Cambridge 1990: Cambridge University Press

MÖNKS, F.J. u. YPENBURG, I.H.: Unser Kind ist hochbegabt. Ein Leitfaden für Eltern und Lehrer. München 1993: Reinhardt

MÜLLER, R.: Diagnostischer Rechtschreibtest für 2. Klassen DRT 2. Weinheim 1983: Beltz

MÜLLER, R.: Diagnostischer Lesetest zur Frühdiagnose von Lesestörungen DLF 1-2. Weinheim 1984: Beltz

MUNZ, C.: Der ökologische Ansatz zur visuellen Wahrnehmung: Information. *Psychologische Rundschau.* 1989,40,63-75

Muth, J.: Integration von Behinderten: Über die Gemeinsamkeit im Bildungswesen. Essen 1986: Neue Deutsche Schule

MUTZECK, W. & PALLASCH, W. (Hrsg.): Handbuch zum Lehrertraining. Weinheim 1983: Beltz

NAEGLE, I.M., PORTMANN, R. & KALB, P.E.(Hrsg.): Schulanfang. Weinheim 1987: Beltz

NAUCK, J. & OTTE, R.: Diagnostischer Test Deutsch DTD. Braunschweig 1980: Westermann

NEUBAUER, W.F., GAMPE, H. & KNAPP, R.: Konflikte in der Schule. Neuwied 1985: Luchterhand

NEUHAUS-SIEMON, E.: Schule der Demokratie. In: HAARMANN, D. (Hrsg.): *Handbuch Grundschule.* Weinheim 1991: Beltz, 14-25

NEUMANN, U./RAMSEGER, J.: Ganztägige Erziehung in der Schule. Eine Problemskizze. (Friedrich-Forum Nr. 5). Seelze 1991: Friedrich

NICHOLLS, J.G.: Development of perception of own attainment and causal attribution for success and failur in reading. *Journal of Educational Psychology.* 1979, 71, 94 - 99

NICKEL, H. & WIECZERKOWSKI, W.: Einflüsse auf die Beurteilung von Schüleraufsätzen. Ergebnisse einer quasi-experimentellen Versuchsreihe. In K. HELLER (Hrsg.), *Leistungsbeurteilung in der Schule* (S. 271-308). Heidelberg 1974: Quelle & Meyer

NICKEL, H.: Die Lehrer-Schüler-Beziehung aus der Sicht neuerer Forschungsergebnisse - Ein transaktionales Modell. *Psychologie in Erziehung und Unterricht.* 1976,23,153-172

NICKEL, H., BONN, R. & FENNER, H.-J.: Das klientzentrierte Beratungsgespräch. In HELLER, K. (Hrsg.), *Handbuch der Bildungsberatung.* (Bd. III, S. 939-962). Stuttgart 1976: Klett

NICKEL, H.: Psychologie des Lehrerverhaltens. (2. neugestaltete Aufl.). München 1978: Reinhardt

NICKEL, H.: Die Lehrer-Schüler-Beziehung als transaktionaler Prozeß. In H. NICKEL (Hrsg.), *Psychologie des Lehrerverhaltens.* (S. 54-67). München 1978a: Reinhardt

NICKEL, H.: Psychologie des Lehrerverhaltens. München 1978b: Reinhardt

NICKEL, H. & SCHMIDT-DENTER, U.: Entwickungspsychologie des Grundschulkindes. In B. KOCHAN & E. NEUHAUS (Hrsg.), *Taschenlexikon Grundschule.* (S. 88-98). Kronberg 1979: Scriptor

NICKEL, H.: Theoretische und praktische Aspekte eines Lehrer- und Erziehertrainings. In J. BRANDSTÄDTER, G. REINERT & K. SCHNEEWIND (Hrsg.), *Pädagogische Psychologie: Probleme und Perspektiven.* (S. 381-402). Stuttgart 1979: Klett-Cotta

NICKEL, H.: Entwicklungstheorien und ihre Bedeutung für den Grundschullehrer. In D. H. ROST (Hrsg.), *Entwicklungspsychologie für die Grundschule.* (S. 26-40). Heilbrunn 1980: Klinkhardt

NICKEL, H. & SCHMIDT-DENTER, U.: Sozialverhalten von Vorschulkindern. Empirische Untersuchungen in Kindergärten und Eltern-Initiativ-Gruppen. München 1980: Reinhardt

NICKEL, H.: Schulfähigkeit - Schulreife. In H. SCHIEFELE & A. KRAPP (Hrsg.), *Handlexikon zur Pädagogischen Psychologie.* (S. 311-316). Mannheim 1981: Ehrenwirth

NICKEL, H.: Entwicklungspsychologie des Kindes- und Jugendalters, Bd. I. Bern 1982: Huber.

NICKEL, H.: Das Beratungsgespräch mit Eltern und Schülern. In K. Heller & H. Nickel, H. (Hrsg.), *Modelle und Fallstudien der Erziehungs- und Schulberatung.* (S. 81-88). Bern 1982b: Huber

NICKEL, H.: Schuleingangsberatung auf der Grundlage eines ökopsychologischen Schulreifemodells. In K.A. HELLER & H. NICKEL (Hrsg.), *Modelle und Fallstudien zur Erziehungs- und Schulberatung.* (S. 81-88). Bern 1982c: Huber

NICKEL, H.: Beziehungen zwischen Lehrer- und Schülerverhalten. In H. KURY & H. LERCHENMÜLLER (Hrsg.), *Schule, psychische Probleme und sozial abweichendes Verhalten - Situationsbeschreibung und Möglichkeiten der Prävention.* (S. 131-186). Köln 1983: Heymanns

NICKEL, H.: Begriffsbildung im Kindesalter. Bern 1984: Huber.

NICKEL, H.: Schulreife und Schuleingangsdiagnostik. In K. A. HELLER (Hrsg.), *Leistungsdiagnostik in der Schule.* (4. völlig neu bearb. Aufl., S. 275-282). Bern 1984: Huber.

NICKEL, H.: Voraussetzungen einer gesunden Entwicklung des Kindes aus pädagogisch-psychologischer Sicht. In H.A. HORN (Hrsg.), *Gesundheitserziehung im Grundschulalter* (S. 1-15). Frankfurt 1985b: Arbeitskreis Grundschule e.V.

NICKEL, H.: Sozialisation im Vorschulalter (Trends und Ergebnisse institutioneller Erziehung). Weinheim 1985c: Edition Psychologie

NICKEL, H.: Das Problem der Schulreife - Eine systemische Analyse und ihre praktischen Konsequenzen. In D. KARCH, R. MICHAELIS, B. RENNEN-ALLHOFF, & H. G. SCHLACK (HRSG.), *Normale und gestörte Entwicklung.* (S. 51-67). Berlin 1989: Springer

NICKEL, H.: Das Problem der Einschulung aus ökologisch- systemischer Perspektive. *Psychologie in Erziehung und Unterricht.* 1990,37,217-227

NICKEL, H.: Die Einschulung als pädagogisch-psychologische Herausforderung - „Schulreife" aus ökosystemischer Sicht. In D. HAARMANN (Hrsg.): *Handbuch Grundschule,* Bd.1 (S. 88-100). Weinheim 1991:Beltz.

NICKEL, H.: Entwicklung. In U. TEWES & K. WILDGRUBE (Hrsg.), *Lexikon der Psychologie.* (S. 88-92). Oldenbourg 1992a: München

NICKEL, H.: Erziehungspsychologie. In D. DUPUIS & W. KERKHOFF (Hrsg.), *Enzyklopädie der Sonderpädagogik, der Heilpädagogik und ihrer Nachbargebiete.* (S. 190-192). Berlin 1992b: Marhold

NICKEL, H.: Grundsatzdiskussion II: Die Einschulung als pädagogisch-psychologische Herausforderung „Schulreife" „aus öko-systemischer Sicht. In D. Haarmann (Hrsg.): *Handbuch Grundschule.* (Bd. 1). Weinheim 1992c: Beltz

NICKEL, H. & UNGELENK, B.: Ein Verhaltenstraining mit Lehramtsstudierenden nach erziehungspsychologischen Kriterien. In H. NICKEL u.a. (Hrsg.), *Psychologie der Entwicklung und Erziehung.* (S. 262-274). Pfaffenweiler 1993: Centaurus

NICKEL, H. u.a.: Pränatale und perinatale Entwicklungsforschung auf der Grundlage ökologisch-systemischer Entwicklungstheorien. In H. Nickel u.a. (Hrsg.), *Psychologie der Entwicklung und Erziehung.* (S. 6-14). Pfaffenweiler 1993: Centaurus

NICKEL, H.: Die Lehrer-Schüler-Beziehung als transaktionaler Prozeß. Ein Interaktionsmodell aus ökopsychologischer Perspektive. In H. NICKEL u.a.(Hrsg.), *Psychologie der Entwicklung und Erziehung.* (S. 244-261). Pfaffenweiler 1993b, Centaurus

NICKEL, H.: Zur Bedeutung der soziokulturellen Makrostruktur für die Persönlichkeitsentwicklung. In H.-J. ROTH (Hrsg.), *Integration als Dialog. Interkulturelle Pädagogik im Spannungsfeld von Wissenschaft und Praxis.* (S. 111-133). Baltmannsweiler 1994: Schneider-Verlag Hohengehren

NICKEL, H., QUAISER-POHL, CL., ROLLETT, B., VETTER, J. & WERNECK, H.: Veränderung der partnerschaftlichen Zufriedenheit während des Übergangs zur Elternschaft - Kulturvergleichende Untersuchungen in vier Ländern. *Psychologie in Erziehung und Unterricht.* 1995 (im Druck)

NICKEL, H. & SCHMIDT-DENTER, U.: Vom Kleinkind zum Schulkind. Eine entwicklungspsychologische Einführung für Erzieher, Lehrer und Eltern. (5. ergänzte Aufl.). München/Basel 1995: Reinhardt

NICKEL, H.: Eltern-Kind-Spielgruppen. Familienbegleitende Einrichtungen für Eltern mit Kindern vom ersten bis dritten Lebensjahr. München 1996: Reinhardt

NOHL, H.: Die pädagogische Bewegung in Deutschland und ihre Theorie. Frankfurt a. M. 1949: G. Schulte-Bulmke

NOLD, G. (Hrsg.): Lernbedingungen und Lernstrategien. Tübingen 1992: Narr

OELKERS, J. & PRIOR, H.: Soziales Lernen in der Schule. Königstein 1982: Scriptor

OELKERS, J.: Renaissance mit Verdrängung. Zur politischen Wahrnehmung der deutschen Reformpädagogik. *Grundschule* 1993, 3, 50-52

OERTER, R., MONTADA, L. (Hrsg.): Entwicklungspsychologie. (2. überarb. Auflage) München 1987; 1995 (3. Aufl): Psychologie Verlags Union

OPASCHOWSKI, H.W.: Werbung und Spielshows flimmern am Zuschauer vorbei. *Deutscher Forschungsdienst.* 1992, Nr.19, 13-14

ORLICK, T.: Neue kooperative Spiele. Weinheim 1985: Beltz

OSER, F.: Möglichkeit und Grenzen der Anwendung des Kohlbergschen Konzepts moralischer Erziehung in unseren Schulen. In: G. LIND & J. RASCHER (Hrsg.): *Moralische Urteilsfähigkeit. Eine Auseinandersetzung mit Lawrence Kohlberg* (S. 44-53). Weinheim 1986: Beltz

OSER, F.: Die Gerechte Gemeinschaft und die Demokratisierung der Schulwelt: Der Kohlbergansatz, eine Herausforderung für die Erziehung. In: *Berichte zur Erziehungswissenschaft.* Freiburg (Schweiz) 1988: Universität Freiburg

OSOFSKY, J.D. & DANZGER, B.: Relationships between neonatal characteristics and mother-infant interaction. *Developmental Psychology.* 1974,10,124-130

OSWALD, H. & KRAPPMANN, L.: Soziale Beziehungen und Interaktionen unter Grundschulkindern. Methoden und ausgewählte Ergebnisse eines qualitativen Forschungsprojekts. Berlin 1988: Max-Planck-Institut für Bildungsforschung

OSWALD, H. & KRAPPMANN, L.: Der Beitrag von Gleichaltrigen zur sozialen Entwicklung in der Grundschule. In R. PEKRUN & H. FEND (Hrsg.), *Schule und Persönlichkeitsentwicklung. Ein Resümee der Längsschnittforschung.* (S. 201-216). Stuttgart 1991: Enke

OTTO, G.: Das Ästhetische ist „Das Andere der Vernunft". Schule zwischen Routine und Reform. *Friedrich Jahresheft XII/1994.* Seelze 1994: Erhard Friedrich Verlag, 56-58

PAETZOLD, B.: Familie und Schulanfang. Eine Untersuchung des mütterlichen Erziehungsverhaltens. Bad Heilbrunn 1988: Klinkhardt.

PEEKS, B.: Revolution in counseling and education: a systems perspective in the schools. *Elementary School Guidance & Counseling*. 1993,27,245-251

PEKRUN ,R. & HELMKE, A. Schule und Pesönlichkeitsentwicklung: Theoretische Perspektive und Forschungsstand. In R. PEKRUN & H. FEND (Hrsg.), *Schule und Persönlichkeitsentwicklung*. Stuttgart 1991: Enke

PETERSEN, J. & PRIESEMANN, G.: Unterricht als regelgeleiteter Handlungszusammenhang. Frankfurt/M. 1988: Peter Lang

PETERSON, C. & SELIGMAN, M.E.P.: Hilflosigkeit, Attributionsstil und Depression. In F.E. WEINERT & R.H. KLUWE (Hrsg.), *Metakognition, Motivation und Lernen*. (S. 164-191). Stuttgart 1984: Kohlhammer

PETERSON, C.C., PETERSON, J.L. & CARROLL, J.: Television viewing and imaginative problem solving during preadolescence. *The Journal of Genetic Psychology*. 1986, 147, 61-67

PETERß EN, W.H.: Handbuch Unterrichtsplanung - Grundfragen, Modelle, Stufen, Dimensionen. München 1991: Ehrenwirth

PETILLON, H. 1991: Soziale Erfahrungen in der Schulanfangszeit. In R. PEKRUN & H. FEND (Hrsg.), *Schule und Persönlichkeitsentwicklung. Ein Resümee der Längsschnittforschung*. (S. 183-200). Stuttgart 1991: Enke

PETZOLD, M. & NICKEL, H.: Grundlagen und Konzept für eine entwicklungspsychologische Familienforschung. Psychologie in Erziehung und Unterricht. 1989,36,241-257

PETZOLD, M.: Familienentwicklungspsychologie. München 1992a: Quintessenz

PETZOLD, M.: Die Einschulung des ersten Kindes und die Erwartungen der Eltern. *Zeitschrift für Familienforschung*. 1992b,4,160-171

PIAGET, J.: Psychologische Betrachtungen über den Unterricht der Naturwissenschaft in der Grundschule. *Pädagogischer Wegweiser*, Sonderheft Oktober 1950

PIAGET, J.: Urteil und Denkprozesse des Kindes. Düsseldorf 1972: Schwann

PIAGET, J.: Theorien und Methoden der modernen Erziehung. Frankfurt/M. 1974: Fischer Taschenbuch Verlag.

PIAGET, J.: Das Erwachen der Intelligenz beim Kinde. Stuttgart 1975: Klett

PIAGET, J.: Psychologie der Intelligenz.. Stuttgart 1980: Klett-Cotta

PIAGET, J.: Meine Theorie der geistigen Entwicklung. Frankfurt/Main 1983: Fischer.

PODDJAKOW, N.: Die Denkentwicklung beim Vorschulkind. Berlin 1981: Volk und Wissen

PÖPPERL, M.: Natur und Mensch. Stuttgard 1988: Klett.

PORTMANN, R. (Hrsg.): Kinder kommen zur Schule. Frankfurt 1988: Arbeitskreis Grundschule

POSTMAN, N.: Das Verschwinden der Kindheit. Frankfurt 1983: Fischer

PREUSS-LAUSITZ, U.: Die Kinder des 20. Jahrhunderts. Zur Pädagogik der Vielfalt im Jahr 2000. Weinheim 1993: Beltz

PREUSS-LAUSITZ, U.: Soziale Beziehungen in Schule und Wohnumfeld. In P. HEYER, U. PREUSS-LAUSITZ & G. ZIELKE, *Wohnortnahe Integration*. Weinheim 1990: Juventa

PRIEBE, H./RÖBE, E.: Blickpunkt Grundschule. Donauwörth 1992: Auer

PRIOR, H. (Hrsg.): Soziales Lernen. Düsseldorf 1976: Schwann

RAIDT, P.: Perspektivenwechsel in der Hörgeschädigtenpädagogik. In A. SANDER et al., *Gemeinsame Schule für behinderte und nichtbehinderte Kinder und Jugendliche*. St. Ingbert 1990: Röhrig

RAMSEGER,J.: Die Beteiligung der Schüler an der Gestaltung des Unterrichts oder: Was heißt „Öffnung der Grundschule" praktisch? In In U. DREWS (Hrsg.), *Unterstufe, Grundschule in Ost und West.: 1. deutsch-deutsches Kolloquium am 29. und 30. Juni 1990 in Berlin*. Akademie der Pädagogischen Wissenschaften/Institut für Bildungsforschung und Erziehungswissenschaft, Fachinformationszentrum Bildung (S. 75-86). Berlin 1990: Verlag für Wissenschaft und Bildung

RANG, B.: Pädagogische Geschichtsschreibung in der DDR. Frankfurt a.M. 1982: Campus

RATHENOW, P.: Westermann-Rechtschreibtest 4/5 WRT 4/5. Braunschweig 1979: Westermann

REINHOLD, J.: Ausbildung der Lerntätigkeit im Mathematikunterricht des 4. Schuljahres zum Lösen von Sach- und Anwendungsaufgaben. Diss. A. Berlin 1988: Akademie der Pädagogischen Wissenschaften

RENZULLI, J.S. (Ed.): Systems and models for developing programs for the gifted and talented. Mansfield Center, CN 1986: Creative Learning Press

RESNICK, L. B., LEVINE, J. & TEASLEY, S. (Eds.): Perspectives on socially shared cognition. Washington 1993: APA.

RESNICK, L.B. (Ed.): Knowing, learning and instruction. Essays in honor of Robert Glaser. Hillsdale, N.J. 1989: Erlbaum

RHEINBERG, F.: Bezugsnormen und die Wahrnehmung eigener Tüchtigkeit. In: Filipp, S.-H. (Hrsg.): *Selbstkonzeptforschung*.(S. 237-252) Stuttgart 1979: Klett-Cotta

RHEINBERG, F.: Leistungsbewertung und Lernmotivation. Göttingen 1980: Hogrefe

RHEINBERG, F. (Hrsg.): Jahrbuch für Empirische Erziehungswissenschaft 1982a. Schulleistungsbewertung. Düsseldorf 1982a: Schwann

RHEINBERG, F.: Selbstkonzept, Attribution und Leistungsanforderungen im Kontext schulischer Bezugsgruppen. In B. TREIBER & F.E. WEINERT (Hrsg.), *Lehr-Lern-Forschung*. (S. 200-220). München 1982b: Urban und Schwarzenberg

RHEINBERG, F.: Zweck und Tätigkeit. Göttingen 1989: Hogrefe

RHEINBERG, F.& KRUG, S.: Motivationsförderung im Schulalltag. Göttingen 1993: Hogrefe

RHEINGOLD, H.: The social and socializing infant. In A.D. Goslin (Hrsg.), *Handbook of Socialization Theory and Research*. (pp. 779-790, 3. Aufl.). Chicago 1973: Rand McNally

RICE, M.L. et al.: Fernsehspezifische Formen und ihr Einfluß auf Aufmerksamkeit, Verständnis und Sozialverhalten der Kinder. In M. Meyer (Hrsg.), *Wie verstehen Kinder Fernsehprogramme?* (17-51) München 1984: Saur

RIEDEL, W. und TROMMER, G.: Didaktik der Ökologie. Köln 1981: Aulis

RIES, G. & HEINEN, C.: Ursachenerklärung von Zeugnisnoten durch Lehrerstudenten. *Psychologie in Erziehung und Unterricht*. 1979,26,321-329

RIES, G., HAHN, M.& BARKOWSKI, D.: Die Entwicklung von Anspruchsniveausetzung und Selbstbewertung bei Leistungen in der Grundschule. *Psychologie in Erziehung und Unterricht*. 1984, 31, 188-196

RIES, G.: Die Entwicklung von Erfolgs- und Mißerfolgserlebnissen beim Übergang vom Kindergarten in die Grundschule. Eine Längsschnittstudie. *Psychologie in Erziehung und Unterricht*. 1989,36,258-264

RIES, G.: Die Entwicklung von Erfolgs- und Mißerfolgserlebnissen beim Übergang vom Kindergarten in die Grundschule. *Psychologie in Erziehung und Unterricht*. 1989,36,258-264

RIES, G.: Die Entwicklung von kausalen Erklärungsmustern für Schulleistungen. In: SCHMIDT-DENTER, U.& MANZ, W. (Hrsg.), *Entwicklung und Erziehung im ökopsychologischen Kontext* (S. 56-67). München, 1991: Reinhardt

RÖBE, H.: Freie Arbeit - eine Bedingung zur Realisierung des Erziehungsauftrags der Grundschule? Frankfurt a. M. 1986: Lang

RÖBE, E. (Hrsg.): Schule in der Verantwortung für Kinder. Ulm-Langenau 1988: Vaas

RODARI, G.: Grammatik der Phantasie. Die Kunst, Geschichten zu erfinden. Leipzig 1992: Reclam-Verlag

RODEHÜSER, F.: Epochen der Grundschulgeschichte. Bochum 1987: Winkler

ROGERS, C.R.: Encounter-Gruppen. Das Erlebnis der menschlichen Begegnung. (2. Aufl.). Fischer 1987: Frankfurt

ROGERS, C.R.: Die klientenzentrierte Psychotherapie. Kindler 1988: München

RÖHRS, H.: Die Reformpädagogik und ihre Perspektiven für eine Bildungsreform. Donauwörth 1991: Auer

ROLFF, H.-G. et al.: Jahrbuch der Schulentwicklung. (Band 4). Weinheim 1986: Beltz

ROLLETT, B.& BARTRAM, M.: Anstrengungsvermeidungstest. Braunschweig 1977: Westermann

ROSEMANN, B. & KERRES, J.: Interpersonales Wahrnehmen und Verstehen. Bern 1986: Huber

ROSENBERGER, M.: Eltern kämpfen gegen die Aussonderung ihrer Kinder. *Demokratische Erziehung*. 1986,12,28-31

ROSENSHINE, B.: Beobachtung des Unterrichts in der Klasse. In M. Hofer & F.E. Weinert (Hrsg.), *Pädagogische Psychologie 2, Lernen und Instruktion* (S.200-217). Frankfurt am Main 1973: Fischer

ROSENTHAL, R. & JACOBSON, L.J.: Pygmalion im Unterricht. Weinheim 1971: Beltz

ROSS, R. et al.: Nutritional misinformation of children: A developmental and experimental analysis of the effects of televised food commercials. *Journal of Applied Developmental Psychology*. 1981, 1, 329-345

ROST, D.H.: Fördermaßnahmen für besonders begabte Grundschulkinder im Urteil von Eltern und Lehrern. In H. WAGNER (Hrsg.), *Begabungsforschung und Begabtenförderung 1980 - 1990 - 2000* (S.91-107). Bad Honnef 1990: Bock

ROTH, L. (Hrsg.): Pädagogik - Handbuch für Studium und Praxis. München 1991: Ehrenwirth

RUBINSTEIN, S.L.: Grundlagen der allgemeinen Psychologie. Berlin 1958: Verlag Volk und Wissen

RUBINSTEIN, S.L.: Das Denken und die Wege zu seiner Erforschung. Berlin 1961: Deutscher Verlag der Wissenschaften.

RYANS, D.G.: Characteristics of teachers. Washington 1960: American Concil of Education

RYANS, D.G.: Some relationships between pupil behavior and certain teacher characteristics. *Journal of Educational Psychology.* 1961,52,82-90

SAK, A.S.: Razvitie teoreticeskogo myslenija u mladsich skol'nikov. Moskau 1984: Pedagogika.

SALISCH, M. von: Kinderfreundschaften. Göttingen 1991: Hogrefe

SAMSTAG, K. u.a.: Diagnostischer Rechentest für 3. Klassen DRE 3. Weinheim 1992: Beltz

SANDER, A.: Schulschwache Kinder in Grundschule oder Sonderschule? Untersuchungen zur unterrichtlichen Effizienz der Lernbehindertenschule. In A. REINARTZ & A. SANDER (Hrsg.), *Schulschwache Kinder in der Grundschule.* Weinheim 1982: Beltz

SANDER, A.: Schulische Integration von Kindern und Jugendlichen mit Behinderungen im Saarland 1989. In A. SANDER et al., *Gemeinsame Schule für behinderte und nichtbehinderte Kinder und Jugendliche.* St. Ingbert 1990: Röhrig

SANDFUCHS, U.: Eltern in der Schule - kaum vorstellbar? *Praxis Schule.* 1990a,2,5-10

SANDFUCHS, U.: Eltern in der Schulgemeinde - untersucht am Beispiel der Jenaplan-Schule, der Waldorfschule und der Free School. In R.W. KECK (Hrsg.), *Kooperation Elternhaus - Schule.* (S. 61-79). Bad Heilbrunn 1990b: Klinkhardt

SAPOROSHEZ, A.W.: Izbrannye psichologiceskie trudy. Moskau 1986: Pedagogika

SAPOROSHEZ, A.W. (Zaporozec): Entstehung und Aufbau der Motorik. Eine tätigkeitspsychologische Studie. Berlin 1990: Deutscher Verlag der Wissenschaften

SASS, J. & HOLZMÜLLER, H.: Bildungsverhalten und Belastungen in Familien mit schulpflichtigen Kindern. München 1982: Deutsches Jugendinstitut

SAYLER, W.M.: Ausländerpädagogik als Friedenspädagogik. (Außerschulische) Pädagogische Arbeit mit ausländischen und deutschen Kindern und deren Familien. *Studien zur Interkulturellen Kommunikation,* Bd. 3. Saarbrücken, Fort Lauderdale 1987 a: breitenbach

SAYLER, W.M.: Bausteine zur interkulturellen Erziehung. Spiele und Übungen für bi- und mulitikulturelle Kindergruppen.. *Studien zur Interkulturellen Kommunikation,* Bd. 4 Saarbrücken, Fort Lauderdale 1987 b: breitenbach

SAYLER, W.M.: Ausländerpädagogik - Integrative Pädagogik. Zum Problemhorizont einer wissenschaftlichen Teildisziplin. *Lernen in Deutschland.* 1991, 11, 16-36

SCHAARSCHMIDT, U.: Neue Inhalte und Methoden in der Diagnostik geistiger Leistungsfähigkeit. *Psychologie für die Praxis.* 1989, Ergänzungsheft, 87-101

SCHÄFER, G.: Die Entwicklung systematischer Beobachtungsverfahren für den integrativen Unterricht. In D. DUMKE (Hrsg.), *Integrativer Unterricht.* (2. Aufl.). Weinheim 1993: Deutscher Studien Verlag

SCHEIBNER, O.: Zwanzig Jahre Arbeitsschule in Idee und Gestaltung. Leipzig 1928: Quelle und Meyer

SCHENK-DANZINGER, L.: Schuleintrittsalter, Schulfähigkeit und Lesereife. (3. Aufl.; Deutscher Bildungsrat, Gutachten und Studien der Bildungskommission 7). Stuttgart 1974: Klett

SCHERLER, K.: Sensomotorische Entwicklung und materiale Erfahrung. Schorndorf 1975: Hofmann

SCHIEDER, J.: Verbale Beurteilung in der Grundschule. Praxishilfen und Materialien. (ohne Ort) 1992: Pädagogisches Landesinstitut Brandenburg

SCHILLER von, F.: Über die ästhetische Erziehung des Menschen in einer Reihe von Briefen. Schillers sämtliche Werke. Vierter Band. Stuttgart 1874: Verlag der J. G. Cotta'schen Buchhandlung

SCHITTKO, K.: Ansätze zu einer kritischen Didaktik. In: *Die Deutsche Schule* 1980, 72, 652-659

SCHMID-SCHÖNBEIN, Chr.: Die komplementäre Rolle von Erfolg und Mißerfolg für die Konstruktion neuer Erkenntnisse - pädagogische Implikationen. In EDELSTEIN, W. & HOPPE-GRAFF, S. (Hrsg.). *Die Konstruktion kognitiver Strukturen. Perspektiven einer konstruktivistischen Entwicklungspsychologie* (S. 178-194). Bern 1993: Huber.

SCHMIDT, H.-D.: Psychodiagnostik und Entwicklung. In U. SCHAARSCHMIDT u.a. (Hrsg.), *Neue Trends in der Psychodiagnostik* (S. 38-52). Berlin 1987: Psychodiagnostisches Zentrum

SCHMIDT-DENTER, U.: Erziehung zur sozialen Kompetenz. In R. DOLLASE (Hrsg.), *Handbuch der Früh- und Vorschulpädagogik.* (Bd. II, S. 391-406). Düsseldorf 1978: Schwann

SCHMIDT-DENTER, U.: Soziale Konflikte im Kindesalter - Eine Übersicht über empirische Forschungsergebnisse und theoretische Konzepte. In K.J. KLAUER & H.J. KORNADT (Hrsg.), *Jahrbuch für Empirische Erziehungswissenschaft.* (S. 173-207). Düsseldorf 1980: Schwann

SCHMIDT-DENTER, U.: Die soziale Umwelt des Kindes. Berlin 1984: Springer

SCHMIDT-DENTER, U.: Kontaktinitiativen von Vorschulkindern und ihre soziale Bedeutung. In H. Nickel (Hrsg.), *Sozialisation im Vorschulalter.* (S. 47-68). Weinheim 1985a: VCH edition psychologie

SCHMIDT-DENTER, U.: Kurz- und langfristige Anpassungsprozesse in vorschulischen Einrichtungen und ihre Konsequenzen für die erzieherische Praxis. In H. NICKEL (Hrsg.), *Sozialisation im Vorschulalter.* (S. 151-162). Weinheim 1985b: VCH edition psychologie

SCHMIDT-DENTER, U.: Soziale Entwicklung. Ein Lehrbuch über soziale Beziehungen im Laufe des menschlichen Lebens. (2. Aufl.). München 1994a: Psychologie Verlags Union

SCHMIDT-DENTER, U.: Prosoziales und aggressives Verhalten. In K. SCHNEEWIND (Hrsg.), *Enzyklopädie der Psychologie, Bd. D/T/1 Psychologie der Erziehung und Sozialisation.* Göttingen 1994b: Hogrefe

SCHNEEWIND, K. et al.: Eltern und Kinder. Stuttgart 1982: Kohlhammer

SCHNEEWIND, K.A., BECKMANN, H. & ENGFER, A.: Eltern und Kinder. Umwelteinflüsse auf das familiäre Verhalten. Stuttgart 1983: Kohlhammer

SCHNEIDER, C.: Children's television. Lincolnwood 1987: NTC Business Books

SCHNEIDER, G.: Die Bedeutung des Naturschönen für die Umwelterziehung. In H. Gesing u. R. E. Lob (Hrsg.), *Umwelterziehung in der Primarstufe* (S. 129-174). Heinsberg 1991: Agentur Dieck

SCHNEIDER, W.: Zur Entwicklung des Meta-Gedächtnisses bei Kindern. Bern 1989: Huber

SCHNEIDER, W.: Zum Erwerb von Organisationsstrategien bei Kindern. In: MANDL, H. & FRIEDRICH, H.F. (Hrsg.), *Lern- und Denkstrategien* (S. 79-88). Göttingen 1992: Hogrefe

SCHNOOR, D. & ZIMMERMANN, P.: Kinder und Fernsehen - Ein Trendbericht. *Zeitschrift für Sozialisationsforschung und Erziehungssoziologie.* 1989, H.2, 85-100

SCHORCH, G.: Unterrichtsplanung und Unterrichtsvorbereitung. In L. Roth (Hrsg.), *Pädagogik - Handbuch für Studium und Praxis* (S. 704-715). München 1991: Ehrenwirth

SCHRADER, F.W. & HELMKE, A.: Diagnostische Kompetenz von Lehrern: Komponenten und Wirkungen. *Empirische Pädagogik.* 1987,I,27-52

SCHRADER, F.W. & HELMKE, A.: Lassen sich Lehrer bei der Leistungsbeurteilung von sachfremden Gesichtspunkten leiten? Eine Untersuchung zu Determinanten diagnostischer Lehrerurteile. *Zeitschrift für Entwicklungspsychologie und Pädagogische Psychologie.* 1990, XXII,312-324

SCHREIER, H.: Umwelterziehung im Sachunterricht. In J. CALLIEß u. R. E. LOB (Hrsg.), *Praxis der Umwelt- und Friedenserziehung* (S. 198-205). Düsseldorf 1987: Schwann-Bagel

SCHREIER, H.: Umweltethik. In H. GESING u. R. E. LOB (Hrsg.), *Umwelterziehung in der Primarstufe* (S. 90-128). Heinsberg 1991: Agentur Dieck

SCHRENK,H.: Die pädagogische Begründung des Sportunterrichts aus der Sicht des Grundschulkindes. In: *„Lehren und Lernen"*, Heft 4/1989, Villingen-Schwenningen 1989, 16-53

SCHULZ, G.: Lesen lernen an literarischen Texten. In: *Schauplatz. Aufsätze zur Kinder- und Jugendliteratur und zu anderen Medienkünsten.* Berlin 1988: Der Kinderbuchverlag

SCHULZ, G.: Lesenmüssen - Lesenwollen. Bericht von einer Untersuchung in der DDR über Lesebedürfnisse und ihre Entwicklung im ersten Schuljahr. In: *Diskussion Deutsch.* 122. Frankfurt a. Main 1991: Verlag Moritz Diesterweg

SCHULZ, G.: Veränderte Lebenswelten - veränderte Lesewelten. Leseinteressen 9jähriger aus der Sicht der International Reading Study 1991. Vortrag, gehalten auf dem Symposion Deutschdidaktik. Nürnberg 1992: Unv. Manuskript

SCHULZ, G.: Kinder auf dem Weg zu metaphorischer Kompetenz. Antrittsvorlesung an der Universität Osnabrück - Standort Vechta. Vechta 1994: Veröffentlichung in Vorbereitung

SCHÜTZ, A. & LUCKMANN, TH.: Strukturen der Lebenswelt, *Bd. 1.* Frankfurt 1975: Suhrkamp

SCHWARK, W., WEISS, W.W. & REGELEIN, S.: Beurteilen und Benoten in der Grundschule (3. Aufl.). München 1991: Ehrenwirth

SCHWARZ, B.: Soziales Lernen und Verhalten von Schülern. Frankfurt a.M. 1990: Lang

SCHWARZ, H. (Hrsg.): Empfehlungen zur Umwelterziehung in der Grundschule. Frankfurt/M. 1988: Arbeitskreis Grundschule e.V.,

SCHWARZ,H.: Probleme „offenen Unterrichts". In U. DREWS (Hrsg.), *Unterstufe, Grundschule in Ost und West: 1. deutsch-deutsches Kolloquium am 29. und 30. Juni 1990 in Berlin.* Akademie der Pädagogischen Wissenschaften/Institut für Bildungsforschung und Erziehungswissenschaft, Fachinformationszentrum Bildung (S.103-108). Berlin 1990: Verlag für Wissenschaft und Bildung

SCHWARZ, H.: Lehrpläne in der gemeinsamen Schule für alle. *Die Grundschulzeitschrift.* 1992, 58 ,28-31

SCHWARZER, C.: Gestörte Lernprozesse: Analyse von Leistungsschwierigkeiten im Schulsystem. München 1980: Urban und Schwarzenberg

SCHWARZER, C. & PETZOLD, M.: Entwicklung und Lernen im Grundschulalter - Psychosoziale Entwicklung und gestörte Lernprozesse. In: H.R. BECHER & J. BENNACK (Hrsg.), *Taschenbuch Grundschule.* (S. 34-50). Baltmannsweiler 1993: Schneider

SCHWARZER, C. & SCHWARZER, R.: Praxis der Schülerbeurteilung. Ein Arbeitsbuch (2. Aufl.). München 1979: Kösel

SCHWEMMER, H.: Was Hausaufgaben anrichten. Paderborn 1980: Schöningh

SELG, H.: Gewaltdarstellungen in Medien und ihre Auswirkungen auf Kinder und Jugendliche. *Zeitschrift für Kinder- und Jugendpsychiatrie.* 1990, 18, 152-156

SELIGMANN, M.: Erlernte Hilfslosigkeit. München 1979: Urban & Schwarzenberg

Senatsverwaltung für Schule, Berufsbildung und Sport: Vorläufiger Rahmenplan für Unterricht und Erziehung in der Berliner Schule - Grundschule - Vorfachlicher Unterricht: Lernbereich Sport Klassen 1 bis 4. Berlin 1993

SERAFICA, F.C.: Conceptions of friendship and interaction between friends: An organismic-developmental perspective. In F.C. SERAFICA (Ed.), *Social cognitive development in context.* (pp. 100-132). New York 1982: Guilford

SIMONS, P.R.J.: Lernen, selbständig zu lernen - ein Rahmenmodell. In MANDL, H. & FRIEDRICH, H.F. (Hrsg.), *Lern- und Denkstrategien* (S. 251-264). Göttingen 1992: Hogrefe

SINGER, J.L. & SINGER D.G.: Implications of childhood television viewing for cognition, imagination, and emotion. In J. BRYANT & D.R. ANDERSON (Eds.), *Children's understanding of television* (265-295). New York 1983: Academic Press

SINGER, K.: Lehrer-Schüler-Konflikte gewaltfrei regeln. Weinheim 1988: Beltz

SKIERA, E.: Thesen zur Bedürfnisstruktur des Kindes. In: *Erziehungwissenschaft - Erziehungspraxis,* 1985, 19

SKINNER, B.F.: The behavior of organisms. New York 1938: Appleton-Century Crofts

SKINNER, B.F.: About behaviorsm. New York 1974: Knopf

SODIAN, B., ZAITCHIK, D. & CAREY, S.: Young children's differentiation of hypothetical beliefs from evidence. *Child Development* 1991, 62, pp 753-766

SOOSTMEYER, M.: Zur Sache Sachunterricht. Frankfurt am Main 1992: Peter Lang

SPANHEL, D.: Jugendliche vor dem Bildschirm. Weinheim 1987: Deutscher Studien Verlag

SPANHEL, D.: Schulkind und Erziehungsauftrag heute. *Pädagogische Welt.* 1990, 44, 445-449

SPANHEL, D.: Soziales Lernen in der Schule - eine Möglichkeit zur Prävention kriminellen Schülerverhaltens. In S. BÄUERLE (Hrsg), *Kriminalität bei Schülern.* (Bd. 2, S. 9-29). Stuttgart 1989: Verlag für Angewandte Psychologie

SPECK, O.: System Heilpädagogik. Eine ökologisch reflexive Grundlegung. München 1988: Reinhardt

SPIELBERGER, C. D. (Ed.): Anxiety and behavior. New York 1966: Academic Press

SPINNER, K. H.: Literatur lebendig werden lassen. Schule zwischen Routine und Reform. *Friedrich Jahresheft XII/1994.* 72-74 Seelze 1994: E

SPITTA, G.: Kinder schreiben eigene Texte: Klasse 1 und 2. Frankfurt a. M. 1988, 2. Aufl.: Scriptor Verlag GmbH

Ständige Konferenz der Kulturminister der Länder der Bundesrepublik Deutschland, Tendenzen und Auffassungen zum Sachunterricht in der Grundschule (Bericht des Schulausschusses). In W. EINSIEDLER & R. RABENSTEIN (Hrsg.), *Grundlegendes Lernen im Sachunterricht* (S. 117-125). Bad Heilbrunn 1985: Klinkhardt

STAPF, A.: Die Entwicklung hochbegabter Kinder im Vorschul- und Schulalter oder: Warum es für viele Hochbegabte nach der 4. Klasse schon zu spät ist. Vortrag auf der Europäischen Konferenz „Begabung gefragt". Salzburg 1988

STEIN, Ch.: Naturfreund, Naturschützer oder Umweltschützer - Leitbilder für die Grundschule. *Die Grundschule* 1992, 3, 9)

STEINER, G.: Lernen - Zwanzig Szenarien aus dem Alltag. Bern 1988: Huber

STERN, E.: Warum werden Kapitänsaufgaben „gelöst"? Das verstehen von Textaufgaben aus psychologischer Sicht. *Der Mathematikunterricht* 1992a 38 (5), S. 7-29.

STERN, E.: Die spontane Strategieentdeckung in der Arithmetik. In MANDL, H. & FRIEDRICH, H.F. (Hrsg.): *Lern- und Denkstrategien* (S. 101-123). Göttingen 1992b: Hogrefe.

STOCK, M.: Schulrechtliche Aspekte von Elternpartizipation. In W. MELZER (Hrsg.), *Eltern - Schüler - Lehrer.* (S. 27-57). Weinheim 1985: Juventa

STRITTMATTER, P.: Schulangstreduktion. Neuwied 1993: Luchterhand

STURM, H.: Medienwirkungen auf Kinder und Jugendliche. In Deutsche Forschungsgemeinschaft (Hrsg.), *Medienwirkungsforschung in der Bundesrepublik Deutschland, Teil I* (29-46). Weinheim 1986: VCH

SÜSS-HOYNINGEN, U.: Pädagogik. In D. DUPUIS & W. KERKHOFF (Hrsg.), *Enzyklopädie der Sonderpädagogik, der Heilpädagogik und ihrer Nachbargebiete.* (S. 468). Berlin 1992: Marhold

SUSTECK, H.: Das Schulleben - Möglichkeiten einer Mitgestaltung durch die Eltern. In G. Hepp (Hrsg.), *Eltern als Partner und Miterzieher in der Schule.* (S. 106-114). Stuttgart 1990: Metzler

TAUSCH, A.-M., SCHIEFELBEIN-HEITMANN, M., SCHWAB, R. & DOß MANN, A.: Psychische Änderungen und Gesprächsverhalten in personenzentrierten Encountergruppen mit Gefängnisinsassen, Richtern, Psychotherapieklienten und Psychologen. *Psychologie in Erziehung und Unterricht.* 1975, 22,161-171

TAUSCH, R. & TAUSCH, A.: Gesprächspsychotherapie. Einfühlsame hilfreiche Gruppen- und Einzelgespräche in Psychotherapie und alltäglichem Leben. (9. Aufl.). Stuttgart 1990: Verlag für angewandte Psychologie

TAUSCH, R.: Wie kann ich als Lehrer echter, einfühlsamer und wärmer-sorgender werden? In D.H. ROST (Hrsg.), *Erziehungspsychologie für die Grundschule.* (9. Aufl., S. 106-132). Bad Heilbrunn 1990: Klinkhardt

TAUSCH, R. & TAUSCH, A.: Erziehungspsychologie. Begegnung von Person zu Person. (10. ergänzte Aufl.) Göttingen 1991: Hogrefe

TEML, H.: Entspannt lernen. Linz 1991: Veritas

TENT, L., WITT, M., BÜRGER, W. & ZSCHOCHE-LIEBERUM, C.: Ist die Schule für Lernbehinderte überholt? *Heilpädagogische Forschung.* 1991,17,3-13

TERMAN, L.M.: The discovery and encouragement of exceptional talent. *American Psychologist.* 1954,9,221-230

THOMAE, H.: Entwicklungsbegriff und Entwicklungstheorie. In H. THOMAE (Hrsg.), *Entwicklungspsychologie. Handbuch der Psychologie.* (Bd. 3, S. 3-20, 2. Aufl.). Göttingen 1972: Hogrefe

THOMAE, H.: Zur Problematik des Entwicklungsbegriffs im mittleren und höheren Erwachsenenalter. In R. OERTER (Hrsg.), *Entwicklung als lebenslanger Prozeß.* (S. 21-32). Hamburg 1978: Hoffmann & Campe

THOMAE, H.: Beobachtung und Beurteilung von Kindern und Jugendlichen (12. Aufl.). Basel 1979: Karger

TIEDEMANN, J.: Sozial-emotionales Schülerverhalten. München 1980: Reinhardt

TIETZE, W.: Mediennutzung bei Vorschulkindern: Umfang, Zeiten, sozialer Kontext und Bedingungen. *Empirische Pädagogik* 1990, 4, 263-288

TREBELS, A.: Sport begreifen, erfahren, und verändern. In:BRODTMANN, D. & TREBELS, A.(Hrsg:): *Sport begreifen, erfahren und verändern.* (9-22.) Reinbek 1983: Rowohlt

TREUMANN, K.P. & VOLKMER, I.: Die Tonkassette im kindlichen Medienalltag. In Zentrum für Kindheits- und Jugendforschung (Hrsg.), *Wandlungen der Kindheit* (115-164). Opladen: Leske + Budrich

TREUMANN, K.P.: Die Tonkassette im kindlichen Medienalltag. Eine Untersuchung der Nutzungsprofile von Audiokassetten bei Grundschulkindern der 1. bis 4. Jahrgangsstufe. Bielefeld 1994: Manuskript

TROCH, A.: Schulpsychologische Beiträge zur Persönlichkeitsentwicklung von Schülern. *Tagungsbericht 10. Bundeskonferenz zur Schulpsychologie,* Heidelberg 1992

TRÖSTER, H.: Einstellungen und Verhalten gegenüber Behinderten. Bern 1990: Huber

TRUDEWIND, C. & KOHNE, W.: Bezugsnorm-Orientierung der Lehrer und Motiventwicklung: Zusammenhänge mit Schulleistung, Intelligenz und Merkmalen der häuslichen Umwelt in der Grundschulzeit In: F. RHEINBERG (Hrsg.), *Jahrbuch für Empirische Erziehungswissenschaft* 1982. Schulleistungsbewertung. (S. 115 - 141). Düsseldorf 1982: Schwann

TRUDEWIND, C.& HUSAREK, B.: Mutter-Kinder-Interaktion bei der Hausaufgabenanfertigung und die Leistungsmotiventwicklung im Grundschulalter - Analyse einer ökologischen Schlüsselsituation. In: WALTER, H.& OERTER, R. (Hrsg.), *Ökologie und Entwicklung* (S. 229-246). Donauwörth 1979: Auer

UEXKÜLL, J.v.: Umwelt und Innenwelt der Tiere. Berlin 1909: Springer

ULICH, D. & MERTENS, W.: Urteile über Schüler. Weinheim 1974: Beltz

ULICH, D.: Gruppendynamik der Schulklasse. (5. Aufl.). München 1975: Ehrenwirth

ULICH, D.: Sozialisation. In H. SCHIEFELE & A. KRAPP (Hrsg.), *Handlexikon zur pädagogischen Psychologie*. (S. 343-349). München 1981: Ehrenwirth

ULICH, D.: Das Gefühl. München 1982: Urban & Schwarzenberg

ULICH, D.: Kriterien psychologischer Entwicklungsbegriffe. *Zeitschrift für Sozialisationsforschung und Erziehungssoziologie. 1986*,6,1-42

ULICH, D.: Schule als Familienproblem? Frankfurt 1989: Athenäum

Umwelterziehung in der Schule. Beitrag zum Europäischen Umweltjahr 1987 - Bericht der Kultusministerkonferenz vom 12.12.1987. Bonn: Sekretariat der Ständigen Konfe-renz der Kultusminister der Länder der Bundesrepublik Deutschland

VESTER, F.: Das kybernetische Zeitalter - Neue Dimensionen des Denkens. Frankfurt/M 1974: Fischer

VESTER, F.: Wasser = Leben. Ein kybernetisches Umweltbuch mit 5 Kreisläufen des Wassers. Ravensburg 1987: Otto Maier

VESTER, F.: Leitmotiv vernetztes Denken. München 1990: Heyne

VOGEL, A.: Unterrichtsformen I. Ravensburg 1974: Meyer

VOLPERT, W.: Sensumotorisches Lernen. Frankfurt/M. 1981: Fachbuchhandlung für Psychologie

VOLPERT, W.: Wie wir handeln - was wir können. Heidelberg 1992: Asanger

WAGENSCHEIN, M. BANHOLZER, A. THIEL, S.: Kinder auf dem Wege zur Physik. Stuttgart 1973

WAGENSCHEIN, M.: Naturphänomene sehen und verstehen. Stuttgart 1988: Klett

WAGNER, J.W.C.: Freundschaften und Freundschaftsverständnis bei drei- bis zwölfjährigen Kindern. Sozial- und entwicklungspsychologische Aspekte. Berlin 1991: Springer

WALDROP, M.R. & HALVERSON, C.F.: Intensive and extensive peer behavior. Longitudinal and cross sectional analysis. *Child Development*. 1975,46,19-26

WALGENBACH, W.: Selfsystem Formation through inter-disciplinary System Formation with Flowing Matter. In 2nd.International Congress for Research on Activity Theory. Lahthi 1990

WALKER, J.: Gewaltfreie Konfliktlösung im Klassenzimmer. Pädagog. Zentrum Berlin, Berlin 1991

WALLRABENSTEIN, W.: Offene Schule - Offener Unterricht. Ratgeber für Eltern und Lehrer. Reinbek 1991: Rowohlt

WARDETZKY, K.: Reizwort Märchen: Kinder zwischen Tradition und Gegenwart. In: *Beiträge zur Kinder- und Jugendliteratur*, 91. Berlin 1989: Der Kinderbuchverlag

WARR, P.B. & KNAPPER, Ch.: The perception of people and events. Chichester 1968: Wiley & Sons

WATSON, J.B.: Der Behaviorismus. Köln 1968: Kiepenheuer & Witsch

WATSON, J.B.: Psychology from the standpoint of a behaviourist. London 1919: Pinter

WATSON, J.B.: Psychology from the standpoint of a behaviourist. London 1919: Pinter

WATZLAWICK, P., BEAVIN, J.H. & JACKSON, D.D.: Menschliche Kommunikation (4.bzw. 7. Aufl.). Bern 1974 bzw.1985: Huber

WEBB, J., MECKSTROTH, E.A. u. TOLAN, S.S.: Hochbegabte Kinder, ihre Eltern, ihre Lehrer - Ein Ratgeber. Bern 1985: Huber

WEBB, N.M.: A process-outcome analysis of learning in group and individual setting. *Educational Psychologist*. 1980,15, 69-83

WEBER, A. (Hrsg.): Lehrerhandeln und Unterrichtsmerkmale.. München u. Paderborn 1981: Fink und Schönigh

WEBER, E.: Erziehungsstile. (8. Aufl.). Donauwörth 1986: Auer

WEIDENMANN,B & KRAPP,A.(Hrsg.): Pädagogische Psychologie.(2. Aufl.) Weinheim 1993. Psychologie Verlags Union

WEIGERT, H. & WEIGERT, E.: Schuleingangsphase. Hilfen für eine kindgerechte Einschulung.- Weinheim 1989: Beltz

WEINER, B.: Die Wirkung von Erfolg und Mißerfolg auf die Leistung. Bern/Stuttgart 1975: Huber/Klett

WEINERT, F.E.: Ist Lernen lehren endlich lehrbar? Einführung in ein altes Problem und in einige neue Lösungsvorschläge. *Unterrichtswissenschaft* 1983 (11)

WEINERT, F.E. & Kluwe, R.H. (Hrsg.): Metakognition, Motivation und Lernen. Stuttgart 1984: Kohlhammer

WEINERT, F.E., SCHRADER, F.-W. & HELMKE, A.: Unterrichtsexpertise - ein Konzept zur Verringerung der Kluft zwischen zwei theoretischen Paradigmen. In ALISCH, L.-M., BAUMERT, J. & BECK, K. (Hrsg.), *Professionswissen und Professionalisierung* (S.173-206).Braunschweig 1990: Copy Center Cohnsee

WEINERT, F.E. & HELMKE, A.: Wie bereichsspezifisch verläuft die kognitive Entwicklung? In: DUIT, R. & GRÄBER, W. (Hrsg.), *Kognitive Entwicklung und Lernen der Naturwissenschaften* (S. 27-45). Kiel 1993: Institut für die Pädagogik der Naturwissenschaften

WEISE, M.: Die Grundschule (1928). In: WENZEL, A. (Hrsg. .): *Grundschulpädagogik,* 59-76 Bad Heilbrunn 1970: Klinkhardt

WEISS, R.: Die Zuverlässigkeit der Ziffernbenotung bei Aufsätzen und Rechenarbeiten. In K. INGENKAMP (Hrsg.), *Die Fragwürdigkeit der Zensurengebung* (S.90-103). Weinheim 1974: Beltz

WERTSCH, J.V. (Ed.): Culture, communication and cognition. Vygotskian perspectives. Cambridge 1985: Cambridge University Press

WIATER, W.: Formen der Kooperation in Schulleben und Unterricht heute. In R.W. KECK (Hrsg.), *Kooperation Elternhaus - Schule.* (S. 101-125). Bad Heilbrunn 1979: Klinkhardt

WILLIAMS, T.M.: The impact of television. Orlando 1986: Academic Press

WINKEL, R.: Die zeitgenössische Pädagogik. Die zweite, an Abgründen entlangtaumelnde, Hälfte des 20. Jahrhunderts. In: *Westermann's Pädagogische Beiträge.* 1986, 7/8, 52-57

WITTENBRUCH, W. (Hrsg.): Das pädagogische Profil der Grundschule. (2. erw. Auflage). Heinsberg 1989: Dieck

WITTENBRUCH, W.: Erziehen in der Grundschule. Bochum 1989: Kamp

WITTMANN, B.: Zum Thema Hausaufgaben. In W. TWELLMANN (Hrsg.), *Handbuch Schule und Unterricht.* (Bd. 1; S. 343-360). Düsseldorf 1981: Schwann

WITZLACK, G.: Zur Diagnostik und Entwicklung der Schulfähigkeit. Berlin 1968: Volk und Wissen

WOCKEN, H.: Schulleistungen in Integrationsklassen. In H. WOCKEN & G. ANTOR (Hrsg.), *Integrationsklassen in Hamburg.* Solms-Oberbiel 1987a: Jarick

WOCKEN, H.: Soziale Integration behinderter Kinder. In H. WOCKEN & G. ANTOR (Hrsg.), *Integrationsklassen in Hamburg.* Solms-Oberbiel 1987b: Jarick

WOLF, B. & V. SALDERN, M.: Diagnostik von Schulumwelt. In: R.S. JÄGER, R. HORN & K.H. INGENKAMP (Hrsg.), *Tests und Trends. 7. Jahrbuch der pädagogischen Diagnostik.* (S. 95-137). Weinheim 1989: Beltz

WYGOTSKI, L.S.: Denken und Sprechen. Berlin 1964: Akademie-Verlag

WYGOTSKI, L.S: Arbeiten zu theoretischen und methodologischen Problemen der Psychologie. (Bd. 1: Ausgewählte Schriften). Berlin 1985: Volk und Wissen

WYGOTSKI, L.S: Arbeiten zur psychischen Entwicklung der Persönlichkeit. (Bd. 2: Ausgewählte Schriften). Berlin 1987: Volk und Wissen

WYGOTSKI, L.S.: Aus den Vorlesungsskripten Wygotskis zur Psychologie des Vorschulalters. In ELKONIN, D.: *Psychologie des Spiels.* Berlin 1980: Volk und Wissen

ZABERN, I. & METTLER, A.: Die Taststadt. *Die Grundschulzeitschrift.* 1993, 64, 24-25

ZELLER, W.: Der erste Gestaltwandel des Kindes. (2. Aufl.). Göttingen 1964: Hogrefe

ZIECHMANN, J.: Schülerorientierter Sachunterricht. Braunschweig 1979: Westermann

ZIMMER, R.: Motorik und Persönlichkeitsentwicklung bei Kindern im Vorschulalter. Schorndorf 1981: Hofmann

ZIMMER, R.: Kinder brauchen Spielraum. *Motorik* 16(1993)1,2-6

Angaben zu den Autoren

Baumann, Manfred, Prof. Dr. habil.,

bis 1992 Pädagogische Hochschule Köthen, Fachbereich Psychologie

Studium der Musikerziehung und Psychologie in Halle; Fachlehrer an der Fachschule für Kindergärtnerinnen Greifswald; wiss. Assistent für Psychologie Universität Greifswald; Promotion 1965; Habilitation 1978; 1966 - 1992 Leiter des Fachbereiches Psychologie an der Pädagogische Hochschule Wolfgang Ratke Köthen; Professur für Pädagogische Psychologie 1982.

Arbeitsschwerpunkte: Entwicklungs-, Lern- und Erziehungspsychologie, Schulbuchforschung

Verfasser von Kap. 9.3 und 9.4

Dettenborn, Harry, Prof. Dr. habil.,

Humboldt-Universität Berlin, Institut für Grundschulpädagogik und Pädagogische Psychologie

Studium der Psychologie in Leipzig; Diplom 1965; Promotion 1970; Habilitation (Promotion B) 1979; Fachpsychologe der Medizin 1981; klinischer Psychologe BDP 1991, Professor für Pädagogische Psychologie Humboldt-Universität 1987 und 1991

Normrezeption und -einhaltung bei verhaltensauffälligen Kindern, aggressives Verhalten von Kindern und Jugendlichen, Moralerziehung, Lehrer- und Managementtraining, Gerichtsgutachter

Verfasser von Kapitel 10 (gemeinsam mit U. Schmidt-Denter).

Dumke, Dieter, Prof. Dr.

Universität Bonn, Seminar für Psychologie

Volksschullehrer; Studium der Psychologie in Kiel, Diplom 1969; Promotion 1973; abgeordnete Lehrkraft; Studienrat; Oberstudienrat; Professor an der Pädagogischen Hochschule Flensburg; Lehrstuhlvertretung am Psychologischen Institut II der Universität Hamburg; o. Professor für Psychologie an der Pädagogischen Hochschule Rheinland, Abteilung Bonn

Lern- und Gedächtnisstrategien, Förderung lernschwacher Schüler, schulische Integration Behinderter, Beratung in der Schule

Verfasser von Kapitel 19

Einsiedler, Wolfgang, Prof. Dr.

Universität Erlangen-Nürnberg, Institut für Grundschuldidaktik

Studium an der Pädagogischen Hochschule Augsburg, Lehrer an einer Grundschule 1967-1972; Promotionsstudium in Pädagogik, Psychologie und Soziologie in München, Promotion 1975.

Lehr- und Forschungstätigkeit an den Universitäten Augsburg, München und Hannover in Schulpädagogik mit Schwerpunkt Grundschule; seit 1981 Professor für Grundschuldidaktik

Grundschuldidaktik, Sachunterricht, Lehrmethoden, Kinderspiel, Medienverhalten von Kindern

Verfasser von Kapitel 7

Giest, Hartmut, Prof. Dr.

Universität Potsdam, Institut für Grundschulpädagogik

Lehrerstudium der Fächer Mathematik und Physik an der Humboldt-Universität Berlin; Lehrer und stellv. Schuldirektor, wissenschaftlicher Mitarbeiter an der Akademie der Pädagogischen Wissenschaften der DDR; Promotion 1985; Professor für Grundschulpädagogik/Sachunterricht Universität Potsdam 1994

Pädagogische Psychologie, Grundschuldidaktik, individuelle Lernförderung

Verfasser von Kap. 4.2, 4.4, 13.1, 13.2.1, 13.3.2-13.3.4

Hany, Ernst, A., Dr.

Max-Planck-Institut für psychologische Forschung, Abteilung Entwicklungspsychologie

Studium der Psychologie in München, Diplom 1984; Promotionsstudien in Psychologie, Pädagogik und Statistik, Promotion 1987; Dozent an der Ludwig-Maximilians-Universität München, Ausbildung von Lehrern aller Schularten, besonders auf dem Gebiet der pädagogisch-psychologischen Diagnostik und schulpsychologischen Interventíon

Hochbegabung, Denkentwicklung und Kreativitätsförderung

Verfasser von Kap. 17.3-17.5

Hummel, Albrecht, Prof. Dr. sc.,

Technische Universität Chemnitz-Zwickau, Fachgebiet Sport

Lehrerstudium in Potsdam, Diplom 1971. Lehrtätigkeit und Forschungsstudium, Promotion 1975, Habilitation (Promotion B) 1982, wissenschaftliche Arbeit an der Akademie der Pädagogischen Wissenschaften der DDR, wissenschaftliche Begleitung der Neugestaltung Sportbetonter Schulen in Berlin, Professor für Sportwissenschaft I (Sportpädagogik-Sportdidaktik) 1993

Körperlich-sportliche Grundausbildung an allgemeinbildenden Schulen

Verfasser von Kap. 15.1 und 15.3

Klewitz, Elard, Prof. Dr.

Humboldt-Universität Berlin, Institut für Schulpädagogik und Pädagogische Psychologie

Erste und zweite Lehrerprüfung; Grundschullehrer (1961-1969); Professor für Grundschulpädagogik an der Berliner Pädagogischen Hochschule (1972), seit 1980 an der Freien Universität Berlin; Promotion 1988; 1992 Professor für Grundschulpädagogik mit dem Schwerpunkt Sachunterricht an der Humboldt-Universität in Berlin

Didaktik des naturwissenschaftlichen Sachunterrichts vor dem Hintergrund der genetischen Erkenntnistheorie Piagets

Verfasser von Kap. 12.1.2, , 13.2.2, 13.3.1

Kohtz, Karin, Prof.

Freie Universität Berlin, Institut für Grundschul- und Integrationspädagogik

Studium der Germanistik, Geschichte, Philosophie und Pädagogik in Bonn, Staatsexamen als Realschullehrerin 1960/1964.

Unterricht an Grund-, Real- und Gesamtschulen, Lehrerin im Hochschuldienst an der PH Berlin, Ernennung zur Professorin 1973, Übernahme durch die Freie Universität 1980.

Leseförderung, Begabtenförderung

Verfasserín von Kap. 11.1

Küpper, Doris, Prof.

Bergische Universität-Gesamthochschule Wuppertal

Nach Studium in Köln und mehrjährigem Schuldienst seit 1960 in der Lehrerausbildung (Pädagogische Hochschulen Wuppertal und Oldenburg) tätig; Professorin für Sportpädagogik 1972

Grundschuldidaktische Aspekte des Schulsports, Gesundheitserziehung und Schulsport

Verfasserin von Kap. 15.2 und 15.4

Lompscher, Joachim, Prof. Dr. sc.

Universität Potsdam, Institut für Pädagogik

Studium der Psychologie und Pädagogik in Moskau, Diplom 1955, Promotion 1958, Habilitation (Promotion B) 1970. Lehre und Forschung an der Humboldt-Universität Berlin, am Deutschen Pädagogischen Zentralinstitut, an der Akademie der Pädagogischen Wissenschaften der DDR

Professor für Pädagogische Psychologie 1971, Professor für Schulpädagogik/Psychologische Didaktik 1994

Entwicklung geistiger Fähigkeiten, Psychologie der Lerntätigkeit und ihrer Ausbildung, Lehrstrategien, Lernstrategien.

Herausgeber und Verfasser von Kap. 1.3, 2.1, 3.2 und 3.3, 4.1 und 4.3, 12.1.1, 12.1.3, 12.2 und 12.3

Matthes, Gerald, Prof. Dr. habil.

Universität Potsdam, Institut für Sonderpädagogik

Lehrer für die unteren Klassen, Studium der Psychologie in Leipzig, Diplom 1973, Arbeit als Lehrer, wissenschaftlicher Mitarbeiter an der Akademie der Pädagogischen Wissenschaften der DDR, Tätigkeit in einer lerntherapeutischen Beratungsstelle, Promotion

1979, Habilitation (Promotion B) 1987, Professor für Heil- und Rehabilitationspädagogische Psychologie 1994

Entwicklung und Förderdiagnostik, Lernbeeinträchtigungen, Lerntherapie

Verfasser von Kap. 16.2.2, 16.3, 18.3 und 18.4 (letzteres mit Chr. Schwarzer)

Nickel, Horst, Prof. em. Dr.

Heinrich-Heine-Universität Düsseldorf, bis 1994 Lehrstuhlinhaber für Entwicklungs- und Erziehungspsychologie

Erste und zweite Lehramtsprüfung (1953, 1956), Lehrertätigkeit und Studium der Psychologie, Pädagogik, Psychopathologie und Politischen Wissenschaft; Diplom 1961, Promotion 1965; Tätigkeit als Assistent an den Pädagogischen Instituten bzw. Hochschulen Weilburg/Lahn und Bayreuth und als Hochschullehrer an den Pädagogischen Hochschulen Flensburg und Bonn sowie an den Universitäten Hamburg und Düsseldorf (seit 1972)

Entwicklung und Erziehung im Kleinkind- und Schulkindalter, Lehrer-Schüler-Interaktion, Psychodidaktische Fragestellungen, Familienpsychologie

Herausgeber und Verfasser der Kapitel 1.1, 1.2, 2.2, 2.3, 6.3, 9.1 und 9.2

Petzold, Matthias, PD Dr. habil.

Heinrich-Heine-Universität Düsseldorf, Institut für Entwicklungs- und Sozialpsychologie

Studium der Psychologie an der Freien Universität Berlin, Diplom 1976, Promotion 1983, Habilitation 1991. Lehre und Forschung an der Universität Düsseldorf und Lehrbeauftragter an der Universität Köln

Übergang zur Elternschaft, Familienentwicklung; Kinder, Computer und neue Medien

Verfaser von Kap. 6.1 und 6.2

Ries, Gerhild, Prof. em. Dr.

Universität Köln bis 1989 Inhaberin des Lehrstuhls für Entwicklungspsychologie

Studium der Pädagogik in Darmstadt und in Cincinnati (USA), 1. und 2. Lehrerprüfung. Lehrer an Volks- und Mittelschulen in Hessen; Studium der Psychologie in Mainz, Diplom 1953, Promotion 1958. Seit 1960 in der Lehrerausbildung tätig, zuletzt als o. Professor an der Erziehungswissenschaftlichen Fakultät der Universität zu Köln für das Fach Psychologie mit dem Schwerpunkt Entwicklungspsychologie

Jugendpsychologie, Psychologie des Vor- und Grundschulkindes. Schulerfolg vorschulisch geförderter Grundschüler; Beziehung von Schulerfolg und operatorischem Denken nach Piaget. Entwicklung von Erfolgs- und Mißerfolgserleben; Entwicklung der Lern- und Leistungsmotivation in der Schule; Sozialpsychologie der Schulklasse; Ursachenerklärungen von Zeugnisnoten durch Lehrerstudenten.

Herausgeberin und Verfasserin von Kap. 3.1, 16.1, 16.2.1

Röbe, Edeltraud,Dr.

Universität Augsburg, Lehrstuhl für Pädagogik

Lehrerstudium, zunächst Lehrerin an Grundschulen; Studium der Pädagogik, Psychologie, Soziologie und Grundschulpädagogik in München und Augsburg; Promotion; akademische Oberrätin mit Lehr- und Forschungstätigkeit, Schwerpunkt Grundschuldidaktik

Verfasserin von Kap. 5

Sayler, Wilhelmine, M., Prof. em. Dr. habil.

Universität Köln bis 1993 Inhaberin des Lehrstuhl für Allgemeine Pädagogik und Ausländerpädagogik/Interkulturelle Pädagogik

Studium der Pädagogik Psychologie, Mathematik und Theologie in München und Boston (USA), Promotion 1954, Habilitation 1967

Lehrerin am Gymnasium, Dozentin am Institut für Lehrerbildung, Lehre und Forschung an der Pädagogischen Hochschule Eichstätt und Universität Köln. Professorin für Psychologie und Pädagogik (1958) bzw. für Allgemeine Pädagogik unter besonderer Berücksichtigung der vorschulischen Erziehung und der Ausländerpädagogik (1970).

Allgemeine Pädagogik mit Grenzfragen zur Psychologie; Ausländerpädagogik/Interkulturelle Pädagogik, Pädagogik der Dritten Welt; Vorschulische Erziehung, Psychoanalytische Pädagogik.

Verfasserin von Kap. 8

Schaarschmidt, Uwe, Prof. Dr. habil.

Universität Potsdam, Institut für Psychologie

Studium der Psychologie an der Humboldt-Universität Berlin, Diplom 1968, Promotion 1973, Habilitation (Promotion B) 1980. Lehre und Forschung an der Humboldt-Universität, der Universität Havanna, der Akademie der Pädagogischen Wissenschaften der DDR und der Universität Wien. Professor für Pädagogische Psychologie 1989, Professor für Persönlichkeits- und Differentielle Psychologie 1993

Persönlichkeits- und Differentielle Psychologie, Diagnostik in arbeits- und pädagogisch-psycholog. Anwendungen, Begabungsförderung

Verfasser von Kap. 17.1 und 17.2

Schmidt-Denter, Ulrich, Prof. Dr. habil.

Universität Köln, Psychologisches Institut

Studium der Psychologie in Köln, Diplom 1973, Promotion 1977, Habilitation 1983, Lehrstuhlvertretungen an den Universitäten Bielefeld, Bochum und Köln; Professor für Psychologie 1986

Soziale Entwicklung, Vorschulerziehung, Familienpsychologie, Ökologische Entwicklungspsychologie und Systemtheorie

Verfasser von Kap. 10 (gemeinsam mit H. Dettenborn)

Schulz, Gudrun, Prof. Dr. habil.

Hochschule Vechta, Fachbereich Geistes-, Kultur- und Sozialwissenschaften

Studium als Grundschullehrerin in Altenburg, Studium der Deutschen Sprache und Literatur in Potsdam. Mehr als 10 Jahre Lehrerin für Deutsch in Sachsen, Thüringen und Brandenburg. Wissenschaftliche Mitarbeiterin an der Akademie der Pädagogischen Wissenschaften der DDR. Promotion 1977, Habilitation (Promotion B) 1986; Lehraufträge an der Universität Braunschweig, Technischen- und Humboldt-Universität Berlin, Gastprofessur an der Freien Universität Berlin; Professorin für Deutsche Sprache und Literatur und ihre Didaktik 1993.

Herausgeberin und Verfasserin von Kap. 11.2 und 14.

Schwarzer, Christine, Prof. Dr. habil.

Heinrich-Heine Universität Düsseldorf, Abt. für Erwachsenenbildung und Pädagogische Beratung

Erste und zweite Lehramtsprüfung, Prüfung für das Lehramt an Sonderschulen. Drei Jahre Lehrtätigkeit an Volks- und Sonderschulen, Studium der Erziehungswissenschaften, Psychologie und Psychiatrie. Diplom 1972, Promotion 1975, Habilitation 1980; Lehre und Forschung an den Universitäten in Kiel, Köln und Düsseldorf. Professorin für Erwachsenenbildung und Pädagogische Beratung 1983.

Pädagogische Beratung, Pädagogische Diagnostik, Angst und Leistung sowie Lernen über die Lebensspanne

Verfasserin von Kap. 18.1, 18.2 und 18.4 (Letzteres mit G. Matthes)

Sachwortverzeichnis

H

I

K

L